游戏开发与编程系列

游戏创作与职业

—— 来自行业专家的内部机密

Game Creation and Careers

[美] Marc Saltzman 著
向 海 译
爱亿尔（北京）国际游戏开发院 审校

New Riders

兵器工业出版社

北京希望电子出版社
Beijing Hope Electronic Press
www.bhp.com.cn

内 容 简 介

阅读本书就相当于与 150 多位成功的视频游戏设计师、制造师和发行师聚集在一张大型圆桌旁参加讨论！

“游戏设计是一门艺术，最有效的方法是从大师那里学习艺术。《游戏创作与职业——来自行业专家的内部机密》一书将向你奉献若干名大师的创作智慧。这是一本游戏设计爱好者难得的好书，并且在行业竞争中我也从中获得很大的帮助。”——Jason Rubin

本书非常值得信赖，它介绍游戏设计大师们的秘密和经验。这本书将带给你更多的关于游戏产业的内部机密，并且将正确引导你在游戏行业中的游戏人生。通过本书你将了解到：

——如何创建游戏 PS2，Xbox 以及 GameCube，甚至是 GameBoy，机密电话等。

——PC 游戏设计和生产，包括版权防护方法，就像 The Sims or massively multiplayer 中提到的在线游戏 EverQuest。

——破解游戏行业的方法、技术和策略。在你的生产队伍里，或者游戏销售市场，或受聘于一个世界著名的发行商——它们都一直起着非常重要的作用。

——无论 PR 是否为视频游戏，市场销售或在线发布，都会涉及到金钱问题。重要的是，应当学会如何创建共享软件并成功地通过网络销售它。

——“游戏设计大师模板”则提供了创建游戏过程设计的经典文档；似乎就像传说中的游戏创作大师 Chris Taylor。

——本书由 Nolan Bushnell 写序，他从 Atari®开始并创建了 Pong，著有“视频游戏开发之父”一书。

图书在版编目（CIP）数据

游戏创作与职业：来自行业专家的内部机密 /（美）Marc Saltzman 著；向海译. —北京：兵器工业出版社；北京希望电子出版社，2005.3

（游戏开发与编程系列）

ISBN 7-80172-294-9

I. 游… II. ①M…②向… III. 游戏—软件设计 IV. TP311.5

中国版本图书馆 CIP 数据核字（2004）第 085751 号

出　　版：兵器工业出版社 北京希望电子出版社

邮编社址：100089　北京市海淀区车道沟 10 号

100085　北京市海淀区上地信息产业基地 3 街 9 号 金隅嘉华大厦 C 座 610

发　　行：北京希望电子出版社

电　　话：（010）82702660（发行）　（010）62541992（门市）

经　　销：各地新华书店　软件连锁店

印　　刷：北京双青印刷厂

版　　次：2005 年 3 月第 1 版第 1 次印刷

封面设计：梁运丽

责任编辑：李亚明　宋丽华　但明天

责任校对：杨如林

开　　本：787×1092　1/16

印　　张：31.875

印　　数：1-5000

字　　数：723 千字

定　　价：58.00 元

（版权所有　翻印必究　印装有误　负责调换）

从游戏中学会生存（总序）

——献给游戏创造者

游戏为什么受到重视

今天，越来越多的人不再把游戏看作小儿科，也不仅仅视其为一门艺术了。这大概要归功于全球每天数亿美元的市场业绩，抑或在金融危机中使一个国家经济转危为安的力挽狂澜作用。作为一种生存途径，日本、韩国深得游戏产业振兴经济的非凡要领。无数名不见经传的小人物靠游戏制作成为百万富翁，游戏经典之作的原创者则受到了超级明星般的待遇而被全世界的游戏玩家追捧着。

当游戏被视为艺术时，人们常常拿他与传统艺术形式作比较。认为游戏作为一门娱乐艺术形式，不同于诗歌、小说、戏剧、电影、电视等等传统艺术形式的根本点是“交互”，是“参与”。不错，游戏作为一个产业勃然兴起，确实离不开计算机和互联网。但就其对人类的根本作用而言，要比交互、参与这类技术层面的问题远为原始得多。

游戏比艺术起源更早

诗歌、小说、戏剧、电影、电视等等艺术的形成，依赖于语言文字的产生，因此其历史见于壁画与甲骨等人类考古学证据的发现，大约可以上溯到距今5000年前。

游戏却不仅仅属于人类。小猫玩线球，人们看到的只是小猫的兴趣盎然和乐此不疲，却不见在这种练习中小猫捕捉能力的提高：通过追逐线球，小猫强壮了自己的利爪，敏捷了全身的器官和肌腱。这种对后代的训练形式普遍存在于动物界，其历史至少可以追溯到对哺乳动物的考古学发现，并非最早的证据距今也已经有6000万年了。

从生存描述到生存模拟

作为对生存过程的一种描述，诗歌、小说、戏剧、电影、电视等等艺术，是把受体放在媒体之外，通过媒体的艺术感染力，使受体产生共鸣，令其产生沉浸感。

作为对生存过程的一种模拟，游戏则是创造一种虚拟环境，把受体放在媒体之中，使受体自己判断、决策和动作，通过反复操作媒体获得某种能力。数千万年以来，游戏使用着更直接的沉浸手段，让后代在沉浸中得到更实际的生存锻炼。

假如游戏不仅以娱乐为目的

由此可见，作为功能的界定，与游戏更接近的社会部类是教育，而不仅仅或不主要是娱乐。无怪乎国际游戏开发者协会（IGDA）活动负责人杰森•德拉•罗卡（Jason Della Rocca）在2003 CHINAJOY大会上的主题发言是《“严肃”游戏：游戏对社会经济的潜在影响》。他把“严肃”游戏（Serious Game）定义为“不以娱乐为主要目的的游戏”，例举了训练市长的《模拟城市》、训练董事长的《虚拟领导》、训练员工的《直言者》、训练海军陆战队员的《DOOM》等等经典游戏作品。在这一方面，美国确实走在了全世界的前面。早在1994年，美国海军陆战队就成立了世界上第一个 Game 军事训练机构；1995 年，美国空军和陆军紧随其后，把游戏作为军队训练的有效辅助手段。总结这些经验，罗卡先生列出了游戏的适用领域依次为：

- 教育
- 国家政策
- 卫生保健
- 企业培训
- 其他

游戏可以创造未来

随着计算机的更加移动化、个性化，虚拟社会与现实社会的界限愈加模糊了。如今网游交易市场上的商业链，与现实市场上的买卖规则何其一致！试想，当我们的手机、腰带、手表甚至纽扣全都可以无线上网之后，谁还能够分清现实世界与虚拟世界的截然界限呢？

在虚拟世界与现实世界的直接联系中，虚拟世界的创造者可以把游戏里发展起来的生存新规则，通过游戏渠道传播到更大的范围，影响更多的人。换言之，游戏的创造者可以创造更加理想的未来。这就是：

- 改变工作生活方式
- 影响现有科学技术
- 增强综合国力
- 造福于社会

创造者在游戏中永生

回首 12 年前，中国最早的一批拓荒者进入了游戏开发领域。那时他们相信凭借坚定的信念和努力付出就可以确保成功。然而，游戏也是一种商业，他像其他行业一样受到财务、市场和管理等等条件的制约。在软件盗版和决策失误、管理失措的多重夹击下，许多人付出了惨重代价。然而这些付出换来的是生存经验的积累和生存能力的提高。在经过最初的游戏狂热到现在国际游戏市场的供不应求之后，更多的游戏开发从业者学会了在激烈竞争和快速变化的市场中生存。在游戏产业中，似乎并不遵守“胜者王侯败者寇”的法则，美酒的甘甜和血汗的腥涩都可以收入博物馆，正因为他们是历史的拓荒者。

今天，互联网给游戏带来了蓬勃发展的春天。大量资金裹挟着人才和技术进入游戏开发领域。然而，仿效、重复也跟着多起来了，类同题材和近似玩法的游戏产品充斥市场。巨大的风险潜藏随之，二八铁律决定了绝大多数仿效者的时空有限。因此，要想在游戏中获得永生，唯有创造，别无他途。

希望这套出自世界游戏创造高手的丛书能对梦想创造者有所帮助。

杨南征

爱亿尔（北京）国际游戏软件开发院院长

工商管理博士、作战模拟研究员

序论　你想以制作游戏为生吗?

能够让 Nolan Bushnell——电子游戏行业的创始人，创立 Atari 并开创了 Pong——为这本书（《游戏创作与职业——来自行业专家的内部奥秘》）撰写前言是一件乐事和荣幸，而且是多么的合适。尽管电子游戏在过去的 1/4 世纪里已经发生了很多变化，Bushnell 的造诣体现了这本书的精神，考虑到了将来。

这本书的前提是简单的：以制作电子游戏为生可能听起来像是最终的“理想工作”，但这是可以达到的（而且常常是有利可图的）现实。

显然，从来没有比现在更好的时机进入这个行业或者提升等级并成为项目的首席设计师：游戏开发工具从来没有比现在更好并易于使用；这个行业从来没有如此成熟；并且，互联网作为分发媒介和游戏平台，对游戏者和游戏开发者同样是最不可思议的技术之一。而且在游戏行业的历史上从来没有这么多同时可用的游戏平台：索尼的 PlayStation/PSone，Sony PlayStation 2，任天堂的 GameCube，微软的 Xbox，任天堂的 Game Boy Advance SP，PC，Macintosh，网站，街机，Pocket PC，Palm 以及手机。

3 种主机现在都是在线的，更进一步地扩展了游戏设计和开发的潜在可能性。因此，难怪电子游戏行业单单在美国已经突破了每年 100 亿美元的记录，远远地超过了电影票房的总收入。

这里是其他一些令人印象深刻的统计资料：根据 Zanthus——美国俄勒冈州波特兰的一家市场调查公司的调查报告，美国 92%的十几岁青少年拥有游戏机并且玩电子游戏。Forrester Research 预测，电子游戏主机到 2005 年在美国将达到近 7000 万家庭用户。

根据互动数字软件协会（IDSA）实施的一项调查报告，难以置信的是，所有 60%年龄在 6 岁以上的美国人，大约 1.45 亿人，都玩计算机游戏和电子游戏。

同样的报告推断，大约 43%的游戏玩家是女性。并且游戏者的平均年龄是 28 岁（比较年轻，你不是吗？）。

在 2002 年，计算机游戏和电子游戏的销售超过了 2.21 亿套，即几乎每个美国家庭 2 套游戏。那么在 21 世纪你想做什么呢？

《游戏创作与职业——来自行业专家的内部奥秘》(Game Creation and Careers：Insider Secrets from Industry Experts）是畅销书系列——《游戏设计：圣哲的奥秘》(Game Design：Secrets of the Sages）的延续。实际上，它被翻译成了几种其他语言，并且我非常高兴在世界各地旅行，给那些以这本书为起点的游戏设计师和开发者们的新手们演说（甚至远到香港）。第二版，在一年以后发行，新增加了对 30 多个已经引人注目的游戏名人的访谈。第三版，在 2001 年发行，增加了更多的内容，关于大规模多人游戏设计，撰写设计文档，特殊编程诀窍和技术，以及对主要的游戏学校和课程的更新。2002 年的第四版在许多方面让这本书更好，而且更加广泛，新增加了与游戏行业最有才智的 50 多个人的访谈。

《游戏创作与职业——来自行业专家的内部奥秘》(Game Creation and Careers：Insider Secrets from Industry Experts）包括所有上面这些而且还有更多内容。

先让我们花点时间说说这本书不是什么。这本书不需要游戏程序员新手熟悉那些高级概念比如说数据结构，算法分析，或者类似的什么事情。在大多数情况下，整本书的语言都浅显易懂；如果使用了首字母缩略字，技术术语，或者行话，那么在这些词语后面都进行了简短的释义或说明。另外，尽管这本书原来的书名是《游戏设计：圣哲的奥秘》(Game Design：Secrets of the Sages)，但书中覆盖的内容远不止于游戏设计。当然，书中解释了如何撰写完整的设计文档以及应该如何决定要制作哪种游戏，但它也满足了开发团队所有成员的需要：程序员，美术师和动画人员，声音工程师，以及乐师。并且这本书超过 1/3 的部分是讲述游戏的商业方面。这些讨论包括如何恰当地销售你的游戏，如何与新闻媒体打交道，测试产品的最好方法，技术支持和客户服务的行为准则，等等更多内容。本书的大量篇幅讨论了如何进入令人激动的游戏行业，无论是想成为一个单独的共享游戏设计师，还是想经营自己完善的开发公司并且需要向发行商竭力推销你的想法，或者你宁可跻身于令人兴奋的开发室或发行公司。

因为这本书覆盖了这么多的领域，你可能不想把这本书从头到尾看完。根据你个人的兴趣，随意选读书中的各个章节。

同时，要记住的是每一章本身都能够扩充成一本书，甚至是一系列的书。如果需要进一步的阅读，大多数章节列举了少量可以浏览的不错的网站和新闻组或者可以阅读的书籍。而且，在本书的末尾保留了一章介绍最好的游戏设计资源。

最后，我们听取了那些阅读过本书前面四版的读者收集成的反馈信息，并且在这一版做了相当的润饰改进。想更多地了解主机游戏设计吗？我们采访了 Nintendo（任天堂）的 Shigeru Miyamoto，Capcom 的 Shinji Mikami，Square 的 Hironobu Sakaguchi 以及 Naughty Dog 的 Jason Rubin 等。要找更多的 PC 游戏设计师？我们在令人激动的明星阵容里增加了像 Will Wright，Warren Spector，Greg Zeschuk，Ray Muzyka，Chris Taylor，Sid Meier 以及 Tim Sweeney 这样的像人物。你想要一些大规模多人在线 RPG 游戏设计的建议？名作 EverQuest 的 Brad McQuaid 和 Ultima 的 Richard Lord BritishGarriott 怎么样？在这一版里，增加了一些附加内容，比如 Chris Taylor 的主要设计文档模板，Tommy Tallarico 的标准声音协议以及更多内容，包括专门为这本书而提供的珍贵的、幕后的图像资料。

无论你的兴趣是动作游戏或者策略游戏，模拟游戏或者运动游戏，冒险游戏或者角色扮演游戏或者谜题游戏，我们已经请到了游戏行业最优秀的 150 多位开发者，他们乐意并渴望根据他们多年积累的经验对大量主题提供建议。

可以把这本书看作是世界上最大的游戏设计师和开发者圆桌会议，在为创作理想的游戏讨论他们的技巧，诀窍和技术；并且提供进入这个行业的行为准则。

请继续潜心阅读这本书。在接下来的几百页里，在来自我们的圣哲的帮助下，你和你成功的游戏之间惟一的事情就是你的想像力和雄心了。

前　言

一本结合了我两大爱好——游戏和企业家身份的书籍，对于我来说是特别的。创办一家致力于给数百万人创造娱乐的公司，还有比这样渡过你的一生更好的方式吗?

有一些人认为 20 世纪 70 年代是黄金时代，但对于我来说，最好的还是未来。现在可用的软件工具使非常简单的游戏都可以拥有极好的图形和极佳的游戏价值。人们热爱比赛，而且简单的游戏让临时的玩家，不想学习复杂规则或者详尽故事情节的人们，能够与同一个房间或者地球另一边的人们进行挑战和互动。

许多游戏已经变得更加复杂，并且故事情节更加深奥和充满戏剧性。这让游戏设计师们能够给他们的游戏增添更加紧张的气氛，从而吸引玩家作出反应并且互动起来，移动，探索，建造，射击，或者创造。那样的发展可能对游戏和游戏行业可玩性的多样化是有益的，它为每个人的兴趣都准备了一些。人们玩的游戏更多而且玩的时间更长，迫使游戏更加有趣并且开发者更加有创造力，技术更加精湛。

如今要在这个行业获得成功，你需要博学多才，或者有一个好的想法并且知道如何在许多领域内找到能手，从视频制作到角色开发，从计算机编程到美术设计等等。富于想像力也有帮助。自从家用游戏主机问世以来，最重要的发展就是联接到互联网的能力，想一想相互连接的游戏者们组成的纵横交错的全球网络。你将会把哪种游戏连接到那个网络上呢?

为一个使人们能够彼此互动的媒介而创造确实非常令人激动。其他的创造性方法在艺术与欣赏者之间有一堵墙，而游戏与它们是如此的不同。在游戏里，艺术每次都是不同的并且可以直接和世界另一边欣赏它的人们进行沟通。

我们都知道游戏是一个巨大的行业。在 1983 年，人们在我的公司和我们的竞争者们制作的游乐场电子游戏上花费了 220 亿美元。美国财政部长常常打电话要我倒空硬币箱，因为国家用完了 25 分硬币。

人们仍然一次一枚 25 分硬币地花费数 10 亿美元，但是家庭市场是大多数游戏设计师们的重点。联网的世界是一个让游戏世界能够扩张的世界；为新的媒介创造新的体验，不论是 Palm，WAP，3G，家用游戏主机，或者是有线电视的机顶盒，这些设备的任何一个都可以是通往整个新世界的门户。

当然，现在的事情和 30 年以前不同。出现了许多天才，并且除了想出你自己的东西以外，作为一个游戏设计新手，有一些基本的步骤你可以采用。这本书谈论了许多进入游戏行业的方法，比如加入一个开发工作室或者发行商。老实说，我真希望在我从事这行的时候就已经有这本书了，因为我能够根据自己的主张发现许多成功的乐趣。但是现在有更多的竞争和更多的既定规则，听取那些在今天的游戏领域已经取得成功的人们的建议是有帮助的。然后在他们取得成就的基础上继续改写规则。

建议：超越个人的范围去思考，想一想网络，然后跃进游戏领域。水是纯净的。

Nolan Bushnell
uWink 公司的 CEO 和创始人
Atari 的创始人
Pong 的发起人

关于作者

Marc Saltzman（马克·萨尔次曼）在过去7年里作为自由新闻记者、作家、演讲者、顾问以及无线广播和电视名人，报导了不断发展的消费技术行业。他的专长在于电子游戏、计算机软件和硬件、互联网时尚、小器具以及消费电子。

除了和 Gannet News Service，USAToday.com 以及 CNN.com 联合组稿的每周专栏外，Marc 还给30多个著名的刊物撰稿，包括 USA Today，LA Times，Newsweek，Modern Maturity，Playboy，Playboy.com，Golf Digest，National Post，GlobeTechnology.com，Access 以及 Tribute 杂志。

Gannett News Service 是美国发行量最大的报业集团，这家公司的99种日报每天在全美国的订购发行总量达到7800000份。

在1997年晚期的 CNN Interactive（CNN.om），Marc Saltzman 是世界上最早公开揭示 MP3 现象的新闻记者之一，他正确地预言这种受争议的声音文件格式将会彻底变革唱片行业。

他由 Pearson Education 和 McGraw—Hill/Osborne 出版的10本书籍分别是：Internet Games Directory（1996），Gamer's Web Directory：Sites，Cheats and Secrets（1997），Quake Ⅱ Strategy Master（1998），Game Design：Secrets of the Sages（1999），Game Design：Secrets of the Sages，Second Edition（2000），Game Design：Secrets of the Sages，Third Edition（2001），Marc Saltzman's 250 Best Palm Games（2001，on CD），Marc Saltzman's Top 300 Games for the PocketPC（2002，on CD），Game Design：Secrets of the Sages，Fourth Edition（2002）以及 DVD Confidenteial：Hundreds of Hidden Easter Eggs Revealed（2002）。

Marc 同时也为 Supercade 撰稿，Van Burnham's 的报章杂志记载了电子游戏行业的视觉历史（MIT 出版社）。Marc 也为 Quake Ⅱ（id Software/Activision）和 Sin（Ritual Entertainment/Activision）编写过流行的游戏手册。

2001年5月，Marc 成为有线新闻网 CNN 的技术专家。Marc 常常作为嘉宾，谈论一系列的高科技问题，比如电子游戏、互联网、计算机或者消费电子。可以在电视节目 Next@CNN 上面看到他，该节目在星期六下午3点（美国东部标准时间）和每周星期天下午4点（美国东部标准时间）播出，这个节目获得了2001年3月16日由大西洋城市新闻俱乐部宣布的国家标题记者奖新闻杂志类别的第一名。

Marc 也定期在 CBS Early Show，CNN Headline News，加拿大多伦多的 Berakfast Televison（BT!）以及加拿大 TechTV 作为高科技专家露面。

从2003年4月起，Marc 开始主办他自己的电视节目 TKO。考虑到 Entertainment Tonight 适合消费技术，TKO 在加拿大的4个全国电视网播出：Global，Prime，CH 以及 MenTV。关于这个节目的更多信息，可以在 www.pyramidproductions.tv 网站上面找到。

谈到 Global，Marc 也主持 TechWise，这是加拿大全国的 MoneyWise 节目每周两次的特别报导，由 Peter Kent 和 Dierdre McMurdy 主持，这个有名的电视节目在 CanWest Global 和 the Prime Network 电视网从大西洋岸到太平洋岸播出。

Marc 也撰稿并主持两个无线广播节目。其中第一个是加拿大最大的谈话广播电台 CFRB（多伦多调幅1010）的“与 Marc Saltzman 的技术对话”，这个邀请听众打电话进来的长达一个小时的节目在星期天晚间直播；CFRB 的母公司是 Standard Radio。第二个无线广播节目由加拿大最大的新摇滚/非传统电台 Edge 102（多伦多调频 102.1）独家播出。目前在它的第七年，事先录制的片段每天播放两次，名为“与 Marc Saltzman 消遣网络”。Edge 102 的母公司是 Corus Entertainment。

Marc 喜欢就持续变化的高科技世界及如何最好地进入互动娱乐行业发表研讨会（甚至远到香港地区）。每年，Marc 也在一年一度的电子娱乐博览会（E3）上就相同的主题主持专题讨论。在过去五年里，Marc 也是 E3 最好的官方裁判，为每年一度的行业展览提名最佳计算机和主机游戏以及最有前途的硬件。

Marc 也是每年一度的 Codie 奖裁判，这个奖项是由 SIIA（软件与信息行业协会）设立，表彰创新的软件和信息产品。

Marc 是国际游戏开发者协会（IGDA）有薪金的成员，为暴力委员会撰稿。

因为他成功地跨越多种媒体：印刷（书籍、报纸和杂志）、互联网、电视以及无线广播，1997 年 8 月，Marc 被多伦多大学的校友协会授予“杰出毕业生”称号。

关于贡献者

下面这些游戏和关卡设计师、程序员、音乐师、制作人以及声音工程师（还可以增加许多其他称号和工作职能），为这本书提供了核心的东西，其中包括了关于游戏设计极好的理解和经验。关于这些贡献者的传记信息，请参考本书的附录部分。

Craig Alexander
Eric Allard
Michel Ancel
Kevin Bachus
Clint Bajakian
Bill Bales
Pat Bigley
Mary Bihr
Cliff Bleszinksi
Don Bluth
George Broussard
Jeff Brunner
Nolan Bushnell
Tim Cain
Melanie Cambron
Stevie Case
Jeff Castaneda
Louis Castle
Steven Chiang
Jason Chu
Doug Church
Kevin Cloud
Chris Cross
Shane Dabiri
Dave Davis
Ed Del Castillo
Jason Della Rocca
Mark Dickenson
Marc Mencher
Dan Michelson
Shinji Mikami
John Miles
Jay Miller

David Dienstbier
Peter Dille
Alex Dunne
Denis Dyack
Jason Enos
Chris Kantrowitz
Noah Falstein
Mathieu Ferland
Mike Fischer
Chris Foster
Toby Gard
Alex Garden
Richard "Lord British"
Alan Lawrance
Mark Gibbons
Ron Gilbert
Rick Goodman
Harry Gottlieb
Richard "Levelord" Gray
Daniel Greenberg
Rodney Greenblat
Jack Grillo
Peter Hirschmann
Don Hopkins
Matt Householder
Todd Howard
Steve Hunt
Tsunekazu Ishihara
Michael Waite
Sanger
Gordon Walton
Takiyoshi Sato
Phil Saunders

David Jaffe
Paul Jaquays
Joel Jewett
Matthew Lee Johnston
Kenji Kanno
Richard Evans
Bartosz Kijanka
Jeff Kliment
Hideo Kojima
Erik Kraber
Richard Kriegler
Jeff Lane
Lorne Lanning
Garriott
Minh Le
Mark Linn
Ian Lloyd
Doug Lombardi
Ed Magnin
Fred Markus
Ed Martin
Michael McCartie
Ernest McCay
Mike McCoy
American McGee
Brendan McNamara
Brad McQuaid
Sid Meier
George The Fat Man
Ian Wall
Tom Sarris
Thomas Warfield
Stephen White

Scott Miller
Shigeru Miyamoto
Peter Molyneux
Steve Moraff
Ray Muzyka
Toshihiro Nagoshi
Yuji Naka
Gabe Newell
John Slagel
Chris Olmstead
Warren Spector
Rob Pardo
Greg Street
Michael Raymond-July
Tim Sweeney
Bob Riley
Chris Taylor
John Romero
Denny Thorley
Jason Rubin
Eric Tremblay

Chris Sawyer
Tammy Schachter
Tim Schafer
James Schmalz
Reid Schneider
John Scott
Shawnee Sequeira
Bruce C. Shelley
Marty O`Donnell
Randy Smith
Alexey Pajitnov
Jeremy Strauser
Lee Petty
Yu Suzuki
Brian Reynolds
Tommy Tallarico
Erin Roberts
Greg Thomas
Catherine Roy
Ragnar Tornquist
Hironobu Sakaguchi

Kevin Wilkinson
Bruce Williams
Tim Willits
Jeane Wong
Will Wright
David Wu
Greg Zeschuk
Tetsuya Nomura
Harvey Smith
Mike Olsen
Phil Steinmeyer
David Perry
Rick Stringfellow
Steve Rechtschaffner
Max Szlagor
Pierre Rivest
Chance Thomas
Bill Roper
Howard Tomlinson
Michael Rubinelli
Emmanuel Valdez

目　录

第一部分 制作前期

第 1 章　游戏类型与视角

在阅读本书之前，先介绍一些基本内容。本章首先阐述了不同风格游戏的定义，它会使我们的观点得到统一。此外在设计游戏之前，要最终选择一种游戏类型（或者它们的组合），这些内容也用以帮助整合自己的构想。

下面的描述将从游戏的玩法和玩家的视角出发考虑问题。例如，俯视角、第一人称视角，轴斜视角等。

游戏类型

游戏类型仅包括不同形式游戏的主要分类，包括：动作、策略、冒险、角色扮演、运动以及模拟和益智等游戏。

动作类游戏

动作游戏更多依赖于玩家手和眼的协调能力，而不是剧情或策略。这类游戏通常节奏很快，以测试和训练反应能力为目的。在 PC 平台上，最流行的动作游戏类型是第一人称视角 3D 射击游戏，如 Id 公司的 DOOM 和 Quake，Epic Game 公司的 Unreal，THQ 公司的 Red Faction，以及 Microsoft 公司的 Halo 等游戏。

动作类游戏仍然是家用游戏机（简称主机）和 PC 平台上最流行的游戏类型。当然，也有许多不同风格的动作游戏，例如 Max Payne 就是一款基于阴郁、勇敢风格的射击游戏，它融合了《黑客帝国》的电影剧情，如图 1-1 所示。

图 1-1　游戏 Max Payne 的截图

通常格斗游戏也归为动作类游戏，如 Tecmo 公司的 Dead or Alive 3，Namco 公司的 Tekken 4，以及以前的益智 2D 横向卷轴游戏，如 Sonic 和 Mario 系列。此外，任意视角的游戏也归属于动作类游戏，如 Eidos Interactive 公司的 Tomb Raider，Activision 公司的 Tony Hawk's Pro Skater，Rockstar Games 公司的 Grand Theft Auto 等游戏。

策略类游戏

策略类游戏强调逻辑思考和计划。游戏常常强调资源和时间的管理，通常要优先于快速的动作和角色的参与。游戏中战术的组织和执行是必须的，并且创作者通常把决策技巧和指令下达完全交给了游戏玩家。

与回合制游戏，如 Firaxis 公司的 Civilization III，3DO 公司的 Heroes of Might and Magic 相反的是 RTS（即时策略）游戏，它增添了一种活跃的元素，而且迫使玩家考虑同时发生的多个事件。值得推荐的即时策略游戏包括 Blizzard 公司的 Warcraft III，Microsoft 公司的 Age of Mythology，以及 Westwood 公司的 Command and Conquer 等游戏。

Warcraft 系列是 PC 平台上最受喜爱的游戏之一，而 Warcraft III 是一款优秀的即时策略游戏。在游戏的战斗画面中，“千里眼”正在对一群“骷髅”使用暴风魔法，如图 1-2 所示。

图 1-2　游戏 Warcraft III 的截图

冒险类游戏

冒险类游戏需要玩家在游戏中旅行、探险，并解决谜题。游戏通常有一个线性的故事剧情，主角开始在游戏中通过与其他角色的交互，以及具体的操纵来完成一个主要的目标，你可能在这类游戏中发现动作类游戏的一些痕迹。值得推荐的冒险类游戏包括：Adventure 公司的 Syberia，Konami 公司的 Shadow of Destiny，Ubi Soft 公司的 Myst，以及 Funcom 公司的 The Longest Journey 等游戏。

RPG 角色扮演类游戏

RPG 与冒险类游戏相似，但是它更多依赖于角色的成长和发展，其中包括玩家的数据统计、交谈，以及策略战斗，而不是冒险类游戏的谜题。RPG 游戏由庞大的探索和众多 NPC（非玩家角色）构成主体，而且其故事剧情不像冒险类游戏那样线性的发展。此外，在这类游戏中，额外的探索也是很常见的，所以 PC 角色扮演游戏通常被称作 CRPG。

动作在 RPG 游戏中也有着重要的作用，如 Microsoft 公司的 Dungeon Siege，Blizzard 公司的 Diablo，以及 Squaresoft 公司的 Final Fantasy 等游戏都有较好的动作因素。早期的 RPG 游戏被称为 MUD，它纯粹是由互联网和文字组成的游戏，而且多数游戏是通过 Telnet 而不是 WWW 进行的。然而，现在多数游戏玩家已经转移到了更加图形化和提供在线功能的 RPG 游戏上，如 SOE（索尼在线娱乐）公司极为流行的 EverQuest。

图 1-3　游戏 EverQuest 的截图

超过 450.000 个玩家每月为 EverQuest 付费 13 美元，如图 1-3 所示，这幅屏幕截图来自众多它扩充 CD 之一：Shadows of Luclin。

运动类游戏

运动类游戏从教练或运动员的视角出发，模仿单人或团体的运动，所以其真实性、快速动作反应，以及战术策略都显得非常重要。值得推荐的游戏包括：EA 公司的 FIFA 系列，Sega 公司的 WinningEleven 系列，THQ 公司的摔跤系列，以及 Midway 公司的 NHL Hitz 系列。

模拟类游戏

模拟类游戏逼真模仿有生命或无生命的物体（或过程）。游戏通常采用 3D 第一人称视角，如让游戏玩家重新建造飞机、坦克、直升机，以及潜艇等机械装置。属于这类游戏的有 Microsoft 公司的 Flight Simulator 和 Combat Flight Simulator，Ubi Soft 公司的 il-2 Sturmovik，以及 iEntertainment 公司的 WarBirds III 等。

此外，模拟游戏甚至可以建造并不存在的装置，如宇宙飞船。LucasArts 公司为任天堂 GameCube 开发的 Rogue Leader：Rogue Squadron II 就是一个极好的实例。

最后，顶级模拟游戏需要游戏玩家建造和管理城市、社区，以及其他大规模的资源，如 EA 公司的 The Sims 和 SimCity 4。

提示：想像一下赛车／驾驶游戏属于哪一种呢？其实它可以自成一类，或者归为动作／街机类游戏，如 Incognito Studios 公司的 Twisted Metal：Black，或者模拟类游戏，如 Codemasters 公司的 Colin McRae Rally，或者是运动类游戏，如 EA 公司的 NASCAR Thunder。

图 1-4　游戏 The Sims 的截图

市场最好的游戏是 EA 公司的 The Sims，它是一款模拟类的游戏。玩家的目标就是创建并抚养一个虚拟居民的家庭，在职业的阶梯上成功升迁，并照料好家里的事务，如图 1-4 所示，一个大型多人的在线版本将在 2003 年早期首次面世。

如图 1-5 所示，现今最为流行的赛车游戏是 The Gran Turismo 系列，由日本 Polyphony 公司制作，并由 Sony 为其在 PS 和 PS2 平台上发行。

图 1-5　游戏 the Gran Turismo 的截图

益智型游戏

益智游戏包括早期的休闲游戏，如棋牌和文字。最近也把简单、小型的PC游戏归纳为益智游戏中，如那些缺乏深厚故事剧情或早期的街机游戏。要记住的是，这些游戏从其他多种类型中借鉴了元素（正如在RPG游戏阐述中的一样），或者具有不同的游戏视角。

注意： 在街机和家用主机上，一种新游戏类型在过去几年里逐步发展起来了，这种游戏被称为音乐类游戏。例如，Konami公司的Dance Dance Revolution，Sony公司的Frequency和PaRappa the Rappa系列，以及Sega公司的Space Channel 5等，它们强调音乐、唱歌，以及跳舞都要保持一致，这是一个令人激动的新趋势。

游戏视角

游戏视角是指玩家在游戏中的视野范围。视角包括第一人称视角、第三人称视角、俯视角、等轴斜视角、平面横向视角，以及只能浏览文字的游戏。

第一人称视角

第一人称视角很受动作游戏设计师的追捧。在3D射击游戏中，玩家视野内的游戏环境就如同角色眼睛所能看到的一样，这些游戏包括EA公司的Medal of Honor：Allied Assault，Fox Interactive公司的No One Lives Forever系列，或者Id的DOOM III。

由于第一人称角度视角增加了世界的可信度和全身心投入的因素，所以常常受到欢迎。这幅图片来自令人热切期盼的，如图1-6所示。

图1-6　游戏DOOM III的截图

此外，一些非动作类游戏也利用这种流行的游戏视角，其中包括多数的模拟游戏，如Microsoft公司的Flight Simulator，冒险游戏如Ubi Soft公司的Myst，策略游戏如Simon&Schuster公司的Star Trek：Dominion Wars，以及角色扮演游戏，如Bethesda Softworks公司的Elder Scrolls III：Morrowind。

第三人称视角

第三人称视角也称为任意视角，它是另一个深受游戏设计师追捧的对象，尤其是在 3D 游戏中。第三人称视角就是玩家可以在屏幕上看到自己所扮演的游戏角色，它的优势在于能够看见更多的游戏环境，以及可以看见角色所采取的措施——这在第一人称视角中是不可能的。

许多家用游戏和 PC 游戏都使用这种视角，包括 Grand Theft Auto III 和 Grand Theft Auto：Vice City，Tomb Raider，Spider Man，Tony Hawk's Pro Skater，以及 Resident Evil。

图 1-7 游戏 Tomb Raider 的截图

游戏 Tomb Raider 是使用第三人称视角的最叫座游戏之一，它有一个智能照相机紧跟着女主角劳拉·克劳德，如图 1-7 所示，这幅屏幕截图来自该系列的最新游戏——Lara Croft Tomb Raider：Angel of Darkness。

一些游戏，如 Microsoft 公司的 Halo，可以在第一人称和第三人称视角之间切换。当玩家行走时，游戏处于第一人称视角。当玩家在一些运载工具里面时，游戏就切换到第三人称视角。这样玩家可以看到更大范围内的四周环境情况，如图 1-8 所示。

图 1-8 游戏 Halo 的截图

这种视角不仅局限于动作 / 街机游戏，运动游戏（几乎所有这类游戏）也采用这种视角，一些 RPG 游戏如 Final Fantasy，以及冒险游戏如 Lucas Arts 公司的 Escape from Monkey Island 也是这样。

俯视角

俯视角由上向下观察游戏环境，就像照相机停留在游戏者的正上方。使用这种视角最多的是策略类——回合制和即时形式的游戏。这是由于战斗场景中一切琐碎的管理细节和部队战术布置的需要，玩家必须能够控制单位，并一眼就能察看到形势。Game Boy 上面各种不同的 Pokemon 游戏，Monkeystone 公司为 PC 和 Pocket PC 平台开发的 Hyperspace Delivery Boy 等游戏都是一些很好的俯视角游戏。

使用俯视角的非策略游戏包括早期的 Ultima 和 Zelda 游戏，以及许多经典的 2D 游戏，其中包括最叫座的街机游戏 Centipede 和 Frogger。

Nintendo 公司在 Game Boy 平台上的 Pokemon Crystal 使用了俯视角，如图 1-9 所示。

图 1-9　游戏 Pokemon Crystal 的截图

等轴斜视角

会与俯视角混淆的是等轴斜视角，称之为 3 / 4 视野，所以有一些 3D 的效果。Blizzard 公司的 Diablo，Interplay 公司的 Neverwinter Night，以及 EA 公司的 The Sims 等都是很好例子。

游戏 Diablo II 是基于等轴斜视角的动作 / RPG 游戏。由于游戏玩家可以同时看到角色和四周的情况，许多游戏开发者更加喜欢这种视角了。如图 1-10 所示，在这幅图片上，女魔法师在对一群邪恶的怪兽喷放火焰。

图 1-10　游戏 Diablo II 的截图

平面横向视角

平面横向视野是传统二维动作的横向视野，随着 3D 成为游戏的基准，所以使用这种视角的游戏变得越来越少。在二十世纪八十年代后期及九十年代早期，这种视角在横向卷轴游戏中曾经很常见，如 Mario Brothers 和 Sonic the Hedgehog 游戏。

如果现在使用这种视角创造游戏，那么也会是一个让人耳目一新的变化。这样的例子包括 Titus 公司的 Worms 系列，ARUSH 公司的 Duke Nukem：Manhattan Project，以及出自 Oddworld Inhabitants 公司最早的 2 款 Oddworld 系列游戏。

游戏 Worms 是出自 Titus 公司无聊却又迷人的 2D 平面视角策略游戏，如图 1-11 所示。

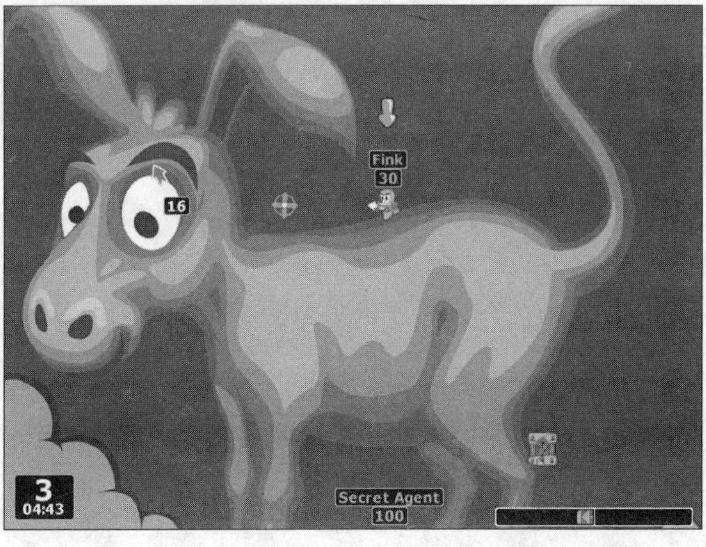

图 1-11　游戏 Worms 的截图

文字游戏

完全不使用或很少使用图形的文字游戏非常少。除了二十世纪八十年代早期的经典文字冒险游戏以外，如 Infocom 公司著名的 Zork 系列，Douglas Adams 公司的 Hitchhiker's Guide to the Galaxy，以及今天的 Outsmart 在线游戏都是这类游戏的很好例子。

第 2 章　一般游戏设计：动作 / 街机游戏

考虑到游戏设计是一种艺术的表现形式，而不是一门科学，所以要某人教你的话常常是非常困难的。这好比是在问 McCartney 如何写出像 Yesterday 这样的歌曲，或者问 Salvador Dali 是如何构思一幅像《Persistence of Memory》这样的画作。事实上相比而言，分析与指导游戏设计常常更加困难，因为它比任何艺术形式都体现出更多的主观感觉，而且更不用说它是一种集体努力和互动的产物。

非常幸运的是，有一些天才的游戏设计师，他们能够用语言表达出自己的灵感，而且将他们的游戏的设计过程写下来。当然，有多少开发者就有多少游戏设计的思想，所以在接下来的章节里，他们会有一些激励人心和启迪人的忠告。

在阅读这些谈话之前，请记住一件事情：当今游戏中投入的一切浮华的东西，包括昂贵的美术、动画、真实的演员，最好的乐师都掩盖不了游戏的差劲——这里所指的是游戏的可玩性。

注意，第 2 章介绍的内容是对动作 / 街机类游戏设计者的忠告。

Jason Rubin，Naughty Dog

作为 SCE（索尼计算机娱乐公司）的全资子公司，Naughty Dog 凭着其 2 款游戏——Crash Bandcoot 和 Jak&Daxter：The Precursor Legacy 在 2001 年赢得了出乎意料的成功，而且 Jak&Daxter II 正在制作当中。Rubin 是公司的创始人之一，现担任首席设计师，我们和他谈论了关于游戏设计理论和实践的问题，下面是他所带来的经验：

➢ 设计游戏时要做的第一个选择就是："艺术"或者"市场"。艺术界有"激情工程"的政府基金，而游戏行业却没有。为了成功，必定不能做你自己想做的游戏——必须做玩家愿意玩的游戏。Naughty Dog 公司总是把玩家的需要和愿望放在设计师自己的喜恶之上，所以一旦我们知道应当做出什么样的游戏时，就竭尽全力在那些限制之内去设计产品。最后，我会乐意地认为自己确实创作了艺术品——而且是畅销的艺术作品！

➢ 通过对过去 16 年的电子游戏行业的留心观察，我认识到在开发过程中，如果偏重于开发"阵营"的任何一方，那么游戏注定会遇到麻烦。例如，如果美术人员起支配作用，那么最终会有非常漂亮的画面——而不是一款游戏；如果程序人员支配一切，那么最终得到的只是一个技术的展示——而游戏在视觉和可玩性方面达不到预期的效果；如果游戏设计师控制了一切，那么程序员会被安排去做一些不可能的任务——而只是为了满足一时的设计灵感，然而在无损趣味性的前提下却有一些更加实际的替代方法。总之，美术师因为没有考虑视觉的设计而受挫，而因为游戏设计师不允许他们的工作受到质疑，这些都是使游戏设计无法得到不断地改进。我想起有一家大型的出版商一次巨大的失败，因为游戏设计师迫使团队坚持他的前期设计文档（他自己认为是宝典）而不顾结果，导致了发行的推迟，结果超出预算——并表现得差强人意。所以，三方必须有条不紊地工作，这是作为游戏设计师要牢记的一点。

➢ 在平衡、优化和改进游戏时，只有一种看法重要：召集测试者，听取对游戏的意见。

我无法向你说出 Naughty Dog 公司曾经有多少次把某个特征，或者角色呈现给玩家，只是为了避免犯错误。不要依赖自己的直觉，相反应该在民意测验面前做出正确的改变。

当问及如何创作一款出类拔萃的游戏时，即如何将独创性融入大众化。

Rubin 回答道："最近把细节作为工作的外号——而独创性放到一边。这就像优秀电影的产生一样，即更好的效果与角色，加平凡的故事剧情，甚至是重新翻版的影片。如果游戏彼此之间竞争，那么它们很快就被遗忘了。你能射中每一只酒瓶吗？能阅读书架上每一本杂志吗？记住，在曲棍球游戏里面，为支持逼真的衣物穿戴而每花费一个小时，也等于就在 AI（人工智能，详见第 12 章）实现方面损失一个小时。比如，关卡中每一个额外的细节——从逼真汇流的雨水到墙壁上的镜子，它们就是一个永远无法完成的额外关卡，或是一个会让游戏变得更加复杂的敌人。在游戏 Jak&Daxter：Precursor Legacy 中，我们的目标是花费时间和精力去增添细节并保持游戏的时间和价值，这样的代价在预算上能直接感受到——更多的人力，更多的时间，更多的努力"。

在第 6 章中，可以看到 Jason Rubin 的更多建议。

注意： 可以说 Jak&Daxter: Precursor Legacy 是第一款完全没有读取时间等待的 PS2 游戏。这是如何实现的呢？Stephen White 是 Naughty Dog 公司聪明能干的程序经理，第 11 章会介绍他的建议。

Shinji Mikami，Capcom

Shinji Mikami 是 Capcom 公司第 4 工作室的制作总监，曾为各种基于超级任天堂系统的游戏制作（如 Aladdin 及 Goof Troop）工作过，其代表作是生存恐怖系列游戏，如 Resident Evil，Dino Crisis，以及 Devil May Cry。游戏 Resident Evil 正重新焕发生机，在 2001 年发行了以此款游戏为基础的故事影片，并在任天堂 GameCube 平台重新发行了这款优秀的电子游戏。

关于一般游戏设计，Mikami 列出了游戏设计师需要记住的最重要的考虑因素：

- 要非常清楚游戏想要达到的目标。
- 预先考虑形成最初游戏规格最有效的方式，以便游戏适合各种不同的限制与约束。
- 永不放弃，相信自己，毅力是最关键的。
- 经常聆听人们的意见。
- 无论采取什么方法或手段，创作游戏永远是一项费力的工作。鉴于这种性质，无论何时都要让工作充满乐趣。

Mikami 认为游戏 Resident Evil 的成功是由于他严格遵循了前面的准则，他解释说："如果一个人能容易地对他的朋友表达出 Resident Evil 的恐怖因素，以及解释出自己对游戏的感受，那么这就是我自己的目标，而且到最后都没有停止过"。

如何做到使一个游戏让人觉得恐怖？他回答说："将游戏从头到尾保持一种恐怖氛围作为最高优先等级，以及很好把握各种事件出现的时机，它们的效果通常是满意的"。

当 Resident Evil 在任天堂的 GameCube 平台再次出现时，新一代的电子游戏能够从中体验到寒冷、恐怖和血腥，下面的图片来自最初的生化危机的再次发行的恐怖版本，如图 2-1 所示。

图 2-1　游戏 Resident Evil 的截图

Mikami 认为游戏要获得巨大的成功，市场行销的时机也是需要考虑的，他解释道：“很少游戏能在艺术与商品之间保持良好的平衡。依我的看法，这是当今许多游戏的最大问题。我希望玩家能更多地关心游戏原创的新颖思想，而设计者总是期望开发已有游戏系列的续集”。

在第 17 章谈论了开发过程中各种不同游戏的测试方法，那么 Mikami 是如何测试游戏的呢，如游戏 Resident Evil 和 Dino Crisis，他回答说：“通常在游戏发行前，我会花一个月时间去测试游戏。首先列出游戏中可能出错的所有地方，然后把游戏中每个的可疑部分指派给若干团队进行系统的测试”。

Mikami 为游戏 Resident Evil 在 GameCube 平台的再次发行感到自豪，他解释道：“在视觉质量方面，至少说，它超出了任何过去系列几个等级。游戏中还引入了一些新的特征，如新的谜题和电影，更多的武器与战斗选项，更加厉害的敌人，以及一些需要额外探索的区域”。

Brendan McNamara，Sony Computer Entertainment Europe

作为 SCEE（索尼欧洲娱乐公司）的开发主管，Brendan McNamara 在过去几年中制作开发了许多基于主机版本的游戏，包括游戏 Kngsley，This is Football 以及最近的 Getaway。

在 2003 年早期面世的 Getaway 游戏是一个雄心勃勃的项目，它看上去更像是互动式的电影，而不是电子游戏——因为它对角色进行了动作捕捉技术，以达到逼真的动画与操作，以及超过 $40km^2$ 的伦敦市区在游戏里被逼真地重新创造出来，还有长达 100 页的脚本和超过一个小时的对话。在这款游戏中，玩家担任一个被诬陷谋杀自己妻子的反面角色，更加糟糕的是，他的儿子被疯狂的犯罪分子劫持并囚禁起来。到游戏的最后，主角还担当警察再次经历冒险。

McNamara 为那些正在制作自己第一款游戏的人们提供了如下的建议：

- 保持事情简单。科技公司的每个人都有使事情过度复杂化的巨大诱惑，而在生活中这种情况通常比较少。我时常要设计师或程序员去做一些相当简单的事情，当我几个小时回来后，他们已经完全跑题了——做出了更复杂的东西。
- 在约束之内工作是有益的。任何行业最好的设计都是基于约束条件的。在开始设计之前要找出所有的约束条件。
- 使操纵简单。设计师首要的职责就是创造乐趣。这是一个相当难理解的过程，但是设计师必须让玩家对屏幕画面的操纵感觉不错。尽可能让许多人测试操纵机制，尤其是那些远离游戏的人。

McNamara 在创作游戏 Getaway 时吸取了哪些教训呢？他解释道："在一个庞大的团队里，沟通是非常困难的。我们曾采取的最好措施就是让所有的制作人员在一个敞开式的楼层里一起工作——让游戏设计师坐在程序员旁边，程序员坐在美术人员旁边。曾经采取最糟糕的措施就是没有坚持团队中的每一个人，或者让加入团队的新人认真仔细地阅读设计文档（详见第 6 章和第 7 章，介绍如何创作设计文档）"。

如果有机会回到 Getaway 游戏的制作早期，你会弥补一些事情吗？他回答说："在实际开始制作游戏之前，我会尽力回避许多技术上的问题，这和故事影片的制作前期很相似。Getaway 花费了 2 年时间开发技术和 1 年时间实现游戏，那显然是一个错误的比例。但很幸运的是，续集的制作从中得到了收益。然而，当 PS3 主机出来时，我必须要重新思考开发的过程。我不能确定从精神上或财力上能否承受庞大团队在一个项目上长达三年的时间，要知道让 55 个人长时间内集中精力是困难的，因为这是变成了对意志力的锻炼。如果觉得当游戏不可避免地变得庞大时，不妨要更多的美术团队轮流加入项目的工作，就像他们在制作故事影片时那样。"

McNamara 提到游戏 Getaway 深受电影的影响，尤其是二十世纪七十～九十年代的英国警匪片，他解释道：

"这些电影包括：Get Carter《复仇威龙》、The Long Good Friday《漫长美好的星期五》、Mona Lisa《蒙娜·丽莎》、Stock and Two Smoking Barrels《两支大烟枪》、以及 Face 都很重要。Tow Jake Arnott books，The Long Firm 以及 He Kills Coppers《他杀了警察》都有影响力，还有名为 100% White 的纪录影片。

游戏设计师应当从哪儿获取灵感呢？他回答说："很显然，游戏设计师应当留心他们特别喜爱的游戏，但是也强烈建议设计师们向前看而不要总是停留在过去的游戏中。这是件很有趣的事情，在游戏公司新的想法受到的抵制是非常惊人的。游戏差不多是大众文化，所以灵感应该来自一切正常的来源。然而我要说的是阅读可能是最好的来源，因为它能让你想像各种可能性——这对游戏设计师来说时常是必须的，尤其是当他们在等待还没有准备好的工具与技术的时候"。

当申请职位时该如何准备履历和作品呢？McNamara 将会在第 21 章给出相关的答案。

图 2-2　游戏 Getaway 的截图

三幅不同的画面来自 Sony 的大作 Getaway，专门用于 PS2 平台，如图 2-2 所示。

Yu Suzuki，Sega

Yu Suzuki 是 Sega 公司的代理主管。在过去一些年里他开发制作了一些遍及全球的产品，包括 Beach Spikers，Virtua Fighter，Shenmue，Virtua Cop，Hang On，Space Harrier，After burner 以及其他许多的游戏。他的梦想就是让 Sega-AM2 成为世界水平的最好的游戏工作室。Suzuki 说："我们要成为这样的公司，当有人谈到游戏公司时，就立即提到 Sega-AM2"。

下面他为游戏设计新手提供了一些很好的建议：

- 资深团队成员。由于游戏开发在多数情况下是一种团队努力，最重要的事情就是沟通。为了有效地学习技术，找到资深前辈很重要。建议你通过外出去玩而不是在工作场所与他们结交，并与他们保持良好的友谊。这样将能够获得各种不同的信息或建议。把这些得到的信息／建议与自己的想法结合起来，这样在朝向目标工作时，就能避免徒劳无益的努力。
- 在职培训。一些公司会提供一段时间的教育课程培训，有通用性或专门的课程，但最有效的是在职培训。

如果他们想要练习文字处理，计划者们不仅应当打字，还要试着写下想像中游戏的计划文档。程序员应当根据公司可能实现的计划尝试进行编程。例如，如果得知将开发一款以 Porsche 为特征的游戏，那么就从 Porsche 汽车开始而不是为其他汽车做试验。

这对设计师来说也是一样。例如，如果得知将开发一款幻想游戏，那么可以创造一些适合幻想游戏的精灵或生物，而不是和这种游戏毫无关系的花卉或者眼镜。我认为经常以可能在实际工作中用到的东西来训练自己是非常重要的。

- 自我投资。进入公司以后会领取薪金，为了增加自己的价值，尽可能用薪水进行自我投资，提升在公司的价值，这样他们对你的评价就会上升。
- 尽可能继续自己的嗜好。如果喜欢看电影，那么就看许多电影。至少有某个方面你要比其他任何人都熟悉。从其他人的角度看，似乎是在浪费金钱。然而，这将是自己的经历，并且是对将来创作优秀游戏有极大的帮助。

Yu Suzuki 已经为家用主机和街机创作了大量的游戏，包括 Virtua Fighter 系列的游戏，如图 2-3 所示是游戏 Virtua Fighter 4 的截图。

图 2-3　游戏 Virtua Fighter 4 的截图

"Virtua Fighter 系列游戏最吸引人的地方是它可以多人参与游戏"，他解释说："游戏不仅只是人和 CPU 在玩，相反对于玩家来说，他的对手可以是通过 CPU 作为媒介的另外一个人。如果玩家改变了，游戏自身也将改变，因此游戏有潜在的无穷变化而没有固定的模式"。

当要求提供一些游戏设计的准则时，他回答道："这与游戏中对成功或者失败的体验有关。玩家通常拥有感受游戏中成功或者失败的机会。例如，在一款汽车驾驶游戏中，如果因为速度太快而转弯失败，那么就会觉得自己失败了。如果转弯成功了，那么将会觉得达到目标了"。

对于"禁忌的事情"包括这样一些情形，他解释道："不能解释玩家是如何失败的，而且他不能清楚地认识到原因。例如，如果玩家突然被来自屏幕外面的枪弹击中，并且游戏结束了，那么没有人会再去玩那个游戏”。

Suzuki 从哪儿获取灵感呢？

他解释道：“在看电影的时候，在进行与游戏毫无关系的运动时——在早晨醒来时，在睡梦中等。确实无法明确地说出灵感到来的时机。通常当我一直持续思考的时候，灵感便迸发了。带着你的头脑非常重要，在那里都会遇到灵感。即使没有答案，只要不停地思考，那么灵感将会被带入你的脑海深处，总之持续思考增加了灵感到来的可能性。相反，如果什么也不思考，那就不会有灵感了”。

优秀的游戏和良好的游戏之间的区别是什么呢？他说出了 3 个条件：

- 激情。
- 永不放弃。
- 仔细地创作游戏，考虑将要玩这款游戏的人群。

在第 6 章，Suzuki 详细叙说了如何制作游戏的重要角色。

Hironobu Sakaguchi，Square.Ltd

欢迎 Hironobu Sakaguchi，所有 Final Fantasy 系列的执行制作人。不论相信与否，Final Fantasy 游戏迄今（至 2003 年 3 月）累计销售超过了 450 万套。Sakaguchi 还在夏威夷的 SQUARE 工作室帮助开发了正式的最终幻想 CGI 电影。

Sakaguchi 说：“游戏设计师要考虑最重要的事情是——理解并抓住玩家的心理，玩家对图像、声音和动作的感受，以及玩家会对这些刺激的反应。必须要考虑到玩家觉得他能够自由地在游戏世界里面四处走动。当然会存在一些约束，但关键是在游戏自身和系统之内产生活动，这样玩家就会感受不到约束和限制的存在。在故事叙述和视觉方面最重要的因素是——让使用者和角色能够联系在一起的环境”。

如何创作出像 Cloud 和 Squall 游戏中那些令人难忘的角色？Sakaguchi 解释道：“角色独一无二的特性，浪漫的情调，能成为主人的角色，以及要保护的一些人。确实，这对 Final Fantasy 游戏系列的主角来说是真的（在第 6 章更详细地讨论角色的创作）”。

在今天的主机或 PC 机游戏中缺少什么，或者说还存在那么问题呢？比如缺乏独创性、有差劲的操作控制、或者情感不够充分？

他解释道：“如今的游戏缺乏许多因素。从硬件自身的约束到网络、用户界面产生的问题。当然故事剧情和角色，以及游戏世界背景也都没有得到足够的关注。但这是所从事的这个行业发展过程的一部分。它给了我们发展的理由，每一次都可以做得更好。实际上，由于思考将来的事情如何变化是很兴奋的，发展的过程可能是最好的地方”。

问及用户界面和操作控制，Sakaguchi 按照当今游戏的外部环境和自身限制进行了回答。

他解释说：“在家庭里，我们已经被限制在 NTSC 制式，一个简单的体视环境，以及操纵杆。相信如果图像全部都是 3D，并且拥有一个物理知觉系统，将会有趣得多。但我猜想这在目前是不现实的，但是我认为屏幕上的界面，GUI（图形用户界面）是非常重要的。即使故事剧情和游戏系统都不错，如果 GUI 做得不好，如菜单系统，有时游戏就不能得到欣赏和喜爱”。

有关图形用户界面的更多信息，请参考第 14 章。

前期渲染的 Final Fantasy X 的动画绝对令人震惊，如图 2-4 所示，并作为进行中的传奇故事的关键转折点。有一天游戏可玩度有这么好吗？我们正越来越近！

图 2-4　游戏 Final Fantasy X 的截图

Chris Cross，Electronic Arts Los Angeles

Christolpher L Cross 是 EA 公司 LA 工作室的首席设计师，他测试过 Warcraft II，Warcraft II：Expansion 以及 Warcraft II：Diablo，而且是 EA 公司下列游戏的设计师：Small Soldiers：Squad Commander，Trespasser，Medal of Honor，以及 Medal of Honor：Frontline。

根据他的丰富经验，Cross 建议在设计游戏时要记住 3 件最重要的事情，并指出了引人注目的 Medal of Honor 游戏系列是如何符合这些建议的：

第一条建议：保持简单，不要超出经验或者能力的限度。让设计的复杂度刚好适合游戏的需要。

他解释道："对于游戏 Medal of Honor 的最初开发，我们讨论了拥有一个仓库系统，可以允许拾取物品并保存到以后使用，如健康、钥匙、弹药等。但很快意识到这将会是过度复杂的事情，而我们主要的技巧是射击。记住一点，仓库的管理从动作的主要目的分散了注意力"。

下面这些来自最初设计文档的摘录总结了这一点：

- 当玩家位于合适的地方时，按下动作键使用仓库中的物品。
- 如果玩家拥有其所站立位置的正确物品，该物品将自动使用。
- 当新物品被拾取时，一条文本提示会显示获得了什么。
- 当使用物品时，玩家被一条文本消息提醒。
- 当缺少物品时，玩家会被一条文本消息提醒（如玩家在上了锁的门前，但没有适合的钥匙）。
- 当按下动作键时，弹出一条文本消息，告诉玩家他需要蓝色键。注意：在游戏 Medal of Honor 里没有蓝色键，或者任何其他颜色的键。
- 当玩家走过钥匙并拾取时，实际上没有得到物品。然后，关卡中别的地方，一扇门现在可以打开了，因为它得到了一条消息说玩家有了这扇门的钥匙，所以当在附近按下动作键时，门就应该打开了。仓库系统是被动的，于是玩家不必通过仓库来选取钥匙并在正确的地点使用。相反，玩家只需走到考虑中的那扇门并按下动作按钮。如果认为需要的话，会弹出一条文本消息提示说“使用了钥匙”。

第二条建议：就整个产品来考虑问题，而不要为了一个特别喜爱的特性而牺牲成为更好产品的可能。评价任何特性对产品的影响是多大，游戏 Medal of Honor：Frontline 中的训练关就是一个好例子。

他解释道：“尽管这个关卡很不错，它仅是 18 个里面的一个，并且时常处于被删掉的危险。我们没有足够的工时让地形正确地移动，于是一个设计师通过脚本解决了这个问题。他成功了，并且运行得比较出色，但是如果不能证明它会运转并有趣，不管我们都认为该关卡是多么的好，我们内心都情愿删掉这一个关卡”。

Cross 认为设计不是独裁，担当设计师不意味着是站在那儿分配任务，它实际上是在驱动整个团队的构想。他解释道：“广泛地倾听。能对团队中其他人员的美妙想法而感到惊讶。如果想法不完全适合游戏的构想，那么采纳并吸收适合的部分。记住，决不会有任何坏的想法”。

能为最后这条建议提供些具体的例子吗？

他回答道：“没有，主要是因为我自己尝试每天都实践这一条。明显地试图以我的思考方式影响决定，但也注意那些未被利用或者忽视的可能性，并吸收到设计里面。总是力图记住我们是在制作游戏，并且只要设计的最后决定是我作出的，那么从尽可能多的人们那儿获取信息是有益的”。

Cross 认为 Medal of Honor 游戏系列为什么如此流行？

他解释道：“第二次世界大战对一些人来说似乎是古老的历史，但那是一场终结所有战争的战争。那是最后一次大规模在正义与邪恶之间进行清晰的描述。对德国纳粹战争机器和第三德意志帝国的图解仍然是一个敏感的话题，并且激发了世界各地许多强烈的情感。我们试图达到忠实再现历史事实的画面，但不损失游戏的可玩性。许多游戏任务都会发生，环境背景也足够现代而且那时技术推进非常快，以至从未对新的有趣的武器或目标感到困惑不解”。

Gamespot 杂志是这样评价 Medal of Honor：Frontline 游戏的，“它会让 PS2 玩家感到吃惊，他们会对它极好的可玩性、视觉效果，以及其在 Sony 主机上最好的音效而赞叹不已”，如图 2-5 所示。

图 2-5　游戏 Medal of Honor：Frontline 的截图

关于容易上手，Cross 也称之为“设计的简明”。

他解释道：“为主机市场设计第一人称射击游戏（FPS）需要让游戏在不熟练的玩家面前也能有效地运行。记住这一点，在游戏里面就不会发现许多移动扫射的敌人，或者其他不必要的复杂性。对于那些以前从未玩过 FPS 游戏的多数玩家来说，在游戏世界里面导航是相当艰难的，敌方也采用不同的方式处理。在第一款 Medal of Honor 游戏之前的多数 FPS 游戏里，蓝方敌人采用的是这种行为和武器，而红方是另外一种。我们没有那么奢侈，而所有的敌人都基本上是人类，所以必须找到让他们和背景相互结合的方式，并且使他们看起来似乎确实在那里。这也影响了 AI 和动画方式，在所有的 NPC 都有基于写实的动画，并且能够对自卫作出复杂的决定。总之，所有的努力都围绕着容易上手和吸引新手到 FPS 游戏的想法”。

在玩游戏时，是什么驱使 Cross 解决难题的呢？

他回答说：“玩游戏首先是为了乐趣，然后是为了研究。当游戏不再有趣了，或有些东西确实让我印象深刻，还有就是已经玩结束了，我才会把游戏放在一边并分析它。我最大的抱怨就是游戏不再有趣了。表面上这似乎是关卡设计师的责任，任意的决定迫使我按照固定的方式去玩或者思考。我尤其不欣赏恶意中伤，多数游戏中，在不让玩家觉得受骗的前提下，成功地布局埋伏是非常困难的。最好的方法是通过设计一些方式，让玩家认识到在一些情形下可能存在埋伏或者突然袭击。这必须要非常仔细地训练，建立一套玩家理解且以后在游戏里能够识别的语法。这样，玩家就可能算出何时何地会发生埋伏，并且可能找到一种精明的方式来应付。在这方面游戏 Medal of Honor 里的一个好例是：在一个随意的时候，玩家身后产生 3 个 Panzershrek 装甲士兵，并几乎立即对玩家做出较大的伤害”。

在第 21 章，Chris Cross 谈论了如何迈进这个行业。

James McGee，Carbon6 Entertainment

McGee 是 Carbon6 具有创造力的经理，他过去做的项目包括 DOOM，Quake，以及跟它们相关的副产品。最近，他为 EA 创作了 American McGee’s Alice，他现在正忙于 EA 公司的一些其他项目，同时在跟 Dimension Films 一起制作正式的 Alice 故事影片。

McGee 讨论了一些游戏设计技巧，并通过个人的例子来证实他的这些建议：

- 让事情保持简单。确定知道核心的想法是什么。是什么让思想凝聚在一起？音乐，美术，角色。明白它们是什么并保持忠实于它们。

  这适用于任何事情。从故事剧情，到决定使用的角色，再到营造的环境。把原来的故事剧情撕开，仅提取出那些为展开故事所需要的角色和环境，然后精心制作，尽可能简单地迫使故事推动情节。

  基本上做自己所知道能做的事情，并力图把它尽可能做好。也许会冒一些风险，但它们将和可能带给游戏制作的复杂度保持平衡。
- 知道正试图要创作的东西。团队在制作前期花费两个月时间，早在转向利用电脑工作之前，就已经画出了多数的角色、场景，以及武器的草图。一旦制作开始，这给了那些负责创作内容的家伙们一个非常坚实的基础。
- 创作犹如在制造一个玩具。诸如界面、角色交互、武器设计和实现，以及游戏技巧等都应制作得尽可能的简单和便于使用。我非常痛恨的就是游戏强迫玩家去学习一种新的界面控制方式来操作和运行。

➢　记住正在创造的是乐趣。人们想要的是游戏娱乐体验，而不是对界面、游戏技巧以及控制机制的痛苦的学习。

当问到在一个熟悉的领域中，如对于 American McGee’s Alice 的工作是更加困难还是更加容易时。

McGee 解释道：“我想两者兼而有之。更容易些是因为某种程度上许多世界和角色已经被准备好了。更困难些是因为强烈渴望创作出配得上仙境神话的体验。最终，因为就建立我们的角色和环境而言，这意味着许多工作已经替我们完成了，这给了我们探索这些元素新的意外转折的自由，而且确实很成功”。

图 2-6　American McGee’s Alice 中 Mad Hatter 的草图

当要求为本书捐赠一些从未见过的图像时，著名的设计师 American McGee 提交了这幅来自游戏 American McGee’s Alice 中的 Mad Hatter 相当早期的草图，如图 2-6 所示。而在第 6 章中有一些 McGee 为该游戏写的介绍文字。

Cliff Bleszinski，Epic Games

Cliff Bleszinski 是 Epic Games 的首席设计师和制作人，他是游戏 Unreal 和 Unreal Tournament 的首席关卡设计师 / 协作设计师，游戏 Unreal Tournament 2003 的制作人和关卡设计师，游戏 Unreal 2：The Awakening 的制作人，以及未来 Unreal Warfare 的首席设计师。

在从业十年之后，Cliff 能给那些崭露头角并期望一举成名的游戏设计师们这样的 3 条最好的建议：

- 做一个仁慈的独裁者。关于将要创作的游戏，可能有自己的构想和打算。但是，日复一日和你一起工作的团队也是这样。
- 做一个实干的设计师。确定在游戏的某一个方面工作——程序、美术，或者关卡设计。否则，会成为一个脱离实际的设计师，你会很奇怪自己的团队怀有怨恨。
- 重视现实生活的经历。首先要记住的是，你在一个关于娱乐的行业里工作。因而，要设法确保经常离开办公室去体验我们称之为现实生活的东西。

以游戏 Unreal 和 Unreal Tournament 为例子，验证你上面所说的话。

Bleszinski 解释道：“团队驱动的设计在 Epic 公司总是适当的，我们发现这样很有效。如果一个美术师做出一把枪，那么程序员便把它加进去，然后枪引起了平衡问题，我们就在开放的讨论会上讨论。贯穿游戏 Unreal 和 Unreal Tournament，为游戏设计自己的关卡。这能够密切了解产品的进度，武器的乐趣，以及工具器械的状态”。

如何做到成为更好的设计师，他解释道：“每当腾出时间，就要尝试体验新鲜事物。我体验过特技跳伞、斯库巴潜水、骑马、钓鱼等，所有这些事情都让我成为一个更好的设计师”。

Bleszinski 把他的建议应用到 Unreal Tournament 2003 的工作上。

他解释说：“记住游戏 Unreal Tournament 2003 和 Unreal 2：The Awakening 都是外部开发的项目。尽管 Epic 拥有 Unreal 系列的经销权，但是在知识产权的范围内我们还是频繁地与外部团队一起工作开发游戏。最近，一直在与 Digital Extremes 一起工作，后者在过去与 Epic 合作开发了游戏 Unreal 和 Unreal Tournament。Digital Extremes 是该产品的主要开发者，因此必须要在合作与方向之间微妙地工作。在这种情形下，Epic 对我们想在产品中要的东西有一个相当好的观念。偶尔，两个公司之间在项目上会有一些创造性的分歧。在这种情况下，我们选择的是战斗。就我而言，在任何时候 Epic 说‘我们想要游戏如此这般，因为我们是这样说的’，这将会是一次沟通的失败，并且可能导致降低和我们协同工作的天才团队的积极性，可能已经对开发者吹毛求疵到了让他们发疯的地步。相反，在许多领域选择信赖他们的判断，并且只有当觉得绝对必要时才需要改变”。

关于如何做一个实干的设计师？

他解释道：“我是 Unreal Tournament 2003 中 2 个关卡的主要设计师，并且是其他 2 个关卡的辅助设计师。传统的公司理念似乎规定在公司的职位越高，实际上就越远离具体工作。在像 Epic 这样的小公司，这个范例不适用。我的头衔可能是首席设计师，但是我把按照正常的准则制作自己的内容视为是必要的。这让我和团队、工具，以及开发路线保持联系成为可能，也帮助避免出现困扰许多公司的脱离实际的管理者综合症”。

创作“新的产品”有多么重要呢？没有可能在一个被证实的、现存的方案上面进行简单的改进吗？

他解释道："我欢迎创新的产品！这个行业的任何人应该认识到，前进的惟一方法就是通过新鲜和创新的产品在各个方向进行发挥。就是说，我认为有足够的空间给渐进的产品而不是完全创新的产品。听到过来自行业内不同人们的呼声：'我们不应当制作更多的第一人称射击游戏了'。如果情况是这样，可能永远也不会有这么伟大的产品，如 Half-Life 和 Medal of Honor"。

Bleszinski 说到游戏 Unreal Tournament 2003 是每个人所期待的东西——更好的 Unreal Tournament，他解释道："流畅、漂亮、有趣而且充满变化。这款游戏已经改进了首次成功的要素，而没有太过破坏惯例。记住，Unreal Tournament 是第一个"你与虫对抗"种类的游戏，并且它继续引领这类游戏"。

图 2-7　游戏 Unreal Tournament 2003 的截图

从图片中可以看出，Bleszinski 完全是在嬉闹，而另一幅这里展示的是 Unreal Tournament 2003，如图 2-7 所示。

现在的市场有关于大量动作游戏的个人抱怨吗？Bleszinski 觉得单人游戏太长而且太昂贵，他回答道："宁愿选择需要 5～10 小时才能结束的游戏，购买花费在 10～20 美元，并且生产成本更低，我认为低价优质游戏有着很大的市场"。

Cliff 谈论了制作主机游戏和电脑游戏的差别？他解释道："相信最好的主机游戏是那些和一些朋友坐在客厅里面，在一个巨大的电视屏幕上面一起玩的游戏。要么朋友与你一起玩游戏——竞争或者协作，要么游戏视觉效果有趣得足够让人想观赏。在设计的时候记住玩主机游戏的环境很重要"。

他引用了游戏 Soul Calibur，Madden 系列，以及 Halo 作为很好的例子。

他解释道："游戏 Soul Calibur 在几个方面表现都很好——观赏有乐趣，因为角色令人十分愉快且十分活泼。他们的攻击灵敏。由于是格斗游戏，所以玩家喜欢跳跃和相互痛击。Madden 系列游戏看起来令人吃惊——许多人们评论这个游戏接近广播节目的品质，因此观赏很有趣。另外，它是多人游戏，因此他们在客厅环境中很有用。凭借其单人体验和充实的多人竞争选择，Halo 有极好的合作可玩性。当然，它看上去很不错"。

关于 PC 的话题，Bleszinski 相信这种平台上面最成功的游戏是那些充分利用了该平台优势的游戏，他解释道：

➢ 最好地使用键盘和鼠标玩游戏。

- 在高分辨率下游戏运行得最好（使用者离屏幕几英尺远）。
- 利用硬件驱动和互联网（如有下载补丁程序的能力，还可以和其他玩家一起玩）。
- 利用 PC 硬件开放的本质来制作在图形方面非常有优势的游戏。

Bleszinski 有许多更好的思想可以分享。详见第 8 章内容，关于关卡设计的技巧和技术，以及第 21 章 Epic Games 关于征召开发新人的需求。

注意：Bleszinski 相信，创造一个比较好的用户界面应当比较容易。他的忠告呢？“保持简单，笨拙。不要重新发明轮子。界面不必是卓越的艺术工作——它必须有效”。关于创造用户界面的更多信息，请参见第 14 章。

David Jaffe，Sony Computer Entertainment America

作为 Santa Monica 制作室的游戏经理和首席设计师，David Jaffe 为 PS 和 PS 2 创作了少量令人忘的产品——但可能最广为人知的是创作了 Twisted Metal。Jaffe 为寻求游戏设计技巧的所有人提供了中肯的忠告：

- 清楚定义游戏中的人机交互。极好的题材、环境背景以及角色都是很重要的，但那只是过程的一部分。最重要的事情是了解想要玩家做些什么，而且必须具体了解这些。不仅是必须要了解人机交互的高级概念（如游戏中，在熟悉了难以操作的数字键盘战斗对策时，玩家必须导航复杂的 3D 环境），而且也必须要开始认真对待事实真相，确实理解选择的可玩性的工作原理，如为什么有趣，以及如何改进它。这很显然，但感到惊讶的是，这么多人带着仅仅只是场景和背景的“设计”来找我（但我想做一个感觉像是枪战动作影片的游戏！）。他们没有线索表明他们想要玩家在长达 10～80 小时的过程中做些什么，这是导致游戏开发终止或延期的首要原因。团队准备就绪，他们建造了一个引擎，制作了一些美术，而且在 6～12 个月里面他们开始困惑这个游戏到底是什么，然后他们乱作一团，事情变得糟糕了。
- 在题材方面开辟新天地。我在这里设想，但是这个行业里面的绝大多数人们（包括我自己）似乎都在汲取相同的灵感源泉。这个源泉充斥着漫画书、暑期电影，以及香港动作片，还有 Blade Runner。如果继续沿着这条路走下去，不仅把游戏限制在少数人的范围内，而且最终会迫使现在拥有的玩家离开。那里有整个世界，而今天的游戏题材似乎仅仅涉及了非常小的一部分。

  建议在采用新鲜主题制作游戏的道路上采取一些小的／适中的步骤。同样希望在货架上看到 American Beauty 游戏，我们需要逐渐达到那一步。如今游戏的预算达到六百万美元，所以有义务迎合当前的游戏迷（他们似乎确实喜欢科幻小说、幻想作品，以及动作类），但同时，必须慢慢地拓展游戏的疆界。看看支持 Sega Dreamcast 主机的游戏阵容——Seaman，Jet Grind Radio，Space Channel 5，并且认识到假定想销售自己的游戏，且不想只是得到批评的呼声，那么从中可以找到答案——创新是一个小型的步骤过程。游戏 Seaman 的“跟虚拟宠物谈话”技巧是过去五年中游戏的创新之一，有人将很快在接受大众关心的背景下使用这种技巧（如在非常困难的任务中冲着 Navy Seals 大声下达指令）。但是要求大众接受冲着拥有人类头脑的一条鱼下达指令的观念对多数人来说太古怪了，而且可惜的是，这种情形让许多人不能体验优秀的游戏！

➢ 在人机交互上开辟新天地。给你一款游戏，觉得需要做的事情（即可玩性）非常新鲜，这种情况最后一次是什么时候？每年大概有一到两款游戏在人机交互规则方面确实引入了一些新的东西，而其余的游戏——在人机交互方面纯粹都是以前的翻版。努力想能出全新的东西（仍然有趣）要玩家去做……

Jaffe 能以游戏 Twisted Metal 证实他的观点吗？

他解释道："设计这款游戏的第一个步骤就是定义人机交互。必须了解玩家在游戏里面做些什么。然后要求玩家快速准确地穿越复杂的 3D 环境（驾驶部分），同时也需要玩家掌握不同使用技巧的武器（战斗部分），而且要求玩家管理武器资源和健康状况，以及努力了解敌方装备的优势和弱点。这是一个冗长的、跨行的句子，但有了这个就有地图了。我们知道在游戏的每个关卡中玩家将做些什么"。

"从这个高层面的描述，努力想出如何让每个这些元素更加有趣。例如，要求玩家快速准确地穿越复杂的 3D 环境是我们在游戏 Twisted Metal 1 和 Twisted Metal 2 已经完成的事情。如何让它在 Twisted Metal：Black 中表现得新颖且更好呢？我们引入了地形图（它增加了战略值，因为玩家现在能够躲藏在小山后面并使用滚动的地形图来避开投射过来的飞弹）"。

"要求玩家用不同的操作技巧使用武器是每一款 Twisted Metal 游戏里都有的。在 Twisted Metal：Black 中，努力创造玩家以前没有见过的武器技巧，但依旧会有趣。例如，组织一次攻击，玩家控制激光地点的时间越长，攻击的威力将会更大。也引进了一些武器，基于玩家使用这种武器的技巧可以奖励玩家更多的伤害值（这在以前汽车战斗游戏中没有见过），并且引入了玩家必须寻找的移动的拾取物"。

"至于新的题材，虽然 Twisted Metal：Black 属于恐怖类游戏（很有代表性的一类游戏），但是我们努力创造心理恶魔角色，而不是鬼怪角色。基本上，想使游戏看似影片《七宗罪》或是《沉默的羔羊》，而不是《黑色星期五》"。

过去几年里有许多汽车战斗游戏，为什么 Twisted Metal 游戏排行榜首呢？依 Jaffe 的看法，是因为角色的个性和游戏世界的表现。

他解释道："我们花费了大量的时间在角色和游戏的基调上（从音乐到电影到游戏轮廓的表现）。确实想要玩家觉得他们像是生活在激斗的赛车世界，而不只是在玩游戏。并且认为，在带给玩家那种体验上做得很好。因此没有其他的主机汽车战斗游戏和我们相近。然而，Activision 的 PC 平台的 Interstate 76 在这方面做得很好"。

另外一个因素就是优化和平衡。

Jaffe 补充道："会惊讶许多游戏团队实际上没有优化他们的游戏。在过去的 12～18 个月中，他们玩这款游戏时觉得那么舒适，以至于他们开始对它的问题视而不见。然而我们始终意识到玩家，考虑他们获得的乐趣，认为这是我们成功的关键。在业界经过很好优化的游戏是如此罕见以至于一旦出现，公众反应良好"。

注意：Twisted Metal: Black Online 是 Sony 第一批 PS2 在线游戏之一，我们能够期待它为网络再次流行的是什么其他游戏呢？

尽管 Jaffe 对今天的游戏有一些牢骚，但他承认为他自己犯的一些错误感到内疚：

➢ 太多的中坚游戏玩家在厨房烹饪。许多游戏是由中坚游戏玩家制作的，但如果开发团队里面全是这些人，那么这就是一个问题。尽管拥有以游戏为一切的团队成员是一件好事情，但也需要有人推进一些独特的想法。这些想法来自生活其他方面，而不仅仅是电子游戏。这些上述的非中坚人员在尝试新的事物方面容易较少有愤世嫉俗的看法，这些东西可以让游戏更好一些。

➢ 没有平衡可玩性。在早期刚接触时，人们没有时间来做这件事情，他们没有尽可能把游戏展示给每个人看。不做集中测试，这是妨碍两星游戏成为三星甚至四星游戏的原因。

➢ 缺乏激情。我很幸运在这样一家公司工作，他们允许我选择接下来要做的游戏。因为这一点，我确信只做自己有热情的事，但很多公司都不是这样的。问题是，团队中至少需要有这样一个人，他是如此喜欢这个产品，以至于他们确实愿意把他们的精神融入到游戏里面。玩家会留意到这个并作出反应，但多数游戏感觉像是从一些批量生产的工厂出来的。希望当这个行业变得成熟了，越来越多的人们愿意开始把游戏看作是一个真正的表达机会，甚至是发泄他们激情的真正出口。有了这些，游戏将会变得越来越好，这也许才是一种真正的艺术体验。

➢ 向公众开放 E3。不错，这样并没有损害游戏自身的实际体验，但人们会自行其是，必定仅仅开放一天并让游戏玩家来玩，危害是什么呢？将会是精神病院！

Jaffe 提供了 2001 年最畅销游戏 Twisted Metal：Black 的一些罕见的原始草图，如图 2-8 所示。关于这款游戏更多的图像和信息，请访问网址 www.scea.com/games/categories/shooter/tmb。关于 Jaffe 的更多建议，请看看第 17 章关于适当的游戏测试和第 21 章关于进入行业的最好方法。

图 2-8　游戏 Twisted Metal：Black 的草图

Hideo Kojima，Konami

Hideo Kojima 是 Konami 公司最耀眼的明星之一，他是 Metal Gear Solid 的创作者，还有许多其他支持 Sega Saturn 和 PS 平台的电子游戏。无疑，2001 年最成功的游戏之一是 PS2 平台的 Metal Gear Solid 2：Sons of Liberty。Xbox 和 PS2 平台的 Metal Gear Solid 2：Substance 分别在 2002 年和 2003 年面世。最后，Kojima 正在制作 Metal Gear Solid 3：Snake Eater 预计在 2004 年发行。

当问到游戏 Metal Gear Solid 全球成功的秘密时，Kojima 谦逊地承认他不理解这种狂热。

他回答道："坦白地讲，我不知道为何 Metal Gear Solid 游戏如此成功。然而原因之一，我认为是这款动作游戏，其动作超越了语言障碍。游戏中的世界是非常"好莱坞的"，这样使其在国际市场上更容易被认可。日本特征（如极好的服务和精细）的支持与游戏媒介很好地融合在一起，这是日本游戏在国际间被很好接纳的原因——抑制自我并且努力对他人友好和有益对游戏交互媒介很有效。因为我伴随着国际影片一起成长，音乐、文化、故事剧情、角色，以及来自我的 Metal Gear Solid 世界最终有点扭曲了。这结果是一个新颖的体验"。

对于那些刚开始制作游戏的人来说，在制作 Metal Gear Solid 游戏时有哪些经验可以分享呢？

他解释道："游戏是娱乐。只有当玩家使用了游戏并且喜欢它时，游戏才从产品转变到艺术作品，所以刚开始它并不是艺术作品。总是有人会去玩游戏，这就是为什么游戏开发本质上是服务行业的原因。它也是顾问，需要令人愉悦，需要有天资和毅力来理解人们的感情并引导他们，因此必须能够理解人们。开发游戏就是在理解并研究人们，重视人类的关系比技术方面更加重要。所以游戏开发是人类研究"。

据 Kojima 所说，如今游戏的最大问题是他们没有"超出玩具的范畴"。

他解释道："尽管游戏是一种交互式的媒介，游戏能够有它们自己的信息传递。电影和小说启示和感动人们，游戏也能够做它们自己的宣扬来影响人们的生活。游戏给人们的生活带来差异。它不只是打发时间的手段，而且可以提供更多。有趣是不够的，所以提升到更高的层面。我不知道是哪一个最先到来——玩家需要这样的游戏，还是开发者提供它们"。

Lorne Lanning，Oddworld Inhabitants

作为 Oddworld Inhabitants 公司的总裁和有创造力的经理，Lorne Lanning 主持了深受欢迎的 Oddworld 游戏系列的开发，如 Oddworld：Abe's Oddysee，Oddworld：Abe's Exoddus，以及最近以来的 Oddworld：Munch's Oddysee。他的雄心之一就是继续把 Oddworld 世界发展成为 21 世纪最重要的娱乐资产。

Lanning 为那些刚刚从事这行的人们提供了下面这些重要的建议：

- 努力玩游戏。必须玩许多的游戏，研究它们，并分析设计师们不得不应付的一些技术约束。是否能够打败最终 Boss 无关紧要，而要紧的是是否能够了解哪些因素会使游戏有趣，同时也要了解什么是无效的。
- 努力计划。需要做大量的研究来激发创造性的想法，同时也要在硬件技术限制之内找到实际的可行性。好的游戏都满足限制和约束，优秀的游戏让你误以为它们更加了不起。研究建造游戏的人们需要处理问题，美术师、程序员、设计师、制作人和声音人员——他们都有不同的问题要解决，一个好的游戏设计师必须考虑这些不同学科的问题，并把这些知识吸收到思考、创造以及和团队其他人员沟通过程中。必须能够将创造性构想结合到实际解决方案里，并一直培育计划过程。在计划时什么都还没有产出，所以必须极端灵活。

➢ 努力工作。如果不相信努力工作，那么根本就不可能成为一个游戏设计师。朝九晚五的工作不是有抱负的，不是成功的游戏设计师的选择。建造好的游戏需要大量漫长而艰苦的时间，所以必须热爱游戏，吃、住、睡觉以及梦里都是游戏。如果没有为有一份好工作而做任何事情的纪律和奉献，那么职业将会是非常短暂的，或者充其量是平凡的。也需要精通行业的工具，没有人想听一个不懂工具或者系统限制的人，更不用说构想是多么的出色和非同寻常了。必须理解和尊重团队，以及它的各种不同的规则。必须为工作感到自豪，而且必须有热情实现目标。

Lanning 在 Oddworld 游戏中注意到了自己的建议了吗？

他回答道："我们的游戏永远是故事剧情驱动而且也是可玩性驱动。这产生了必须被预见的额外的一致性挑战，电影制作的一些方面发生的事情在游戏可玩性制作中也在发生。这意味着到时候两者都要解决，它们需要无缝地结合在一起，然而它们是两个完全不同的学科。为了实现这个，在开始制作之前必须有一个最终的故事剧本和可玩性论述。故事剧本是基于电脑图形团队在分配的时间内能够完成多少。我们总是想要比实际能创造更多，因此需要十分仔细并确定团队能够实际完成的故事剧情。否则，最终只能完成计划表上的一部分，那你就遇到大麻烦了"。

"游戏可玩性论述的第一阶段大概有 10 到 15 页文档（见第 6 章和第 7 章），解释想要做些什么。第二阶段详细确定了工具、主机制、角色等将如何在游戏中起作用，以及游戏设计师应当能够怎样控制它们，这通常超过了 100 页。这得到来自程序团队反馈的大力支持，可以避免计划过分雄心勃勃。正和电影一样，不想在期望完成的时候只完成了一部分。仔细评估团队的能力和他们的反馈。如果误估了，结果将会是项目和公司的灾难"。

"贯穿制作过程，不断地基于早期无法预料的事情来调整可玩性和故事剧情。每一次改变，需要确定游戏如何与剧情结合的一致性——保持协调。典型的制作过程通常会遇到许多不愉快的意外事情。需要对项目有信心，集中精力，努力工作确保最终没有损害游戏以至于观众开始注意到了"。

请评价 Xbox 平台的 Oddworld：Munch's Oddysee 游戏做得正确的地方（从游戏设计的立场来看）。

他解释道："总体上认为设计上有问题的事情比正确的要多。不适合最初目标的引擎技术严重阻碍并完全损害了最初的设计。这意味着游戏设计最糟糕的情况，称之为'反动的设计'。这发生在当计划，且被告知将会实现的技术永远不能实现时。虽然一直在得到希望的征兆，但最后很容易被信以为真的过程所愚弄，然而必须想出如何依然完成项目。由于技术的失败，所构想的大部分是为一个不同的应用所计划，而不是现在可以得到的。然而，剩下的一切就是不得不工作并且必须完成任务。事后诸葛亮，我认为做得正确的是能够从可怕的代码困境中用'反动的设计'拯救自己，并且依然完成了一个独特的优质的产品"。

"引擎技术"的时间安排失败是 Microsoft 方面的一个错误吗？即 Xbox 的开发工具还不可用的？

他回答道："引擎技术问题和 Microsoft 没有任何关系。这完全是内部程序方面的问题，由于使用的中间件而引入的各种不同的约束使得问题复杂化。然而，如果经营一家公司（如我的业务伙伴 Sherry McKenna 通常很快指出），那么最终要为所有的错误承担责任。总是有许多很好的借口，但出了事情最终还是老板的责任"。

"Microsoft 帮助我们完成了项目，找到了能够完成所需工作的天才。他们向我们提供了一些内部人员来到公司，并且作为团队的成员一起工作，及时帮助完成了项目。一旦我们发现问题，Sherry McKenna 就坦诚地把所有问题告诉 Microsoft，先前就是如此。这让 Microsoft 有点吃惊，因为通常开发者会试图隐藏他们的问题，如果曾经有，也很少像 Sherry 那样尽快尽早地暴露他们在项目中的问题。Microsoft 作为忠诚的合作伙伴反应积极，并且我们能够及时地为 Xbox 的发行完成项目"。

Lanning 说道，通过这些开发问题表明，尽管 Microsoft 十分庞大，但它是一个宽容的合作伙伴。

他解释说："根据这些各种不同的困难，显然 Microsoft 是我们曾遇到的最优秀的合作伙伴。尽管它们是一家庞大的公司，有着因为庞大而带来的典型问题，它们依然是很有能力的。事实向我们证明，尤其是在困难的情况下，像 Ed Fries（Microsoft 游戏工作室的副总裁）确实关心他们投资的游戏。如果认为团队能够实现，他想要优秀的素材且愿意为此买单并支持它。他努力让其他人围绕在自己身边，如 Scott Bayless"。

另外，他最自豪的是游戏 Oddworld 中深受喜爱的角色的发展演化。

他解释道："就实际的设计成功而论，我认为角色继续了细节的思想路线，这使得 Oddworld 游戏在角色方面无与伦比。角色的技能直接与它们的身份和情节联系在一起，它们的优点和缺点是自己的一部分，其中有它们的故事和境况。Abe 和 Munch 的技能不仅仅是传统的，由于常规可玩价值而附加给角色的游戏功能。我们的英雄技能实际上是经过高度设计的，并且设想了角色在更大背景下的方方面面。他们提供了游戏技能的新类型和平衡能力以及游戏策略，然而它们仍然作为纯粹的游戏技巧起作用"。

如果能够让时光倒流来重新制作这款游戏，Lanning 回答道："确定团队绝对是由热情洋溢的、且能干的人员组成——那些专注于创作伟大作品并且愿意做出所需奉献的人们"。

注意： 在第 6 章，Lanning 讨论了如何创作成功的最重要的角色，同时还有简洁的设计文档的重要性。在第 9 章，他概述了什么构成了游戏中好的谜题，以及如何为你的游戏创作出富有挑战性且有趣的谜题。在第 14 章他谈论了制作好的用户界面以及控制的重要性。最后，在第 21 章，关于进入这个行业，他给出了他最好的忠告。

Gabe Newell，Valve Software

谈到创纪录 Half-Life 是 Valve Software 公司首次登台的产品，不仅在全球销售了成百上千份拷贝，而且获得了一些最好的奖项——PC Gamer 杂志 1999 年和 2001 年的"50 个最好游戏"的头名，该杂志的编辑们谈到"如果曾经玩过 Half-Life，就知道它为什么会获得这么重要的称赞和商业成功"。Half-Life 2 由 Vivendi Universal Games 发行，在你看到这本书时应当已经面世了。

Gabe Newell 是公司的管理主任，他分享了创作成功游戏的一些技巧：

- 成为优秀团队的一员。电影导演的方法也许对电影有效，但不适用于游戏设计。一个成功的设计是重复迭代和合作的结果，所以周围的人们非常重要。

- 保持简单。换句话说就是“确切知道正在做什么，努力要实现什么，以及为什么”。把别的一切事情都扔掉——这不是因为不能肯定得很好，而是总的来说很难作出好的决定。
- 置身事内。编写代码、建立模型、绘制纹理贴图，对设计如何实现的细节理解越多，就越能够把头脑里抽象观念跟玩家的现实体验联系在一起。例如，编写一些 AI 代码（即使永远也不会用到这个）是一个把你关于生物行为的想法定型的很好方式。

Newell 以他在游戏 Half-Life 工作中的例子证实了这 3 条建议：

- 成立 Valve 的主要目标是建立拥有非常熟练和相当经验的开发者的公司，他们有自己的游戏公司，这使得任何事情极其简单。
- 可以举个我没有注意（保持简单）的例子，并且这确实危害了我们。在 Half-Life 游戏里有一些怪物设计涉及到生物与生物之间的互动（象雄性乌贼摇摆尾巴）。尽管已经非常仔细考虑到让世界尽可能对玩家有所反应，但仍产生了这些关于怪物生态的不好想法。如果能够看见怪物，它们就会做一些有趣的事情，这和其他一些有关可视方面的不好构想相互影响。结果是时间的巨大浪费，并且脱离了实际重要的事情——世界如何对玩家作出反应。
- 这实际上从（前面一条提到的错误）中挽救了我。试图实际实现这些愚蠢的想法让我认识到是多么的伤脑筋。

进入行业的最好方法是什么呢？Newell 建议成为世界各地已经出现的 MOD 团队之一的一部分，Nuff 解释道：“越来越多的游戏让玩家能够扩充或者修改游戏的内容和代码。他们中的一些已经很成功，像游戏 Day of Defeat 和 Counter-Strike（参见后面章节和 Minh Le 的访谈）。我们绝对关注这些团队部分的人们，并且评估雇用他们的可能性”。

Gabe Newell 在第 6 章谈论了故事板与角色创作。

George Broussard，3D Realms

George Broussard 是 3D Realms 的总裁，经历了许多成功的 PC 游戏，包括 Rise of the Triad，Duke Nukem 3D，Shadow Warrior，以及 Max Payne，他将来的抱负是什么呢？他说“继续推进角色驱动的动作游戏”。

考虑到 Broussard 在这个领域的大量经验，他给那些想创作下一代大型 3D 射击游戏的人们一些最好的忠告是什么呢？

首先告诫游戏设计师，提醒他们这是一个非常拥挤的市场，因此需要一个更好的捕鼠机，或者一些其他方法来改进这类游戏，他解释道：“确定游戏可玩性比先驱们更加有趣和复杂。这并不意味着炮制更多的分支，更高分辨率的纹理，或者其他纯粹的视觉效果。它意味着实际影响游戏可玩性的坚实游戏技巧，以及玩游戏时你做的事情”。

其次，Broussard 说要努力至少做一件以前没有人做过的事情。

他解释道：“这非常重要。每个人将会问为什么游戏与众不同。如果完成了，答案将很显然。一个很好的例子就是 Max Payne 的 Bullet Time（子弹时间）慢动作。Deus Ex 也做得不错，在 FPS（第一人称射击）游戏中增添了 RPG 成分（像以前的游戏 System Shock 2）。最终，努力在动作类 FPS 游戏中创造一些新的东西，保持这类游戏的新颖性和向前发展”。

最后，他建议了解电影剧本和故事结构。

他解释道："研究电影是如何设计成 3 个主要的剧幕的：准备，冲突，以及解决。这将帮助构造相当成熟的故事剧情，让玩家一直保持兴趣。关于这个主题有许多书籍，但我推荐以 Syd Field（DTP，1988）的 The Screenwriter`s Workbook 作为起点。可能有人会问'为什么在 FPS 动作游戏中需要剧情呢'。因为，主要的 FPS 游戏经过将近 10 年的发展，人们已经做完了。剧情与演出是游戏 Half-Life 和 Serious Sam 的区别"。

有关今天能够买到的 3D 射击游戏，是什么让 George Broussard 感到厌倦呢？

他解释道："可能是缺乏可玩性和创新。绝大多数还不足以跟过去已经有的游戏区别开来，除了射击人物不同外，它们最终还是纯粹的射击游戏。没有试图改进，在多数情形下几乎没有遇到，它们就像是好莱坞的公式化影片。随意选择一部电视／电影／书的许可（或者一般的主题），做 15～20 个关卡，10 种武器，15 个坏蛋，混合在一起，转眼间一个新游戏诞生了！这也是为什么在过去一些年里我们看到许多 FPS 游戏，然而也许只有六七款游戏确实有所创新和差别，而不仅仅是雷同。我了解人们在创作游戏时不总是有他们想要的自由，并且还有时间压力，但有时似乎人们好像甚至没有努力尝试"。

George Broussard 预先给我们看了一眼热切期待中的 Duke Nukem Forever。这不是预先渲染的——这是实际游戏的屏幕截图，如图 2-9 所示。

图 2-9　游戏 Duke Nukem Forever 的截图

在第 6 章，Broussard 讲解了如何创作成功的重要角色（如大男子气概的 Duke Nukem）。在第 9 章，他介绍了如何在 3D 射击游戏中编写好的谜题。在第 14 章，他讨论了如何创建使用者友好的界面。

Scott Miller，3D Realms

与 George Broussard 一起，Scott Miller 参与了 3D Realms 的所有游戏（之前在一家姊妹公

司 Apogee)。管理公司包括设立目标和公司的任务，与发行商和其他合作伙伴交涉，同这些合作伙伴订立协议 / 交易，满足开发者的需要以帮助他们更好地完成工作。

我们要求 Miller 分享他最宝贵的游戏设计经验，并以他自己制作的游戏为例子来证实他的建议。请注意他的意见和 George Broussard 的建议是多么的相近：

- ➢ 所有成功的游戏有一件事情是共同的——它们都有独到之处。开辟了一条新的途径，这是巨大风险的回报。总是寻找让游戏有所区别的不同方式，尽最大努力让游戏定位成为此类中的第一款游戏。如果定位游戏成为某个第一，就不自觉地让它成为一个新类型的领先者，3D Realms 公司的游戏就拥有这些。例如，下面是一些 3D Realms 游戏的第一：
  - ✓ Duke Nukem 3D 是第一个有真实角色的 3D 动作游戏（技术上讲，这款游戏不是 3D 的，但采用的是第一人称视角）。
  - ✓ Max Payne 是第一个有慢动作的游戏。
  - ✓ Prey 是第一个采用“窥孔”技术的游戏。
  - ✓ Tomb Raider 是第一个有女主角的 3D 动作游戏。
  - ✓ Deer Hunter 是第一个人 3D 狩猎类游戏。
  - ✓ Unreal Tournament 是第一个可以和栩栩如生的电脑对手玩的游戏（因而销售超过了 Id Software 的 Quake III：Arena，即使 Id 以 3D 动作游戏的领袖而闻名世界）。
  - ✓ Half-Life 是第一个有充实剧情的 3D 动作游戏。
  - ✓ Total Annihilation 是第一个 3D RTS（即时战略游戏）。
- ➢ 只开发这样的游戏，它们以一些方式给游戏可玩性引入了以前从未有过的新颖元素，或者是对已有可玩性形式进行了很大改进。不要混淆可玩性和特色。可玩性是管理玩家如何与游戏互动的潜在的规则，而特色可以是一个可玩性的具体规则，或者特色可以和可玩性没有任何关系，如一个技术特色。新颖的可玩性可能激发玩家做一些新鲜的事情。
- ➢ Max Payne 游戏引入了慢动作，这是以前从未见过的，增添了许多新颖和令人兴奋的游戏体验。在 Duke Nukem 3D，对关卡互动进行了大幅改进。事实上，很多年以来，很少有 3D 动作游戏在这方面比得上这款游戏。
- ➢ 游戏的名称是你能作出的最重要的市场决定之一。糟糕的名字可能会不正确地定位一款游戏，可能会很严重地损害它的销量，而好的名字相当于百万美元的免费广告。努力选择一个有价值的名称而不要限制你的游戏。例如，糟糕的名称包括 Descent，它迫使每款续集都在矿井或者隧道里面进行（否则，这个名称没有任何意义）。以及 Unreal，一个意义完全含糊不清的名称，不能说明游戏自身的任何价值——实际上，Unreal 已经更多地意味着“游戏引擎”而不是“有趣的游戏”。

作为另外一个糟糕的例子，Miller 列举了游戏 Tomb Raider。

他解释道：“所有后续游戏都被迫要包含盗墓吗？如果 Eidos 理解适当的定位原则，那么他们可能会为这款游戏命名为 Lara Croft，这样给所有后续游戏探索任何地方的自由而不会让名称显得不恰当。同样，将游戏命名为 Tomb Raider，Eidos 实际上创造了他们必须宣传推广和花费市场费用的两个品牌，虽然他们应当集中全力在一个真正有意义的名称 Lara Croft，而 Tomb Raider 这个名称是昂贵的沉重负担”。

"游戏命名的底线：考虑长期的，考虑宽泛的，以及考虑游戏的定位与品牌价值。基于角色的名称，相当简单，应当一直以角色的名字命名。否则，命名就失败了"。

注意：Eidos 把新的系列称之为 Lara Croft Tomb Raider，显然他们也保留了原来的 Tomb Raider 作为名称的一部分——即使 Croft 与盗墓没有关系了！这个主意是好还是坏呢？去 www.eidos.com 告诉他们你的想法。

在首次大获成功之后，打造那个品牌的行为准则是什么呢？

他解释说："创造品牌的最好方法是恰当的定位和区别。游戏应该是其特定种类中一流的和最好的游戏，因而它需要这样定位。这种定位从游戏的名称和它独创的观念开始——它确实需要是设计师们最重要的想法之一，这也是我认为绝大多数游戏设计失败的地方——因为他们没有考虑到定位以及在一个或者多个重要方面做到无与伦比"。

Miller 建议从那些侥幸的最畅销游戏中寻找灵感，如游戏 Black&White，RollerCoaster Tycoon 以及 The Sims，他解释说："真的必须要冒巨大的风险以获得巨大的回报。小心行事是别人都已经在做的事情，如果步他们的后尘，你就不会走得太远，不如开辟新的道路"。

对于开发者或者发行商，他建议阅读这些书籍：

- 定位：The Battle for Your Mind《20th Anniversary Edition》，by AI Ries and Jack Trout《McGraw-Hill，2000》
- 区别或者消失：Survival in Our Era of Killer Competition，by Jack Trout and Steve Rivkin《Wiley，2000》
- 中心：The Future of Your Company Depends on It，by I Ries《Harperbusiness，1997》

在第 6 章，和他在 3D Realms 的同事 George Broussard 一起，Scott Miller 讨论了如何在电脑游戏中创作成功的角色。

Pierre Rivest，Ubi Soft Entertainment，and Reid Schneider，BAM！Entertainment

首席设计师 Pierre Rivest 与制作人 Reid Schneider 讨论了动作游戏的制作，他们一起合作的最后项目是 Batman：Vengeance，这款基于黑暗的动画系列游戏，在加拿大的蒙特利尔创作完成。Schneider 在 2002 年离开 Ubi Soft 前往美国的 BAM！Entertainment 公司工作。

Schneider 从制作的立场来看，在制作 Batman：Vengeance 时，他记住最重要的事情就是克服对以前 Batman 游戏中的责备，忠实于原著的意见，并且向大家证明此种游戏可以做得不错。

他解释道："当开发游戏时，首先有许多方面需要克服——以前的游戏中没有体现出原著的地方，是它们使公众不相信 Batman：Vengeance 能够成为一款有趣的游戏。其次，必须从视觉风格上忠实于原著，必须要把这个系列的 2D 世界改造为 3D，还要保留游戏中流行的外表和气氛。在用 3D 为世界创作时，我们的美术师做出了惊人的努力用于保留其格式化的外表。最后，必须创作能够吸引玩家的游戏。当听说是电影翻版游戏时，玩家易于质疑这些游戏。

Rivest 同意 Schneider 的观点，他说："最重要考虑的是保持对原著的忠实——需要动作、对手，以及游戏环境反映《蝙蝠侠》动画系列的气氛。同时，还要提供有趣的动作和小器具，玩家必须掌握这些以便成功地完成游戏。和这个伴随而来的工作是密集的关卡设计，以及来自《蝙蝠侠》剧情的场景"。

当谈到制作像游戏 Batman 这样的名作有好处吗？

他解释道："作为积极的一面，蝙蝠侠是世界上最有名的角色之一。我们也有这样的优势，就等于每个人都知道他的过去，而且不必创建这些。另外一个积极之处是，系列中的反面角色已经得到了很好的发展，因而也不必从头创建。正如业内任何人都会告诉你的那样，从头开发一个角色可能是非常危险的，并且是昂贵的冒险活动，常常可能造成角色不能吸引人们的注意"。

从游戏设计的角度看，Rives 承认在蝙蝠侠的世界下工作相当容易，他解释说："它有许多资源可以利用——在游戏的构想阶段，使用了漫画书、小说、录像，以及更多的资源来帮助我们创作游戏"。

Rivest 讨论了他和他的团队在设计游戏 Batman：Vengeance 时面临的障碍，以及是如何克服的。

他回答说："由于给蝙蝠侠装备了抓钩，所以产生了一些问题。绝大多数使用抓钩的关卡都是在户外。起先，想允许抓住任何表面和位置。户外场所多半是由许多典型的摩天大楼组成。如果我们准许玩家抓住任何地方，它可能会常常摔死，这样的结果是令人沮丧的。这就是抓钩产生的主要问题"。

"决定在关卡中放置抓靠点，并通过创造一个独特的瞄准系统帮助玩家发现它们。所有抓靠动作是以第一人称视角模式使用蝙蝠抓钩完成。当玩家以标准的第三人称视角在地图中导航而且附近有一个抓钩时，屏幕上就会出现一个小的抓靠图标，通知玩家附近有抓靠点。为帮助玩家发现抓靠点，我们在十字图标旁边添加了一个小箭头。箭头随着蝙蝠抓钩十字图标移动，并且总是指向最近的抓靠点。当玩家成功地对准了一个抓靠点时，十字图标本身颜色发生变化，玩家就能够继续使用抓钩并向前冒险"。

在第 13 章中，Schneider 和 Rivest 谈论了游戏 Batman：Vengeance 使用的动画。在第 14 章，Rivest 谈论了控制与流畅的用户界面的重要性。要了解关于游戏的更多信息，请访问官方网站：www.ubisoft.com/batmanvengeance。

David Perry，Shiny Entertainment

David Perry 是这个时代最知名和最受尊敬的游戏设计师之一，他是 Shiny Entertainment 公司的总裁，从事这个行业已经超过了 20 年，创作了令人难忘的主机游戏，如 Earthworm Jim 系列，MDK，Messiah，Sacrifice，以及第一款基于电影《黑客帝国》的游戏。

依照 Perry 的观点，下面是给那些刚开始从事这个行业的人们最重要的忠告：

- 玩游戏，不仅仅是为了娱乐。手边要有一个记事本，并且记下游戏的优点和缺点。当然，清单很快将会变长，然后它似乎将慢慢开始重复自己。你会吃惊构成游戏的元素原来是这么地少。这个清单将会成为一个参考来源，并且将来也是"让我看看是否我能找到完成这个的全新方法"的源泉。
- 当有了一个很好的构想时，写下来，即使必须要从床上爬起来去找笔。
- 设计中需要有一些手段吸引人们的兴趣。手段可能是许多不同的事物，但是要是没有，游戏将很难卖掉。好的手段包括：来自成功影片，或者以前成功游戏的翻版；新的令人惊讶的图形技术；有趣的可玩功能，如能够拥有 1000 个角色的军队而不是平常的四个角色的军队；新的游戏技能，像当狙击手模式首次出现的时候；一个玩起来非常有趣的不错的角色。

Perry 能从他自己过去的经历中用例子来证实他的忠告吗？他回答说：

- 我是一个清单列举者（list-a-holic），但我只是为电影和电子游戏这样做。
- 我一直认为会记得这个想法，但当我第二天醒来，已经想不起来了。过去常常认为如果忘记了一个想法，那么首先可能是不值得记住它。现在我改变了这种观念，所以我在床边桌子的稿纸上记下了许多疯狂的想法。
- 手段是重要的。好的手段意味着能用一个句子来描述游戏。对于 MDK："他有一支如此准确的武器，能够在一英里以外射杀看见的敌人"——狙击模式诞生了。对于正在制作的 Matrix 电子游戏，可能会有许多手段。
- 同样游戏要有好的环境，把玩家带入到一个他能够探索和寻找乐趣的世界。可以是现实的世界，但如果这样，必须能够做一些他本人在现实当中没有能力完成的事情。如果是一个虚幻的世界，确定每件事情都有意义而且有一致性。保持游戏有挑战性，但不要让玩家迷失或者因为他们的问题而归咎于游戏。一个好的游戏设计师总是知道玩家正在想些什么，而且每一步站在他们的立场上。
- 我认为设计的全部就是构想——在脑海里设想游戏能够一眼看出哪儿有问题。当有人问在复杂的情景中将会发生什么时，你知道答案。当在玩其他的游戏时，会分析为什么事情会是这样，而且最重要的事情——有解决办法！许多设计师抱怨发牢骚，但很少有解决办法。我遇到过一些富有想像力的玩家，但他们甚至没有意识到这一点。只需倾听他们玩游戏时的意见，你会拍拍自己的脑袋而且想"该死，我怎么没有想到那一点"。

给 PC 和主机平台都开发过游戏，从游戏设计的观点看，它们之间的主要差别是什么呢？它们各自的挑战是什么，而且又是如何不同的呢？

他解释道："为 PC 设计游戏很不错，因为有很多的内存，因此有更多的存储空间用于图形、音效、语音、世界地形图等。如果它们能够自由提供，这些在设计师的工具箱里都是非常好的东西。PC 世界不好的方面就是全球的硬件能力差异很大。必须为希腊使用 Pentium166 的人们设计游戏，以便他们的古老机器能够带给他美妙的游戏体验，然而最新的 Intel 2GHz 机器也需要有美妙的游戏体验"。

如何设计游戏同时满足两者的需要呢？

他解释说："答案是可伸缩的引擎。这意味着游戏在内部对它自己说'这台机器有点烂，我们在爆炸的时候只使用 50 个粒子而不是 500 个'，最新的引擎能够实时做到这一点。另外一个很大的优势是现在可以在屏幕上增添许多角色。当机器速度开始变慢时，只需要减少多边形数量以保持游戏速度的稳定。这对设计师的工具箱来说是一件不错的工具，因为这意味着不必总是设计最多只有五六个角色的场景了。如果想在一次大的战斗中有 75 个人，它可以表现得很好。也可以在主机平台使用这种技术。不同的处理器速度对你没有帮助，例如，Sony 的 PS2 全部都使用了相同的芯片，但它可以让你获得同时可能拥有 100 个角色的能力——这对 Braveheart 的场景来说真是棒极了"。

"PC 平台的另外一个很大优势就是硬盘，Xbox 把这一点带到了主机世界。这让你能够快速把流式影片／声音／纹理读入到游戏世界，并且可以永久性地修改游戏。因此如果挖了个洞，它就永远在那儿"。

最近有什么技术上的进步可以使得游戏体验更加丰富多彩吗？

他回答道："存储空间随着 CD，DVD，以及现在大硬盘的出现而极大地增强了——我们确实再也没有抱怨了，处理器也不再是问题了，3D 硬件也无可指责。我认为每个部分都向前发展了这么多，现在该是我们促使自己向前飞速发展的时候了，但仍然需要关注的 2 件事情：控制设备和语音识别"。

如果 Perry 可以对今天的电脑或者主机平台游戏做一些改变，那么会是些什么样的改变呢？也就是说，今天的许多游戏有什么问题呢？

他回答道："我希望商店能够让玩家注意好游戏而不是购买极差的作品。想要玩家购买游戏，经历美妙的体验，然后再购买更多的游戏。而不是购买游戏，觉得很烂，再买更多的游戏，觉得它们还是很烂。然后开始愤怒或者开始从事其他的嗜好。货架上有许多不错的游戏，希望连锁商店能够帮助玩家挑选。这是我喜爱的网站 www.gamerankings.com。因为那儿没有不实的宣传。它平均了每款游戏获得的所有评价，因而是没有偏见的。购买好游戏所需要的正是这些信息。试验看看你是否不赞同每一类中最高评价等级的游戏。

图 2-10　游戏 Sacrifice 2000 的截图

Perry 的 Sacrifice 2000 迄今仍然是最生动精细 PC 策略游戏之一，如图 2-10 所示。

如何创作一款出类拔萃的游戏而又不是太过"标新立异"？换句话说，你是如何在独创性与大众化之间取得平衡的呢？

他解释道："其实这个很难。越标新立异，普通公众就越担心辛苦挣来的钱在冒险。想像一下你饿了，在前面有 McDonald，Burger King，以及 Flambe Eel Burger，你会冒险选择哪一家呢？普通公众会谨慎从事——他们选择自己熟悉的那一家。因此我认为诀窍在于向他们提供熟悉的东西，但添加了一些神秘的酱汁"。

开发周期似乎正变得越来越长，对于主机游戏来说，什么是"合理的"开发周期呢？他解释道："这大概需要 18～24 个月。所遇到的问题是我们总是从头开始做新的引擎，以及全新的技术。如果需要削减开发时间，那么从所熟悉的并且已经工作得很好的技术开始。Westwood 在 Command&Conquer 游戏中这一点做得非常好，这是经营公司的聪明方法"。

一定要看看第 6 章 Perry 关于创作成功角色的忠告和第 21 章关于如何进入电子游戏行业的建议。

Minh Le，Valve Software

由于制作了 Counter-Strike，Minh Le 就被 Valve 雇用了，他在 Valve 的职责包括编码、建模、动画，以及纹理贴图，并给 CS 配过音，在这之前是为 Quake 的 Navy SEALs 以及 Quake II 的 Action。

现在，Le 解释了他是如何产生这个念头，并通过 Counter-Strike（CS）来完成的。

他回答道："当 Half-Life（HL）游戏刚刚发行时，我基本上就开始为 CS 做准备工作了。当游戏 HL 的 SDK（软件开发包）发行时，那时我已经能够给 CS 的最初版本编写代码了。从那时起，我坚持每隔几个月一版接一版地发行。最初只是给每个网站大量发送电子邮件，以便了解一些 BETA1 的口头进展情况。当版本继续进行时我们做了同样的事情，并且终于越来越多的人们跟上来了"。

可为什么是 Counter-Strike？你的灵感是什么呢？

他解释道："我发现恐怖行动有趣，而且我想基于这个制作游戏。所有的团体行动方面都仅仅是这个主题的必然延伸，因为在现实生活中不可能看见死亡竞赛的恐怖行动。受所制作的前一款游戏影响，我决定不允许复活。我感觉这给体验增添了全新的紧张程度。关键是不要让死亡太乏味，因此我决定给回合增加时间限制，并且在死掉时提供一个时髦的旁观者摄像机"。

Le 说由于今天许多 PC 游戏提供的工具，创作自己的游戏应当不是太昂贵的事情。

他回答说："我能够用很少的资金预算制作 CS，但必须牺牲大量的时间。我认为在 CS 的最初版本上我每周花费了大约 30h。地图不是由我制作的，由于能够说服大众帮我制作——这确实弥补了我的大量工作。如果计划制作一款游戏，而且实际上不用遵守严格的最后期限，只要有积极性并且手头上有大量的时间，那么就可以制作。同时，制作多人游戏要比制作单人游戏容易得多"。

Le 分享了关于动作游戏设计的一些建议：

- 对将要制作的游戏有一个清晰的构想，并且不要试图加入太多未经证明的特色。
- 总是尽可能提早并经常试玩你的游戏，这样可以帮助了解游戏趣味性有多大。
- 在给游戏制作美术品时，一个不错的主意是，以你能做的最高品质制作，然后降低取样（如果必须）来适应游戏引擎能允许的最低规格。例如，当给模型制作纹理贴图时，以很高的分辨率制作然后降低取样，这样不会消耗那么多的内存。当游戏引擎变得更加高效时，所能做的就是重用以前的美术品。

Mathieu Ferland，Ubi Soft

作为 Ubi Soft 蒙特利尔工作室的高级制作人，Mathieu Ferland 参与过许多主机和 PC 游戏的开发，包括 Monaco Grand Prix Racing Championship（1998），F1 Racing Championship，Donald

Duck Goin'Quackers，Tom Clancy's Rainbow Six：Rogue Spear——Black Thorn，Tom Clancy's Rainbow Six：Raven Shield 以及 Tom Clancy's Splinter Cell。Ferland 首先给出了他最重要的建议，然后对它们进行了详细的解释：

- 首先是具体创作，其次是综合考虑。如果不这么做，可能会遗漏非常有趣的概念。
- 在游戏设计中考虑技术与图形的特点，并把它们结合在一起。
- 游戏发行以后，你不是玩游戏的人，所以不要为你创作游戏。

关于 Ferland 阐述了第一条建议。

他解释道："在制定游戏的规则或者一般设置之前，确定游戏关卡元素的有趣性。最好的方式就是做对照，即创作所有具体的可玩性元素，最终产生一般规则和设置"。

"在概念的早期阶段，集体讨论游戏拥有的具体可玩性要素是什么将是很棒的事。你想要玩家们看见什么？想要他们感受到什么？很多想法将来自于这种练习。尽量遵循游戏概念的基本指导方针，但在此过程中也要试验以使你不会过早地否定某个好主意"。

"在一段时间之后，将有一大堆具体的游戏或关卡设计的想法，至少可以构建三到四个游戏，由此将获得对角色的移动或操控的大量的可能性，使用超能力或小配件的很多的主意，如你的关卡片断有很棒的想法，令人惊讶的故事情节等"。

"从所有这些具体而原始的概念开始，就能综合思考并创作规则。换句话说，必须用头脑中已有的想法开始设计游戏。综合设置将包括：角色的移动和操控，特殊能力和小配件的使用，环境交互系统，详细目录系统，奖励等"。

"一段时间或数月之后，一旦相信综合系统适合最好而具体的想法时，则必须再次进行集体讨论，考虑游戏设计的限制，并寻找更加有趣和具体的可玩性构思，以使游戏做得更好"。

"很多游戏设计者将注意力首先集中在综合系统，其次是具体的动作，我认为这是不对的，因为它限制了你想让玩家在玩游戏中所能体验的感受"。

Ferland 深入探讨他的第二条建议。

他解释道："所有开发团队都有优势和劣势。在前期制作和开发期间，游戏中的某些特性会给人留下更深刻的印象。为了提升和使用最好的特性进行开发，好的游戏设计者应该考虑并使其设计适合上述方面。这些方面常常是很难处理的，因为游戏设计的改变通常会影响进度、预算和团队的推动。然而，如果这些特性经过处理和沟通，游戏的附加价值可能是令人吃惊的。充分发挥团队的优势并避免它的劣势"。

Ferland 论述游戏为什么应该不仅仅是对你有吸引力？

他解释道："在某个游戏上花费成年累月的时间和努力之后，亲自获得意见变得相当自然。但一个游戏不是一件用于表达自身艺术技能的艺术品，因为这是在娱乐界，而它的第一目标是使人们享受他们在游戏上所花的时间，不会使他们的 50 美元打了水漂"。

"找到这种平衡困难吗？事实并非如此。相信自己的想法并和团队进行沟通，找出原因——为什么认为正在制作的游戏是卓越的，但记住，没有什么想法是具有决定性的，除非它经过游戏测试后得到最终的认可。不要低估游戏测试的必要性，它们是未来的窗户，是判断游戏能否成功的一条好途径"。

"设法在开发周期中尽快实施游戏测试。每次集中一个特性并逐步确认或排除游戏的各个要素，开始是对通用设置执行的测试，其次是关卡设计的连贯性，而最后是游戏的标准化"。

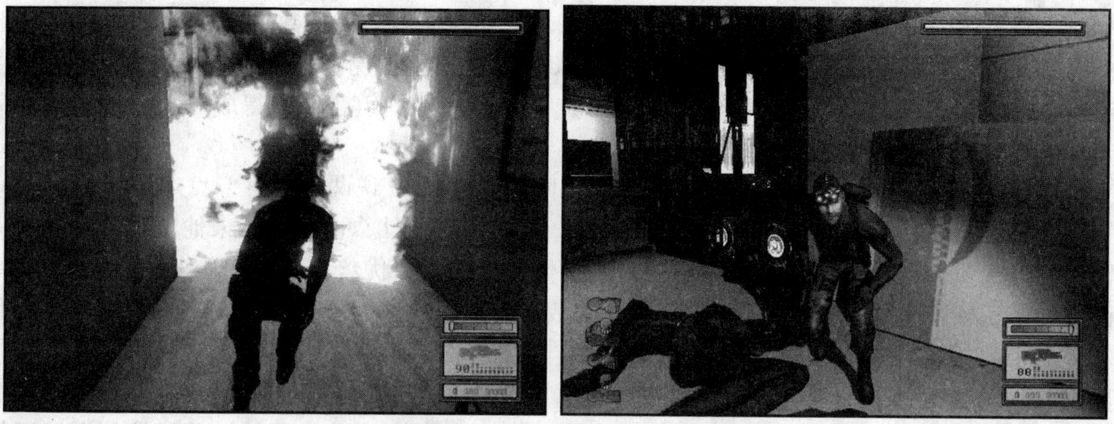

图 2-11　游戏 Tom Clancy's Splinter 的截图

获奖的游戏 Tom Clancy's Splinter 是基于 Xbox 平台最受欢迎系列的第一款。该游戏在 Mathieu Ferland 的指导下由 Ubi Soft 加拿大蒙特利尔工作室开发，如图 2-11 所示。

关于游戏 Tom Clancy's Splinter，Ubi Soft 对美国国家安全局军用武器和特种战争装甲运输车等装置做了大量的研究。

他解释道："我们也为角色的活动获得许多灵感。用这些灵感，确立了在游戏中如何做、如何看和如何沟通。跟随基本的游戏概念指导方针，我们有自由讨论的时间：'用 Tom Clancy 的非常现实的环境、地理政治的前后关系，以及高技术的军事材料，创作一个第三人称动作／冒险游戏'。我们开始讨论这些概念并集合所有具体的想法，如从着火的建筑物中逃脱、用敌人做挡身盾牌、令玩家惊讶的屋顶坍塌、用粘性照相机提供关键信息等。当有了比实际需要更多的可玩性的想法时，就开始考虑如何使它发挥作用。这正是游戏设计者必须完成的，而挑战是要在一个十分有限的普通系统中提供无限可玩性的想法或要素。Splinter Cell 考虑了 Sam Fisher（主角）能使用的所有原料，系统运作得相当好。我相信我们已达到目的"。

请综合游戏的图形和技术要素？

他回答道："在 Tom Clancy's Splinter 游戏开发期间，如果过早地确定游戏设计，那我们将错过很多机会。例如，当开发了动力照明系统，有了清晰的目的和可玩性想法。当开发了软件的物理特性，也有了清晰的预期。然而，当将软件和动力照明混合起来，会发现贯穿软件的一个敌人，这就是游戏的新特性。如果游戏设计时没有足够灵活地去考虑它，它可能停留在研究阶段，结果它变成给人印象最深刻的游戏特性之一"。

不幸的是，Ferland 说他们认识到他们的游戏太难玩！

他解释道："在进行游戏测试之前，Tom Clancy's Splinter 是一个很难玩的游戏。我们发现控制器的构图不够直观。游戏的很多要素，包括详细目录系统，都已检查过。在它提交给游戏测试员的两个月时间中，从 alpha 版开始，每两天提供一个新的版本。没有游戏测试，游戏总的关卡质量将更低"。

Tom Clancy's Splinter 如何不同于其他那些基于秘密行动的策略动作游戏？

他解释道："当创作一个游戏时，不从现有或以前游戏中获得灵感是很困难的。多数开发者重用以前的代码，改进并使之适合自己独特的游戏。对 Splinter Cell，我们花了很多的努力来提供主角的各种行动，他能做不同的基本动作（走、跑、跳、蹲等），但他也能做运动动作如跳、半周跳、zip line、爬上管子等。因此，Sam Fisher 能做的动作数量是相当创新的。而且，Sam Fisher 使用的小配件——光缆照相机、shocker、夜视和热视镜等——为玩家和大量的自由动作创造了更多的可能性。玩家必须思考并选择一个最好的组合以取得成功。游戏的故事情节和它与玩家沟通的方式都是相当新颖的”。

制作一个现有的授权游戏是更容易还是更困难？Ferland 说两者都有一点。

他解释道：“Tom Clancy（汤姆·克兰西）知道他想要什么。这些年来他限定的世界给人留下相当深刻的印象，也是灵感的重要来源。他故事的主要优势在于它们让人感觉是现实的，而且细节说明使它更逼真。人们对 Clancy 的故事感兴趣，因为它们发生在不远的将来，并且其世界中政治接近于现有的地理政治学环境。对于创作游戏的团队来说，从真实的世界获得灵感并稍微修改使之适合是再好不过的。例如，夜视和热视是已有的小配件，但不是同样的护目镜装置。通过现实而可信的途径，我们已从现有的原型中获得灵感，并已计划在接近的将来它会变成什么”。

“对制作授权游戏的控制是调整每个细节，这意味着需要花费大量努力对其进行研究和雕琢，获准过程也非常复杂。这不是其他科幻环境的案例，在那里任何创作都有更多机会做到和原始概念相符合”。

对主机游戏有什么不满？

他回答说：“我认为游戏通常都太长，即使游戏很有趣，但我自己完成的也只有很少几个游戏。必须牢记这是娱乐，只是娱乐。人们喜欢多样性，他们从不同游戏中获得乐趣，但如果一个游戏太长，他们就会转向另一个游戏了。重要的是享受玩游戏的这段时光。如果愿意花 10 美元看一部两小时长的电影，为什么在花 50 美元玩一款 15 小时长的游戏，然后你会感到心烦”。

Ferland 就成功的游戏设计给出最后一些建议：

- 尽量做爱玩而且了解的一类游戏，这是很快取得进步的惟一途径。
- 不要低估研究其他类型游戏的重要性。玩游戏或看电影是个良好的开端，但研究能让你得到大量的细节，更重要的它将为你提供创新的概念。
- 做你最好的，并和队友交流你的知识和诀窍，如此不仅能提高他们的技能，而且也将给你带来尊敬和信誉。

Mike McCoy，Ubi soft

继续讨论上面的话题，加入讨论的是 Mike McCoy，他是 Six III：Raven Shield 游戏的主设计师，也是 Ubi Soft 蒙特利尔工作室的一员，有趣的是，McCoy 的建议与他同事 Mathieu Ferland 的稍微有些不同：

- 要抽空倾听团队成员和其他人的想法。如果想法合适，为什么不用呢？如果不好，就解释其中的原因，并要求他们继续提出下一个他们的想法。作为一名游戏设计者，你不是惟一的有思想的人。很多时候我从最不可能的地方得到令人难以置信的想法。要知道工作就是收集所有好的想法和摒弃所有不好的想法。
- 如果可能，用间接复杂替代直接复杂。我的意思是创作游戏的想法和规则要符合所需的复杂程度，但要以容易理解的的面目呈现给观众。人们玩游戏是为了逃避现实和做他们在现实生活中从未做过的事。如果做了一个现代化的飞行模拟器，并用先进的平衡模拟飞行，那么不要把它扔给玩家，因为他们没有空军学校的毕业证，毕竟他们仅需要飞翔的一点点快感。

➢ 最后，设计文档（看第 6 章）代表了你希望玩家在游戏中所体验到的思想、感觉和图像。假设编写了一份极度详细的文档，描绘恐怖分子人工智能如何运行。程序员拿到手中时会认为有很多问题，你所认为清楚明白的方式对他们却未必如此。程序员理解你的文档后，不要因为他们提出不同方法而感到惊讶，如果效果相同或更好，也更容易完成，很好！你的工作是创作一款伟大的游戏，不是细致地管理程序员如何完成游戏的每个特性。同样，要明白团队可能会提出很多你无法回答的问题。无法预期制作过程中的所有问题，但当它们出现时，你要能予以解决。

McCoy 用游戏 Raven Shield 来支持他的 3 条建议。McCoy 解释说："仅仅因为我设计了它，但那并不意味着我完美地完成它。每天布置和使用恐怖的 AI 并提出相当多的改进。关卡设计师特别擅长于发现某些方式让恐怖分子知道他们所处的环境并恰当地使用，例如用一辆汽车来表示着火"。

对于间接复杂超越直接复杂问题？

他回答道："为了创作游戏 Raven Shield 中使用武器的所有变量，我们使用真实的数据和复杂的平衡。这些数据包括：初能、子弹直径、枪管长度、武器重量，武器长度和射击速度，以及其他项目。多数玩家并不对这些素材感兴趣，而如果我们强迫他们接受，他们甚至可能退出游戏。因此，当将武器呈现给玩家时，我们用五条图表解释一种武器：射程、破坏性、准确性、后座力／跳跃和防御力。这些条允许他们用简单的条款比较武器，并决定他们想使用哪一种。如果熟悉枪炮并了解它们如何作用，基于知识你能选择武器。如果不是（有任何经验），你仅用这几条图表也完全能做出自己的选择。武器的力学方面是复杂的，但我们呈现给玩家简单的条款。不管是专家或新手，每个人都满意这种结果"。

说说关于设计文档的问题？

McCoy 解释道："当最初为游戏 Raven Shield 编写 Rainbow AI 文档时，尽量想出 Rainbow 出现的每种可能情况。然而，一名程序员在很快分析之后发现了很多不足。我们坐下来对所有的问题继续讨论，大约一小时之后，她表示我的方法不是在每种情形下都起作用，接着她提出一个比我更能起作用的不同的方法"。

使 Tom Clancy's Rainbow Six 系列游戏成为如此独特而成功的翻版游戏的原因是——它不妥协的现实主义。

McCoy 解释道："当 Red Storm 首先提出致命的一枪一个的概念，人人都说它不会起作用。直到那时，游戏起支配作用的前提是玩家们想他们是仁慈的，并允许他们犯错误。自从该游戏命中了目标后（指成功），几乎每个成功的 FPS 都是一枪一个的模式"。

"该款游戏真正有趣的是战斗之前的悬念，期待着在每个角落和门后都看到一场探戈。当开始射击后，不管是你还是探戈都是情感的释放。无法告诉你有多少次当我偷偷环顾角落时，前额中弹出局——那家伙到底在哪儿？下次我会首先发现他"。

"我认为一名游戏设计新手从翻版游戏中主要得到的是：不要总是与其他人所做的一致。尝试非传统的东西并看看它们是否有趣，为了创新和走在别人前面，要愿意用你的想法去冒险"。

权衡制作 Tom Clancy 游戏的利弊，McCoy 将它们分解如下：

关于利：

- 令人难以置信的 Clancy 世界。Tom Clancy 的世界是基于我们现实的丰富而似乎永无止境的领域。在那里的东西没有任何的牵强或超前，却都是关键的。
- 被约束的现实。因为 Tom Clancy 的世界建立在我们的现实基础上，摒弃那些不合时宜、奇异（基于幻想）和超前的想法很容易，从而真正帮助我们坚持聚焦并指向正确的方向。如果技术顾问和我们都不能确认它的存在或它存在的可能性，那么它就不为游戏所考虑。
- 公认的玩法、看法和感受。因为人们公认 Tom Clancy's Rainbow Six 授权游戏如此优秀，他们知道某些东西什么时候像彩虹而什么时候不像。因此，在游戏 Raven Shield 中的第一个目标就是使它看起来、闻起来、听起来和尝起来都像彩虹。在此之后，我们在以前的彩虹游戏上进行提高和改进。
- 巨大的现有顾客基础。当开发 Raven Shield 时，我们总是用以前的两个游戏多么成功来支持我们的想法。这也给你和团队很大的压力，但我相信它也是积极的因素，能帮助我们超过他人并制作一款更好的游戏。

关于弊：

- 被约束的现实。基于现实世界的真实限制你的想像力和创造力。那并非我们所想要的，但我们不能给游戏增加激光枪。
- 巨大的现有顾客基础。现有的顾客基础限制你同时实现玩法改变的数量和幅度，如果你实现太多太快，人们会感到你的游戏不属于该授权游戏。同样，如果你创新或改变游戏迷们亲近和喜爱的特性，你就要冒与顾客疏远甚至失去他们的危险。授权游戏没有它的游戏迷们究竟会是什么呢？

最后，McCoy 聊到在玩电脑游戏时表示说："对那些缺乏连贯或难度太大的游戏，我是无法坚持玩下去的。如果在用户界面上教玩家按下右下方的按钮翻到下一界面，绝不要改变下一个界面的按钮。我曾经玩过一个游戏，当我载入上次保存的游戏时它要求我敲右下角的按钮两次，不过最后一次却变成了左下角的按钮"。

1．进入游戏——右下方按钮
2．选择战役——右下方按钮
3．载入关卡——左下方按钮

"猜测第三个界面上右下方的按钮是什么，正确的按钮应是载入关卡，此时却是：删除已保存的关卡。你能相信它吗？"。

McCoy 说他的第二个抱怨是那些难度太大的游戏。

他解释道："没有经验的设计者增加所有难关的难度，代替只增加第四或第五关甚至更难的关卡。他们相信要挑战它们，挑战全部关卡。事实上，他们为游戏付出如此多以至于已是专家，而他们认为容易的对其他人来说却是中等难度到困难。当我在 Shadow Company 工作时，增加了几乎不可能打败的难关，但我们没有改变前三关的难度"。

"首次玩一个游戏时，通常选择容易的模式去获得体验。如果我喜欢它，那么它值得我选择更难的模式来挑战自己。如果游戏强迫我用斗争来得到体验，我通常会放弃它"。

Mike McCoy 也提出了一些进入这个行业的灵感，参见第 21 章。

David Dienstbier

David Dienstbier 作为一名游戏设计师开始在 Acclaim 工作，他做过如下的项目：任天堂 64 的 Turok: Dinosaur Hunter 系列，All-Star Baseball 系列，NFL Quarterback Club football 系列。2002 年，David Dienstbier 离开他在 Acclaim 奥斯汀工作室创作主管的位置，去追求其他方面的兴趣。

当被问及游戏设计新手们在处理第一个杰作时应牢记的最重要的事情，Dienstbier 首先警告说任何真正的创作人可能从未创作他们的杰作，他解释道："当顾客和新闻界表达他们对某个游戏的欣赏时，他们提起的往往是团队，而不是某个有创造性的个人。我们这行特别性质意味着能够不断提高，不断创新，并不断创作出更好的产品。如果要继续前进，就不能只依赖过去的成功"。

Dienstbier 说记住我们身在游戏制作行业也是很关键的。

他回答说："虽然任何一个游戏都可以说是艺术品，但我们仍然是娱乐业的一部分。每天不得不面对的事实是截止时间、进度、市场营销、资金、实用性，必须要认识到这样的事实。虽然艺术没有限制，但是一定数量的人在一定时间内所能实现的却有着明确的限制。我们选择采取的每种努力、每个创造性的推动和每个冒险都依赖于产品的成功，但要人们接受这个事实常常是困难的。如果游戏赚钱了，我们用赚到的钱投资下一个项目，否则，钱从哪里来呢？仅仅在其中一个项目上投入更多的时间和金钱将保证它的成功，这种想法是天真的。游戏制作行业恰当的舒适在于，创作与每个相关的人更实用的关系，创作不仅行业如何运作而且开发者和出版人为何做某个决定的统一理解"。

不要阻止没有经验的游戏设计者或开发者，但 Dienstbier 说行业的某些方面常常让人感到很受挫折，并与设计者的创造性的推动力背道而驰，他说："我承认我是第一个常常和那些正确的问题不一致的人。我发现理解游戏行业越多，对自己的挫折就处理得越好"。

Dienstbier 给出的第 3 点建议是任何游戏的成功都不能归结为个别人或个别科目，他解释说："常常听到人们辩论甚至争论游戏开发过程中技术、设计或美术重不重要。依我看来，这样的争论除了引起分歧和怨恨外，没有任何意义。作为团队的一员，每个人都要重视和尊敬任何在自身领域胜过他人的成员，并欣赏所有在共同完成一项精彩游戏中的尽职尽责的人"。

Dienstbier 说灵感可以来自很多地方。

他解释道："当我在大学学习艺术时，发现自己常常从自然界中获得灵感，现在仍旧如此。我对骨骼、化石、动物和进化着迷，而它们影响了我的很多艺术作品。在为某个游戏设想寻求灵感时，在我着手迎接一个新挑战时，我会汲取来自不同领域的创造性资源——书籍、喜剧、电影、摄影、诗歌、音乐和历史，这些对我来说全都是无价的。当然，其他游戏也是灵感的另一个来源"。

Turok 的概念是从哪里产生的？

他解释说："这个游戏是我为 Acclaim 工作时所做的大量事情的产物。公司要求一个名为 Valiant Comics 的连环漫画公司，有目的地将它的某些关键的特性开发为授权游戏。Acclaim 决定在合作的水平上做基于 Turok 连环漫画的第一个游戏。同时，又想让它的首次努力建立在它们所拥有的强有力的特性基础上"。

"Turok 并非是最畅销的连环漫画，但它是一个称职的表演者并让很多人称赞不绝，而我的工作就是决定如何恰当地将连环漫画转变成电子游戏。那个时候，FPS 是最热门的新游戏类型，问题是在真正对技术的推动方面它几乎局限于 PC。此时发生的浪潮有强大而新颖的主机准备推出，以及像世嘉的 Saturn、PSX 和 N64 全都将主机游戏由二维设计为三维。我感到将 Turok 作为 FPS 的决定是自然的，有机会在主机上将一个世界带给生活，并且在某种程度上不仅利用 FPS 游戏的普遍流行，同时还创造了一个非常不同的视觉世界。大部分 FPS 游戏发生在走廊，我们构建在丛林中。大部分游戏除了敌人外缺乏生命，我们的世界充满了鸟、鹿、鱼和猴子。我们期望做出超过其他任何杰作的东西”。

对于当前电子游戏的收获，Dienstbier 承认经常抱怨的一个主要问题是：过份依赖结局。

他解释道：“结局是我们这行的重要一部分，它们带给极度风行游戏迷们的东西，比他们想要的更多，没人能说清其数目。我的问题和行业产品的结局无关，事实是公司们常常变得以结局为中心而很少愿意认可新的特性或为新的想法冒险，出版商们常常宁愿投资某个结局从而有适当的销售，而不愿冒险投资新的特性。从电影到电视到书籍和音乐，娱乐业的各个方面存在同样的模式。从行业的观点出发，它是完全符合逻辑的。然而，当这些模式实际上对创造令人兴奋的新体验起着相反的作用时，它是失败的”。

为 PC 和主机开发游戏的基本差异是什么？Dienstbier 首先回答要考虑二者的技术挑战。

他回答说：“PC 硬件规格在持续不断地变动，处理速度、图形卡、控制器等的新标准引起持续改变的系列变量需要考虑，开发者必须支持许多公司生产的设备也是一个问题。它们多数对于主机开发不是问题，因为主机硬件趋向保持固定。当然，仍旧有某些例外。我们为 Turok 2 增加的高分辨率模式，只有在玩家为他们的机器购买了 RAM 扩展包后才能激活。PS2 不久后将有一个硬盘驱动器，而开发者将不得不决定他们是否支持这些设备及如何利用它们。因此问题同样存在，但与 PC 相比它们很不重要。它们不会随着硬件的变化而改变，但它们为开发者提供了选择，让他们可以决定现有的特性并提出新的可能性”。

Dienstbier 论述 PC 游戏和主机游戏受众的一些差异。

他解释道：“如果将一个在 PC 上成功的 RPG 移植到主机上不能保证它的成功，反之亦然。历史上 PC 或主机都有不同类型的游戏和不同的体验，其中部分使新的主机变得更强大。但同时，玩家们在为主机或 PC 买游戏时常常渴望不同的体验。通常，PC 玩家和主机玩家间的核心年龄群差距很大，但这正在改变。意识到这种差距很重要，因为主机游戏的潜在受众可能与 PC 游戏的受众完全不同”。

第 17 章和第 21 章我们再次访问了 Acclaim 的 Dienstbier，在那里他为恰当的游戏测试和如何进入这个行业分别提出了一些建议。

Randy Smith，Ion Storm Austin

Randy Smith 在加入 Ion Storm 之前为 Looking Glass 工作室工作，是 Thief 3 的项目主管和首席设计师，也曾是 Thief 1 和 Thief 2 最初的设计师之一。事实上，将 Thief 系列归为动作游戏范畴可能不公平，因为它被认为是“三维潜行者”而不是“三维射手。”对外行来说，Thief 系列更强调无声而巧妙的机动性。

当游戏设计者制作他们的第一个杰作时，Randy Smith 认为他们应该牢记的 3 件最重要的事情：

- 设计者需要对结构思维的学习，对新思想的开放，以及准备吸收设计过程中所有相关的信息。首先不要做自己的“杰作”，因为你不可能准备好设计任何游戏，而且很少能证明你真正希望的游戏是辉煌的。所以从做其他人的项目开始，到给出一份满意的结果结束。

➢ 同样向周围的人学习。和自己欣赏的设计者及其他开发者保持亲密的关系，询问他们如何做出决定，如何评价设计思想，以及设计时通常使用什么原理。和团队的每个成员合作，而且对自己获得的任何信息都要有开明的思想。从错误中学习也是很有效的，只要能在游戏发布之前认识并改正它们。记住这样做的前提是，必须承认自己有时会犯错误。

➢ 最后，对设计者通常的误解是他们到处发明创造的新思想。其实那只是它的一部分，但可能并没有你想的那么多。多数团队有足够的创造性，能提出很棒的想法，比如你在游戏中所能实现的多得多。作为一名好的设计者，同样也要在各种可能性之间做出明智的选择和决定，因为它首先发明了某些思想。为了能有效评价这些思想，必须深谋远虑，预知潜在的问题，并利用设计工具和思考模型解决它们。接着，必须估计实现这些思想要投入多少努力，并根据有限的资源（如时间）初步决定采取哪种思想。熟悉大量素材需要花时间和精力，因此，应该从准备学习开始你的职业。

Thief 系列有一个与众不同的看点。游戏设计者从哪里寻求灵感？并且如何能使灵感成功而独特地在游戏中实现？Smith 说虚构游戏的灵感来源很多，在接下来的几节中，他讨论当游戏涉及到任务设计（参见第 10 章）时，如何影响游戏及通用的可玩性设置。

他解释道：“媒介，如书籍、电影和游戏，显然是有用的，但是涉及到历史、科学和艺术的真实世界对我来说也总是无价的。在开始计划一个任务之前，会做大量的研究，我相信对角色和历史两者有一个彻底的精神意象空间能有助于保持任务的一致性和可信度，并帮助充实重要的细节。不能忽略个人在真实世界中的体验。如果想建造一个教堂，那么去参观一个教堂。用想像观察空间，并思考如果自己是游戏中的角色，你可能做的事情”。

“获得对可玩性的设计灵感甚至更重要。必须知道如何构造有趣的体验，并在设计实现时对它进行评价和调整。收集大量理论设计工具、原理和思想模型，可以将它们运用在如何设计的问题上。对待游戏设计要像一门真正的科学而不是一种无可名状的艺术。灵感来自于现有电子游戏和与你相同的设计者。和设计者们一起工作，鉴别认为工作得很好的游戏设置和游戏体验——在你或其他人的游戏中，并颠倒它们的设计，对它们进行解构，辨别哪个设计原理激发并使它们起作用，接着尽量在游戏中使用同样的设计工具和原理来达到成效，在赋值的基础上评价你对成功的尝试并修正思想模型。这是一个困难的过程，但是擅长它将有助于你成为一名严格有效的设计者”。

Randy Smith 解释他和团队如何对游戏（如 Thief 系列）进行恰当地测试，而且如何同样做以保证恰当的平衡和改正 bug。对于游戏开发过程中有关测试的建议见第 17 章。

Erin Roberts，Digital Anvil

Erin Roberts 作为一名制作人为德克萨斯奥斯汀的 Digital Anvil 工作室服务，他也是 Microsoft 团队的一份子。他的荣誉包括：杰出的 Wing Commander 游戏的设计师（在兄弟 Chris Roberts 的协助下）；游戏 Strike Commander，Privateer 和 Shadowcaster 的合作制作人；游戏 Privateer 2，Starlancer 以及最近为 Xbox 平台所做的 Brute Force 的制作人。

对于游戏设计的忠告，Roberts 谈了下面几点：

- 理解自己的设计。要认识到你是团队中的一分子，对我来说最重要的方面之一却是设计者常常忽略的，而它们将总会来回拖你的后腿。为了设计游戏中的某个任务或关卡，设计团队的每个成员都必须真正理解整个游戏设计，从故事情节到角色再到可玩性设置。如果不理解游戏，那么就不能将大家所做的各部分设计天衣无缝地衔接起来。因此，在做任何事情或在任意方向忙碌之前，首先要确定自己在机器中的地位——小齿轮。
- 它有意义吗？在设计任何东西的时候，从最初的概念到单个任务关卡，让你自己从设计中退出来并问自己它是否有意义？最重要的部分是全部结构和故事情节。可能很想让某个真的很棒的任务发生，超过它在故事情节中所起的作用。相反，你感觉故事的某个情节真的很棒，但却不会在任何游戏任务中起作用。设计和故事情节矛盾吗？游戏或任务的每个方面都支持全部的结构和故事情节吗？你做的素材在实际任务中真的有意义吗？如果你的船在离敌人 100m 远的地方着陆他们会感到吃惊吗？我猜想到你从船上下来时他们将准备好了。
- 了解你的局限性。记住，在一定的合理时间内制作并完成游戏是真正关键的。包罗万象的游戏设计将毫无意义——即使世界上最好的开发团队、花费 2～3 年的时间所创造的技术和工具。当设计创作时，团队其他人将会帮助你，而且还需要从你的技术和艺术伙伴那里得到反馈。提前了解自己所选择的平台的局限性，否则当计划发布游戏时麻烦将出现。

Roberts 用他最后一个项目——Brute Force 作为一个例子来支持他的建议。

他解释道："看到在上面所讨论的每个错误都可以在这款游戏中找到，这就是为什么强烈提示它们（问题）的原因。

"在游戏中存在任务已经创作出来而在游戏的故事情节中它们却不起作用的情形，有时是因为最初对设计的某些方面要求太难而未能实现，有时是因为设计者没有真正理解要保证他的工作与其余的设计相互衔接的重要性。其他的问题包括在创作一个关卡或任务之前要确定你已经理解游戏的可玩性设置。在游戏中，我们有四名很不同的小组成员，他们每人都有自己的各不相同的优势和劣势，为了支持角色并使任务有趣，创作地图时就要考虑他们每个人的能力。例如，如果你不创作大片玩家能够进行狙击的高原，军队中的狙击兵就毫无意义。你会为某个设计者创作的地图感到吃惊，他常常只有他想看到的思想而不考虑角色如何使用"。

Roberts 认为每个人都可以从很多不同的地方得到灵感。

他回答说："可以玩游戏并得出你喜欢和不喜欢什么，你可以阅读一本伟大的小说或者从别的东西中产生某个十分新颖的灵感。我总是发现产生一个设想实际上从来不是最困难的事，感受这个设想，构建一个真实的设计并使它变成现实才是真正与工作有关的。至于游戏 Brute Force 我总是想将它做成基于地面的战斗游戏，而我其他所有项目都是空间飞行动作冒险游戏——但现在我想做成别的，控制一队突击队员并与一群坏家伙打仗获得船只正是我想要的"。

对当前的动作游戏有哪些抱怨？

他回答说："我的最大问题是我们似乎形成了得到更多相同的惯例，当某种游戏类型获得成功，似乎所有人都在做相似的游戏，希望沾上最初的游戏成功的光。它的主要压力之一来自于出版商，他们看到第一个游戏赚了很多钱，而他们希望看到同样类型的游戏赚钱，因此他们只允许同种类型的游戏发行。要得到钱来做最初的事情是很困难的，除非你有已被证实的记录而且有人准备在你身上冒险，我认为你必须有足够的勇敢去提出新的东西并准备好被打回来。作为一名游戏设计者记得这点也是重要的：你不仅仅要有概念或设计，也要有游戏实现的方法。没有团队的概念很少能走得远的”。

在第 21 章，Roberts 提供了一些进入这个行业的建议。

Denny Thorley，Day 1 Studios

Denny Thorley 是 Day 1 工作室的一名监制，也负责开发在微软 Xbox 平台上受欢迎的 MechAssault 游戏。在那之前，Thorley 还参与了以前 FASA 的（PC 版的）MechCommander 和（世嘉 Genesis 版的）BattleTech 游戏。

Thorley 说创作动作游戏不是那么容易：

- 焦点！决定游戏中的趣味是什么并集中设计加强这个“趣味”。不要因为某些特性很棒而刻意增加它们的诱惑力。必须仔细揣摩游戏的每个特性以确定它有助于核心的可玩性体验。每个游戏都有预算和期限约束，而一个紧紧聚焦的设计将允许你有更多的时间调整和推敲你的游戏。
- 研究。从现有产品中可以学到很多。设计者能从竞争性的产品中获益，评价游戏设置哪些是有效的而哪些是失败的——不花费昂贵的开发时间。甚至是从最糟糕的游戏中也能学到很多东西。仔细揣摩现有游戏并非一定会告诉你该做什么，但是这个过程能发现你的设计的潜在问题。
- 简单明了的沟通。很多没有经验的设计者得到的作品就象失败的小说那样：如此废话连篇以至于失去了他们的观众。对担负着实现设计任务的开发团队来说，这不是最有效的沟通。设计文档必须清楚展示游戏细节以及如何协调所有成分组成一个引人注目的产品，而不需要程序员去解说游戏是多么精彩。

用游戏 MechAssault 作为一个例子，Thorley 如何开始他自己的建议？

他解释道：“游戏的设计集中在有巨大破坏力的机甲上，它们在战场上四处践踏，造成摧毁性的破坏，而无论它们选择的是哪个战场。与传统的机甲仿真相比，该游戏被设计为更快节奏的游戏，允许玩家有更多动作和更少的机甲系统管理。为了加强机甲的杀伤力，我们也创作了建筑物和周围物体的强烈毁坏顺序。设计最后主要集中在保证 MechAssault 的体验能够以在线形式在世界各地分享合作和竞争。游戏中考虑到很多特性，而如果它们不能直接有助于加强玩家在遭受破坏和淹没的世界中的 Tactical Godzilla（战术哥斯拉），那么这些特性就要被删掉”。

“在决定做一个重大角色时，要研究我们在游戏 MechAssault 中追求的设计方向是什么。机甲类型的游戏很多，但是几乎没有能达到我们为之奋斗的商业成功。经过深入评估，显然它们的困难正好是选择出来并拿来玩。它们也损害了‘趣味’要素，阻止玩家很快达到‘趣味性’的复杂层面。我们的研究帮助我们相信要追求以动作为导向的游戏，并说服我们放弃几个控制系统，它们是我们在竞争性评价之前考虑的”。

“不幸的是，对于 MechAssault 的整个项目我们没有进行深入明了的沟通。开始我们总是称赞我们的文档编制过程，但是当最后期限来临，这些支持当前的文档的重要性却降低了。

我认为这种优先权的变化在我们这行很典型，这给开发过程造成了消极影响。将来，我们将减少设计中的废话而更多的依赖可视化和原型”。

Thorley 认为当前大多数主机游戏的最大问题是什么？

他回答道：“在我看来，主机游戏的最大问题是很多游戏之间的相似性。很多开发者被他们的出版商指引着滑过橡胶圆盘（用一个典当的术语）在的地方——并非它应该去的地方。某一年的成功将滋生以后两年大量的复制产品，他们很少有人会成功。通过不舍弃自己的产品同时从外面的交互式游戏中获得灵感，设计者能够避免这种情况。为了保持真实的看法，设计者应该定期评价他或她的产品如何才能符合市场的需要，以及游戏如何才能在市场上与众不同。在零售中惟一足够获得以上评论的仍然是设计和实施吗”。

图 2-12　游戏 MechAssault 的截图

MechAssault 是一个科幻动作 / 射击游戏，基于非常成功的机甲技术授权。玩家必须调遣巨大的战斗机甲或机甲，在多种环境下打败敌人并获得敌人的建筑，如图 2-12 所示。

谈到设计和实施，在做主机游戏和 PC 游戏时关键的不同是什么？

他回答说：“在 PC 上玩游戏的体验是典型的玩家从两英尺外注视屏幕。屏幕的分辨率给予玩家更复杂的信息，PC 上的输入装置也让玩家能更加容易有效地控制更复杂的任务。对成功 PC 游戏的评价使得我们相信，PC 玩家更愿意阅读操作手册，享受深入的、更睿智的游戏设计。当 FPS 在主机平台上得到普及，我们开始看到 PC 游戏设计和主机游戏设计的趋同。设计趋同主要是由于新的主机配置的给人深刻印象的插图和精密复杂的控制器”。

另一方面，主机常常放在家庭中更社交的房间。

Thorley 解释道：“它们通常位于家里主要的电视机附近，这个位置使它们适合于更多人同时参与主机游戏。另外，主机游戏要从距离电视四到六英尺远的地方来玩，进一步加强了多个玩家／单个系统的体验。主机游戏的设计使合作和／或竞争玩游戏最大化，它也由此获得强大的销售。当设计者期望这样的平台时，他们应该考虑到这些主机体验的独特的方面”。

要获得 MechAssault 的更多信息和媒介，请访问 www.xbox.com / mechassault。若要获得 Day 1 工作室的工作机会，请访问 www.daylstudios.com / jobs.htm。

在第 21 章中，Thorley 提供了进入这个行业的一些建议。

第 3 章　一般游戏设计：策略游戏

当玩游戏时，想用部分脑力结合、甚至代替体力吗？如果是，那么本章将告诉你如何创作惊险的策略游戏，而且我们还召开了一个名人的圆桌会议。

Sid Meier，Firaxis

Sid Meier 是业界最成功和最受尊敬的游戏设计师。作为行业的先驱者，他创作了大量前所未有的杰作，如战斗飞行模拟器 F-15 Strike Eagle，以及游戏 Pirates，Railroad Tycoon 和 Civilization 系列。

Meier 提供了一些关于游戏灵感的文字，他说："要努力发掘作为设计者所能感兴趣的东西。如果不能，那么它可能将在工作的过程中出现"。Meier 也提醒设计者说："游戏是要持续工作 2 年左右的项目，设计者必须问自己，这是否是你在那么长的时间里每天都想做的事情吗？对我来说，制作游戏 SimGolf 是一个很好的例子，而电影 Gettysburg 是另外一个我着迷的东西，虽然它们不是主流，但是有很多的乐趣——将它们合并起来就是一个有趣的游戏"。

对 Meier 来说，所有一切都可归结为热情。

他解释道："什么能使你兴奋？你所擅长的又是什么？做一个 RPG 游戏而不是动作射击类游戏，仅因为它是时髦的。如果发现新颖和新鲜的东西，那么出版商也想成为潮流的先锋，因此他们通常接受新思想。但是记住，每 20 个进入游戏行业的人中，可能只有 2 个思想是值得考虑的"。

"创作空前绝后的游戏的想法很有诱惑力，因此要将精神集中在几个很棒的特性上，确保它们效果良好。同时也要为另一个游戏留下一些空间"。

请务必阅读后面章节中 Meier 关于编程、人工智能、恰当的游戏测试，进入行业以及更多的建议。

Bill Roper，Blizzard North

作为公司的副总裁，Bill Roper 是个业界老手，在他名下有数不清的 3A 级游戏，他担当包括 Warcraft II、Diablo，Starcraft 等游戏的制作人，以及 Diablo II 的高级制作人和 Starcraft: Bood War 的执行制作人。最近，他加入了 Warcraft III的监督团队，帮助决定该游戏的发展方向。

第 5 章 Roper 深入探讨了 RPG 游戏的开发，而这里将得到他有关策略游戏设计的话语，以及游戏 Warcraft III有关的内容。首先要求 Roper 讨论在大规模的项目工作，自己能够学习到了什么。

持久的远见

他解释道："Warcraft III主要目的是创作一部受角色扮演意识强烈影响的即时战略游戏。虽然进行了不计其数的调整，但仍然坚持将游戏概念置于讨论的前沿。必须在 RPG 的控制方式与策略游戏的需求之间保持平衡，事实证明这是很具挑战性的。游戏的一个关键特性是以 Legendary Hero（传奇英雄）为单位，强调了它们的重要性，最初使用过肩的拍摄角度并要求常规单位隶属于 Legendary Hero，这使得游戏有了截然不同的视觉和感觉效果。同时，使人立即理解到角色扮演要素在游戏体验中发挥着很大的作用。但不幸的是，发现这样做阻止了做出很多的东西，而且它们是创作策略游戏所必需的。当拍摄角度必须改变时，我们也不想失去已经获得的沉浸感，因此在照相机向后拉的时候，我们也力保环境能给人更有组织性的感觉。这样在消除策略游戏所带来的游戏样板感觉的同时，能比较容易地对多个单元进行控制。只有将眼睛盯在项目的整体图像上，才能做一些较大的调整，甚至是对游戏关键要素的调整，我们知道这样在最后一定能获得一个连贯而有趣的游戏设计”。

要懂得放手

他解释道：“在游戏设计的创造性过程中，会包括成千上万条好和差的想法。有时想法似乎是令人惊异的，有时它们却不起任何作用。无论是由于技术原因，还是设计因素，或者只是因为它们缺乏趣味性，这些想法都必须要改进，甚至是放弃”。

“有时这很简单，如在尝试某个东西并认识到它没有趣或不正确时。有时这样做可能非常困难，因为了解它如何有用，并千方百计想把它保留下来。比如在 Warcraft Ⅲ开发一年之后，当抛弃了与 Legendary Hero 密切联系的过肩拍摄角度时，设计要素的视觉和感觉效果就有了很大的不同。这个决定有意思的地方是：虽然这可能给玩家带来一些疑问和不解，但开发小组却真正发现了他们现在可以做他们所设想的游戏了，而其余的只是将角色扮演元素融入策略游戏中的设计概念——却丝毫没有受到影响”。

“推销一个已经构思、培育，甚至可能已经完成的想法是个痛苦而必需的过程。并非每件事的结果都如计划的那样。以前所认为的能带来革命性变革的可玩性设置，结果很可能只是一场乏味的冒险，而承认这点是很不容易的。当面临必须拔出游戏某部分时，无论是什么原因都必须尽快地去做。不要怕损害想法，因为常常可以用更好的事物来代替，或者确定根本就不需要它们”。

Bill Roper 说“Warcraft Ⅲ是值得纪念的最伟大的成就之一。开始只是希望它是 Warcraft Ⅱ一个恰当的结局，但结果获得了精心制作的壮丽世界，它给玩家提供了非凡的乐趣和动态的体验”。如图 3-1 所示游戏的截图。

图 3-1　游戏 WarCraft III 的截图

为工具花点时间

他解释道：“Warcraft III的‘世界编辑器’设计和执行是成功实现 RPG 各个方面的关键，而 RPG 游戏是建立在单人战役基础上的。关卡设计师和程序员共同工作创造出工具，它不仅要强大而且容易使用。虽然没有更多考虑最终用户就创造工具是并非罕见的，但‘世界编辑器’的完善是相关人员共同冒险的结果。最根本的是，不仅因为打算使它成为游戏的全景镜头，而且因为知道我们想尽量解放游戏编程人员，让他们不必再为战役进行特例编程。通过高度集中设计一个耐用的工具，关卡设计师能用它修改工作，并立即在游戏中进行回顾，这样有了修改开发更多过程的机会。同时，这样做也减少了测试时间（详见第 17 章）。概括来说，工匠的水平取决于他的工具，因此尽可能给自己的工匠以最好的工具，这将有助于他们创造出力所能及的最佳产品”。

Roper 在制作游戏过程中，什么事情是你与众不同的地方呢？他说在将项目交给程序员和美工之前，应该花更多的时间在游戏设计上。

他解释道：“游戏设计是一个很有组织性和重复性的过程。但在开始游戏制作时，确实将太多的人过早地置于项目中了。判断每周每月项目分配的合理人数是很难的，但是得到的最大教训是开发小组中安排了太多的设计者。同时，项目中除了关卡设计者，还有好几个资深设计师在其中，这一点直到开发过程后期才注意到。幸运的是，在问题变得危急之前及时的发现了它，但的确在一定程度上妨碍了平衡和战役的设计”。

除了 Legendary Hero 和 RPG 风味，还有其他原因让 Warcraft III从众多的即时战略游戏中脱颖而出的呢？

他解释道：“任何一个成功的游戏都有很多因素，我确实感到玩家在 Warcraft III中所感受到的角色、情感都不同于我们曾经创作过的任何策略游戏。谈到科技给屏幕所创造和带来的种种栩栩如生的东西，电影在过去 20～30 年间确实经历了很长时间的摸索和努力，而说到大量同类科技所能实现和描绘的，游戏仅在过去 5～10 年间就经过了飞跃式的发展。游戏之所以能让人沉浸其中，主要因为它们是交互式的，让玩家控制情况——而电影完全不可能做到。但是电影能提供传统的东西，譬如演员和娱乐之间的情感联系，而游戏则不能。这是作为游戏开发者所能进行挖掘的方面，而且它也是 Warcraft Ⅲ的单位和关卡设计者，以及编剧、片头动画美工，声效设计者和音响师都要关注的焦点”。

“就可玩性而言，Warcraft Ⅲ的单位在军队构成中扮演着更重要和更独特的角色，超过以前任何一款游戏。甚至是最基本的单位也有某些特别的变化，使它在游戏的进程中有所不同，并且有可行的选择。顶级单位 Legendary Hero——是军队最伟大的领导者，能够极大影响他们所指挥的任何战役的结果。当这些特别单位的体验增加和水平提高，可以发现并购买到它们所携带的详细目录中的物品，它们真正能够显示如何在即时战略游戏中使用角色扮演游戏的意识。它们甚至有自己的名字，在游戏中形成了很个人化的因素。当一个 Legendary Hero 在战斗中死亡，游戏中会出现一个信息宣布玩家的失败，而且死亡动画要壮丽和生动。尽管 Warcraft Ⅲ首先是一个即时战略游戏，但它所拥有的那些因素却提供了有趣和独特的游戏体验”。

Roper 说为了做到与玩家的情感联系，他们花费了大量时间构思丰富的故事情节，最终通过单人战役来体现。

他解释道：“游戏的片头动画结束后的前期渲染的使用，专业的声音效果，集中于故事情节的任务，这些因素共同创作出引人注目的游戏。它们涉及到的不仅有玩家的技能，还有玩家的感觉。随着故事情节的展开，世界和角色二者内部都在经历着变化，在更深的水平上研究某人只不过有利于获得更满意的体验。对于 Warcraft Ⅲ，希望在刺激老玩家肾上激素分泌的同时，还能吸引更多的新玩家。如果成功了，我们将能赢得比传统核心玩家更为广泛的人群”。

“生活中的一切都是游戏创作的素材。例如，当在高速公路上遭遇交通阻塞时，曾有过这样的想法吗——希望自己能跳过中间的隔离墩，冲过即将来临的车流，像电影里那样驶进本地的停车场，从而夺得一个 Slurpee？Grand Theft Auto III 中就有。曾经历过这样无聊的晚餐吗——懒洋洋地将盘子里的蔬菜排列、再排列，组成不同的有趣图案，而只吃其中三个一排的吗？Bejeweled 中的情节就有。曾有过这样的经历吗——一边盯着夏日明澈的蓝天，一边听着瓦格纳的《瓦尔里基的航行》？那就是 Warcraft Ⅲ中的 Wyvern Riders 了”。

Warcraft Ⅲ是如何产生的？

他解释说：“它来自于：A）希望对我们已经创造和发展起来的世界进行扩展。B）不想浪费为一个已被取消的游戏所创作的特别强大的故事情节。在毁坏了 Warcraft II 扩展设置中的 Dark Portal 之后，我们考虑 WarCraft 的世界向哪里去。我们的创意总监 Chris Metzen 开始构思一个故事，这个故事集中于在 Azeroth 捕获的兽人们将会有什么发生？故事的要素和兽人产生的背景受到美国印第安文化和困境的启发，二战的俘虏收容所也对 Azeroth 之战后收容和关押兽人的背景形成起了部分作用。古罗马的勇士因为经历生死而视生命为珍宝，并备受人们的推崇和敬畏，在形成 Thrall——这个兽人战役中的主角中发挥着重要作用”。

“音乐、文学、电视、动画、艺术、体育、音乐、食物、对辩论的爱好、社交的交互性，所有这些东西都能为游戏设计师提供思想的火花。同时，其他游戏也是关键的——特别是和团队中其他人一起玩。爵士乐中最好的独唱是对共鸣和重复的韵律片断产生内在和外在的融和，它们跟随演唱者进行伴奏。接着，演唱者凭自己的直觉重复响应或继续演唱。当第二名演唱者加入，只有当他从那些体验中建立或学习，他的表演才能通过他所听到的得到扩张。作为一名游戏开发者，要敢于玩他人的游戏并从中学习，也必须玩自己的游戏并从错误和失败中汲取经验。最后，要倾听购买者的意见，并了解他们需要什么样的游戏体验。所有这些都能激发新的设计构思”。

在第 21 章，Bill Roper 就如何进入这个行业提供了一些建议。

Brian Reynolds，Big Huge Games

Brian Reynolds 现任公司的总裁，纵观他作为程序员和游戏设计师的杰出职业生涯——在 Microprose 和 Firaxis 与 Sid Meier 共同创作出很多著名的策略游戏，如 Colonization，Civilization II 和 Alpha Centauri。他最近的项目是 Rise of Nations，由 Microsoft 游戏工作室发布，到 www.bighugegames.com 上能获得该游戏更多的信息。对 Reynolds 来说，列出他对策略游戏设计者最好的建议，并用过去或现在的项目做例子进行说明，这似乎是简单的事情：

- 试图在游戏运行的第一个月内获得一些进行试玩的东西。对于 Civilization II，在游戏正式发布的一年以前，玩家就可以试玩了。我们知道，必须通过玩游戏来对我们想要加进去的新东西进行试验，而且需要许多时间来获得平衡和调整 AI。对于 Big Huge 目前的游戏，即使实际上要求发表的只是设计文档，但这也是第一个值得纪念的里程碑。
- 策略游戏的设计非常复杂，虽然单个的组成部分看起来很简单，但当许多简单的、可变的部分组合起来，那么要调整游戏的平衡就显得非常复杂了。看着一个策略游戏可以轻松地说：“我可以做得更好，可以加上这个、这个还有这个”，但实际上要将新的部分集成到游戏系统中，同时又不破坏原来有趣的成分是非常困难的。要恰当地平衡所有的可变部分，除了真正通过玩游戏，否则是没有别的办法的。所有可变部分的组合爆发，使得在设计文档上真正预见和调整结果变得不可能。越早让游戏运行起来，真正开始实现游戏的趣味性和平衡性就会越早。趣味性和平衡性对设计新手很有帮助，他们想的是：“如果我做一个游戏，主题是 X，又有 A、B、C 特性，还有 J 技术，肯定好玩”。但事实的是，趣味性和平衡性都是很费事的。每个策略游戏都有各自不同的优势和劣势，前者使它很强大后者则阻止它变得过于强大。“石头、剪刀、布”是平衡游戏的最好模式，当前的即时战略游戏正是基于这个平衡模式。那就是说，单位 A 比单位 B 强，但比单位 C 弱，同时 B 比 A 弱却比 C 强。这种方式，没有哪个单位能强大到无法平衡。同时，所有的单位都有比自己弱的单位，因此，在游戏中恰当地构建它们将是很棒的。
- 有规律地玩自己的游戏。如果游戏支持多个玩家，要尽早运行起来以便调整平衡。到新游戏正式发布时，已经让我们的多人模式运行了至少 18 个月了。建立专用的多人实验室，8 个工作站并排放着（模仿 Ensemble 工作室的实验室），每天至少运行一个多人游戏。我们有“新手日”、“专家日”、“中间日”、“自由参加日”等——公司每个人都签字参加。每个人都要了解自己做的部分与游戏其余部分如何相互影响，并且都有机会为游戏的设计和平衡做出贡献。一旦进入实验室，游戏的设计和平衡过程是戏剧性的，而我们还会有大量剩余时间。

本书中 Brian Reynold 的大部分建议可在编程（详见第 11 章）、人工智能（详见第 12 章），以及如何进入游戏行业（详见第 21 章）中找到。

Bruce C．Shelley，Ensemble Studios

Bruce Shelley 是 Ensemble 工作室的首席游戏设计师和发言人，而 Ensemble 为 Microsoft 创作了备受称赞的即时战略游戏。过去，Shelley 曾经创作了如 Civilization，Railroad Tycoon 及其他游戏，他最近的项目是销售量超过百万的 Age of Mythology。

Shelley 为刚进入游戏行业的人们提供一些重要的建议：

- 熟悉大量的游戏，尤其是人们最喜欢和自己最想设计的游戏，考虑游戏中哪些部分起作用，哪部分则不是。
- 游戏设计就是让玩家得到有趣的结果。如果同意它，那么就要考虑自己设计的游戏能否做到。当试图给游戏增加新的东西，要考虑它是否能增加趣味性。
- 在构思新游戏时，首先要观察竞争者的游戏，并分别列出这些游戏中特性的等级（优、良、中、差）。这些优良的特性应该在自己游戏中表现得最少，而相对较差的特性要提供了大量的机会。这样能使自己的游戏与众不同，要不断寻求差异和创新，而不是简单地克隆。

关于提供直接的实例？

Shelley 说道："最初制作游戏 Age of Mythology 时，我们列出了像 Civilization、Warcraft 和 Command and Conquer 等游戏中做得好的、差的或根本不行的特性。从中建立了 Age of Mythology 必须有的特性列表，如隐藏地图、经济增长阶段、帝国建筑、城镇征服、多人模式、游戏编辑器，以及不同的文明等。接着建立了使游戏与其他游戏不同的特性列表，如历史主题、随机地图、非欺骗 AI、关卡难度、现实图片，以及多样的胜利条件等，就是因为其他游戏在这些方面做得不好。通过与竞争对手接触，了解到他们强在哪里，以及赋以游戏明显不同和创新的特性，从而在一个竞争异常激烈的游戏类型中，创作出了一部极其成功的游戏。竞争游戏流行时间很短就衰落了，其主要原因是开发者没有对该类型中最好的游戏充分进行差异化和创新处理"。

图 3-2 游戏 Age of Mythology 的截图

仔细查看来自 Shelley 最近的 Age of Mythology 的抓屏，谈谈对这些精美图片的看法，如图 3-2 所示。

Shelley 说当游戏设计者着手工作时要牢记 3 点，这是很关键的：

- 游戏设计的目标对象是全球的广泛受众，而不仅是一小部分人，更不仅只是核心观众。游戏购买者大多都是非正式玩家，因此很多游戏都超过了他们的技能和体验。
- 在某个具体类型中，通过主题、视觉和感觉来使游戏与众不同。在可玩性方面，要创造新的特性和玩法。不要只是模仿成功游戏，拥有和它们一样的强项，而是要创造新的体验。
- 有了基本的设计文档后，很快的设计游戏雏形，然后就通过玩游戏进行设计。每天玩游戏，做调整，获得意见，第二天重新编码，玩游戏。如果有足够优秀的玩家给出评论，并且作为设计者的直觉不错，那么将会设计出有趣的游戏来。

Shelley 用游戏 Age of Mythology 来支持他的建议：

- 游戏包含了多人游戏、单人战役、随机地图单独游戏，以及多样的游戏类型（如死亡竞赛）。相信来自全球 PC 市场的、各种级别的玩家都将能找到一种方式来享受这款游戏，因为我们的游戏是要满足全球的市场。
- 神话成分的增加和 3D 技术的植入将使游戏与其他的 RTS 游戏（包括 Age of Mythology）都有所不同。在可玩性方面，认为我们已经用神话人物、天神力量和更多细微的改变进行了创新。总的来说，使游戏既独特又富有创意，从而给人提供新的体验。
- 自从 2001 年初，Age of Mythology 游戏就可以玩了。从那时起，通过每天玩游戏、做调整，重新编码数千次的反复，我们继续进行设计。

Shelley 说过一个游戏必须要有精彩的前 15 分钟。

他解释道："精彩前 15 分钟的概念是 Sid Meier 提出的。他说'AOE 做得好的原因之一正是因为它有精彩的前 15 分种'。这是指游戏必须在一名新玩家坐下来玩游戏的 15 分钟之内就被吸引住了，如果不能，那么玩家就可能放弃并不再尝试它。因此游戏的开始必须是动人的，通过逐层的方式把趣味性呈现出来，使玩家全神贯注。Sid 另一个惯用语是'决策的倒金字塔'。首先只要玩家做出几个决定，但它们增加得很快，并完全吸引住玩家。这样的游戏才能吸引新玩家"。

"例如，在最初的 Age of Mythology 游戏中，地图在开始时基本上是完全隐藏的，新的玩家只有几个村民可用来工作或探险。一旦生产了更多的村民并开始探险，就要作出更多的决定，包括给新来者分配任务，在哪里建造建筑物，探险的新方向，阻塞观察点是什么策略等"。

有人说，游戏设计者不需要再发明车轮——对已有方案进行改进是完全可以接受的。Shelley 先生同不同意这点。

他解释道："任何游戏设计者所拥有的最有价值的资源是所有已经存在的游戏，从中能得到很多启示。风险在于所做的可能是更多的复制品——而没有足够的创新。玩家需要新的体验，这种体验可能是熟悉的，或其他游戏相似的，但它也必须是不同的并有所创新，这样才能获得成功。Age of Mythology 是一个大型的 RTS 游戏，与其他很多游戏相似，也包括自己的游戏。我们考虑了已出版游戏的各个方面，并尽量在游戏中创造一些不同和创新的东西"。

关于创作有创意且易理解的游戏，Shelley 补充如下：

“基本上，克隆成功的游戏本身就预示着失败。我们相信，一个新游戏必须明显不同于现有的产品，否则人们就会忽视它。对 Age of Mythology 来说，它最大的不同在于选择了具有历史意义的主题，而当时的竞争产品主要以科幻和幻想为主题。结果证明，有关历史的 RTS 游戏市场有着巨大的利润，还没有其他人设法来填补它。创新也是重要的，可能主要是对核心玩家而言。他们需要新的体验，如果一个新游戏不能增加很多新颖和有趣的东西，那么他们将不会费心花时间去学它。图片从视觉和感觉上也要有重大区别。Tony Goodman 是我们的 CEO 及早期的美术指导，他提倡具有真实感的图片视觉和明亮的色彩效果，而当时的竞争产品用的是更卡通的视觉效果和很暗黑的色彩。现在认为，我们的游戏具有很独特的视觉效果，这也是吸引非核心玩家的另一个重要因素。我们认为很多开发者在很大程度上忽视了这个市场，这是他们的损失。多数游戏的销售属于某个细分市场，然而开发者们常常设法超过他们自己，集中于核心玩家所想要的。要制做商业艺术，而不是纯粹的艺术。当某人说他们正在做他们总想做的游戏时，问题是，他们做的有多少是人们打算买呢？当你说，认为你做的游戏是几百万非核心玩家想要的，那么需要更多的商业感觉。这种想法也是出版商想要听到的”。

最后，我们要求 Shelley 说说在同强大的出版商（如 Microsoft）工作时的感受——这可能也是很多游戏设计者好奇的事情。

Shelley 回答说：“优点在于大出版商有展示空间，有行销支持，有公共关系部门，通常也能很好地组织测试、定位和手册的创作。实际上他们做的每件事都要好于这二者（小出版商，自己出版）。对于某些缺点，他们通常控制了购买链，并且规定了进度表日期和预算。所以游戏仅仅是他们的投资之一，他们将它用作对他们公司有益的战略目的，但对你（亏本的小买卖）却并非必要”。

本书中 Bruce Shelley 就其他很多话题提供了建议，包括编写设计文档（详见第 6 章），编写真实的 AI（详见第 12 章），创作良好的用户界面（详见第 14 章），以及进入游戏行业（详见第 21 章）的启示。

Peter Molyneux，Lionhead Studios

Peter Molyneux 是游戏行业备受景仰的游戏设计师之一，Lionhead 工作室有才气的常务董事。谈到他的记录，他负责了很多最受人喜爱的电脑游戏，包括 Populous，Magic Carpet，Theme Park，Dungeon Keeper 以及 Black&White 系列。目前正在指导大量新项目，包括 Ego，Black&White 2，Black and White：Next Generation 等。

Molyneux 这些建议正是他踏入游戏行业之前希望有人告诉他的：

- 提出的概念必须容易用一两句话来解释。这是 1993 年早期 EA 公司的 Bing Gordon 对我强调的。当时我正在去一个会议的路上，为了尽量兜售游戏 Magic Carpet 的概念。当我们一起乘上电梯时，我说出期望在会上做一个陈述，而 Bing 回答说如果不能用上面的方式解释这个概念，那么它可能并不是一个好的概念。当时我们在一楼，而会议在二楼。那些容易解释并且其主题容易被人们理解的游戏总是比那些更抽象的游戏更成功。
- 再卓越的概念也没有价值，除非能考虑到人们玩游戏的方式。最后，游戏设计归结为界面设计——现在使游戏能玩起来的关键是能使人们和你的概念相互影响，以及界面是如何地简单。

➢ 不要害怕独创和创新。记住，即使是最伟大的游戏概念和界面，也是人们设计出来的。别人用得早，并不能说明它就是正确的和惟一的途径。

Molyneu 用真实世界的实例来支持他的建议。

他解释道："设计并建立自己的主题公园想法很容易理解，即了解自己游戏的一切，并且知道如何让它变成现实。尽管这是最完美的例子，但我还能想出其他的，在 Populous 游戏中扮演上帝，在 Dungeon Keeper 游戏中扮演坏家伙，也能在 Black& White 游戏中找到自己的身份——所有这些游戏的例子都能自我解释"。

"在 Black & White 中，想让人们在游戏世界中能做他们想做的任何事情，因此，在界面上使用'手'意味着不需要使用大量解释（尽管因为这个原因认为教程应该更长）。

Molyneux 在一次见面中曾表示他更愿意做开发周期更短的游戏。

他阐明这点："游戏项目花费的时间长度正逐渐成为一个现实的问题。游戏越大意味着团队越大，必须关注比图片和编程更多的东西：AI、物理学、界面、可玩性等，而所有这些要素需要用从无到有的编码来建立。这使游戏开发的任务让人很不知所措。对于一个游戏来说，要拥有最好的图片、声音效果和动画就意味着需要巨大的努力来开发。我希望随着团队内部更好的组织，将 3～4 年的开发时间压缩为 2～3 年是可能的"。

Molyncux 在第 11 章中简要地谈到编程，在第 21 章中谈到进入游戏行业等启示。

图 3-3 游戏 Black& White 2 的截图

Peter Molyncux 说过即使是最伟大的游戏概念和界面，也是人们设计出来的。此处的 2 幅图片是对即将发布的 Black& White 2 的一瞥，如图 3-3 所示。

Alex Garden，Relic Entertainment

Alex Garden 最近的投资是 Relic Entertainment——北美杰出的游戏开发工作室之一。它的第一个游戏 Homeworld，曾赢得 50 多个奖项，包括声望很高的 CNN.com 颁发的"年度游戏"奖项，MSNBC 以及世界上最大的计算机游戏杂志 PC Gamer 的奖项。Garden 最近的游戏是 Impossible Creatures，于 2003 年初发表。这个游戏允许玩家通过把不同动物的特点组合起来创造出好战的生物。

Garden 交出他保留最好的游戏设计理论，有趣的是，他的回答和 Sid Meier 的建议相似：

➢ 设计要围绕自己所热爱的主题。生命是短暂的，而游戏制作是为了娱乐。保证做游戏时享受到了乐趣，那么游戏才有可能让人们玩得开心。

➢ 提出某些概念时，重点针对游戏的乐趣，而不是故事情节。要了解作为一名游戏玩家，很少考虑到所经历的体验背后潜在的设置，常常更关注玩游戏时经历的故事情节。在读一本书时，很少考虑书本身的主要吸引力，而想到的是背景、角色等。作为一名游戏设计者，在为故事情节操心之前，必须遵循的最重要的规则是要确保核心体验的吸引力。如果关注的仅仅是故事情节，那就写书好了。

➢ 在为游戏做决定时，问问自己 2 个问题“什么是我认为正确的”和“什么是消费大众认为正确的”。不能毫不妥协地进行个人化的视觉艺术创作，因为仅是艺术还不能满足市场，必须要使艺术充满乐趣。

Garden 提供下面的游戏作为支持自己的观点。

他解释说：“Homeworld 游戏有一个完全任意的三维视角，有些人喜欢它，但多数人发现它很难使用。在 Impossible Creatures 游戏中，也安排了一个完全任意的三维照相机的选项，但是游戏的缺省值是从一个固定点开始玩，它极大地简化了学习曲线，因此游戏 Impossible Creatures 能获得更广泛的观众”。

如何在创作新概念的同时仍然保留足够熟悉的概念，以使游戏对玩家来说不是太模糊？

他解释说：“设计准则是‘一个革命性步骤，多个改进型步骤’。基本上尽量做一件重大的事情，它将使我们同其他人分开。接下来尽量使所做的每件事情比其他人的更标准化。在游戏 Impossible Creatures 中，所采取的革命性的跳跃是在一个完全由玩家创造的军队建筑系统中加入真实世界的动物，改进型的步骤则全部基于从 Homeworld 和 Homeworld：Cataclysm 的体验中所学到的教训”。

当前游戏中使 Garden 苦恼的是什么？他回答说：“我认为当前的多数游戏（实际上是多数游戏设计者）不敢冒险。当自己冒险时，坏事可能发生——Daikatana，但是真正不可思议的、令人惊奇的事情也同样发生——The Sims”。

稍后 Alex Garden 讨论了设计文档和故事板（详见第 6 章）以及进入游戏行业（详见第 21 章）的问题，在 www.relic.com 上可以读到更多有关 Relic Studios 公司的信息。

Louis Castle，Electronic Arts / Westwood Studios

Louis Castle 是 Westwood 工作室的总经理和创始人，工作室是世界上最成功的游戏开发机构之一。它最知名的是 Command&Conquer 授权游戏，以及 Blade Runner，Monopoly，The Lion King 和 Earth and Beyond 等。

Castle 提出了一些关于成功创作计算机游戏的建议：

➢ 了解客户。弄清楚最可能买自己产品的是谁，并对竞争产品或类似产品进行研究。如果它们不存在，那么就花时间玩游戏，玩那些在特定平台上最畅销和受推崇的游戏。总之要做自己最好和最差的客户。

➢ 设计要深思熟虑。行动的概括、情感的打击，以及所能想到的每件事。将过滤出的东西与最喜爱的产品进行比较。任何形式的设计都是一个深思熟虑的行为，它需要计划、执行和不断地分析。

➢ 倾听他人意见。得到的意见越多，完成的时间越短，而且可以认识到设计缺陷而不犯错误。如果最好的想法在视图背景中不起作用，那么就放弃它，这是不能勉强的。

在要求评论主机游戏和 PC 游戏二者创作的显著不同之处时，Castle 做了这些评论。

他解释说：“主机和 PC 不同之处在于，主机游戏是要用界面设置来玩的游戏，必须将控制器当作真实的游戏并让视听系统从属于它，主机玩家要通过熟练操作界面设置来增长技能，且界面必须是明显的。而最好的 PC 游戏不需要有熟练操作键盘和鼠标的技能，但它更需要有做什么和何时做的知识。当然，这两点在这些平台上都很重要，但是强调的是不同：主机游戏需要长期的技能开发来获得即时满足，而 PC 游戏的快速娱乐和成就背后要有深入的理解和掌握”。

如何在做主机游戏时获得“开发工具箱”。

他回答道：“主机开发工具箱可以从支持平台的著名出版商那里获得。开发者也能够直接从制造商处获得系统，但是这通常需要游戏记录和数量来引起他们的注意。早期有代表性的系统价值好几万美元，而且只是很有限地提供（如今它们已经相当少了，然而还是不允许开发者披露它们的准确价格。THQ 公司的 Mike Rubinelli 在第 21 章更深入地探讨了开发工具箱）。

第 21 章将彻底地讨论进入这个行业的各种途径，而 Castle 在此处提供了一些合理的建议：“从事任何一项相关的低酬工作。这能减少自己在公司的露面次数，并能给你提供证明自己的机会，先学习遵循和执行，然后再考虑组织领导。收起人们的自负，让专业特性为自己赢得创造性的工作。我发现，获得一份工作的最好途径就是在老板和同事的支持下首先证明你能做它”。

Chris Sawyer，Freelance

尽管 Chris Sawyer 可能不是个家喻户晓的名字，但这个游戏开发者、设计师和程序员创作了一些在业界最受欢迎的计算机策略、模拟游戏，包括 Transport Tycoon，Transport Tycoon Deluxe，RollerCoaster Tycoon 系列，以及它的附加包 Corkscrew Follies 和 Loopy Landscapes。Sawyer 还曾经负责将 Amiga 游戏转成 PC 版本，包括 Frontier Elite 2，Xenomorph，Conqueror，Campaign，Virus，Goal 和 Birds of Prey。

本章中 Sawyer 贡献出睿智的建议：

- 创作原创和独特的东西。使游戏看和玩起来都应该与其他产品有显著的区别。
- 当出版商最初放弃你的想法和设计时，不要气馁。在游戏 RollerCoaster Tycoon 的开发初期，每个人都告诉我它不会成功。使人们信服游戏潜能的最好方式是将它做到可以玩的情形，并真正让人们操作它。
- 不要忘记计算机游戏的最终目的是娱乐。提出一个新颖的可玩性构想，或者一个更能让人沉浸其中的三维世界都是好的建议，但是如果它们玩起来并不是真正有趣，那它们就毫无价值。

在制作 RollerCoaster Tycoon 游戏时最具有挑战性的是哪个方面？他回答道：“最大的挑战可能是创造商业模型，它要适当地真实，但首先要有趣。我是这样做的：忽视运作主题公园关于财政和管理等方面的很多问题，更多集中在设计和建筑方面”。

如果重新创作原创 RollerCoaster Tycoon 游戏，会有什么不同的？他解释道：“如果用今天的 PC 来重新创作这款游戏，那么我将不会有什么改变。然而，假设处理能力更强，我会减少游戏中的折衷部分，改进图片细节，并对 AI 进行一些改进”。

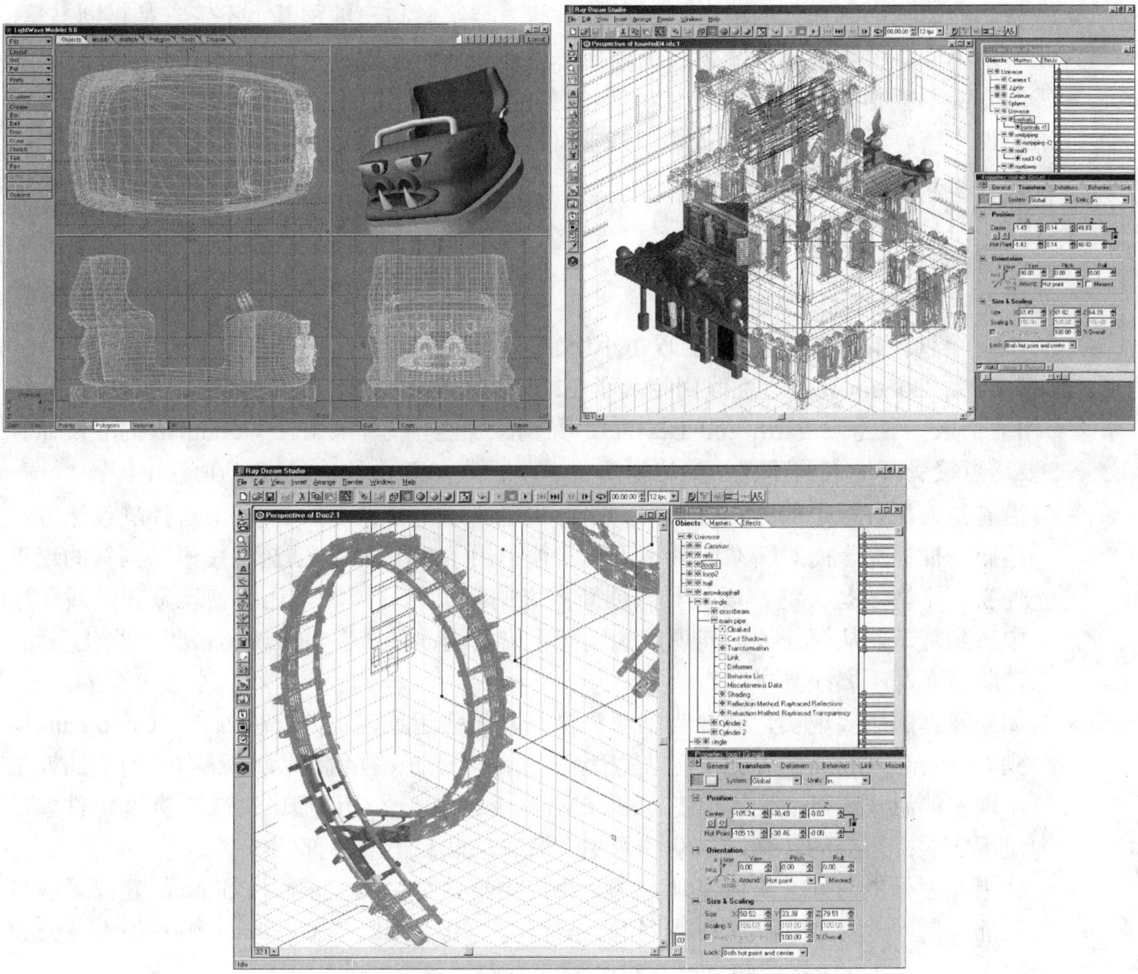

图 3-4　游戏 RollerCoasterTycoon 的截图

这 3 幅图片显示的是 RollerCoaster Tycoon 在原始环境中使用的三维模型。Sawyer 在给出图片的同时评论说：“实际上，这也是我自己第一次看到它们——是如此地迷人”，如图 3-4 所示。

对当今的计算机游戏有什么不满意的吗？他说：“太多的暴力游戏，而没有足够关注我们都喜欢的、更积极的东西，诸如培养和教育等”。

Rick Goodman，　Stainless Steel Studios

在与兄弟 Tony 共同创建的 Ensemble 工作室任职，Rick Goodman 是 Age of Mythology 的首席设计师。他离开 Ensemble 后去了 Stainless Steel 工作室，在这里 Goodman 创作了壮丽的即时战略游戏 Empire Earth，它于 2001 年由 Sierra 工作室出版。这款游戏赢得了 IGN 读者“2001 年最佳策略游戏”。Goodman 最近的游戏是 Empires：Dawn of the Modern World，由 Activision 出版。

Goodman 为我们提供了 RTS 游戏设计的十条戒律：

- 健壮的植物都有强大的根基。Goodman 说，要了解自己的根基，不管它是喜剧书籍、科幻小说、棋类游戏、谜题、玩具兵，还是其他的一切。
- 纸张决不会拒绝墨水。关键是如何将好的想法从众多想法中分离出来，而不是通常的说“嗨，我有一个关于策略游戏非凡的想法”。任何人都能编写好的设计文档，但成功要有关键的 4 点：
  - ✓ 在自己的脑中将游戏玩一遍。
  - ✓ 在电子数据表中给一切建模。
  - ✓ 建立用户界面原型。
  - ✓ 在游戏测试员中组建你的攻击小组。

  事实上，Goodman 通过互联网招募了 12 名精通 Age of Mythology 游戏的玩家，始终用他们来指导游戏 Earth and Beyond，并剔除那些不好的想法。Goodman 提醒设计者要乐意接受其他人的建议，如谚语所说“不识庐山真面目，只缘身在此山中”。
- 沿着别人足迹行走的人不会留下脚印。要创新还是要克隆？Goodman 提醒设计者，趋向于批评克隆而对新东西紧追不舍。他引用了 Sid Meier 创造的短语“创新的连贯性”。平衡才是关键，增加具有创新意义的新事物的同时，还要使玩家在游戏环境中感到舒适，从而使他们能理解规则而不需要阅读手册”。Goodman 说“强化正面，消除负面，不要摆弄中间”。
- 如果我真的想要现实，就要启动计算机吗？加强超越现实的有趣因素。Goodman 提到 Computer Gaming World 杂志民意测验得出，幻想策略游戏常常比有关历史的或基于现实的游戏更受欢迎。即使 Age of Mythology 是一个历史策略游戏，并非每件事都是现实的：僧侣的转换，移动的弩炮，海军部队攻击陆军部队等。
- 如果在创作上有什么可以呈现，那么将提供一些有用的提示。Goodman 建议了解自己的限制，认识优势和激情，并利恰当地用它们。例如，当 Goodman 制作游戏 Age of Mythology 时，他就了解自己在棋类游戏方面具备丰富的知识。
- 大处难，小处易。创作一个游戏通常遵循从上至下的方法论，金字塔的顶部是游戏的视觉表现，中间是游戏的想法和特性，而底部是低级别的游戏设置。Goodman 解释到：“这是一种处理的方法。顶部产生视觉效果（游戏在一个荒岛上会怎么样），中间是游戏的特性（我们在岛上所要做的），而底部——三个之中最至关重要的，是如何在游戏中完成那些想法。”

  依照 Goodman 所说，多数游戏设计者集中太多的思想在上面的两层，而对游戏中的设置如何起作用却关注不够。“底部这层是最难的，细节的执行才是关键”Goodman 说道。他也表示多数设计文档似乎依赖前面的 2 层，然而应该强调的是想法在计算机中的执行，而不仅仅是想法本身。
- 注意未来，将在此渡过余生。Goodman 说，为了使 RTS 游戏类型向前发展，必须要有更多的游戏，而不仅是更多同样的游戏。他引用三维动作设计类型来说明，这个游戏类型获得了极大的发展但不在可玩性方面。对 RTS 游戏，尽量预测长枪将能发展成什么，那么作品就朝着更好的风格发展。
- 慢长的树结好果。“时间是你的朋友，”Goodman 说道，“好好利用项目时间表。

Age of Mythology 是一个 1000 天时间的项目，其中 500 天花在 Ensemble 工作室内部，剩下的一半时间被 Microsoft 用来进行游戏测试”。

“惟一能扼杀好游戏的是优秀的游戏。在项目开始时就要保持现实并牢记很多优秀的 RTS 游戏，它们花费比平均时间更长的时间才能完成，但要考虑结果”。

- 和自己的想像力进行沟通。开发游戏最重要的事项之一是沟通。它不仅指设计者和团队之间的沟通，而且包括设计者和出版商、公众、营销、游戏批评家以及测试人员之间的沟通。
- 不要将琉璃环放在鼠标垫上面。“从困难的途径学习另外的教训”Goodman 说道。时间表并不比质量更重要。

要获得游戏 Earth and Beyond 以及 Stainless Steel 工作室设计团队的更多信息，请访问 www.stainlesssteelstudios.com.

Phil Steinmeyer，PopTop Software

在本书过去的几个版本中，PopTop 软件的总裁兼首席程序员 Phil Steinmeyer 和大家分享了他在策略游戏中设计的技巧。Steinmeyer 名下有大量游戏，包括 Railroad Tycoon 2 和 Tropico 游戏系列。

对于一般游戏设计的问题？

Steinmeyer 说道：“要集中在一个小的位置，此处才是你第一个项目的游戏世界。如果能这样做，那么就固定创作中的某些东西，将发现有很少营销和分销的产品会命中你的目标，而且没有巨大的预算竞争。很好的一些开始位置是战争游戏、复杂的四维空间游戏、有关半晦涩的运动或爱好的游戏、赌博游戏等”。

“很多开始进行游戏开发的人员在他们的第一个游戏中做了很多事情，却从未将它们做好。首先，游戏很少是卓越的——在第二个游戏中更好地、完全地做好某些东西，出版并争取达到目标”。

Tropico 游戏适合哪里？

他解释道：“Tropico 是我的第 5 个大游戏，所以要比刚开始着手的人有更大的预算和更富经验的团队。我的第一个游戏是一个低预算的战争游戏，名叫 Iron Cross。自己编写所有的程序，大部分美工和声效——一个真正的汽车库成果。它有固定顾客，并且几乎没有巨大预算的竞争。它几乎没有售出和后来的游戏（如 Railroad Tycoon 2 和 Tropico）那样多的拷贝，但它在给出的预算下所做的都是恰当的——时间投资也取得了像样的效果。而更重要的是，我在这行得以起步并向更大和更好的方向发展”。

在易于学会和理解一个游戏的同时，尝试在其中加入某些新东西，但这可能吗？他说：

“解释它是困难的，这是某种本能的感觉。我认为游戏 Tropico 在这点上做得很好，它的概念十分新颖（扮演加勒比海的独裁者）。以前很少有游戏安排在加勒比海或拉丁美洲，而我们这样做让人觉得很新鲜。与此同时，将游戏的可玩性建立在成功游戏的基础上，特别是 SimCity 游戏系列，尽管那只是一个大概的可玩性向导。但是，我们认为数百万 SimCity 和 RollerCoaster Tycoon 的购买者，仅观看玩法片断便就能知道 Tropico 了”。

翻到第 6 章和第 21 章，可以获得 Steinmeyer 更多的建议。

Ed Dal Castillo，Liquid Entertainment

作为 Liquid 娱乐的总裁和创始人之一，Ed Del Castillo 篡改了他的管理职责，而是积极参与产品开发的所有方面:特别是设计和美术指导。Liquid 发布的第一个游戏是期待已久的 Battle Realms。在合作创立 Liquid 之前，他最知名的作品可能是作为制作人负责 Westwood 工作室的 Command&Conquer 授权游戏，Red Alert 和扩展包，其他平台的各种版本，以及外语版本。

要求 Castillo 为期望在这行获得成功的策略游戏设计新手提供 3 点建议,他是这样回答的:

- 去电影学校学习如何讲故事，开发角色，场景照明，设置风格，以及唤起情感。
- 不要停止阅读、观看和玩任何东西。
- 如果拥有一个家庭是你的目标之一，那就考虑另一种类型的工作。

依照 Castillo 的说法,人们在创作一个 RTS 游戏时最具有挑战性的障碍是创新。他解释道:“长期以来 RTS 类型的游戏停滞不前，仅有微小进步，人们要获得真正更好的，而不只是不同的创作素材是困难的。克服它是一种幻想，因为对自己要完成的任务有清晰的认识”。

如果 Castillo 能彻底重新创作 Command&Conquer 游戏，那么他将会有什么做得不同？他回答道：“这是困难的，因为 Command&Conquer 教会我很多东西，但我认为会改变 2 件事：

- 减少受限制的世界。Command&Conquer 是很受限制的作品，这也是为什么看到的东西与游戏 Red Alert 和 Emperor 相同。它们二者在各自的世界中使用的都是 Command&Conquer 的模型。在游戏发布之前更要控制相关介绍。有些人本来是无名的，但由于他们良好的记忆和在游戏发布之前的介绍中及时使用摄像机，从而获得了非凡的成功。
- 这需要时间和地点，而我有一段时间确实将它搞糟了。原创的 Command&Conquer 是我继 StarCroft 和 Myth 之后的第 3 个最喜爱的 RTS 游戏。

对当今的策略游戏有什么不满意的吗？他回答道：“重复太多，创新不够。我们不需要有人设法从某个引擎中挤出些东西，而是需要更多的人构思情感经历”。

作为一名程序员，Castillo 为大家提供这些话语：“三思而后行。电脑黑客的日子已经结束。你要考虑模块、灵活性、可扩展性、良好组织性，以及良好文档的编码。真正抓住这些原则将会使你成为炙手可热的人物”。

关于人工智能（AI）的问题？

他解释道：“认为可能犯的最大的错误恰恰不是 AI，而是对自己市场营销的信任。也没有如学习 AI 这样的事情，基于特定和预定数据的运算法则仍然增长和消耗着每件东西额外的变量。AI 是困难的，因为多数游戏没有烘烤足够长的时间就匆匆出炉了。我认为最好的 AI 是为这些人写的，他们理解自己拥有如此少的时间，而且要工作分离出人类的决策树，直至达到特定游戏的本质。恐怕惟一的技巧就是向玩家学习，他们的决定多是简单、容易理解和仿效的”。

Castillo 给出他在过去和现在工作中的一些例子，以加强他在此所建议的关于创新和给游戏增加情感的层次。

他解释道：“创新。当构思一个游戏的时候，创新来自于我们的想法。人员集中在一起，设计一个没有限制、没有传统，不需和前任有相同世界的 RTS 游戏。我们不受过去的约束，而且允许更充分地达到理想的目标。这才是创新应该有的途径。太多的人受到曾经创作的东西和从中赚更多钱愿望的阻碍，而只采取逐步改进结局的方式”。

“Battle Realms 游戏有 2 方面的创新。第一是战斗。第一代 RTS 在表现这类游戏的潜能方面做了重大的工作，但无意中它们形成了完全以产品为导向，建筑物比战斗更重要。在游戏 Battle Realms 中，地形才是实质的东西，海拔使战斗的效果不同。真实的视线使侦查、潜行和埋伏成为游戏真正的要素。单位动力学集中在战斗动力学上，从而刺激玩家将更多的注意力放在指挥战斗上，而不是获得村庄”。

“第二个方面主要是创作更逼真的世界。这里有大量的弹簧，但它们主要是在四周旋转，分离出更多现实的成分，并将它们变成游戏中有趣的要素。加入了一个逼真资源系统，它允许玩家有更多的自由。马集中在一起并披上马具作为牲畜群或战马，水用来灭火、培育稻谷和满足农民们的口渴，我们尽量在某种方式上关联每个东西，就像真实世界一样”。

“灵感。这是我喜欢什么的问题，而不是现在能赚钱的问题。灵感来自于我的孩提时代。太多 D&D 的方式并可能混合了很多中国功夫片的方式。我从 14 岁起就是一名用文字描绘 RPG 的游戏大师，因此确定创造世界是我所喜爱的”。

逼真的世界和逼真的资源系统，它们有 3 个方面的影响：

- 它们使事情更容易理解。当人们相互赛跑，当火烧毁一个建筑物，或点燃了另一个建筑物，或被农民们扑灭，这些都让人感觉很正常。RTS 的玩家学到了一个词汇：他们能做和不能做什么以及它们意味着什么。我们允许他们做更多，而那意味着对事情如何起作用的一点改变。
- 它们让一切有了联系。例如，水能有很多用途，灭火、养马、满足辛苦造建筑物或训练的士兵的口渴，甚至能使稻谷生长更快。这样的关联不仅让人感觉更自然或正常，而且允许玩家不费力地改变他的策略并适合于敌人。
- 它们给世界带来了生命。我们的部队比以前更活泼：当部队做不同类型的攻击时，战斗是活跃的；当有人通过森林时鸟会从树上飞起来；秃鹰聚积在战场上；当太长时间不理士兵们时，他们会操作或整理他们的武器，而这会影响他们的能力。

“引入其他人所称呼的“角色扮演要素”（而我称之为“角色投资要素”），移走人造类型的边界。类型是过去的东西。引进一些来自 RPG 的培养和动力是很自然的，而且容许游戏中有新的很棒的可能性，它们让人感觉自然，并留下你在那问，“我以前为什么不能这样做？”将更多的生命引入战场，这是全部的一部分。第一步允许你定制角色并赋予他们各自性格特征，而且允许你爱上他们。如果你爱上了他们，你不会希望他们死亡，因而创造了战场的戏剧性”。

在第 21 章中 Eel Del Castillo 提供了一些进入这个行业的有益建议。

第 4 章 一般游戏设计：运动、模拟、冒险与谜题游戏

本章包含了几种游戏类型——运动、模拟、冒险和谜题游戏。为了方便读者阅读，我们将它们分成不同的部分。

首先从运动游戏开始，通过阅读下面关于足球、棒球，篮球和高尔夫等运动游戏（也引入了极限运动）的创作，来感受自己的运动神经吧。

注意：第 1 章曾经提到过，赛车游戏被看作是动作 / 街机，模拟或运动类游戏，因此会在本章中可以找到关于赛车游戏的内容（在运动和模拟）。如果期望得到如 Motor City Online 等游戏的建议，那么必须翻到第 5 章，那里是有关大型多人游戏的内容。

运动游戏

在下面的采访对象中，多数人都在为 EA 工作，这并不让人感到吃惊。但也有几个不是，而他们也提供了有价值的见识。

Kevin Wilkinson，EA Sports

Kevin Wilkinson 是加拿大 EA 公司的高级制作人，制作了受人喜爱的曲棍球和棒球游戏，它们都是 EA Sports 的知名作品。Wilkinson 最后的项目是著名的 NBA Live 2003。

本书要求 Wilkinson 披露他所设计游戏中成功的秘密，他说："为了得到玩家的长期赏识，自己所设计的游戏思想（或特性）必须包括下面的部分，而且是最低的要求"。

- 很棒的"音频 / 视频"成分。
- 战略上的"冒险 / 奖励"成分。
- 可学会的"技能"成分。

Wilkinson 详细地论述了"冒险 / 奖励"成分。

他解释道："玩家需要任何竞争性的挑战。一方面，他们想了解在游戏中如何做才能得到回报的方法。另一方面，他们不想免费得到，而是通过操作游戏来获得。在游戏环境下学习，并获得成功，即使他们的行动得到否定的结果，但是他们已经品尝到了竞争的滋味"。

"一旦玩家知道了如何取得冒险和奖励，那么他们就想得到更多。这和运动员在运动场上如何练习，并熟练操作很相似。如果询问'你的技能如何'等类似的问题，那么这是给任何玩家最好的问候"。

"设计新手常常忽视上面 3 个组成部分中的一个或更多，所以都会导致某个特性正在逐渐地消失。此外，对于增加游戏特性的问题来说，最好的游戏是提供第 4 种成分——个别表现，即让玩家感到他们通过游戏能表现自己，那么他们将和游戏之间形成强而有力的结合"。

用 NBA Live 2003 作为举例说明，Wilkinson 指出一个很棒的特性。

他解释说："我们将右边模拟手柄引入新的'等待状态'特性。在所有注明日期的篮球游戏中，通过点击交叉按钮，就可以触发交叉运球的移动。它的实现是在编码中进行随机地选择，而产生的效果是——要么是'两腿之间'，要么是'绕过背后'的交叉运球"。

"使用右边模拟的思想是：对篮球的控制其实是手臂的运动。如果将手柄移到左边，那

么玩家的手臂和球就移动到左边。如果将它移到右边，而球就转换（交叉）到右边。如果将手柄向下和四周移动，那么球就会到玩家背后的左边。可以想像出在玩家的指尖会拥有多少种移动的排列组合！”。

这个特性能体现出很多好处，他说：

- 玩家能控制自己想要完成的交叉运动。
- 在交叉运球过程中，玩家可以控制完成的时间。
- 可以使用大量的交叉动作来锻炼对方的防守。

综合上面的特性，下面解释先前 Wilkinson 所提到的 3 点建议，他说：

音频 / 视频

“鞋子与地面的摩擦声触发了运球者脚上的设置，快速切断的时候会发出更大的摩擦声。在异常的交叉运球中有注意弹出，视频是运动的流动表现”。

冒险 / 奖励

“用中锋完成困难的交叉移动会导致球从他的脚上滑出过去，以及有被偷球的可能性。用优秀的球手完成交叉的结果是打掉防守者的运球，为队友的进攻开绿灯（那是个奖励）。也许有更多的战略，但这是我能想出的最简单的例子”。

可学会的技能因素

“需要花时间学习哪个按钮动作会触发特定的交叉运球，获得的技能是学会适时将各种移动串在一起”。

个别表现

“玩家已经完全控制如何使用特性。随着时间的推移，个别玩家将开发一套定制的移动，称为自己的特性。这些移动的排列如此深奥，它保证玩家在玩 NBA Live 2003 时将自己带入游戏中”。

图 4-1　游戏 NBA Live 2003 的截图

对于 Kevin Willdnson 提出的 4 个特性，请设计者必须将它们成功地运用在游戏中。如图 4-1 所示 NBA Live 2003 游戏的截图，请考虑它是如何满足这些最低要求的。

在篮球电子游戏范畴中，有 Sony，Sega，Microsoft，Midway，以及 Nintendo 和 Konami 等公司的产品，其中的竞争变得很残酷。这些新出现的竞争会伤害或帮助 EA Sports 团队吗？他解释道：

“我们热爱自己所做的，而且我们天生是为竞争而活的。其实主要的动力是来自于内部而不是业界的竞争，我们受到其他非凡的 EA 公司运动游戏的激励，在 NHL，Live，Madden，MVP Baseball，以及 FIFA 之间都是有益的竞争”。

在玩其他的篮球电子游戏时有不满意的地方吗？他说：“打防御没有乐趣，多数游戏集中在进攻方面，而忘了有 50%的体验来自对防御的控制，但 NBA Live 2003 永远改变了这种状况”。

NBA Live 2003 如何为玩家提供更多的操控？

他解释说：“在游戏中，玩家最后要控制自己的手臂来运用右边的模拟手柄，要掌握自己想用哪条手臂偷球，还提供给防御时的 Take Charge 选项。通过学习如何使用 Take Charge 按钮，让对手来预测你何时并如何打入自由区。它也提供防御战略层，这正是以前的篮球游戏所缺少的”。

尽管在第 21 章有进入游戏行业的启示，但这里 Wilkinson 还是有些建议提前要说：

- 每天保持积极的行动和学习的态度。
- 充分利用周围人群的优势。现在的游戏制作过程中存在着许多的沟通和合作。
- 保证每个想法都有成长的机会。很多非凡的想法在赋予它们生命之前就被作者过早地否决了。很多想法需要一点阳光和雨露的滋润。一旦它们完全发展，你就能知道该如何完成它们。

Mark Dickenson，The 3DO Company

Mark Dickenson 是 3DO 公司的高级主管，制作了大量 PC 和主机游戏，如 High Heat Baseball，Army Men: Sarge's War，Mien Legacy，Shadow of Yserbius，Spellcraft 以及 Hard Nova。

Mark 提供对创作运动游戏的远大建议是什么呢？他说：

- 非常了解运动。对运动知识了解的细微差别可能产生伟大的游戏。
- 研究竞争对手成功的经验。走在对手的背后可能会错过某些关键的属性，虽然它们是构成你项目中的必需成分，但拓展这些成分才是正确的道路。此外，同种类型游戏的缺点也是自己热情的来源，其他棒球游戏中得到的挫折难道没有激发你的斗志吗？
- 对游戏清晰的理解。游戏开发过程要推敲它，游戏实现的方法可以妥协，但确定目标的关键部分不能妥协。

这些建议如何适用于他在游戏 High Heat Baseball 中的工作？

他解释道：“在游戏首次开发中，我们只有很简单的目标：非凡的击球手和投球手的界面，并结合快速的步伐。为了在这 2 件事上取得成功，而在其他的特性上都妥协了。甚至有人嘲笑我们，因为我们的特性和画面所带来的玩家如此之少，但是顺着这条路，我们也将棒球运动带回棒球电子游戏中。我们想带给视频棒球游戏所缺少的某些关键特性——合理的步行、三垒打和深奥的计算——而我们都做到了”。

为了使运动游戏容易接近玩家并保持游戏的快节奏，必须牺牲现实。但 Dickenson 指出，需要更多一点的工作和创造性思考，把节奏、可达性和现实也能在一个单纯的运动游戏中实现，所以接下来的问题是游戏设计者从哪里寻找灵感呢？

他解释说："我认为灵感真的来自于玩其他的运动游戏，并明白它们还能做得更好，那些增加了你所感受到的体验的简单愿望是游戏所缺少的。在 High Heat Baseball 之前的多数棒球游戏中不能散步，我不喜欢这样。计算出想要命中的投掷的数量，这个想法已经在视频棒球游戏中消失了，我想整理它。你瞧，灵感就来了"。

最后，Dickenson 讨论了与其他类型游戏相比，制作运动游戏的一些挑战。

他回答道："运动游戏的一个不利条件是最终用户意识到屏幕上将出现什么。幻想类型的游戏不会出现这样的情形，最终用户甚至不可能知道游戏将要表现的特性。然而在运动游戏中，玩家们可以痛苦地意识到每个错误"。

"运动游戏另一个关键的挑战是'有组织的行为'。在棒球运动中，将看见一个接一个的一垒打，但每个都不同。即不想让玩家感到他们在反复同样的情节，所以必须保证要有一定量的模糊。最后，所有的一切都必须要有真实的外观和感觉"。

"除非目的是开发一个早已泛滥的街机游戏，否则不要放弃与现实的微小接触，记住耐心是关键！玩游戏，检查结果，和那些忙于问题的团队工作，必要时重复，再重复。在增加特性之前让基础系统良好地运转起来，而且也要保证在运动整体的可玩性上"。

在第 14 章中，Dickcnson 就运动游戏的用户界面发表了明智的建议。

Jeremy Strauser，EA Sports

作为 Tiburon 工作室的一名制作人，Jeremy Strauser 负责在美国本土最畅销的授权游戏之一：EA Sports 的 Madden NFL 系列。详细地说，Jeremy 制作了 Madden NFL 的 96、97、2001、2002、2003 版本，以及 NCAA Football 的 98、99、2000 和 2001 版本。

Jeremy 讲述在运动游戏中 3 个主要的方面：

- 细节。可能是图片、声效、一般的精致附件，或者它们的任意结合。
- 可玩性。游戏必须玩起来有趣，否则，它就不是个游戏。
- 深度。游戏必须给玩家一个反复玩的理由，要么是游戏内部的引擎，要么是某个外部特性。

这些建议如何适合 Jeremy 自己的产品？他解释道："深度的好例子是朝代模式 NCAA Football 和授权模式 Madden NFL 的特性。这些特性主要在游戏的外部，但是允许玩家经过若干季节发展并通过很多年培养自己的团队。这些特性让玩家拥有发展他们游戏的能力，避免游戏成为一次性筷子"。

Jeremy 承认在游戏中最困难的任务之一是创作有效、直观的用户界面（详见第 14 章），但他还是提供了一些启示，他回答道："这里最好的建议是彻底地计划和设计。每一个东西必须首先用界面设计出来，包括特性设置的演变。尽力将特性硬塞进已有的界面中，这是拙劣界面的罪魁祸首"。

而关于平滑控制问题？

Strauser 补充道："我认为它是运动游戏中最有趣的地方。我不是一名运动员，所以不能闯过三个阻截队员跑 N 形路线到达最后区域，或者跳水获得第一。因此，如果在游戏中那样做的话，我认为到了有趣的部分。非凡的游戏让玩家们有了他们做到那些事情的感觉。我认为大量游戏缺乏操控的感觉，常常依靠奇特的图片或预录的动画片断。这和劣质 AI 的失败是我认为最大的问题”。

图 4-2　游戏 Madden NFL 2002 的截图

为了发挥新硬件的优势，EA Sports 在多数主机平台上发布了 Madden NFL 授权游戏，包括 Sony 的 PS 和 PS2，PC，Nintendo 的 GC，以及 Microsoft 的 Xbox。现在它占据了市场统治地位。这里的图片是 Madden NFL 2002，如图 4-2 所示。

这引出了和操控一起，相对于其他类型的游戏，制作运动游戏的一些挑战是什么呢？而且 Strauser 如何克服它们呢？

他解释道：“最大的问题是它有某些限制。每天结束的时候，我们用现实生活中的玩家来仿效物理世界和现实运动，必须解决上述所有的问题。同样，尽管似乎每年都在提出新思想，但年复一年的工作在同一个类型的游戏上也不时出现创造性上的困难。最后，给自己在时间上增加很大的压力，没有人想在足球季节之后买一个足球游戏，因此没有延迟的机会”。

最后，他提出创作运动游戏时要牢记的规则禁忌，他解释道：“对于规则——必须为已经设计出来的游戏花费时间和金钱！对于禁忌——仅仅为了在规定时间内推出游戏而在游戏的整体设计上妥协”。

Steven Chiang，EA Sports

Steven Chiang 在 EA Sports 公司的 Tiburon 工作室工作，是工作室的合作创始人和总经理。他曾经参与了自 Madden NFL97 之后几乎所有的系列游戏，他也为最后的几款 NASCAR Thunder 游戏工作过。

从游戏设计者的立场出发，哪些是运动类游戏设计新手们需要牢记的最重要的事情呢？他解释说：“将游戏做成有趣的单人游戏，设计做同一件事情的新途径，让游戏有深度，以及注意细节”。

将游戏 Madden NFL 2003 放在显微镜下，要求 Chiang 解释他的建议。

他解释说："游戏有个叫 Mini-Camp 的新模式，用户在这里参与有趣而让人上瘾的训练。例如有个精确的传球训练，为了学会定时通过一个通道，玩家要在这里传球穿过环到一个接受器里。还增加了一个叫 Defensive Strafe 的游戏操控，玩家可以按一个按钮并面向前呆着，这种方式帮助防御者更容易牵制对方的进攻"。

尽管有不断增加的竞争者，但我们的每款游戏都是每年卖得最火的足球游戏，对于这种情况他有如下的解释：

- 为核心玩家和市场上大量消费者设计。授权模式满足了核心玩家，而 Madden Cards 和 Mini-Camp 吸引了大量消费者。
- 重点关注现实的可玩性。真实的玩法，新的防御安排，玩家像现实生活中的对手一样行动，为此我们每年都会对可玩性进行修改。
- 价值和连贯性。Madden NFL 2003 是一个非常深入而广泛的游戏，而且用户每年都能买到富有特性的 Madden 游戏。

Chiang 也说意识到游戏中缓慢的帧率对运动游戏设计者的影响，他说："运动游戏必须流畅地移动，一个 1 秒只跑 12 帧的游戏实际上是不可玩的"。

第 21 章就如何进入游戏行业提供了深入的讨论，但这里 Chiang 还是提供了一些片断：

- 为自己的面试做好准备。了解所申请的公司，并掌握所有关于他们的产品、竞争对手、销售等情况。
- 做好有助于完成工作的事情。努力工作，工作到午夜。当每天结束的时候，做完并做好你的工作。
- 确定高目标。奋力争取完成质量最好的作品，这使好游戏显得与众不同。

注意： 你是 Sega 运动游戏的爱好者吗？如果是，那你一定不孤独。务必核对第 11 章和第 13 章，得到来自 Greg Thomas 的建议，他负责 Sega 运动游戏。

Mike Olsen，EA Sports

首席设计师 Mike Olsen 如今已为 EA 工作七年了，目前他负责 Tiger Woods PGA Tour Golf 的授权游戏。在这个系列之前，Olsen 曾做过其他的运动游戏，包括 Knockout Kings，NCAA Football，NCAA March Madness 和 NHL。对于将来的期望，Olsen 说有一天他可能成为某个独创角色动作游戏的创意总监。

对于开发运动电子游戏，Olsen 说游戏设计者应该注意如下建议：

了解自己的顾客

很重要的一点是：为顾客设计游戏。如果将年轻人作为目标，可能需要找出什么是酷。调查年轻顾客趋向于享受街机游戏的快感，而不是模拟游戏的体验。如果是这样的话，请不要坚持走绝对模拟的路线。

了解自己的竞争对手

其他出版商在做什么？成功游戏做了什么？自己的大部分想法事实上都产生于其他游戏中。如果竞争对手吹捧的某个特性在自己的产品中没有，那么可以设法实现相似的特性，但要在某种程度上让人感觉它是独特的。

确定并评价独创性

相信游戏风格的创新是重要的。将创新限定在风格之内，意味着即使某个特性对行业来说可能不是创新的，但它对游戏风格仍可能是新颖的。也能通过用新的方式对老的想法进行简单的改造来达到创新的目的。作为设计者，必须冒险并尝试新东西。

根据 Tiger Woods PGA Tour Golf 游戏 Olsen 能使人理解他的建议吗？

他解释道："关于顾客，这款游戏走的是一条不同的路径，希望能吸引更多的新来者。在此我们必须仔细选择，以保证创作的游戏既是一个玩家的游戏，而又不得罪传统高尔夫球的爱好者。尽量为所有的顾客做事情，虽然结果不能满足他们中的任何一个，但可以感到，我们赢得的是给人印象很深刻的混合物"。

"关于创新，在最近 2 款 Tiger Woods PGA Tour Golf 系列游戏中，真实的精确摆动装置改革了玩家在虚拟世界挥动高尔夫球棒的方式：我们感到，传统高尔夫游戏的摆动表将玩家和他的角色分离开来，玩家最后玩的是表而不是高尔夫球。模拟的来回摆动将即时视觉反馈提供给打高尔夫的人，我们感到已经捕捉了本质，即如何感觉到真实的高尔夫的摆动"。

"游戏也实现了一个新的特性，叫 Speed Golf。这种模式包括击球，跟踪并找到球，然后再次击打。在这种模式下，不到 5 分钟时间玩家就能玩整个回合的高尔夫游戏了"。

Olsen 讨论在 Tiger Woods PGA Tour Golf 系列游戏中出现的一些其他的特性，它们将这个高尔夫游戏与竞争产品分开来，他说："游戏中的新特性设置，以及享有声望的授权，使得它区别与其他同类的游戏，所以它是目前市场上最逼真的高尔夫游戏"。

有名人 Tiger Woods 做代言人，创作引人注目的内容是更容易了，还是更困难了？他说："有 Woods 在游戏封面上不会对你有所伤害，因为他是世界上最为人所认识的运动员"。

对于 Woods 的授权，但也能够获得其他人的，是否发现人们想把自己和 Woods 联系在一起，他说："一旦成为授权合伙人，你的设计创造性有时可能受到某些限制。Woods 赞同游戏的一切方面，因此可能你认为是非凡的特性，他却感觉不到。但是如同任何商业关系一样，这是一种交换，而我们也从没感到不得不做出任何损害产品的重大妥协"。

最后，Olsen 给那些刚开始做游戏的人提供了一些建议：

旺盛的灵感

非凡的游戏是由充满激情的人做出来的。一群对某个想法有激情且有才能的人才是强大的工具，他们能创作出令人惊异的东西。参加这项活动的想法不会被每个人支持，一群持有这样想法的人只能生产出平庸的东西。

始终思考你的想法并记录思想

当有了某些想法时将它们记下来是很重要的。我在每个地方都放了几张纸，用来记下设计构思，因为我从来不会知道什么时候会有想法出现在自己的大脑中。

注意： 游戏设计师 Dave Perry 也承认好记性不如烂笔头，他枕边的床头柜上总是放着一本记事本。

Steven Rechtschaffner，Electronic Arts Canada

如果从没有玩过 EA 畅销的 SSX 授权游戏，那么就无法领略 Steven 魔法般的手法。作为

EAC 工作室的副总裁和执行制作人，他名下拥有一个成功的授权游戏，下面是他和我们分享的一些知识。

最关键的是要决定自己为谁而创建游戏。

他解释道："必须仔细地选择用户，因为不可能使每个人都高兴。虽然销售排行榜总是将我们放在棒球类游戏的顶部，而且遥遥领先于其他同类游戏，但是我们将 Triple Play《棒球》制成更为有趣的体验总是得不到欢迎。我们每天利用很多科学过程和技术进行艺术形式上的制作，然而在每一天结束的时候，都要使游戏最大可能地销售最多的拷贝"。

"一旦知道是为谁创建游戏，就必须辨别什么将给该类型玩家带来最强烈的情感冲击。然后开始考虑如何将游戏带到生活中，并且和团队努力工作。由于不会有足够的时间来做所有事情，所以区分设计部分的优先次序是极为重要的"。

这个策略如何影响游戏 SSX 和 SSX Tricky 的设计呢？

他解释道："对于游戏 SSX Tricky，我们决定将诀窍变为游戏关键部分。这是因为很多 SSX 的玩家采用 Showoff（诀窍）模式，并且更多是玩诀窍而不是比赛。带着这个目的，我们开始设计一定数量范围的新方式，创造玩 Showoff 模式时更多情感的响应。这包括一个新的关卡和更困难、名叫 Uber Tricks 的更多诀窍。我们也回到每个进程中，并且仅为它的 Showoff 模式做一个特别版。现在包括铺铁轨、跳跃、能压碎的物体，以及只在 Showoff 模式下出现的捷径。也为获得并结合诀窍点创作了一个新系统"。

图 4-3　游戏 SSX Tricky 的截图

Rechlschaffner 承认："我更多的是激励而不是模仿"，如图 4-3 所示 SSX Tricky 游戏的截图。他相信进入游戏行业最好途径是用自己的方式工作。在成为一个 30 到 40 人团队的项目领导人之前，顺着这条路可以学习到很多东西。因此，我们很幸运能将人们带进我们有质量保证的系统，并且用它作为产品和设计生涯的发射台。

对于当前运动游戏，Rechischaffner 有些什么建议吗？

他回答道："更多的是激励而不是模仿。相对顺着游戏 NBA Street 或 SSX 原有的路线走，我的兴趣更趋向于运动游戏，这样它们有更多满足和情感的回报。做 Triple Play 这么久，我认为这是个不小的挑战。在这里正为 Triple Play 工作的 EAC 团队已经为将来创造了一些很有创意的想法，所以在接下来的一两年里他们就能成功”。

“我玩过 EA Sports 所有的游戏，而且玩得很愉快。喜欢那些贯穿在多数游戏中熟悉的关卡。我很少有兴趣挑选其他牌子的运动游戏来玩，因为它们似乎是 EA Sports 的克隆。希望其他进入赛场的人能不怕冒险，尽量在创新上有所突破”。

“决定谁是你的顾客似乎是很多运动游戏的一个问题。他们尽量做所有的一切，却没有在任何一个方向上做得足够深入。我觉得同时拥有 NBA Live 2003 和 NBA Street 这 2 个游戏是很不错的，两款游戏我都玩，具体要取决于我想寻求什么样的体验”。

在第 14 章和第 17 章，Steve 讲述关于创作平滑的用户界面和游戏测试内容的更多建议。

Dave Davis，Electronic Arts

当极限运动成为一种潮流，那么让我们和游戏 Freekstyle 的执行制作人 Dave Davis 聊聊他的感受。除了 Freekstyle，Dave 还是游戏 Knockout Kings 的执行制作人和大量授权游戏的鼓动者，如制作了很成功的 MotoRacer 系列和 EA Sports 的 Supercross 系列。当提到如何设计电子游戏，Davis 说每个人应该坚持的有 3 个规则：

- 从独创的想法开始——要对它忠诚。
- 始终记住不是只为你和朋友创建游戏——要使它容易理解。
- 创造引人注目的冒险和奖励结构——让玩家购买。

Davis 用他最近的项目游戏 Freekstyle 作为例证，结合他超过 17 年的从业经历，提出这些宝贵建议：

有一个独创的想法并对它忠诚

对于 Freekstyle 游戏，想要创建一个自由式摩托车越野赛场景，它不同于任何以前的游戏。过去的游戏总是单调而乏味的，让人感觉更像是模拟类型的游戏。而它必须捕捉意见和时尚来做成自由式摩托车越野赛，并根据这个目的来检验游戏中的每件事。

为顾客创建游戏，而不是你自己

通常我们忽略了为谁做游戏的问题，而这也导致拙劣设计的产生。如果想成为一款畅销的游戏，那么它就必须能吸引 150～200 万的玩家，而这也正是我们将 Freekstyle 做成真实摩托车越野赛模拟的原因。

让玩家购买

一个游戏要想成功，就必须让玩家尽快投入其中，并且给他们提供足够的奖励，让他们继续玩下去。在 Freekstyle 中，玩家能识别角色并选择一个最能代表他们的宣传肖像。当他们玩通游戏时，就积累了技能点并开启新的摩托车、赛道和传动装置，这些设置吸引着玩家继续玩下去，并为他的角色进行投资。

谈到其他摩托车越野赛模拟游戏有时是单调而乏味的，Davis 对此有些什么建议呢？

他解释道：“问题是比较普遍的，因为多数差劲的游戏仍然有办法在市场中发布。行业会随着设计的成熟而成熟，所以必须在倾销垃圾产品给顾客上更为谨慎。如果不能自我克制、销毁低质量的产品，那么将会疏远我们的顾客”。

“站在游戏设计者的立场，我非常厌烦玩那些塞满了各种重大特性（赛道施工人员，速度缓慢的重玩，授权游戏等）的游戏，不过我很快意识到，开发者或出版商没能成功地创造一个好的游戏核心。如果在这里给出什么建议，我将说：一定，一定，一定要首先创建一个有趣的、引人注目的核心特性，然后再扩建整个游戏”。

让我们面对这样的事实：小型的开发工作室将不会有像 EA 这样的财力和资源。那么这个空间里自力更生、初露头角的开发者又能如何呢？

他解释道：“个人或小团体要想和如 EA 这样的公司所发布的产品竞争，是不大可能的。我认为成功的最好途径是不要拼命和游戏 Medal of Honor 或 SSX 竞争，因为可能达不到目标，除非有同样的时间、金钱和可用资源。用独创的手段集中制作小的、紧凑的、引人注目的体验”。

第 21 章中，Dave Davis 就如何进入游戏行业提供了一些建议。

图 4-4　游戏 Freekstyle 的截图

EA Sports 为 PS2 和 GC 所做的 Freekstyle 让你异想天开。执行制作人 Dave Davis 说“初露头角的游戏设计者从这个极限运动游戏的可玩性设置中能学到什么”，如图 4-4 所示。

Kenji Kanno，Hitmaker Studios／Sega

Kenji Kanno 是 Sega 公司 Hitmaker 工作室的总经理，担任过 Crazy Taxi 授权游戏的制作人。他在这里和我们一起讨论游戏原理、设计和灵感的问题。

“人的行为是游戏设计的核心”，他解释道：“游戏能被用于一切涉及娱乐的项目——考虑玩家所拥有的情感，并用游戏设计来控制他们的感情是重要的。因此，每天观察人们的行为，并利用这些知识是很重要的”。

另一个成功的关键是学习时尚流行。

他解释道：“首先必须获得当今世界流行的信息。流行不仅意味着游戏开发的种类，而且与其他事物（如电影、音乐或时尚）也有关联，然后要温故而知新。这听起来像是在炫耀自己，但它对提高设计者的敏感性是十分重要的。人们有些感觉是不能用语言来描绘的，这就是所谓的敏感性。尽管它不可以学会，但可以感受到。为了保持这种敏感性，反复给自己刺激就显得有意义了”。

“此外，如果再加上一点的话，那就是逻辑性。毕竟，游戏是由无数的 0 和 1 结合起来的，所以游戏设计中逻辑性的重要性不言而喻”。

Kanno 用 Crazy Taxi 作为实例，来论证自己的观点

他解释说：“游戏最想表达的是让玩家感觉到汽车的推动力。为此，决定用更有效的方式来表达这种感觉。例如，当汽车驶入反向车道，以及当驾车通过来往的车流时，玩家会感到发抖。当和轿车擦肩时，玩家会听到声音效果。如果这些情形再三地重复，那么断定玩家可以在视觉和听觉上都会有积极的感受”。

“至于游戏的敏感性，我们想让玩家感觉到——酷！我猜想人们对出租车第一个反应是体力劳动。然而，利用图像使游戏的效果充满的刺激，它不能用语言来描绘，但无论如何它是成功的”。

对于 Crazy Taxi 在国际上能获得如此的成功，你有什么想法呢？他说：“实际上，这正是我们想问你们的问题。作为游戏的创作者要思考游戏的趣味性，所以如果结果成功了，那么我们就做对了”。

这里 Kanno 确实谈到在电子游戏中他所不喜欢的东西，他说：“在看了今年的 E3 展后，强烈感觉到相似的产品太多了。每个人都喜欢玩他们喜爱的游戏，然而当重复同一个旧游戏的感觉逐渐增长，那么很显然不到两年他们就将感到无聊。因此我认为始终要尝试新东西才是重要的”。

最后，向 Kanno 询问 Crazy Taxi 背后的灵感，他说：“在开车遭遇交通堵塞时，我决定写下这个项目的计划。反向车道完全是空的，而我们这边的车道上却根本不能移动。如果我的车跳到反向车道，并在那儿以最快的速度驾驶，我将感到多么伟大。这样第二天就开始编写项目的计划”。

对于期待灵感的人，Kanno 留给下面一段话，他说：“脑中何时会突然闪现一个游戏计划是不可预知的。因此，始终近距离观察事物和人们才是最基本的行为”。

注意：要获得 Hitmaker 工作室更多的信息，请访问 www.hitmaker.co.jp。

Kenji Kanno 用 Crazy Taxi 授权游戏在街机和家用机上制作出一个在国际上获得成功的游戏。这里看到的图片来自最近的 Xbos 版本，名为 Crazy Taxi 3：High RoLLER，如图 4-5 所示。

图 4-5　游戏 Cray Taxi 3：High RoLLER 的截图

模拟游戏

Will Wright，Maxis Software

本书中具有传奇色彩的超级明星之一就是 Will Wright，他是游戏 SimCity，SimEarth，SimAnt，SimCity 2000，SimCopter，以及 The Sims 和 Sims Online 的创作者。Wright 和我们讨论了游戏设计、创新，以及在成功游戏背后的原因。

一些关键的游戏设计规则是什么？他说：

- 游戏是让玩家享受乐趣，而不是给程序员解决问题。
- 敞开接受不寻常来源的灵感。
- 尽可能多地了解游戏制作的每个方面（特别是编程）。

Wright 用 Maxis 实验室作为实例，来论证自己的观点，他说：

- 为什么规则 1 是重要的？SimEarth 就是一个很好的例子。在游戏中，我们创造了真正很棒的模拟，大家都为之骄傲。不幸地是，这些很棒的模拟玩起来没什么乐趣。

- 对于规则 2，The Sims 最初是从一本建筑学方面的理论书中得到的灵感。最后的游戏和这本书没多少相同之处，但还是要归功于它。
- 至于规则 3，在成为一名好的美工之前，必须要了解你的材料（代码、美术和声效）的特性。当开始了解材料的局限性和可能性后，大量创造的可能性对作为设计者的你就会变得更显著。

除了建筑学图书，还有其他的东西给你灵感吗？他解释道："主要从书籍中获得灵感，包括小说和文学作品。我很喜欢学习新知识，当发现一个特别迷人的新科目时，就会设法设计一个游戏来加大它对我的吸引力。有时，从这个过程中形成的游戏看起来早就脱离了最初的科目，但这也是不错的"。

作为灵感的例子，Wright 说："SimCity 从火车设置和 Stanislaw Lem 的书《The Cyberiad》中获得灵感，SimEarth 从很多科幻书籍、计划和气候中获得灵感，而 SimAnt 从 Wright 的后院中获得灵感"。

为什么 Wright 的游戏如此广受欢迎，有切实的理由吗？

他解释说："对于游戏受到欢迎，我认为它们允许玩家创造自己的玩法。很多游戏用比较线性来创建，这意味着游戏中的问题只有为数不多的解决方案，这样不同的玩家要用相同的方法来解决。相反，SimCity 和 The Sims 有更开放结局的游戏会允许每个玩家寻找创造性的问题方案"。

"所有上面这些只是帮助促进对游戏投入的创造力。我更关心自己的城市和家庭，因为没人会拥有和它们一样的城市和家庭。不仅如此，还记住它们所发生的美好或糟糕的事情，以及如何设法解决那些问题"。

对于 The Sims，你从中学到的最重要的是什么？他说："最有趣的经验是要以游戏玩家的社区为中心，而它则以游戏为中心。社区的连锁动力学让玩家分享一个生态系统的很多特性。必须学会如何培育、增长和保护这些社区"。

如果能彻底重新创作这款游戏，你将会改变些什么吗？他说："不，我认为这么多东西聚积在一起对 The Sims 恰恰是很合适的。如果现在重做，我所做的任何事情都会减少它的成功"。

当今很多 PC 游戏中所缺少的是什么呢？他说："我认为将来游戏会更多关注玩家在过程所创建的故事情节，而更少关注游戏设计者通过设计过程试图诉说的故事情节。The Sims 正是对这点的早期尝试：让玩家变成剧作家"。

注意： 如果不能立即将游戏卖给出版商，那么不要气馁。想一想 Will Wright 收到的拒绝信吧？他说："我将它拿给几个出版商看（Spectrum Holobyte，Broderbund 等），但没有人想要出版它。因此，Commodore 64 版放在架子上好几年直到我遇见 Braun，我们共同创建了 Maxis 后它才得以出版"。

在 2003 年发布的 Sims Online 游戏中，Will Wright 将你带入一个虚拟的在线世界。在那里玩家可以变成任何人，以及拥有自己的土地、房屋，咖啡馆等一切东西，如图 4-6 所示。

务必阅读 Will Wright 在第 5 章中关于创作纯粹在线游戏和第 12 章中关于人工智能编程的建议。

图 4-6　游戏 The Sims Online 的截图

Bruce Williams，Microsoft

Bruce Williams 为 Microsoft 工作了 15 年，并从 Windows 95 版的 Flight Simulator 开始一直在团队工作。他现在是 Flight Simulator 的产品计划人员，早在 20 世纪 70 年代早期他曾经是一名飞行员，因此，它和这款授权游戏联系起来是很自然的。

Williams 为那些想要创造模拟游戏的设计者们提供一些建议，他说："游戏设计不是像写小说或电影脚本。它是包括设计者、美工、开发者、程序管理者，商业和营销专家等合作努力的结果。尽管如此，当着手创作一个游戏时，必须要有强烈的、清晰的想像力，也必须灵活并能将自我与产品、过程相分开"。

虽然 Flight Simulator 系列本身并不是一个游戏，但 Williams 总结他自己的经验来支持上述关于合作的话语。

他解释说："Flight Simulator 是对真实飞行世界的再造，所以不需要拼凑世界、角色和处境。这就是说，为了在吸引广泛顾客、使模拟与市场上的可用马力、进度表、国际化考虑等事项间保持平衡。我们必须做出艰难的决策，以确定在何种程度上重点设置模拟的特殊方面。这是个复杂的矩阵，我能想出很多例子，从选择飞行器，到很详细地决定在哪个城市表演，以及如何为飞行玩家开发创造性的情节”。

创作模拟游戏有利和不利条件是什么呢？

他解释道：“一方面，模拟是相当直截明了的。尽量模拟真实的东西，不必在空白屏幕上创造整个世界。另一方面，必须就如何将真实世界的体验转移到计算机屏幕做一系列的决定，弄明白怎样才能用令人信服的方式再造出诸如飞机座舱控制、天气等细节问题。这个过程就像是在做一部电影，涉及了历史事件、时间段和人物角色。既要实事求是，又要异想天开”。

“创作一个真正幻想的游戏在某些方式上是不同的。例如，你有更多的自由去创造世界和环境，不需要与地球上任何人曾经看到的或体验过的相符合，但同样有很多技术和实际的限制，这很像拍记录片和做戏剧之间的不同”。

对于当今 PC 上的模拟游戏，Williams 希望看到更多的是什么呢？他说：“希望价格合理、可用技术更先进，这样玩家才能有更广阔的视野、更逼真的操控和更好的运动感觉。无论是飞行、驾驶和冲向太空，由于当今计算机显示器、操纵杆等的限制，玩家的体验都在某种程度上打了折扣”。

在 Flight Simulator 2002 这样游戏中，良好的用户界面（UI）是如何重要的？

他解释道：“良好地用户界面始终很重要。有经验的玩家可以靠他们自己领会到很多东西，但如果想吸引新玩家加入，让人动心而且容易使用的界面就很重要了。确保人们能发现所有可用材料也十分重要，特别是创作像 Flight Simulator 一样复杂和详细的模拟。UI 代替了真实飞行世界中的教练，在真实飞行世界中有人给你指出某些东西，并帮助你了解它们如何起作用。创作一个有用的、引人注目的 UI 是我们面临的最困难的任务之一”。

在 Flight Simulator 跳出游戏陈列架之前，要获得 Williams 关于如何恰当地测试它们，参见第 17 章。

图 4-7　游戏 Flight Simulator 的截图

想得到一样真实的情景吗？尝试 Microsoft 为 PC 做的产品 Flight Simulator，如图 4-7 所示。Willians 说创作一个引人注目的用户界面是整个团队最大的挑战之一，要深入研究如何创作良好的用户界面，参见第 14 章。

Steve Hunt

迄今为止，我们已经探究了人物模拟和民用飞行器模拟，所以现在让我们进入空战模拟。在 Rage 软件 2003 年 1 月倒闭之前，Steve Hunt 在英国公司拥有很多头衔，包括项目管理人、首席设计师和程序员。他过去的产品包括为 Atari 做的大量游戏，如 River Rally 和 Planet Attach，接下来的是战斗飞行模拟游戏，如 EF2000，Total Air War 和 Eurofighter Typhoon。

尽管本书中 Hunt 多数的建议属于编程章节，但他仍给出成为一名成功游戏设计者的建议。

他解释道："一个好的设计必须综合考虑 2 点：产品带来的娱乐，从行业角度看产品是成功的。这听起来是显而易见的，但在许多设计中，它们只是卖弄技术而不是给玩家娱乐。从行业角度看，游戏必须要赚钱，设计了一款畅销游戏，但高昂的开发费用使它无利可图，这是毫无意义的。总之，游戏设计是艺术和科学的统一体，因此在提出一个好设计时，必须同时重视这两个方面"。

Hunt 给游戏设计者提供了 3 点建议：

- 要有一个能给玩家带来娱乐的核心思想，不要掉进技术演示的陷阱中。
- 考虑行业方面。游戏可能花费多少钱，它容易移植到其他平台上吗？做好产品要多长时间？最大的风险是什么？
- 相信自己的游戏并彻底了解它。在脑中进行游戏演示，感觉游戏会是什么样，而且要能回答有关它的任何问题。

在本书的第 11 章，有 Steve Hunt 关于空战模拟编程的建议。

Fred Markus，Rockstar San Diego

作为 Rockstar 工作室的游戏设计总监，Fred Markus 监制、规划并设计了大量动作模拟产品，包括为 Microsoft 做的 Midtown Madness，为 Take-Two Publishing 做的受欢迎的 Smuggler's Run 游戏。

关于游戏中的构思，即产生游戏设计文档的话题。

Markus 解释道："只有玩过它的人才能知道一个构思是否有趣。游戏不是纸上谈兵，而要利用手中的操纵杆、双眼盯着演示屏才能制成。好的游戏设计文档（详见第 6 章和第 7 章的内容）应该是一系列的问题（或体验）。一旦为游戏收集到足够多的有趣的体验时，那么你要做的就是用故事情节和角色编写出一个充实丰满的文档"。

尽管这不容易实现，但知道何时、何事无法解决也很关键的。

他解释说："如果那些出色的想法最后不起作用，那么就要坚决抛弃它们，然后就尽可能反复重构新的想法。必须要能丢掉那些受自负驱使的偏见，唯有这样自己才能进步。越快认识到某些东西不如期望的那样有趣，那么你将能做的新体验就会越多。如果体验够多，将会有更多机会发现非凡而有趣的游戏"。

"对于要在整个开发过程中支持游戏设想和领导团队的人来说，游戏设计者并不是个很好的词。他必须让团队做他们不知道自己能做的事情，必须让他们参与创造性的设计。设计者不是一个无所不知的人，为了发现新想法和新观点，他要从队友那里获得巨大的信息并对它们进行过滤”。

Markus 用 Rockstar 工作室作为实例，来论证自己的观点。

他解释道：“没有从我这里得到任何信息，团队却在 Midtown Madness 中创作了许多很棒的汽车，包括 18-wheeler，bus。游戏中的警察和盗贼的模式也是共同努力的结果，而它导致了 Smuggler's Run 的产生。我们认为 Midtown Madness 中最有趣的事情是赛车，但最后人们喜欢的却是能够绕着城市自由驾驶”。

关于你自己的其他游戏是如何构思的？

他回答道：“游戏最初的一些萌芽来自出版商的需要。Konami 的 GT1 俱乐部让 Microsoft 获得灵感，由此设计了 Midtown Madness。Sky Pirates 基于 Steven Spielberg 设计的一大堆的硬件，需要一个游戏来充分使用这些硬件并让人们在天空飞行，设计游戏仅仅是为了实现它而已。似乎所有那些带着我们所有的感觉去玩的好游戏让我们专心致志，可能就是在那里我们获得灵感”。

注意：在第 10 章中，Markus 讨论了在游戏中创作有趣且有挑战性的任务时，开始要做的是什么，详细说明了他个人特别喜欢的 2 个任务，并就为什么很多游戏在这个范畴失败提出了一些意见。

关于为主机和 PC 二者创作游戏的关键不同，Markus 说这归结为目标顾客。

他解释说：“就像好的主机游戏一样，好的 PC 游戏在全世界范围销售。游戏不是为很特殊的顾客设计的。主机的销售量很大，因此如果想要人们玩你的游戏，就要为玩它的每个人而不仅仅是核心玩家设计。同样，鼠标和键盘的控制也不同于操纵杆的控制。不可能使用几百个键，无论如何，这真是拙劣设计的一个典型例子”。

下面 Markus 披露 Rockstar 是如何进行游戏测试的，他说：“让顾客玩游戏并留心他们的反应。如果有充足的经验过滤出好的反馈，并丢弃差的反馈，这真的是有益的事情”。

了解大量的游戏，这并不意味着能成为一名好的设计者，他说：“如果真的想做游戏，那么就应该已经知道这里所有可利用的创作工具和游戏开始的体验。向我们表明已经开始做体验将是得到和我们一起工作的最好途径。除此之外，公开提议并准备成为一名团队的领导者：做游戏需要协同工作”。

Ed Martin，Electronic Arts

Martin 是 EA 公司 NASCAR Thunder 产品的主管。很多初生的游戏设计者为了生计，喜欢创作一些汽车模拟或以街机为基础的驾驶游戏。对此，Martin 表达了他的观点：

“认识到你不是游戏惟一的顾客，消费者才是顾客，所以必须尽最大努力平衡主观意见和顾客的客观需求。如果那些顾客不购买，并喜欢你所创作的游戏，那么就注定你的失败”。

“这不是说设计者没有价值的观点。毕竟我们要满足所有的需求，因此要知道我们到底在做什么。要知道自己的个人兴趣在哪里也是异常困难的，还有想像力和激情，它们是具有魔力的东西。但是在生活的所有方面，我们都知道激情胜过一切，它能让你成功”。

Martin 用游戏 NASCAR Thunder 2002 作为实例，来论证自己的观点。

他解释说：“我是世上最糟糕的创作星际旅行游戏的人。我曾经经历过一段可怕的时间—

—为创作想要的（而不是购买者想要的）游戏进行战斗。现在我是全美汽车比赛的爱好者，但八年前当第一次涉足电子游戏领域时，我对于这项运动了解不多，但为了这个项目我就要了解它。我将成功更多地归结为自己不是一个极端的爱好者。在这项名人云集的运动中，我没有受到明星的冲击，没有利用我得到的所有令人难以置信的接近他们的机会，虽然这是我工作的一部分。最后，还是在工作室中完成自己的工作”。

对于“酷”的话题，Martin 有自己的想法。

他回答说：“信不信由你，在跑道上我最喜欢的是纪念品队列：一列列的卡车，所有的队伍在这里卖他们的物品，这是个极其精彩的情景。他们为什么都在这里？其实这正是做一个非凡游戏的关键。最后，我们用 NASCAR Thunder 授权游戏创作的全部是一种交互式的、电子的纪念品。我们让爱好者拥有了真正很棒的途径，成为运动更多的一部分，并能更接近他们最喜欢的赛手，而余下的只是扩展娱乐的各种不同的方式”。

“因此，当通过 NASCAR Thunder 来满足我的需求，我总是保持纪念品队列的想法。这不是因为我们卖了很多产品，是因为这些爱好者指望超越跑道上发生的事件，并‘带一个标志回家’。我们创作了一个能让爱好者带回家的标志，我打赌你从没有想过被喻为 Richard Patty 皮带扣的电子游戏”。

询问 Martin 对其他关于 NASCAR 游戏有什么不满？

他解释说：“这很有趣，但我对玩其他 NASCAR 游戏的兴趣超过玩我自己的。事实上，在我们做好这个游戏的时候，已经有了大量的同类游戏出现了，但玩家们在我们的游戏上花的时间要比别的任何游戏都要多，我为它骄傲。玩其他游戏的快乐是找出它们的缺点，但更为了寻找它们的优点”。

尽管如此，作为一个概括性的回答，必须说我最不喜欢的就是有些人只是设法拷贝别人的东西，而没有撕开封皮让某些东西更新、更好、更独特。

他解释道：“世界真的不需要另一个 NASCAR 游戏，在那里你所有要做的就是挑选赛车，选择赛道，开得快点，以及向左转。我从 1994 年涉及游戏时就那样做了，让这些创造性的汁液流出来！提出新奇、独特的方法来享受你所提出的乐趣。有无限的事情不能在真实世界中发生，但我们却能在电子游戏世界中实现，而且还能做得更好。但要记住，同时确保要让那些玩家觉得有趣”。

图 4-8　游戏 NASCAR Thunder 2003 的截图

这里图示的是为 Xbox 平台做的 NASCAR Thunder 2003，如图 4-8 所示。

胆小的设计者显然不能得到 NASCAR 的授权，他们也不会有 50 人的团队。Martin 能给那些想要创作普通赛车游戏而只有 2 个人的建议是什么呢？

他回答说："回到 1994 年，马萨诸塞州的萨默维尔市有个只有 30 多个人的小公司。他们有某种很酷的三维技术和一个对赛车充满激情的创始人。他们没有很多钱，也没有庞大的团队。我作为第 34 名雇员加入了那个公司，它就是 Papyrus。他们得到了 NASCAR 的授权，而余下的就是发展"。

"对我来说，这个故事的意义是时间和想法是最重要的。你是对的，今天一个小团体要获得 NASCAR 的授权，并承担 EA，Sierra 和 Infogrames 同样的工作是非常不可能的。但到底为什么想得到它呢？比起我们所做的和所有的，还有更多东西是我们不知道和不曾做的"。

世界充满了复制品，做一些不同的东西，给事情不同的讲述，Martin 鼓励说："一个令人惊异的例子是 Will Wright。他在数年前创作了 SimCity 授权游戏，它变成了授权之内和被竞争者的极度翻版。不过他抓住了其中的精髓，进入了另一个崭新的方向，并创作了 The Sims，那是现在空前畅销的 PC 游戏"。

Martin 对新开发者有一个重要的告诫。

他回答说："顺便说一下，小心不要踩上有特许权的东西。当涉及到像 Star Wars，NFL，NASCAR 等时，你是在谈论价值数百万，可能数十亿的所有权。涉及到的所有权是像 EA 这样的公司花一大笔钱才得到的特许。拥有这些所有权的人或组织是受保护的，而且有好的理由。因此可以使用，即共享的 Star Trek 游戏并不会被发现。但是一旦它不允许共享，你将得到通知，甚至会有更糟的事情发生"。

在第 21 章中，EA 的 Ed Martin 对进入这个行业的一些禁忌规则提出了不少建议。

冒险游戏

Tim Schafer，Double Fine Productions

2003 年让人热切期望的主机游戏之一：Psychonauts 就是 Tim 最近的项目。在开创自己的公司 Double Fine Productions 以前，他在 LucasArts 工作了 10 年的时间，在最初的 2 个 Secret of Monkey Island 游戏中担任程序员和助理设计师，在 Day of the Tentacle 中担任联合设计师和联合项目领导者，并在 Full Throttle 和 Grim Fandango 中担任设计师和项目领导者。不用说，Schafer 对狂热的爱好者来说已成为某种传说。这里 Schafer 提出一些关于冒险类游戏设计的建议，然后讨论他最近的游戏，它是为主机而做（而不是 PC 游戏）。此外，还谈论到个人是如何创建自己的游戏公司。

首先，Schafer 讨论冒险游戏设计中 3 个黄金法则：

- 不要停止玩游戏，必须获得信息。游戏行业的很多人整日整夜非常辛苦地工作，有时连续数月。在长期日日夜夜地做游戏之后，回到家中想做的最后一件事才是玩游戏。但那是个坏习惯，因为必须继续不断地玩游戏。玩游戏能给出灵感并刺激头脑中的新想法，而它也是最容易忘记的事情。
- 让灵感来源多样化，不要只是玩游戏。看电影，读书，而且要包括多种题材。游戏最大的问题之一是做游戏的人们似乎只局限于自己的兴趣之内，其实除了科幻小说和幻想之外，世上还有很多其他美妙的事情发生，而它们却很少被拿来当作游戏构造的创意。

少个咚咚。

Schafer 用个人和职业的经历作为实例，来论证自己的观点：

- 成功完成过 Skies of Arcadia 吗？认为那简单吗？
- Grim Fandango 受到墨西哥民间传说的启发，民间传说只是文化中没有被游戏“抢劫”的一个方面，而墨西哥的民间传说只是这个领域的一个方面。除了值得讲述的亚瑟王的传说之外，还有无数的民间故事。
- 惟一的僵局是我曾经放在 Day of the Tentacle 中的冻僵的仓鼠，而我对此非常非常抱歉。

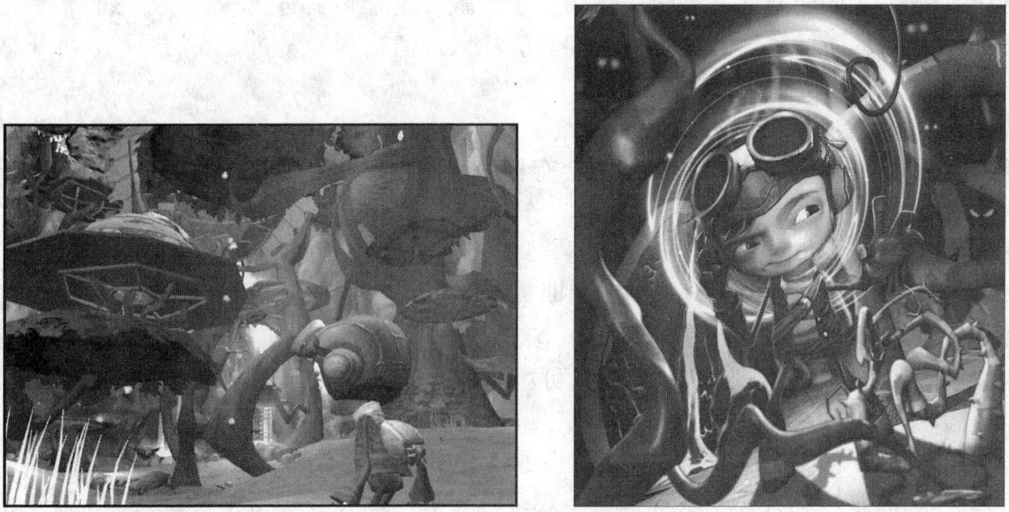

图 4-9　游戏 Psychonauts 的截图

游戏设计老手 Schafer 在这里谈到他最近的动作 / 冒险游戏 Psychonauts，如图 4-9 所示。他说：“大人们将有感于所有的笑话，而孩子们则会被疯狂的动画所逗乐，但如果两样都不喜欢，那么还有极度搞笑的敌人”。预知有关该 Xbox 游戏的更多信息，访问 www.xbox.Com/psychonauts。

Schafer 对当今冒险类游戏的收获还有什么不满意的地方吗？

他说：“对于 PC 机上的经典冒险类游戏，我真的没有玩过哪个。它们有什么？只是没有时间限制。从游戏 Tomb Raider 到 Final Fantasy IV，甚至是 Super Mario 以来，很显然可以在幻想的世界中探险并体验故事，而不用忍受笨拙的界面——让人昏睡的节奏、昏暗的自我纵容，以及不可能的谜题”。

知道冒险游戏在北美不如以前那样热销的原因吗？他说：“冒险游戏市场并没有真正的萎缩，它只是没有和其他类型的游戏一起成长。我认为现在如果有人做了一个真正伟大的冒险游戏，并且在内部有足够的商业圈套，那么人们将发现并购买它”。

冒险游戏的中心应该是可爱的主角和一些具有挑战和愉快的谜题。在第 6 章和第 9 章中，

Schafer 就故事板、成功的游戏主角和谜题等问题都提出了一些技巧。

现在让我们转向 Schafer 最近的项目——Psychonauts，认真考虑对一名初露头角的设计者来说能从游戏中学到的知识。

他解释道："Psychonauts 表明电子游戏让你获得奇异的、最超现实主义的想法，并且用一种令人难以置信的为广大顾客所理解的方式将它们呈现出来。大人们将有感于所有的笑话，孩子们则会被疯狂的动画所逗乐，但如果两样都不喜欢，那么还有极度搞笑的敌人。我也希望表明能做简单的游戏设置：谜题、战斗、减少动力消耗、收集等等，并用它们探索更有意义的心理主题，而不只是我们从游戏中产生的期望"。

对于 Psychonauts 在 2002 年的 E3 上取得的成功，使它独特的理由，以及独特真的有益吗？

他解释道："在 2002 年的 E3 上，我们赢得了'最好原创游戏奖'，这是因为人们对我们独特想法的响应。新闻界总是会对独特游戏作出积极的反应，因为他们每周必须注意大量的游戏，而所看到的游戏又是如出一辙。如果一款游戏看起来与众不同，那么他们就会兴奋起来。制作独特的游戏能够让你得到新闻界的注意，但是到了发布游戏的时候，如果做得不好同样是失败，所以必须还要有匹配的可玩性"。

Schafer 开始为计算机玩家创作内容情节，而 Psychonauts 是一个专门为 Xbox 做的游戏。我们问他创作主机游戏和 PC 游戏之间会有什么明显和不明显的差别呢？（从技术和设计方面）。

他解释道："主机游戏的设计更严格，即设计必须要紧凑，包括技术性和创造性。这些要求来自于硬件的限制，也来自于顾客的期望。例如，主机上可利用的内存始终少于 PC 机，因此必须更仔细地计划内存的使用。要知道这是痛苦的一件事，但其结果却产生了更有效的引擎，因此这也是件好事。同样，当设计可玩性时，必须记住 PC 玩家比主机玩家更有耐心。他们习惯于安装软件并解决兼容性等问题。虽然不喜欢 bug 和蓝屏，但他们习惯如此，而我会认为他们将那种态度带入了对游戏可玩性的体验中。当在 PC 游戏中出现怪异、混乱，或有延迟和暂停现象时，玩家（相对于主机游戏玩家）更多地去解决相关问题或等待恢复正常，但主机玩家在所有时间中都想前进和行动——没有延迟，没有停机时间，没有等待，因此必须将多余的东西从可玩性体验中剔除。我相信，紧凑的设计和编码能产生更好的游戏"。

在第 21 章中，Schafer 披露他所有的秘密，尤其是关于如何在游戏行业中谋求一份工作！

Denis Dyack，Silicon Knights

Denis Dyack 是位于加拿大的 Silicon Knights 公司的创始人，而它是 Nintendo 的乙方开发者。最近 Dyack 担任游戏 Eternal Darkness：Sanity's Requiem 的主管，而他以前的作品包括游戏 Blood Omen，Dark Legions，Fantasy Empires 和 Cyber Empires。此外，Silicon Knights 公司最近宣布它会将 Metal Gear Solid：The Twin Snakes 移植到 Nintendo 的 GC 系统上。

Dyack 做游戏已经超过 11 年了，所以他说的建议是针对那些刚开始做游戏的人：

- 设计自己所喜欢和具有热情的东西。
- 要有清晰的游戏想像力。
- 了解内容是关键。

他解释道："有激情并喜爱工作是很重要的。游戏设计总是在试图混合某些新的东西，但在创作某些自己所确信人们将喜欢的东西时却没有现成的公式，所以做自己喜欢的东西即可（至少保证让一个人高兴）。激情和对工作的喜爱是成功创作的关键，记住技术对提供给玩家的内容来说是第二位的，正如很多人所相信的那样，游戏行业是娱乐业而不是技术行业”。

Dyack 对当今的游戏有些什么抱怨吗？他说：“很多开发者太强调技术而没有充分关注游戏中的内容，所以多数游戏创建得如同汽车一样，有好的外表但缺乏内部。乍看之下它们很好，但如果驾驶它们，那么缺陷就显得异常突出。为了避免这些缺陷，游戏中要始终努力地创作某些有意义的东西”。

对于灵感问题，Dyack 谈到游戏 Eternal Darkness 创意是来自一部经典的著作。

他解释道：“为了创作某些新的东西，我们相信必须注意历史，并将艺术知识加入到现代非线性的电子游戏中。莎士比亚作品的结构是一个巨大的灵感，当然也包括其他的古典作家。当莎士比亚写一个戏剧时，他是为尽可能多的人写作，所以他会为戏院前排陶醉的人们写下流的笑话，也会为包厢中的贵族写睿智的暗喻，他所做的一切是为了使尽可能多的人高兴。我们也相信，如果电子游戏要在下个世纪真正变成由娱乐所支配的形式，那么也应该有这个目标”。

Dyack 说如下 3 条简单的规则会保证设计者在游戏中能成功，他说：

- 对自己真实。
- 对他人真实。
- 不要忘记获得任何成功的秘密都是 1%的灵感加 99%的努力。

图 4-10　游戏 Eternal Darkness：Sanity's Requiem 的截图

Eternal Darkness：Sanity's Requiem 开始于 2000 年，如图 4-10 所示。当时年轻的 Alexandra Rolvas 来到她外祖父的庄园，随后外祖父被人残忍地杀害。为了找出导致他悲剧性死亡的原因，她决定留在祖父的 Rhode Island 公寓，而她在不知不觉中偶然发现了一个跨越了 20 个世纪的家族详细的历史。

Phil Saunders，Presto Studios

Phil Saunders 是 Presto 的创意总监，工作室创作了很受人们喜爱的冒险游戏，如 Journeyman Project，基于 PC 为版本的 Myst III：Exile，以及 Xbox 版的 Whacked——一个离奇的动作游戏。

创作好的冒险游戏为什么如此困难，因为这是一种挑战。在此，Saunders 和大家分享一些有益的技巧：

- 始终站在顾客的立场上。作为冒险类游戏的设计者，已经了解到一切——谜题如何解决、环境如何布置，故事情节如何发展。在本质上将知道游戏中所有的秘密，玩家将了解到什么，他们的体验和背景是什么，这对设计者来说真是太容易了。所以，不能认为玩家能够理解关卡中的核心原理，或者关卡之间的联系。这样做最后结果将是，知道何时必须让道路更加清楚，何时必须培养玩家用智力工具恰当地装备自己，以及何时必须进行背景体验来解决他们面前的谜题。
- 有机地设计故事情节、可玩性和环境。在真实世界中，目标的障碍来自环境和周围的情况。环境是人们创造的产物，而情况是由人们相互之间，以及他们与环境之间的作用而形成的，所有这些要素都要互相联系。为了创作连续并让人沉浸其中的可玩性体验，必须开发每一个主要因素：故事情节、可玩性和环境设计，以及能让其他人理解的想法。

  当第一次着手做游戏，同时探究故事的概念、可玩性结构和审美方向时，不要让任何东西限制你对环境的想像力。同时，也要写下对故事不同的发展方向。有时写和设计互相补充，从中获得真正有趣的想法。有时它们完全分离并独立于任何背景之外，但却暗示了某些真正迷人的可能性。如果故事已经写好了，那么可玩性和审美的设计就要受到限制，即创作自由就要受到压抑。当设计的时候，作者将从这些想像中得到启发，而且可能从设计中获得灵感，并在某个方向上继续故事情节。同时，故事概念将变成潜在想像的出发点，而通过可玩性结构、想法和谜题能产生迷人的情节线和引人注目的设置。在这个过程的最后，当所有的东西都集中在一起时，就创造了这样一个世界，在那里创造了可玩性的障碍自然从故事情节中形成，而且故事情节也符合讲述它的世界。
- 游戏是由一系列为了一个明确的目标和有意义的选择所组成。为了创造令人沉浸的体验，确保玩家觉得他们的投资是物有所值的，即使是像 Myst 这样依赖自由探险和发现的游戏，也必须让玩家感觉到这些漫游是有目的的。同样，玩家在空闲时获得的那些体验可能会忘掉，可能不再回来将游戏玩通关，所以应该确保在那些体验中，玩家能理解目的是什么，他们所做的选择和谜题的解决也必须要有意义。每个因素都要和更大的目标捆绑在一起，还有那些使旅行结果成功或失败的重大决定。

Saunders 用 Myst III：Exile 作为实例，来论证自己的观点。

他解释道："在这款游戏的设计中，真正较早的决定是试图创造一个故事背景，它将提供给我们创作大量深思熟虑谜题的机会。但要形成完整的故事情节又不让人感觉到不协调的因素，这是非常困难的创作挑战。因此，J'nanin 提出的 Lesson Age 概念为我们提供了这样世界的重要基础，而创作世界是为了教人们某些东西，而同时实际上已经为谜题打下了基础”。

当今的冒险类游戏有些什么问题吗？

他解释道：“在故事讲述中应该创作让人沉浸其中的体验，而我认为很多冒险类游戏对此缺乏关注。在游戏 Myst 那让人振奋的独特成功中，很多游戏设计者认为，简单地创造一个电影式的体验，偶尔穿插一两个深思熟虑的谜题，就是一定能获得成功的秘方。他们所错过的是游戏本身，因为在游戏中最需要的是交互式的体验。最好的游戏让玩家感觉到随着故事情节的展开，他将成为游戏中的一部分，而不是观察者。最近几年，为了创作出内容更丰满的体验，冒险类游戏混合了即时战略的动作成分，但常常是以损害讲述故事的深度为代价。对此，我仍然试图寻找这二者之间的平衡，其结果是我得到了一个非常好的游戏”。

说到谜题，它是多数冒险类游戏的关键组成部分，Saunders 详细地讨论了什么是有助于冒险类游戏的谜题，并引用工作室的一些例子来说明，请参见第 9 章中令人感到启发的摘要。此外，Saunders 分别在第 6 章谈到如何创作设计文档和故事板的问题，以及在第 14 章谈到开发良好的用户界面和在第 21 章谈到进入游戏行业的途径。

Ragnar Tornquist，Funcom

在冒险游戏行业，Ragnar Tornquist 可能不是个人人熟知的名字，他是 Funcom 公司的创意总监和首席设计师，他名下有大量游戏，包括游戏 Longest Journey，从它初次登场就是最令人满意的游戏。除了此之外，Tornquist 最近在做 Anarchy Online 的故事情节和另一个多人在线游戏——Midgard。

看来在冒险游戏设计这个题目上 Ragnar Tornquist 有很多话要说，而如果你曾经玩过 The Longest Journey，那么就会了解他所说的。对 Tornquist 来说，对交互性、沉浸和讲述故事依次关注。

他解释道：“让玩家与交互性不断接洽。换句话说，决不让玩家因为不知所措或不知该往哪里去而四处徘徊。在玩家和故事驱动的游戏之间建立交互性，没有其他的路可走。成功的冒险游戏首先是卓越的游戏，其次才是重要的故事情节。交互性不应该让人觉得是任意的，或者有不必要的复杂。当玩家享受某个挑战带来的乐趣时，他们绝不能容忍任何人为障碍来减慢游戏过程和延长游戏时间”。

“沉浸表示你必须为冒险游戏创作一个完全逼真的世界，感觉与真实世界一样的地方。如果对付的是幻想、科幻，历史或现代的设置，那么没什么问题。通过内部一致的逻辑性，可以让玩家觉得他们居住在一个真实的地方。游戏 Monkey Island 系列有一个十分详细的设置，Guybrush 遇到的任何古怪的人物，他陷入的极其可笑的情况，或者他面临的可笑的问题，你都决不会怀疑它们的存在。Shenmue Dreamcast 也给人特别真实的感觉，Ryo 完成的每个动作：在城镇中寻找一个特殊的人，痛打一些歹徒，或者为拖鱼船工作，这些都支持真实的设置。虽然前者完全是想像出来的地方，而后者以 20 世纪 80 年代日本的神话和神秘折光为坚实基础，它们两者都有意义。玩这两个游戏，你都感到似乎身处真实的世界”。

“最后但不是最不重要的是：正是故事情节才给了冒险一个真实的目的感。这不是获得最高分或者杀死最多外星人，而是弄清楚接下来会发生什么——WHN。WHN 是我们拥有的强大工具，它使冒险游戏成为最迷人的游戏类型，特别是对于那些常规玩家，他们不会自然受到游戏的吸引，他们可以选择去看电影或看电视代替玩游戏。WHN 还和所提供的大部分娱乐相关，从中可以发现最吸引人的故事情节。当然，故事情节是我们文化的重要组成部分，只要你在故事早期抓住人们，让他们为下一个场景感到惊奇：门后是什么，故事和角色将会带你去哪儿。实际上，WHN 是所有这一切中最有力的兴奋剂”。

图 2-11 游戏 The Longest Journey 的插图

交互性也表示多样性，即要在精神上、身体上和情感上同时给玩家以挑战。Ragnar Torquist 建议，他是 Longest Journey 的创建者，如图 2-11 所示，而这个游戏在所有关中都与玩家建立了联系。在 www.longestjourney.com 上阅读有关该游戏的更多信息。

在这个问题上他补充了一个最近的想法，他说：“最近几年的游戏类型大多都把引入故事情节作为一个主要特性，甚至包括障碍类运动游戏和模拟器。我认为冒险游戏发明了游戏中的故事，还有谜题，而其他游戏类型慢慢地但确实受到这种迷人体验的吸引，而这些体验正是冒险游戏几十年来一直带给玩家的”。

Tornquist 说游戏 The Longest Journey 中的每个谜题都设计为故事情节完整的一部分，但也承认他并没有始终遵循自己的建议。

他解释道：“玩游戏时有趣的部分恰恰是探索各种环境，遇到奇怪的新的人物，获得零碎的背景故事，并了解 April Ryan 的命运。这就是沉浸、故事情节和交互性。除此之外，谜题是传统冒险游戏的核心，而且从对话的谜题到合理的挑战，对给予玩家的多样性挑战有明确的关注”。

第 9 章中 Tornquist 谈到更多有关谜题设计，而下面的趣闻解释了为什么他相信 The Longest Journey 是设计周到的谜题。

他解释说：“在一个特定的场景中，April（玩家）必须想办法进入一家电影院，他想进入电影院的原因是 WHN 接下来会发生什么。玩家知道有人在电影院里，包括一个秘密侦探、一个迟钝的戏院雇员、一些糖果、一个保险丝、一个垃圾桶和一个打火机，他们能解释 April 遇到的很多奇怪事件，而这些又为一系列有些费解的谜题的解决提供了强有力的动机。游戏中环境和角色的交互性要有趣，它必须提供有意义的挑战。但是，迎接挑战的动机在故事情节中，而乐趣和刺激在沉浸中：黑暗的街道和小巷，板着脸的侦探，以及危险的笨雇员”。

对当今的冒险游戏有些什么不满的吗？

他回答道："目前多数冒险游戏注意过去而不是将来，虽然不时看到古怪的传统冒险游戏并无坏处（例如，The Longest Journey 就故意设计了'古老的学校'），但我认为整个市场在沉浸、故事讲述、角色描述和（最重要的）交互性方面，还是期望能有些更具有革命性的东西"。

"我不讨论需要最新硬件支持的游戏。冒险游戏常常吸引更多的不常玩游戏的玩家，他们不关心昂贵的技术投资，只是随意玩一两个游戏。我要讨论的是在其他方面设置障碍的游戏，像 System Shock 2，Deus Ex，以及（主机上的）Shenmue，Metal Gear Solid，Silent Hill 和 Final Fantasy 系列等游戏。依我看来，这些游戏都是冒险游戏。它们可能包含了角色扮演或动作的成分，但关注的还是故事讲述、让玩家沉浸到世界中、创作可信的环境和角色等。这些游戏为玩家引入了障碍，要用暴力解决才能通过，但是确实也需要很多侧面的思考。所有这些游戏都有详细目录供玩家使用，并且大多数都有大范围的片头动画和大量的对白。换句话说，它们满足传统冒险的所有要求。除此之外，通过引入新鲜的玩法设置，将大量必须的肾上腺素和一定健康剂量的创新注入冒险的经历，它们采取各种方式将这个类型带入下一关中"。

Tornquist 相信冒险游戏的未来不仅仅是离线游戏或放在主机上，它也是在线的。

他解释说："成千上万的人彼此能相互影响的巨大环境，使用 NPC，持续的改进，持续的令人惊讶，环境做得恰当，这些一定会给冒险一个完全新的寿命"。

"我真的认为，玩家总是有意或无意地被冒险游戏所提供的某种沉浸体验所吸引，尽管他们可能意识不到，因为游戏不会这样在市场上销售。相反，为了提供最引人入胜的游戏世界，游戏将逐渐会被看作是各种类型的混合体，混合了角色扮演、动作、策略、谜题和简单的古老冒险"。

在第 5 章和第 8 章中，包含了 Ragnar Tornquist 更多的智慧之言。务必阅读他在创作一个成功的角色和编写好的冒险游戏谜题方面各自的想法。

Ron Gilbert，Hulabee Entertainment

老手 Ron Gilbert 亲自做了很多受喜爱的计算机游戏，如 Maniac Mansion，Monkey Island 系列，以及为 Humongous 娱乐做的一些孩子们的冒险游戏。2000 年他离开 Humongous 去开始一个新公司：Hulabee Entertainment。

这里他讨论所有灵感的最高限度，他说："有时它来自玩别人的游戏，也可能来自看电影或阅读书籍——只要是能使你产生思想火花的事情。冒险游戏建立在故事情节之上，必须从这样的角度接近游戏设计，就好象你在写一个脚本或一本书"。

要知道谁是你的顾客，他说："如果游戏仅仅是为了使自己高兴，那么不可能会有很大成功，除非真的和市场同步。但与此同时，游戏也必须来自你的心脏而不是头脑。如果做市场调查，会发现它们更多的来自头脑"。

基于 Gilbert 过去的作品，他能给出什么例子吗？Monkey Island 的想法是如何产生的？

他解释说："Monkey Island 游戏是市场观察的结果（市场上没有这样的海盗游戏），但它主要是还个人的偏爱。自设置在现代世界的 Maniac Mansion 以来，我就想做一个幻想游戏，而我喜欢海盗。实际上，Monkey Island 花了我两年时间。我写了 5 个故事，然后决定使用其中的一个。但另一方面，做 Monkey Island II 只花了不到一年的时间"。

在第 6 章中，关于创作一个成功的角色，我们将会再次见到 Gilbert，因此翘首以待吧。

谜题游戏

Harry Gottlieb，Jellyvision

如果欣赏过 You Don't Know Jack——嘲讽味十足的小游戏，那么要感谢 Jellyvision 的创始人和主设计师 Harry Gottlieb。沿着 YDKJ 的很多、很多的化身，Gottlieb 和他聪明的开发团队又为 Who Wants to Be a Millionaire 游戏、Smush，以及最近的 MSN Zone 的 OutSmart（访问 www.outsmart.com）创造了问题。

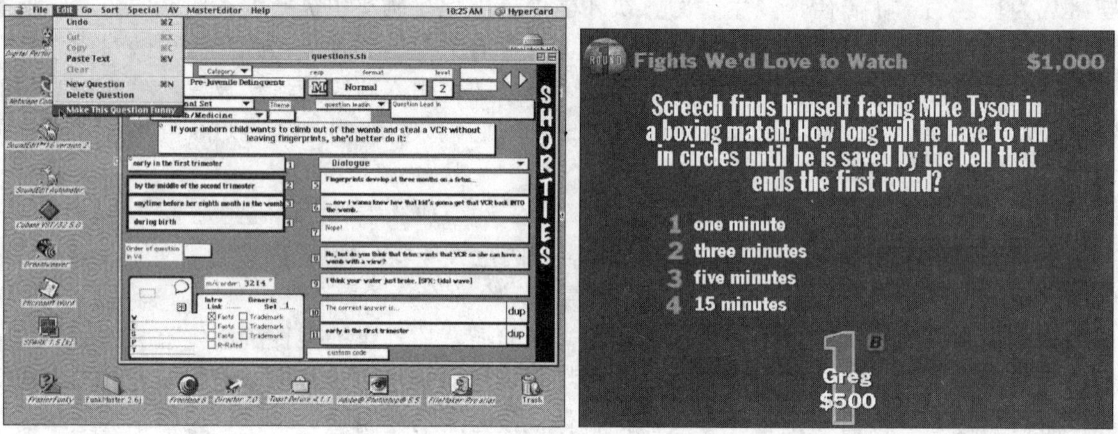

图 4-12　游戏 You Don't Know Jack 的截图

想看看 You Don't Know Jack 系列的幕后制作吗？你如愿以偿了。这里是一副 Jellyvision 使用的程序图片，如图 4-12 所示，叫 FunkMaster，它允许快速编写、编辑和记录 Jack 所有的问题。在编辑菜单上，一个叫 Make This Question Funny 的菜单条为最后的问题增加词语，如“……用一个香蕉”。旁边显示的是一个来自 You Don't Know Jack 的抓屏。

当要求 Gottlieb 为那些希望做交互式小游戏的人们提供建议时，他说：“要记住游戏就是一切。那就是说，如果游戏用黑白相间的基本图片玩起来都没有有趣的，那么昂贵的图片同样没有任何意义。不要开始编码，除非和你的朋友围着桌子坐着，拿着纸、笔、白板和玩具让游戏起作用”。

对待如 YDKJ 这样的小游戏，最大的挑战是什么，而 Gottlieb 和公司如何克服它？它能让游戏玩起来快些并且游戏外表好看些？写下这些问题？雇佣一个好的配音演员？去掉重复的问题？

他回答说：“坦白地说，在 You Don't Know Jack 的第一版中要做好几乎每件事是困难的，但对某些人来说，最困难的部分是对剧本的复制。当公司创作了包括语言和沟通的程序，通常大量的钱都花在深受顾客喜欢的产品上，而人们不管剧本中的关键角色。我说关键，因为用任何大规模沟通的方式，剧本始终是基本的。如果剧本是拙劣的，那么世界上最好的技术和创造性的天才也不能写出卓越的程序”。

“做你自己想玩的游戏。YDKJ 最初的创作团队并不特别喜欢小游戏，因此我们问自己，如何能做一个我们都喜欢的小游戏呢？答案是：让它有趣点儿”。

Alexey Pajitnov，Microsoft

Alexey Pajitnov 是著名的设计师，他负责的 Tetris 一直以来是最让人上瘾的电子游戏。为了创作全新的谜题游戏，Pajitnov 从俄国赶过来，为位于华盛顿的 Microsoft 游戏团队工作。

Pajitnov 披露他最重要的 3 个游戏设计秘密，并且表示他在创作谜题游戏时坚持使用它们：

- 没有什么太简单的事情。Pajitnov 首先提出这点，因为当太接近工作并且涉及到它很长时间时，你趋向于简单地看事情。在 Pajitnov 过去曾做过的谜题游戏中，每件事在不久之后看来都是微不足道的，但他后来认识到有人可能会发现其中的吸引力，就是那些没有见过游戏的人。
- 也不要忽视高难度的谜题。无论任务如何困难，一定有玩家能完成它。我承认这似乎和我的第一点相矛盾，但其实它们两者都是正确的。
- 保持游戏有趣。Pajitnov 相信，如果设计者都不能从游戏中获得乐趣，那么就没人能够了。

灵感是什么？有发现它的途径吗？

他解释说：“灵感不可能合理化。它通常来自工作之中，我从来不等待它。创意无处不在。通常我从其他棋类游戏的谜题中得到它们。我办公室中收集了大量谜题，尤其是魔方，三维循环谜题，将小片拼在一起，或者拼板谜题。创意并不是来自谜题本身，而是必须坚持工作。如果没有很好的灵感，那么就设法改进你所能做的”。

如何构思出 Tetris 的？

他回答道：“那是 1984 年，我感到乏味的一段时期。没有什么好想法。但我总是在玩一个叫五格拼板的游戏，这是家乡的一个妇孺皆知的谜题。它一套由 12 块或片组成，可以将它们拼成 5 边形，而谜题是将所有的片放进一个 10×6 的盒子中。这看起来像某种奇怪的拼板玩具谜题。而我喜欢它，并花 40 min 就能拼好，但有经验的人只要 10 分钟。我认为这个谜题很好，就尽量用它来做一个两个玩家的游戏，然后我开始编程（但 5 边形太多，因此我减为 4 边形）。当认识到它很有趣，于是我就做了一个实时游戏。以后它的 PC 版在 1985 年完成，从一开始我就叫它 Tetris”。

图 4-13　游戏 Tetris 的截图

一直想知道如何构思出 Tetris 的？本章中 Alexey Pajitnov 讲了这个故事，因此，务必阅读这个游戏的起源，它是我们这个时代公认的最伟大电子游戏之一，如图 2-13 所示，来自 20 世纪 80 年代最初的一个游戏盒子。

Pajitnov 讨论最困难的部分，即将想法付诸实施。

他解释道："当开始专业的游戏设计时，一定要做好一长串的决定，这是过程中最让人痛苦的部分。接着，必须决定做自己不喜欢的某些事情。直观上，知道不能放进一个复杂的记分系统，或者不能让人们玩很久却没有如何什么，因此，有这些直觉规则，而你必须遵循它们。有时，还必须放弃某些很棒的小想法，而这可能是整个过程中最痛苦和最困难的部分"。

假设已经在理论上充实了某个想法，而由于可玩性的原因又做了某些删减，接下来该做什么？Pajitnov 说是编一些代码并运行，这样将知道是否对游戏设置的方式感到满意。他说："设计出游戏的主要目的，然后当有更多的东西出现时再将它们加上去。但是，必须先开发出游戏，为它设置一些小特性，如减少动力消耗等"。

现在的谜题游戏必须是三维的吗？对多人游戏的看法如何？在 21 世纪单个玩家游戏还有希望吗？他说："二维游戏仍然有很大的希望。过去十年，技术获得了极大的改变，相反人脑没有。还是有很多人喜欢单人纸牌游戏，但是，多人模式是一个巨大的优势，遗漏它是一种犯罪"。

最后，关于用户界面的少许注意，他说："这里不存在什么技术问题，只是一个心理问题。没有什么太简单、太原始的事情。设计者扑在游戏上数周甚至数月，他们已陷进去了，而对你来说游戏还是基本的"。

他警告眼下设计者应该采取回顾措施，保证游戏容易为所有人理解。

他解释道："某些设计者的界面更有利于做游戏的人而不是玩家，我称之为"职业崇拜"——幻想界面是简单的，而且摆脱它是困难的。因此，必须将原型拿出来放进游戏测试环境中，立即这样治疗它。你知道该做什么，而且要修正它通常并不是太难。只要让自己置身游戏之外，看玩家如何玩游戏，以及他们在游戏中有哪种麻烦，你将立即有清晰的认识"。

Toshihiro Nagoshi，Amusement Vision/Sega

Super Monkey Ball 是 Nintendo 的 GC 平台上第一流的游戏之一。Amusement Vision 以前开发了著名的游戏有 AM4，而在总经理 Toshihiro Nagoshi 的深思熟虑之下，这支开发团队又做了名为 party 的谜题游戏，以及它的续集，Super Monkey Ball 2。

Nagoshi 和我们分享了他的一些重要建议，那些渴望在电子游戏行业发展的人们可以以此作为参考。

他说："发现如何建立你的想像力，并和目标保持一致。这里说的主要与游戏设计有关，但也涉及到编程。在一个项目的开始，通常缺乏清晰的目标，即使从技术的角度你知道如何创作某些东西。需要一种思维方式，这样就始终朝着同一个目标前进，并且保证所有内容支持那个目标"。

要对最后期限保持职业的警觉性，尽管也承认最初就意识到这点是困难的，他说："当着手工作时，即使能理解最后期限的概念，在某个通常意义上，它对你正好按时完成工作还是不够的。一旦成为职业人员，并且被其他竞争力很强的公司包围，那么你就会认识到，以更高效率为目标对自己很重要，而同时还要处理手上的工作"。

思考想像力和职业警觉性之间的关系。

他解释说：“成为一个游戏开发者，有 2 项技能被视为最低要求，但它们都不能在学校学到。时间限制的概念和想像力的建立始终形影不离。如果想像力不强，那么就要花很多时间，而内容还会是贫乏的。但是，当有清晰的想像，问题就解决了。记住，最重要的是要理解这种关系的意义”。

Super Monkey Ball 哪些地方符合这种平衡？

他解释道：“首先，给游戏一个基本的想像，我们采取的概念是人们只是单纯地喜欢滚球。接着采纳基本概念需要的想法，同时拒绝阻碍它的东西，使想像更清晰。我们做整个游戏——从项目计划到设计再到编程都遵循这种风格。虽然这是一个简单的警觉性，但团队工作中最有效的说明书也不过如此”。

那么，曾经考虑创作一个深奥而让人沉浸的角色扮演游戏吗？大型多人在线世界如 EverQuest 怎么样？阅读下一章有关 RPG 游戏的设计。

第 5 章　一般游戏设计：角色扮演游戏与持久在线世界

毫无疑问，RPG 游戏是最流行游戏类型之一，而它们的流行确实有道理：它吸引着所有年龄段和不同性别的玩家，同时也受到主机和 PC 厂家的支持。其故事情节通常有很好的吸引力，而且还加入了奇异的色彩，以及随着战斗和谜题的解决一起成长的经历。

本章详细地讨论 RPG 游戏的开发，其中后面关于"持久在线世界 PSW"的内容是针对联网游戏的狂热玩家。这里有轰动一时的 EverQuest 游戏，以及其他进入该范畴的游戏。

角色扮演游戏

Bill Roper，Blizzard Entertainment

作为 Blizzard 公司的副总裁，Bill Roper 监制并管理所有的外部项目，以及协调内部的开发团队，并领导项目监督团队。最近，他在帮助 WarCraft III 游戏的开发。可以看出在过去数年中，Roper 积累了很多诀窍和技巧，下面就来分享他所带来的经验。

首先提出一些重要的建议，它们都是在你做第一款游戏时所涉及到的内容：

- 简单的界面。作为玩家与游戏相互影响的平台，要尽可能地容易使用和认知。这意味着只要可能，玩家让某事发生的方式应该没有隐藏的成分。如果必须为 RPG 中的角色打开一个详细目录屏，那么要确保容易用鼠标操作，以及可以做出合理的理解（操作在界面中某个合乎逻辑的地方）。尽管超级玩家愿意接受快捷键的方式，但也不应该要求某人记住众多含义模糊的按键组合。设计时要保持界面简单、清爽，这是让任何玩家理解游戏的关键。复杂的界面让新手玩家望而却步，尽管它有较好的布局。此外，还要有熟练操作游戏，不管是指挥大队人马还是单个角色，都要尽可能地直观和容易。
- 容易的学习曲线。一个渐进和完整的学习曲线让玩家很快进入游戏中的角色，并且帮助他们在游戏中掌握更先进和复杂的策略。游戏的第一个目标要容易完成，但不要太琐碎。然后及早的给玩家成功的奖励，作为一种积极的强化方式。如果可能，也作为教给他们有关游戏更多东西的一种方式。接下来，通过故事中的建筑物和基础的可玩性设置，慢慢给玩家的"调色板"增加更多的复杂情形和命令。目的就是要让玩家通过实际应用积累他们的技能，推动整个游戏向前发展。在他们学会之后，就能使用更复杂的战术，这要比他们最初想到的东西可能还要多。
- 有趣的因素。这似乎是游戏一个本质的要求，但保证游戏具有可玩性的确很难掌握。不要陷入创造的技术，或者花数周去设计的特性设置。如果发现游戏不好玩，那么就必须拿出勇气去改变它。很多想法看起来很不错，但直到付诸实践时，才发现它们难以达到预期的效果。支持可变并改变游戏中每个成分的实现，能够这样做才是至关重要的。如果游戏有极好的三维图片，完全可破坏的地形，直观的 AI，详尽的技术树，完美的环绕音效，以及伦敦交响乐团的记录和管弦乐队的得分，但玩起来没有乐趣，那么它就只能呆在商店的货架上。

图 5-1　游戏 Diablo II 的截图

关于好游戏设计的话题，Roper 教导读者不要陷入技术之中，指出可玩性才是更重要的，他解释说：“游戏是为娱乐而采取的一种行为，它要和娱乐一样简单”。如图 5-1 所示，来自 Diablo II 的一个镜头。

Roper 将他最重要的 3 点建议应用于他的工作上，他说：

- 简单的界面：Diablo 系列。它是一个好实例，其界面直观且容易使用。如果想走到某个地方、想和一个怪物打斗，想打开一个柜子或一扇门，只要用鼠标选择目标并点击即可。打开角色的目录清单或统计表就和点击屏幕上的按钮一样容易。使用毒药也通过鼠标的简单点击来完成，尽管这些动作大部分都有快捷键（游戏目标之一就是保证只使用鼠标，就可以玩游戏并在游戏中获胜）。
- 容易的学习曲线：WarCraft II 和 Starcraft。这两款游戏都努力提供一个渐进的学习曲线，它引导玩家如何使用界面，同时在进行战斗之前，将他们引入资源模型、技术树、建筑结构，以及单位产品等要素中。一旦建筑和经营基本操作的要素在玩家的掌握之中，然后再慢慢引入侦察和基本的战斗。这样很自然地引入了更复杂的战术，如掩护和侦察，多条进攻战线，以及咒语。接下来混合使用更先进单位和不同类单位的概念，并且在课程中为玩家提供大量的任务，让他们从中学会更多种技能和知识。最后，允许玩家与来自全球的其他玩家对抗，以此来检验和磨练他们对游戏的熟练程度，并帮助他们不断地学习。而且，争取让游戏容易学会但难于精通，这样玩家才能享受挑战带来的乐趣，特别是他们与其他人对战时。
- 有趣的因素：所有游戏。为了让游戏尽可能地有趣，已经放弃了不少原图、代码和设计思想，这有可能比预想的要多，甚至取消了某些项目，因为它们不能同时满足设计者和游戏玩家两者的标准。例如，有时这是相对小的东西，就像游戏 WarCraft II 中玩家数目的最大限度。有时看起来又很复杂，就像 Terran Marine 和空中力量战斗时遭受破坏的程度。有时必须做大量的改变，就像将 Diablo 从最初以旋转为基础改为实时的。每个案例中，所做的决定都是为了让游戏有趣，而这正是在对游戏做最后的平衡和推敲时，为什么投入如此多时间和努力的原因。

注意：在第 3 章中，Roper 深入讨论了即时战略游戏的设计，以及开发如 WarCraft III 这样壮丽游戏的过程。

创作 RPG 游戏要比其他种类游戏更困难吗？

他解释说："RPG 需要创作大量难以形容的内容，或者换一种方式说，要准备一个团队来承担这些内容。对于游戏 Diablo II，它有更多的动画、声效、画外音、物品、咒语，以及背景和网络支持等内容，这比以往做过的任何游戏都要多，但真正 RPG 还要考虑更多的东西。例如，在建立 Baldur's Gate II 的搜索过程中，要注意大量的逻辑性和相关剧本。在设计游戏 Diablo II 时，分别为背景、怪物，角色和条目安排了美工小组。程序员必须将大量资源糅合到游戏中，同时也要建立很多搜索，而且要引入 NPC，并让它们承担一定的作用。这是一项巨大、需要协调的努力，不仅要为游戏引入所有成分，然后还要平衡它们，而且还要质保部门尽可能地检验所存在的问题。必定在游戏中拥有成百上千个随机产生的条目是一回事，而保证它们都起作用则是另一回事"。

此外，Roper 在本书其他的章节中提出了更多睿智的建议，包括讨论游戏设计文档和故事板的重要性，如何恰当测试单人和多人角色扮演游戏，以及如何进入这个行业的一些话语，请详见第 17 章和第 21 章的内容。

Matt Householder，Blizzard North

在制作 Diablo II 之前，Matt 做过很多基于 PC 机、主机和街机的游戏。时间可以回溯到 1981 年，当时他开始做自己第一款游戏 Krull，属于动作 / RPG 游戏，附录中人物小传有他详细的资料。

Householder 为本书呈现如下的"交互式游戏设计公理"：

- 广泛接触各种 PC 机和主机的游戏，特别是那些大销量的。通过研究它们的成功，能学到很多的东西，注意成功游戏中的优点和缺点。
- 在关于游戏的某个入门水平的工作中学习游戏和制作时，要能忍受这段时间，因为必须以某种方式付出代价。
- 一旦准备做出巨大的一跃，无论是创意上还是经济上的——要设计自己想玩的游戏，而不仅是某某告诉你很好卖的游戏。训练有素的自信是任何冒险、创造性努力的基础，但不要让自信变成盲目的自大。

Householder 说自己的游戏总是设计成开发团队想玩的游戏，但这不是没有代价的。

他解释说："通过这种开发方式，完成一个游戏需要花更长的时间。而且不能将游戏做成'为所有玩家做所有事情'的游戏。但是感到要同时获得忠诚的爱好者和自己的信任，这是惟一的方法。而且，为了抑制骄傲，我们很关注爱好者的声音和批评"。

正如前面提出的，注意成功游戏的正确与错误，他是这样解释 Diablo 的成功是如何影响 Diablo II 的。

他解释说："在 1997 年 1 月 Diablo 最初发布之后，团队的每个人都应该好好休息一下，然后全力投入下一个游戏 Diablo II 的制作当中。但为了帮助将 Diablo II 做得更好，首先第一个任务是确定玩家对 Diablo 在认可度"。

"我们汇集了大量意见（和称赞）的清单，它们分别来自顾客的服务信函、Battle.net 论坛、Usenet 新闻组、在线爱好者站点、游戏评论家，当然还有的来自我们的质保和开发人员。

将这些清单归结为简单的几页，并将它们当作 Diablo II 设计和开发过程的开端。如下是我们在早期曾解决的一些问题”。

“为了在角色扮演方面对 Diablo 进行改进，将玩家角色增加到 5 类，而且还为角色的调平和符咒系统增加了技能树。在对 Diablo II 的 Quest 系统进行处理时，增加了大量的、更完整的故事情节”。

“Diablo 常受到的批评是‘它是一个点击集会’。毫无疑问，Diablo II 中的可玩性必须保持以动作为导向，但是减少了重复的鼠标点击，增加了‘点击并保持’的特性，通过它可以反复攻击同一个怪物”。

“Diablo 种类繁多的物品与魔法命名系统中的前缀和后缀结合，形成了很多令人难以置信的材料，供玩家发现并使用。在 Diablo II 中，通过创作出稀有的、插座式的新条目种类，极大地对它进行了增强。为 Diablo II 重新设计了图片系统，无论在游戏中或在聊天室，它都能显示出各种组件，并允许玩家看到为角色准备的更多种类的装备和武器。这样能让玩家更早拥有并炫耀各种很棒的条目，并感到它们更有趣。组件系统也允许用各种怪物来充实世界，这些怪物都配备了看起来不同的条目”。

“通过从硬盘驱动器和 CD 中不断溢出的数据流，消除了关卡载入屏幕。这样，创作大量开放的户外区域来补充最初的内部地牢就成为可能”。

“Diablo II 中最有野心的也是最基本的改进是创造了 Battle.net 领域，一个真实的客户和服务器系统，它将帮手的种类减到最少，而那正是干扰最初的 Diablo 在线体验的问题。在决定做一个与游戏匹配的客户和服务器系统后，我们研究了游戏 Ultima Online 和 EverQuest 长达数月。这个领域系统阻止对‘上帝喜欢’的角色和‘城镇杀戮’的帮手进行简单的编辑。Diablo II 仍旧有各种帮手和 bug 供我们的游戏爱好者开采”。

关于创作完整的用户界面，Householder 提出了这些想法。

他说：“玩家期望对游戏世界的完美操控，不要让他们失望。玩家任何缺乏操控的感觉都可能是致命的。用户界面必须是直观和一致，这样让新玩家容易学会，而且鼓励有经验的玩家成为专家”。

此外，Householder 也为本书其他的部分做出了贡献，务必到各章看他的有关评论：创作故事板和设计文档（第 6 章），适当的游戏测试（第 17 章），以及如何进入这个行业（第 21 章）。

Tim Cain，Troika Games

天才的 Tim Cain 在 Interplay 时就创作了几个游戏，包括获奖的 RPG 游戏 Fallout，并窃取了其中程序员、设计者和制作人的角色。1998 年 Tim 和别人共同创建了自己的公司 Troika Games，它的第一个游戏是 Temple of Elemental Evil——于 2001 年秋天发布的基于 PC 机的奇异 RPG 游戏。也许觉得自己还不够忙，Cain 还在 UCI 大学教计算机设计课程。

关于如何在这行取得成功，Cain 提出了一些重要的建议：

- 努力工作。有很多人想做你的工作，要保证你比他们做得好。是的，应该让自己过得很快乐，就是始终要保持个人的高标准。
- 物色适当人选。这不仅意味着雇佣那些了解自己能力的人，而且表示雇佣那些容易共事的人。一个孤僻的天才和友好的白痴一样，只会给你的团队带来失望。

- 要富有独创性。在做的每个游戏中尽量体现一些新颖且不同的东西。虽然模仿现有的游戏是有益的，但是与更受欢迎的游戏比较，也不想将自己的职业生涯建立在赶超崇拜者的游戏之外。而且做游戏时要设法寻找新颖的视角，这样做起来也会显得更加有趣。

Cain 的建议如何适用于游戏 Arcanum？

他说："这款游戏的规模很庞大，但开发组却只有 10 个人。因此我们显然付出了很大的努力，而且也雇佣了恪尽职守的好员工，否则不可能只用其他开发机构所用人数的一个零头就制作出如此庞大而复杂的游戏。并且我认为无可争辩的是，游戏是独创的。Arcanum 游戏的设置和技能系统是独特的，而且这两者紧紧和魔法 / 技术二分法绑在一起，这种二分法是 Arcanum 游戏世界所固有的"。

第 6 章讲述了游戏的设计文档和故事板，必须有一些工具帮助开发团队的所有成员充实统一、集中的想像，而这里 Cain 讨论这些工具的重要性。

他说："设计文档和故事板都很重要。在任何编码和图片的工作之前，游戏 Arcanum 有 150 页的设计文档，而到它发布的时候，设计文档超过了 1000 页，其中包括工具设计文档和过程文档。如果在做游戏这段时间不使用文档，那么就像游戏未能集合在重要的里程碑上，其结果往往会遭受巨大的失望。他们将发现他们自己有很多个游戏片断，而不是一个完整的游戏"。

当今的 RPG 游戏缺少些什么内容？

Cain 说："认为多数游戏的 flash 动画太多，而实质性内容太少。很多游戏谈论的都是它们的帧率和多重计数，但玩过 5 分钟后那些都不重要了。人们想要的是娱乐，而视觉刺激很快就会失去吸引力。必须要有更多的东西：构思精妙的故事情节，可与之攀谈的有趣角色，以及通向新地方、带来有趣和有用奖励的孜孜探索"。

"像很多开发者一样，我也感到了视觉刺激的压力。多数评论家告诉你，它吸引大众，但他们不会将这样的游戏放在他们的杂志封面上，除非它真的不错。而如果一个游戏拥有很多特性，又常常被说成'太复杂'或者有'昂贵的学习曲线'，至少与 twitch-based 射手相比如此。因此，开发者做游戏时必须平衡这些问题"。

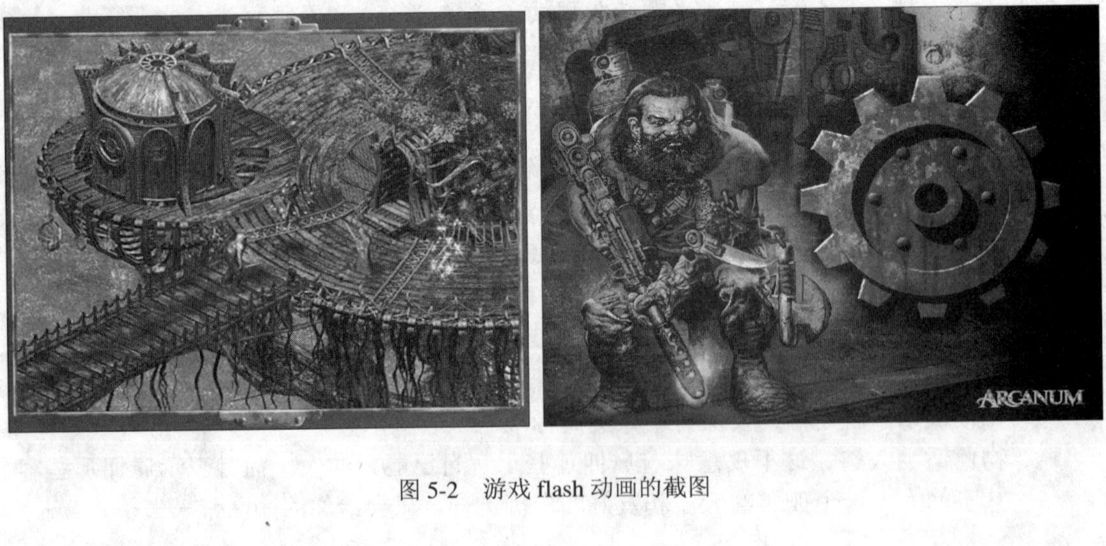

图 5-2　游戏 flash 动画的截图

游戏的 flash 动画太多而实质性内容太少，如图 5-2 所示，Cain 指出了这点，因为最后你记住的是可玩性（而不是巨资制作）。他说："我认为从今往后的 10 年里，人们将超常地记住壮丽的战役，那些持续 30 分钟并使用超级武器的战役，但是，他们不会讨论老游戏中那些杰出的图片。如果游戏只有漂亮的图片，那么，我认为再过几年就没人会记得它了"。

与其他游戏类型相比，做 RPG 游戏时所面临的挑战，并且如何克服它们？

他说："RPG 是很复杂的游戏类型，可能在任何游戏类型中都是最复杂的。当然，也要看到好的方面，它意味着好的图片引擎和美工，也需要一个好的战斗系统，用它来平衡玩家能控制的所有不同的角色，而且单独获得一个卓越的设计团队。不过，增加成百上千个搜索和 NPC 对话，物品及待探索的新区域相联系——就需要一个勇于献身的团队，他们能处理摆在他们面前的各种繁多的任务。他们也必须布置一个好看的地牢，决定地牢内的条目和怪物之间的良好平衡，将 NPC 和条目联系起来，这些条目位于地牢内部或与地牢相关，然后他们还要写下幽默的对话，才能将所有东西捆在一起。这的确是个艰难的工作"。

Chris Taylor，Gas Powered Games

作为 Gas Powered Games 的总经理、项目领导者和主设计师，和蔼的 Chris Taylor 为自己在游戏行业中挣得了相当的名气。还在 EA 和 Cavedog 娱乐工作时，他的作品就有 Hardball 2，4D Sports Boxing，Triple Play Baseball，Total Annihilation 以及 Total Annihilation：The Core Contingency。他最近的项目是受到欢迎的游戏 Dungeon Siege，2002 年春天发布。此外，Dungeon Siege II 于 2003 年 5 月宣布游戏定于 2004 年发布。

尽管在本书很多章节中都能发现 Taylor 的智慧话语，但这里他讨论的是初出茅庐的游戏设计者如何寻找灵感，他要和我们分享如下重要的建议：

- 必须对自己将要设计的游戏有一个全面想像。如果只有一个制作精彩游戏的强制任务，是很难设计出优秀作品的。
- 完成很重要，必须物色合适的团队人员来创建游戏。
- 设计的时候，必须理解一系列原理，包括：不要预先设计所有东西，与团队共同工作，实践，关注市场，打破某些陈规，大胆复制那些经过竞争手段所证明是有趣的东西，以及敢于丢掉没用的素材。

对任何一个游戏，都必须牢记 3 件事：顾客，技术和可玩性设置。他解释说："除了要关注这些方面，设计者还需要很好地理解游戏类型（包括所有已建立的设计范例）、游戏界面，以及游戏的风格和美学方向，它们的优先顺序由游戏者确定"。

用游戏 Dungeon Siege 作为例子，Taylor 支持他的建议。

他说："在游戏的开发阶段，我们从创作玩家期望的所有东西开始，就是那些他们期望在动作 RPG 游戏类型中所能看到的内容。然后，考虑为游戏体验引入新的技术形式，例如连续世界。然后讨论如何在实际的可玩性上进行创新，将这些目标与游戏中已经确定的东西相结合。接着将目标确定为'容易使用'的游戏界面。最后开始构思实际世界，它包含了以上方式的内容，以及想呈现给玩家的风格"。

严格从游戏设计的立场出发，他认为游戏 Dungeon Siege 给人最深刻印象的成分是什么？

他说："在设计方面，通过浅显的学习曲线和简单有效的界面，相信玩家容易学会如何玩游戏。我们也要达到了这个目的，因为开始只提供给玩家丰富而有趣的环境，但不要求他们理解世界中的某些关卡，这样就不会影响他们获得有趣的体验。也没有为玩家载入从城镇出发的复杂探险，或者要他们和很多角色相互影响，只是让他们直接为游戏的核心体验而玩（战斗、探险和抢劫）。重要的是游戏的第一个小时不要太难，因为没有人愿意在学习可玩性设置、拍摄控制和界面时被杀死。随着游戏的发展，引入了‘弹出’可玩性提示，给玩家提供当时的信息，可能在实际上对他们有用的信息。通过慢慢地为玩家提供这些信息，使他们对游戏变得投入，他们就能慢慢理解并不会感到被游戏淹没了。因此，这就是浅显的学习曲线”。

从技术角度出发，与动作 / RPG 相比，使游戏 Dungeon Siege 特别的是什么呢？

他说：“给人印象最为深刻的技术成就是‘连续世界’技术，它消除了装载屏幕（一旦游戏最初被装载）。工程师们停下他们的工作，做出了这个杰出的作品。这样的技术进步几乎影响到游戏如何设计，以及如何体验游戏的每个方面”。

注意： 如果想从 Dungeon Siege 中学到更多有关如何消除装载时间，翻到第 11 章 Gas Powered Games 的工程师 Bartosz Kijanka 向你解释如何实现。在同一章中还能发现 Naughty Dog 的 Stephen White 针对主机的一个相似谈话，他在 Jak & Daxter: The Precursor Legacy 中实现了相似的技术。

如果能倒回去 2 年重新开始做 Dungeon Siege，他是否会有一些改变？

他说：“这是个棘手的问题。如果那时就了解我现在所了解的，那么会花更多时间在前期制作和设计上面，也会花更多时间创造工具帮助开发过程的几乎每个方面，并且改进团队成员之间的沟通方式。这些是 Dungeon Siege 将来的版本中，我们要提前做的所有事情”。

现在将谈话转向游戏灵感，在写下第一行代码之前需要什么东西？

他说：“灵感常常来自于玩家。自己喜欢什么？使自己疯狂的又是什么？如何改进一件事使它更好？我不断玩游戏并总是问自己这些基本问题。也设法从电影、书籍和音乐中获得灵感。艺术家们可以努力在这些领域中创造新思想，讲述新故事，或者唤起以前从未感觉到的情感”。

这里 Taylor 以游戏 Total Annihilation 的起源灵感作为例子。

他说：“在玩过游戏 Command&Conquer 之后，我想做一个 RTS 游戏，但是三维的。同时，不知道游戏在三维环境中运行起来会如何，但我知道如果在任意角度渲染那些单位，问题就可能解决，虽然也可能就此打住。也知道如果这些单位都是三维的，那么需要更大的内存来保存它们，而渲染前的 bmp 图片要小很多。当我将这个想法告诉 Ron，他立即喜欢上这个创意，并决定支持这个项目，于是我加入了 Humongous（Cavedog 的姐妹公司），并开始做这款游戏了”。

Taylor 相信市场敏感性常常是游戏成功的一个重要决定因素，他也解释了如何使其实现，而不必损害设计者的最初构想。

他说：“首先要明确‘市场敏感性’。我认为它表示‘注意人们购买的是什么，人们忽视的是什么，以及人们购买游戏想获得的超感官知觉是什么’。如果对自己想创建的产品有很强的想像力，那么没什么能阻碍你，甚至一个关注点不断改变的市场也不能”。

“跳出僵局提供某种无法与玩家发生联系的另类体验是不值得的。要创造一种允许玩家与游戏相联系的方式，这是设计者要牢记的最重要的事情之一。人们需要对自己所看到的或者与之发生互动的一切感到舒心和惬意”。

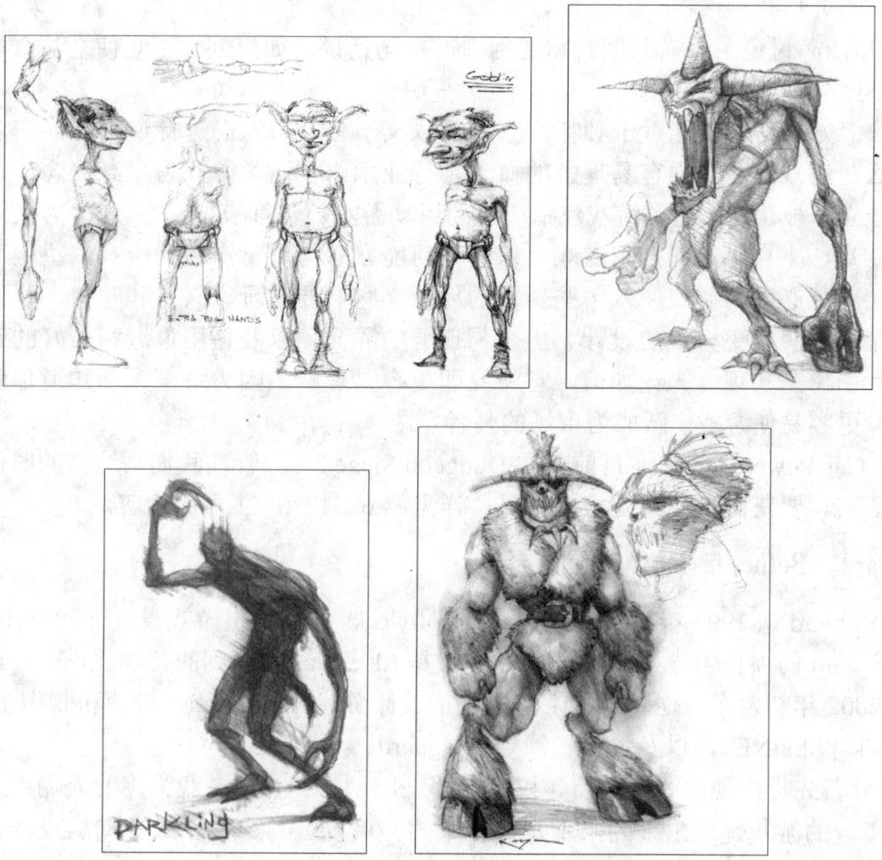

图 5-3　游戏 Dungeon siege 的截图

Gas Powered Games 的获奖游戏 Total Annihilation 的创作者 Taylor 于 1998 年 5 月创立了公司。它的第一个作品是为 Dungeon siege 配音，这是一部幻想 RPG 史诗，2003 年由 Microsoft 出版。欣赏这些稀有的拼贴画、幕后草图，它们都来自该游戏的开发，如图 5-3 所示。

只有小额预算，人们应该如何开始创建自己的开发团队？

他说：“如果没有钱，那么相关的每个人要有另一个付薪水的工作，其后还要有大量空闲时间来为你的项目做贡献。如果有这样的条件，那么就有了机遇。团队里应该有人具备想像力，有人是编码佼佼者，还要有人在美术方面有特长。声效也很重要，但那是以后的事，一定要确保他们都知道自己在做什么，因为没有什么能像声音和音乐这样让游戏活跃起来”。

“当开始悄悄制作游戏时，必须要做一些特别的东西，一些卓越的东西，它们在某种方式上使游戏与巨资制作的产品有所不同。设想用 10 万美元，而不是 10 亿美元来制作一部赢得观众想像的艺术片。同样在游戏这行，也必须想出某些窍门、走近路，使 1000 美元做出的东西看起来像价值 10 倍于它的东西。我认为这就是产生魔力的地方。有限的预算能帮助你集中考虑游戏的体验，而不是那些很多游戏都拥有的昂贵而无用的东西”。

注意：可敬的 Taylor 十分体贴，要和我们分享他的“主设计文档”模板。这样初露头角的游戏设计者可以将它当作手边的指南，指导他们自己的游戏设计和实现。在第7章中找到它。

要求 Taylor 讨论关于横跨创新和通用性，换句话说，如何创作游戏使之从众多游戏中脱颖而出又不过分“出位”。

他说：“好的游戏不能过于独特，独特的以至于必须向人们进行说明，他们才知道你所做的是什么。游戏有一个很容易理解的概念，行业术语称这类游戏为‘高概念’。一个高概念的游戏能立即被认知。这类游戏包括所有的运动游戏、飞行模拟、有 500 万人观看的电视知识竞赛游戏、来自电影的授权游戏，以及任何能立即与玩家沟通的游戏。决定了自己的高概念后，接着就必须为游戏注入一些新颖的体验，它们要使玩家兴奋和吃惊。要做到这些，可以用一个更清爽、更直观的设计、更容易理解的界面，以及使用最近和最好的三维技术更感性的图片引擎来实现。无论如何，它将立即更容易理解，因为每个人都知道那就是你所做的，而且，更容易使游戏一跃成为市场的强者”。

此外，Gas Powered Games 目前在做 Dungeon Siege 2，尽管在我们写这些的时候还没有得到公司的证实。要获得 Taylor 更多的意见，详见第 6、17 和 21 章的内容。

Todd Howard，Bethesda Softworks

Todd Howard 从 1994 年起担任 Bethesda Softworks 的计算机游戏设计师和制作人，他也是游戏 Morrowind 的项目领导者，这款 RPG 游戏是 Elder Scroll 系列的第 3 集，基于 PC 和 Xbox 的版本于 2002 年初发布。他主要的荣誉还包括设计游戏 Daggerfall，设计和制作 Terminator：Future Shock 和 SktNET，以及设计和领导 Redguard。

Howard 首先提出他的 3 条重要建议，给那些以创作计算机游戏为生的人们：

- 卓越的游戏是玩出来的，不是做出来的。可以编写最长、最透彻的设计文档，而当在游戏中再看到它们时，它们却只剩下一半。原型塑造要尽可能快，玩自己的游戏并做好进行改进的准备。为了使游戏更好，可能必须改变自己最喜欢的游戏。
- 保持简单。做真正好的东西并使之完美需要花很长时间，可能超过自己能利用的更多的时间。设法让自己的想法简单并让它们也能起作用。
- 阐释体验。不要用一列特性来解释游戏，尽量写下体验是什么，这将帮助剔除和改变某些特性，并保持游戏核心完整无损。

这些建议是如何适用于 Elder Scrolls：Morrowind，一个奇异且棘手的游戏？

他说：“即使像这样超级复杂的游戏，也尽量设计很简单的独立系统，而且设计简单的世界规则，就像如何放下物体一样。当自己和很多简单的系统一起工作时，实际上也能获得很复杂的动作和行为。除此之外，还创建了游戏工具，让修改更容易。认识到当玩游戏时，想只用一个简单的点击，就能改变从怪物的状态到技能的平衡这样的每个东西”。

Howard 谈到用户界面的构成和其重要性，以及如何为玩家创作一个的完整的 UI？

他说：“界面就是一切，它是玩家使用游戏的方式。从游戏的操控到菜单的美感，界面占了很大的份量。同时，不要期望玩家读指南，那需要他们付出太多的努力。他们只是想玩一会儿游戏。另一个要注意的是所使用的按钮，特别是对主机游戏而言。玩一会儿游戏，看看手指是否开始抽筋。如果是这样的话，尝试另一个组合。此外，还要花时间调整角色的周转速度，并查看操纵杆使用感觉如何。这些能让你的游戏有趣，也使它有很大的不同”。

注意： 第 14 章，“首要重要的用户界面（UI）与游戏操控”，集中讨论如何创作首要的用户界面，以及它如何与角色操控相联系（和发生作用）。

图 5-4 游戏 Elder Scrolls III：Morrowind 的截图

如图 5-4 所示，PC 和 Xbox 版本的 Elder Scrolls III：Morrowind。它还孕育了 2 个扩展包：Tnbunal 和 Bloodmoon（只支持 PC 机）。在其他章节中能阅读到 Howard 更多的建议，他讨论了美工技术，如何恰当地测试一个 RPG，以及如何进入这个行业。

Warren Spector，Ion Storm Austin

谈到经验丰富的老手 Warren Spector，他是 Deus Ex 游戏的项目主管和内部制作人。从前，他还和别人共同制作了 Ultima VI 和 Wing Commander，独自制作了 Bad Blood，Martian Dreams，Shadowcaster，Ultima VII Part 2：Serpent Isle，Ultima Underworld，Wings of Glory，System Shock，Crusader：No Remorse 和 Cybermage，他目前是 Ion Storm 工作室的总监。

在 Spector 披露他的一些广受欢迎的游戏设计规则之前，他警告说规则是用来打破的，而这些建议反映了偏见的寿命和很多特别类型的假设，他说：

- 不要把自己考虑得比玩家还重要。游戏设计决不是表示个人如何聪明，应该说明的是玩家如何聪明。
- 不要限制玩家的体验，除非这样做能减少玩家的疑惑和失望。给玩家尽可能多的自由，还要给他们提供可玩性工具，以及让玩家自我表达可能性最大化的游戏世界。对规则 2 例外的一点是：为初学者破例，即有限的选项，以及限制他们在早期任务、关卡、路径或世界中任何不是最糟糕的想法的体验。要让玩家容易进入你的游戏，不要一开始就用选项来打击他们。
- 为玩家设置高的目标和完成这些目标的各种方式。推测人们会希望自己怎样做并没有什么乐趣，真正有趣的是将人们对自己的希望付诸现实。猜测设计者脑中有什么设想同样没有丁点乐趣，单解谜题就是消遣的好方式，但如果你问我，我会说它们只是二流的游戏设计。如果遵循了第 1 和第 2 条建议，那么玩家们将会找到他们自己的解谜方法，来解决在他们前进路上所设置的问题——这才是游戏真正有魔力的地方。

➢ 如果让玩家做出选择，就要保证能出现与之相关联的结果。扣动虚拟的扳机，或者在谈话中对厌恶的人发出警告，都应该意味着什么。建筑一个基地要消耗资源，而这些资源同样能用于建筑别的东西。选择将一个方块移到屏幕左下角，这会影响到能否将弯弯曲曲的 Z 型块放在稻草上面。没有结果的选择在生活中是无意义的，在文学作品中也是无意义的，在游戏中同样是无意义的。如果真正相信是交互性让游戏起作用，无意义本身就是一件坏事情。

Spector 用游戏 Dots Ex 作为实例来论证自己的观点。

他说："能让玩家表现一切。通过选择特殊技能、增长和装备，这些选择让玩家和游戏世界的配合更容易。换句话说，如果玩家选择的是无声的、非致命范围的武器技能（并随身带着那种武器），而且通过无声的移动和不可见的增长来升级角色，那么不可避免地，玩家获得了不同的体验，这与那些选择重武器技能、目标导向的增长等的玩家不同。而且，玩家以那种方式获得的体验，也不同于创建一个角色，并让角色容易捡起一把锁、通过键控代码和密码来处理计算机等的体验。选择一种角色，本质上就关上了选择另一种角色的大门"。

"如果游戏世界不提供比单一谜题更复杂的东西，那么所有这些什么也不表示。尽量保证游戏 Deus Ex 中的每个问题能用多种方式解决，但要到达规定位置总有不止一条路可走，而且每个角色的选择和问题的解决都有公正的奖励。你告诉我，我们是否达到了目标，或者没有。假设达到了，我早期提到的角色选择就是重要的，因为它们使得用某些方式更难于解决问题，正如它们使得用其他的方式更可能解决问题"。

Spector 相信人们采用某些方式却未能实现目标，是因为没有注意到前面提到的规则。

他说："游戏中有些地方会强迫玩家失败（没有发现抢劫的警报，我们不能真正明确地说出这些地方）。此时对于我们来说，故事情节的需要比玩家的需要更重要。同样，在游戏早期必须让一些角色活着，因为它们在游戏中扮演着至关重要的角色。假如完全遵循上述规则，那么错误就会醒目地凸现在玩家选择的环境中"。

在第 6 章中，Spector 将讨论故事板和设计文档编写的建议，编写现实的人工智能的方式（第 12 章），适当的游戏测试（第 17 章），以及进入游戏行业的一些禁忌规则（第 21 章）。

Ray Muzyka 和 Greg Zeschuk，BioWare 工作室

BioWare 工作室创立于 1995 年，如今是最著名的计算机角色扮演游戏开发工作室之一，它发布的 Baldur's Gate 和 Neverwinter Nights 系列都获得了巨大的称赞。而得到这一切的最好理由是，这两款 RPG 游戏非常地完美、剧本很好，并且是令人不能置信的有趣。BioWares 最近的项目是首次以电影 Star Wars 为题材的 RPG 游戏——Knights of the Old Republic，此款游戏发行了 Xbox 版和 PC 版。

Zeschuk 和 Muzyka 对新的游戏制造者提供的 3 条最重要的忠告如下：

➢ 使它有趣。只要做得恰当，RPG 游戏是最让人愉快的游戏类型。要让它们恰当地吸引玩家，需要花大量时间在有趣的活动上（战斗，收集宝物，经历故事），而花在世界上的时间要尽可能少（收集食物和水，阅读永无止境的对话）。

➢ 关注玩家的体验。如果不了解自己应该做什么，那么 RPG 游戏本身就没什么乐趣了。

没有目标的徘徊和毫无意义的对话很快就会让人生厌。记住，有数以百计讨好人的游戏可以玩，所以必须要尽快抓住玩家！

➢ 透过玩家的眼睛看游戏。在制作游戏时，设计者常常会因为对创作太过投入而无法客观地看待自己所构建的怪物，要避免这一点很难。作为游戏设计者，必须要不时回头看看自己的游戏，对游戏进行测试，并尽量模仿第一次接触的玩家——不使用捷径或作弊手段，看看它是否仍旧是你所想的那个游戏。

对此，Ray Muzyka 补充道：

➢ 人物塑造，故事情节和节奏。游戏角色必须给玩家以丰满和发展充分的感觉，它们应该有真实可信的生活——包括朋友、恋爱、工作、嗜好和其他支持故事情节的要素，这些有助于将角色塑造成更真实的角色。同时要花时间开发动人的、让人沉浸的剧情，这是很不容易的。在我们所有的游戏中，还没有完全实现这个目标，但我们努力做出比以前更好的剧情来。丰富剧情的一部分是建构完好的世界——要考虑诸如地理学、生态学、经济学和其他支持故事情节的因素。更进一步，如 Zeschuk 指出的，集中在角色扮演游戏中是非常重要的，而且这也引出了另一个话题：节奏。节奏良好的游戏提供常规奖励，而它们带来很多不同的形式：新的物品，难度升级、片头动画、新的探险区域，以及主要剧情的新的次搜索或附加部分。

➢ 仔细研究。RPG 是巨大的游戏类型，这意味着它们的创作是复杂的。期待看到数据、艺术和潜在的复杂规则系统的载入，而该系统的复杂表现在编程、大的开发团队、长期的开发时间，以及可能更多的测试时间，最后，才允许游戏测试人员采用他们的方式方法，再三对游戏所有的内容进行改变。

➢ 界面。好的界面本质上对使用者是透明的，它为更高级的玩家提供了学习曲线，同时从一开始也容易使用。许多游戏失败，不是因为故事不好，或者基本的可玩性设计不是有趣的，而是因为界面不够好，所以人们不理解如何玩它们！

Zeschuk 和 Muzyka 用他们做过的游戏作为例子，来支持他们的建议。

Zeschuk 说："在游戏 Baldur's Gate 系列的早期开发中，我决定借用游戏 Dungeons&Dragons 更有效率的经验，允许玩家设定游戏系统的关卡细节。通过对一些游戏选项的修正，顺着更改者的角度，Baldur's Gate 游戏系列的核心玩家在战斗中能看到每个方块的滚动，而给常规玩家的是一个更简单的缺省设置，只将战斗表现为高亮区。通过可选择的关卡细节，我们迎合了各种口味的玩家，结果核心玩家和常规玩家都觉得高兴。我们也决定去掉 Baldur's Gate 世界中的一些要素，如来自游戏系统的饥渴，这样玩家可以专注于有趣的活动，像打败怪物和收集宝物"。

Muzyka 说："工作室的人们也尽最大努力测试我们的游戏，尽管 Zeschuk 和我有一条规则，就是自己完成游戏的全部。有时要反复多次，而且努力找出 bugs，以及那些有瑕疵的地方，因为它们没有合适的节奏或让玩家没有什么感觉。对市场中的其他游戏进行分析，试着找出可效仿的好特性和要避免的坏特性。当为界面设计增加一些新的改进时，研究界面并试着设计自己的游戏界面，并用熟悉界面给玩家带来安慰"。

"几年来，我们的团队已经获得了一些经验，所以当再次制作游戏时，我们在设计剧情，创作设计文档，以及计划重要的时间表等方面就能做得更好。结果，我们认为像 Neverwinter Nights 和 Star Wars：Knights of the Old Republic 这样的游戏仍然是我们最好的游戏。

说到 Neverwinter Nights，在这款游戏中你们学到最多的是什么？

他们说："在游戏的开发过程中，学到了很多不同的东西，其中的一件事情是如何开发并设计一个大型的游戏。Neverwinter Nights 游戏规模较庞大，单人和多人战役就可以花费 100 多个小时来玩通，到了开发的尾声，我们的团队规模已经超过了 75 人，而且是花费了 5 年才完成游戏的。最初考虑玩家需要便于管理的可玩性设置，所以在正式战役中计划了 30 个模块。但很快认识到，为玩家的动作设计结果才是有意义的（例如，当人们玩通游戏的时候，他们的反应正是你所要的），所以模块必须更大一些。将最初的模块合并在一起，得到了 7 个模块，这样包括 4 个主要章，1 个教程和 2 个较小的次章。最后，设计选择了一种折衷的方式，将最初计划的较小模块和游戏（如游戏 Baldur's Gate）的较大章混合起来。也学会如何做一个多人和单人模式并存的游戏，而且也学到如何提供工具给爱好者，让他们在自己控制的模块中创造新的内容，担任虚拟的 Dungeon Masters"。

是否能举一些在设计游戏过程中具体的实例吗？

Muzyka 说："为了使正式战役出现在单人和多人模态中，所以必须保证玩家始终是行动的中心。不像过去一些 RPG 游戏中的剧情，在某种方式上有一个特别的角色，多人游戏 Neverwinter 中的角色全部都很重要，和任何系列的 Dungeons&Dragons 中的角色几乎一样。从工具的角度来说，必须在游戏中设计有足够灵活性的系统，来允许人们用这些工具创作新的内容。同时也允许创作正式战役的剧情，其质量在一定程度上超过我们过去所有的游戏"。

Zeschuk 说："在 Neverwinter Nights 游戏的开发中，我们在创作为玩家准备的工具中学到大量的东西，这些工具的功能在主游戏之外。Neverwinter Nights 是第一次尝试，被公众用作创作编辑工具，而且在大家的开发中我们学到不少好的教训。最大教训是设法尽快地锁住工具，首先让设计者做自己的工作，开发游戏内容。其次保证工具在他们最后重复时尽快地到达。我们非常有献身精神的工具程序员非常努力地工作，改良和优化这些工具——在功能性和容易使用方面，效果是显著的。开始整个过程越早，到项目结束的时候，这些工具就会做得越好"。

如果在 Neverwinter Nights 的开发过程中有机会及时回顾，他们要做和不要做分别的是什么呢？

Muzyka 说："我对这款游戏没有任何的遗憾，至少在设计方面如此。最初对游戏的想像涉及到 4 个关键支柱：单人游戏，多人游戏，地牢的控制工具，以及内容创造工具（即 BioWare 奥罗拉 Neverwinter 工具箱）。Trent（他是 BioWare 的制作人），Zeschuk 和我，以及团队其余人员，对同时完成这 4 个设计目标全部有真正强烈的感觉。因此在最初的设计上没有做很多的妥协，在 1997 和 1998 年，我们 3 人就开始详细的计划了，而且都对游戏的结果感到真正的高兴!"。

Zeschuk 说："在此我必须响应 Muzyka，尽管 Neverwinter Nights 是一个巨大的游戏，而且经过巨大的努力才完成，但真的对它的结果感到满意。回顾自 1997 以来的那些设计文档，这是一种怪诞的经历，因为实际上正是我们为游戏计划的所有特性，才让它得以最后发布。很多游戏都没有那种集中的想像——我们很幸运能够追随 Neverwinter Nights，恰当地完成它"。

与其他类型相比，做 RPG 类型的游戏面临哪些挑战，而且你们如何克服的？

Muzyka 说："RPG 游戏非常复杂和难做，它要有大的剧情，许多潜在的规则，以及如艺术和设计等资产——它们都需要及时承诺的极大资源和人员”。而 Zeschuk 说：“现在的标准要求 RPG 游戏的图片特性像任何动作游戏一样美丽，故事和角色像最好的小说一样引人注目，而且可玩性在一个完全交互式世界中响应玩家的动作”。

那么，如何克服这些看来永无休止的对深度和选择的要求？Zeschuk 说：“克服这些不可能障碍的最好方法是，选择一些东西做成墙，而且将它们做得比任何其他游戏好。同时，保证其他的每个东西仍然是相当好的”。

如何建立一个成功的图形用户界面（GUI）请提出一些聪明的建议？

Muzyka 说：“数年以来我们已经学到一些其他的技巧：考虑到本地化，所有按钮至少都要提供 50%额外的空间——分配给德语、法语、西班牙语和其他语言比英语占用更多的空间。仔细选择你的字型，如果玩家不能读游戏的文本，那么没有关系，只要字型看起来很棒就行——易读性至少像外表一样的重要！”。

“将概念和原型用于界面并尝试做一个编辑器，它将允许很快地创作新的界面。规划界面是一件消耗时间的事情，而且我们多次对游戏需要的界面数量感到惊讶，就像游戏 Baldur's Gate，一旦你开始做，会发现它们包括所有的按钮，漂浮的模板，多人图形用户界面，以及其他料想不到的图形用户界面屏幕”。

“如果计划像 MDK2 这样的多平台版本，那么要确保用户界面能够操作不同的输入——这对用主机的 PC 游戏，使用鼠标和键盘的 PC 游戏，以及使用操纵杆的主机游戏特别地重要——它们常常要求完全不同的界面设计。如果没有在早期的界面设计和编程中提前计划，那么将游戏移植到其他平台就是最慢的部分”。

Zeschuk 说：“对于 PC 机游戏，我们已经获得一些容易的界面技巧——通过菜单到达通常目的地，计算出必须点击的次数，如果点击次数超过到达菜单目的地所需要的，那么菜单就太复杂了。在主机平台上，一个新手应该能够选择控制器，并且立刻知道如何在游戏中展开所有的通常行动。如果某人必须看着指南才能理解主机游戏的控制，则你就真的太失败了”。

作为对计算机角色扮演游戏狂热爱好者的款待，这 2 幅稀有的素描分别来自游戏 Baldur's Gate II 的制作和游戏 Neverwinter Nights 早期的概念角色图片，如图 5-5 所示。

图 5-5 游戏 Baldur's Gate II 和 Neverwinter Nights 的素描

对当今的 RPG 类型游戏有些什么不满的地方吗?

Zeschuk 说:"我最大的不满是在某个游戏中体验到设计者变得自我纵容起来,他做这个游戏不是为了玩家,而只是为了他自己。作为一个游戏设计者,在头脑中,玩家的享受和体验必须是第一和最重要的。过分依赖寻常特性,会让我很气恼。几乎是设计者的自我意识导致了他们忘记是为玩家在做游戏"。

Muzyka 说:"这些界面设计的问题使我想起,如果有更好的界面和操控配置,那么玩过的一些游戏该会怎样有趣啊"。

能在技术上或理论上为新手游戏程序员提供什么建议吗?

Zeschuk 说:"幸运的是,我的编程经历全部是糟糕的,因此解释我的毛病出在哪里相当地容易!我的答案非常直接——如果一些代码出了问题,无论是得多困难,而且还不能得到纠正,那么就重写它!由于我没有这样做,所以发生了一些非常糟糕的事"。

Muzyka 说:"最后一次编程是在七年以前,而且那也不是很好。现在,Zeschuk 和我很幸运,工作室有一些程序员,他们像我们其他人员一样,聪明,有创造力,而且知道如何编程,他们比我们以前做的还要好很多!然而,即使自己是制作人、美工、动画师或者设计者,编程对你们也是非常有帮助的,它将让你理解程序员思考方式背后的基本逻辑。新手程序员最糟糕的错误或许不是预先的计划不够——为了了解需要编哪些程序,创作一份详细的设计文档对自己很重要。但是,并非有一个足够详细的设计文档就总是要抛弃现有工作并重新来做"。

创作主机游戏和 PC 游戏有何区别?

Muzyka 说:"从游戏设计者的立场而言,为主机和 PC 开发游戏有明显的不同。或许在两种游戏类型的输入方面它们是相联系的(PC 的键盘和鼠标与主机的控制器),但即使是相同的游戏类型(如 RPG)但在主机和 PC 上也有明显的不同。为 PC 和主机开发相同的游戏是一个挑战,但是这样做可能有好的效果。例如,为 Dreamcast PC 合作开发的游戏 MDK 2,后来移植到 PS2,而来自新闻媒体和爱好者的所有评论都是非常顺利的。毫无疑问,由于硬件的不同,涉及到 PC 上各种可利用配置的不同(相对主机,那里每个主机系统锁定在它的配置上),多数主机系统缺乏硬盘驱动(对 Xbox 是值得注意的例外),而且在主机上有内存限制(再次的例外,Xbox 有量非常大的可利用内存,当你设计的时候,它能给你帮助、允许做出更大和给人更深刻印象的纹理和图片效果——超过更低的内存系统）”。

Zeschuk 说：“当人们坐下尝试一个游戏的时候，主机玩家与 PC 玩家相比有一个完全不同的心态。通过容易为人们所理解和恰恰来自盒子提供的快速奖励，主机游戏获得成功；而 PC 游戏采用逐步的奖励方案，以及比主机游戏有较多的可玩性。当同时为这两个平台设计一款游戏时，必须考虑玩家以及硬件的不同。主机游戏的特性是它们不需要测试兼容性，因为它们的硬件配置是静态的。除非做出这样一个 PC 游戏，它是真的难以完全理解这 5 种不同的操作系统（Windows 95，98，Millennium，2000 和 XP），以及可能数十亿的硬件配置的影响。而且，玩家控制的驱动器能在你的游戏上稳定地更新。在一个 PC 上完全稳定的游戏在另一个 PC 上可能不工作，做一个在所有 PC 系统上都能运行的游戏，要有某些技巧”。

制作像 Knights of the Old Republic 的游戏感觉如何？

Muzyka 说：“和 LucasArts 共同做这款游戏非常愉快，如同得到合法的财产一样。确实需要一定的承认，但通常它们在 LucasArts 相当合理，而且也因为游戏的设置在电影之前的 4000 年。这样在设计剧情和游戏事件方面，我们的创造力将更加没有约束。例如，如果在同一时间内做游戏 Episode 的 2 和 3 集了”。

Zeschuk 说：“工作室有很多人是 Star Wars 的狂热爱好者，因此，当宣布做这个游戏时，你或许能想像办公室里的激动。给我印象最深刻的一件事情是，大约两年前第一次宣布做这个游戏时，每个人都和今天一样激动”。

如何成为一个成功的游戏设计者，有什么规则、禁忌、技巧、诀窍或技术吗？

Muzyka 说：“因为 Zeschuk 和我最初接受的是医生的训练，不在商业或计算机科学方面（虽然我在几年前已经拿我的 MBA，而且 Zeschuk 也计划以后去拿一个），在工作室最初的几年中，我们遇到的很多人都认为我们不可能取得成功。但是幸运的，它能够吸引并且留住一些非常聪明的、有创造力的人员，他们帮我们创建了这个优秀的公司和很多卓越的游戏。因此，我的第二点建议是，努力工作来吸引并留住优秀人才和你一起工作，并且始终努力为他们创造一个很棒的工作环境。我们的工作室有 2 个核心价值，而其中一个与我们工作场所的质量有关。我们尽量保证，BioWare 是我们自己想在此工作的地方，而且也是我们的职员感到非常舒适的地方。第三点建议与第二个核心价值有关：保持我们产品最高可能的质量”。“

在 BioWare，我们努力工作确保从不在游戏质量上妥协，而且总是努力让游戏成为市场领导者，为我们的竞争者树立质量标准”。

Zeschuk 说：“保证质量的另一点是有耐心。现在身处这行已经超过八年了，正好到达了这样的高度，它让我们感到，已经对未来有了完整的设想，并且能够达到我们的目标。对这几年来所做的项目，我们感到非常幸运，也感到能掌握自己的命运。但是，到达这个高度也花了很长的时间，所以没有耐心，就不能坚持到底”。

注意：现实中如果资金短缺，但想看看是否能用它在你的 PC 上创作一个角色扮演游戏，访问 www.rpgtoolkit.com 获得免费 RPG 开发系统工具包。如果你的杰作问世，请上传到同一站点。

Harvey Smith，Ion Storm Austin

Harvey Smith 是 Ion Storm Austin 的 RPG 奠基游戏 Deus Ex 的首席设计师，而且现在是 Deus Ex 2 的项目主管。在 Ion Storm Austin 之前，Smith 是 FireTeam 的首席设计师，而且还和

Warren Spector 开发小组一道为 Origin Systems 公司工作过。

提到他过去的经验，Smith 为新手们提出了相同的游戏设计建议。

他说："在一定高度上，我想说帮助创作游戏有 3 个关键（非技术上的）要素，它们是对项目的热情，理解整体的想像，以及良好的沟通 / 团队之间的交互影响。但是明确地提出人们做自己梦想的游戏，那么我的警告是不要丧失客观性。在一定程度上，梦想游戏与最好的游戏创作过程是相反的：游戏开发的重要方面之一是能让设计有机性地展开。我好不容易才了解到避免'专制想法'的重要性，那就是说，开始可能有一个非常明确的想法，某些东西应该如何起作用，但最后，会根据游戏需要而对该想法进行某些改进（或是完全抛弃）。当低级特性随需要而改变时，最重要的是要坚持游戏的某些高级想像。这在制作自己的梦想游戏时会更加困难"。

游戏设计者应该从哪里寻找灵感呢？

他说："自然是我最喜欢的生物和生态学资源。了解植物 / 动物群世界的共栖关系，为我提供了好的想法，了解游戏单位、玩家和环境之间的关系。但是小说、电影和建筑学也是有用的灵感，它们创造出人造的环境和戏剧性的情形。总的说来，它有助于玩游戏，但是它也有助于远离游戏——为了调查灵感的非典型区域。这听起来似乎是很明显的，但参加社交活动，并在真实世界中做些事情常常是灵感的极大来源"。

此外，在第 17 章中，Harvey Smith 为适当的游戏测试提供了一些有益的技巧。在第 10 章中，就如何创作挑战性的任务，他和我们分享一些秘密，如在 Deus Ex 中发现的那些。

大型多人游戏

本章主要讲述基于 Internet 的大型多人在线游戏。因为即使是玩家退出，游戏还在继续。虽然这里讨论的大部分游戏是角色扮演游戏，但我们也接到人们的来信，他们加快了 Motor City Online 的转速，而它是世界上第一个大型多人赛车游戏。

Brad McQuaid，Sign Games Online

在 2002 年 1 前，Brad McQuaid 担任 SOE（索尼在线娱乐）的副总裁，成功开发游戏 EverQuest，它是一款 MMORPG（大型多人在线角色扮演）游戏。此外，McQuaid 还是 EverQuest 和它的第一个正式扩展包——The Ruins of Kunark 的制作人。

从游戏设计的立场，McQuaid 提供了一些重要的建议，给那些希望创作大型多人游戏的人，他说：

- 对于玩现有的 MMORPG 游戏，客观地学习它们的优势和弱点，而且考虑改进它们要做些什么。不要将自己限制在分析的一种观点或角度中。很多游戏在许多方面都倾向那样，包括某些较好自由文本的 MUD / MUSHe / MOOs 它们之中有些与商业的和图形的 MMORPGs 比较而言，实际上是更先进的和更深入地相关。
- 努力理解基本的人性，以及使虚拟社会可行所必需的是什么（经济、玩家互相依赖等）。当它们与动态的在线世界相关联的时候，你的设计要准备支持这些要素。不要忘记的是，必须设计这些要素，来支持并增强令人愉快的游戏结构。
- 不要试着在设计中达成或完成太多。将重心集中在游戏可玩性的深度或宽度上，但是一口不要咬太多，超过你能咀嚼的。比起试着用极大的新步幅对在线游戏进行改进，根据范围创作一个较受限制的但有趣的游戏更好，但是结果创作的某些东西好像不完全和（或）没有乐趣。

McQuaid 认为 EverQuest 获得成功是遵循所有的 3 点建议，做了恰当的工作。

他说："首先，我们玩了大量的 MUD 游戏而且从中学到了很多东西。对 EverQuest 的最大体验是，看看这个让无数大学生沉迷的文本 MUD 在加上图片和职业支持及分销时，在商业上是否可行。结果证明，对雌鹅有用的对雄鹅同样有用——受欢迎的文本 MUD 中的核心游戏设置，在商业性的大型多人游戏中同样创造了让人沉醉和无法抗拒的体验"。

"同时也尝试着把重心集中在冒险上。着手做一个虚拟世界和一个游戏，但是当这二者发生矛盾时，我们选择的是游戏。EverQuest 被认为是纯战斗游戏，或是打斗暴力场面过多，但有时这种看法也被否定。好吧，那是我们着手要做的：一个把重心集中在冒险的游戏，同时与冒险结合的有大量的深度和细节。而且，我要骄傲地说，这不仅是我们最后做出来的游戏，而且几乎每天都受到 40 万人的喜欢"。

除了给游戏充足的内容，另一个重要的挑战是创作并维持一个游戏的平衡。

他说："作家写一本小说或许要六个月，但是读者读完它只要一个星期。玩家消耗内容的速度很迅速，所以游戏设计者必须创作这样的系统和环境，其中的内容是自我产生但不重复的。MMORPG 游戏改变而且提高，既是由于增加了新的内容，又因为游戏的玩家基础正在不变地改变和提升。这意味着在商业发布的前后，必须不断对游戏进行调整"。

游戏设计的核心必须是持续和非线性的要素。

他说："不像传统的单人游戏，MMORPG 游戏没有结束的概念。没有包含一切的剧情，能让玩家根据介绍得到结局。当然，MMORPG 游戏必须保持玩家玩重大任务的时间比单人游戏更长，这意味着重心必须集中在角色的开发，游戏内的所有权，以及与其他玩家关联的建筑物上"。

McQuaid 曾在短期内担任 EverQuest 的首席程序师。对程序员，他提供下列各项意见。

他说："去上学，但是你得自己学习。不幸的是，许多学院和大学仍然滞后于他们所教的，学 C++、学数学。尽力确定数学的哪些方面会帮你解决三维编程，并将重心集中于此。并且，最重要地是开始做某些编程。一个迷你游戏，一个演示，这些既能显示你的才能，又能让你坚韧不拔地完成一个项目。这个行业中有很多才能和智慧兼备的程序员，但他们却不能善始善终"。

McQuaid 强调了良好的用户界面（UI）的重要性。下面的谈话说明了这点原因，以及为什么 EverQuest 在这部分做得很好。

他说："一个良好的用户界面非常重要，不管是短期还是长期，它都与玩家的体验和对游戏的使用有关。短期来看，一个良好的用户界面不会因为纷繁复杂的信息和操作，以及各种抽象的功能而使新玩家不知所措。长期来看，一个良好的用户界面可以充分让玩家定制，允许他们配置界面，使之与他们可玩性的风格，以及最常使用的功能和命令相关"。

"我认为 EverQuest 在用户界面上做了恰当的工作，但是在两个方面还有很多改进的空间。界面的另一个方面也是我最骄傲的——我们所做的热键。它允许玩家设置一系列按键，来代表他或她最常使用的命令和操作。它十分相似于在流行的电子表格和文字处理器上定制图标。相信到 Bill Trost 处，他是游戏的首席游戏设计师，能获得想法并实现"。

“客观地学习市场上的每件事，并且学会认识那些增加了‘沉浸’和容易使用的界面要素。理解那些有损于沉浸和可玩性的界面特性。考虑如何才能改进现有的界面”。

图 5-6 游戏 EverQuest 的截图

EverQuest 是一个真实的三维大型多人幻想角色扮演游戏。如图 5-6 所示，EverQuest 的扩展包 Scars of Velious。

随着这么多 MMORPG 游戏的出现，一定有让 McQuaid 厌倦的东西。

他说：“或许使我最苦的趋势是向任意内容的移动。创作内容，当然，是做 MMORPG 的最具有挑战性的方面。像我更早说的，一般说来写一本小说或许要六个月，但读完它只需一个星期。这同样适用于游戏，因此，游戏必须设计成这样，能同时娱乐数千人长达数年之久”。

“因此，想出所有的内容的确是具有挑战性的，但是我看到的某些人，通过任意创作内容来解决那个问题。不管它是随意搜索发生器，还是动态创作地牢和其他的冒险区域等——对我来说，这是一条容易的出路。在我看来，手工制作的内容（世界、探索、冒险、物品、NPC 等）做起来总是会更困难，但也更出众。我猜测，我不仅要获得容易的出路，而且那些极大的、疯狂的，以及雄心勃勃的项目才是我更想要的”。

与其他游戏类型相比，McQuaid 讨论做 MMORPG 时会遇到如下的挑战：

- 开发时间。游戏需要花费很长的时间来创作，而且要许多人。通常需要最少三年的时间，或许超过 20 个人的团队。有些人恰恰不想做那么长时间的项目，我猜测，他们要么是缺乏毅力，要么就是很容易厌烦。
- 预算。如果一个项目投入超过 20 个人，而且需要运行三年或更长，可能要在$1200 多万元附近来讨论预算。毫无疑问，筹备到那么多资金是不容易的。
- 为很多人设计并创造一个实用的世界。在传统的以故事为基础的线性游戏中，玩家是主演和宇宙的中心。而 MMORPG 游戏与此相反，它恰恰采取了非常不同的方式，它创造一个虚拟的世界，而且保持每个人月复一月，年复一年的快乐。
- 玩家的期望。玩家买了某个游戏，看看自己是否喜欢，喜欢就玩上几个星期，不喜欢则将它扔到书架上，要么是退货。然而，大型多人游戏设计的目的，是让人们通过对可玩性要素（如社区和角色开发）的关注，将它保留在身边很长一段时间。随着时间的推移，玩家开始属于他们正在玩的这个世界，而且他们变得非常依附他们的角色，以及和其他玩家之间的这种关系。因此，当他们最后在游戏上筋疲力尽时（而这能及时极大地改变，因为没有结束的游戏），他们常常非常烦乱于游戏和它的创作者。管理玩家期望，能帮助你将玩家的长期感觉减到最少。

➢ 与开发无关的基础结构。开发一个大型多人游戏的时候，牢记除了简单地编写游戏之外，还有更多事要做。产品需要大量的群体操作和客户服务人员，以及和一个巨大的基础结构相关的服务器、路由器、开关、无数的带宽等。在早期的考虑和计划中，如何使客户和服务器与此相关并支持它们，这是非常重要的。

务必阅读第 17 章中 McQuaid 的想法，即如何测试一个大型多人在线角色扮演游戏。

注意：回顾到 2003 年初期，EverQuest 把他的方法移植到 PS2 上。如果对以主机为基础的大型多人在线角色扮演游戏感兴趣，将在下一章中找到，我们将听到 Yuji Naka 的谈话，他是受人喜爱的 Phantasy Star Online 的创作者。

Richard "Lord British" Garriott，NCsoft

Lord British 是计算机游戏行业的先锋之一，他成功地塑造了 Ultima 角色扮演游戏系列而闻名。到目前为止，它已经有超过一打的续集，加上数不清的其他产品，包括孩子们的卡通，喜剧书籍、小说和歌曲。2000 年，Garriott 离开 Origin，开始在 Destination Games 工作，公司后来成为 NCsoft 的一部分，而 NCsoft 是一家建立在韩国的公司，目前在操作世界最大的以预订为基础的在线游戏：Lineage：The Blood Pledge。

通过对 MMP（大型多人持久在线游戏）的强调，Garriott 和我们讨论有关游戏设计原理和实现的问题，他提出如下一些意见：

➢ 雇佣有经验的人员。开发和发布一个 MMP 会遇到巨大的未料到的危险！只有经验能帮助你避免它们。

➢ 标准编码是游戏可稳定扩张的关键。

➢ 后端支持费用是最重要的财政度量标准。如果一个游戏做得好，前期的费用是一个很小的问题。

Garriott 以自己目前和过去的项目为例，用他睿智的建议击中要害，如下几点符合 Garriott 先前的答案：

➢ 正在创作 Tabula Rasa 的团队，是专门由富有经验的顶尖 MMP 开发者组成的。如 Starr Long——Ultima Online I 的共同创作者和主管，Jake Song——Lineage 的创作者，而我自己是 PC 机上 RPG 和 MMP 类游戏的主要创作者。加上大多数来自 Ultima IX 和 Ultima Online 的最好人员，既有来自于最初的创作立场，又有活动支持方面的人员。还有来自 Turbine，Sierra 等的很熟练的人们。

➢ Ultima Online I 是由一群程序高手开始做起来的。他们是早期幻想的接受者，我们能将这些讨厌的工作塞给他们。当我们认识到标准编码的重要性时，慢慢地转变到编写良好的代码，它们稳定而且可扩张。

➢ Ultmta Online I 开始只需 25 分。随着时间的推移，随着代码和过程的改进，它提高到 50 分，这使得利润数目有极大的不同。在相当的规模上，产品最初的开发费用几乎注意不到。

Garriott 也提供一些指导，给那些期望创作单人 RPG 游戏的人：

- 保持简单。多数 RPG 的创作者是为自己创作游戏，而不是为市场。因此，大多数 RPG 变得太复杂和难以为顾客所理解。
- 保持进程。在任何风格的游戏中，RPG 游戏最趋向于潜变特性。我认为这是由于对“真实世界”的模拟，而它是相当无限的。抑制这个问题是关键！
- 准备接受出版商周期性信任的缺乏。RPG 是大规模出版商者最难理解的游戏，例如，他们可能出版许多运动游戏。尽管 Harry Potter 和 Lord of the Rings 的电影已经发布，而且二者都是 RPG 电脑游戏潜在的候选人，很多出版商还是认为 RPG 是长的、昂贵的和冒险的。　　　　、

Garriott 已经离开 Origin 开始另一家公司，他已经学到些什么，会适用于 NCSoft 吗？

他说：“不要和不理解在线游戏的公司合伙，尽管它最初也关注这种游戏！而且要发布特性设置和增长相当小的 MMP。最后，有 MMP 经验的特性人相当稀少，但令人不能置信地有价值——特别是那些对未能有良好想像力的人，不是老派的程序员或纸上游戏的制作者”。

在一次为本书以前的版本面谈的时候，Garriott 强调了良好用户界面的重要性。

他说：“最好例子是 Starr Long。Starr 计划不是发明一个新的界面让人学习，而是将设计放在人们已经了解的 Windows 基础上。现在听起来是显然的，但是人们通常发明一些新方法，和他们创作的复杂世界互相影响。相反，考虑限制你的世界和用 Windows 风格范例的世界相互作用”。

注意： 请回顾在第 14 章中，Lord British 详细说明了如何创作一个有效的用户界面，务必阅读这部分。

Ultima Online 开始了图形在线角色扮演游戏现象，Garriott 批评当今的 MMORPG 缺少的是什么？

他说：“角色扮演不是详细目录管理和纯粹以战斗为基础的提升。因此，像 Diablo 这样的游戏，以及其他多数所谓的角色扮演游戏，总的游戏风格是提升和详细目录控制，而不是角色扮演！在角色扮演游戏中，成功是基于如何扮演好角色，这是更困难的，但也常常获得更有益的经验。因此在 Ultima 中，如果你不扮演真实的 Avatar of Virtue，那么就不能变成 Avatar。在多数 RPG 游戏中，当成为英雄时，就可以掠夺而且抢劫。在我的书中不是很英勇，我更加喜爱角色扮演的游戏”。

在当今的计算机游戏行业得到一个工作，有什么要注意的？

他说：“教育——周而复始。在我接受教育的时候，学校几乎无法提供超过真实世界的体验。现在知道有很多必须要学习的，然而多数行业不能负担这些基本想法的训练。我也非常否定这样的设计者，他们不像程序员或美工，拥有经过极好证明的令人难以置信的能力。时常有些人，没有经过程序员或美工的训练，因为编程或美术技能的缺乏，想要进入游戏行业并最终成为设计者，这是一个错误。同样，纸上游戏设计者相信他们是好的计算机游戏设计者。通常，这种类型的人不能很好地转型到计算机游戏上。技术上的教育和技能对编写计算机游戏是关键的。这真的不是什么很惊讶的，但是许多人没有这样的基本需求”。

顺着 Garriott 在第 14 章、第 17 章中的智慧话语，也包含了他关于恰当地测试你的 MMORPG 的建议。

注意：大家都渴望创建一个大型多人角色扮演游戏吗？在 www.trinityofdarkness.com 上有世界第一的 MMORPG 结构工具箱可利用。

Michael Waite，Electronic Arts

Michael Waite 是 EA 公司 Motor City Online（MOC）游戏的制作人和设计师。他过去的项目包括：4 个运动游戏，以及为 Sierra 做的几款游戏，如谜题游戏 Incredible Machine，射击游戏 Tribes，战斗游戏 CyberGladiators 等。

注意：如果你宁愿掌舵并右转，而不愿乱砍乱劈，那么 EA 最近的大型多人在线游戏就是为你做的。在 Motor City Online 中，玩家能爬上 60 多个经典美国汽车的后轮，如 1949 年的 Mercury，1957 年的 Chevy，1964 年的野马。游戏通过赛车并赢了其他的玩家，迅速取得更多的现金以购买更好的部件和汽车。

当创造一个 PSW 的时候，Waite 说要牢记下面的技巧。

他说："PSW 设计者必须比主机或 PC 游戏设计者计划更有深度的游戏。考虑不同类型的玩家，要有不同的设计目的：那些主要是找寻社会经验的，那些找寻竞争经验的，以及那些期望让自己沉浸于游戏世界的探险的"。

必须为每种类型玩家提供某种范围内的平衡体验和奖励。

他说："思考系统对新内容来说，你在 PSW 中建立的每个特征都必须是可升级的、可编辑的和友好的。如果在调节中，不能很快、容易地修补这些变化。那么，当 bugs 推销、滥用和服务器运转中断时，技术和游戏管理员他们二者都必须几乎能够立即响应。你的工具箱越强大，运行越平滑"。

"一旦设计的特性可以使用，让玩家为它们运行游戏。设计方式要让玩家容易沟通，形成群体，相互成为良师益友，主办他们自己的事件。而且如果可能的话，创作真实的游戏内容，这将会为游戏做许多的事情。玩家将会有强烈的所有权感，因此，他们会想在游戏中逗留，并且他们将支持维持世界的和平和美好。而玩家产生的每个活动或每块内容，只是你的现场团队一个较小的任务。最后，将运行某些东西，以便那些从事管理者、编辑者和内容收集者的少部分的普通人员，处理来自玩家的所有输入"。

如何用 Motor City Online 来支持他上述的建议？

他说："对竞争性风格的玩家，特性是赛车（街道、障碍物、线路和计时测验）、关卡提升、报酬和比赛奖励、失败通知单的挑战，以及草地作战。对于社会风格的玩家，特性包括俱乐部活动、闲谈、进行贸易、分享故事，以及友好的赛车（没有奖金或赌注）。最后，对喜欢探险的玩家，特性是拥有可能超过 100000 个汽车更改变种的工厂，超过 20 个比赛赛道，开车或拥有超过 59 辆汽车，以及试验驾驶"。

"这款游戏的每块技术都是一个系统，从前端图形引擎到真实物理学汽车结构引擎，经过自动修补登录，我们随时能增加新的屏幕、汽车部件、角色模式"。

"游戏的玩家拥有可以操作的社区。俱乐部领袖邀请经过他们训练的成员，给予资源帮助，而且引起'草地战争'来对抗竞争俱乐部。我们得到了油漆汽车的工具，在调整它的性能之后对公众开放，允许玩家创造可以进入比赛的油漆作品。在游戏中出售获胜的'皮肤'，而且油漆者能得到 MCO 现金的奖励。社区中心包含一系列的超文本页面，在这里玩家讲故事、见面以及公布游戏社区的屏幕图片”。

对于当今其他的大型多人在线游戏，Waite 认为可利用的是什么？

他说：“一直在传播主要的 PSW——Ultima Online，Ashemn’s Call，EverQuest——全都精彩绝伦。如果从未做个一个 PSW，那么就无法领会这些游戏令人惊异的成就——让游戏平衡的恶梦，多个开发和支持团队大规模和笨重的协调，服务器技术的再次、再次、再次配置。从可玩性深度看来，Ultima Online 是最好的游戏，但是看起来也开始过时了。我最喜欢 EverQuest 的图形世界，但是我在这个游戏中最初的两个小时总是犯困（我在最初五分钟里就被一个守卫杀死——并非很棒的新玩家的体验）”。

对当今 PSW 游戏有什么不满的话题？

他说：“对于任何居于领导地位的 PSW，不能立即感觉到它们的目的——你不知道从哪里开始，要完成什么，或者甚至成为一个拥有射箭技能的神奇侏儒意味着什么。但是正当我埋怨其他 PSW 的时候，我听到一些来自 MCO 玩家的抱怨。但很棒的是，MCO 是一个现实游戏，因此，我们能像开发它一样，很快地对其进行进行修补和改进”。

当创作如 Motor City Online 这样现实的游戏时，面临的主要挑战或障碍？

他说：“我们就 MCO 的荒诞罪行开了很多玩笑：核心游戏设置是曾经建立的最复杂的赛车模拟；有一个景色风格即时信息和连络系统；游戏要在专用的网络游戏系统（由超过 24 个盒子组成）上玩；采用了像 eBay 那样的拍卖系统；前端有自己的游戏内部超文本语法分析器（据我所知，是惟一存在的一个）；有一个汽车修理工厂，当你对你的汽车做每一个改变时，它会运行 49 个真实的物理学诊断；有一个游戏内部出版系统，持久的游戏内部闲谈，一个俱乐部创造和竞争系统，以及无数的内容。这个复杂项目最大的挑战是物色有足够才能（和足够疯狂）的人员签约受雇。第二个最大的挑战是设法让每件事一直保持在你的头脑中”。

图 5-7　游戏 Motor City Online 的场景

来自电子艺界的 Motor City Online 的场景，如图 5-7 所示。

关于竞争和合作相比较，有一个值得注意的事。

他说：“作为 PSW，MCO 的一个特殊挑战主要在于，赛车游戏在游戏设置上是固有地竞争的，然而在线游戏是最重要的社会平台。如果我们想赢得在线游戏市场，就必须寻找一种方式，使赛车成为一种积极的社会体验。而且必须寻找一种方式，让玩家形成群体。主要的解决方案就是俱乐部，它的作用和运动团队相似。参加一个俱乐部，在那里受到训练，制定战略，而且分享资源。然后在外面的赛道上合作，对抗其他的俱乐部”。

最后，Waite 有一些建议给那些想做 PSW 的工程师。

他说：“在开始为一个特性编码之前，要确保已经和设计者、美术指导，以及其他会接触特性的程序员一起对设计文档做过彻底的检查。因为总会找到设计的缺点。通过在编码之前强迫重做某些设计工作，能防止许多不必要的的失败”。

注意：回顾在第 14 章中 Waite 给出了关于在 PSW 中创作一个良好的用户界面的建议。

Will Wright，Maxis Software

在第 4 章中，Will Wright 谈到关于游戏创作的问题。现在，他就创作大型多人游戏也提供了一些建议。Wright 提出 3 个重要的在线游戏因素，给那些想要创作大型多人计算机或主机游戏的人们。

玩家的动机

在某种意义上，在线游戏中要做的主要成分是玩家，而不是软件设置。理解这个奥秘，驱动动机的常常是混乱细节，它对创建一个成功的在线游戏是至关重要的。

多样性

在充满真实人群的世界中，没有一个万能的解决办法。在线世界必须吸引广阔范围玩家的兴趣和能力，而诀窍就在于不同类型玩家之间的相互影响和彼此依赖。

社会场景

在线游戏的社会角色是真正的地形，玩家要在其中移动。正如一片真正的角色，社会地形必须是有趣的、可操纵的，并给人激励的。

Gordon Walton，Maxis Software

这位天才的副总裁、The Sims Online 的执行制作人，自 1977 年以来就已经创作游戏，并管理游戏开发。过去他亲自开发的游戏超过两打，而且管理过数百个其他游戏的开发。

当询问在创造一个大型多人游戏的时候，最重要的一点是什么？

他说：“社区，社区，还是社区。在游戏 The Sims Online 最开始的时候，就把重心集中在社区上。Will Wright 开始做这个项目，作为探索他所谓的‘社会角色’方式，弥补人们之间的联系。我们多数新的特性，都是以有趣的方式绕着相互联系的人们旋转，同时允许他们控制并管理他们在游戏世界中的经验。室友、信息、闲谈——所有能出现在脑海中的都可以作为社区的特性。基本上，我们想让对网络和闲谈工具的熟悉，都成为 The Sims Online 必需的体验”。

Walton 继续讨论在任何大型多人游戏中，社区的重要性？

他说：“大型多人游戏就其核心而言，与社区有关。游戏中的人和他们之间的关系使它不断地有趣。能够与其他人沟通，分享出售匿名设置的共同兴趣，这可能是极端无法抗拒的，而且导致真实的关系（游戏本身是共同兴趣的一个良好的出发点）。能够遇见人们，他们不凭你的外表、社会地位、区域，以及任何真实世界的因素来筛选、判断你。而在人类的社会化中，正是那些将我们分隔开来，因为人们允许某些不可思议的事情发生。在游戏世界中你就是你自己，还可以通过角色扮演，体验你想要成为的某人的感觉。游戏设计者应该把重心集中在设置上，尽快地将志趣相投的人集中在一起，并允许他们在游戏世界中保持联系”。

Walton 说在设置游戏可玩性时，不能缺少的是社会成分？

他说：“必须建立对社区成员的支持，像简单的闲谈方式，记忆并追踪他们的朋友的方式，和其他人成为群体的方式，以及在他们中找到某些群体的方式。让玩家暴露他们的游戏地位，不管是在游戏内还是在网上，而且如果可能，让他们都具备对世界产生永久影响的能力。所有这一切鼓励玩家在游戏环境中，在他们所谓的“虚拟”关系的基础上，创建他们自己的小群体”。

“有趣的是，在这些关系中经历的所有情感，就像你在真实世界的关系中经历的一样真实。整个游戏社区是由所有的游戏成员和他们组成的小团体聚积而成。如果这些小团体强大，整个社区也就强大。我推荐花时间研究目前存在的大型多人游戏社区，看看它们做得好的是什么，而且，用游戏的社区支持工具，看看社区填充了游戏留下的哪些缝隙”。

谈到创作这些种类游戏面临的各种挑战，Walton 说最大的问题不是游戏本身。

他说：“最大的问题是如何将这种媒介的巨大魅力传达给普通人群。对那些没有体验过持久世界游戏的人们，这听起来有点奇怪，但是事实上，你和你在线世界中所交的朋友的情绪，就像你所谓的‘真实生活’一样真实。我相信，这种媒介触动玩家的能力是其他任何媒介所无法比拟的，所以，对这种价值的传达方式改进得越快，结果就会越好！

说到游戏设计，Walton 曾在游戏开发者杂志上写了一篇文章，名为“七宗罪”。

他说：“那篇文章对老掉牙的游戏开发来说有点夸张，而且七宗罪仅仅像是它的一种简便式结构。核心信息其实是，我们作为人和游戏开发者所有的缺陷在我们的游戏中表现出来，这极大地限制了我们的潜在观众。一些简单的事情，比如所做的游戏只能在最新的硬件上工作，游戏仅能吸引最核心的玩家，推出没有经过推敲或不完善的游戏等等，阻碍了我们行业的潜在发展。不与玩家合作，让他们能够定制他们的游戏体验，对他们的先天智力和创造力缺乏信任，这也是有害的。最后，在做游戏的过程中对我们的关键角色不负责任；当做出会伤害我们的游戏和消费大众的决定时，不愿对抗我们的管理。为了使我们的工作和行业得到严肃对待，我们必须培养我们的创造力，与专业能力的程度相匹配。这两种因素，专业能力和创造力，结合在一起比分别实践更有效。当那些因素能更好地平衡的时候，我认为我们这行将会更加有效，更加受到重视”。

关于进入这个行业，Walton 提供以下建议：

- 在你的选择范围内接受可靠的教育。即使没有别的，它也表明你能承担并完成你最初的任务。
- 学习与游戏有关的每件事，但也要与主流娱乐有关。毕竟，你是在和人们花在其他所有娱乐形式上的时间竞争。
- 准备好为你的艺术受苦。最重要的是，只有当你爱它并愿意让自己远离“混日子”的状态，游戏开发才是你要做的事。我自己不做任何别的事情，更不会涉及到献身，但不是每个人都可以完全这样。

注意：如果想获得进入这个行业的更多信息，你要看内容丰富的第 21 章！

Craig Alexander， Electronic Arts / Westwood Studios

Craig Alexander 曾担任 Earth&Beyond 的执行制作人。在进入游戏行业之前，Craig 在 TRW 的项目控制办公室开始了他的职业，主要安排美国航空暨太空总署的太空船计划。

当创作一个大型多人在线游戏的时候，最需要考虑的 3 条事项是什么？

他说："首先要记住你是在创造一种服务。单机游戏对一个短时间的跨度常常是直线的，40～50 小时，然后游戏体验结束。另一方面，MMORPG 游戏必须持续娱乐玩家达数千个小时之久。它与任何以订购为基础的娱乐服务相似，像杂志，付费电视频道，或电缆 / 人造卫星站网络，他们必须恰当运转并始终提供享乐"。

"考虑 MMORPG 游戏的另一个方式就像一场阶段性的电视秀。开发者必须始终让游戏继续进行，不仅是现在，而且要延续到以后的 5～10 年。在开发计划过程中你必须要有更多的远见"。

"最后要牢记 MMORPG 游戏的绝对规模。与传统的单机游戏相比，这种类型的游戏规模很大。除此之外，它需要技能，你不能正常归结于游戏设计的技能。知识，设置方面的练习，以及管理后端系统内各部分和网络都是绝对必要的。同时，管理技能也很重要，MMORPG 游戏开发团队一般是传统团队的 3 倍大，因此完善管理过程将会对流线型开发产生极大的冲击"。

Alexander 提及他做 Earth&Beyond 的数年经验。

他说："很早以前，我们就雇用了社区管理学习团队和客户服务团队，这比其他项目大约要早两年，而且事实证明这样做是很有价值的，尤其是一年后开始公开测试，我们已经有了社区和客户支持系统，可以处理大量涌入的人群"。

"我们也雇用了一大队作家来充实故事结构，而且这在 4 年前就开始了！就像阶段性电视，目前已经策划了 12 到 18 个月的具体故事，同时对以后 5 年要做什么也有了初步概念"。

"至于庞大的技术设置，我们为团队配备了 100 多个人员，他们拥有大量各种的技能。举例来说，我们有 3 个 Oracle 数据库程序员，几个网络程序员，6 个音频设计者，以及 20 个游戏设计者。我们团队大部分成员都有技术学位，来自像加州工学院和麻省理工学院等学校。除此之外，我们的领导团队，比很多早期项目整个的开发团队还要大。Earth & Beyond 有 2 个开发主管，2 个制作人，1 个联合制作人，以及 1 个执行制作人。这还不包括美术、设计、开发和声效团队的领导"。

从玩家的立场，MMORPG 游戏最大的问题是它们开始重复起来，他说："早期新颖的均匀踏车类型很快变得让人厌烦，而玩家现在需要涉及到故事情节和更不同可玩性的活动"。

对开发者而言，最大的挑战是对复杂的 MMORPG 游戏的管理，他说："这是因为它有如此多的相互影响的动态系统。管理为编程和计划带来过多的层次和过程。拥有这些对标准的 PC 游戏总是好的，但它们在 MMORPG 上完全是必要的"。

关于做一个大型多人持久世界，有些什么错误概念吗？

他说："对于做一个 MMORPG 游戏最大的错误概念是，它可以用与开发一个单人 PC 机游戏相同的时间和资金来开发。但事实上，如果没有明确的结构，开发最少要花三年时间，费用也要高出很多。如果没有一个很好的赞助商，那你就要小心了"。

左图，Jenqual 探险家俯瞰外星世界的景色。右图，Progen 战士得到 Jenqual 探险家的帮助，而 Jenqual 探险家具有比他能控制的更多的能力。两个场景都来自 Westwood 工作室的

Earth&Beyong，如图 5-8 所示。要获得该游戏更多的信息，访问 www.earthandbeyond.ea.com。

图 5-8　游戏 Earth & Beyong 的截图

如果 Earth&Beyond 开始于四年以前，你还有什么遗憾吗？

他说："我已经在这个项目上快一年，但我要说，我没有低估游戏对人员的要求，也没有低估完成它要花多长时间。作为一条通用规则，估计多少人员，多少钱，以及必须花多长时间完成一个游戏，然后将所有的翻一番"。

此外，在第 21 章中，Alexander 就进入游戏行业提供了一些看法。毕竟，他在这个领域已经有 17 年的经历。

Shane Dabiri，Blizzard Entertainment

Shane Dabiri 目前是 World of WarCraft 的制作人。过去，Dabiri 做过 WarCraft II，Starcraft，Starcraft Expansion：Brood War，以及 Diablo。谈到设计 MMORPG 游戏，Dabiri 希望游戏设计者或开发者必须牢记下面几点。

为惊奇做好准备

玩家会理解你从不期望他们理解的东西。设计上要有灵活性，适应玩家采纳的可玩性风格。如果你说"玩家从不会那样做"，但他们可能想出一个方法。这并不意味着你必须设法满足所有的要求，只要确保 MMORPG 能和玩家一起成长。

图 5-9　游戏 World of WarCrafts 的截图

World of WarCraft 是一个持久在线世界，如图 5-9 所示，它允许玩家访问熟悉的陆标，并探索海图上未标明的陆地，在持续改变的事件和情形中经历一个动态的世界，和数千其他玩家同时进行交易，而且，当然，专注于快节奏的战斗，对抗多个对手。

内容至上

如果玩家跑完了可去的地方，找到了所有物品，打败了一切怪物，完成了全部搜索，他们最后会变得无聊并离开你的世界。你必须不断地向玩家发出挑战。

几分钟学会，用一生钻研

那是许多游戏的目标。就像象棋，学会如何玩只要几分钟，但要精通它需要花费一生的时间。MMORPG 游戏必须采用同样的方式，让玩家恰当地投入，但是真实的策略和配色将需要你长期的开发。

那么，这里 World of WarCraft 在哪里适合呢？

他说："WarCraft 不是由经济学家、社会学家或军事家设计的，而是热切渴望的玩家开发了它。在游戏世界中的 100 条不同的研究试验道路中，人们能容易地转入做得'酷，但最后游戏必须容易学习、玩得有趣，而且让你流连忘返。如果没有基本功，世界中所有的技术都不能做出一个精彩游戏。Blizzard 的产品遵守了这个普通思想"。

询问 Dabiri 对当今的持久在线世界，他是否有什么不满意的地方，他说：

- 首先，产品完成后缺乏顾客支持。消费者期待质量服务，特别是如果他们每月为它支付了一笔费用。保证你有客户支持人员支持你的顾客。
- 第二，缺乏发行策略，这意味着发行时不稳定的服务器或出错的编码。因为贫乏的表现或服务器的稳定性，许多玩家可能在几个星期后就离开游戏。这些玩家很少有再回来的……而坏的印象却在到处传播。玩家不会为测试版的产品每月付费。他们的确期待永远改进的世界《而且做的改变能感觉到》，但是，他们不希望也不能容忍服务器停止运行，游戏执行缓慢，或其他的 bugs。
- 最后，Dabiri 提供他的建议给那些以创作游戏为生的人。

请翻到第 6 章——关于如何创作故事板，编写设计文档，以及创作成功的电子游戏角色方面的透彻讨论。

第6章　创作角色、故事板与设计文档

Mario，Pikachu，Lara，Sonic，这些字眼有什么共同点吗？答案很简单——它们都是些家喻户晓、妇孺皆知的名字。它们不是好莱坞电影或电视剧里的演员，也不是孩子们热衷的新式玩具，而它们是电子游戏中的英雄，是互动荧屏上的明星，巨大的市场潜力使它们多年来成为人们关注的焦点，让它们创作者的口袋里装满了大把大把的钞票。

许多开发者和出版商都拼命想制作出下一个具有亿万身价的游戏形象，但只有醒目的名字和可爱的外表是远远不够的。那么，其中到底有什么奥秘呢？本章记录了上述诸位创作者关于这个问题的一些至理名言，但这还不是本章的全部。

如果说本章有一个共同主题的话，那么这就是“如何将创意付诸纸上”。有些设计者喜欢将角色和背景在纸上拟个大概草稿（或者是和美工一同致力于此）。有些喜欢绘制连续的故事板，来帮助形成游戏的景象和流程或是进行电影画面的剪辑。还有一些则（通常为多对话的冒险游戏或 RPG）编写游戏故事或剧本。

设计文档常常是一种较长的书面报告，通常用来表示游戏的整体蓝图，包括游戏的全部特性、故事成分、人物角色、地点、对话、谜题、艺术、声效和音乐等。这些文档通常都是组合式设计，因此如果游戏采取的是一种新的设计方式，它们是可以做相应调整和更新的。

本章重点论述了一些知名游戏角色的诞生过程。此外，还就故事板、编剧和设计文档等问题与游戏设计者和美工们进行了畅谈，希望你能从中获益。

最后，本章还特别附加了自由设计师 Daniel Greenberg 的一篇关于创作互动性剧本的文章，很有教育和启发意义。另外，设计师 American McGee 还给我们提供了 American McGee's Alice 开头一段的完整叙述。

注意：请回顾在第 13 章中，传奇人物——好莱坞动画师 Don Bluth 的一段论述：如何创作成功的游戏角色，如 Dragon's Lair 系列中的 Dirk the Daring。

Shigeru Miyamoto，Nintendo

无须多说，Miyamoto 先生是这个互动娱乐业中的神话，很多我们熟知和喜欢的游戏角色如 Mario，Luigi，Donkey Kong 和 Legend of Zelda 系列中的 Link 都是由他构思设计出来的。

如何才能制作出被世界认可、深受喜爱的角色？他说：“有趣是我的惟一目标，所以总是不断地努力。我认为创作游戏角色仅仅是实现这一目标诸多过程中的一个，如果 Mario 游戏不好玩，那么这个角色也就根本不会受欢迎”。

有趣的角色包括哪些因素呢？外表、声音、还是容易操控。为什么众多游戏开发者在尝试创造下一个 Mario 时，都归于失败了呢？

他说：“我不知道为什么有人会在创作优秀角色上失败。玩家在心理上可能会将电子游戏角色看成是另一个自我，这是他们与其他媒体角色的决定性差别。比如说 Mario，他在开车和跳跃时，可能就是两个意义完全不同的角色。其他设计因素会给角色的外形和感觉带来影响”。

Miyamoto 承认他的角色可爱、亲切，因而不是对所有玩家都有吸引力。他说：“我想很多玩家可能都觉得，如果 Miyamoto 的角色能再酷一点，我肯定会喜欢他们的，而我能说的就是很抱歉”。

图 6-1　游戏 Mettoid Prime 的截图

当然认识这些著名的角色：Mettoid Prime 中的 Samus Aran，The Legend of Zelda：The Wind Waker 中的 Link，以及 Super Mario Sunshine 中的 Mario，如图 6-1 所示。

Miyamoto 那些受人喜爱的游戏和角色的灵感从何而来？Mario 是怎样诞生的？

他说：“一切都能给我灵感：儿时的冒险、伴我长大的故事、日本的民间传说。总之，只要换个角度，人人都能见到的日常琐事都是我们灵感的源泉。关于 Mario，那是在 1980 年左右，因为技术上的限制，我们无法在电视主机上对一些复杂设计进行复制，于是我不得不把他的鼻子弄得大点儿，加上胡子，这样玩家才能注意到他有鼻子。我必须要让他穿上工装裤，这样他双臂的动作才能变得明显。Mario 是这些理性思考，加上我喜欢的意大利设计风格的产物”。

最后一点注意：Miyamoto 提醒说，由于设计者与作品的距离太近，因此他们可能无法客观地领会到玩家在第一次接触其游戏时的感觉。

Lorne Lanning，Oddworld Inhabitants

在第 2 章中，Lorne Lanning 谈到了游戏设计原理和制作，他曾给不同的 Oddworld 游戏设计了许多令人难忘的角色。在此，他论述了创作 Abe 或 Munch 这样的主角的“秘诀”。

他说：“首先，要弄清楚在设计主角时，你所追求的是什么。是一个英雄、逃犯，还是间谍？它们是干什么、代表什么的？要知道如何使他们和观众进行沟通。要尽可能地多了解它们，这些信息都可以增加角色的深度”。

作为第一步该做什么？Lanning 举了 Oddworld 中可爱的外星人作例子。

他说：“在画图之前，我们的重点是创作出真正失败者的形象。它们是靠不住的英雄，不敢接受发生在它们身上的一切——种族、文化等。它们也许被认为是社会的渣滓，来自于本国的土著阶层、劳动阶级或者野蛮阶级。在它们的世界里，它们被看成是纯粹的商品，而不是活着的、有感情的生物。它们不是超人，没有强健发达的肌肉，所以它们只是可怜的傻瓜。我们希望角色们能拥有这样的信念：发掘它们的内在力量，找到自己的生活目的”。

“然后，就要进行大量反复的设计。当 Farzad Varahramyan 开始设计 Munch 时，我们已经仔细审查过了好几百种的设计：我们都知道 Munch 是个水陆两栖的生物，在陆地上像鸟一样靠单腿跳行，在水中又会像海豚那样游泳。知道他只有一条腿、两条细细的胳膊、一张大嘴和一个大脑袋，他的头骨中植入了一个远程锌片端口。我们知道他很年轻，而且是他们种族的最后一个生存者，而对于他们种族的社会地位持否定态度，所以他很孤独，它在努力寻找自己的同类。当 Farzad 开始制作他很多很多很棒的设计时，这些事情我们都已经了如指掌，但我们仍然没有达到我们表达情感的目的”。

“接着，Lanning 说他们把不同的反复设计交给了 Sherry McKenna，Oddworld Inhabitants 的执行制片人 / 首席执行官。她的阅读是不偏不倚的，就像她说的平庸至极！她只是将她的感受如实地表达了出来，这一点上，她就像是我们的试金石。我们希望 Munch 能在众多玩家心目中占有一席之地。这是一个很难设计的角色，我们花了很长时间最后才将它确定下来。Farzad 没有气馁，坚持了下来。最后，他终于成功了，于是就有了后来那个人见人爱的新角色。他看起来必须既像 Oddworld 中的角色，又像已经经过了某种发展和进化，他必须要能抓住我们的心”。

有趣的是，很多出版商起先都对这个角色能否赢得人心表示怀疑。

他说：“但是，我们相信最后的修正一定能达到目标，在经过多次辩论以后，Munch 的最后设计胜出了。从那以后，它就吸引了几乎所有看过它的观众。假如当时我们屈从了发行压力，那么今天的 Munch 很可能会因为外表不出奇、棱角不分明而逊色许多。当你的东西能与观众进行沟通时，要相信自己，要做好准备，为你相信有用的东西和理由进行辩护和证实，但同样也需要倾听反馈意见，防止自己走错路”。

“当站在创意前沿时，产品的购买者希望你能保证这个创意对目标观众起作用。诚然，保证通常意味着它在过去是有效的。不幸的是，过去并不能告诉我们要怎样的创意才能吸引今天和明天的观众。所以，销售新颖产品的艺术与创作它的能力是同样重要的”。

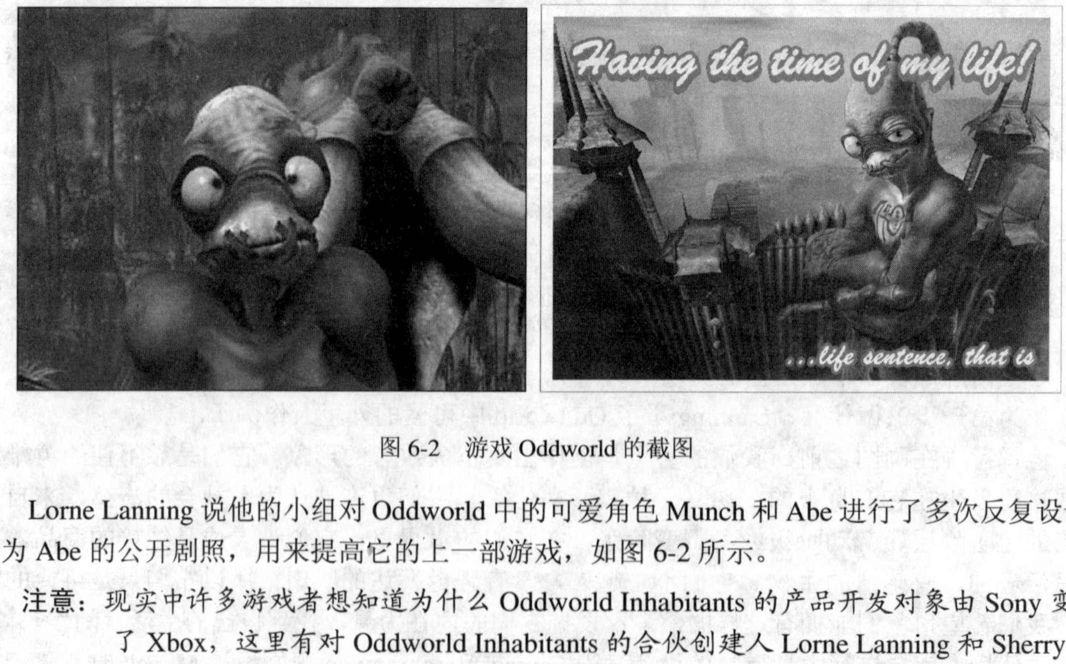

图 6-2　游戏 Oddworld 的截图

Lorne Lanning 说他的小组对 Oddworld 中的可爱角色 Munch 和 Abe 进行了多次反复设计。图为 Abe 的公开剧照，用来提高它的上一部游戏，如图 6-2 所示。

注意：现实中许多游戏者想知道为什么 Oddworld Inhabitants 的产品开发对象由 Sony 变成了 Xbox，这里有对 Oddworld Inhabitants 的合伙创建人 Lorne Lanning 和 Sherry McKenna 的一次采访：www.oddworld.com/oddworld/company/ow_inhabitants4

_bio.html。

本章还论述了设计文档和故事板的重要性，Lanning 也谈了自己的想法。

他说："设计文档至关重要，它们就相当是一个电影剧本或者商业计划书，没有它，就没有了指引你通过制作这场暴风雨的路标，更不用说筹集资金的首要任务了。而且，如今的游戏制作涉及大规模的工作组和多达几百万的开支，这意味着每个人都要对游戏有着清楚的了解，否则就会造成极大的浪费。工作组、出版商，管理层——每个人都要知道自己在做什么，如果你想要制作顺利和成功的话。这也是项目开始时你安排进度的基础"。

请对如何起草设计文档提出了一些建议？

他说："首先要给有抱负的设计者们推荐 Gamasutra 网站（www.gamasutra.com），上面可以找到一些游戏设计的参考资料。这个网站很不错，很多职业设计师都会在上面花些时间，分享经验。整体上，我将游戏设计看成是一种大范围的创造性思维演练。谁要是能进行和当今游戏一样庞大而复杂的构思，他就一定要很好地组织自己的想法，并使其系统化。这意味着你要能理解游戏的核心，能区别和分开每个关键部分和重要功能，还要能将这些方面传达给游戏的投资者、管理者和制作人。因此，设计者不仅要能聪明地传达游戏是什么样，而且要能说明为什么这样能吸引游戏观众"。

"设计者同样需要充分理解游戏效果、如何制作，以及最重要的是它能否做成。常常会听到一些很棒的设想，但却根本无法实现，因为它们或者是脱离实际，没有考虑到所需的核心控制方式。或者是条件不够，缺少必备的时间、资金和人才等"。

故事板对 Oddworld Inhabitants 的团队很重要，特别是在视频顺序上。

他说："过去常常为游戏可玩性制作故事板，但这与其说有用，倒不如说是负担。后来，我们开始做真实显像处理，这让我们能更清晰地进行思想交流。利用 3D 数据来说明游戏引擎最终运行后的动作、光影、效果和动画等。这与看着事情照你的设想发展是完全不同的，因为在最终定型前，还会有很多新的想法添加进来"。

请阅读第 9 章"谜题设计"，其中有 Lorne Lanning 关于谜题制作的宝贵建议。

Tsunekazu Ishihara，Pokémon Co.

Pokémon 在过去几年里已经成为世界最大的奇迹之一。它从日本的 GB 游戏开始，然后逐渐发展成深受喜爱的儿童电视剧、可收集的卡片游戏、成功的玩具商品、电影特许权等。这里 Tsunekazu Ishihara 是 Nintendo 公司所有 Pokémon 相关产品的制作人，他将谈谈如何创作成功的电子游戏角色。

创作成功的游戏角色如 Pokémon，有没有什么公式、秘诀、技巧可言？

他说："说到 Pokémon 游戏，我认为它之所以成功，是因为角色的刻画都十分细致精确。具体说来，对每个 Pokémon 我们都设计了体重、身高，有效的进攻 / 防守方法等特征。这些细节不仅让电子游戏得到了很好的平衡，而且另一方面，它们让皮卡丘这样虚构的角色像真的一样存在"。

"有了这些信息，孩子们的脑海中就有他们自己对 Pokémon 的印象，强调它的每个特征，感觉自己就像真的带着 Pokémon 在旅行。这些详细的角色特征也许就是 Pokémon 受到全世界孩子们喜爱的秘诀吧"。

对于游戏的国际性成功，Ishihara 承认 Pokémon 原先是为日本人设计的，最后招供说这是为他的侄子和侄女们设计的。

他说："在日本获得成功后，我们准备把它们带到美国，而美国同事却要求做些修改，为的是要将他们本土化。例如，他们说 Pokémon 过于可爱，要增加一些强健肌肉和诸如与邪恶势力做斗争的主题。我们最终没有满足他们的要求，如果我们那样做了，Pokémon 就不是 Pokémon 了。而结果是，全世界的孩子们都爱上了 Pokémon"。

图 6-3 游戏 Pokémon 的截图

Tsunekazu Ishihara 说他设计 Pokémon 最初只是为了让他的侄子侄女们高兴，而且从未想过会取得空前的国际性成功。据 Nintendo 估计，仅 2002 年，全世界 Pokémon 特许权收入就达到了 10 亿美元！2003 年春，高级 GB 游戏 Pokémon Ruby 和 Pokémon Sapphire 又一次奇迹般地赢得了美国市场，如图 6-3 所示。

Toshihiro Nagoshi，Amusement Vision / Sega

没有人不喜欢 Super Monkey Ball 中那只精怪的小猴。在第 4 章中，Amusement Vision 总裁 Toshihito Nagoshi 讲述了游戏设计理论，而这里谈论的是他对创作成功的电子游戏角色的一些见解。

Nagoshi 是怎么想到 Super Monkey Ball 中那只猴子的呢？有趣地是，这个角色产生于游戏设计的一个难题。

他说："在制作 Super Monkey Ball 过程中，我们的想法是让球滚过各种不同的环境，而这有两个问题：一是不能凭知觉断定球的滚动方向；二是在平坦的表面，游戏很单调。为了改进这一点，首先是在游戏表面绘制了各种图案和角色，后来我们突然有了灵感：将球设计成透明的，而里面装着游戏角色。这个角色最后定下来是猴子，没有什么特别原因。我们小心设计，使它看起来醒目又可爱。如果非要我给选择猴子找个理由的话，那么就是希望游戏的名字叫猴子球"。

图 6-4　游戏 Super Monkey Ball 的截图

Nagoshi 和 Sega 的 Amusement Vision 工作室的成员如何以及为什么会想到 Super Monkey Ball 系列中的猴子呢？答案你可能想不到！如图 6-4 所示，为 Toshihiro Nagoshi、我们喜爱的猴子以及为 Nintendo GameCube 平台设计的 2002 年 Super Monkey Ball 2 中的一幅快照。

那么别人从中能学到些什么呢？在制作成功的电子游戏角色时，最重要的事情是什么？

他说：“有一点我非常重视，就是要让玩家觉得游戏中存在某种风格，某种可以展示开发者设想的风格。当角色的外表和动作相匹配，或者游戏中有令人惊奇的成分，这个目的就达到了”。

“Super Monkey Ball 中的角色是有一定作用的，他们要通过自己的动作引导球滚动，并通过自己的互动性质改进游戏界面。这样，我们就成功地通过角色动作向玩家传达了球的情况。例如，当角色缓慢行走时，球是低速滚动的。角色奔跑时，球的速度相应加快。角色冲刺时，球就滚动得更快。角色跳跃时，球就会弹起来。我认为这个构思很有创意”。

最后，Nagoshi 补充到：“如果一个游戏只有漂亮画面或者只有可操作性，这是不完善的。不将两者结合在一起，创作优秀的游戏角色就是一句空话”。

David Perry，Shiny Entertainment

Shiny Entertainment 总裁、杰出的游戏设计师 David Perry 多年来创作了大量的热门角色，其中包括 Earthworm Jim 系列，MDK，Wild 9，Messiah，Sacrifice 以及电影授权游戏 The Matrix 等游戏中的主人公。

Perry 对如何创作成功的游戏角色提供 3 条有价值的建议，他说：

- 幽默是娱乐所不可缺少的。如果能让角色显得有趣，那么这就是最简单的成功方法。
- 有人说，伟大的角色有着与众不同的侧影。如果你只用轮廓就能标识出你的角色，那么你要知道作品就是真正出类拔萃的。
- 新鲜有趣的武器同样很重要。再没有什么会比游戏里的破烂玩具枪更让人扫兴的，所以迅猛的火力是对玩家的一种极大鼓舞。

Perry 说他自己不喜欢做广告，但是不得不说，要想学会制作优秀的角色，最好的办法是学习这个课程：www.beyondstructure.com。如果你还是这个行业的新手，那么不再可能因为 Pac-Man 而轻易成功了，即必须要做出真实、聪明、有趣的角色来，而这个课程会详细告诉你如何做到。

图 6-5 游戏 Earthworm Jim，MDK，Messiah 和 Sacrifice 的截图

杰出的游戏设计师 David Perry 说，幽默可以为你的角色增添佐料。图中为 Earthworm Jim，MDK，Messiah 和 Sacrifice 中的角色，如图 6-5 所示

本书中很多地方会看到关于同一话题的矛盾性意见。典型例子：当被问到设计文档的重要性时，Perry 直接反驳了 Lorne Lanning 等人的看法，我过去总认为这是浪费时间，说实话，现在仍这样认为：

- 游戏预演剧本。我们拟定一个纲要，称作最后草案。将自己从头至尾在游戏中想要的体验写下来，有点像写电影剧本，但还对环境氛围进行描述：在场角色、环境，动作和对话等。

- 列表。这些在 Microsoft Excel 中制作并进行刻录，内容包罗万象：目标、武器、角色和平衡统计等。

Perry 给他的游戏制作故事板吗？

他说："过去一些年里，我曾和各种各样的人们一起工作过，当说到任何创造性的思维时，有些人做得很好，有些则完全是庸庸碌碌。有句老话说的很好：一图抵千言。现在我们广泛绘制故事板，以便任何想了解这个构思的人只要看看那些画就行了，就像看卡通书一样简单，节省了许多不必要的讨论"。

利用 3D 雕像让角色聚在一起是个很棒的做法，因为这是个即时会话片断。当对设计进行描述时，听众会立刻被角色雕像所吸引。怎样才能制作好的雕像？Perry 认为下面 2 个最好：

- 利用专门塑造原始动作 / 格调角色形象的优秀雕刻家，只需要他以前作品的照片。
- 使用一种叫做快速复制的技术。许多公司（如 Gentle Giant）在采集游戏的 3D 数据后，就可以用激光进行雕刻，然后就会得到一个和你的角色完全一样的复制品，却不需要我们花费半点力气。

本书其他章节也记载了 Perry 的精辟论述，阅读他关于一般游戏设计理论和实践(第 2 章)，以及进入游戏行业（第 21 章）的看法。

George Broussard，3D Realms

自从 3D Realms 公司在 1996 年发表了它的第 3 个游戏——Duke Nukem 系列以来，无数的制作者就对主人公 Duke Nukem 趋之若鹜，试图通过模仿它来创造另一个成功的主角。

作为 3D Realms 总裁 George Broussard，将给那些希望创作角色推动型动作游戏的人们提供了一些建议。

他说："首先游戏要精彩，没有这一条，你对角色所做的任何努力都是徒劳的。我们尽力使角色的名字醒目，譬如 Duke Nukem 或 Max Payne，他们能立刻引起共鸣，或是给人留下深刻印象——这就是'钓钩'。一旦人们觉得有趣，那么就要赋予角色一些个性特征、行为习惯和口头禅等，让你的角色鲜活丰满起来"。

Broussard 说明了为什么 Max Payne 不只是个"酷名"这么简单。

他说："Remedy Entertainment 在 Max Payne 这个角色的塑造上做得很成功，他的名字就是一个特别的钓钩，人们总会想到其双关含义——他带来的是'极大的痛苦'。然后再给 Max 的行为和动机提供了一个强有力的理由：他是一个密探，为给妻女报仇而进行着困兽般地斗争。最后，通过说话方式赋予他个性，Max 以四五十年代侦破电影的形式，隐喻地讲述着自己的经历。最后得到的就是一个颇具特色、具有吸引力的角色形象，观众也会报以你所期待的回应"。

Broussard 补充说这条建议要取决于你所制作的角色类型，他说："创作的大量角色都趋向于卡通书或刺激动作片中的角色风格，都是脱离现实、夸张虚构的——对于这种类型的角色，这是一个基本起点"。

为了重申和概括他前面几点建议，Broussard 说可以将任何角色都分解成下面这几个特征：

- 个性特征。这些确定角色的个性和他或她对形势作出的反应。

- 外表。角色应具有与众不同的面孔，这样，人们仅凭外表就能将他辨认出来。例如：Lara Croft，Superman，Darth Vader。
- 动机。为什么角色要做他们所做的一切？是什么在驱使着他们？一旦明确了这一点，你的角色就会变得更可信，因为他的行为是人们所期望的、是合乎逻辑的。
- 口头禅。优秀的角色形象之所以能名扬四海，有时是因为一句脍炙人口的简单口号，这经常也会成为流行文化的一部分。例如，“大哥，有啥事?”——兔八哥；“我会回来的！”——终结者。
- 名字。角色的名字应该醒目、特别，这样可以迅速在人们的头脑中留下印象。尾韵和头韵是使名字醒目的好方法。例如：Duke Nukem，Sonic the Hedgehog，Earthworm Jim。

为了进一步说明他在独特角色上的观点，Broussard 提供一些例子，看看在给出角色名字之前，能否只通过基本要素就猜出他是谁：

1. 个性特征：我行我素。外表：墨镜、红色紧身背心、子弹带、金发平头。动机：打击外星暴力 / 勾引年轻姑娘。口头禅：“去弄点儿来”——姓名：Duke Nukem。
2. 个性特征：坚决、好奇、不合群。外表：黑套装、白衬衫、领带、手机。动机：FBI 特工 / 揭露阴谋。口头禅：“事实明摆着”——姓名：《X 档案》中的 Fox Mulder。

Broussard 说：“前面所说的只是进行角色创作的起点，可以根据自己的需要进行调整，或繁或简，但最终这些特点都要为创造一个真正让人难忘的角色服务”。

如何将草图变成真实的游戏角色？这对像 Duke Nukem 这样的系列是必需的吗？

他说：“由于电子游戏越来越复杂化，所以开始采用一些电影制作的手法，不少游戏的脚本就像电影剧本一样，详细列出了所有的动作、场景和对话。另一个被采用的就是概念草图的理念，这些草图可以使游戏因子具体化，如角色、地点和动作次序等”。

Broussard 说：“我们现在的局面是，所有游戏都需要有一位真正的作家来赋予角色真实的个性、对话和生命”。如图 6-6 所示，为 Duke Nukem 3D 中最后严惩了坏蛋、意气风发的 Duke。

图 6-6　游戏 Duke Nukem 3D 的截图

那么设计文档呢，他们对所有类型的游戏都是必需的吗？

他说："对我来说，Duke Nukem 3D 根本就没有用到这个。我们开始是找素材，把认为不错的情节加进来，将没有用的想法丢出去。看看游戏，我们所得到的只是一个模糊的概念，就是这个游戏要以一个未来的、肮脏的拉丁美洲为背景，其余的都来自于一个动态开发过程"。

"Duke Nukem Forever 则更多是从纸上开始的，因为这个游戏范围更大、连贯性也更强。但事先写一份长达 300 页的设计文档却只是浪费时间。游戏设计过程是一个不断进化发展的过程，设计、改进、再设计，逐渐完善。写一份 300 页的文档是很愚蠢的"。

"从我们的经验来讲，设计文档只是一个总纲，它会在实际过程中逐渐变得完美。当开始做游戏时，设法让设计文档处在领先三四个月的位置上。只有当游戏完成了，设计文档才能算完成"。

"记住，3D 动作游戏并没有那么复杂，它们有坏人、枪支、物品和关卡位置，但却不需要像发射火箭一样精确，更不需要 300 页的文档"。

一定要访问 3D Realms 的官方网站，读一读 Duke Nukem 所有的刺激经历：www.3drealms.com。

Scott Miller， 3D Realms

Scott Miller 是 3D Realms 公司的首席执行官，听他来揭示在别人失败的同时创造成功游戏角色的秘诀。

他说："定位和区别。Duke 是第一位白人男性动作英雄，任何角色都不能撼动他的地位。同样，Max Payne 也是这种类型中第一个真正的反英雄式的警察——没有开发者能用这种描述创作出更好的角色来。由于众所周知的心理作用，更好是不能取胜的，第一才是关键"。

"George[Broussard]和我对角色进行了将近十年的研究和讨论，终于认识到在过去的六七年里，在谜题的关键部分的组合上，我们是这个行业中做得最好的。这个结论也许很唐突，但想想我们曾计划某一天将 Max 发展成下一个成功的男性动作角色，而且关键性地指导了 Remedy（开发公司）实现了这个目标。我们还要再接再厉，让接下来的两个游戏角色同样大放光彩：Bombshell（在主演自己的游戏前，首次出现在 Duke Nukem Forever）和另外一个我现在还不能发布的游戏"。

对于角色的命名，Miller 承认这是个很困难的话题。

他说："但要合理命名，做到好记醒目，还是有一些具体方针可循的。以角色为基础的游戏，应当以角色的名字来命名。所有醒目、好记的名字都有一个共同点，就是它们都是单音节。例如，Johnny Quest，James Bond，Darth Vadar，Luke Skywalker，Duke Nukem，Commander Keen，Indiana Jones，Max Payne，Han Solo，Lara Croft 等。这样的规律还有好几条，在给角色命名时一定要遵守"。

角色的名字应该反映角色的某些特质。他说："Duke Nukem 和 Max Payne 在这一点上做的很好，而其他的人名像 Lara Croft， Kate Archer， John Mullins， John Blade 就很普通，没有反映出代表角色的个性。

本书其他章节中，Miller 还就一般游戏设计、制作授权游戏（第 2 章）和进入游戏行业（第 21 章）等问题谈了自己的建议。

Jason Rubin，　Naughty Dog

作为 Sony Computer Entertainment 的一个子公司，Naughty Dog 因它创作的 Crash Bandicoot 游戏而享誉全球。Jason Rubin 是公司合伙创建人之一，领衔设计了它最新的基于 PS2 的 3D 游戏 Jak & Daxter：The Precursor Legacy，Jak II 计划在 2003 年秋发行。

创作成功的游戏角色有没有公式可言。

他说："一个很难回答的问题。当然，有很多因素：好的设计，即要有合适的人选和正确的意见；好的综合，即角色要恰当，游戏要好玩；好的营销，即确保角色定位正确和公众有深入了解的欲望；好的后续发展，包括玩具和 T 恤等派生产品；以及适时推出续集和连续的广告宣传等。当然，我不知道有哪个成功的游戏角色会缺少以上任何一点；最好的，像 Pokémon and Mario，不仅每一点都做到了，而且都做得超乎寻常地好"。

当今可爱 / 酷酷的角色形象如 Crash Bandicoot 或 Jak&Daxter，其重要性是怎样的？

他说："游戏市场越广阔越深入，角色就越重要，这也许是指主要角色，或是授权游戏角色像 Tony Hawk，或是官方 NBA 球队和标志。为什么和 80 年代相比，现在有更多的人喜欢电子游戏？那是因为许多不喜欢的人会被吸引。随着现实或幻想与游戏的距离日益缩小，越来越多的人迷上了这个媒体；而且，随着游戏的故事和情节日益曲折和复杂化，甚至不太积极的人都有了玩游戏的理由。看看最近的排行榜，畅销的都是以广泛定义的角色为核心的游戏，这个趋势将会继续下去的"。

毫无疑问，读者肯定想知道 Rubin 和他的公司是如何创作出 Crash Bandicoot 这个角色的？

他说："Crash 是由 Naughty Dogs 几名设计师和好莱坞两位卡通设计师，Charles Zembillas 和 Joe Pearson 一起设计的。我们画了几十张草图，然后将它们融合起来，挑出每张最好得部分，加进一些新的变体。多次更新后，就有了 Crash 的 2D 图。然后用 3D 包为它建模，改进某些特征，增大它的尺寸。最后将它放到 PS 平台上进一步完善，以确保他的特征显著，并且多边形的数量和分辨率恰到好处。整个过程大概花了 4 个月时间"。

图 6-7　Naughty Dog 的截图

热门角色很难一蹴而就——Naughty Dog 的 Jason Rubin 说，Jak&Daxter 花了大约 4 个月才完成细化工作，是 Crash Bandicoot 所花时间的两倍，如图 6-7 所示。

如果让 Rubin 用一段话概括，Crash 获得成功的关键是什么呢？

他说："Crash Bandicoot 这个角色吸引了最广泛的群体：年轻的、年老的、男人们、女人们、日本人、北美人，欧洲人等。第一次购买 Crash 的顾客，无论什么国籍，多是因为广告、促销宣传或外包装而买的。如果角色失败了，这个游戏也就不会成功。Crash 在这个方面做的很好，这要得力于有一个充满创意的设计以及 Sony Computer Entertainment 在世界范围内的有效的营销活动"。

有了这次收获，Jak&Daxter 的创作是更容易了、更难了、还是几乎一样？

他说："Jak&Daxter 的设计过程和 Crash 差不多，但所花的时间却是后者的 2 倍。我们征询了更多的意见和经验，还和制作人以及来自美国、欧洲、日本等的 Sony 营销小组共同进行设计。从一开始，我们的目标就锁定在制造风靡全球的角色上，而 Crash 的设计并没有这样的全球概念，他之所以能获得国际性成功，我想靠的只是运气以及公司的大力营销。总的说来，与 Crash 相比，Jak&Daxter 更让我感到兴奋，我喜欢他们的样子，而且相信，作为游戏角色，他们的发展潜力更大"。

想看一看 Rubin 关于游戏设计的建议吗？返回第 2 章。

Toby Gard，Confounding Factor

也许并不熟悉这位设计者的名字，但却极有可能对他的杰作 Lara Croft 如雷贯耳。作为革命性游戏的首席美术师和游戏设计师 Toby Gard 离开了 Core Design，和 Core Design 首席程序师 Paul Douglas 一起，创建了自己的开发工作室 Confounding Factor。

对于创作成功角色的话题中，首先 Gard 说了关于一般游戏设计。

他说："你的目标要视资源而定。如果必须要用某种技术，如某个引擎，或者在平台或程序上受到一定限制，那么这就是进行设计的着手点。例如，如果要制作一个 GB 游戏，所以你的限制就是二维以及一些重要的速度和内存等问题"。

"假设要给计算机或是某种更新的 3D 主机制作游戏，但是，限制因素却是不确定的，这种情况在当前更加普遍。我更喜欢从这个方向着手，因为可以有一个纯粹的想法，而且知道用某种形式可以将其实现，不管有多困难。所以需要一个想法，不是吗？我想想法每个人都有，无论什么，像进入 StarWars 中啊，告诉别人挡雪板多好玩。然后你所要做的就是找个酒吧，和你的伙伴一起没完没了地讨论怎样才能让它更酷"。

"这个期间，要解决'到底怎么才能做到'的技术问题，即使你只是说'哦，我们需要阴影。Quake 就有阴影，它们是怎么做的，我们能用相似的技术吗'。这段时间应该多费脑筋，想想控制系统将怎样运行。我相信尽可能压缩控制系统按钮的数量能帮你达到目标，这样你得到的将是一个一流而不是笨拙的控制系统。要对游戏的最终效果保持一个清晰的概念，这是基本的立足点。如果能做到这些，如果已经进行了充分的设想，那么在一件糟糕作品完成之前，就可以将想法中的缺陷和错误看得清楚"。

"因此，对我来说，最重要的 3 点是：对控制系统进行可视化设想，包括游戏控制方式；对如何完成上述种种进行技术性思考；将这一切记录下来"。

在给电子游戏创作主角时，要确保自己真的喜欢自己的设计。然后是确保别人也喜欢自己的设计。

他说："如果对自己的角色没有把握，那么扔掉它。如果只是在不断试验，任意寻找着看起来不错的方法，那么直觉会告诉你一些有用的东西。然后将你的作品熠熠生辉，通过绘画而使角色逐渐有了自己的个性。

对于创作像 Lara 一样的热门角色，Gard 提供如下一些具体的原则和建议：

- 角色要简单明了，看看漫画书就知道为什么了。你的作品应当是一件形象的艺术品，一件精心渲染的艺术品。例子，灰黑+黄色=蝙蝠侠。鲜明的颜色加上简单的整体设计，不论你把他画成什么风格，蝙蝠侠永远是蝙蝠侠，因为他就是一个偶像，他本身的头衔几乎就是他的标志。
- 做些激进的改革。几乎所有的先例都很奏效，人们大多都讨厌雷同的角色，所以要打破常规。
- 如果希望人们喜欢角色，那么首先必须要尊重它。它应该具备令人称赞的优良品质，应该是你接连花费几个小时也不会介意的东西。

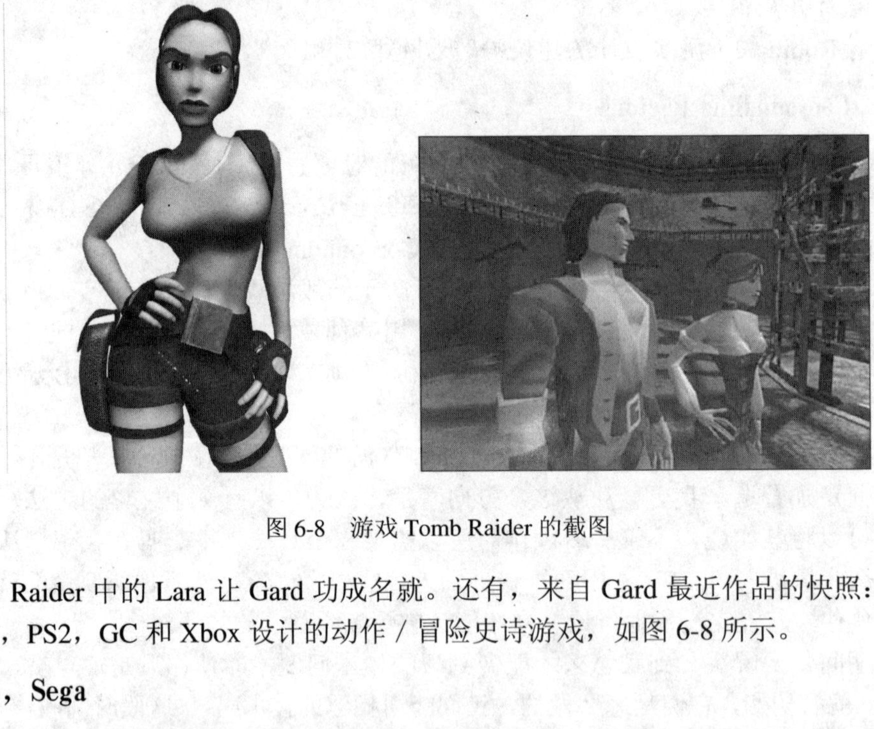

图 6-8　游戏 Tomb Raider 的截图

Tomb Raider 中的 Lara 让 Gard 功成名就。还有，来自 Gard 最近作品的快照：Galleon，一个为 PC，PS2，GC 和 Xbox 设计的动作 / 冒险史诗游戏，如图 6-8 所示。

Yuji Naka，Sega

作为 Sonic Team 公司总裁，Yuji Naka 创作了许多深受喜爱的游戏，包括 Nights，Samba de Amigo，Phantasy Star Online，Sonic Adventure 等。

我们和 Naka 先生就游戏设计和创作成功主角的话题进行了交谈，他说尽力创作有个性的游戏，并且要给游戏注入尽可能多的感情和特色。

Sonic the Hedgehog 是公认的电子游戏吉祥物之一，怎样才能创作出下一个 Sonic 呢？

他说："游戏的角色自然是由游戏的趣味成分所产生，因为在这一方面它不同于动画片和电影，所以先想想游戏本身，然后进行角色创作"。

“游戏的运作和流程是 Sonic 诞生的必要原因。它本质上是超级玛丽，虽然和 Nintendo 的角色有很大不同，但我们还是这样设计的：不是作为他的对手，而是作为我们对这类关卡感到骄傲的一个游戏……于是就有了 Sonic”。

在寻找游戏的灵感上，他说：“尽量让注意力投在日常生活的各种事物上，如日常的娱乐”。

对于制作大型多人主机游戏，如 Phantasy Star Online，能给提供什么好的建议呢？他说：“要注意交流途径的制作，即游戏玩家间的交流至关重要。所以，当制作像 Phantasy Star Online 这样的游戏时，要想一想交流对于游戏的重要性”。

Naka 相信多人游戏是主机游戏的未来吗？他说：“我估计这是个方向，但不是惟一的。我想有 30%的玩家会成为多人游戏玩家，其余的则不会”。

Naka 强调说用户界面（详见第 14 章）是游戏设计者必须考虑的一个重要方面：“历史表明，没有考虑到界面和控制器的游戏是不会成功的——它们是游戏本身不可或缺的重要组成部分”。

Yu Suzuki， Sega

Yu Suzuki 负责设计了许多精彩游戏，像角色推动型的 Shenmue 系列，Virtua Fighter 系列，Virtua Cop 系列，Hang On，Spate Harrier 等。

如何创作出像 Shenmue 中 Roy 一样的不朽角色的？

他说：“最重要的是创意。游戏的无形部分像故事背景或角色个性同样也很重要，它们能增加角色发展的潜力。最后，注意自我宣传：努力让角色获得更多认同是很必要的，比方在一些媒体如杂志或主页上做些曝光或广告等”。

Hideo Kojima， Konami

Hideo Kojima 曾负责设计了游戏 Metal Gear Solid，让这位著名的游戏设计师来谈谈主角的重要性，以及如何进行成功制作的问题。

他说：“这是一个很难回答的问题。故事的主角是最重要的因素。如果不能将自己与电影或小说中的主要角色联系起来，那么就不可能喜欢这个故事情节。游戏也是一样，所不同的是游戏中的主角由你来操纵，所以必须要考虑角色与该游戏所有潜在玩家的观点和心理是否兼容的问题，要达到这种平衡十分困难。基本角色描述 / 设置，连同角色本身都是一回事。当玩家真正让角色动起来，角色才是完整的。玩家给予角色的正是角色自身所缺少的”。

请返回第 2 章，阅读 Kojima 关于一般电子游戏设计的建议。

Hideo Kojima，疯狂流行的 Metal Gear Solid 的创作人，相信电子游戏角色的成功与玩家能否很好地对其进行控制直接相关，如图 6-9 所示。

注意： 大家 如果见过 PaRappa the Rapper 或 Um Jammer Lammy 中那些古灵精怪的角色，就能对 Rodney Greenblat 的超凡想像力有所体味。翻到论述美术和动画的第 13 章，看看他是如何构思这些角色的，以及他的商标的美术风格。

图 6-9　游戏 Metal Gear Solid 的截图

Michel Ancel， Ubi Soft Entertainment

作为法国的 Ubi Soft 公司的项目主管，Michel 创作了轰动全球的游戏角色——Rayman，他出色地制作了各种版本的 Rayman 游戏，包括最新的 Rayman 3：Hoodlum Havoc。迄今为止，Rayman 游戏在全世界已经售出了 1100 万张。

在涉及 Rayman 这个角色以前，Ancel 提供了一些有关游戏设计的建议。

他说："要有创造性、要有逻辑性、要了解玩家的观点。以 Rayman 为例，有创造性的地方是它的图画风格，我们也尽力想像一些游戏情节，如被一只海盗船追击或者与一位强大但可怕的朋友合作。游戏的逻辑部分就是规则，就是必须严格遵守的游戏技巧，如 Rayman 的进化、技巧关卡和谜题。要了解玩家观点，游戏必须要适合上百万的人玩，这就是说我们必须考虑到人们在这个过程中的反应如何，主要问题是控制按钮、故事情节、挑战任务、奖励等，它们够不够好？容不容易理解？这些问题都应该在游戏制作早期加以解决"。

创作像 Rayman 这样举世闻名的角色有没有什么特殊技巧？

他说："在创作 Rayman 时，并没有对他进行过分析，这样设计只是因为我和我的朋友觉得这样很有趣，而且也需要角色容易做成动画。你的角色既不能与别人雷同，同时又要让人觉得亲近，这是介于新奇创意和简单易懂两者间的一个挑战"。

"Bayman 的造型很新颖，但在某些方面又和年轻人心目中的主角形象相符合，视觉效果对第一印象很重要。有了第一感觉，接下来就是动画了，角色的许多个性特征都是通过动画表现出来的，即角色一般动作的进行方式。下一个重要步骤——尤其是游戏——是角色的能力，他的特殊行为方式，他该怎样做才能让玩家感到惊奇呢？这是个很重要的问题。下一个也是层次最深的方面是他的感情，他的个性，他在特殊情况下的反应，如危险、爱情、惊讶、胜利等。必须充分考虑所有这些感觉和知觉因素，而且确保不是在复制任何别的角色"。

Rayman50%是动作，50%是幽默，这也是大多数年轻人所关心的。

Rayman 如何在视觉上做到有独创性的呢？只有一点，他没有胳膊和腿——而手和脚却神奇般地出现在它们应该在的地方！如图 6-10 所示。

图6-10 Rayman的截图

最后，他谈到了控制问题（第14章有详细论述），Ancel赞成这样的观点。

他说："游戏制作最大的挑战之一是控制上要既直观又舒服，Rayman系列就是一个很好的例子。必须从玩家的思维方式出发，想想他们认为理所当然的东西，避免挫伤他们的积极性。和朋友、妻子、孩子——任何能给你反馈意见的人一起，测试控制设置。按钮的一次迟滞、拍摄的加速度曲线，所有这些参数都要认真调整。也许游戏里有100多个这样的参数，那么根据玩家的反馈，你就能很容易地进行改进了"。

Tim Schafer，Double Fine Productions

和蔼可亲的Tim Schafer制作过许多受人喜爱的计算机游戏角色，最近他离开了工作八年的LucasArts，创建了Double Fine Productions。他在DFP的第一个项目将是Xbox游戏Psychonauts。Schafer创作了很多令人难忘、经久不衰的角色形象，其中有Grim Fandango中的Manuel Manny Calavera和Hector Lemans，以及Full Throttle中的Full Throttle。

Schafer说，满足愿望是角色（和游戏）设计的主要秘诀。

他说："不要忘了是在给玩家提供机会，让他们尝试一些现实中无法做到的事情，所以这些事情应该是他们真正想做的。对于Full Throttle，依据的秘密想法是当一个飞车仔：高大、强壮，还很酷，骑着巨大的摩托四处游荡，根本用不着带头盔。问问自己，我的游戏是怎样满足愿望的？要满足的又是怎样的秘密愿望？这在冒险游戏中比在像Sonic the Hedgehog这样的游戏中更为重要，因为冒险游戏都是些神奇的幻想"。

Schafer谈论了故事板和设计文档对于冒险游戏创作的重要性。

他说："将Grim Fandango中每个镜头都做了故事板串连起来，其价值是无法衡量的。有了它，美工就能更好地知道要建造什么，要从哪个角度看才比较好。有了它，人们安置角色时就知道什么地方它们要站着，什么地方不要了。这在电影界已经运用了很多年，但在游戏业才刚刚兴起"。

"设计文档是游戏开发者的圣经，它不是你在过程开始时灵光突现并草草记下而后进入制作又忘得干干净净的模糊想法。它应该是经过多次头脑风暴后修订而成的一个需要不断更新的活的文档。当团队成员想不起计划时，它可以作为参考和指导”。

注意这位专家的忠告：没有它，你肯定是要离题的，我敢保证。阅读 Schafer 关于一般游戏设计技巧和诀窍（第 4 章），以及如何为冒险游戏创作不错的谜题（第 9 章）的建议。

Gabe Newell，Valve Software

在第 2 章中，华盛顿 Kirkland Valve Software 的创建者和常务董事 Gabe Newell 谈论了有关制作成功动作游戏如 Half-Life 的话题。

这里他简要论述了他对创作主角和编写设计文档的一些看法。

他说：“事实上，我不能确定在第一人称视角游戏里，主角是否是必要的或者是有益的。我们让 Gordon 在玩家看来尽可能透明，惟一能听到到的自己的声音，是经历一连串灾难之后的呼吸声。我们也制作了一些第三视角的场景，但渐渐意识到它们对整个经历并没有帮助，反而损害了它”。

但是，Newell 却赞成使用设计文档，他说：“没有设计文档，就没法工作。很多人都需要将无数细节间的设计牵连想得清楚，因为这些都是要进入下一代游戏中的。设计上多花 1 小时，在执行时就能少花 10 个小时”。

Alex Garden，Relic Entertainment

这个创作 Homeworld 和 Impossible Creatures 的年轻设计师谈论了设计文档的重要性，以及如何进行最好的创作的问题。

他说：“设计文档就是古怪构思制作团队的路标。当团队成员遇到问题时，设计文档应当能提供参考。实际上，游戏设计在某种程度上是一个有机过程，所以设计文档必须要有一定的组织性，以便能正确传达意思。在 Relic，我们有一个很大的中心设计文档，是作为游戏基础用的。然后我们就用‘设计更新材料’对其进行补充，这些材料要短得多，而且容易更新”。

当今游戏的故事板重不重要？

他说：“考虑到电影和动画制作的高成本和复杂性，在你开始做出完整作品前最好能先做一些预备产品，越多越好，这一点十分重要。计划也许看上去像是浪费时间，但实际上，它是最简单也是最便宜的方法，能让你的游戏最终成功的惟一方法”。

Garden 提出了很重要的一点：很明显，钱是一个很大的问题。所以，在时钟开始滴答之前（当发行商开始投资项目时），设计者 / 开发者能想出的游戏控制方式是越多越好！

Bruce C. Shelley，Ensemble Studios

Ensemble 工作室的设计师 Bruce C.Shelley 的 Age of Empires 和 Age of Mythology 已成为世界上最成功的即时战略游戏系列之一。

这里提供了他对于使用设计文档的建议。

他说：“设计文档（DD）是游戏设计的蓝图，它首先用短短一段话或者长一点的图像陈述概括出游戏的主要内容。然后是 2 到 3 页的图像文档，给游戏的画面和感觉提供更多细节。接着以此形成一份长达几百页的完整 DD，所有主要系统都用单独一章详细阐述应如何运行。例如，在 Age of Empires 中，设计文档有一章是关于建筑的。我们列举了所有建筑物，它们的功能、费用、先决条件、什么时候建成，主要特征（流行的地方、装甲）等。每个人都可以在这一章看到某个特定建筑物的具体设想。根据这个文档，编程组就可以制作技术设计文档，罗列出全部的编程任务，什么任务指派给了什么人，以及对创作时间的估计。美术组可以列出所有的美术组成部分。测试组可以列出要进行测试的系统名单。发行商可以将他们收到的建筑构造与 DD 进行比较。DD 是整个开发过程的主心骨，它是一个活的文档，需要定期更新。我们将它发到内部网上供所有人使用，我们还创建了一个缩略 DD，通过它人们可以快速地对产品整体有所了解”。

Ensemble 工作室的更多详情见 www.ensemblestudios.com。

Noah Falstein，The Inspiracy

Falstein 是 The Inspiracy 的总裁，这是一家设计咨询公司，有许多知名客户，如 Disney Interactive，Dreamworks Interactive，Shell Oil，I-Imagine Entertainment，Electronic Arts 和 Intel。

在这里 Falstein 有一些经验要谈。

他说：“The Inpiracy 是我的自由设计 / 制作事业，主要是我，还有一些经验丰富的朋友们的帮助，在我的个人简历（见书后）里有更多的信息。我发现客户大致可以分为 2 类：已成立的和刚起步或圈外的。前者需要有一个专家级设计师对他们的设计进行检查和改进；后者则可以利用我的帮助汇总商业计划、会见出版商或者根据他们的构思设计游戏。我喜欢多样化，从公司训练游戏到儿童教学游戏，再到 PS2，Xbox，PC 的全方位游戏，无一是我没有尝试过的。最近，我又在大型多人游戏和手机游戏上找到了新的兴趣”。

在讨论将构思书面化之前，Falstein 给那些在这行刚起步的人们提供了一些十分重要的建议。根据他的建议，初露头角的游戏设计者应该注意如下 3 点内容：

合作

经常说要靠第一个游戏来证明自己的实力，但有时人们将此理解为只靠自己来完成作品。但即便是很小的游戏也不免会有一些复杂成分，如今的大型游戏更是要动用庞大的制作队伍，即使只是设计工作。同样，如果能和别人进行很好的合作，并把他们的思想融合起来，那么将受益匪浅：不仅因为合作能带来增效作用，而且因为通过项目共享你能获得别人的极大支持和帮助。

学习竞争

刚入行的开发者们很容易犯这样的错误，即他们认为，如果对别人的游戏玩得过多，那么自己的产品就会变得折中和没有创意。我有时听到这样的抱怨“没什么是我喜欢的”，以及“我不玩游戏，因为它们都很差劲。没人用过我的想法，它可要有趣多了”。当然，这是自相矛盾的，因为既然他们不玩游戏，那他们又怎么知道自己的想法没人用过呢？结果总是表明他们的想法“早已”有人用过了，而且还不止一次，但他们却忘了从别人的错误中吸取教训。我认识的一些最优秀的设计师（如 Sid Meier，Will Wright 或 Ron Gilbert 等人）总是自由地借用别人的思想，然后利用自己的个人风格和专长技术使它们成为自己的东西。

自信但不自大

好的游戏设计师需要自信。很多时候别人不能够理解他们的想法，或者不能将其形象化，这时就必须要有足够的信心来推销自己的构思。另一方面，自信也会变成过于自信甚至是自高自大。好的设计师拥有的是决心，在确信自己是对的时能坚持到底；而优秀的设计师拥有的则是谦逊，在意识到自己有时也会出错时能如实地面待它。

对于文档设计的话题，在游戏开发之前和 / 或期间起草一份文档是不是必要的？

他说："这应该是一个简单的问题，但实际上却很难回答，这是因为每个设计文档都是不同的，不仅内容不同，如同两部不同的电影剧本，而且在形式、大小，细节和风格上都存在着潜在的差异。我见过的游戏设计文档，有的只有两三页，有的却长达 800 多页；有的画了很多漂亮的插图，有的用了很多线框示意图，有的却全是文字；但它们大多都结合利用了 3 种方法：列表、地图和参考资料。以我的经验，文档设计并没有一个统一的格式（所以它们是千差万别的），理想的做法是，每个项目都应有一份适合创意、公司尤其是制作队伍需要的手写文档"。

"设计文档必须做到将游戏设想有效地传达给制作队伍。如果队伍小，经验足，联系紧密，在游戏的画面、感觉、可玩性上达成共识，并且游戏规模不大，那么短小精悍的文档即可。如果队伍庞大，新手众多，工作地点分散，并且游戏规模宏大，那么文档相对就要详尽冗长。后者我没有提到共识是因为一个大的制作队伍对于游戏的看法常常是五花八门，要形成一个统一构思，这就是设计者的任务了，而设计文档就是他最有力的工具"。

图 6-11 游戏 Hungry Red Planet 的截图

在他对游戏设计者的建议中，Falstein 说要与他人合作。图为教育游戏 Hungry Red Planet，由一支自由制作队伍创建，其成员分布在美国六个不同地区，如图 6-11 所示。

那么，人们是不是应该将他们的设计文本都交由 The Inspiracy 制作呢？

他说："不应该。我给每个潜在客户的首要建议都是：雇用一个全职的内部设计师通常比起用外面的要更可取。但这里的关键字是'通常'。如果他们无法找到有相当经验的合适人选，或者他们中意的人正忙于制作一个更大规模的项目，或者他们想尝试某些新的东西，那么引进一个有经验、肯合作、有见识的自由设计者——比如我，对他们是很有帮助的"。

“还发现人们很看重这样的事实，那就是我既搞过技术，又当过制作人，所以我的设计很实际，而且综合考虑到了团队的长处和短处、设想或破格以及市场定位等要素。积累这样的知识和专长是很不容易的，所以那些懂得这种多面方法的人就很赏识我这一点”。

现在电子游戏前期制作的最大问题是什么？

他说：“过分乐观。你很容易就掉进这样的陷阱，认为自己能轻而易举地完成那些困难或艰巨的项目，只要给你必需的资源。然而，每当现实来临，又常常是项目破产、功亏一篑。我认为有经验的团队和生疏的团队，其最大区别就在于计划的范围不同。新手总是事无巨细，一并列入游戏当中，‘更多就是更好’这就是他们的原则，而且还常常说些大话，像什么‘暴力场面比 Quake 3 要好上十倍’（这些话只属于游戏完成后的广告词，而不是设计文本）。我并不是说人们不应该有远大的目标——这是达到 3A 级的先决条件——但是，对个人、团队甚至整个公司的优势和弱点做到充分了解，这一点才是更为重要的。只有当一切都顺利有效地完整结合起来，你才算完成了一件流行产品，甚至这时你仍要付出很多努力”。

虽然第 21 章重点论述了进入游戏行业的话题，但这里 Falstein 还是问题提供了一些建议。

他说：“我试着将房地产上的一句老话‘位置、位置、位置’变换一下，成为对游戏开发者的金玉良言：‘坚持、坚持、坚持’。我见过许多发烧友，有的资质欠佳但能坚持不懈，有的天分很高却毅力不足。前者几乎都成功了，而后者成功的却很少。永不放弃才能善始善终，这是惟一的路”。

建议是一点点逃避。

他说：“我同样认为乐意甚至渴望做一些你最终目标以外的事是很有帮助的。想成为一个设计师？很好！但如果不愿从首席设计师以外的其他任何事情做起，那是不会成功的。通过反复测试——花一两年做质量保证，然后可能是某个项目的关卡设计者，然后有机会领导一次小型的设计。如果这些听起来很刺激，很好！如果你觉得很枯燥，直到最后有了控制权你才觉得有兴趣，那么也许并不是为这个行业打造的——这个原则同样适合其他领域像美工、编程和项目管理”。

最后，他建议学会建立人际网络。

他说：“这是一个变动性极大的行业，始终有人员的进出流动。这也可能是一个很大的优势——先是认识同一公司的人；几年后，与其中几位保持联系；10 年以后，与你结交联系的人将多达几十位。即使你不求发展，只想找个岗位做下去，广泛结交认识圈内人士也是大有好处的。GDC 是建立这种网络关系的主要场所（详见第 25 章），但公司宴会、IGDA 地方联谊会以及其他行业会议也是不错的机会”。

Phil Steinmeyer， PopTop Software

这位 Tropico 系列中 Railroad Tycoon 游戏的创作人说，设计文档的种类有很多，所以弄清其中区别十分重要。他说：“它们种类繁多，有发行商摘要（1～10 页），整体游戏设计文档（15～50 页），以及详细技术建筑文档（逐条列出所需的编码和美术资料，有时长达 1000 多页）”。

Steinmeyer 说他编写和使用的设计文档主要有 2 种：第一种是给出版商的简短摘要，重点讲一讲设计营销、开支预算、销售和有竞争力的游戏；第二种是供内部使用、篇幅较长的文档。他解释说：

对于游戏 Tropico，正文约有 40 页，还穿插了一些电子数据表。我的团队抱怨说 Tropico 文档不够详细，而且内容没有及时更新，所以准备再增加些细节内容，更好地用于我们下一个游戏。

Phil Saunders， Presto Studios

在本章的前面，我们听过 Tim Schafer 的一些见解，他在 LucasArts 制作的游戏让他声名大振。

现在来自 Presto 工作室的 Phil Saunders 将进一步谈谈冒险游戏的设计文档和故事板制作。

他说："制作过程中只有当完全掌握了玩家的视点时，才会用故事板进行电影情节串连。当环境已全部完成并可以操纵时，前期制作最重要的部分就是建模。在过程早期创作一些简单的模型，用来标明道路、指出某个位置上玩家看到和看不到的东西。这个阶段，我们就能得知玩家将知道什么，不知道什么，什么时候我们要隐瞒什么、透露什么。还有一个好处就是建模能让我们精确掌握制作的尺寸和范围。根据环境对玩家的距离和可达性，我们就知道该把什么关卡置于什么部位了"。

为什么要进行这部分的努力呢？

他说："好不容易才得到这样的认识：初步计划总是能得到最终的回报。要是有人的设计因为时间耗尽或技术上无法实现而被踢出局，这是很可悲的。对于 Myst III，我们花了近一年时间来开发游戏可玩性、故事情节和初步视觉构想。约 11 个月后，就有了一份 160 页的设计文档。设计文档可以防止你花了好几个月的精心设计因为设计超标而被淘汰，而这几个月本来可以用来很好地改进其他不足的"。

设计文档是必需的吗？他说："在我看来，这是制作中最重要的部分"。

欲知 Myst III：Exile 创作的更多情况和相关启示，请返回第 4 章。

Ragnar Tornquist， Funcom

Ragnar Tornquist 才华横溢、能言善辩，最近备受称赞的冒险游戏 The Longest Journey 就出自他的手下。本章中他论述了如何创作成功的主角以及设计文档和故事板的重要性。

创作有力的游戏角色并没有人们所想的那样困难，我们要求 Tornquist 透露一下创作成功主角如 The Longest Journey 中的 April Ryan。

他说："主要是要有深度：个性的深度、背景的深度、角色塑造的深度。避免落入俗套很重要，所以一个方法就是，利用真实人物来充当角色的模型。想一想是什么让一个人与众不同呢：说话、走路的方式，还是笑声？观察表情面部、口头和身体语言，然后深入挖掘全部历史。背景越复杂，你准备得就越彻底，创作一个有力角色也就越容易。即使是游戏中没有提及的个人细节，也要花点时间写下来，如家庭历史、爱好和讨厌的事物、最喜欢的宠物——切与你创作的角色类型相匹配的东西"。

"换句话说，如果你的角色是一个粗暴的、心中带着怨愤的水兵，那就用不着考虑他最喜欢的颜色了，但你必须说明这个家伙开头是怎么变成士兵的，是什么使他如此愤怒，以及他想要完成的任务又是什么"。

那么 April Ryan 的创作又是怎样的呢？

他说："关于 The Longest Journey 中的 April Ryan，事实上在游戏的简要线索背后蕴藏着大量的背景材料，这就给了她必要的深度和宽度。她的每句话、每个动作都是有原因的，我想这很明显。早在我开始给她设计对话前，对她从出生之日起到我们游戏开始时所经历的一切，就已经了如指掌了。我知道使她愤怒的原因，知道她怎样说话，对形势会作出怎样的反应。在此基础上，再对角色进行开发，使他或她自然地融入故事和场景中就很容易做到了”。

“我早先说要避免落入俗套，但有时俗套是迅速确定角色的捷径，不需要太多对话，特别是用于塑造不常露面的角色。不要抨击俗套，不少人们遵从它也是有道理的。就拿 TLJ 来说吧，里面有阴沉的侦探、滑稽的伙伴、神秘的陌生人、疯狂的巫师等，这些角色恰恰在最基本的层面上吸引我们，理由很简单：我们理解他们，见过他们，知道他们适合那里。如果不想让主角落入窠臼，那么这些俗套就是你用来刻画普通角色的工具，稍稍做些调整就可以激起玩家的兴趣”。

图 6-12　游戏 The Longest Journey 的截图

The Longest Journey 的创作人 Ragnar Tornquis 说，对游戏中大部分的重要角色，他都要制作详细的背景资料，如图 6-12 所示。

而关于角色的开发、故事的利用，或更确切地说，情节的问题上，Tornquist 说要牢记好的角色塑造（至少在游戏中）来自于将普通的人置于不普通的环境中。

他说：“这通常比把不普通的人置于不普通的环境要有趣许多。通过游戏世界中的环境变化和角色对这些变化做出的反应，将发现主人翁正在逐渐进化成长并引起你的好感，无论最初的目的是什么。要让玩家通过主人翁的眼睛来体验这个世界，如果主人翁的眼睛麻木迟钝亦或洞悉一切，那么也就没有什么趣味可言了。但如果像 April 一样，角色对旅途中非凡景象的诧异程度决不亚于玩家，那么在玩家和他或她控制的角色之间，就会迅速形成某种联系。这是很棒的”。

关于冒险游戏的设计文档问题。他说：“设计文档是程序员、美工和关卡设计者们的蓝图。它详细描述了概念和创意，系统和功能，以及所有游戏特性的暗示执行，包括明显的（如可视界面）和不太明显的（AI、剧本、保存和载入等）”。

Tornquist 对这个问题和故事板做了详述。

他说：“设计者的任务就是要考虑到所有可能发生的事，所有玩家想执行的动作，所有可能出现的问题，以及要创造有趣的世界、生动的故事、有魅力的角色和游戏的趣味性。预测一切可能本身就是不可能的，但关键是要尽可能做到准备充分。设计是不可避免的，不管你是否愿意，它都贯穿于制作的始终直到游戏发布（如果是在线游戏，甚至还要延续到游戏发布之后的若干年内）。因此设计文档是一个不断进化的文档，由设计者们经常更新、记录着目的和结果的活的文档”。

“故事板是对屏幕画面的直观表示，就实际设计来说它只是冰山一角。故事板把玩家所能看见和所能做的进行可视化处理，所以在游戏完成和运行之前，这是一个玩游戏的有趣方法，但它不能代替设计文档。对于 The Longest Journey，我们将游戏中的一些情节—不是全部或大部分，制作成故事板，串连了起来。但是，游戏中的所有场所和每个角色，我们都绘制了详细的概念图，这叫‘直观或图画’设计。这样，就能对所需的动画、音响效果、对话和编码进行策划。当然，游戏所有的片头动画我们也全部串连起来，就像一部动画电影”。

惟恐我们忘了剧本——冒险游戏制作中公认最重要的部分。

他说：“最后重要的一点是，冒险游戏需要一个剧本。它是用对话、改编事件、对每个可能动作的可能反应等来‘讲述故事’的文档，就像电影脚本，但要大得多。将这三者——设计（技术、系统，界面）、故事板和剧本—结合起来，就可以开始制作了。这时你会意识到冒险游戏的制作其实比玩有趣多了”。

Ragnar Tornquist 在第 3 章中对创作冒险游戏提供了一些睿智的建议。

Ron Gilbert， Hulabee Entertainment

许多我们耳熟能详的角色，如 Monkey Island 中的 Guybrush Threepwood，Maniac Mansion 中的 Bernard 和 Pajama Sam 都是由 Ron Gilbert 在幕后制作的。

视觉醒目、容易理解的角色必定是有一些套路的，他说：“我们没有电影中复杂角色那样的带宽，所以依据老套的模式将角色简化，然后通过故事讲述来塑造他们。在动作或即时战略游戏中，用这些套路，这样就能立刻明白这个角色是谁了。故事是次要的，更多是追忆。当然，这并不适用冒险游戏”。

要了解 Gilbert 更多最新、最好的游戏角色，可访问他公司的网站：www.lucasarts.com，www.humongous.com 和 www.hulabee.com。

Daniel Greenberg， Freelance

Daniel Greenberg 是一位有着近 20 年经验的获奖自由游戏设计师，曾创作过许多获得极大好评和商业成功的游戏，其中有 Star Trek：Starfleet Academy，Vampire：The Masquerade—Redemption，Star Control III，Tenchu II：Birth of the Stealth Assassins，Independence War II：The Edge of Chaos，Sea Dogs，Advanced Dungeons and Dragons：Al Qadim / The Genie's Curse 和 X-Men：The Mutant Wars 等。同时，他还是许多知名的计算机、主机游戏发行公司的顾问。

首先请 Greenberg 提供如下获得成功的重要建议，给那些游戏设计新手们：

- 学徒时期：学习规则。置身学校，不断学习。游戏设计比真正开始“死亡竞争”的内容要多得多，学习它的最好方法就是吸收人类几千年来的文化精粹。大学甚至高中阶段，你的周围就充满了绝妙的素材，数量之大让人吃惊，只要留心的话。学习基本知识，至少要有足够的英语，能编写生动的对话，避免被动语态；至少要有足够的戏剧理论，懂得为什么亚里士多德的学说在 2000 年后仍然不可缺少；至少要有足够的编程知识，能制作有效和有意义的流程图；至少要有足够的美术理论，能毫无障碍地和美工们谈论色彩、形状、动作和资产管理；至少要有足够的商业、营销和公司文化，能与购买你的游戏的人们进行连贯而有条理的谈话。对于思想积极的人，以上没有哪一样是枯燥无趣的，他们不停地将自己吸收的一切搅拌、糅合，作为游戏的素材。一旦你打好了各门学科的坚实基础，就以你力所能及的各种方式进入这个行业：质量保证、行政助理等。一旦进入其中，学习诀窍甚至找到好的老师就很容易了。记住：规则可以帮你避免你的先行者犯过的错误。

➢ 职业要求：遵守规则。不管你是 16 岁还是 60 岁，非职业性行为都是没有借口的。处理好基本资料。当你许诺时，你的老板、同事和雇员能否指望你？要确保他们能，每次都能。少许诺，多发言。逆反欲望是很难抗拒的，要抵制住它。

遵守这些规则是有理由的：因为它们有效。这些规则有助于你筛选出不好的想法，有助于你排除作品失败所带来的压力。

➢ 革命阶段：打破规则。人们总喜欢重复照抄一些愚蠢的惯例来设计游戏，希望能以此复制另一个成功。创新需要勇敢的一跃，从信念到虚无。这很简单。一旦有了一个超群、反传统、挑战性的设计，那么就利用你的创造才能去开创富有想像的方法，将创新推向市场。在这第 1 步（学徒时期）中，如果知道公司多么不愿冒险，那么这个过程中你就应该尖锐一点。遵守规则可以制出不错的游戏，而要制作不朽的游戏，你就必须知道该打破哪些规则。

由于有 20 年经验，Greenberg 很容易可以找到真实的个人 / 职业例证。

他说："为了能有好的创意，我现在仍然如饥似渴地学习着年前上的课程。对自闭儿童的心理研究已经成为 Starfleet Academy（A World of Their Own）中神秘的最后使命的基础，在游戏中，面对一个星球摧毁者，惟一活下去的路不是要让他们理解你，而是要通过进入他们的游离世界去了解他们"。

"在 The Genie's Curse 中，我融入了从中世纪哲学课程中汲取的有关荣誉和牺牲的概念，为的是让玩家能在一己私利和艰巨光荣的道路之间作出有意义的选择"。

本章很多内容的着眼点都是故事板串连，为什么故事板很重要以及怎样做到，Greenberg 则着眼于故事本身的重要性，并做了如下论述。

他说："亚里士多德的戏剧结构在这个数字化时代并没有被否定，但它需要一定的调整以解决用户输入的问题。故事结构要遵循有起有伏的基本模式，但玩家也需要有改变游戏步调的能力，否则这个故事就会显得做作、呆板。阿瑟·米勒为了创作适合现代观众的 Death of a Salesman，对亚里士多德进行了严肃地修改和补充。同样，制作好的游戏，也必须对戏剧结构进行再思考，以适应计算机这个新媒体的需要"。

"许多游戏的角色形象很单薄，这是因为艺术形式还处在幼年时期。尽管在加速发展，计算机事实上仍然只是一块粗糙的画布，它们冲破缝合口，以交互讲故事般的潜在爆发力承载着一种艺术形式。与一些成熟的艺术形式如书籍和电影不同，我们的媒体还在襁褓之中，而终极结构还尚不可知——虽然我们中许多人猜测它将使 Holodeck 看起来和儿童玩具一样（Holodeck 就是儿童玩具）"。

"在顾客中，得到互动娱乐的人还只是总人数的一个小小子集，所以就有借口为迎合更多人的初级互动需要，而避开细致敏感的角色刻画以及曲折复杂的故事结构。我们（还有顾客）更加痴迷于以级数递增的技术所带来的华而不实的东西，却忘了通过电子游戏来探求人类深层的精神世界。所以一个简单的结论就是：劳拉的角色发展只是停留在满足她要现身的游戏风格的需要上。这种游戏风格是不断展开进化的，然而，发现真正有意义的却还在故事讲述中”。

“精彩的故事总能引起我们的共鸣，是因为故事的某些部分涉及到我们曾有过的经历：曾进行过的斗争，以及曾承受过的压力；甚至是最离奇的故事也会在某种象征意义上把我们联系起来。这种威力是无穷的，即使多数人并不能完全意识到故事对他们所产生的影响——情绪上、动作上甚至是生活上。游戏可以像书籍和电影一样照亮我们的内心世界，在玩游戏的时候，让我们知道自己的那份无助。好的游戏能控制这个过程，能探索自己的内心世界，而照亮那条小路的秘密就是产生多种好结果的工具”。

关于交互式媒体的故事讲述，Greenberg 能和我们分享一些秘诀吗？

他说：“多种‘好’结果：高级互动故事讲述的一大秘诀就是多种好结果的概念，而且好的程度不同”。

“当刚开始设计时，大部分游戏的故事情节都是极度直线型的，提供交互式选择根本就是幻想，因为任何偏离都将得到死亡的惩罚（至少是游戏结束）。这一点日益明显，所以有些游戏决定在玩家选择死路后并不立即杀死角色。这就让游戏生动起来，但也带来了严重的沮丧情绪，因为玩家意识到他们是‘死了连自己都不知道’。对玩家来说，要确定杀手的精确位置，再从那跳过去开始游戏是十分困难的。最后，互动游戏设计又前进了一步：即游戏可以提供比较模糊的第三种选择，在明显的生存选择和明显的立即死亡选择之间增加一些乐趣。这些好的、不好的和别扭的选择提高了整体效果，但局限性仍然很大”。

“我最喜欢的方法是尽量少用立即死亡选择，把重点放在主要故事中宽范围、多变数的选择上。玩家没有指明方向的俗套选择，而是每个可能的选择都挺好的更加细致的，每个选择都有相应的结果和奖励，不仅只是生与死这么简单。它们带领玩家穿梭于主要故事的不同道路上，后果和结局彼此不同，取决于游戏中所做选择的不同影响力。这使得玩家觉得对自己的命运有了更多主宰”。

“这种‘多种好选择’的方法还有另一个好处：玩家可以在更大程度上使角色人格化，并因而对角色形象有了更亲近的感觉。举个例子，如果玩家必须对游戏角色提问，那么就给他提供多种对话方法。对话选择可以有威胁恫吓和甜言蜜语等，在当中进行选择可以让玩家雕琢出角色新的个性特点。玩家不仅掌握了他们的命运，而且还形成了自己控制命运的方式”。

“技术注释：如果将在游戏中给玩家提供这样的多种选择，那么就在游戏早期设置一个简单而影响不大的选择和结果，以便让玩家尽早明白这一点，这是很重要的。玩家必须能很快地感觉到自己的选择带来的结果，这样他才能知道该游戏确实对他的选择做出定性的回应”。

“其中的窍门就是要追踪游戏中所有的变量设置，确保它们都有相应的结果。让玩家明白他为什么得到这样的结果也是很重要的，他不需要明白每个选择的直接结果，但应该有所了解（如果他想知道每个选择的直接结果，他可以从一堆保存进度的游戏处任意重新开始，相信我，很多玩家会这样做的。然后他们会将详细结果张贴到游戏网站上）”。

“提供多种好选择的最佳方法之一就是：将‘短期痛苦长期获益’和‘短期获益长期痛苦’对比使用。用权宜之计诱惑玩家，同时暗示他在以后要付出代价，以及为了将来的回报而在目前付出相应代价。这是一个魔鬼协定，给玩家提供了非常有特点的选择——任何一个都不是明显绝对的不好。如果玩家在进行选择时感到紧张忧虑，你就成功了！”。

举例说明上述的观点。

他说："Vampire：The Masquerade——在游戏的过程中，在道德行为的基础上给玩家提供了多种结局。虽然有道德的吸血鬼听起来很矛盾，但这事实上很有效。我们将书面游戏版本上相当成功的人性系统进行了完善。吸血鬼是无生命的生物，它们不是紧守着自己已经支离破碎的人性，就是由于向内心的兽性屈服而变成残忍的怪物。所以如果玩家在与他人相处时做出的是困难但是伦理的选择，他就能避免化为灰烬的深渊，甚至还能得到某种救赎。如果他像自己正在变成的怪物那样行事，他就加速自己化为灰烬。但是，即使这样'坏'结局也能够给他打败怪兽的能力，只不过是以他的灵魂做代价。最后，游戏的基本选择变成了对我们为获得权力而丧失了什么的思考，对是在胜利中失败还是在失败中胜利的思考"。

结构精妙的故事情节和角色发展体系使 VTM：Redemption 具有一种让人无法抗拒的吸引力，这在当今游戏中是很罕见的。

他说："Star Trek：Starfleet Academy 要求玩家掌管一队生疏的士官生并要将他们变得训练有素。除了要对职业道路进行选择，解决队员的内部争执，寻找机会作弊（如 James T.Kirk），玩家还可以选择丢下学业，来帮助解决他和他的学科军官碰到的严重问题。从游戏一开始，获得最大胜利的途径看起来就是要争取第一个从本班毕业。因此，所有的学科选择显得比那些趣味娱乐要重要得多。很大程度上，它们确实如此。但是玩家能隐隐感觉到他所从事的边缘研究，可能会带来某些巨大而深远的影响——拯救很多人的生命。玩家将不得不牺牲看来是游戏重点的东西——首先毕业，赢得船队领导权。当另一个具有诱惑力的损害占用了他有限的学习时间时，解决问题的研究计划又将呈现在他面前。但整个游戏穿插了很多暗示和线索，包括来自学院特别导师 Kirk 的交互影响，暗示着这可能并不像表面上那样简单。如果你敢大胆询问 Kirk 有关他对最高指示公然反抗的问题，你就能学会如何以及何时打破陈规。许多玩家（但不是所有的）第一次玩通这个游戏时就明白了这个特别结局"。

GameCenter 的评论说 Starfleet Academy 的机智叙述和对 Trek 神话的理解超越了当前大部分电视剧和电影。事实上，从 Kirk 以及他的"牛仔外交"（基于他最初的电视剧和第一部电影）上学到了什么，是这个故事的重要主题之一。

欲知有关 Greenberg 作品的更多资讯，请访问网站 www.danielgreenberg.com。

Bill Roper， Blizzard Entertainment 暴雪娱乐公司

设计文档和故事板在 RPG 中很重要吗？为此，Bill Roper 和 Matt Householder 对这一问题进行了论述。

他说："Blizzard 公司的不同制作组对设计文档的处理角度有所不同。Diablo 小组将文档融于游戏当中，如果对怪兽的某个调整有效，那么这些调整就会被立即输入数据库并记录下来。Warcraft III 小组将设计文档编成一个以网络为基础的格式，便于程序员以外的人能较容易地追随游戏的调整。上述 2 种方法各有优缺点，最后还要靠每个小组自己来寻求适合他们具体需要以及开发团队的方法"。

"在设计文档上，小组的共同立场是要明确和遵循游戏项目的场面。对于 Warcraft III，就是要制作将角色扮演因素融入设计中的即时战略游戏。我们提出 RPS 术语来帮助集中团队的各种决定。从这个基本想法产生了这样一些概念：集中在更少、更强的部分，简化资源模型，探询游戏关键成分，制造更有组织的战役，以及让游戏比 Starcraft 更能让人沉浸其中。找到游戏的核心本质后，在此基础上又产生了这样的问题：怎样发展我们的游戏，以及有关文

档要跟踪记录制作过程中的决定和创意”。

对于令人眩目的电影片断，可以断定它们开始只是些故事板，然后由计算机图形（CG）美工将它们编成短篇动画，这里 Roper 叙述了这个过程是如何进行的。

他说：“故事板是进行战役创作和电影镜头串连所不可缺少的。Blizzard 电影部的墙上到处贴满了故事板，将每个游戏中的每个片断都编制出来。他们和开发组紧密合作，以确保游戏的外观和精神都很好地融进电影片断，并确保有一定的连贯性。他们会共享合适的模型，两个部门的美工一起快速思考，直到最后创作出故事板。编剧利用这些故事板编写对话，这又会引起视觉画面、动作表演，以及声效和音乐设计上的一系列变化”。

“当然，所有这些都必须和游戏战役的故事情节配合得当，因此这个过程也涉及到关卡设计者。他们同样制作故事板，虽然这些故事板趋向用文字和关卡略图来表述。当我们可以利用游戏引擎制作游戏内的电影片断时，发现有必要找出战役地图中的关键因素，以便使故事要素能结合起来，或是给玩家提供完成部分战役的奖励。总而言之，这是个十分具有合作性的过程，涉及到公司内好几个不同的群组”。

Matt Householder， Blizzard North

Diablo 小组中的另一位核心成员是 Matt Householder，他在第 5 章中有所评论。

这里他就广泛流行的 RPG 游戏的设计文档和故事板的重要性问题，对 Roper 的论述进行了些补充。

他说：“设计文档的目的是用一种有效的、可维护的方式将游戏的外观和感觉呈现给制作小组（和出版商的管理层），开头是 1-2 页的概要，简要描述一下玩家视点、可玩性和控制系统。解释它为什么会好玩有趣。做到简洁而全面，要囊括一切基本问题：单人还是多人、主机游戏还是计算机游戏、玩家角色、对手／敌人、动画风格、背景设置、声效／音乐、故事等。然后再一个章节对应一个主题地对这些要素展开详细论述。插图、草图、角色设计、屏幕模拟——对游戏可视化很有帮助。如果是大规模游戏，文档有时可能会长达好几百页”。

“设计文档就像是创建游戏的菜谱，但最优秀的厨师却会经常对菜谱进行试验，并且进行这样那样的修改。同样，把设计文档看作是一个总的指针而不是圣经，并鼓励制作团队所有人员提出他们有创意的想法，甚至还在开发过程中探索比较大的设计调整”。

关于故事板，他说：“这在电影制作中必不可少，但对游戏的编码和图片创作来说，并不是绝对必需的。但是，故事板有利于将用户互动成分用流程图表示出来，即可以清楚表示出选择开始游戏，通过游戏菜单屏幕等用户互动成分”。

Householder 和 Roper 都在第 5 章中论述了 RPG 游戏设计的艺术和科学。

Chris Taylor， Gas Powered Games

Total Annihilation 和 Dungeon Siege 等优秀游戏的创作人曾给本书提供了一份设计文档模板（详见第 7 章），读者可以以此为基础，加入适合自己的作品的一些必需游戏细节，来制作你的专门文档。

这里 Taylor 说明了制作设计文档可以有很多不同方法。

他说：“设计文档可以是高度理论性的，也可以是非常技术性的和详细的，区别很大。几年来，我已经形成了一个体系，其中创作一个综述文档和一系列补充细节的附录。然后开始制作推测文档，将一切内容进行分解，便于相关的人员进行具体的执行制作。有一个模板作为起点确实不错，因为随后就可以从头至尾对每个部分进行填充。从广泛的设想开始，接着是具体特性。然后要想想关于这个设计别人可能会问的10个最烦人最困难的问题是什么，并进行回答。如果一开始就无法正确地进行回答，那么就要退回去，想一想开始时为什么希望游戏是这样的”。

Taylor说故事板的重要性取决于游戏的类型。

他说：“如果涉及的美术资源数量太大，你绝对应该做个概念简图、故事板，以及其他任何你力所能及的事，以减少风险。拙劣的计划会让人沮丧，所以制作故事板进行情节串连是表达游戏总体计划、外观和感觉、风格以及范围的绝妙方法”。

Warren Spector， Ion Storm Austin

Warren Spector谈论关于设计文档的重要性。

他说：“设计文档对我来说是绝对重要的。我知道有些成功的开发者都坚持说他们从不使用文档，真令人难以置信”。

“对我来说，设计文档意味着很多事情：它是路标——所设想游戏的一个抽象图式版本。如果在前期制作甚至制作过程中不断对其进行更新，那么它又是一张快照——是项目中的特写。如果处理得当的话，它还包括营销人员开展宣传要用到的资料、资源和信息。在游戏即将完成时，经过适当更新的设计文档还是游戏手册和指南的作者、以及质量评估小组玩通游戏和展示特性核对表的重要工具。更重要的是，设计文档是重要的交流工具，不论是内部（确保开发队伍的每个成员步调一致）还是外部（出版商、营销人员甚至新闻媒体）。没有它，我真不知道该如何制作或处理一个游戏”。

那么游戏设计者是如何编写设计文档的？

他说：“不幸的是没有哪两个项目、小组、游戏类型等的要求是一模一样的，所以没有必要设计文档是完全相同的。必须找出自己的游戏、制作组以及出版商所需要的必备因素；必须弄清楚你要提供些什么，才能让小组有足够的信息来完成这个游戏设想；必须允许每个成员发挥出他们最大的才智和/或兴趣，但要让一个人对文档保持‘所有权’（换句话说，在任何意见被融入最后文档前，必须要有人能对此说是或者不）；必须要对开发过程中的修订进行计划安排，确保该文档能如实反映制作进程中的变化；必须认识到现实最终会赶上和超过你的文档，继续更新可能是不必要的。然后，读一本有关这个话题的书！我完全不知道有多少要说的，所以我最好打住了，抱歉！”。

Spector承认，故事板在他的开发过程中从未占过很重要的地位。

他说：“显然，在安排电影画面时这很重要，但仅此而已。在花钱建模并创造角色之前，总得需要它们的概念图，以及位置/地图/关卡等，但这本质上并不是真正的故事板制作。我记得自己曾读过一本精美的小册子叫Behind the Scenes at Sega，是关于平台游戏制作的，里面说游戏的每个方面都要制成故事板，串连起来。这对于我们工作室所制作的纷繁多样的游戏来说，根本不实用。也许只有当对玩家每个步子的落脚点都了如指掌、对每个谜题以及谜题的惟一解决方法都事先计划妥当，故事板才会显得重要”。

“故事板无疑是Wing Commander游戏中的一个重要部分，因为它们的突出重点放在电影画面上，我敢打赌LucasArts的冒险游戏一定用它们用得很多。但如果你的游戏结局比较自由和开放，故事板也就派不上多大用场了”。

American McGee，Carbon6 Entertainment

American McGee 是公司的创意总监，做过许多享有盛名的 PC 游戏，如 DOOM，Quake 以及最近给 Electronic Arts 制作的 American McGee's Alice。

在本章关于故事板的主题上，McGcc 提供了他给 Alice 电影引子的构思。

American McGee's Alice 的引子，作者：American McGee

艾丽丝的故事

引子

室外

暴风雪后，小雪点缀着夜空。

镜头滑过窗玻璃进入一个安逸的、维多利亚式庄园的书房内。

（满）月光，经白雪强化，照亮了这个房间，书架上塞满了书和报纸。

镜头跟进，落在一个大壁炉上。

上面有只猫，竖起毛，弓着背，在旁边的书桌腿上蹭着爪子。

后退时，他的一只爪子踩在了缎子布上，缎子装饰性地铺过一部分书桌，垂了下来。

布上一盏油灯。

猫咪想抽出爪子，结果拉动了桌布，油灯被拖到桌沿，掉了下来，摔个粉碎。

油淋了猫咪一身，向壁炉里的余烬流去。

余烬火焰猛地一喷，吞噬了这只猫和堆满纸的书桌。

大火迅速燃遍了整个书房。

浓烟滑过房门，向楼梯上扩散——沿着走廊——从艾丽丝的房门下钻了进去。

镜头移向熟睡中的艾丽丝。

一缕浓烟钻进她的鼻子。

镜头跟进。

仙境——侏儒的花园——下午茶

艾丽丝和仙境中的一些角色——Mad Hatter，Gryphon，Mareh Hare，Dormouse，白兔——在一个巨大的圆桌边喝茶。气氛轻松愉快。

Mad Halter 在给艾丽丝倒茶，失手弄掉了茶壶，伴随着清脆的声音，茶壶摔成了碎片。突然，桌子下方的地面裂开了，大火从裂缝喷出。

浓烟滚滚，散布在每个人周围。Jabberwock 的影子从上空飘过。尖叫声。

渐渐回到艾丽丝充满月光和浓烟的房间。

室内

艾丽丝从被打断的梦中醒来。

（受到压抑的）尖叫声从房子里传来。

艾丽丝跳下床，抓起她心爱的白兔，朝房门跑去。

走廊里充满了浓烟和少许火苗。

她奔向父母的房间，努力转动了门把手，她的手被灼伤的很厉害。

她微微推开门——火焰喷了出来。

热浪袭来，艾丽丝又气又急，狂乱地尖叫着，退了回去。

镜头跟进，艾丽丝疯狂地跑下走廊。

室外

镜头跟着艾丽丝跑出前门，跌倒在台阶上。

尖叫、咳嗽、浑身煤烟，她瘫倒在前院的雪堆上。

房子已是一片火海，一部分天花板/墙壁戏剧性地倒塌。

她蜷缩着，眼睛盯着燃烧的房子。

镜头转向艾丽丝的右眼，有火在燃烧。

艾丽丝昏了过去。

淡出……

镜头切换到收容所……用音乐进行过渡

儿童医院/收容所内

外面下着雨。

镜头慢慢从艾丽丝茫然的眼睛上拉远，她蜷缩在一个私人房间的床上。

冷冷清清、毫无生气，除了床边桌子上她爸爸妈妈的加框照片。还有一碗吃的和一个大汤匙。一张椅子是另外仅有的家具。

不再是前些片断里那个漂亮的小女孩，艾丽丝现在是一个苍白的年轻姑娘，已经几年没见过太阳了。

她抱着一个肮脏破旧的绒毛白兔，它仅有的一只眼睛盯着空中。

艾丽丝的手腕上有数不尽的伤疤，有些还是新伤，一个手腕上缠着绷带。

透过一扇上了栓的窗户，可以看到这是一个天气恶劣的晚上。

前景中的护士转了个身，慢慢朝大门走去，摇着头，自言自语着。

护士

真高兴我从垃圾堆里救了那个虫蛀的古董（兔子）。

（转过身说，声音深沉）

试着吃点儿吧，亲爱的：晚安，艾丽丝。

（护士将代表游戏中的公爵夫人）

护士锁上了身后的门，这时，夜空中划过一道闪电。

艾丽丝畏缩地抓紧兔子。

镜头再次推近艾丽丝。

每次闪电，她都会稍微缩起，除此以外，她没有任何动静。

又一道闪电，镜头特写她的头部和四肢，这时她手中的兔子慢慢将头转向艾丽丝，看着她。

它低声说着话，声音很刺耳，听起来就像是一个破玩具应有的声音。

兔子

艾丽丝，控制住自己，姑娘。你必须帮助我们!

随着一道闪电，镜头向后拉；艾丽丝缓慢地转过头，俯视着兔子。

又一道闪电，兔子从她手中掉了下来，但房里还有其他东西。

镜头摇摄，似乎是艾丽丝的视线，一只很大的白兔站在她面前，穿着殡仪馆的衣服。

白兔

你必须帮助我们，艾丽丝，必须帮助。跟我来——我们没有多少时间了。

朝着房门走去，兔子从马甲里抽出钥匙，打开了门。推开门后，兔子迈进了黑暗中，跑了起来，惊叫着:

白兔

快点，艾丽丝；我们已经晚了!

艾丽丝慢慢地下了床，拿起汤匙（这后来将变成刀），摇摇晃晃地走向房门。她抓住门框，努力使自己迈出房门，进入无尽的黑暗当中。

仙境——兔子洞里

艾丽丝在下坠。

艾丽丝下坠时大声叫喊着。她再次被掷进兔子洞里，进入了仙境中。但这次感觉很不同。

她坠落了相当长时间，脑中浮现的是她的父母、她的童年和她在收容所的生活，这些景象交织在一起。景象扭曲变形，仙境中一些生物在这里简单交待了一下。

Jabberwock的影子飞过艾丽丝身边。Mad Hatter骑着一辆维多利亚式脚踏车从她的路上经过，只能看到他的燕尾服和高帽子。家具扭曲变形，墙壁乌黑。

《引子结束》

第 7 章　主设计文档模板

正如第 6 章所讨论的，设计文档是游戏的主要要蓝图。在开始计算进度和预算之前，它是使游戏以书面的形式（其中包括所有关键部件）深入地、彻底实现的关键。

在游戏开发的整个过程中，不同团队的成员将参考设计文档，在很多情况下还会修改这个它。但是究竟从哪里开始呢？著名的游戏设计者 Chris Taylor（负责 Microsoft 的 Dungeon Siege 系列和 Cavedog 的 Total Annihilation 等游戏）提供了一个主设计文档模板。Taylor 强调，它仅是主设计文档写作方式的一个指南，而游戏设计者们具体的写作方式可能有所不同。更确切地说，并没有一种是官方“正确”的方式。

在游戏开始设计后，附加的技术数据将会塞满主设计文档中的附录（这样文档总数就保存最少）。Taylor 补充道，当游戏更加清晰，就要创建技术规格书。

“通常，它们遵循我的附录模式，但现在相信它们应该有自己的文档。换句话说，在游戏 Dungeon Siege 中，我将称作‘接口’的附录发展成主设计文档之外的单独文档。然而，事后我相信，这应该只是 Dungeon Siege 接口规格 v1.0 或者别的什么版本”。

“负责系统实现的人们——美工、设计者（以关卡设计者为代表）、工程师、UE（手册制作者）、测试 / QA、本地化团队、负责 Setup.exe 的人、策略指南者——将使用这些规格文档，因为游戏表现和规格文档中的内容之间有非常精确的对应关系。原始的设计文档仅是主设计师想实现的高级目标，但多半的许多特性都不能达到这个目标”。

言归正传，下面将提供一个完全属于你自己的创建主设计文档的模板，可以在其中加入自己游戏的特殊信息。此外，Chris Taylor 还承担了为每个章节包含的信息类型添加说明的重担。

标题页

标题页应包含下列信息：

- 自己公司的名称或标识
- 游戏名称设计文档
- 一句话描述，如：终极赛车游戏
- 商标 ™
- 你的公司的名称版权所有©《年》
- 作者：你的姓名
- 版本 #
- 当前日期

目录表

目录表应该包括设计文档中所有主次章节的一个列表和每个章节的页号（用字处理软件创作设计模板的优势之一就是软件可以提供页号）。下面是一个典型的设计文档的目录表（每一项在后文中都作了简要的说明）。

游戏名称

设计历史

　　版本 1.10

　　版本 2.00

　　版本 2.10

游戏概述

　　基本原理

　　　基本原理 1

　　　基本原理 2

　　　基本原理 3

常见问题

　　这个游戏是什么？

　　为何创作这个游戏？

　　这游戏发生在什么地方？

　　我操控什么？

　　我操控多少角色？

　　主要的中心是什么？

　　差别是什么？

特征集

　　总体特征

　　多人游戏特征

　　编辑器

　　游戏可玩性

游戏世界

　　概述

　　世界特征 1

　　世界特征 2

物理世界
　　概述
　　关键场所
　　移动
　　比例
　　对象
　　天气
　　白天和黑夜
　　时间
渲染系统
　　概述
　　二维、三维渲染
照相机
　　概述
　　照相机细节 1
　　照相机细节 2
游戏引擎
　　概述
　　游戏引擎细节 1
　　水
　　碰撞检测
光照模型
　　概述
　　光照模型细节 1
　　光照模型细节 2
世界布局
　　概述
　　世界布局细节 1
　　世界布局细节 2
游戏角色
　　概述
　　创作角色
　　敌人和怪物
用户界面
　　概述
　　用户界面细节 1
　　用户界面细节 2
武器
　　概述

武器细节 1
武器细节 2
音乐和音效
概述
CD 音轨
三维音效
声音设计
单人游戏
概述
单人游戏细节 1
单人游戏细节 2
故事
可玩的时间
获胜条件
多人游戏
概述
玩家最大数量
服务器
用户定制
互联网
游戏站点
持久性
保存和加载
角色渲染
概述
角色渲染细节 1
角色渲染细节 2

世界编辑
　　概述
　　世界编辑细节 1
　　世界编辑细节 2
各种附加素材
　　概述
　　我的思想碎片...
某某附录
对象附录
用户界面附录
网络附录
角色渲染和动画附录
故事附录

设计历史

这是文档的历史的摘要说明。本节向读者描述在设计过程中设法实现什么。如果他们不知道这是为了什么，因此需要解释一下。

版本 1.10

版本 1.10 包括从初始设计版本以来的一些调整和优化，修改如下：

- 重写了游戏运行的系统平台一节。
- 设计的各部分皆结合了团队的反馈；并没有太大的改动。
- 若你有修改，请如上列出。

版本 2.00

版本 2.00 是设计的第一个主修订后的版本，这时游戏已经更清晰。经过长时间的设计，已经作出了很多决议，大多数大的设计决议可以在本文档中看到，包括如下修改：

- 减少了设计余地（余地，不是构思）。
- 很多方面更加细化，特别是 A、B 和 C。
- 故事细化。
- 世界布局和设计。

版本 2.10

版本 2.10 在版本 2.00 基础上有个别小的改动，关键是附录中的许多部分，包括如下修改：

- 全文做了小的修订。
- 添加了“附录用户界面”。
- 添加了“附录游戏对象属性”。
- 添加了世界概念素描。

游戏概述

基本原理

基本原理 1

游戏设法实现的东西。基本上，设法实现某些从未被实现的某事，或者这个游戏将不会设法改变世界。我们避免了我不能相信的过度竞争。世界会对我们用现存引擎和新的美术的实现而震惊。

基本原理 2

游戏只在 Compaq 计算机上运行，其原因是如此如此。我们相信无论如何世界会走向尽头，因此，它会造成什么不同呢？

基本原理 3

当你创作这些你的设计的基本原理时，将你所想都写下来。同时，随便把这改成“我的游戏设计目标”或无论你想叫做什么。

常见问题

这个游戏是什么

用一节来描述本游戏，会被问到的这个最常见问题的答案是：你要做什么？

为何创作这个游戏

为什么创作这款游戏？喜欢三维射击游戏？你认为“果冻”的市场还有突破口？

这游戏发生在什么地方

描述游戏发生的世界。可以很简单。在这里用几句话帮读者在头脑中构造一个世界。对世界的更详细的描述在下文中有专门的章节。记住，我们保留这一部分，是为了让设计更明显和易读。

我操控什么

描述玩家将操控什么。你必须照顾到一帮疯狂的、瞎摆弄的玩家。如果你想，你可以打开 AI 让它变成类似玻璃鱼缸般透明。

我操控多少角色

如果被问到这个问题，你可以稍稍多谈些操控的选择。记得给你认为读者可能问的问题补充些答案。这完全依赖于你的设计。

主要的中心是什么

现在我们知道了游戏发生在何处，玩家操控什么，那么我们假想他们在这个世界实现什么呢？疯狂的、瞎摆弄的玩家接管联合国大厦。注意不要在这加一些推销的话。你的设计要保持明显，并以提供信息为己任。

差别是什么

立刻告诉他们这个游戏与市场上相竞争的游戏有什么不同。这个问题讨论得非常多。

特征集

总体特征

巨大的世界
瞎摆弄的玩家
三维图形
32位色彩

多人游戏特征

多达千万玩家
容易找到游戏
在巨大的世界中容易找到朋友
可以通过语音聊天

编辑器

随游戏发售世界编辑器
可以从互联网获取关卡
编辑器超级易用

游戏可玩性

在此列出游戏可玩性体验的关键要素。
在此列出大量要素。
嗨!如果你这儿什么都没有，游戏还值得做吗？

游戏世界

概述

提供一个游戏世界的概述。

世界特征1

这一节并不是真要叫做“世界特性1”，而应该是关于世界的某些主要的特征。这里你应该将游戏世界的重要部分分解成一些组成部分并分别描述。

世界特征2

这里也是同样。宣传自己的想法不要太强硬。这些特性应该是值得敬畏的，使游戏具有独特性。

物理世界

概述

概述一下物理世界。然后在后续的章节中讨论物理世界的各个组成部分。下面描述物理世界的关键组成部分。

关键场所

在此描述这个世界中的关键场所。

移动

描述玩家如何在世界中移动角色。

比例

描述用来表现这个世界的比例。比例是非常重要的！

对象

描述在世界中可以找到的各种不同对象。

参考“附录对象”中列出的世界中能找到的所有对象。

天气

描述在世界中存在的各种天气类型。或者略掉这一节，添加上你的游戏设计特有的章节。

白天和黑夜

你的游戏有白天和黑夜模式吗？如果有，在此描述。

时间

描述你的游戏中时间运作的方式，或者时间是如何使用的。

渲染系统

概述

给出你的游戏如何渲染的一个概述，然后在后续章节中进一步细化。

二维、三维渲染

描述将使用哪种二维、三维渲染引擎。

照相机

概述

描述照相机将如何工作，如果照相机处理非常复杂，则在下面的段落中详细描述。

照相机细节 1

照相机的移动方式是如此这般。

照相机细节 2

照相机在某些特殊情况下要如此移动。

游戏引擎

概述

概述一下游戏引擎。

游戏引擎细节 1

游戏引擎将记住世界中的所有事物，如这如那。

水

游戏世界中将会有水，会看起来很令人敬畏。我们的游戏引擎将会处理得很漂亮。

碰撞检测

我们的游戏引擎将碰撞检测处理得很好。引擎用到这个那个技术，将会十分杰出。你没有觉得我在这填上这些愚蠢的文字很费劲吗？

光照模型

概述

概述你将用到的光照模型，然后在下面从不同方面细化。

光照模型细节 1

我们用某某技术处理世界的光照。

光照模型细节 2

我们在游戏中将不处理茄子的光照，因为它们是紫色的。

世界布局

概述

在此提供一下概述。

世界布局细节 1

世界布局细节 2

游戏角色

概述

概述一些你的角色的形象。

创作角色

你如何创作或个性化你的角色

敌人和怪物

描述世界中的敌人或怪物，或其他任何需要玩家战胜的东西。当然，这要看你的游戏的思路，但通常游戏中总要杀掉些什么。

用户界面

概述

提供你的界面的某种类型的概述，和前面那些章节一样，在下面细化 UI 的各部分。

用户界面细节 1

用户界面细节 2

武器

概述

游戏中用到的武器的概述。

武器细节 1

武器细节 2

音乐和音效

概述

或许可以分成两部分。我想你知道该如何做。

CD 音轨

如果你用 CD 音轨，在此描述你的计划。如果不是，你将用什么？

三维音效

讨论你将用到或不会用到的声音API类型，以及可能的情况。

声音设计

在初期阶段提一下你将如何进行声音设计。最好让你的读者知道你考虑的是什么。

单人游戏

概述

用少量语句描述单人游戏的体验。

这里是单人游戏的关键部分的细化。

单人游戏细节1

单人游戏细节2

故事

在此描述你的故事设想，然后参考一个附录，如果故事内容很多就参考独立的文档提供故事的全部细节。

可玩的时间

谈一下单人游戏体验假定持续多久，或者你对可玩性的想法。

获胜条件

玩家如何赢得单人游戏？

多人游戏

概述

用少量语句描述多人游戏如何运行，然后在下面进一步细化。

玩家最大数量

描述同时可以有多少玩家一起玩或别的任何限制。

服务器

你的游戏是客户 / 服务器、点对点或别的任何模式。

用户定制

描述玩家如何定制并拥有独特的多玩家体验。

互联网

描述你的游戏如何在互联网上运行。

游戏站点

描述你准备提供哪些游戏站点，以及用哪些技术来建设这些站点，或许是 Dplay 或 TCP / IP 或别的什么。或许将这些技术资料分成多个部分更好，你自己看着办。

持久性

描述你的世界是否持久的。

保存和加载

解释如果支持的话，你是如何保存多玩家游戏以及如何装载。否则解释为什么不支持。

角色渲染

概述

概述你的角色将如何渲染。你可以在别处或者就在这里进一步细化描述。

角色渲染细节 1

角色渲染细节 2

世界编辑

概述

世界编辑器的概述。

世界编辑细节 1

世界编辑细节 2

各种附加素材

概述

把那些你找不到合适地方的东西放在这。

我的思想碎片...

怪诞想法 1
怪诞想法 2

某某附录

提供这个附录的内容的摘要描述，然后在下文中进一步细化。

- 对象附录
- 用户界面附录
- 网络附录
- 角色渲染和动画附录
- 故事附录

好了，以上就是文档模板。我真想在这里多花些时间，把这个文档模板真正变成集成游戏设计的伟大路标。不幸的是，这已经花去了太多时间，而我们缺少的正是时间。我想无论如何，你已经了解了其中的思想。另外，不要觉得我思考设计时能够按照一个特定的顺序，它们只是在我坐下时随机地从我脑子里蹦出来的。如果你觉得可以改进这个模板，请随意修改并发回给我，好在别人需要时提供给他们更多的选择。

第 8 章　关卡设计

自 1992 年春 Id 公司发行 Wolfenstein 3D 以来，PC 机游戏界就发生了翻天覆地的变化，超过 25 万的人一起挤进当地 BBS 下载这个 700KB 的竞赛游戏，第一人称视角 3D 射击游戏从此诞生。

随后的十年里涌现出大量诸如此类的射击游戏，如 DOOM，Dark Forces，Quake，Jedi Knight 系列，GoldenEye 007，Unreal，Half-Life，Soldier of Fortune，Medal of Honor 系列，No One Lives Forever，Halo，Red Faction，Return to Castle Wolfenstein 等，在此过程中出现了一种特殊而又必需的艺术形式，即关卡设计。

从广义上说，关卡设计就是围绕一定的地图任务或目的以及关卡中的小任务，制作游戏的地图建筑，进行物体位置安排。

那么，怎样才能制作出设计精巧而又富有挑战性的关卡呢？在非职业关卡设计中会出现哪些常见错误？这里有没有科学可言？答案是肯定的。本章特载了一些世界顶级的游戏设计师，以及他们对于 3D 射击游戏关卡设计的宝贵意见。值得注意的是，其中许多建议同样适用其他 3D 游戏，包括第三人称视角动作游戏如 Max Payne 和动作 / 冒险混合型游戏如 Tomb Raider。

Paul Jaquays，Ensemble Studios

我们再次荣幸地邀请到 Ensemble 工作室的优秀设计师 Paul Jaquays，来谈谈他对于关卡设计的看法。Paul 很能干，过去在 Id 软件公司任职时，曾为 Quake II，Quake III，以及全新的 DOOM 游戏（目前仍在开发中）制作过部分关卡。目前在 Ensemble 开发一项尚未面世的产品。

Jaquays 提出在设计游戏关卡时，需要注意如下 3 个问题：

- 围绕目标，不要离题。设计游戏关卡是为了要实现规定目的。初步设计应包含这些要素：设计、结构或剧情，而后还要做进一步完善。如果制作死亡竞赛地图，就要尽量避免有单人游戏地图的感觉。

注意：死亡游戏指的是非团队的多人游戏，主要是在互联网或局域网上与其他玩家进行对战。其主要情节就是“杀人或被杀”，玩家的目的就是要活着，并获取尽可能多的积分。杀死一个玩家得一分，被杀一次就失一分，所以被称作“死亡竞赛”。

- 设定焦点，明确地图。一片建筑，一种模型，一个机关，甚至一段独特的交互式玩法都会让玩家对游戏的地图记忆深刻。即使玩家对地图印象不深，那么他们也不会忘了其中的焦点事物。
- 关卡制作，关键在“玩”。如果一切就绪但地图却不好玩，那么所有的图片、特技和机关都是白费力气。

Jaquays 是否将想法记在纸上呢？

他说：“以前，我只在头脑中形成一个大概想法，然后就开始朝这个方向努力。但是现在，我已经开始意识到事先在纸上记下想法的重要性，记得越多越好，因为这能更清楚地看到遭遇敌人的各个地点之间有什么样的联系。对于单人游戏，这个方法有助于将所有事件串起来，并发现其间的内在联系。不必花费很多时间制作三维建筑图，就可以对空间进行一次又一次的设计和再设计。更重要的是，它能让团队其他成员明白你在干什么，当要对自己的想法进行解释时，能在完成之前就能看到设计的缺陷所在”。

Jaquays 提出的一些具体建议，总的原则包括：

- 大胆想像，严谨构图，在中途作适当停顿。
- 场景宏伟，梦想远大，但要知道如何完成。
- 敢于冒险，即使日程紧张，也不能贪图对问题最简单或最安全的解决方式。
- 动画帧率并非万能，尽量制作出视觉效果良好并且帧率适当的游戏。
- 游戏设计者要善始善终，如果能按日程完成就更好了。

实用性建议包括：

- 地图的初步设计要占用尽可能少的资源，最多不超过可用资源的 33%～50%。在对游戏进行进一步完善和优化的过程中，剩余资源会逐渐用完。
- 要始终带着首次接触的新鲜感对游戏进展进行经常性的再认识。
- 游戏设计者和艺术家一样，需要对世界进行整体宏观的观察。

图 8-1　游戏 Quake III 的截图

虽然游戏 Quake III 的焦点是“死亡”和“单个玩家”，但在图 8-1 所示中，演示最大的焦点却是团队游戏。这种差别又是如何影响关卡设计的呢？请看来自 id 软件公司的 Paul Jaquays 和 Tim Willits 的引述，他们的官方网站是 www.idsoftware.com/games/quake/quake3-teamarena。

Paul Jaquays 对于关卡设计的 26 条建议

综上所述，Jaquays 又提出了成为一名成功的关卡设计者的 26 条建议：

1．事先要明确关卡设计的目的，不要想当然地认为单人游戏地图能被轻易地转换成多人游戏地图，反之亦然。

2．画出地图草样作为初步指导。

3．不要从大的项目着手，尽量增加游戏的趣味性。

4．可能的话，要在头脑中想好关卡“机关”，以增强玩家对游戏的印象。过去比较流行的机关有风道、无数的大门、熔岩地图、陷阱地图、水漫地图、冒险地图和低重力地图。

5．设计要新鲜有创意，要敢于尝试新的手段和想法。

6．在将机关、技巧和陷阱融进游戏关卡之前，要在测试关卡中进行测试。

7．在确定建筑风格前对建筑物和纹理进行研究，使其符合整体风格的要求。

8. 用几何图形勾勒出关卡，对要采用的建筑进行慎重考虑，关键是要看如何能顺利通过这些关卡。在这一点上，我总是将地图方格尽可能设置为最大（在 Quake II 或 III 中方格为 64）。从整体出发避免过多细节，尽量使每帧变化速度低于游戏所允许的数量（比如 Quake II，我们的目标是在每个视图中，建筑物的三角形数量都小于最大值 500）。一个比较好的法则就是：在最差的视图中，较大房间内部和周围的多边形数量也不得超过总数的 1/3。

9. 流程定下来后，就可以开始添加建筑细节，对大厅和房间的形状进行完善。

10. 按模块化的方式进行建构。制造预制件，以便组成你想要的关卡。建筑细部的机动部分（如门框、檐口或家具）要一次制成，然后放到地图外，需要时进行复制即可。

11. 设计建筑元素时要参考现实世界中的建筑，用尽可能简单的几何图形制作出打动人的作品，要在这一方面不断地突破自己。

12. 构建建筑细节时要保持图形和构造之间的平衡，确保三维效果。要谨慎运用有三维效果的纹理，因为远看，它们会很容易蒙过人眼，好像建筑几何图形看起来要比实际上复杂的多；但同样的纹理如果在近处看，三维效果就要差很多。

13. 经常对地图进行编辑，不要等到一切就绪才来察看地图的整体效果（或存在的缺陷）。

14. 在添加怪兽和物品之前完成地图的几何构造。

15. 制作单人游戏地图时，不要将每个游戏特性都设入关卡，那是业余作品的手法——每个关卡都有怪物出现。一般说来，只有在 AI 程序员的测试关卡中你才会一次看到所有怪物。

16. 对于诀窍、陷阱、物品、武器和能源也是一样的。除非你的地图足够大，譬如 Quake II 的 64 人玩的 DM 地图，否则要限制地图中不同项目的数量。宁可少而精，不要多而滥。

17. 小地图总是相似的，大地图则应该具有独特和容易区分的外景，以便玩家能弄清方向。Quake II 的大型 DM 地图 City64 中就有着巨大的峡谷，另类的庙宇，水下洞穴，底部有水的大蓄水池以及无数迂回曲折的走廊。这些走廊通常都差不多，但它们通向不同的游戏地点。

18. 对于 DM 地图，玩家要有足够机会进行躲藏，避免追击。幽长而没有出口的走廊设计是不可取的，以免有些玩家大费周折却走进了死胡同，即使只是为了获得好的装备。

19. 布置灯光以取得戏剧效果。在过暗和过亮两者间进行选择，我宁愿选后者。不要走极端！黑暗也许会使关卡看起来更漂亮，但在黑暗中徘徊的游戏很快就会让人生厌。

20. 保持明亮，即使有些只是临时性照明。

21. 不要忘了地图的声音要素，声音有时能为游戏提供重要的线索。

22. 如果可能，对同一问题允许多种解决方法存在，而只有运用设计者认为是“最佳”方案来解决问题的才能获得最大奖励。

23. 让玩家在每个地图中都能经历各种不同的经验和挑战，所有的战斗或谜题都会很快让人熟悉起来。

24. 对你的玩家要友好，不要对他们进行不必要的过分挑战。危险的环境能增加游戏的紧张度，但如果紧张过度，走两步就遇上熔浆或沼泽，或者每次转身都会被高空重物落下砸死，那就会大大挫伤玩家的兴趣。

25. 研究你喜欢的地图，对其中好的情节和场景加以沿用或改进。

26. 最后完成你的设计。

许多程序员、美工、动画师、音乐家以及其他关卡设计者在此点上与 Paul Jaquays 达成共识：一项完成的设计要好于十项有头无尾的设计，这对初学者来说是最基本同时也是很困难的。

Paul Jaquays 对于游戏设计的建议

在计算机游戏行业从事多年的 Jaquays 对于游戏设计已积累了相当多的经验和知识。虽然在前面地图制作的环节中他已提出了不少建议，但接下来是他从个人经验中得出的对游戏设计更广泛的建议。

- 敢于创新，不要一味模仿。我开始从事游戏行业时是为游戏设计冒险情节，先是 Dungeons&Dragons《龙与地下城》，然后是 Runequest。我曾经被认为是这个领域最好的冒险编剧。我之所以不再设计那种角色扮演的纸笔型游戏，原因之一就是发现自己总在模仿自己，一次又一次地重复相同的故事情节，陈旧而没有新意。幸好在游戏行业我还有其他的职业可以选择，但如何保持新鲜的创意仍然是我面临的问题。创新是对已有事物的发展和完善，而创造则是要制作出不同以往的新事物，二者在游戏设计和开发中都有着十分重要的作用。创新的作用主要体现在完善系统和程序上，比如第一视角射击游戏的操控界面，经过几年时间发展已经基本定型。然而对于高级关卡设计来说，创造是最好的。几年来，只有那些打破旧模式，创造新概念甚至新类型的计算机游戏才是真正令人难忘的。
- 打破陈规，另辟蹊径。游戏设计者们总是趋于利用熟悉常见、百试不爽的方法来进行设计。在电子游戏的后半个黄金时期（即传统的 8bit 时代），几乎个个游戏都是基于某个人物或电影的单向滚频游戏。我在 Coleco 任职期间，就很少有机会制作新游戏，大部分工作就是对各种街机游戏名称进行分析和翻译。得到电影 WarGames 的许可让我们有机会打破陈规来制作新的游戏。传统方法无非就是制作一部“解决谜题，找到糖果，躲避坏蛋”的单向滚频游戏，最后一幕就是你与计算机面面相对。在这一点上，这些游戏总在开始时设置难关逼人后退，随后不断增加前进的难度。在观看电影 WarGames 的特别首映之后，影片在接近尾声时的情节给了我灵感：计算机在闯过一关又一关之后的结局总是惊人的相似——核战争和世界大毁灭。那些导弹的弧形轨迹让我感到非常惊讶，如果我要让人信服这一切，那么这一小段情节安排就必须出局。实际上最后的游戏来自于几个毫不相干的概念：玩家的目的是要在一张美国地图上阻止那些轰炸机、潜艇和导弹命中目标。

  从某种意义上说，它与当前流行的街机游戏 Missile Command 有些相似，后者需要玩家发射反弹道导弹来阻止从屏幕上方落下的导弹。而与其不同的是：WarGames 是同时在六张独立的地图上进行的，玩家就像一个玩转碟的杂技演员，需要在一张指示整个美国的雷达地图和六张指明目标城市近景和军事部署的小地图之间不断快速地转移注意力。玩家需要迅速地利用资源（导弹、拦截机和潜艇等）来对付敌人的进攻，然后就要迅速地转到下一张地图完成相同的任务。只要部署正确，玩家就能获胜。
- 多种风格，融为一体。许多受人欢迎的食物往往融合了各种不同的味道，比如中国菜中的糖醋系列以及芝加哥热狗。可这和游戏设计有什么关系呢？我最引以为豪的一个作品是叫做 Central Casting 的系列图书，其目的是给游戏角色创造栩栩如生的故事或历史背景。它们彼此独立，包括 3 种不同类型的游戏：虚幻的，科幻的和 20 世纪的游戏。玩家可以通过掷色子来选择自己游戏角色的性格和发生的事件，这种选择的结果往往看起来是风马牛不相及，但只要想法有创意，这些没有联系的事件也可以顺利结合起来，就像芝加哥热狗，无数不同的味道最终融合成了一种独具特色的风味。

➢ 背景设置，要真实可信。不管游戏背景是多么的不可思议、脱离现实，都要尽力让它们看起来像真的一样，这是我作科幻小说插图画家时所学到的，那时常给一些游戏和图书做封面，而要使图画中的虚构成分显得真实可信，就必须要画一些世俗的东西，这样背景设计看起来就像真的存在一样。然后再画那些虚构想像的部分，同样要注意真实性问题。3D 游戏关卡制作的道理也是一样的，设计一些玩家熟悉的东西十分必要。比较起来，倒是那些非现实的东西显得更真实，或者说更能让人接受，同时又比现实世界更具想像和魔幻色彩。

如欲了解 Paul 的最新作品，请进入网站 www.idsoftware.com。

Tim Willits，Id Software

作为游戏 Ultimate DOOM 和 Quake 的关卡设计者，Quake II、Quake III：Arena 和 Quake III：Team Arena 的首席关卡设计师，以及 DOOM III 的高级设计师和项目主管，Tim Willits 在制作 3D 射击游戏上积累了相当丰富的经验，下面是他对 3D 计算机游戏开发的一些看法：

“不管设计何种关卡，对于设计师来说，最重要的是要时刻谨记着：地图的目的是什么？自己的目的又是什么？这是设计地图的基本概念，却往往被人忽视。有些设计师在开始时甚至根本就不清楚自己想要制作什么，或者这张地图在整个游戏中的目的，所以在地图完成后，又要花费宝贵的时间进行方方面面的修补。如果设计者在事前对整张地图有一个清楚的构思，那么这些时间是完全可以节省的。盲目制出的地图即使被放入游戏中，也会显得突兀和不和谐——这就是缺乏计划的表现”。

在 Willits 开始制作地图前，他总是先问自己所要设计的到底是单人游戏地图，还是多人的死亡游戏地图。

他说：“需要弄清楚自己要设计的关卡类型。找准目标——死亡游戏或是单人游戏后，事情就会简单多了。虽然设计一张同时适用于两者的地图不是不可能的，但却是极其困难。适合死亡游戏的地图，对于单人游戏来说显得迂回复杂，而一张有趣的单人游戏地图，对于死亡游戏来说又过于简单直白了”。

虽然许多原则对死亡和单人地图都同样适合，但 Willits 还是对二者进行了分别阐述。

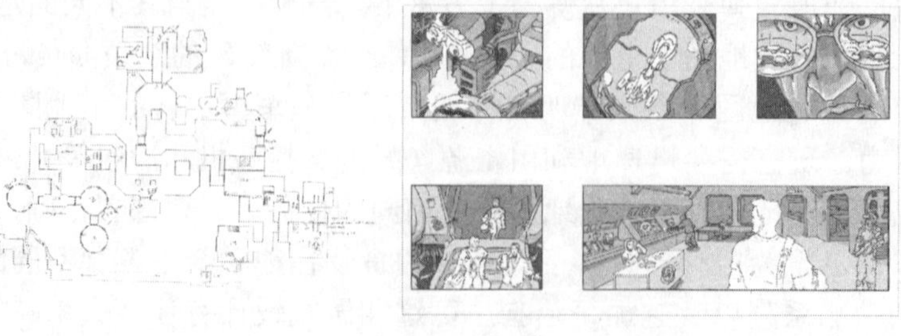

图 8-2　游戏 DOOM III 的截图

如图 8-2 所示，Willits 制作游戏 DOOM III 时的故事情节的手稿，以及游戏的俯视地图。他解释说："我在开始编辑之前只画了张简单的草图"。

单人游戏

设计成功的单人游戏关卡有许多规则可循，下面就是其中比较重要的一些规则。

焦点与连贯

Willits 认为设计关卡最重要的问题就是中心任务以及任务的连续性，而在游戏中二者都是很容易丢失的。

他说："每个游戏都有一个总的任务或目标，而游戏又由许许多多的关卡组成，每个关卡又有一个小的任务或目标，因此每张地图都必须有它存在的理由——这是设计者们应当牢牢记住，而实际上又经常做不到的一点。设计者要带着目的去进行关卡设计。有时要引进新的技术，有时是出现技术问题，这些会造成地图中心和初始目标的偏离，而设计者有时对此却意识不到。这种情况下，设计者必须回过头来，看看事情的进展以及关卡的整体设计和目标，有时为了与总线任务保持一致，还要重新调整范围或支线任务。从基本上说，关卡设计必须围绕最终目标进行，这一点十分关键"。

作为边注，Willits 要提醒关卡设计者的是，最好能有一个人对整个设计过程进行关注，以免游戏关卡偏离目标太远。与关卡设计保持适当距离的"旁观者"有助于整个游戏制作。

建筑设计和可玩性要素

Willits 认为，单人游戏地图需要有流畅的线性流动，而且要通过建筑设计和游戏成分来指导玩家顺利通过关卡。建筑设计是指如何建造不同的区域。关卡中必须要有一些天然沟壑来隔离关卡的主要组成部分以及关卡中的小任务（稍后再讲）。另一方面，可玩性要素常跟在游戏关卡故事的各种事件之后，Willits 举了下面一个例子：

"如果玩家在关卡的任务是摧毁核反应堆，那么关卡就应当包括控制中心、排污站、中心反应堆和冷却系统等区域，每个区域都必须具备一定的功能。玩家要想进入冷却系统就要先在控制中心输入安全密码；一旦进入冷却系统，玩家就可以抽出核心反应堆的冷却剂，与堆芯进行不稳定热量交换；最后，玩家可以倒转排污站的废弃物，形成连锁反应最终摧毁整个核反应堆"。

风险与奖励

风险和奖励要一直贯穿游戏始终，增加单人游戏地图的趣味性。Willits 认为每个新区域都要设置这些障碍，下面举一个例子：

"玩家进入地图的一个新区域，其中的沼泽面积很大，难以越过；而在沼泽的另一边有一个按钮，可以使桥伸长，但有怪物看守，因此玩家的任务就是要延伸桥梁，但问题是有怪物阻拦，而且按钮是在沼泽的另一端，很难够到。所以要完成这个小任务，玩家就要从这一端射中另一端的按钮，而且过桥时要避开怪物，这样就行了。很简单，简单得都不像是一项任务，但它确实是对玩家的一个挑战，只有通过了才能继续游戏。单人游戏关卡就是由许多小任务组成的整体，有一定的区域限制并和游戏整体保持连贯"。

Willits 还举了一个反例，其中游戏没能给玩家以足够的奖励：

"我曾经玩过一个游戏，院子中央有一个高塔，里面有很多妖怪。塔位于院子中央，因而显得很重要。我在塔上杀了两个家伙然后到达塔顶，可是那儿却什么也没有，让我很失望。对于地图上每个重要的位置，在玩家经过厮杀到达之后，都应当给以犒赏"。

环境感觉、难题和流程

Willits 认为，制作单人游戏地图很重要的一点就是环境给人的整体感觉，除了要有良好的外观和性能外，还有哪些需要注意呢？

他说："设计者必须按照玩家的意愿来设计关卡。如果设计的是一个仓库的地图，那么周围就必须要有散落的装货箱，因为这是玩家所想到的。同样，设计者也必须要使关卡与周围环境相协调。不要混淆不同时期的建筑材料，比如，第一张地图是金属制的，而随后一张又是砖泥制的，这种设计就很不妥。玩家很重视地图制作的连贯性，因为这些与他们的日常生活息息相关"。

营造好环境的另一要点就是给玩家以更大、更广阔的感觉。Willits 建议说："可以建造一些可望而不可及的东西，像穿墙而逝的神奇盒子或倏而不见的建筑等。如果设计者将这些东西设置在关卡内，那么玩家在游戏时就会获得一种更宏观的感觉"。

除了有趣的难关，显著的场景和路标同样会有助于良好环境感的营造。

他说："花些时间来制作宏大壮观的场景，比如一个大的前厅，细致的外围建筑或者一个超级控制中心等，让玩家在第一次经过时都会发出惊叹的一声"哇，太棒了！"。这一切会让玩家记忆深刻，即使在大获全胜以后，那些酷毙的景象仍然会深深地打动他们。但是这对于死亡游戏地图却不是那么重要，主要是因为一旦你通过，就不会再注意那些建筑的样子了。设计死亡游戏地图时，重点要放在流程上，而不必花费太多时间来制作让人称奇的场景"。

关于流程，就是关卡在开始时很容易通过而后难度逐渐加大的过程。通常他总是将第一个关卡当作对玩家的一次训练、热身来设计。

他说："如果想设计一些可以活动而看起来又很酷的东西，或者是展现引擎的复杂几何构造，那么最好把它们放在旁边以免挡了玩家的道。比如，将带有扇叶的通风孔置于壁炉后面，或者将水泵等无害物品放到墙边都是很好的做法。我知道人们总希望在开头的关卡中加进一些有趣的东西，但注意尽量不要使它们显得格格不入"。

是否只对制作一流的多人游戏地图感兴趣？如果是的话，就请看看 Willits 的 DM 101，从 Capture the Flag 风格游戏中获得一些启发。

死亡游戏关卡

死亡游戏关卡的风格基本上有 5 种，即竞技场型、循环型、直线型、定位型和主题型。Willits 认为同一张地图可以同时拥有多种风格，不同的风格有时也具有相同的特征。

竞技场型

简单地说，竞技场型关卡通常有一个中心地区，集中了大部分的比赛或是战斗，并且大部分走廊和通道都是通向这个中心地区的。

Willits 说道："这种类型的地图很少再有其他重要的空间或区域，竞技场型的死亡游戏十分集中和精确，地图也很容易掌握，玩家很清楚自己的位置，不会在通道上迷路。这种地图节奏快，分值高，但很快就能达到。DOOM II 中的 MAP07 就是这种类型”。

“设计者要注意的问题是，尽量不要使竞技场的建筑过于复杂。因为战斗频繁，所以速度要快。复杂的建筑能美化画面，但却会让游戏速度减慢，所以要让这个区域建设尽可能地简约明了”。

循环型

顾名思义，循环型地图是指地图设计是循环往复的，用 Willits 的话来说就是“玩家在主道上不断回转而无需停止的一种地图类型”。

他解释说：“死胡同尽量要少，最好没有。核心地方的入口、出口都要尽可能的多，以确保游戏流程自由，不受牵绊。武器配置要合理，双方力量要持平，储存地是越小越好（储存地是指玩家可以贮存体力和弹药的地方），这一类型的典型例子就是 Quake 中的 DM6”。

直线型

直线型地图中包括一些预备道路。

Willits 说：“建筑物变成了路标，指示玩家所在的位置。空旷的野地和宽阔的大道都是玩家进行角逐的好场所，甚至武器装备也会决定玩家的进退，如果只有到达地图对面才能获得军火弹药，那么玩家将不得不进行一次冒险旅行，比如 DOOM 中的 E1M1 关卡就是这种类型。

定位型

对于定位型死亡游戏地图。

Willits 说：“它能够让玩家清楚地了解自己所在的位置，也许不能很快地到达下个目的地，但是对自己的位置总能很快弄清。这种地图不像循环或直线型的那样流程自由。相反，它们是由很多独立区域构成的，每个区域又包括不同的战场或支线任务。比方说 Quake 中的 DM3 是个需要游泳的水域地图，有一段有照明的狭窄楼梯，和一个进行白刃战的机房。每个地方都有一个与环境相称的特殊武器或能量装备。这种地图很适合集体对战”。

主题型

最后一种是主题型地图。Willits 指出主题地图通常运用一些独特事物进行战斗，并且整个地图都对其进行夸张描述，下面的例子有助于更好地理解。

他解释说：“Quake 中 E1M4 地图，a.k.a 污水系统就是这种类型的。整张地图都被水覆盖，大部分证明都在水里或四周。不管玩家身处何处，他所看到的都是水或与水有关的事物。因此水就是这张地图的主题，或者说是特别战斗场景。喜欢标新立异的玩家都会偏好主题地图。当然相对来说，主题地图的难度也较大，它只适用中高级的游戏。主题的运用是为了提高游戏质量，而不应使其受到任何减损”。

“Id 软件公司制作的比较好的主题地图有：风道地图（如 Quake 的 E3M5）；低重力地图（如 Quake 的 E1M8）；弱光地图（如 Quake II 中的矿井关卡）；灾害地图（如 Quake II 中的熔岩、泥浆或死亡陷阱等）；折磨装置（如 Quake II 中的长钉射手或防护激光），空旷野地（Quake II）以及心灵运输（如 Quake 的 DM1）。

抢旗游戏

Capture the Flag（CTF）是比较流行的一种多人集体游戏，游戏目的是要偷到对方的旗，并将旗安全带回自己的基地。CTF 种类很多，下面是 Willits 给 CTF 迷们在地图制作上的一些建议。

对称关卡

对 CTF 游戏来说，关卡设计要对称，双方势力要均衡，这一点很重要。Willits 说，"理论上，要使双方基地完全不同是可能的，但在实际上却很难做到。"对此，他从 Quake II 中引用了一个反例：

"由于 BFG 和心灵运输器的配置（使得红队处于很不利的位置），因此在这个意义上偷袭就是一个很大的失败。而且，进入红队基地的途径要比蓝队多，使得蓝队的防守相对容易一些。该地图在武器弹药分配上也很不公平，蓝队的资源要好很多。只要使双方力量相等，这些问题就很容易解决了"。

不对称关卡

Willits 说："即使关卡不对称，也要尽量使双方力量保持平衡。比如，如果一方基地被水覆盖，那么就应当给该队对应的呼吸器。同样地，基地是泥浆的一方要有相应的保护设施"。

关于 CTF 地图的其他建议

在 CTF 地图制作上，Willits 提供了一些综合性的建议：

- 基地附近应能提供精良的武器弹药，但不要做得过火，否则就会使这个基地变得易守难攻。如果设计者要使用动力装备，注意不能在基地内部进行启动。
- 在加强防守的同时，要增加基地的入口和出口数量。
- 装备集中是个不错的做法，但要注意在装备之间保持一定的距离，防止玩家利用其中一种装备对其他的进行大肆摧毁。
- 创造一些优越的狙击地点，但注意要使玩家在进行狙击时本身也处于易被攻击的位置。
- 不同区域用不同色彩标识，但不要使用彩灯，因为彩灯会中和游戏人物的颜色，使不同的队伍难以分清。可以使用彩色纹理来代替。
- 武器安排要合理，这一点在 CTF 地图中显得更为重要，因为它在很大程度上影响着双方的力量对比。

Willits 是在纸上进行构思还是立刻导入计算机程序？

他说："在进行关卡设计前，我总是先在纸上将想法写下来。我喜欢离开计算机，找个舒适的地方放松放松然后开始构思。先拟草图，尽可能快地将所有想法记下来，这些草图和文字就是我开始创作的起点。也许并不按照我所画的来制作地图，但它确实能给我一些指导和提示，让我明白地图制作的目标和焦点所在。在前面已经说过，好的计划能减少设计者很多不必要的麻烦"。

在第 21 章"进入游戏行业"中，Willits 还就如何打入游戏界谈了些方法和建议。

关卡王 Richard Gray，Ritual Entertainment

Richard Gray 被游戏界称为“关卡王”，在给 DOOM 和 BLOOD 游戏设计非职业关卡的过程中，开始了自己的职业生涯。1996 年，他给优秀的射击游戏 Duke Nukem 3D 制作了将近一半的关卡，随后他成立了 Ritual 娱乐公司，并为 Quake 的一个附加游戏，Sin 以及 Heavy Meatal 制作关卡，在 Condition Zero：Counter Strike 和 Star Trek：Elite Forces II 中，他更是展示了自己无与伦比的制作绝技。

“趣味性”是制作关卡的主要要求之一，他说：

“没有比这更重要的了！游戏当然要有良好的性能和目标。但从根本上说，游戏必须要做到好玩、有趣。很多游戏都充斥着新兴技术和特殊效果，但其中有不少同样是简短枯燥的，并缺少对游戏趣味性的严肃考虑”。

“游戏趣味性的概念很难用文字来表述，不同的游戏种类有不同的标准。但是在进行游戏开发时，又必须要注意这个问题并将其融入游戏当中。设计简短的游戏通常只是个大概的轮廓，而趣味性因素常常只有在游戏完成阶段才能被加进去”。

“游戏设计者往往花费很多时间追求新的引擎特性和锋利的随身武器，他们对时限同样也很在意。对于第一人称视角的动作游戏，沉浸其中、玩家互动、恐惧害怕等情绪的显露以及谜题的解决等，都是趣味性的重要组成部分”。

关于至关重要的沉浸因素，他说：

“作为一名关卡设计者，我要使游戏环境尽可能真实。也就是说，关卡设计要可信可靠，即便是科幻或虚拟的场景，也要求有足够的细节来达到逼真的效果。但是细节又会影响动画帧率，所以，在自己想法和游戏平台的允许之间，就不可避免地会有一场激烈的较量”。

“玩家互动一般很简单，但却常常因为在新技术上花费过多的时间而不能最终坚持下去。需要击中的易碎物品、可用的电话、抽水马桶等，这些都是玩家互动中经常出现的东西。这些东西既可以延长游戏时间，同时又可以提高玩家的满意度”。

关于情绪它解释说：

“煽动情绪和解决谜题一般在设计阶段就可以完成，它们都是关卡的内在要素。如今要想吓唬游戏玩家可不是件容易的事，而且随着游戏行家队伍不断扩大，要吸引他们的眼球恐怕会更加困难。要增加吸引力，就要在过少和过多的弹药和体力之间保持一种微妙的平衡，恐惧设计轻易就会变成一个难度过大的关卡”。

“将趣味性因素应用于射击游戏的一个典型就是 Serious Sam。这个游戏没有运用什么突出的技术，游戏的情节和人物现在看来也很生涩。但值得一提的是，它不间断的动作和带给玩家那种期待和兴奋。这个游戏令人入迷，最重要的是它很有趣”。

你如何将构思写下来？他解释说：

“有时是有时不是——有时我在编辑几何图形之前会先将整个关卡画出来，有时我就跟着感觉走，直接开始制作关卡。这 2 个方法都不错，但由于现在游戏日趋复杂，人物故事纷繁多样，所以更喜欢在制作前先在纸上将一切设计好。现在常用概念草图，但在关卡建造好后仍然会进行必要的添加和完善”。

对于灵感来源，他解释说：

“书籍、电影、网上的图片，甚至别人制作的游戏关卡，这些都会给我灵感。很多人不敢从其他资料上获取灵感，因为怕被别人认为是剽窃。事实上，在艺术领域借鉴他人作品只是一种借用。只要不是侵权抄袭，就不算是剽窃。我也从自己的想法和梦中获得灵感，所以我的床边总放着纸笔，以便能及时地将那些翩然而至的想法记录下来。许多灵感就在我半睡半醒之间产生了”。

为主机游戏和PC游戏创作关卡有哪些区别？他解释说：

“最大的区别就是主机游戏的限制更大，虽然都是游戏，但它们对帧率和存储的要求更高，这是由于它们的性能要求更高。PC游戏每秒只能运行30～40帧，而主机游戏的帧率则每秒不低于60”。

“主机游戏在许多方面比PC游戏更卓越，因为它们的平台是专为游戏而设计的，因而性能也更可靠，对它们不必用12种不同的显卡和5种不同的声卡来测试兼容性。它的操控系统不会在半路改变，它们只有一套性能参数，而没有从最小值至推荐值的系统范围的规定。主机游戏一经发行，我们就能确定所发行的游戏一定是稳定而可靠的”。

第21章集中讲述了进入这种互动式娱乐行业应注意的规则和禁忌。这里，“关卡王”对此提出了一些衷心的建议：

“进入这个行业你惟一要做的就是去做！很多人问过我是怎么进入行业——很简单，那就是极度热衷于关卡设计。即使当时我没被聘用，今天也仍然会从事设计关卡的工作。职业游戏开发者大部分都是这样的，他们从不问怎样才能进入这个行业，而是不断提高技艺，精益求精，努力赢取相关公司的赏识。我觉得Id软件公司的用人理念是：如果要问怎样进入公司，那么很可能就不会要你。当时我们的职员都是我们主动找他，而不是他来找我们的”。

“事实上不被雇佣根本毫无理由，所需工具都在网上，任何想进入的人只要做他们想做的就行了。我曾认为自己想当口琴吹奏家，为什么不呢？口琴很便宜，学起来又不难。可我买了口琴，充其量不过吹了那么十几次，就再无进展了。显然，我并不真的想去吹口琴，也从未想过要以此为生”。

注意：Id软件公司的John Romero针对掌上PC机游戏的开发，提出了自己的意见（见第20章）。Romero现任Monkeystone Games公司首席执行官兼董事长。

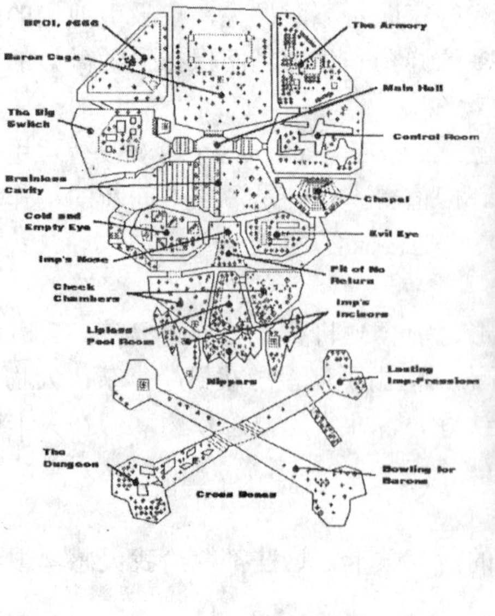

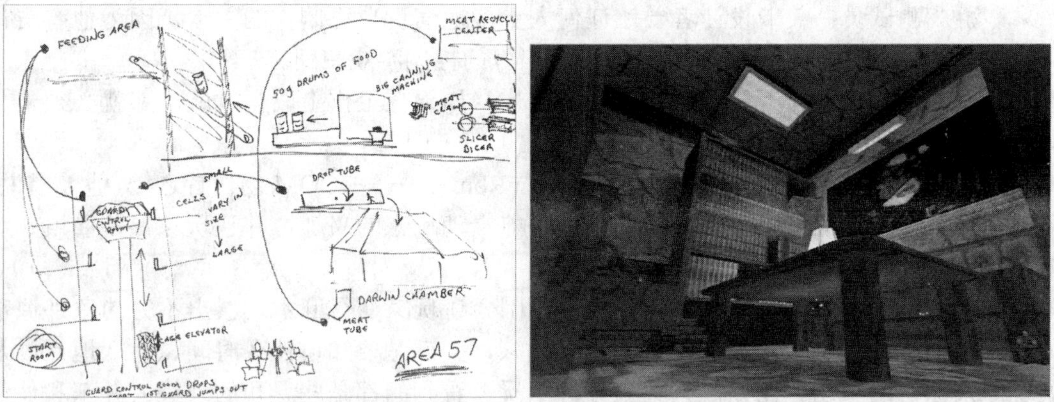

图 8-3　“关卡王”提供的截图

这些是来自“关卡王”作品中的一些幕后图片，如图 8-3 所示。手绘的头骨关卡是为 1994 年的 DOOM 游戏制作的，还有 Quake：Scourge of Armagon 中的死亡游戏关卡，以及游戏 Sin 的设计草图和快照。书架的形象来自 Sin 中一个叫 Spry 的死亡游戏关卡，其中游戏者要以差不多老鼠大小的尺寸进入一个阅览室。“我相信这是首次制作职业微观关卡，但现在也不是特别流行了”，Gray 补充到。

Cliff Bleszinski，Epic Games

在第 2 章中，Unreal 系列的设计者 Cliffy 谈了他对一般游戏设计的独特看法，而这里他谈的是在制作 3D 射击游戏时应注意的问题：

“显而易见，游戏设计的黄金法则是‘制作你想体验的经历’，这与整体的趣味性概念——即保持任务与奖励的比率平衡相抵触。任务的意义很广，可以是解决谜题，可以是消灭敌人，也可以是穿越危险地带。而奖励则可以是发现新地方，找到新事物或一段新故事。如果玩家在某个地方花费时间过多，或者迷失了方向，或者感到困惑厌烦，那么设计就没有做好”。

Bleszinski 认为，不同游戏的设计规则也不同，所以要弄清关卡设计者自身的角色和位置，他解释说：

“随着关卡设计的推进，我们会发现设计者们不再是孤军奋战，而是和美工一起为改进外观和提高性能进行着共同努力，紧密的合作与交流在其中发挥了不可忽视的作用”。

关卡设计者有 1/4 的建筑师、1/4 的游戏设计者、1/4 的美工，还有 1/4 的游戏测试员：

- 建筑师：关卡设计者要为游戏设计逼真细致的环境建筑，因此必须具备基本的建筑知识。
- 游戏设计者：聪明的设计者既要使设计方案紧密围绕主题，又要给关卡设计者一定的自由创作空间。每个设计者都要对游戏范围内的势态动向进行一定的控制。
- 美工：如果每个关卡设计者都有着美工的头脑，能对作品的结构、排列和灯光进行精妙的处理，那就太完美了！但这种人毕竟少之又少。大多数设计者的注意力都集中在游戏的进程、设计和平衡上；而美工所擅长的却是制造漂亮的外观形象。那就是说，关卡设计者必须得具备一定的艺术知识，即使是简单的环境设计，也需要有良好的结构观才行。

➢ 游戏测试员：关卡设计者要比任何人更多地演玩自己制作的关卡，因为他有责任使关卡运行顺畅，生动有趣以及 AI 能很好的控制游戏空间。

总的说来，关卡设计者要想制作成功的游戏。如果在工作上取得成就，那就必须十分清楚职业所赋予他的多重角色。

在本书的上一版中，传奇游戏的设计者 John Romero——DOOM 创作者之一，他曾经说过，“恐惧”是关卡设计的一个重要因素，因为它能牵动玩家的兴趣，并让玩家保持谨慎！对此 Bleszinski 补充说道：

“节奏也是十分重要的。长时间的恐惧氛围会让玩家变得麻木，层出不穷的意外惊奇也会让玩家感到厌倦。要想在关卡中吓唬一下玩家，关键是要知道什么时间、什么地点以及怎样展现令人惊讶的事物。比如，整整五分钟里玩家看到的都是些温和的外星人并正和他们进行交谈，如果这时突然有一个血腥的熔岩怪物破门而入，我想玩家肯定会被吓一大跳的。所以好的恐怖电影从不接连不断地让观众感到惊讶，因为这样很难奏效”。

“节奏合理是关卡设计各个部分都要用到的技巧。怪兽的流程要合理安排，既要有弱智愚笨的炮灰，也要有狡猾难缠的坏蛋。要掌握好奖励玩家的频率，不要一味地让玩家去完成任务，而要在适当的时候，像杀死怪兽啊、打开大门啊、抵达暗礁啊等等，然后再给玩家一些奖品”。

图 8-4 游戏 Unreal Warfare 的早期概念图

DemonMan 是什么？这是 Cliff 的下一个游戏 Unreal Warfare 中一名战士的早期概念图，如图 8-4 所示。

Bleszinski 知道关卡设计的内容远不止恐惧成分和适中速度，所以他介绍了自创的“关卡设计 5 步速成法”，他解释说：

1. 几何建筑和世界纹理。自然首先要做的就是构造环境，纹理美工应该在关卡设计者之前开展工作，这样关卡设计者就能在建造区域时决定该使用何种纹理了。到时关卡设计者就可以对美工们说："我需要 32×128 的梁架，上 3 个螺栓，边角不要生锈，放到工厂的位置"。

2．环境光影布置。光线的好坏会直接成就或毁掉一幅美景，暗淡的光线能增强怪兽的戏剧效果，而明亮的房间能减少玩家在黑暗中摸索。关卡设计者在光线处理上要具有创造性。如果玩家不断深入火山内部，温度就会越来越高，因此颜色要越来越亮，就要运用更多橙色和红色。如果是在沼泽，就要运用比较低沉的冷色，像褐色、绿色和灰色等。

3．利用 Unreal 或 Quake 引擎能让关卡设计者自如地控制阴影部分。建造建筑物不能没有阴影，试试让光束透过天窗，在地板上投下清晰的影子，或者在壁炉里生些火，这样对面墙上就会形成朦胧的阴影，效果不错。

4．诡计、陷阱和谜题。不要迫使玩家通过死亡来获得经验，而要给他提供机会解决谜题。记住：玩游戏是为了娱乐，而不是工作。如果设计的印加神庙里会有飞刀从地板弹出，那么就应当在飞刀周围布置一些血迹和碎尸，这样警觉的玩家就不会丧命了。即使玩家死了，他也会想："哦，应该看到这些警告的，我真傻！"，而不是"骗人的把戏，我怎么知道那儿会有陷阱呢"。

在开发游戏 Unreal 的过程中，总是要求关卡设计者们设计的怪物要能在某个地方来回徘徊，或者是在黑暗中突然跳出，或者撞破玻璃直向玩家冲过来。如果玩家走进一个房间，而怪物就站在那儿等着他，那么玩家就会觉得这个场面太假了。相反，如果玩家走进房间时，敌人正从他身边经过，那么他会很感激你为环境逼真所付出的努力。

弹药配置在关卡设计中很难把握，弹药过多，玩家就会毫不费力地轻松过关。弹药不足，就会使玩家在用默认武器与敌人周旋时念念不忘网上作弊。只要玩家一想到："老兄，我快没弹药了"，肯定就会有一大箱的子弹在等着他。体力设计的道理也是一样的。

5．戏剧成分！在游戏 Unreal 中，我们所要营造的是一种身处敌对的外星世界的感觉，而我所说的戏剧成分则在很大程度上增加了感觉的真实性。如听到门后发生的事情，看见邪恶的外星人惩罚一个曾帮过玩家的友善的外星人，亲眼目睹同伴被杀，许多玩家可以进行干预的实时事件等等。好的戏剧场景在许多年后仍然能在玩家脑海里浮现。

图 8-5　游戏的截图

如果游戏的主要目的就是快速杀人，那么就不要用那些无聊的谜题来降低游戏速度。如图 8-5 所示，转动三个旋钮过关是一回事，而要转动十二个编码长得连玩家都记不住的旋钮又是另外一回事了。

那么关卡设计到底有多重要呢，为什么它是游戏设计的主要部分呢——“关卡设计就是轮胎着地的地方”，这是几年前 Id 的前任执行总裁 Jay Wilbur 在他与 Cliff 首次电话会谈时对后者说的第一句话，它一直被后者认为是“至理名言”，他对此做了引申阐述：

“游戏开发就像是制造汽车，人们从事着各种不同部分的工作——设计、建模、音响和外观。然后，所有劳动凝结在某一点上，就形成了汽车，于是轮胎着地了，汽车上路了。对于游戏，关卡就是所有劳动的结合点，因此它们的设计必须要先进和独特，否则整个游戏就是败笔之作”。

Bleszinksi 以 Unreal Tournament 2003 为例，谈了谈对上述建议的应用：

“在这款游戏中，大部分关卡都是根据一个建筑模型系统设计的，环境构造是由不同部分拼凑而成的，有点像垒高拼装玩具。从这一点看，从游戏 Unreal Tournament 到 Unreal Tournament 2003，关卡设计发生了很大的变化。在前一个游戏中，设计者面面俱到，全面负责，甚至具体到环境建造中的每个三角，而却很少关心纹理地图或者与美工进行合作。现在，设计者所要做的就是将预制建筑进行组合，创造令人兴奋的游戏动力，而美工则负责制作所说的预制建筑，协助进行色彩配合和关卡组合”。

“这些变化使我们能对不尽人意的关卡，或者在平衡、AI 等方面存在问题的关卡进行迅速的修正，这也是能将 Unreal Tournament 改进得令人满意的原因，关卡设计就是其中的关键。构建关卡，进行演玩，修正缺陷，提高性能，这个方法已经在新版 Unreal Tournament 的开发中一而再再而三地使用，而且结果十分喜人——各种关卡在不同场景之间得到应有的平衡”。

Cliff Bleszinski 的更多建议请见第 2 章和第 21 章。

Peter Hirschmann，LucasArts

Medal of Honor 系列（本来为 Sony PlayStation 制作的）是以二战为题材的第一人称视角动作游戏，它像一部互动的《拯救大兵瑞恩》，特别是为 PC 和 PS2 设计的 Medal of Honor: Allied Assault，再现了抢渡奥马哈海滩和其他惊险的二战场面。在这一节里，该游戏的首席设计师 Peter Hirschmann 就游戏设计和关卡设计做了大体论述。2002 年，Hirschmann 离开电子艺界前去为 LucasArts 工作。

要成为一名出色的关卡设计者，应该具备哪些个人和职业品质？

他说：“最重要的一点是不仅要有玩游戏的热情，而且要有制作游戏的热情。要运用你关于这个行业的所有知识，并向你喜欢的游戏制作人学习。我很重视像 Sid Meier，Shigeru Miyamoto，Larry Holland，Will Wight，Brian Reynolds，Chris Taylor，Tim Schafer，Alex Garden 和 Noah Falstein 等人的制作。在网上看看设计者的日记，读一读聊天记录。我还经常看 Game Developer 杂志上的事后剖析，在 www.gamasutra.com 网站上找些有用的资料，虽然他们都是偏向 PC 游戏的（见第 24 章）”。

主机游戏和计算机游戏的关卡设计有什么不同吗？

他说：“从开发制作的角度来说，它们有很大的不同。如果游戏和编辑器在同一平台上运行，那么开发一个可靠的设计工具箱相对要容易得多；而对于主机游戏来说，从调整到运行的反馈回路比较长，有时结果会让人很失望，但主机游戏有一个明显的优点，就是游戏系统是封闭的，所以你的目标观众大多拥有相同的装备。撇开平台不谈，它们最终目的是一致的——都是为了制作有趣好玩的游戏，要做到这一点，你就必须要清楚自己到底要做什么样的游戏”。

Hirschmann 用什么核心软件工具进行游戏 / 关卡设计？

他说：“和许多工作室一样，我们用的主要也是 3D Max。可以肯定地说，学会在二维屏幕上设计创造出三维效果是必须要掌握的基本技能。游戏制作是一种艺术，它同时也是一门要求严格的工艺，从 Windows OS 的基本知识到利用 PlayStation 2 从 CD 上获得资料，这些具体细节都要掌握。电子游戏就是这样，所以你必须要了解相关技术以及它对游戏设计的影响（引用 William Shatner 在 Star Trek II 中的话来说：‘要知道为什么这些东西能影响一架宇宙飞船’）。要经常使用那些看来很平常的设计工具，这在计算机游戏中很常见；但对于像 Tony Hawk’s Pro Skater 2 这样的主机游戏，只用基本的地图编辑器进行航行，那感觉就很不一样了。记住：精美的终端用户编辑器常常就出自你在制作中用到的、看来很不起眼的设计工具”。

梦工场的设计小组是如何为获奖游戏 Medal of Honor（MOH）设计关卡的？这条原则是不是对不同游戏类型都适用呢？这里，Hirschmann 就 MOH 的设计过程做了完整的叙述。

他说：“制作过程极其重要，这要取决于你要制作的游戏种类。我们制作 MOH 的目标就是要创造尽可能真实的环境场景，虽然这一场景在现实中并不存在。我们的原则是趣味性第一，现实性第二。我们在制作游戏上有不少好的传统，比如，不论口径和产地，所有武器（手枪、步枪、冲锋枪）都用相同的子弹；你可以一次携带一百多 lb（1lb=0.45kg）的武器装备而不感疲倦；更重要的是，你可以想复活多少次就复活多少次，即使被德式装甲火箭筒击中脑袋也没关系”。

“MOH 每个关卡的制作过程都是漫长而复杂的，但是很值得。最初的几个月里，我们都沉浸在主题开发当中，读遍了所有我们能找到的资料（Stephen Ambrose 的 Citizen Soldiers 被小组看中并从中获得不少启发）；制作了坦克、半履带车和野战炮兵的比例模型；最重要的是和我们的顾问，美国海军陆战队的上校 Date Dye 一起合作。说点题外话：人们经常问我们其间看了多少部战争影片，如果我要说集体性的观看几乎没有，人们肯定会惊讶不已。观看一部和你研究的主题相关的电影有时是有害的，因为它直接影响你对事物外形的看法，从而不能充分地发挥你的想像。但《拯救大兵瑞恩》是个例外，这部片子我们都看了，很感人，比一般的二战影片要精彩许多”。

“接下来，我们就开始进行引擎编码，创作概念美术（二维和三维的），测试人物动画效果，几个月后，我们对游戏的范围和设计就有了很好的构思。下一步要使游戏流程形式化，共有七项任务，每项包括 3 个主题关卡：进入敌军阵地、执行任务和离开。这种对游戏进行分割的创意直接来自于 Dye 上尉，他在早先曾告诉我们，任何任务最困难的部分通常都是返回阵地。这种结构极大地提高了该游戏的可玩性，因为它为游戏建造了一个自然向上的斜坡。进入敌军阵地的关卡强调的是隐蔽性，不管敌军阵地位置如何，都要尽量不让敌人发现（例如要通过一个巨型管道偷偷爬进敌人的重水工厂）。执行任务的关卡是要完成任务的主要目标（摧毁这个重水工厂），包括与敌人的激烈战斗和完成复杂的任务使命。最后是离开敌军阵地（在大雪中离开这个重水工厂），包括与那些强悍的特殊敌人（准备 Panzershrek 的北极部队）进行全力战斗。

“一旦确定了合适的结构，设计小组就开始填补空白。游戏人物 Jimmy Patterson 中尉，由 C－47 运输机飞行员变成美国航天局间谍的故事早些时候就已经刻画好了，但后来我们削减了任务清单，最后在游戏中只保留了七项任务。每个任务又包括 3 大关卡（有时为了美术需要，还要把一个关卡分成 2 部分），然后设计者们开始工作”。

图 8-6　游戏 Medal of Honor: Allied Assault 的截图

Medal of Honor：Allied Assault 中每个关卡的制作都需要全身心地投入，如图 8-6 所示。

在为 MOH 制作成功的单人任务时，有 3 点问题是值得我们注意的，按照先后顺序，依次是：

1. 首先要有一个良好成熟的构思。这看来是个常识，但设计者往往很容易钻牛角尖，追求一种听起来很棒但游戏参数根本无法达到的设计。在淘汰的 MOH 关卡设计中，有的要在柏林飞艇上作战，有的想在战俘营内发起暴乱，等等。这些想法都很有发展潜力，但却无法在原始的 MOH 游戏引擎上实现。有一个设计是可行的，就是 Scuttle U-4901 任务，其中 Jimmy 必须要弄沉德国新式巨型潜艇（U-boat）的原形，由合作首席设计师 Lynn Henson 设计，并得到全队队员一致好评（要在 U-boat 潜艇上花些功夫），后来这个设计就发展成为 Medal of Honor 中一次史诗般的历险。开始你是被一艘隐身小船带到德国的潜艇基地，那里正在制造 U-boat 潜艇。熄掉发动机后，你要通过一架起重机登陆；然后沿着港口屋顶悄悄溜进 U-boat 制造基地；进入基地后，小心保守你的计划；在目标潜艇开始首航时偷偷上船，摧毁潜水控制系统，然后在它沉入海底之前逃出指挥塔。

在将构思付诸纸笔和计算机之前，先在大脑里认真细想一遍，这样能激活你的想像，让游戏任务生动起来。下面是 U-boat 任务中的部分目标：找到扳手、进入工程、熄掉引擎、从货舱离开轮船、找到走私武器的地点、确定任务时间表、用炸药炸毁卡车、找到进入生产基地的天花板入口、找到引擎规格、拿到船体设计图、摧毁海门控制、找到并登上 U-4901、发送无线电告知盟军位置、锁定鳍板、摧毁鳍板控制系统、将压舱物拍成扁平的小船、找到出舱口。所有这些都要在一天内完成，怎么样？

2. 关卡设计要逐步展开，提高级别。不仅要逐渐加大游戏难度，而且要增加一些新的目标、敌人、控制方式和地形——包括室内和室外。关卡设计还要讲究故事情节。在由首席画家 Dmitri Ellingson 制作的 3.3 关卡 The Hunter's Den 中，你要穿过潜艇制造厂。一开始，你看到的只是坦克焊接和一些分散的工业设备；但是随着不断深入，你就会看到传动轴和螺旋桨、鱼雷和燃料，甚至两片未完工的潜艇外壳；再往下走，你就会在干船坞发现完成的 U-boat 潜艇，人员全副武装，列在甲板上；但这还不是你最后的目的地，如果你能活到关卡最后，你将会看到巨大的 U-4901 原型正准备下水试航。
3. 敌人就是一切。这一点对 Medal of Honor 来说是关键所在。也许你有世上最美的图形，最棒的关卡设计和最酷的控制方式，但如果你没有聪明的敌人，那么你也就什么都没有了。MOH 侧重的是玩家和其所遇的德军敌人之间的战术关系，所以动画和 AI 系统是我们花费很大力气要攻克的重点问题。动画指导 Sunil Thankamushy 创作了敌人令人称奇的行为方式，联合首席设计师 Chris Cross 则制作了不可思议的信息处理脚本，二者一起成功地生成了 MOH 世界中的多边军队。游戏中有些细节，像敌人拣起手雷扔回给你等等，也许占用了一点时间，但如果没有这种努力，我们虚拟的 1944 年欧洲大剧院也就不值一提了。

Hirschmann 的最后一点建议是这样的：提高质量，严格把关。游戏制作的细节是极其复杂而不同的，除了高难度、费时间之外，游戏制作并无秘诀可言；惟一的秘诀就是：坚持工作！

在第 10 章“任务设计”中，Hirschmann 谈到了 Medal of Honor 中的一些任务结构；在第 21 章，他简要叙述了自己进入该行业的经历，并给有同样追求的人们一些好的建议。

Chris Foster，Raven Software

Chris Foster 于 1995 年春开始了他在 Raven Software 公司的职业生涯。从那时起，他就参与了该公司几乎所有的游戏设计，其中包括 Heretic II。除了在 Raven 的工作，Chris 同时还开发他自己的角色扮演游戏。除此以外，他还是一位已有作品出版的诗人和散文家，一个独资的地方性小杂志(The Writer's Block)的助理编辑。Chris 是游戏 Star Trek：Voyager——Elite Force 和 Jedi Knight II：Jedi Outcast 的首席设计师。

虽然 Forster 在程序设计的章节中谈得更多，但这里他给了初级关卡设计者一些建议：

1. 制定计划。我说不清计划对你的工作到底有多大帮助，它不仅能节省时间，而且能让你在需要或被迫将设计的关卡搁置很长一段时间后，依然对它有着清晰的印象。自由设计适用于多人游戏地图；但鉴于当今游戏的复杂性，对单人游戏设计，必须首先要在脑海里明确一个目标，这是最基本的。

2．先易后难。制作地图，我通常是从一两个中性纹理着手，花点时间设计所有主要物体的形状，然后左右观摩：觉得小了，就将简单的形状扩大一些；如果太大，就加以适当控制。如果你以这样的方式来制作地图，那么在你做最后调试之前就能进行很多试验。如果你对某个具体事物失去了兴趣……请参考步骤三！

3．剪辑删除！关卡设计最大的敌人通常是自我满足。如果我觉得地图中的某个事物设计得非常非常棒，但却与整体设计不协调，我就会将它删掉并保存在我的文件夹中，看看下次是否用得上。要敢于批评和质疑你的地图，这才是真正的帮助和支持。也许在你改造的过程中，地图会被破坏得惨不忍睹，但你最后得到的一定是一个更强更好的关卡！

务必点击网站 www.ravenaoft.com 获取更多信息。

Michael Raymond-July

在 2002 年离开 Raven Software 之前，Michael Raymond-July 已经是一名有着九年工作经验的游戏设计者，他设计的游戏有 Shadowcaster，Heretic（包括 Shadow of the Serpent Riders），Hexe（又名 DeathKings of the Dark Citadel），Necrodome，Take No Prisoners，Heretic II，Star Trek: Voyager——Elite Force 以及 Star Wars：Jedi Knight 2—Jedi Outcast。

在被问到应如何制作像这样有趣而又具有挑战性的关卡时，Raymond-July 作了如下回答：

1．事先要明白你想做什么，并坚持下去。完善的计划不仅能方便制作，保证任务及时完成，而且能使关卡与游戏整体的“大图画”保持协调。在 DOOM 时代，并没有真正的大图画存在，这也就不成问题了；但是对于现如今的游戏，这却是至关重要的。

2．“真实”和“有趣”并不总能兼得。我追求“真实性”，就是说，我会尽力营造逼真的氛围，让玩家有身临其境的真实感，而不是过分注意某些细节，使得地图从头到尾毫无生趣。

3．有人也许会建议你改掉某些你自己十分喜欢的东西，那么你就要照做。即使你是老板，你自认为很好的东西，有时也不见得就适合游戏需要。承认这一点不仅能让你的工作继续下去（并在限期内顺利完成），而且它能让你在项目结束后，仍然保住饭碗。

图 8-7　游戏 Star Wars: Jedi Knight 2-Jedi Outcast 的截图

游戏设计者 Michael Raymond-July 说，在关卡设计中，“真实”和“有趣”并不总能兼得。

他的最新作品是 Star Wars：Jedi Knight 2-Jedi Outcast，如图 8-7 所示。

参看 Raymond-July 关于制作好的游戏谜题（见第 9 章）以及程序设计上的建议（见第 11 章）。

Jeff Lane，Valve Software

在做了 12 年的美术设计员之后，Jeff Lane 一下子跳进了计算机游戏，义无返顾。Lane 在 Sierra 工作室任职五年，曾是 Phantasmagoria 2 的美术指导和 SWAT 3 的关卡设计者。之后他加入了 Valve 公司，为 Team Fortress Classic 和 Team Fortress 2 制作关卡。

Lane 透露了他设计关卡的秘诀："我的底线是要为玩家创造一种引人入胜、妙趣横生的游戏环境"。你是如何做到这一点的呢？

他解释说："这是游戏制作的最终目的，要做到这一点，你就要给游戏注入大量生动的事物并使彼此间保持平衡。比如，有些东西像恒定的帧率能增加游戏的吸引力，但如果某个穿插关卡的帧率转移了人们的注意力，那么你就不能赢得这部分观众"。

"在制作单人游戏关卡时应考虑的一些其他因素有：画面连贯性、游戏交互性、适当的声音提示、适当的难度级别、连续的叙述、不断推进的感觉以及给玩家提供机会进行探险。所有这些综合起来，要能达到提高关卡吸引力和保持游戏完整性的效果"。

Lane 提出，多人游戏关卡的制作与此不同，但其基本思想和平衡原则是一致的。

他说："我相信你肯定能想到许多多人游戏关卡，它们看似很好，但却破坏了游戏多方之间应有的平衡，使得力量过于向一方倾斜。忽略这些问题就是以身犯险，因为你制作的环境可能会因此而无法激起玩家对游戏的兴趣和激情。优秀的关卡设计者总能认识和懂得这些要素的重要性，并知道在环境制作中如何正确地应用它们"。

制作的具体过程是怎样的？Lane 通常从"头脑风暴"开始，将所有想法先写下来，然后从中找出相应的主题和一些总体设计目标。

他说："明确游戏设计的目标以及自己所追求的是怎样的趣味性和可玩性，我觉得这一点非常重要。然后我通常会去找一些（有时数量还很多）视觉材料作参考，这要看关卡需要。接下来，就在纸上绘出一些基本设计，有时这些草图还绘制得相当精细，但大多数情况下，在完成简单的草图后，我就开始大概画一些三维图形。正如我所说的，我从不拘泥于某个具体形式，而是注重发散思维。灵活性对我来说很重要"。

Lane 的灵感来源与本书采访的大多数游戏设计者是一样的。

他说："关卡设计者的灵感来源无所不包：外界和外国的书籍、电影、照片、游戏，甚至是一段古代文明。好的设计者不仅要有新颖有趣的点子，而且要了解老套和常见事物的参考价值。任何事物都可能激发你的灵感，所以你要敞开胸怀接受它们，而一切终归又要回到游戏的吸引力和可信度上。如果你运用常见的设计元素，同时赋予它们新的风格，你就一定能吸引你的玩家。常见元素可以让游戏具有可靠的参照系，而新风格则可以提高游戏的刺激性和吸引力。拿 Darth Vader 来说，他身材高大，一身黑衣；一看到他，你就立刻知道他是个大恶棍。这就是传统老套的力量。我并不是说坏人都应身穿黑衣，但是在设计中加一些广为人知的成分确实能提高游戏的真实感，让玩家能沉浸在你所创造的环境里。不断发现灵感，利用常见元素创造出崭新的风格，制作真正令人难忘的游戏关卡，这是设计者的职责所在"。

为了支持他的论点，Lane 提供了 Team Fortress Classic 的一张关卡设计草图和屏幕画面，如图 8-8 所示。

图 8-8 游戏 Team Fortress Classic 的草图和截图

Stevie Case，Monkeystone Games

最后一位是计算机游戏界的后起之秀：Stevie Case。在离开 Ion Storm 出任 Monkeystone Games 副总裁兼制作协调员之前，Case 曾任过 Daikatana 和 Anachronox 等游戏的关卡设计员。Monkeystone Games 的第一部游戏叫 Hyperspace Delivery Boy!，是专为 PC 及 Pocket PC 平台设计的，2002 年出品。

Case 认为在设计游戏关卡时，有 3 点要特别注意：

1. 速度、速度、速度。再有趣的经历也会由于速度缓慢的地图而变得乏味。速度是我最好的朋友，同时也是最大的敌人！关卡设计者要想突破纯粹的模仿，就必须要能制作漂亮而刺激的环境场景，它们看来复杂，却能在要求的硬件上快速运行。在我为 Anachronox 制作关卡期间，曾花了很多时间来修改那些外观华丽但运行太慢的地图。许多精良的地图像 Tensil，我们为了让其在 Quake II 引擎上能有一个适当的速度，运用了很多技巧，花掉了不少精力和时间。对你的游戏引擎要做到了如指掌，对能加快关卡速度的各种技巧要运用自如，与程序员进行沟通，确定如何提高游戏的速度。
2. 趣味性。失去了趣味性，游戏还有什么意义可谈？一张完美的地图包括很多因素：无与伦比的可玩性、令人叫绝的美感以及闪电般的速度。但是，人们玩游戏只是为了开心。给玩家以奖励比美感设计更加重要，因此，你要给你的地图设计一些互动任务、缝隙、角落、秘密等等。地图要容易驾驭，并确保那些刺激或重复的障碍不会挡道；如果不好玩，就删掉该障碍。掌握地图的趣味性往往需要外界介入以及不断地测试，你很容易就会感到厌烦，那么就叫你的朋友和同事玩你的游戏吧，他们会帮你找出有趣的事物并告诉你该如何去做。
3. 惊奇。一些出乎意料的事物常能增加虚拟世界的深度和刺激程度。纯粹的没有任何迂回曲折的建筑是单调沉闷的，避免将物品和敌人布置在可知地点，因为出乎意料别具一格的事物会让玩家小心谨慎、集中精神！一个很好的例子就是在 Unreal 第一张地图中，遭遇到 Cliffy B 创造的 Skaarj，玩家突然被抓，灯光尽灭，一个咆哮的 Skaarj 走了进来。这很可怕，也很精彩！

Case 有时会先在纸上进行构思，画出草图，然后付诸计算机，但这要看具体的关卡要求。

他说："单人地图我差不多总是从草图入手，在开始前先想好设计的复杂部分，这很有用。如果没有事先计划好，地图设计很快就会变得漫无边际、没有重点。另一方面，对于死亡游戏地图，我通常不画草图，因为 DM 地图比 SP 地图要小，在心里构思相对来说比较容易，但偶尔我也画张简图，看看所有可能的区域线路"。

给新手有什么建议吗？

他说："了解游戏引擎，深入了解游戏的技术构成有助于你设计符合要求的地图；如果你利用的是许可技术，那么先到你能找到的所有相关网站，看看有关地图制作和设计的指南参考，这是一个极好的资源；与程序员进行沟通，要敢于问问题；认识其他用相同引擎制作地图的人，做好接受建议性批评的准备；听听非核心玩家的意见——他们的视角和你会有所不同；最重要的是，只要你喜欢，就尽力去做吧！既有时间限制，又要做到有创意，这的确很难，但只要你能克服这些难关，地图制作就会变得越来越惬意。

注意： Case 承认她总想着关卡设计："关卡设计者常常用线框方式来看待周围事物，估摸着它们是不是太复杂了，或者在引擎中的运行速度是不是太慢了，等等。简直是入了迷了，真的！" 在进行了整晚的地图制作后，她甚至在梦中想的都是建筑物，许多创意就是来自这样的梦境，"仔细观察一切，灵感无处不在！"

务请阅读第 21 章，Stevie Case 关于进入游戏行业的一些忠告，不管你追求什么样的职位。

图 8-9　游戏 Anachronox 的截图

Case 提供了一些画面作为例子，来支持她对于制作详细而吸引人的关卡所提出的建议。关于速度，Anachronox 的 Tensil 就是一个例子，如图 8-9 所示。

第9章　谜题设计

你透过隔壁房间的钥匙孔朝里看，它就在那儿——这个危险的旅途中你渴望已久的魔法书，有了它，你就能顺利通过城堡上端那些守卫兵。唉，可惜门是锁着的，但你再次透过钥匙孔时发现有东西从对面伸出来，哈，是钥匙！你匆匆看了看房间周围，发现桌上有一张报纸。顿时灵光一现！你将报纸从门缝下塞进去，重重地捶打几下房门，让钥匙落在报纸上；然后慢慢地将报纸往回抽，拿到钥匙，打开房门，拿到了魔法书。

提出这个假想的例子是为了要形象地说明谜题设计——游戏设计者用一种比较鬼祟的方法来设置一个具有挑战性的障碍，玩家要用脑力而不是体力解决它，才能继续游戏。这种形式的谜题在冒险、角色扮演和一些动作游戏中很常见，而且谜题的形式也很多样：

- 环境谜题可以通过分析和改变游戏的周围环境来解决。例如，在 Nintendo 的 Legend of Zelda: Ocarina of Time 中，玩家必须点亮大门两边的火把才能继续深入洞穴。
- 存货谜题则要利用你的所有物来解决。可以说环境谜题和存货谜题通常是联系在一起的，像上面的例子或者 LucasArts 的 Day of the Tentacle，其中，如果你需要醋，你就必须将一瓶酒放进时间机器，然后在未来拣起它。
- 会话谜题，要求在与游戏人物进行交谈，或者需要回忆人物先前一段对话时，必须说出正确的对话。Microid 的 stellar Syberia 就是一个例子，其中的女主角 Kate Walker 为了解开一个家庭谜团，必须要和各种不同的人物进行谈话。
- 最后，许多冒险游戏，特别是 20 世纪 90 年代中期出品的，总是设置一些与当前任务无关的谜题。比方说梦工厂的 The Neverhood Chronicles，玩家一方面要解决滑行瓦片的谜题，另一方面还要集中精神玩游戏，虽然两者并没有什么直接联系。

Lorne Lanning, Oddworld Inhabitants

Lorne Lanning 是 Oddworld 系列的创作者，从他的游戏中举了一个构思和制作都非常好的谜题来说明怎样制作好的游戏谜题。

他说："首先要创作一套基本动作和控制方式的有趣组合。控制方式是指游戏中可以利用的任何东西，游戏中有基本动作（人物可以跑、跳、潜行、拳击、说话等），还有基本控制方式（人物可以抬拉杠杆、支配他人、骑车、使用武器、操纵起重机等）"。

"动作和控制方式的组合要有趣。一旦有了有趣的组合，剩下的就要看如何设计关卡或环境了。控制方式的构建要有一个缓冲度，当玩家有机会熟悉游戏的控制方式时，也会变得越来越机智。一旦玩家掌握了基本控制方式，就要开始给他更多的控制方式。做得好的话，你给他们的将是一次没有挫伤性的经历；同时也会给他们一种挑战和成功的感觉"。

"一个简单的例子是我们的主人翁 Abe 的第一个基本动作：一次潜行。创意很简单：如果他在周围偷偷行动，其他人不会听到，但却能看到他。这样就要用到另一种控制方式，我们称之为'隐身区'。隐身区让 Abe 能藏在暗处不被发现；但是在黑暗的隐身区，他仍然可能会被敌人听见，所以在使用隐身区时必须保持安静。使用得当的话，这 2 种控制方式就可以营造出很好的紧张气氛，提高游戏可玩性。当武装的敌人从 Abe 身边经过时，没有武器的他可以先在阴影处藏身，然后在敌人走开时，离开隐身区，悄悄跟在敌人身后。这是我们都理解的经典画面，它的游戏价值就在于它不仅给玩家提供了一次挑战，而且增加了游戏的幽默成分。一个基本动作——潜行——让主人翁可以被看见而不被听见；而另一个基本控制方式——隐藏——则让主人翁被听见而不被看见。这两种对立的控制方式结合在一起，就产生了一种不同寻常但并不难理解的效果”。

图 9-1　游戏 Oddworld：Munch's Oddysee 的截图

Lorne Lanning 说 Oddworld：Munch's Oddysee 中的许多谜题设计，都利用了 Abe 和 Munch 体格和技能不同的特点，从而要求双方进行合作，如图 9-1 所示。

George Broussard，3D Realms

这个曾负责过 Duke Nukem 部分设计的游戏行家，聊了本书中的很多话题。这里，他就创作游戏谜题提出了一点建议。

他说：“好的谜题首先应该是公平的：它们没有逻辑思维上的大跳跃，并存在多种解决方案；不会含糊不清，任意专断，而应该意思明确，支持游戏；不会迫使玩家通过死亡找到解决办法，而应当允许一定程度的试验偏差存在”。

图 9-2　No One Lives Forever 场景

Fox Interactive 的 No One Lives Forever 中的场景，如图 9-2 所示。Tom Goodman，一个自

负的美国间谍，在 Agent Archer 的旅馆房间里吓了她一跳。H.A.R.M.共同选择了一个被遗忘的高山堡垒作为他们在这个地域的军事基地。Archer 在潜进这个地方时必须小心谨慎，以免被探照灯发现。

Broussard 举了 Fox Interactive No One Lives Forever 中的一个谜题作为例子。

他说："你必须通过一个保险库。第一个地方有固定激光启动地雷，只要跳跃通过就可以了，很简单；第二个地方是移动激光束，难度稍微增加；最后是要通过一个房间，里面装有 50 个快速移动激光启动地雷，而且房门还在 30ft（1ft=0.3m）开外。我看了看房间，心想，这个关卡设计者恐怕是疯了，这个我怎么能做到呢？失败了若干次以后，我十分沮丧，于是四处看了看，发现在我的脚下，地板上，有一个简单的壁炉入口，而我刚才却没有看见。我打开它，钻到地板下，通过了那不可思议的激光房"。

"这个谜题好就好在它把答案就摆在我脚下，而我的注意力却全都集中在面前这个迷惑人的谜题上，忽视了最明显的解决方法，这是我的失误。我认识的几个玩家他们 30s 内就找到了壁炉；而另外一些则花了 30min，因为他们有不断尝试，攻克难题的决心"。

Tim Schafer，Double Fine Productions

Tim Schafer 策划了许多备受喜爱的冒险游戏，像 Grim Fandango，Day of the Tentacle 以及很快就要面世的 Psychonauts，这里他提出了许多关于制作游戏谜题的真知灼见。

他说："不要出现逆向谜题，即让玩家先找钥匙再找门的谜题。正确的顺序应该是首先发现问题，然后再寻找解决方案，这样玩家就有时间享受那种抓破脑袋也想不出办法，迷惑不解的感觉，以及找到答案后的欣慰之情（等等，你怎能用一把钥匙通过一个大峡谷呢？等一下我知道。可以将它栓在绳子上，然后引诱老鹰前来衔起来……）。这个法则听起来很浅显，但如果让玩家先找到钥匙，在他们还没意识到这是个谜题以前就已经将门打开，你就一定会为谜题的过分简单而惊讶了"。

"要经常问问自己：玩家如何才能知道该做这些？如果要设计一个爬到屋顶的谜题，那么问问自己，玩家怎么知道他这时需要爬上屋顶呢？不要让玩家对你设想的进展感到纳闷，而应该始终让他明白在什么地方进行什么动作，这样他才能朝着这个方向努力"。

Schafer 说"更少就是更多"，这句老话是很有道理的。

他解释说："不要写太多东西。我们在测试 The Secret of Monkey Island 时发现，人们在连续三段没有交互性的对话之后，就开始失去耐心了。这对大的场景来说不是问题，因为这预示着新的游戏章节开始；但如果是贯穿整个游戏，就不可取了。学会无情地校正自己"。

Phil Saunders，Presto Studios

如果玩过 Myst III：Exil 或者 Journeyman Project 系列中的任何一部，就能体验到什么才是集描写性、挑战性和娱乐性于一体的完美谜题。Presto 工作室的创意总监 Phil Sunders 给那些希望制作出好的游戏谜题的人们，提出了下面的建议。

他说："训练玩家。在制作 Myst III 的谜题时感到很重要的一点就是：要训练玩家，让他们对即将面临的挑战作好准备。因为市场很大，所以不希望我们的商品廉价，不希望制作的游戏谜题低级简单，毫无挑战性。我们觉得有必要让这些谜题直观化、直觉化。游戏中许多年代都充满着前所未见的东西，我们不能指望玩家只通过外形就能知道它们的用途，所以决定在游戏早些时代加入一些交互成分，达到训练玩家的目的。他们不必知道这些东西与以后会有怎样的联系；但是在他们后来碰到谜题时，我们希望他们能对先前所看到的留有丁点儿印象，并能直觉地将其与面前的挑战联系起来”。

“将 Saavedro 给 Atrus 设置埋伏的过程展示出来，不仅达到了故事目的，而且暗示着即将出现的谜题。在一种不受威胁的环境中，给玩家展现一些他们能看能懂又能玩的东西，这样在他们后来碰到实际谜题——释放 Edanna 时代的小鸟时，他们就知道该如何去做了”。

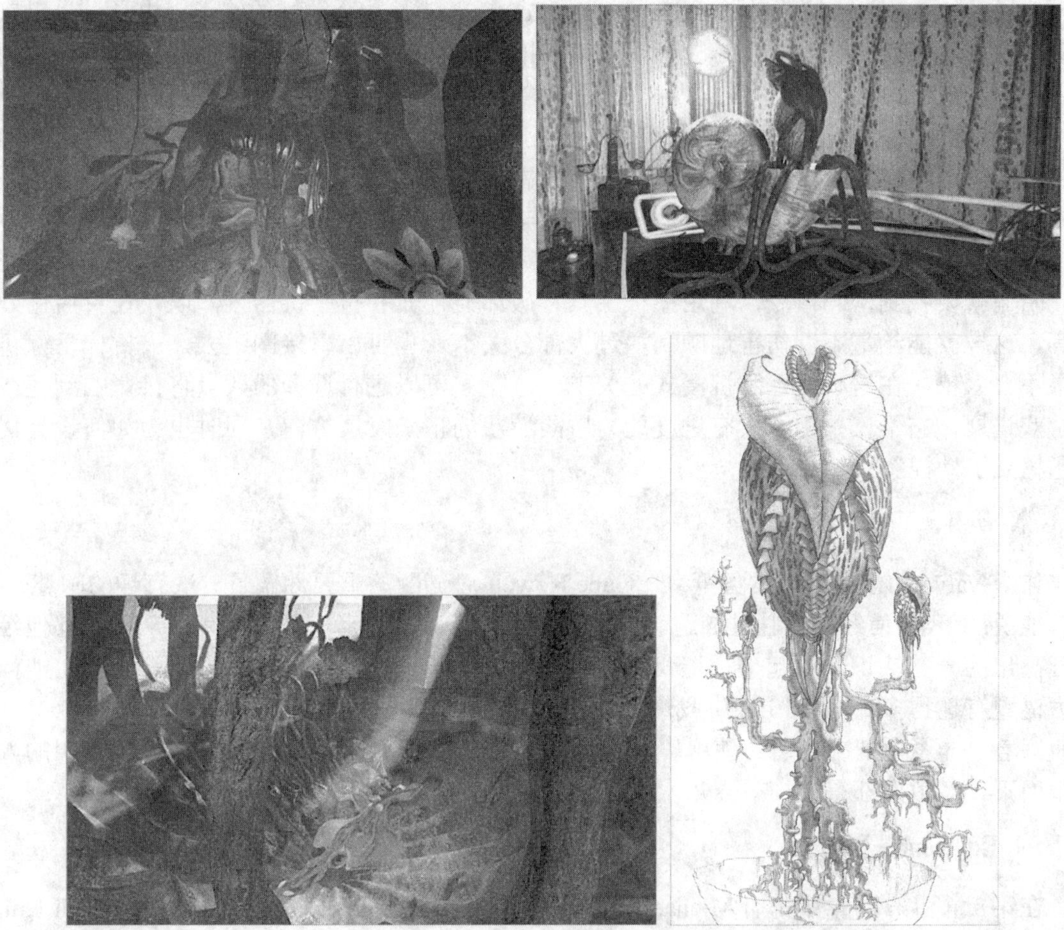

图 9-3　游戏 Myst III:Exile 的草图

在 Edanna 黑暗的 700ft 长倒置树洞里，维纳斯捕蝇草在这个时代有着十分重要的作用。在游戏的早些时候放一棵捕蝇草在敌人的老窝，可以让玩家在后来碰见时迅速知道如何使它开放；设计者在这里不动生色地训练了玩家，手段很高明。Electra Ray 在花根处游弋，注意看这条鱼是如何使它赖以生存的植物根部通电的——这是完成任务/目标的另一个微妙线索。Presto 工作室的 Phil Saunders 在此特别提供了 Myst III 中维纳斯捕蝇草的草图，如图 9-3 所示。

Ragnar Tamquist，Funcom

游戏 The Longest Journey 的创作人，Funcom 公司的 Ragnar Tomquis 谈到了如何制作好的

谜题。

他说："完美意义上谜题应存在多种解决途径，具体怎么解决要看玩家的思维倾向，而不应是专断或模糊的；玩家不必知道设计者的想法。相反，谜题应和整个游戏的环境、场景、内在逻辑以及故事情节完美地融合在一起"。

Tornquist 补充说完美的谜题设计很难做到，但是一个好的谜题至少要符合上述标准，为此，他举了下面这个例子。

他说："LucasArts 的精品游戏 Day of the Tentacle 就是一个很好的例子，也是一直以来我最喜欢的冒险游戏。这个游戏在 3 个不同时期同时进行，所有的谜题都相互关联，过去的影响现在的，现在的又会影响将来的，新奇而又合理，剧情紧凑有序，以至于你根本不会去想，比如画一棵樱桃树，既允许乔治•华盛顿在过去时间里将它砍倒，同时又允许人物在未来的某个时刻从树（当前并不存在）上下来。真的是精彩绝伦！虽然 Day of the Tentacle 中并不是每个谜题都有多种解决方案，但他们无一例外都与整个故事和场景完美地结合在了一起"。

"另一个例子就是 Deus Ex，它的大部分障碍（谜题）都至少有 2 种解决方法：暗偷或明抢。暗偷就要找到密码口令，利用撬锁工具，破坏监控器和执勤机器人，以及在背后偷袭守卫等，这样就能丝毫不受伤害地顺利通过大部分关卡。也可以直接闯进去，火拼一番，祈祷结果不会太糟。在这种交互和沉浸式的关卡中，玩家可以进行选择的数量直接影响到他或她的游戏进展，它不仅指明了（有进度的）冒险游戏的正确发展方向，同时也为如何设计优秀谜题树立了榜样"。

Gabe Newell，Valve Software

作为 Valve 的创始人兼常务董事，Gabe Newell 对谜题的重要性做了一次有趣的阐述。

他说："我相信经历更胜过谜题。谜题创作给设计者的思考空间太小，而从玩家其他经验中分离出的一些认识，看起来是把我们的目标琐碎化了。真实压力下的简单谜题要比纯粹的智力谜题有趣得多。Half-Life 中我最喜欢的谜题之一就是灾难情节后的电梯。电梯上有一个按钮写着'非紧急情况，请勿使用'。如果按了这个按钮，电梯就会带着里面一群尖叫的人们飞驰而下。多数人都得过一小会儿才能明白，然后笑着说：哦，这是有可能发生的"。

Michael Raymond-July

在第 8 章和第 11 章中都有 Michael 的谈话，而这位 Raven 公司的游戏 Star Wars: jecdi Knight 2——Jedi Outcast 的首席设计师助理将谈谈如何制作发人深思新颖独特的游戏谜题。

他说："我认为很重要的一点就是要认识到：对多数游戏（RPG 以及真实故事型游戏如 Myst）来说，谜题基本上仍然处在'钥匙与锁'的套路上，关键是如何给谜题设计可信而有趣的伪装：或者是不同寻常的'锁'（比如要进入一艘没有气压的飞船），或者是十分独特的'钥匙'（找到太空服或将空气从一个飞船抽到另一个飞船）。如果能让'大图画'谜题分割成几小段就更好了，比方说要获得空气必须先完成几个任务，而每个任务中又包含一个子任务。多样化同样也很重要。重复解决相同类型的问题，即使具体细节不同，也是很枯燥的。人们越感到震惊，他们就会越快乐！最后，要使谜题在整个游戏背景下显得有意义"。

Raymond-July 引用 Star Trek：Voyager—Elite Force 作为例证。

他说："我们尽力遵守 Star Trek 中的'公认标准'——思考和战斗一样很重要，特定的外星种族有特定的行为方式，以及科技的应用要符合所说的标准。这些使得游戏中的谜题和环境在熟悉它的人看来更加真实可信，并且确保能按照统一的指导原则对谜题和环境进行编制”。

“总的说来，可以归结为：要尽量掩饰这样的事实——谜题仍然是‘钥匙和锁’的把戏，你掩饰得越好，玩家就会觉得越有趣”。

Chris Foster, Raven Software

作为前面提及的 Star Trek：Voyager——Elite Force 和 Jedi Knight II：Jedi Outcast 的首席设计师，Chris Forster 对谜题设计十分精通，他在此提供了一些职业秘诀。

他说：“谜题高手：在游戏中所做的一切都可以被分解为更简单的组成要素。拿到房门钥匙和拿到原子弹雷管的目的是基本相同的：都是用 A 去影响 B，接着得到结果 C。我们要确保通向最终结果的那个旅途是多样而有趣的；一旦通向某个任务 / 目标 / 人物的旅途结束，你面对的事实仍然是：在游戏世界中，所拥有的只不过是无数可以任意支配的控制方法。如何避免呢？答案是不能。你要做的就是通过一种独特的方式使任务 / 人物之间的相互关系变得有趣起来，或者是更具挑战性。当玩家领会到你与游戏世界进行交互的这种新方式时，他从中得到的奖励常常会让谜题显得更酷”。

“使谜题或任务的解决方案多元化的确很棒，但要经常做到这一点却很难。我们在很多地方都这样做了，但问题是玩家常常还没看到游戏的一半就已经阵亡了。同样，改变玩家完成任务的规则也是不错的做法，只要能恰当地给以提示，让他们明白不同的处理方法。在关卡中能一次又一次地杀死玩家，只是因为他蹲伏和起跳做得没有你好，这是很难令人满意的。记住：演示，呈现，奖励”。

注意： 万一对第 6 章一带而过或是跳过不看，那么你至少要读一读 Daniel Greenberg 关于为交互型媒介撰稿的精彩记录。

第 10 章　任务设计

第 8 章讲述的是关卡设计，即如何构建地图建筑和安排物体位置。任务或闯关设计则是指玩家在游戏中必须完成的具体目标。任务设计是许多游戏不可分割的组成部分，像策略游戏、模拟游戏、角色扮演游戏、冒险游戏以及一些动作游戏等等。任务性质既可以是事实存在的，比如二战空战模拟或是以决策为基础的战略性战争游戏；也可以纯粹都是虚构的，像一些虚幻的角色扮演游戏和动作游戏。有时，一个任务会包括若干个小目标；有时，各个任务会紧密相连，构成主要的故事情节。

举个例子，拿 Rockstar 的 Grand Theft Auto III 来说，它是为 PS2 和 PC 设计的最畅销（也备受争议）的动作游戏。在开始的一个任务中，玩家受人雇佣，要找到正在自由城一家餐馆吃午餐的暴徒头子，吊走他的汽车，带到一个秘密车库里，在底部装上炸弹，再运回到刚才的停车场，等他上车。（“轰”！爆炸了！）要增加这个任务的难度，就要有一定的时间限制；如果汽车在运送途中有任何损坏，玩家在将汽车送回餐馆前还要自己掏腰包将它修好。

“战役”这个术语在游戏中是指为了完成一个总体目标而设计的一连串的单关卡任务，通常有一定的先后顺序。例如，暴雪的成功科幻战略游戏 Starcraft，它为不同种族——Zerg, Protoss 和 Terrans 设计了 3 大运动，每个战役包含 10 个小关，总共 30 个。

在动态战役中，任务的成功与否取决于战役，并对以后的战役产生重大影响。比如，一个国家的雷达基地被毁，那么对他们来说，要在以后的任务中侦察出逼近的敌军，就会更加困难。很自然，这会让玩家的游戏体验生动起来，增加他们的满意度，而不是感觉自己只是预录脚本的一部分。

每年都有很多游戏在任务创作上达不到要求，或者是任务重复乏味，或者是场景扑朔迷离，又或者是任务难度太小或太大，玩家因此会感到十分扫兴，从而不再光顾这些游戏。

本章精选了一些专业人员的建议，谈谈如何将平庸的游戏改造成真正的任务杰作。

图 10-1　游戏 Grand Theft AutoIII 的截图

Grand Theft AutoIII 中有 100 个左右这样的任务，其中有 60 个都是必须完成的。希望游戏设计者能开始构思一些像这样新颖的任务，而不是重复那些我们见过一遍又一遍的老套模子，如图 10-1 所示。

Greg Street,Ensemble Studios

每一个打 Age of Empires 或 Age of Mythology 打到凌晨的人都应该感谢 Greg Street，作为 Ensemble 工作室的游戏设计师，他曾给 Age of Empires Expansion：The Rise of Rome 和 Age of Empires II：Age of Kings 编写过战役，也负责 Conquerors 资料片和销量超过百万的 Age of Mythology 的制作。

Street 谈到了他们是如何制作出 Age of Empires 中丰富而详尽的各种任务，并提出了他的三点宝贵意见：

1. 游戏任务要有有趣的决策。在 Ensemble 工作室，我们认为这是策略游戏的核心所在，如果不能说是所有游戏的话。记住：在这一表述中有 2 个关键字。作为决策，必须要有多种选择；夹道而行很难算作是一个选择。这并不是说游戏任务必须要有情节分支。选择如何利用资源是所有 RTS（即时战略）游戏的中心决策，而选择将一支弱旅训练成精兵部队就是一个战略性决策，但是，这个决策同样要有趣味性，只是让玩家选择是先进攻敌军 1 还是敌军 2 是毫无意义的。到底是拿左边的叉还是拿右边的叉，这样的决定是任意的，除非玩家能明白他的选择将会怎样影响任务的整体目标。
2. 要给玩家提供相关信息，引导他们做出有见地的决策。蹩脚的设计者总喜欢在一条路上设些叉道，一条通向财富，另一条则是死亡。那么玩家将会怎么做呢？保存游戏，两条道都走一次，然后重新开始。这会有趣吗？设计者需要记住的是：玩家获得的信息永远不会像设计者那么多。设计两条道路：一条容易但漫长，一条简短但危险，如果玩家知道哪条是哪条，那么让他们在其间进行选择将是十分有趣的。
3. 理论上，玩家应该在首次尝试时就能完成任务。作为游戏设计者，在花费了很多时间制定出游戏的目标后，我们总趋向于同 AI 保持一致，并支持玩家赢得胜利，这其实是错误的。相反，我们应该从玩家的角度出发来思考问题。从根本上说，任务首先必须有趣，其次要具有挑战性。如果玩家因为信息不足做出错误决策而受到惩罚，他们将只会重新载入游戏。这并不是说每个关卡都必须要一次就能通过，但至少玩家应该拥有足够的信息和资源来确保任务完成，如果他们幸运并正确运用了资源的话，他们就能一次通过了。记住：被遗弃的游戏绝大多数都是因为太难，而不是因为太简单了。我们大部分都不再从事街机游戏的开发，因为它的目的就是尽可能地让玩家出局。

下面的轶事是 Street 引用的一个例子。

他说："在 Conquerors 资料片开始的匈奴王（Attila the Hun）任务中，玩家知道要想控制匈奴部落，就必须解决掉 Attila 的兄弟 Bleda。有 2 种方法：直接进攻 Bleda，或是让凶狠的野猪杀死他。玩家也可以逃走，然后和整个匈奴民族展开对决。其余的任务基本雷同（玩家必须攻克附近罗马人的堡垒），但玩家却感觉他能对整个任务加以操控"。

"在提示玩家应选择哪条叉道时，最简单的方法就是让某个军官或顾问告诉他：哪条路必须战斗才能通过，哪条路可以秘密逃跑。在 Conquerors 的 Manzikert 任务中，玩家带领一支土耳其军队，要从拜占廷不同的省份夺取武器。玩家可以选择去最近的一个省，那儿可以立刻获得增援；也可以坚持攻下可提供攻城武器的省，这样会有利于以后的进攻"。

Ensemble 工作室总是提供一个"暗示"面板，作为任务目标的用户界面。

Street 说："这是为那些全力解决任务而又比较粗心的玩家设计的。在制作 Age of Kings

时发现，即使是最核心的游戏玩家，有时也需要一点信息提示，告诉他们敌人正在运用什么战略。这很正常，因为任何历史上的大指挥官也需要侦察敌情，所以，我们就增加了一个‘侦察报告’界面，提示玩家敌军正启用什么部队，对此要及早进攻还是要严防死守，这要用到远距离的围攻武器”。

“在 Age of Kings 第 5 关成吉思汗中，玩家要建造三座城堡来抵御波西米亚大军。玩家知道只有城堡建成，波西米亚人才会发起进攻，所以玩家就不会觉得他是在和无形的时间作斗争。我们也可以用倒记时来代替，但这似乎更适合现代或科幻型的游戏，而且也不能很好地增加难度”。

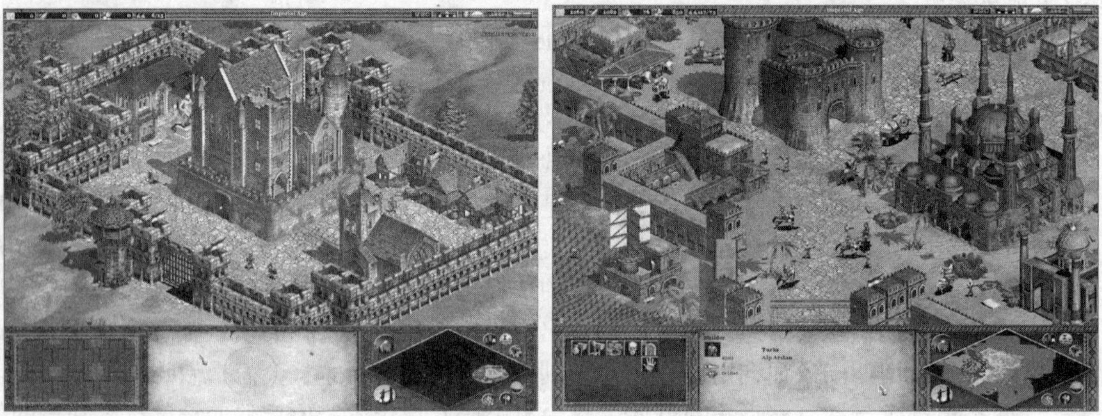

图 10-2 游戏 Age of Empires II:Age of Kings 的截图

在关于为什么任务 / 关卡设计经常会有缺陷的问题上，Ensemble 工作室的 Greg Street 表示有多种原因，其中之一就是设计者们往往不能充分考虑玩家的想法：“他们忘了玩家涉及的常常是尚未勘察的地图，因此并不知道哪儿才能找到资源”。如图 10-2 所示为 Age of Empires II: Age of Kings 的镜头。

为什么如此之多的游戏设计者都不能成功地编写出富有挑战性 / 独具特色的任务来呢？

- 只有当其他编码和设计工作大体定型以后，任务设计才能真正开始；并且，任务设计者要处理的资料也总是经常变化的。在我们最终将 Attila 任务删掉之前，我还给其中一关增设了几道防波堤。在 Age of Mythology 中，任务设计者要应付还不完善的 AI 系统以及在平衡测试时不断变动的技术树。这就是为什么资料片几乎总是拥有更棒的战役，因为这时的任务设计者已经对各种工具驾轻就熟了。
- 设计者们往往不能充分考虑玩家的想法，他们忘了玩家涉及的常常是尚未勘察的地图，因此并不知道哪儿才能找到不同的资源。没有找到关键资源，玩家在闯关时就会十分费劲。为了缓解在 ES 的这种问题，我们对游戏任务进行了大量的演玩测试，并且让设计者们一起观看测试的过程及结果。
- 任务设计者由于对游戏演玩的次数多，所以常常会以为他们的任务比实际上要容易得多。另外，设计者们通常站在游戏反方一边，这样就导致任务难度过大。
- 对于 RTS 游戏，很多设计者都要求玩家通过戒备森严的敌军基地，艰难前行。如果只有一两次，倒是很有趣的；但如果计算机对手总是这样防备有加，奇袭不成的话，就很无聊了。做这些防御通常是为了弥补计算机玩家 AI 的不足。
- RTS 游戏设计者似乎对谜题任务过分迷恋。虽然谜题可能是任何游戏中挑战性任务的一部分，但在 RTS 游戏中，要求玩家对某个难题作出一个通常是不合逻辑的解答，这往往是令人失望的，就像制作低劣的冒险游戏一样。这些谜题常常要利用某些装置的特殊功能或是复杂的触发器才能解决。另外，我认为这是那些劳累过度的职业设计师们的“职责”；而颇为讽刺的是，许多多产的业余任务设计者似乎也有着同样的问题，也许是他们感到了进行标新立异的创作压力很大。我不是说所有谜题天生就不好，但我想提醒我们的任务设计者们：游戏本身就是有趣的——训练部队、聚集资源和／或进攻敌人才应该是大部分任务的焦点所在。

Street 谈到了他的最新作品 Age of Mythology（AOM），以及它的任务设计与 Age of Empires（AOE）和 Age of Kings（AOK）中的有何不同。

他说：“首先，AOM 是我们第一次进行单个、庞大战役制作的游戏；而 AOE 和 AOK 中的战役则规模较小、场次较多，因而我们能很好地展示各种不同的文化。但是，我们十分渴望能尝试做一次史诗故事的创作，有曲折的情节，有反复的角色，有戏剧般的高潮。单个战役同样让我们能慢慢地引进新的概念，而不是假定人人都玩过学习型战役”。

“虽然玩家会碰到许多神话中耳熟能详的人名、地名和事件，但整个故事以及其中的许多角色都是我们自己创作的。我们还利用游戏内部引擎进行电影艺术的拍摄，比如一些特写，飞滑，以及改变拍摄角度，让视野比我们以前在任何游戏中见到的都还要广，还要大”。

“至于任务本身，我们所做的就是确保每个任务都有一个‘钓钩’或是一些不同寻常的东西，让任务生动有趣，甚至是独立于这个充满豪情的故事之外。Age 系列中的任务没有随机地图的特性，因此需要将玩家置于他们在随即地图中通常不会碰到的情景中。我们为此运用了大量的具体任务美术和编程，事实上，我们有 3 个全职的资深设计师专门负责任务制作（而前 2 个游戏几乎只有我一个人）。

要获得有关 Age of Mythology 的更多信息，请访问 www.ensemblestudios.com 或 www.microsoft.com/games。

Rob Pardo，Blizzard Entertainment

Rob Pardo 是 Blizzard 的一名高级游戏设计师，曾领导设计了 Warcraft III：Reign of Chaos 和 Starcraft：Brood War，并在 Interplay Productions 制作过好几个游戏。

在给游戏譬如 Starcraft or Warcrafi 设计具体战役和任务时，Pardo 建议我们要记住哪几点呢？

- 任务尽量简单化。如果你认为你的关卡已经简单得任何小孩都可以玩，那么请让它再简单一点。关卡过难是任务设计中不可避免的问题，因为设计者很了解自己的关卡，而他或她认为显而易见的谜题，也许会让一个真正的玩家感到为难。
- 恰当解释任务目标。如果我连要完成什么都不知道，我也就无法告诉你任务数量有多少了。你必须将关卡的目标完全告知玩家，并在整个关卡过程中不断增加目标的数量。
- 不要让故事压倒游戏。完美的境界是，在游戏过程中将一个故事完整地叙述出来。虽然有时为了解释某个复杂的故事情节，需要用到非互动的电影手法，但注意不要让这种手法的运用失控。如果玩家开始觉得像在看电影，那就是你的失职了。

为什么有如此之多的计算机和主机游戏在这一方面做得不尽人意呢？

他说：“我认为最主要的原因是设计者们首先是在为自己制作游戏，几乎所有的设计者都是游戏玩家。要制作一个既让观众觉得有趣，又能取得很好销量的关卡不是一件容易的事。像 Zelda 和 Mario 这样的主机游戏就是关卡设计的典范：既不会让偶尔玩玩的人觉得太难，同时又有足够的深度来吸引核心玩家”。

在任务设计中哪种方法最好：直线发展（即一条直路通向终点）还是自由发散，或者两者之间？

他说：“我认为并没有什么真正最好的方法。我见过很多优秀的完全直线型的关卡，也见过不少很棒的自由结尾的任务设计。我个人则喜欢将关卡制作成既有明确的直线道路，又有可供玩家探索的自由区域。这些非直线的自由区域让故事情节更加丰满，而那些一心只想过关的玩家们也可以跳过不管”。

“在 Warcraft III 的任务设计中，我们试着将 RTS 任务的那种自由感觉与 RPG 游戏的故事成分有效结合起来。在每个任务开始时，游戏会告知玩家他的目标，但随着玩家的不断前进，就需要通过分段情节和游戏内部的电影手段，添加更多的任务目标使游戏生动起来”。

图 10-3　灵感的源泉

任务设计者的灵感从何而来？Rob Pardo 说：“任何地方，真的！电影、书籍以及别人的游戏都能给我灵感。很多次当我看到一幅有趣的电影画面时，就会想：嗨，如果我将其中的一些动力用到关卡”。

James Schmalz，Digital Extremes

制作漂亮、令人震撼的 3D 射击游戏 Unreal 是将智力任务融入游戏的典型代表，其开发者之一 James Schmalz 就创作游戏任务问题提供了一些技巧：

- 尽可能让玩家有事可做。不要让玩家漫无目的地四处闲逛，而周围却一点动静都没有。
- 给玩家新鲜有趣的体验。情节和动作要新颖刺激有创意，而不是老一套的游戏控制方式。
- 挑战玩家的任务不能太难，也不能太简单，更不能挫伤玩家的感情。难度要平衡适中，这一点非常困难。

图 10-4　World of Warcraft 的截图

公司正忙于完成它首次制作的一个大型多人游戏，它以 Warcraft 宇宙为基础的，名为 World of Warcraft，如图 10-4 所示。欲知详情，请访问 www.blizzard.com/wow。

Schmalz 以 Unreal Championship（UC）为例，来支持他前面提出的建议。

他说："Unreal Championship 是符合上述理论的一个简单竞赛游戏。在 UC 中要不断地与敌人进行战斗，或者是发起进攻，或者是寻找新的武器装备，所以不会有片刻感到枯燥，因为一旦你停下，你就死了"。

"新鲜有趣的体验对 UC 起了很大作用，因为可以用很多不同的方法来玩这个游戏。多样的游戏类型，大量的地图设计，丰富多样的体验，短时间里你根本不会觉得无聊；即使你开始感到厌烦，仍然会有许多在线和新下载的地图在等着你"。

"最后在挑战性方面，单人游戏相对比较容易掌握，因为玩家可以选择 boss 的难度；此外，我们花了大量时间来确保难度设置适合所有玩家，不论他是'入门'级的还是'专家'级的"。

为什么众多的射击游戏都是一个模子：找到要害，扳动机枪，杀死 boss 等等？

他说："这样做是因为方法很简单，如果时间紧迫或是智穷才尽，用这个方法要比进行原创容易和省力得多。但是，依靠这种游戏控制方式是极不明智的，玩家很快就会感到厌烦，因为他们在其他许多游戏中已经见过太多次了"。

Louis Castle，Electronic Arts / Westwood Studios

Westwood 工作室总经理 Louis Castle 谈到了他们公司的畅销游戏 Command&Conquer 策略系列，并针对任务创作提出了下面的建议。

他说：“从好的故事开始，节奏要合理，目的要明确；注意情感和身体节奏的调整；将活动限制在玩家可能知道的范围内，避免让玩家进行过多的反复试验。好的任务设计应当遵循这样的顺序：概念—能力—精通”。

“在游戏开发过程中，我曾玩过 Command&Conquer 之 Red Alert 系列中的 Yuri 复仇保卫国会的 beta 任务，我觉得它的设计非常合理，因为它不仅在 Master Minds 和 Flying Disks 中引进了新部队，而且对现有部队有一定的能力要求，涉及到桥时，还需要掌握阵地防御。这个任务同样让你处于一种防御的地位，面对敌人精心布置的多元化部队的大举进攻，如果你心思不够缜密，本方的阵地防御就会处于很不利的地位。当任务接近完成时，大部分地图都已打开——现在，你必须转守为攻，进行一次智谋大比拼。整体上说，这是一项非常优秀的任务”。

Fred Markus，Angel Studios

天才开发者之一 Fred Markus 在 Angel 工作室时曾参与创作了 Smugglers Run 和 Midtown Madness。针对如何创作好的任务，以及为什么有些设计者会创作失败这两个问题，他谈了以下内容。

他说：“很不幸，游戏制作是个十足的商业行为，所以任务失败的作品原因可能有很多：差劲的关卡设计者啦、不合格的游戏总监啦……但也有可能是因为时间不够。如果你还没来得及进行整套测试，而由于商业原因又不得不在规定日期发布产品，那么你的游戏任务就肯定会有这样那样的缺陷，即使制作小组的每个成员都是超级胜任的”。

“要想制作有趣的任务，首先要充分演玩你的游戏。整套测试会有助于你建立游戏词汇。如果你词汇贫乏，那么跟你说话不多会儿就会让人觉得很没意思。对游戏来说也是一样，如果你非要将仅有的可玩性成分拉长到整个游戏中去，你的关卡很快就会让人厌倦。在开始制作任务前，要确保有足够的东西可‘说’，要确保所说的和意思相符。要能用一句话给游戏下定义，然后确保建构的所有词汇都从属同一个主题。不要将太多不同的东西或玩法风格混在一起——它们无一奏效。要让玩家从中获得乐趣和良好的感觉”。

能不能从 Angel 工作室的游戏中举一些优秀任务的例子呢？

他说：“在 Midtown Madness 2 中用了很多例子，来看看怎样才能让这些新型时髦的车子看起来更好。中间测试结合了三种必须掌握的技巧，其中我最喜欢的是在伦敦的那场：要转个 180° 的大弯才能开出小巷，甩掉尾随的狗仔队，最后从一艘艘游艇上跳着通过泰晤士河！”。

“在 Smuggler's Run 中，最后的任务大部分是在冰上进行的，花样和动作很多。你要到达一个结了冰的湖，在上面做一个 180° 的大转弯，到达一个瀑布，那儿你要乘风破浪，在结冰的河面赛跑，穿过村庄，翻越高山而不从岩礁上掉下来。你做这一切时，身后还有一群疯子在不停地追赶着你。确实很疯狂，也很有趣！”。

注意：Raven Software 的程序员 John Scott 对智力任务设计提出了这些意见：预先计划就是一切。首先概括故事纲要，确定游戏目的；然后一个关卡一个关卡地进行支线任务制作，这时要全体人员共同出谋划策，集思广益；一旦情节确定下来，就要坚持将其完成！调整也好，剪接也好，删除也好，都要尽量保持游戏的全面感和整体性。对开发者来说，再没有比中途突然更改游戏更让人沮丧的了。

Harvey Smith，Ion Storm Austin

作为 Deus Ex 2 的项目主管和原创 Deus Ex 的首席设计师，Ion Storm 的 Harvey Smith 接受邀请，论述了他在为这些游戏编写智力任务上的才能。

他说："我们尽力（给玩家和他的工具）增添一些趣味因素，而不仅仅是'编写'任务。在场景、角色和建筑物位置的制作和安排上，要尽可能做到有趣和灵活，这一点上，我想你必须要让作品不断接受批评性评价。没有什么金石玉言，一切都可以不断完善（避免思想专断）。从任务编写的角度来说，最难避免的一点就是游戏环境背景模式的重复套用。对于 Deus Ex 中的任务，我们小心了又小心，就怕落入另一个'渗入秘密高科实验室'的窠臼中。在故事进展早期的某个环节，我们竟然一连有 3 个任务都是要玩家寻找地下照明装置"。

还有其他的例子吗？

他说："在制作 Deus Ex 时，每个场所我们起用的都是不同的 RPG 任务设计者，这对我们在任务设计上很有帮助。例如，香港地区部分大多是由设计师 Steve Powers 制作的，他的搭档是首席编剧 Sheldon Pacotti；我设计的则是纽约和巴黎部分，也是和 Sheldon Pacotti 合作。设计者们各自提出创意，最后由 Sheldon 将它们编纂在一起。整个过程中，我们经常对彼此的作品进行积极评论，互相促进，目的都是为了能做出一些不同凡响但又不与整个项目相冲突的东西。比如，我想给一栋废弃的房子来个特写，营造一种悬念和（冒险式的）阴森的感觉，但却不想诉诸暴力——一个没有战斗、第一视角的射击空间。Sheldon 和我共同设计了所有细节，于是在玩家身边就出现这样一个角色（Nicolette DuClare），对玩家说着有关她已废弃的家和妈妈新近去世的事。这是该游戏很与众不同的地方，但是却被很好地嵌入了整个故事中"。

众多游戏设计者之所以无法创作出有趣 / 独特的任务，Smith 认为是有原因的。

他说："我认为这个问题与玩家所拥有的全部选择有部分关系。如果玩家的表达工具只有枪炮，那么任务所能及的范围就非常有限。游戏环境应当根据玩家的工具箱来创建，而工具箱又要足够强大，以便玩家能以比较有趣的方式表达自己"。

"比如在 Deus Ex 中，有一个水上生物科学实验室，它是一个（部分被水淹没的）受灾点。（设计师 Monte Martinez，Ricardo Bare 和我一起制作了地图，这是出于对 System Shock 的推崇）。DX 允许玩家选择游泳技能及纳米水中呼吸器，部分武器是水下专用的，某些怪兽还是水陆两栖的。正是由于有这些玩家工具和游戏成分的交互，我们才能制作出这项有趣的游戏任务，它在很多方面都超越了该游戏的其余任务。对空气供应的控制构成了一个小的动态任务，而水下武器的弹药补给则显得十分重要——从某些意义上说，玩家是突然陷入这个全新区域的，但另一方面，这和游戏其余部分又保持着连贯。我们允许玩家做出一些非典型选择以使任务更加充实；提供更大范围的玩家表达工具让我们能更容易地创作内容饱满的任务。当然让玩家了解这套工具以及如何正确使用它们又是另一个亟待解决的问题。

制作过 Deus Ex 和 Deus Ex 2 的 Harvey Smith 在这部分给我们举了一个例子，一个有关游戏角色 Nicolette DuClare（如图 10-5 所示）的智力任务。看看它是如何与整个故事融合在一起的，以及为什么说它是该种任务中与众不同的一项呢。

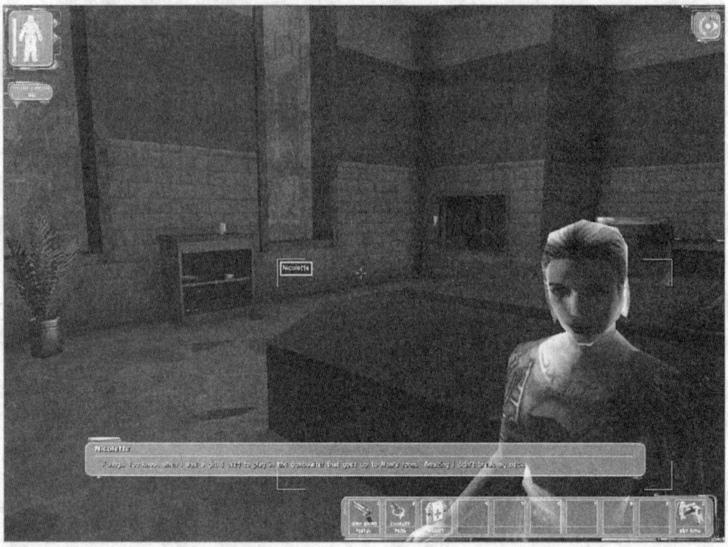

图 10-5　游戏 Deus Ex 和 Deus Ex 2 的截图

Randy Smith，Ion Storm Austin

同样任职于 Ion Storm Austin，Randy Smith（与 Harvey Smith 没有关系）是 Thief 3 的项目主管和首席设计师。

就为什么众多设计者都不能成功地创作吸引人的游戏任务这一问题，Randy 接着同事 Harvey Smith 的话头说了下去。

他说："好的任务不是编写出来的，而是设计出来的。编写意味着你是在尽力预测玩家在任务中将会发生的事，编写出来的东西（比如小说），其行为主体是作者；而电子游戏的行为主体则是玩家，游戏的主体不是你、设计者，而是玩家！你写的脚本不要让玩家感到步步为营，你写的故事不要让玩家无所事事——除了按动前进按钮；相反，你设计的任务应能让玩家自己做出有意义的决定——而这些决定是你，设计者所无法预测的，我们将此称为'让玩家置身舞台'，因为游戏系统和任务设计都让玩家能自由地表达自己和解决问题。要做到这一点，其秘诀就是不要将你的意志强加于玩家（只要给他们提示和目标就够了）。另一方面，游戏环境要充实，其中的物体和媒介可以做出预知反应，并给玩家提供可任意使用的工具"。

Randy 举的例子是由 Looking Glass 工作室开发、Eidos Interactive 发行的精彩游戏 Thief。

他说："Thief 将故事做了如下分割。首先是嵌入式故事——这部分故事不由玩家控制。Thief 的所有故事都是在任务中发生的：Garrett（游戏主角）在一次神秘接触中获得了一份工作；某人出卖了 Garrett；某人进了监狱等等。真正交互的情节最好无须太多理解，因为我们不知道，对于这样高水平的故事，应该如何让玩家进行有意义的自由输入，我们甚至也没有大胆尝试一下。相反，我们将这部分强加给了玩家，这就是 Garrett 现在的处境，因此，你的下一个任务就有了目标"。

"第二突发性故事，主要是在 Garrett 执行任务时出现的低水平、短时间的故事，它不像高水平故事那样有着宏大的故事背景，但却要刺激得多；而且由于它是在玩家控制游戏运行的过程中讲述的，因此玩家会有一些有意义的输入加入其中。举个例子，当 Garrett 正在撬门时，他听到卫兵朝他走来，因此他急忙躲进昏暗的凹室，但却意外踩在了一个金属条上。卫兵大声喊到：‘谁在那儿’并开始搜查。Garrett 急忙朝另一个方向射了一支响箭来转移卫兵视线，把他给引开了。这就是一个突发性故事，是由玩家而不是设计者编写的；设计者的作用就是给玩家提供一个目标（通过紧锁的门），玩家工具（撬锁工具、响箭、躲藏能力）以及环境挑战（卫兵、金属板），玩家在实现目标的过程中利用工具应对各种环境挑战，从而成功编写了这个突发性故事”。

Smith 抱怨说他经常发现很多任务的挑战性过大，以致于很让人失望。

他说：“通常，这并不是因为玩家技术不好，而是因为玩家不知道设计者想要他做什么，这种情况经常在游戏的谜题部分出现。不要想当然以为玩家会和你有一样的想法，某些对你设计者而言十分明显的东西并不意味着对玩家也同样显而易见。玩家不是傻瓜，他们只是对任务有着与你完全不同的看法。要致力于这一行，就必须要牢记：玩家想知道他需要做什么，所以你必须对问题进行清楚透彻的交代。尽可能多给玩家一些自由性暗示；提供多种解决途径同样有助于玩家另辟蹊径解决问题。如果你的游戏不是以谜题为基础的，那么你就直接站出来，明确地告诉玩家该怎么做”。

“至于独特的游戏任务，我有时也会因为想不出新点子而苦恼。电子游戏是个新兴媒体，它的发展和完善还有许多事可做。令人悲哀的是，电子游戏的内容仍是老调重弹，一遍又一遍地重复着相同的情节，朦胧的面纱之下，充其量不过是一部通俗电影或小说。最多，是以这些故事为参考，提供一些类似的经历和场景，让玩家讲述他们自己的故事”。

Peter Hirschmann，LucasArts

我们第一次见识 Peter Hirschmann 的好口才是在第 7 章中他论述了一些游戏设计技巧，并就如何制作优秀关卡提出了具体意见。

这里 Hirschmann 以真实的二战情节为基础，解释了 Medal of Honor：Allied Assault（MOHAA）游戏的任务结构以及它是如何与整个故事紧密相连的。

他说：“Medal of Honor：Allied Assault 是该授权游戏的一个里程碑，因为这不仅是第一次将这个系列搬上计算机屏幕，而且也是第一个我们与外界合作制成的 Medal of Honor（MOH）游戏”。

“2015 公司给我们的 EALA 工作室（旧称 DreamWorks Interactive）设计和开发了这个游戏。该系列的 PS 和 PS2 游戏都是由公司内部开发的。但是在我们决定拿到该游戏 PC 平台特许权，打造一个新品牌游戏后，我们就开始寻找能给 MOH 系列带来辉煌的合作伙伴。2015 工作组聚集了很多最优秀的程序员、设计师、美工和动画师，我们很荣幸能和他们一起合作，而他们在这个游戏上的成果真的是令人拍案叫绝”。

“Medal of Honor 系列的每集游戏都要讲述一个动听的故事，这一点很重要。对于 Allied Assault，我们引入了一个新的角色——Mike Powell 中尉，他是一名职业军人，游戏开始时就已经参加地面作战。Powell 中尉所在的队伍中还有 Jimmy Patterson 中尉（最初的 Medal of Honor 和 Medal of Honor：Frontline 中的明星）、反抗战士 Manon Batiste（Medal of Honor：Underground 中的女主角）以及 USMC 飞行员 Sam Hargrove 上校（Medal of Honor：Fighter Command 中的玩家角色）。Powell 是美国精锐突击部队的一员，在欧洲大剧院行动的各个主要战役的前线都经常能看见他们的身影，包括奥哈马登陆的 D-Day 行动。前几集的游戏迷们都知道战略服务局（CIA 的前身）在这个系列中发挥着举足轻重的作用，这在 MOHAA 中也是一样的，但我们在其中还添设了一些新的变化”。

“从第一集开始，MOH 系列的连贯性就一直是我们的一大优势，Allied Assault 中的所有任务也是和已有的时间顺序相关联。2015 设计小组制作了很多有趣的东西，使该游戏和整个系列（包括其余正在制作的，将在 MOHAA 之后出品的 MOH 游戏）紧密相联。细心的玩家会注意到许多小的细节——如果你还记得第一集游戏的话：一架飞机在敌人后方被击落，上面有一位 G3 行动中的军官，因此 Jimmy 必须设法营救他。玩家的信息来自那架飞机飞行员搜集的情报，他是在昨晚那场冒险营救任务中被救的。谁救了那个飞行员？当然是 Mike Powell 中尉喽！我们想让其他大部分剧情交叉点成为秘密，但 Manon 出现了，Jimmy 帮助 Powell 中尉获悉了某个敌军情报，内容与 MOH 中一个臭名昭著的地方有关。Allied Assault 不仅拓展了前几集游戏所确定的历史背景，而且还将该系列引向了一个新的发展方向，这必将对以后的游戏产生重大而深远的影响”。

“更重要的是，MOHAA 延续了前几集的可玩性——有趣的任务和极度聪明的敌人；而 Allied Assault 对游戏可玩性的最大贡献就是 Allied——现在 AI 部队与你并肩作战，而不是冤家对头。我最喜欢的关卡之一是由 2015 的 Mackey McCandlish 设计的 Sniper Town，玩家在那儿会遇到一队受了重挫、士气低落的美国士兵，他们与主力失去了联系。玩家可以对他们熟视无睹，径直去执行自己最初的命令；也可以加入其中，带领他们越过这个危险环境——到处都是德国军队和装甲车以及一小簇十分隐蔽的纳粹分子。如果选择帮助他们，（从游戏角度看）结果是相当令人惊讶的——你会发现自己置身于超乎想像、异常激烈的城市巷战中。正是因为如此，这个游戏世界才让人感觉更加鲜活和逼真”。

图 10-6 游戏 Medal of Honor: Allied Assault 的截图

Peter Hirschmann 提供了这些在 Medal of Honor:Allied Assault 的制作过程中的珍贵幕后画面，如图 10-6 所示。要想知道更多有关这部扣人心弦、场景逼真的动作战争游戏的信息，请访问 http：//moh.ea.com。

第二部分 制作中期

第 11 章 编程原理

在这一章中，我们开始认真考虑游戏设计的最基本部分——编程。编程涉及到设计和编写计算机程序，这里只是游戏或游戏引擎。程序员的工作就是决定游戏必须做什么，开发如何去做的逻辑，并用特定语言（如微软的 Visual C++）编写指令，而计算机可以将其翻译为自己的语言并执行。

编程的另一个定义是：“你穿着衣服能做的最有趣的事情，即使衣服不是强制性的”（这值得争议，但这是在线计算机词典站点上的真实的第三个定义，见 www.inatantweb.com/D/dictionary/contents.html）。

不论你把程序员叫做什么：代码压碎者、数字咀嚼者、算法分解者，他们是有才干的人们，他们创作了游戏的中枢。做一个类比，假设游戏是尚未完工的建筑，程序就像梁和骨架，构成建筑结构的形状。墙上所有那些漂亮的美术或通过有线广播的音乐，都不能取代劣质工程。游戏就像建筑，必须建立在一个安全可靠的地基上。

比起计算机科学大学毕业生和黑客用一些代码攻击你的 PC，编程还要多一些东西。经过多年的实践、锻炼和对这行特有的热情，游戏编程有了巧妙、耐性和无形的随机应变的特点。

接下来将听到来自有见识的程序员的见解，他们乐于将多年来游戏编程中获得的经验与大家分享，以及如何克服这个正在成长的职业特有的艰辛。

Alan Lawrance，Volition

Alan Lawrance 是 Volition 的高级程序员，THQ 出品的令人难以置信的《红色兵团》和《红色兵团 2》的首席设计师。在这之前，他曾经是 Interplay Productions 的流行太空战斗仿真游戏 FreeSpace 的程序员。

关于游戏编程，Lawrance 有很多话要说，就从给想在这个行当获得成功的人们一些总的建议开始吧。

初学者牢记最重要的是要选择一个有希望完成的项目。如果你做第一个项目就野心勃勃，你很可能会受到挫折从而放弃。你必须从小项目开始，逐步实现更有野心的项目。

“当今游戏编程的最大障碍是管理复杂的代码，” Lawrance 说。“《红色兵团》有约 30 万行 C 语言代码，任何单个程序员都不可能管理好这么多代码。”图 11-1 展示的是少量以前没有公开的《红色兵团》开发过程中的照片。

第二点，Lawrance 从技术角度建议，写代码要模块化：“你应该努力编写自包含的系统，不依赖于代码的其他部分。”但这是如何达成的呢？

写模块化代码的第一步是根本不写任何代码。在一头扎进代码之前，花些时间在纸上设计代码，如果可能，还要和其他程序员讨论你的设计，这些都很重要。如果你在系统设计时花时间真正思考过，你就更有希望完成模块化的代码。

模块化的代码要将自己的内部实现隐藏起来，不让其他部分的程序知道。进入模块的惟一入口是特定的接口。只要接口不改变，你可以任意修改你的模块的代码，不必担心破坏程序的其他部分。这样就最小化了你的模块和游戏中其他模块间的依赖性。当你参与的游戏的代码量达到 30 万行，有修改起来很安全的模块化系统就非常重要了。通过编写模块化的代码以便管理游戏的复杂代码，是当今游戏界的当务之急。

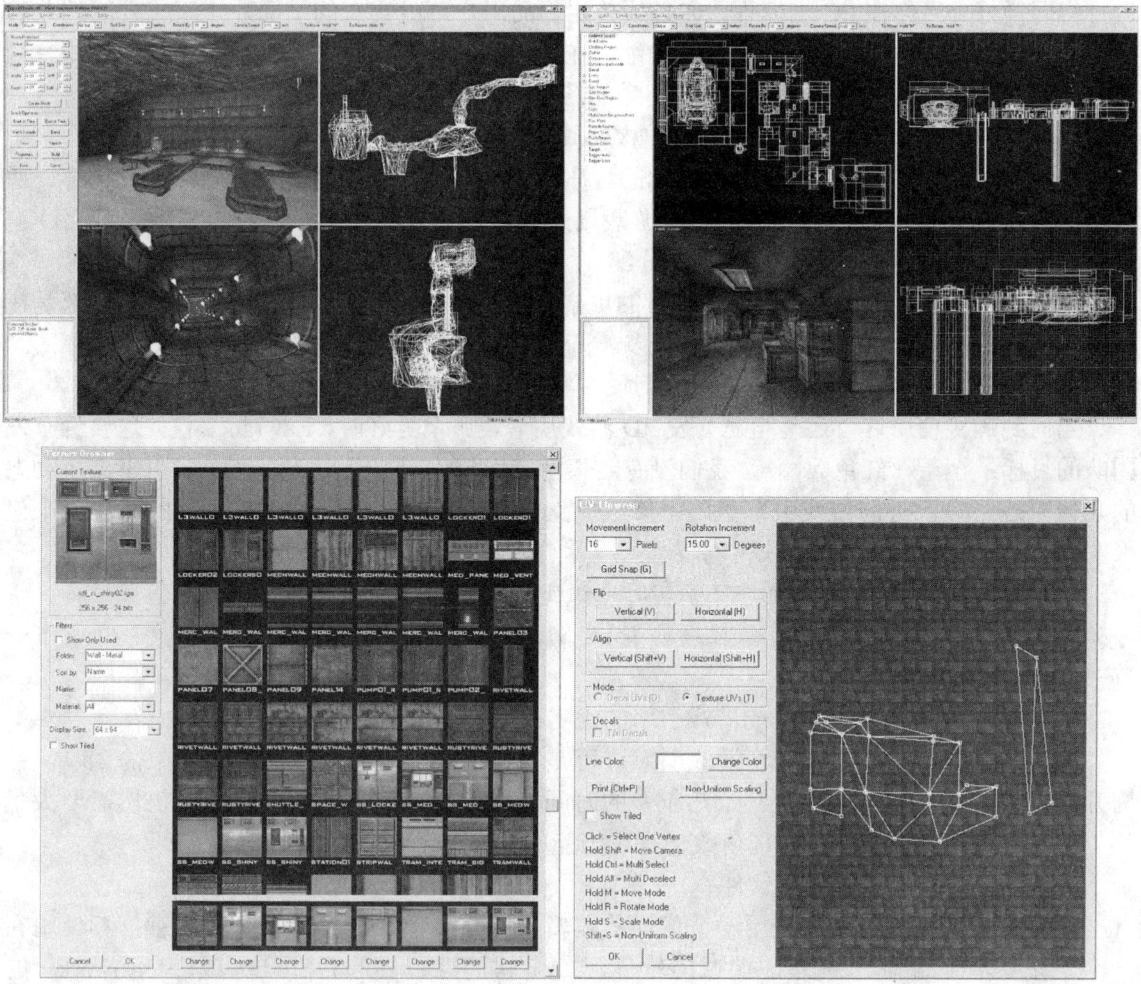

图 11-1　《红色兵团》插图

Lawrance 的最后一条建议是为简单而奋斗："我会避免去尝试用奇特的面向对象的设计，而代之以专心去写简单直接的 C 代码。"

他进一步阐述道：这是写代码的基本法则：写容易阅读和修改的代码，而不是怪异的代码。人们常常为了减少几次循环而写很有技巧的代码，或者为了节省行数写密集的代码，（但是）在一个专业游戏公司，很可能其他程序员也必须阅读和修改你的代码。保持简单、傻瓜的原则无疑适用于软件开发。

《红色兵团》完全是 PS2 上一个技术上的成就。的确，这对游戏编程是一个挑战。Lawrance 回答道：今天游戏编程的最大障碍是管理复杂的代码。《红色兵团》大约有 30 万行 C 代码，这远远超过单个程序员能够管理好的代码规模。团队中的每个程序员必须成为一个或多个领域的专家，而且程序员必须很好地协同工作以保证所有不同的系统能够结合起来。

《红色兵团》在 PC 上也可用。那里是不是也有类似的挑战?

在 PC 和主机的开发之间有一个权衡。进行主机开发，你主要是在确定的硬件上工作，你明确你的目标机器是什么，如果游戏在一台主机上运行良好，可以确定它在所有主机上都会运行得同样好。当你在 PC 上编程，你必须关注你的用户可能会有的不同系统配置之间的兼容性，这意味着你的游戏在 PC 上必须可伸缩，在低档的系统上运行良好，同时还要在那些有最快的系统和最新的视频卡的 PC 上表现超酷的图形特性。

Lawrance 也提到了本章中提及的其他方面的权衡。

进行 PC 编程时，你通常不必担心你的程序用光内存。如果你的游戏需要额外的内存，通常总有虚拟内存可以用。如果你的主机游戏用光内存，那就将会崩溃。主机程序员都会注意很小心地处理游戏中的内存，避免动态分配。

用于 PC 开发的开发工具通常比主机的更容易使用。开发 PC 版，游戏开发和测试都是在 PC 上，系统更灵活，每个人都了解得更多。开发主机版，你必须在特定的硬件上运行你的游戏，这比在开放的 PC 系统上工作要更麻烦。

当问到购买使用许可还是自己开发 3D 游戏引擎，哪个更好时，Lawrance 说，这要看开发团队的目标：至于《红色兵团》，我们没有购买游戏引擎许可，是因为没有游戏引擎支持动态的几何更改。在已有的游戏引擎基础上修改以支持几何更改是非常困难的，因此对我们来说很明确，只有选择自己开发游戏引擎。

注意：“几何更改”技术允许玩家实时地改变环境的形状，如将墙爆破然后攀爬过去。请务必阅读我们和 Volition 的高级程序员 John Slagel 关于如何实现这一技术的交谈（见下一节）。

Lawrance 讨论了开发自己的游戏引擎的优劣：

对有的团队来说，购买一个游戏引擎许可是很合适的，这样可以降低技术上的风险，并为开发一个游戏节省几个月（甚至几年）的时间。但使游戏引擎适配你的游戏仍然需要大量的工作，想买一个引擎而不作任何改动是不可能的。

游戏程序员应该了解哪些软件？

程序员至少要知道如何使用一个像样的编辑器和一个像样的编译器。我愿意推荐使用在一个包里集成了编辑、编译、调试的软件，如微软的 Developer Studio 或 Metrowerks 的 Codewarrior。

Lawrance 从他在 Volition 的经验中选用了一些例子，谈到游戏业界第一个几何更改技术：

我为《红色兵团》中的任意几何更改系统感到非常自豪。实时更改几何形状对第一人称动作游戏是开创性的。我们用了一年多时间编写核心系统，这部分影响到代码的很多其他部分。我们在项目开始就预感到可以实现破坏你的周围环境，我们一直坚持直到实现了这个目标。

《红色兵团》中的玻璃破碎系统非常酷。当你发射一颗子弹穿过一扇窗，玻璃会从中弹点裂开，整面玻璃分裂成碎片落下来，效果很壮观，肯定也值得欣赏。这和游戏中的许多系统一样，都是从基本的形式出发，添加更多的特性和修饰。玻璃破碎系统与此类似。我们开始时的基本出发点是，玻璃破碎的各部分都是从中弹点分开的，所以从那里开始构造。经过多次反复修改和来自团队的反馈，我们最终有了一个精美的玻璃破碎系统，它是《红色兵团》中非常难忘的部分。

最后，关于进入这个行业的几句话（第 21 章“进入游戏行业”中更深入描述）：

作为一个程序员，我建议你首先获取一个计算机科学或电子工程、计算机工程的学位。

在学校时，你可以利用闲暇时间做编程项目。离开学校后，如果你显示出对编程的激情，这就很好地证明你有能力成为一个游戏程序员。到游戏公司求职时，除了简历，你还应该准备一个不错的游戏演示（包括源码）；除了证明你是一个有能力的程序员，你还应该证明你喜欢玩游戏；要对游戏和游戏产业有总体的认识，还要准备好谈论你喜欢玩的游戏为什么喜欢的原因。第 12 章有 Lawrance 关于 AI 编程的建议。

John Slagel，Volition

同样来自 Volition 的高级程序员 John Slagel，参加过游戏 Descent I & II、FreeSpace 和《红色兵团》系列的开发。在对 Alan Lawrance 的访谈中，略微提到了因为“几何变更”技术（实时破坏环境的功能），THQ 的《红色兵团》赢得了游戏编程界的尊敬。

我们和 John Slagel 谈到这是如何实现的。但是，首先让我们来看看给游戏程序员的一点总的建议。

Slagel 的建议：除非写一个简单游戏，否则你应该在现有的引擎上建立游戏。

现在，编写游戏已经非常简单，以至于一个人就可以完成游戏的所有细节，但没有人指望你真的这样做。而能够用一个现有的库或引擎做一点独特的、很酷的东西出来，还是一个不错的实践，因为当你在游戏界找到一份工作后你可能真地要做这个。你可能会与已有的技术和引擎合作许多年，那里有大量的优秀源代码：像我们所开发的 DescentI、II 和 FreeSpace II 的源代码，FreeSpace II 的用 MSDEV 编译的源代码刚刚出笼！基本上来说，只要它能运行，就用它、再用它：不要重新编写。

关键是保持简单，如果你写代码是为了解决某个问题，但情况变得越来越复杂，最好退一步，找出你是否可以用不同的方法、简单的方法。简单通常更快、更可靠，这是游戏编程应该有的两个优秀品质。找到某个有正式发行游戏的人，你可以和他交谈，请教一些问题。

如果你去请教做过相关开发的人，他们通常可以告诉你在真实世界中哪个工作原理和方法比较好。例如，在开发 Descent I 的时候，Mott Toschlog 写 3D 渲染流水线，之前我没有在任何书上看到过一个例子，能成为处理这样流程的全面的好办法。多年以来，我们还是沿用他的基本算法，在 Freespaca、Summoner 和《红色兵团》中都是这样。

Slagel 更深入地谈论《红色兵团》：我们在 Descent 的源码基础上开发 FreeSpace，又在 FreeSpace 的基础上开发《红色兵团》，我们重用了大量代码。当要实现几何变更时，我们考虑过很多不同的方法，然后选中了最简单同时又和硬件配合得最好的方法。甚至在实现的时候，我们仍然保持简单——基本的几何变更算法就其功能而言是非常简单的。可能我们有不同的实现方式，如用复杂的三角剖分或 bsp 算法，但我们仅仅选择我们能够实现并且简单和可靠的方法。

现在我们讨论几何变更技术的核心部分。正如 Slagel 解释的：“几何变更技术基本上就是让你可以把世界炸个洞。”

他进一步解释道：显然，几何变更要实现几何变形，但它所做的要远远超过这个。你要生成一些落下的块，你要让 AI 知道可以通过刚形成的洞射击，你要让渲染模块知道要渲染穿过墙看到的场景。你不能假定任何东西都是静态的，像光照、寻路、碰撞检测。游戏中几乎所有的数据结构和算法都必须比类似不支持几何变更的实现更动态。

关于这些如何实现，Slagel 提供了下面这篇文档，那是他在 2001 年 8 月写的，本来准备公开发表，但一直没有实现。就是说，直到现在！在这篇短文中，Slagel 说明了几何变更代码的总的流程。

《红色兵团》1 中的几何变更技术是如何操作的？

几何变更看起来很复杂，其实相当简单。它仅仅是在游戏中实时发生的几何级的布尔操作。

几何变更本身仅仅是一个形状，即某个美工完成的半球形。我们可以用任何形状，按照我们想要的几何变更的尺寸将它放大或缩小。

《红色兵团》中的关卡是由一些房间拼接而成，每个房间又由一组多边形组成，房间之间用入口连接起来。渲染引擎利用入口来进行大部分的可见性判断。房间可以是任意形状，房间中套房间也是允许的，只是支持得不太完善。因为渲染是从远及近的，按照这个特定的顺序，套在里面的房间可能不会渲染出来。房间是密封的，入口由一些看不见的面组成，这些面填充了房间之间的缺口。

每个房间里所有的多边形（面）按照纹理和 alpha 排序，组成一个很长的列表，由 z-buffer 来处理。

下面是几何变更如何操作的一个简单示例：

1．首先，在世界中加入几何变更的面。

2．关卡原有的面和几何变更的面在一起来按照相交关系重新进行分割。

3．所有在几何变更面内部的关卡的面都被去掉。

4．如果有几何变更的面被删除了，其余的几何变更的面就加到房间中，几何变更就完成了。

当几何变更连接着一个或两个房间，情况就更复杂了：在图 11-2 中，黑色的球体（在平面上是一个圈）是一个要完成的几何变更，它涉及到 3 个房间。

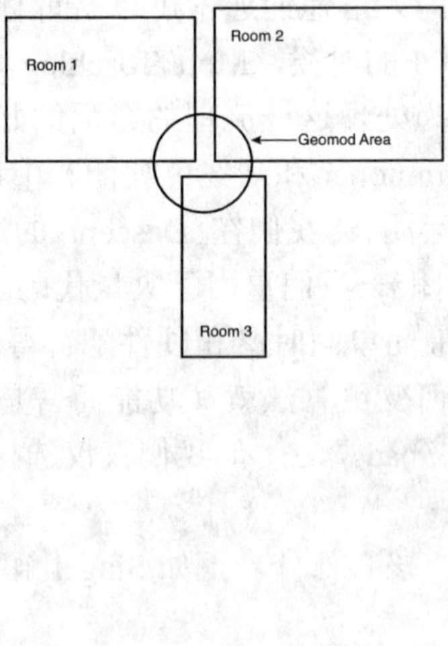

图 11-2　连接 3 个房间

将所有的面互相切割，分解开。

假设房间 1 是需要处理的房间（如选择序号最小的房间），那么所有在世界中的几何变更的面，和在几何变更中的世界的面都选出来，不是房间 1 的面除外。这些面都被标志为入口。因此你看到其他房间仍然是密封的，因为它们一开始是密封的，而且又保留了所有的面（图 11-3）。

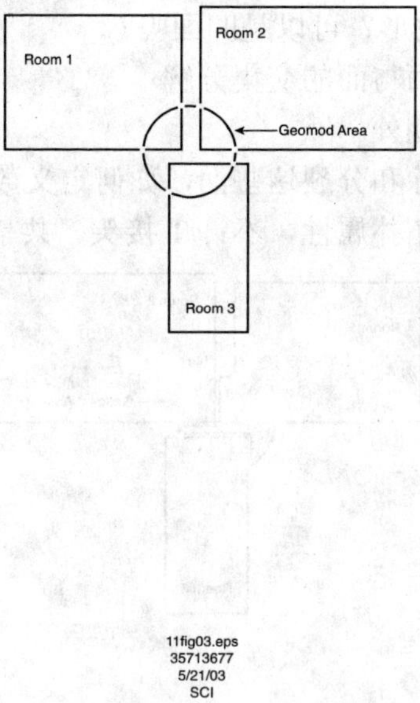

图 11-3　分离 3 个相互连接的房间

几何变更的球体内保留的所有的面都连接到房间 1（图 11-4）。

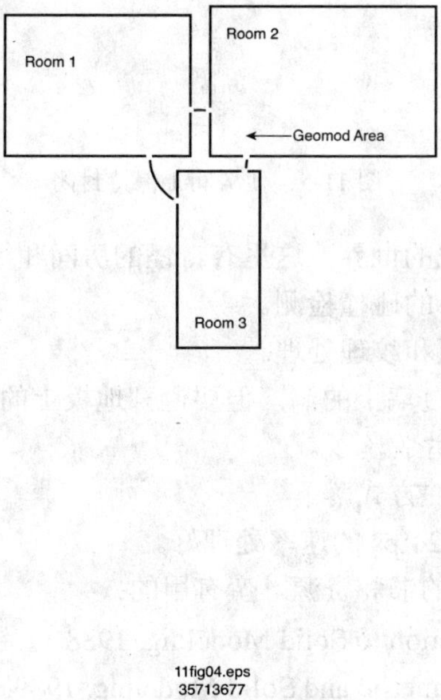

图 11-4　仅连接房间 1

然后所有标志为入口的面都复制一份，然后去掉，那些新的面都作为入口和房间 1 连接起来，从而保证房间 1 仍然是密封的。

完成了所有房间都是密封的之后，新的入口连接了所有的房间。尽管还遗留了少许微不足道的细节：

1．什么是面？三角形？n 边形？可以是凹面吗？

2．如何快速、正确地进行面与面的交集分解。

3．如何区分面是朝内还是朝外。

4．为了比较快地添加、删除和分裂这些面，如何定义数据结构，如何存储数据。

5．如何维护特定的多边形拓扑属性，不许 T 接头、共享边或共享顶点（图 11-5）。

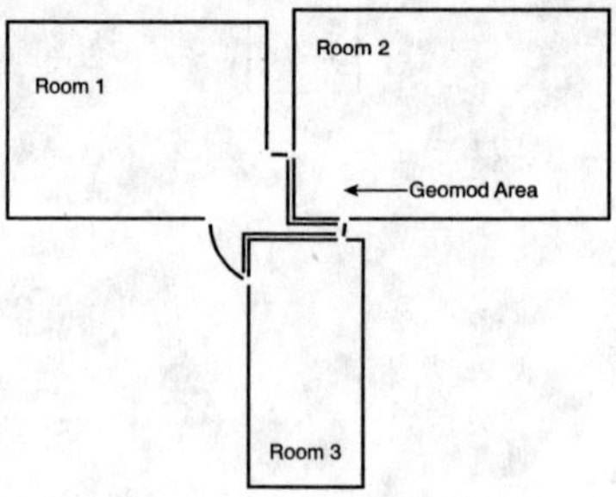

11fig05.eps
35713677
5/21/03
SCI

图 11-5　使房间 1 保持封闭

6．如何渲染这个动态变化的世界，这里有奇怪的房间和很多入口。

7．如何进行动态变化世界的碰撞检测。

8．如何进行新的面的光照和纹理处理。

9．如何让 AI 知道可以通过墙上的洞，但要避开地板上的洞。

10．如何决定世界中那一片脱落了。

11．如何让那一片以可信的方式落下。

12．如何让所有这一切以 24fps 的速率处理好。

下面是我找到的一些不错的书和资源，蛮有用的：

Martti Mantyla, An Introduction to Solid Modeling, 1988.

Christoph M. Hoffman, Geometric and Solid Modeling, 1989.

Philip M.Hubbard, Constructive Solid Geometry for Triangulated Potyhedra, 1990（这个论文在网上能找到，我大力推荐。）

Michael Muuss and Lee Butler, "Combinatorial Solid Geometry, B-Reps, and n-Manifold

Geometry" from the book State of the Art in Computer Graphics, 1991.

当问到现在大多数主机和计算机游戏编程的最大问题是什么，程序员如何去避免时，Slagel 的回答十分简单："游戏正变得非常巨大。"

他解释说：为了"跟上同行的步伐"，你必须做很多。从引擎的细节，如支持镜面效果和 bumpmap，到高层的特性，如追踪服务器的多玩家系统，还有平台的细节，如为 PC 准备的安装程序，和为主机提供的内存卡支持。

我不认为回避是一个解决办法，而应该是预先就为此作好计划。选择部分可以让你的游戏有趣的特性来支持，并一直坚持这样做，不要添加那些仅仅是听起来很酷或别人在做的新东西。

Slagel 说，另一个问题是有时程序员编码没有注意限制和上界，美工太疯狂，这样导致运行太慢或需要太多内存。他提出了一个更好的方法：

设计要遵守必须的约束，这样你才能明确时间和内存用在哪里，并让实现者了解具体的约束。令人惊讶的是，这样他们完成工作也更容易，因为他们知道了应该做到什么程度。我们所有的经验也证实了这样更好。你还会惊讶于美工在诸多约束条件下完成的作品，因为他们知道了具体的约束，所以他们能够尽可能去做，与其处处小心谨慎，还不如期望作品足够小。大家都更开心了。

最后，Slagel 为那些想进入电子游戏产业的初露头角的游戏程序员提供了几点建议：

在求职前自己先写一两个游戏演示，然后和简历一起带上，至少要链接到你的演示。要做得容易运行和使用。

去上学，获得一个计算机科学学士。不必要是硕士，因为那通常没什么回报。主要的原因在于，如果在游戏产业不能实现你的目标，或者某一天你决定到别的领域做事，那么你就需要改投到游戏公司之外去，你将会需要学位来获得工作。另外，在大学时，你会有大量时间来实现这一点：做你的演示。大学的另一个好处是：你可以学到很多游戏编程可用的其他素材，电影课、英语文学课、AI 课、紧迫的最后期限、熬通宵以及如何订比萨等。

调查游戏公司，选择一两个你想加入的，全心全意向他们求职，明确告诉他们你为何想去那里工作，解释你为何是一个不错的雇员。不要用格式化的邮件和简历去参加所有游戏公司的招聘活动。

虽然 Slagel 说了"不要参加招聘"，但第 22 章中的人们可能不赞成！

Tim Sweeney，Epic Games

Tim Sweeney 是 Epic Games 的创始人，Unreal 引擎的程序设计师，Unreal 引擎给 Unreal Tournament，Duke Nukem Forever 和 Deus Ex 赋予了强劲的动力。Sweeney 先生是一个多才的工作狂，我们费了好大劲要他抽出时间来访谈一下，最后他终于应允了。

当设计一个 3D 射击游戏时，要谨记的最重要的是什么？

首先，你要认识到不论你是多优秀的程序员，你都不可能第一次面对任何问题就能找到最好的解决办法。因此，在项目开发过程中，要时刻准备着回头去整理、重建甚至完全重写旧代码。开发项目从来都不会因为程序员花了几天去整理代码而失败，相反，很多项目的失败，都是因为被太多旧的、结构拙劣的代码压倒，从而损害了长期的生产率。

他提供了下面这个有点技术性的轶事作为例证：

在写 Unreal 引擎的头一年，1996 年初，我已经写了约 4 万行 C 代码。这部分代码是很面向对象的，和 C 语言的语法、约束匹配得不是很好，添加新特性很容易出错：其中数千行代码仅仅是从超类到子类的类型转换。进度慢下来，最后停滞了。当时很失落，我们用了一个月将代码分解开，重写并利用 C++的所有优势进行更新。最后，得到了一个更简单的代码基数——用 25000 行代替了 40000 行。从那以后，我能够更快地生产代码了。

渲染引擎完成后，我重写纹理映射的代码不下 7 次，主流程在 3 种方式中改来改去。最初，我想用非常优化的纹理渲染器来渲染所有东西——Arjan Brussee（写 Jazz Jackrabbit 的荷兰程序员）和我为此通过 E-mail 讨论了几个月，我们之间是在为最优化进行着一种竞赛。这在理论上是非常快的，但要求有 Quake 式的纹理缓冲方案来支持光照映射，这在我试图渲染的一类巨大的环境中是一个不可逾越的瓶颈。最后只好放弃了，重新写代码。

第二个方式相当新颖：我将多边形分解成 16×16 像素的四边形，用相当复杂的光照算法和透视修正处理每个四边形的顶点，结合动态光照计算的静态阴影映射，然后进行光照和纹理坐标的线形内插。这是 Unreal 开发取得突破的时期，引擎的集中于真实再现戏剧性的光照，这时逐渐成形。这个方式速度很快，但陷入了多边形旋转和经过透视偏移后出现大量扭曲和失真的问题中。随着时间的流逝，很明确，我的新光照流程必须放弃。

最后一个方式是预先进行更多光照（完整光照映射）信息的计算，没有纹理缓冲，然后将多边形细分为 4×4 的四边形，在每个四边形顶点进行光照映射的取样，然后在内部进行线性插值。这是一个复杂的流程，用 C++实现的最后结果相当慢，但即使在最坏情况下性能还算不错，视觉质量也很好。当我完成流程的编写后，Erik de Neve (Epic 优化权威)做了一些工作，很可能你现在都不曾见过，他用了 6 个月时间用汇编语言优化渲染器，最后取得了完全可以接受的性能（比 C++实现快了大约 2.5 倍）。

所有这些，只是说明，如果我停留在第一个或第二个方式，Unreal 永远不可用。此游戏或者不能完成，或者令人失望。有大量缺点的代码限制了视觉效果。然而，如果不是花了几个月去尝试，我永远不会认识到我最初的几个渲染方式是不合适的。每个游戏似乎都有一些类似的关键部分，必须设计又重设计几次来使之行得通。

Sweeney 建议密切关注你的代码和主要算法的总的开销：

不要过分担心要对代码进行逐行优化，现今的计算机已经足够快，未经优化的 C++也可以承担游戏开发。你的算法确定了性能的差异，用 Visual Basic 写的归并排序可以轻松地胜过用汇编语言手工优化后的冒泡排序！

一个有趣的实战故事是 Unreal 的文件加载代码。在开发初期，大的关卡加载需要几分钟。很长一段时间，我以为仅仅是磁盘访问速度的问题。当我深入分析，进行代码计时，我才发现每次加载文件时，我对巨大的字符串数组进行了冒泡排序，这花了 2/3 的时间。重写了几行代码，加载时间降到了 20s 以内，这才是磁盘传输速率所限。

另一个例子是 Unreal 中的角色碰撞检测的代码，即用在游戏中一个对象移动时检查对象间是否碰撞。我最初的方式是检测与关卡中所有对象的碰撞关系，这在当时看来还是一个很好的主意——毕竟，这在我的 2D 卷轴游戏 Jill of the Jungle 中是可用的。虽然在 50 到 100 个对象的关卡中运行得不错，但我们有数千对象的关卡，碰撞检测就太慢了。因此，我花了一天时间调整代码，将关卡中每个 256×256×256 立方体空间中的对象保存在一个链表中。碰撞检测的开销占 CPU 的时间立即从约 25%降到了 1%。

在 Unreal 这个 1998 年的游戏中，大量的设计是关于软件渲染器的，有几个主流程是值得用汇编优化的：纹理映射的内部和外部循环，BSP 转换和投影流程，光照映射生成的内部循环。

我们最近的代码是为硬件 T&L 设计的，惟一需要优化的流程就是骨骼动画的内部循环，我们用到了 SSE 指令的优势。等 DirectX 9 出来，甚至这个流程都没有必要特别优化了。

Epic Games 的程序员 Tim Sweeney 推荐我们到这个网站去看他的作品的抓屏：www.epicgames.com/_UnrealEngineNewa.html。

他特别提到："谨记这儿的一切都是许多艺术家和程序员合作的结果，我完成的 Unreal 引擎的核心只是整个作品的一小块。"现在，游戏已经是组队来玩。

Sweeney 说："记住，你是在写游戏，编程应该是有趣的。"

如果你发现自己好几周都在做自己不喜欢的单调乏味的工作，那就要问问你自己哪里不对劲了。也许你受阻于 bug 太多的老代码，也许你对开发的游戏不太有趣。如果你工作得不快乐，你应该分析出需要改变些什么来重新找到乐趣。如果你不满意工作，你不可能很好地完成工作（图 11-6）。

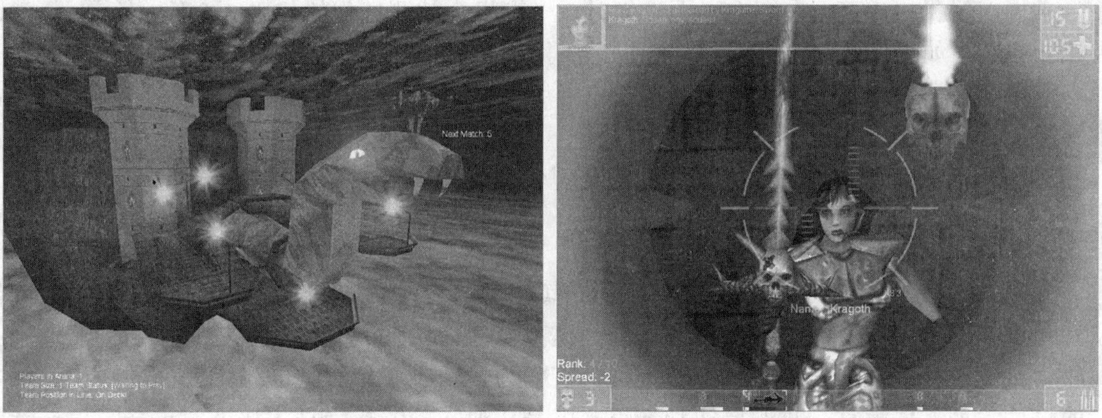

图 11-6　两张来自 Unreal Tournament 的抓屏

购买游戏引擎是否可行，或者应该从头开始自己编写？

是购买引擎还是自己编写，依赖于你的目标、技能和预算。如果你是开发类似 Unreal 或 Quake 的渲染效果，购买成熟的引擎能够节省你大量时间，使你可以有更多精力专注于游戏可玩性的创新。用购买的技术开发游戏的杰出例子是 Valve 的 Half-Life 和 on Storm 的 Deus Ex。

但是，如果你要开发一个完全不同类型的游戏，或者你的整个游戏的设计是建立在现有引擎没有应用的创新技术上，那么，自己做引擎就更有意义。《红色兵团》是一个不错的例子，它是第一个提供有趣且可破坏环境的 3D 游戏，这是自己做的引擎，这个开发团队因此成为第一个实现这个新特性的团队。当然，自己做一个第一人称动作游戏的引擎必然需要意想不到的时间和努力，因此一定要三思而后行。

那些刚开始做游戏程序员的人们该怎么做呢？

如果你刚开始，又没有太多经费（实际上，完全没有任何经费），你必须承担一个相关的小项目以获得一个成功的机会。一种可能是做一个简单的游戏：俄罗斯方块就是一个没有经费的程序员开发的简单游戏。别指望能够创作出第二个俄罗斯方块这样优秀的游戏，但是，单个开发人员做的简单游戏能赢得评论的赞誉，并成为有用户群热心追随的流行游戏，这的确还是有可能的。

程序员也可以开发现有游戏（如 Half-Life、Quake 或 Unreal）的 mod。如果选这条路，你一开始就有大量优秀的代码，多得难以置信的游戏内容和文档（官方的或其他用户创作的），你可以集中力量在现有的游戏领域中创作出新的可玩性。很多最好的游戏 MOD（如 CS 和 Team Fortress）就是从没有经费的几个开发人员的小项目开始的。

Sid Meier，Firaxis Games

Sid Meier 是游戏界最受赞誉的游戏设计师和程序员之一，在过去的约 17 年间负责过数不清的计算机经典游戏：Civilization，Civilizationn II，F-15 Strike Eagle，Pirates，Railroad Tycoon 和 Alpha Centauri，以及尚未出品的 SimGolf 和 Civilizationn III。

Meier 在第 3 章里谈到了策略游戏设计的问题，这里他提供了游戏编程的一条关键建议：这些年来，我学到了一点，就是常常测试自己的代码。我编写代码不超过 10 或 15min，就进行代码检查。如果有一两个小时没有进行代码测试，就有可能出现更可怕的结果。我知道这不合常规，但我却一直记在心中。无论何时，一有机会就测试你的代码。定位一个 bug 常常要花一整天，如果你连续半天编程，bug 就会多出 20 个。

程序员必须熟悉哪些工具？Firaxis Games 用 Microsoft C++，一个不错的标准装备。Meier 解释道："我发现我们要做的 90%都可以用它。我们也用一点汇编，在电子游戏中用得多些。"

Sid Meier 关于创作逼真的人工智能的至理名言，请看第 12 章。

Shigeru Miyamoto，Nintendo

受人爱戴和尊重的 Miyamoto 先生在本书其他章节还有一些论述，是关于游戏设计、创作成功角色和好的用户界面的重要性方面的。这里，他讨论任天堂编程规程背后的一点理论：我相信游戏设计者必须同时是一个工程师，有作为设计者必须掌握的技术方面的知识。每当新的设计者加入任天堂，我们要做到一点，就是让他（她）接受技术培训。这样，设计者就可以学到在技术方面他们能做什么，不能做什么。同时，我经常告诫我们的设计者和程序员，我们不能仅仅是做游戏，最吸引人的地方是硬件技术。我们应该为自己站在这个空前的娱乐类型——"互动娱乐"的前沿而感到自豪，我们必须尽我们所能在这个别人不能完成的、新的娱乐类型中进行创新。

Don Hopkins，Freelance

从 1998 年 Don Hopkins 开发了"扇形菜单"（一种可靠有效的用户界面表示技术）之后，这种技术在很多不同产品和平台中都用到了，如 The Sims 和 IE 浏览器。Don 在 Maxis 公司和 Will Wright 一起工作，开发 The Sims 的角色动画系统、用户界面、编程以及素材制作工具。还开发了一个免费的 JavaScript 实现的扇形菜单，可以从 www.piemenu.com 获取。

在下面的段落中，Hopkins 谈到了很多方面，从给刚起步的游戏程序员、开发工作室雇用的各类程序员的总的建议，到就他拥有的扇形菜单的深入解释。

首先，Hopkins 谈及开发者可能从事的 12 种游戏编程的门类。下面列出了这些工作的不同性质和一般职责。

- 仿真程序员 负责游戏内部运作的编程：设计并实现游戏世界的模型。
- 脚本程序员 很多游戏有内嵌的脚本语言，以便于进行交互式编程，这对于快速开发是至关重要的。有的脚本语言是专用的，如 SimAntics 就是专门控制 The Sims 中的角色行为的可视化编程语言。为了这种脚本语言的使用，我们花了很大力气来开发和支持编程及调试工具。现在，更有效的办法是用成熟的插件式的脚本语言，如 Python。这样就能很容易雇佣到经验丰富的脚本程序员，同样能保证许多已有的编程工具和支持性服务：设计高层行为、对象定制、事件处理、非玩家角色人工智能、情节脚本、用户界面对话框等。
- 人工智能程序员 人工智能这个术语在游戏界经常被误用或者淡化。通常用来指脚本程序员和仿真程序员实现的非玩家角色的行为。但现在核心的人工智能基础对游戏设计非常有用，因为计算机速度正变得越来越快，游戏也越来越复杂。
- 图形程序员 二维图形，三维图形。一个非常普通的领域，因此很少还有不曾提及的部分让我来谈谈。你应该对数学有很好的实际理解，并喜欢读一些会议学报。学会如何简化和应用学术上的研究成果来解决现实问题。你不能仅仅用 SIGGRAPH 的论文来在游戏中实现。学术研究拿来应用和优化就必须经过很多折衷、权衡。在决定要实现 SIGGRAPH 中最新的流行技术之前，理解那些研究的目标和假设，看哪些方面符合你的项目目标，哪些方面又不符合。
- 用户界面程序员 创建用户界面工具箱和小部件。图形方面的编程技巧对用户界面程序员是有用的，比如那些用沉浸“直接操纵”技术的游戏，用户界面元素和游戏中的反馈渲染就在一起。他们还需要对国际化和方便性有所了解。
- 工具程序员 引入、导出、素材流水线、脚本、数据库。实现支持美工工作的工具，方便他们创建、测试游戏素材。素材流水线是一组用于将美工完成的素材迁移加工到游戏中的工具。他们还负责维护游戏涉及到的一切数据的数据库，包括所有素材、源文件、数据文件、从属件、转换过程等，并实现数据的自动化处理。
- 声音程序员 声音引擎、音乐、音效、语音。声音程序员有必要了解音乐、戏剧、人的感觉、数学、信号处理和网络。如果游戏用到语音，他们还必须处理有关语言的国际化问题。The Sims 中讲的是它们自己的特殊语言，这样就避免了这些问题，节省了大量工作。
- 数据库程序员 记录游戏设计、素材、bug，和设计者一起在数据库中创建游戏中的模型和素材，帮助工具程序员和美工开发和维护素材流水线。
- Web 程序员 互动服务、注册、更新、游戏大厅、提供帮助等等，服务器脚本，与数据库一起工作。
- 构造负责人 负责源代码控制，保证每天晚上进行所有平台的代码构造，迫使程序员改掉 bug。可能还要关注素材流水线，像代码构造一样保证素材输出，迫使美工改掉不够真实的素材。要求有耐性、细心。
- Bug 责任人 负责 bug 数据库，区分 bug 优先级，标识合并重复的，和设计者讨论，分派给不同的程序员，跟踪他们的处理进度。和 QA、程序员、设计者配合，使他们合作以致力于让游戏正常发布，避免他们互相破坏。要求有数据库经验，擅长外交手段。

- 质量保证（QA）　测试游戏、安装、手册、Web 站点和假定；诊断并报告 bug。如果在工作中提高自己，则有机会成长为游戏程序员。分析 bug、了解复杂程序的机制是成长为程序员的一种办法。要批评暴躁、操劳过度的程序员的工作，又不伤害他们的感情。学会这种技巧就可以成长为管理者。有些人停滞在 QA 而不能提高，因为他们仅仅喜欢整天坐在那儿玩游戏，不做任何努力去开拓他们的知识、从团队中突出出来。整天玩游戏也不是糟糕的生活，但你宁愿整天玩游戏也不愿充实自己？

注意：别老记着白宫，Don Hopkins 说，暑期实习也可以是进入游戏业的主要途径。“暑期实习是极好的机会，只要你有充分的准备投入进去学习。”他说。一般来说，暑期实习都是给你一个有趣的项目，在几个月能够完成的小项目。“这是一个起步的机会，可以从真正在这个业界工作的人们那里学到很多来提高你自己，因此不要浪费了，” Hopkins 说。“这是学习真实情况的最好办法，而且使你以后能更容易找到一个不错的全职工作。”

对刚起步的游戏程序员有些什么建议呢？

- 不要浪费你的时间去模仿那些已经很糟的陈腐设计，如 Quake。这个世界不需要 Quake 的另一个克隆，也不需要 Space Invaders 的另一个变种。
- 不要试图实现通用的虚拟现实系统或用户界面，像科幻和电视中流行的那样。你应该注意到别人已经做过同样的尝试并且失败了。即使最成功的努力都不是很有趣。
- 不要犯这个错误：试图设计看起来和电视剧 Star Trek 中类似的用户界面。Star Trek 中的计算机显示设计得难以辨认，是为了在屏幕上看起来酷，实际上没有任何意义。

有很多奇妙的游戏及研究项目，从中你可以找到灵感。玩这些游戏，找出他们为什么有趣，并提出新游戏的原创性的想法——不要仅仅拷贝旧的！这里列出几个主要的：Bill Budge's Pinball Construction Set，Little Computer People，Rockey’s Boots，Robot Odyssey，M.U.L.E.，Zork，Habitat，SimCity. Ultima Online，Timothy Leary 的 Mind Mirror，Twisted Metal II，PaRappa the Rapper，Mario 64，Dungeon Keeper 和 Back & White。

提前几年参加求职面试。认识你想一起工作的人，了解他们在做什么、要求哪些技能。发现你需要学什么，花些时间自我教育。毕业后，在工作中继续教育，通过项目学习更多技能，以获取更好的工作。不要一直做同样的事情。从经历中学习，然后继续前进到下一件事情，建立在你已经掌握的技能之上，采取填充你自己学习的空隙的方式。不要太留恋特定的软件或语言，但要挑选和学习你可以依赖较长时间的工具和技术。

这些是如何进入游戏设计领域的主要的建议。但有没有什么特别的编程技巧和方法呢？Hopkins 回答：

- 学会阅读和吸收其他（程序员的）代码，写代码要让别人容易阅读和理解。
- 避免犯上“非发明不可”综合症。要站在别人的肩膀上，而不是站在别人的脚趾上。要学会继承，而不是凡事都自己去做。
- 加入开放源码团体，将你的东西共享出来。
- 写代码是给别人阅读和理解的，不仅仅是为了编译。
- 多用些断言来记录你内在的假设，不要仅仅是捕获运行时错误。断言比注释要好些，因为编译器没有办法检查注释的正确性。

Hopkins 还提出了一些关于程序员和美工协同工作的建议：美工和程序员对世界的着眼点完全不同，用的也是完全不同的语言，解决问题的方法也是非常不同的。对美工来说有一点很重要，那就是至少要了解编程的基本情况（哪些能实现，哪些不能实现）。

- 美工如果会编程那就太好了，他们可以完全实现自己的美术设计，在美工和程序员之间的鸿沟上架起一座桥梁。
- 和美工协作的程序员应该坐在美工身边，留心美工是如何使用他们的工具，自己也要学会使用这些工具。
- 即使你没有一点美术能力，你也必须熟悉相关的工作流程和词汇，以及那些工具的功能。
- 在你设计引擎前，要了解工具和美工能够做什么。首先应该和美工一起制作一些素材，而不要没有考虑如何制作素材就去设计理想化的引擎。如果你有一些素材实例，你就有了将素材放入引擎显示在屏幕上的具体目标，看起来要像你假想的一样。要记住，美工必须创作数百数千件单独的素材，因此要全部记录在数据库中，并确保那些信息及其确认、输出可以自动进行。输出素材所需要的所有信息也应该包含在文件或数据库中。输出器应该不提示输入任何参数，以避免人为的错误，同时可以批量进行所有素材的确认、输出而无需人为介入（图 11-7）。

图 11-7　两张 The Sims 资料片中的图片

什么，你认为编写 The Sims 这样的游戏很简单？看一看前面 Don Hopkins 列出的 12 个不同的游戏程序员类型吧。

还有一点个人的轶事：在我开始设计 The Sims 的角色动画系统时，我用的是 3D Studio Max 以及 Character Studio 的一个早期版本。我们开始用的是两足动物骨架，但没有用 Physique 皮肤网格变形器。美工可以用 Physique 制作可变形的网格，但在当时，插件没有办法从 Physique 中读取信息，它还是个黑盒。

最初，我们必须用刚性的身体部件连接到骨骼上，而不能用像 Physique 所提供的连续变形的网格。我只好自己写类似的插件以便在骨骼上贴上可变形的网格，但这浪费不少时间，而且维护起来就像一场恶梦，等 Physique 的新 API 出来后，它就变得毫无意义了。当 Character Studio 带有读取骨骼顶点绑定数据的 API 的新版本出来后，我升级了角色动画系统以支持可变形的网格。

Don Hopkins 还提供了更多有教育性、启发性的建议，关于人工智能编程（第 12 章）、动画（第 13 章）、创作成功的用户界面（第 14 章）。

注意： 如果你不太理解本章中出现的技术术语，可以到 www.gamedev.net/dict 上的游戏词典看看。他们的座右铭？“定义游戏界，每次一词。”

Bartosz Kijanka，Gas Powered Games

Bartosz Kijanka 现在是 Gas Powered Games 的技术副总裁（而且曾经担任 Dungeon Siege 的技术总监）。他是一个备受钦佩的程序员，参与解决了计算机游戏运行时加载时间总是太长的问题。

在这次讨论中，Bartosz 聊到总的编程理论，并透露了 Dungeon Siege 中如何实现流技术的一些信息。

首先，他从游戏编程的一些总的建议开始：

假如程序员已经有了常规的数据结构和算法相关知识作为基础，我将建议他们重点进行原型、重构和数据驱动的实践。原型有助于他们试验新的想法，重构有助于他们将原型转变成可靠的引擎。最后，如果引擎是数据驱动的，就便于快速建立原型，也有利于素材创作阶段的主要工作的开展。如果引擎在数据驱动方面做得很好，他们就无需重新编译和运行就可以应付频繁的修改，这样就可以更快地构建原型，同时保证正常的开发秩序。

我们请求 Bartosz 用 Dungeon Siege（DS）来论证一下原型、重构和数据驱动。

1．原型

Dungeon Siege 从开发之初就定下了很高的技术目标，当时我们还面对着大量未知的问题。除了我们的野心所导致的挑战，我们还面临着硬件平台快速变化的问题。硬件实现的 3D 加速正在很快地成为标准，而不是特例。RAM 价格直线下滑，CPU 正以通常的超预期速度在发展。CPU 的发展还算是在预料之内，RAM 价格和 3D 硬件加速的变化却是我们没有想到的。

构造一个原型很像在做可行性研究。目的是量化风险、估计费用。在别的行业，你可以用笔和纸来进行这项工作，但在游戏业不行。历史告诉我们，在这种情况下，我们能做的最有益的事情就是尝试建立我们最终目标的一个基本仿制品。因此，我们对硬件平台做了最好的假设，然后尽我们所想构建了原型。经过多次这样操作，我们发现游戏开发的过程已经因此而改变了。事实上，可以说 DS 的整个开发过程就是建立在游戏设计和原型的可行性研究的交互作用之上。我们常常必须协调我们所想的与我们能做的。如果我们不管原型表现，不对某些目标进行调整，那么 DS 就决不会成为今天这样一个游戏。

2．重构

虽然近来关于重构（或“再工程”）讲得很多，但都可以归结为：哪里出了问题，就修理哪里。这是一个简单观念，但却适合于大多数软件，“出问题”除了指程序普通的崩溃或产生错误的结果，还可以是很多微妙的情况。虽然创作 Dungeon Siege 的特定目标是娱乐，但也必然遇到许多技术上的约束。这些约束包括引擎执行速度、运行数据大小、磁盘数据大小、代码维护以及素材创作是否轻松等。任何一个标准达不到，引擎实际上就是出问题了，必须要修理了。Dungeon Siege 有许多子系统组成，每次稍微有点不符合约束，所做的整理都是一个或几个子系统的大量的修改。有时候，一个子系统不得不完全重写。在将近 4 年的开发过程中，我估计每个子系统平均重写过两次。

“回想起来，”Bartosz 说。“有大量的重构工作，我们几乎是在构造一个新类型的引擎。”

他解释道：因为这个引擎与以前我们用过的其他引擎不同，我们一直没有认识到它超出了约束，直到到了素材创作阶段。直到素材创作者开始给引擎加入一点素材，很多问题才凸现出来。在这种情况下，重构是自然的要求，之后就成了游戏开发的一个确定要求。如果我们没有充分地进行重构实践，DS 会多用 2～10 倍 RAM，运行速度只能达到 1/4～1/10。

3．数据驱动

仅仅致力于完成游戏引擎的所有特性是不够的。现今的游戏正在包含越来越多的素材，DS 也不例外。因为所有素材的加入和调整都需要由人工来完成，但我们考虑我们需要的素材的绝对量和我们的资源限制时，素材的处理过程就变得极为重要了。

Bartosz 谈到应考虑的几个要求：

①必须立刻开始创作素材。

②素材创作应该简单，可以处理得很快。

③素材创作不需要工程师参与，因为我们已经输出了文档。

④素材创作需要的人数很重要。

⑤素材是有质量要求的，因此可能需要多次修改。

必须指出，当我提到素材创作，我不是指创作形状、纹理或音效。幸运的是，作为一个产业，我们现在有了可以定制的标准工具，允许我们创作素材的原子部件。我所指的是大致是如何联系和结合这些原子部件。我谈到素材，是指地形的布局、环境的控制、所有活性素材（如怪物、财宝、AI 脚本、台词以及其他许多一起组成可玩性的细节）的布置和调整。

“第一个约束（要求）其实确定了其他约束的基调，”Bartosz 说，“因为我们知道，在没有编辑器之前，为了满足这个要求，我们需要游戏的许多素材以可读的形式存在，可以用记事本查看和编辑。”

他继续道：我们需要在数据文件中定义游戏的许多素材和规则，而不是将这些功能编码在核心引擎中。因此，我们的.gas 文件就诞生了。我们的.gas 文件可以说是分级的 INI 文件，作为许多素材的定义和配置文件。它们是普通文本，以宽松的关系一起起作用。

我们想建立的世界尺寸非常大，指望关卡设计者记事本来构造整个关卡是不可能的。即使标记的数据是在简单、不大的文本文件中，但要真正可操作，我们还需要一个能自动处理必要数量素材的工具，这在后来以围攻编辑器的形式出现了。

gas 文件不是数据驱动观念惟一的具体应用。我们还有几种脚本语言，可以写 AI、动画控制、特殊效果等。和.gas 文件一样，脚本可以在游戏运行时修改并重载。你可以创造新的素材，如新 AI 的新怪物，编写新的台词，而不需要重新编译或重新启动游戏引擎。这样就能快速建立用新素材的原型，因为修改和调整都更快了。

我们问到 Dungeon Siege 的加载时间（与最初的版本相比）缩短了很多，这是如何实现的呢？

对外，我们将之归诸于“连续世界技术”。内部，我们归诸于“流”，有的时候又叫做“百万美元特性”。我想这些并不矛盾，事实上，引擎中的流特性不是一个单独的特性，而是涉及整个体系结构的一个主题。这个主题影响了 DS 的每个子系统。

流后面的原理很简单：世界如此巨大，你不可能立刻将所有素材装入内存。有了这个约束，你惟一能做的就是只装入当前需要的素材。为了有助于此，世界中的所有素材必须分解成小的原子块。如果你能够将 Dungeon Siege 绘成用垒高玩具拼成的样子，你就明白这个思路了。所有的地形都是用我们叫做地牢节点的小块咬接而成。大约 54000 个小块咬接在一起，构成单人游戏的世界。每个块依次放上素材。素材可以是任何东西，从一个怪物到一个桌子、椅子、门，甚至看不见的素材如触犯搜寻事件或非互动序列的控制器。单人游戏世界中大约有 67000 个这样的素材。

那么，Bartosz 是如何进行管理，以实现在内存中只保存大量素材的一部分呢？

设想每个英雄都被一个看不见的盒子包围着，这个盒子与英雄相比非常之大。当英雄在游戏世界中走动时，你玩游戏所看到的一切都发生在这个英雄所作的盒子里，所有盒子之外的东西都简直不存在。当英雄向北走，盒子南端的垒高块就扔掉了，同时北端又有新的素材装载进来。盒子要足够大，以避免出现错误，如山后面的东西出现在你的面前、道路突然中断无路可走等。因此，盒子做得足够大，玩家完全感觉不到他是在盒子中玩。对玩家来说，感觉到的外界环境是辽阔和连贯的。

那么，为什么要实现这个“百万美元特性”呢？

感觉的连贯性是我们明确的目标。在 RPG 游戏中，世界的观赏性和感觉非常重要。

那个时候，当我们考虑我们玩的游戏，我们发现装载画面实际上打破了观赏性，将玩家从体验中转移开。我们都相信我们的游戏中如果没有装载画面将对游戏的沉浸性有很大贡献。

我们请求 Bartosz 更深入地详细解释一下流技术如何运作。

好，没有好的理由，我们是不会把流叫做“百万美元特性”的。虽然最初我们仅仅将之作为一个特性来处理，最后显然不止如此。流架构后面的思想是简单的，但实现却不是。因此，为了真正解释清楚流如何运作，我必须说明围攻引擎内部运作的更多细节。因为这里我不能进入太细，我能做的是简单描绘一些处理方法和由此产生的约束。

由于受到内存和 CPU 限制，方法是将世界分解成原子块，在任何时候都只操作数据的一个子集。自然的，我们从地形开始，地形是由我们叫做围攻节点的原子块组成的。围攻节点可以是任意形状和大小，可以和其他节点有任意多的连接。出于明智的考虑，虽然美工有一些约定俗成，他们可以做一些标准大小的可互换的块，但灵活性还是要有的，当固定大小的块不能搞定时可以派上用场。因此，地形是连贯的网格图形，网格之间可以任意连接，网格的方向也可以任意。这样就可以构造一个农舍，下面连着个地下室，还可以从地下室进入更深的地牢，甚至无限的螺旋、扭转和深度。因为连贯地形的图形可以在任意方向精确地延伸到任意远处，在任何仿真或渲染操作进行前必须先确定操作集。操作集由我们在裁剪积中找到的块组成，其中心正好就是玩家操作的角色。

接着，Bartosz 解释了相关的复杂因素：单独移动和剪裁地形图形实质上是一个挑战。但有趣的事还远不止这些。剪裁严格约束了素材如何运作。当你在数据的主集合中移动时，剪裁素材意味着任何时候都会有素材被去掉同时又有素材被装载进来。因为很多类型素材可能互相关联，又因为有的输出需要一段空间而不是一个点，我们必须解决无数的剪裁边界条件的处理问题。

Bartosz 举了一个例子来进一步解释这个问题：当你向一个小屋走去，在小屋后面的远处，关卡设计放了两个将和你战斗的怪物。当你接近了小屋，只有一个怪物装载了；第二个怪物在小路的更远处，再过 5 秒钟才装载。好了，当你到达小屋这个点，你仍然可以看见第一个怪物。问题是，在这个点，它收到一个直接的指令要和第二个怪物一起战斗。不幸的是，在那个时候，第二个怪物被剪裁出去了，因此所有相关的操作都不可能了。怎么办呢？不能坐在那，犹豫不决，等着它的战斗伙伴突然出现的那一天，那样它就可以准备迎战了。为了解决这个问题，我们必须给 AI 脚本添加逻辑以允许怪物选择切合实践的 B 计划。

“通常，坏事都在细节中，这儿的挑战就是要让怪物准备迎战的举止明显表现出来。” Bartosz 解释道。

他继续说：另一个说明所创建世界的剪裁不连续的重要例子就是，一个简单的闸可以开关远处的一个门。闸在被触发时会发出一个事件，但门可能被剪裁出去了。如果门不在当前激活的素材集合中，它就完全不存在。因此，在这种情况下，我们必须设计一个系统将确信的事件排队处理，同时根据上下文和精心选出的惯例集合去掉别的事件。

有很多这样的关于剪裁如何给引擎增加了复杂性的例子。在所有可能的地方，我们都将不连续性隐蔽起来。但多数情况下，问题是通过结合引擎的修改、关卡设计和特制的脚本来解决的。因此许多解决这些问题的工作，我不得不留下更多细节让你自己去想像了。

有了流运作的机制后，Gas Powered Games 公司的工程师还必须解决性能问题，Bartosz 说：因为当你玩游戏时，DS 要经常装载，装载处理必须足够快，以保证不影响负责渲染的主线程。为了将帧率的不稳定降低到最低，我们被迫将素材的装载改到一个单独的线程。我们这样做是在开发的相对较晚的时候，因此将主线程和装载线程之间的调度最小化就是一个挑战。幸运的是，修改最后终于成功了，这成了流拼图的最后一块。

有关 Gas Powered Games 的更多信息，请访问 www.gaspowered.com。

Stephen White，Naughty Dog

Stephen White 是 Naughty Dog 公司的程序主管，参与了 Naughty Dog 公司的非常成功的 PS 游戏 Crash Bandicoot（销售了 2200 套）的开发，以及 Naughty Dog 公司最近的 PS2 游戏系列的开发。

当谈到游戏编程，White 说下面将给出 3 个最好的建议，但是同时警告道：“这是个很微妙的问题，依赖于你所处的情形和你的最终目标。”

游戏开发常常花费很大，因此预算和开发的时间安排成了决定如何进行游戏开发的主要因素。预算和开发周期有力地影响了你可以用多长时间来开发工具、游戏引擎和各种可玩性元素。长话短说，我们假定你的预算和项目时长对于你想制作的游戏类型是合理的。

我的第一个建议是关于编程任务的进度安排的。进度安排是游戏制作中最难的问题之一，在我看来很少有做得比较好的。很多人的错误是将编程进度安排得太细，试图提前很早就预知需要完成什么以及需要花多长时间。太细的进度很少有超过一个月还不出错的，这样的进度要耗时去修改，而且在不能实现进度时还会影响士气。还限制了创造性，要适应变化的情况也变得比较困难。不按照进度可能会带来极大的损失，因为编程任务通常比期望的时间长很多才能完成，而且你必须能够度量游戏的开发进展，这样在需要的时候你才能进行适当的调整以保证到最终期限时能够完成项目。

White 说，他推荐设想好你想达到的主要的几个里程碑，然后做一个你期望何时达到这些里程碑的大概进度安排：

维护达到下个里程碑相关任务的详细进度表。用里程碑和短期的详细进度来监控游戏开发进展情况，比较估计的进度和实际的开发情况，然后进行调整。你常常会遇到当你完成了某些实际开发任务后，你的最终目标和里程碑需要做重大修改，后面的任务所需的时间可以估计得更准确。

White 的下一个建议是用来答复这个问题的：你打算做什么类型的游戏？和其他类似游戏有什么差异？它为何能够吸引你的目标受众？

当你最初回答完这些问题后，你可能会集中力量去创作工具和游戏引擎来证明你想要完成的确实是一个好想法。不要陷在过多的实现细节中，除非你已经完成你的游戏特有的那些核心元素。当你完成某个模型后，你可能会发现不如你期望的那么好玩或有趣，或者你可能发现试验过的技术比你原来估计的更难以实现。你很想让这些不愉快的事情在开发过程中尽早被发现，这样你就可以相应进行调整。

White 建议在编程中要安排大量时间来进行可玩性的调整：几乎总是这样，程序员将开发周期中差不多全部时间都用在技术方面，没有留下足够时间来调整游戏的可玩性。记住，你是在努力使游戏好玩，虽然技术可以极大提高游戏的各方面体验，但实际上是可玩性决定了游戏的成败。

对游戏程序员来说，最大的障碍有哪些？

时间。游戏程序员最大的障碍应该就是时间。我还不曾听到有程序员说他有足够时间来完成一个游戏。你想要完成的总是比时间允许你完成的要多，你总是得尽力去抢更多的人到你的游戏开发团队中来。这就是为何有效的时间管理是游戏开发得以成功的关键。

另一大障碍是技术，White 说：回到我开始编程的时代，游戏都是由一两个程序员编程，开发周期通常是 3 个月。那时候，大部分技术都集中在如何为相对简单的处理器编写最优化的代码，数学的应用很少超过简单的物理学计算的复杂程度。现今，游戏通常由多个程序员组成的大团队来开发，开发周期长达几年，平台也变成可以执行复杂数学计算的多处理器平台。制作有竞争力的游戏所必须的技能也变得十分广泛，因此业界迅速产生了专攻特定编程领域的程序员队伍，就像医生分了那么多门类一样。在不远的将来，再也难以找出一个程序员能被尊为普通游戏编程全方位的专家了。

White 又加上一个实在太普遍的障碍：差劲的外部管理。

电子游戏产业正在成熟，但相对来说仍然是一个新兴产业，因此，到处都是缺乏管理技巧的人在担任管理职务。一个差劲的管理者会以频繁的会议、状态报告和计划变更来进行破坏，或者通过改变设计和构想来造成极大的破坏，或者让团队的士气全面受挫。因此，即使很有能力的团队也会被差劲的管理者变得没有战斗力。这是一个不幸的事实，所以经常就是：领头的程序员必须提升保护团队中程序员的能力，以免他们受到外部管理的负面影响。

就像 Gas Powered Games 公司的 Dungeon Siege（本章前面讨论过），Naughty Dog 的 Jak & Daxter 也没有什么装载时间：鉴于 PS2 没有硬盘来存储数据，这确实是个非凡的功绩。这是如何实现的呢？

实现无装载时间有几种途径，但都要归结于正确的预先计划。实质问题是你如何提前装载，以实现当玩家到达某个区域时，需要的一切都已经装载好了。在 Jak & Daxter 中，我们小心地从无缝相连的层产生出游戏世界。设计者确定玩家在某个时刻不可能看到超过两个细分的层，而且有足够的时间在玩家接近某个层之后、到达能够看到这个层的位置之前完成这个层的装载。例如，在 Jak & Daxter 中，村庄通常在中间。如果玩家在村庄中朝树林走去，某个线程就开始装载树林，如果玩家改变了想法，开始向海滩走去，我们就停止装载数量转而装载海滩。这在概念上很简单，然而要求通过层的布局小心安排装载的边界和可见性。

尽管第 24 章会专门给游戏设计者、开发者提供资源，Stephen White 在此提供了几个特别的建议。

现今，对程序员有用的资源多得让人难以置信。我们离那个只有惟一资源——写得含糊、拙劣的技术手册——的时代已经很远了，因为有太多资源值得列出，我这里只提这些我最喜欢的。我是一个技术书籍的狂热爱好者，尤其喜欢《画法几何》（Academic 出版）和 Programming Gems（Charles River Media）以及《计算机图形学：原理和实践》（Addison-Wesley），大家亲切地称之为 Foley and van Dam，不管过了多久，这本书仍然被尊为必读书。Knuth 的《计算机编程艺术》（Addison-Wesley）是一本极好的参考书。Alan Watt 的任何书都值得读。为提高 C++ 技术，我推荐 Scott Meyers（Addison-Wesley）的书，因为这些书内容广博，而且写得非常好。我最喜欢的杂志是《游戏开发者》杂志（Miller Freeman 公司），其中有很多不错的文章，涉及电子游戏的各个方面。互联网也是程序员需要的资源的奇妙来源，充满了许多覆盖相关技术的网站，如 www.gamasutra.com。在互联网上粗略一搜，就可以找到许多不错的网站，上面都有许多不错的技术文章。

Catherine Roy，Eric Allard，Ubi Soft Entertainment

作为 Ubi Soft 娱乐公司六年来的制作人，Catherine Roy 完成了许多项目。她最近发行的游戏是迪斯尼的 Tarzan Untamed，PS2 和任天堂 GC 版本。同 Tarzan Untamed 的主程序员 Eric Allard 一起讨论编程的建议、建议以及制作这个动作冒险游戏时用到的技巧。

Allard 从 PS2 的编程限制开始留心 PS2 的约束。索尼的技术要求清单可能太麻烦，内存空间相当有限，可能出现连贯性问题，文件系统的结构十分复杂。

你绝对需要在计划中安排时间学习如何在 PS2 上开发。学习过程是渐进的，要精通这种主机真的需要很多时间。如果你以前是在 PC 上开发，又没有在计划中考虑这个，你可能会将最后期限设得太短了。

Allard 集中谈到设定目标：设定清晰的目标是重要的，在设计和性能方面都要做到。如果有一个清晰的最终期望，你的编程团队将会更有效率。如果他们确信设计始终不会改变，他们的代码也会更明确而不必考虑多种可能。在性能方面，编程团队能尽早给出一些性能数据很重要，这样建模者就不会用太多多边形、纹理或调色板把内存撑破了。

Catherine Roy 贡献出开发 Tarzan Untamed 时面对的一些挑战：开发 Tarzan Untamed 时最大的挑战是建模和关卡设计间的干扰。首先，关卡设计者在 3D Studio Max 中完成关卡的地形模型，然后由建模者负责将外观做好。我们很快发现这种流程效率不高，因为每次需要修改可玩性，建模者就必须重新再做一遍，每个分支都得分开进行地图和纹理的制作。

最后我们创作分散的模块，以便允许游戏设计者想修改时只需在 3D Max 中改一下样条就可以了。因为他们通常是用那些同样的模块，建模者只要做一次模块的绘制。在完成地形后，他们必须做的就是确保过渡的地方看不出破绽。显然，他们还有许多工作要做，但在可玩性方面要比以前容易一些。这样节省了我们很多时间，而且解决美工和设计者之间的关系问题也更容易。

虽然这个技术确实帮了我们，我仍然认为游戏设计者和建模者之间的关系还可以更好。我仍然在寻找更好的办法来调整那些会立刻影响所有团队的工作任务。

正如 Tarzan Untamed 的制作人 Catherine Roy 所言，游戏的一个挑战是调整程序员、关卡设计者和美工的成果。这些图片显示的是纹理加到线框模型上，然后再用到游戏之中。程序员必须创建不可见的边界以假定泰山在树枝上行走。

在最近的一次会议上，Roy 探讨了在 PS2 上处理内存、装载问题的一些程序，我们请她在这儿将这些有用的信息再讲一讲：

当你创作一个漂亮的游戏时，始终受到内存空间的限制。多边形越多形状就越圆润，但内存的压力就很大，必须创建一个丛林就是个巨大的挑战。要创建有生机的树和植被，就必须给人深度和密度的感受。精确的调整多边形的数量，让显示效果和装载内存都在允许的范围内就变得很重要了（图 11-8）。

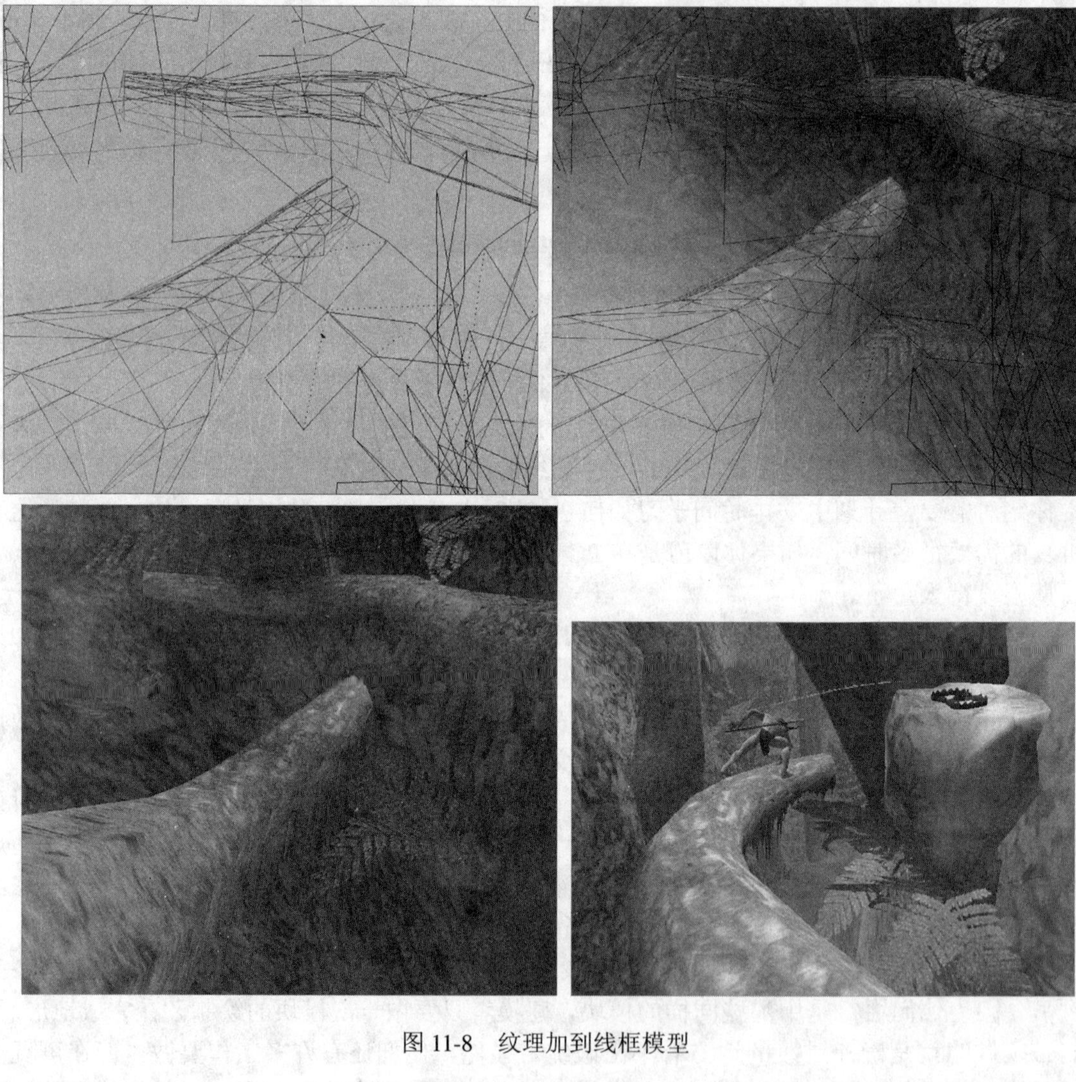

图 11-8　纹理加到线框模型

我们用“实例”技术来减少地图所需的内存空间，我们可以用一块石头、一棵树或任何东西，然后在地图中复制多次。当我们用模型的实例时，我们计算对象的多边形及纹理所需的内存时，只需要计算一次，尽管我们要显示很多次。我们仍然必须控制显示的程度，但我们可以取得更好的结果，而且仍然满足 PS2 的 32MBytes 内存限制。

我们还下了很多功夫来制作给人深刻印象的天空盒，即在巨大圆柱上绘制大背景纹理。

圆柱上有地平线、远处的山和天空等等，只有有了天空盒，我们才真正有了我们想创造的地图的感觉。于是，当我们在靠近角色的位置布置一些三维对象时，就有了我们找寻的深度感。

要想从 Catherine Roy 那儿学到更多，请看第 13 章和第 14 章。

Brian Reynolds，Big Huge Games

在第 3 章中，Brian Reynolds（最近他一直津津乐道于他的成功游戏 Rise of Nations，由微软 2003 年 5 月发行）论述了策略游戏设计的一些技巧。在这一节，他提供了一些比较随意的编程技巧，以及一些规则禁忌。

在这本书的前一个版本中，Reynolds 建议程序员："马上投入进去，做一些你能玩的游戏。"在此他详细阐述了这一点。

策略游戏的设计是非常复杂的，虽然每个单独的组成部分看似简单，将许多"简单"可变的部分组合起来，就产生了非常复杂的全面平衡的任务。看着一个策略游戏，可以轻松地说："我可以做得更好——我可以加上这，加上那。"但真要将新的部分集成到游戏系统中又不破坏已经实现的可玩性就十分困难了。

要平衡所有的可变部分，除了真正玩你自己的游戏，没有别的办法。所有可变部分的组合"爆炸"，使得在设计文档上要真正预见或调整结果变得不可能。越早让你的游戏运行起来，你就可以越早真正开始实现游戏可玩性、平衡性。可玩性和平衡性有助于帮助设计新手。他们想的是："如果我做一个游戏，主题是 X，又有 A、B、C 特性，还要 J 技术，肯定好玩。"但真的做出来，可玩性和平衡性要花许多努力。

至于规则禁忌，Reynolds 提供了以下意见：

- 每周至少玩一次你自己的游戏，几次更好。
- 别担心写了一些代码以后可能必须扔掉——当你有了个够酷的想法，快把代码写出来试一下。我们最后抛弃了大量想法，但我们学到了如何筛选出好的想法。顺便说一句，和艺术创作一样，不要担心做了一些艺术原型来表达可能不成功的想法。
- 给设计者和项目负责人的：要学习如何编程。很多人有很好的游戏理念，但只有少数人有真正将想法变成现实的技能。即使只学 C++的基础，你也可以自己做一些平衡性调整，你还可以就这个问题——实现你的够酷的想法是否真的"很难"——做出见多识广的判断。
- 给程序员的：学习如何平衡、设计和写作（更确切地说，英语写作）。专心于可玩性（你自己的游戏和许多其他游戏——竞争者的游戏，上榜游戏），考虑游戏如何运行。游戏中哪些细节是你喜欢的，哪些又是你不喜欢的？你注意到一些主题和规则在很多不同情形和游戏中出现吗？你对游戏设计和平衡性的原则了解得越多，你编码的效率就会越高，你对游戏的贡献就更能得到肯定。

记得去看第 12 章人工智能编程，有绝无仅有的 Brian Reynolds 的更多至理名言。

David Wu，Pseudo Interactive

在成为加拿大的 Pseudo Interactive 公司的总经理和主程序员之前，David Wu 在 Origin Systems 公司参加了游戏 Wing Commander: Prophecy 和 Ultima：Ascension 的开发。他最近的项目是 Cel Damage，在 2001、2002 年发布了 Xbox 和 GameCube 版本。2003 年 5 月，Pseudo

公司公布了为 PS2 开发的最新项目 Vectorman，将于 2004 年由世嘉美国公司发行。

Wu 分享给我们一些编程和设计的建议。让我们从一般游戏设计开始：

- 精练你的设计　写出超过 100 页的设计文档，然后保留最好的 16 页，这就是你要花时间去完成的。（参考第 6 章“创作角色，故事记事板与设计文档”中的创作设计文档，和第 7 章中 Chris Taylor 提供的设计文档模板）。
- 全在于体验　注意玩游戏的人；注意那些听你推销的人。确保让他们找到感觉。你脑中所想的可能并不是玩家的真实体验。
- 保持聚焦　确保你的整个团队都为同一目标而努力。你是游戏的梦想家，要确保大家知道要实现什么以及其缘由。

Wu 说，编写游戏时程序员最需要考虑的是：

- 尽快开始“可玩”　完成一些就运行起来验证一下可玩性。
- 和团队一起工作　倾听你的美工和设计者，考虑他们的意见：即使他们不懂如何综合考虑。
- 全在于体验　谨记你是在创作游戏，而不是技术展示品。代码是为了提供给玩家体验，把你的时间花在那些能给人体验的特性上（图 11-9）。

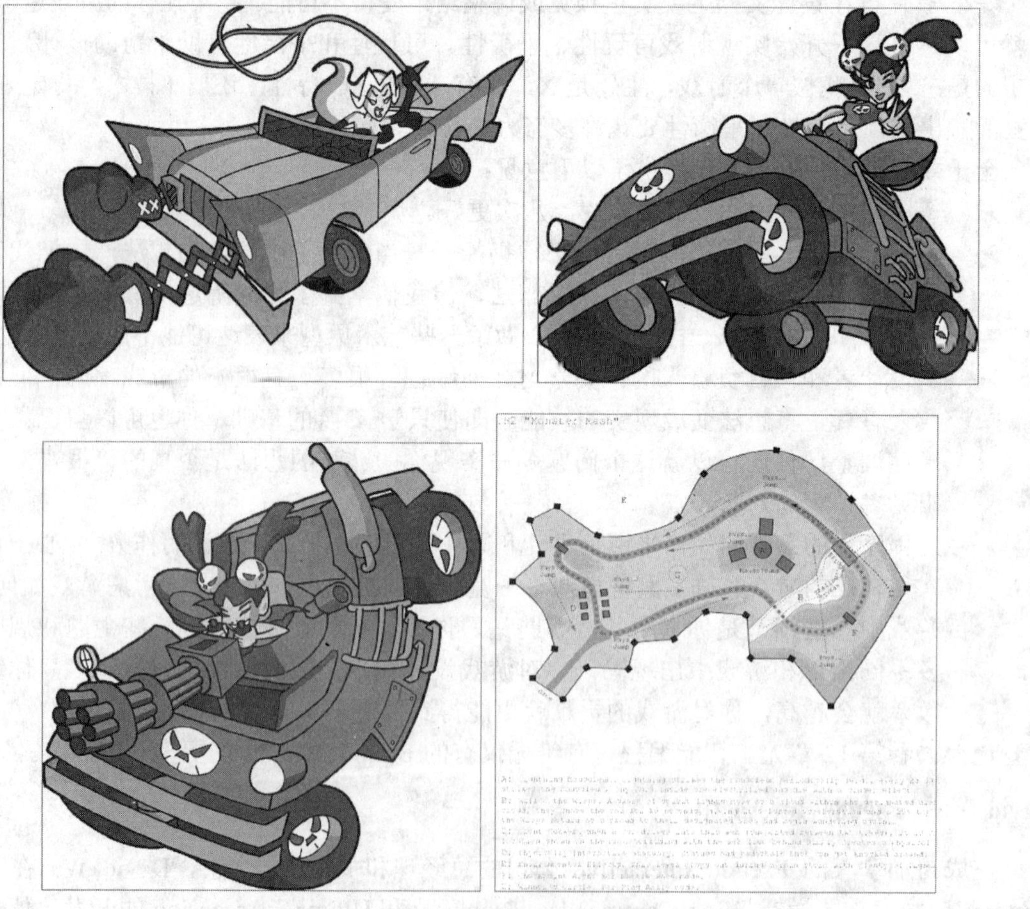

图 11-9　David Wu 提供的 3 个 Cel Damage 幕后的角色彩图和关卡草图

Wu 说如果没有人关心你的游戏，你的努力工作就不会有回报——实际上，Wu 回想起当初推销 Cel Damage 的概念是获得成功的最大困难和障碍。

你面对的首要且最困难的障碍就是给你的制作做原型，让市场团队、开发团队理解而且喜欢玩。如果市场认可了，你的制作就有利可图；如果你的团队喜欢玩这游戏，你也就可以获胜。如果做不到这点，你的游戏就危险了，就像穿过交通繁忙的马路的青蛙。

人们写了很多艺术和科学“制高点”的论文。有人认为可以出售仅仅基于一个伟大想法的游戏，或者通过学会正确地实现制高点来出售一个游戏。其实不会这么容易，我自己就不记得有过多少次被拒绝的经历。假设你有一个原型，并且设法找到了一个愿意投资的制作人，如果你像我一样天真，你会迷失在设计思想、技术术语和计划中；你期望的制作人会集中注意力提炼你的游戏的一个方面：最终用户的体验。你的原型必须使你的制作人抛掉一切合理的怀疑，确信你的游戏可以给人价值$60 的体验；你的消费者想要一个可玩、好懂、有趣的游戏。太多的开发者（包括我自己）关注于实现技术先进的游戏，它们有惊人的视觉效果，或者有奇异、引人注目以及复杂的设计。开发者想创作一件杰作，而玩家想要一个好玩的游戏。要让你的制作人知道你了解玩家的要求——不是梦想，而是实际的、引人注目、互动的体验。

Wu 做过 PC 和主机两种平台的游戏，他从编程角度讲讲这两种平台的差别。

（用主机）你有一个确定的平台，这一点不错，不幸的是，你的确定平台没有 PC 那么多资源，开发环境也更原始。品质保证要宽松一些：PC 游戏会崩溃，主机游戏则不会。

最具标志性的差别仍在于你创作的游戏。最好的主机游戏和最好的 PC 游戏是分开在两个世界。如果你有机会选择平台，问你自己：“更喜欢主机游戏还是 PC 游戏？”硬件的差异与设计的总差异相比还是第二位的。

“你可以举个例子来证明这个建议吗？”Wu 幽默地答道：“我花了大约 6 年时间研究，其中超过一半是完全错的，但 Cel Damage 让我明白其中一些还是有用的。”

在第 12 章和第 14 章还可以读到 Wu 的建议，包括 AI 编程和创作良好的用户界面。

Peter Molyneux，Lionhead Studios

Peter Molyneux 是游戏界最知名的名字和面孔（因为优秀）之一，创作了大量经过时间考验的游戏，如 Populous，Magic Carpet，Dungeon Keeper 和 Black & White 系列。

在第 3 章，Molyneux 谈及一般游戏设计的原理，这里他分享出一些游戏编程方面的想法。

- 充分享用 C++和标准模板库（STL），不要试图挑战像 Stroustrup 那样的人。
- 别指望能够在论文和书上找到所有问题的答案：没有现成的解决方案就是机会，这意味着你将成为解决这个问题的人。
- 在开始新项目前，准备好同类设计的库作为基石。

Louis Castle，Electronic Arts/ Westwood Studios

“编程是一个很大的学科，我尽量说得简单些。”Westwood Studios 的总经理和创始人之一开始道。Castle 提供了这些规则禁忌作为编程提示：

1．编码计划要服从设计。

2．系统地解决问题。

3．允许例外。

4．编码设计要文档化。

5．编码要文档化。

6．读 ACM、书和论文。

7．和其他编程人员交流你的计划。

8．建立想法的原型。

9．设计之后再编码。

10．不要混淆数据类型。

11．不要重新去发明车轮。

12．不要在补丁上打补丁。

13．不要插入不符合系统设计的原型。

Greg Thomas，Sega of America/Visual Concepts

作为世嘉美国公司视觉概念部门主管和产品开发部门的副主管，Greg Thomas 有超过十二年的经验。正如附录 A“人物小传”中提到的，Thomas 被尊为世嘉 Sports 获奖的 NFL2K 系列幕后的策划，他多产的事业生涯中还有超过 20 个游戏（图 11-10）。

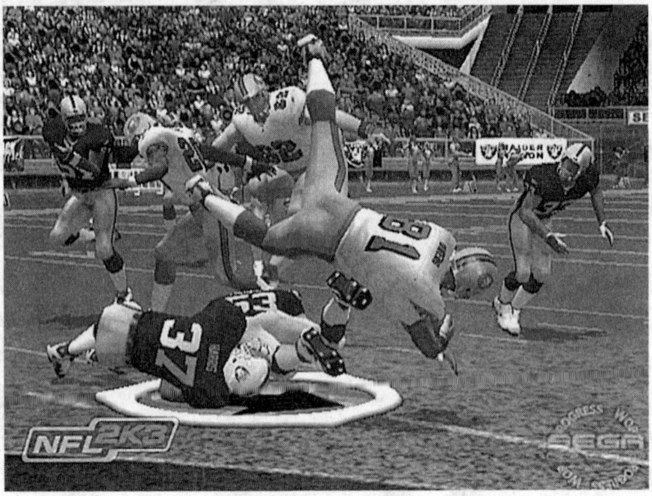

图 11-10　来自 PS2 平台的 NFL2K 的截屏

Greg Thomas 说创作大家渴望的 NFL2K 足球游戏的最大挑战是完成碰撞检测系统。下文讲了 Sega 如何克服这个困难。

当你们进行 NFL2K 系列的编程时，遇到的最大障碍有哪些？你们又是如何得胜的呢？

开发这些游戏时，我们面对的最大障碍是碰撞检测系统。要实现精确的碰撞检测，我们必须实现真正的三维碰撞检测。之前，我们只需用简单的圆柱碰撞检测，其中为一个对象设置一个圆柱是非常容易的。但在 NFL2K 中，这样就不行了：我们要完全实现身体任何部位的碰撞。我们的实现方式是在运动员的模型上套上一些碰撞检测球，运动员移动时，球就一起移动。具体处理还是有点难度的，但最后运行的效果不错，我们的足球游戏在准确性方面有了极大的提高。

对有志于建功立业的程序新手有什么建议呢？Thomas 强调做一个非常正规的程序员非常

重要。对此，他详细讲道：

游戏项目逐渐变得很巨大，NFL2K 有超过 50 万行代码。教授正规程序员的场所就是大学，因此，即使我五年前没有这样说，现在我相信，到大学上编程班是很重要的。

Steve Hunt

想编写类似 Eurofighter Typhoon 的模拟游戏？在英联邦 Rage，谁学得比 Steve Hunt 更多，谁就可以担当游戏的主设计师和编程人员。不幸的是，Rage 在 2003 年初关门了。

Hunt 讨论了编写模拟游戏要注意的一些至关紧要的问题：

- 将你的努力集中在关键点上。模拟是对真实生活的近似，不要试图模拟到最细微的细节——你做不到，要考虑的细节应该是那些玩家会注意到的地方。当你在以两马赫的速度掠过海滩的战斗机上时，没有必要为海滩上的螃蟹建模。说到底，模拟就是幻觉，那就是你的任务：你必须让玩家有和数以千计的战士（装备）一起作战的幻觉，而没有必要在较低的级别将所有的战士（装备）模拟出来。
- 调试。设计和编码采用便于调试的实现方式是重要的。无论如何，模拟是复杂的；不要为了少用几个字节，而把代码写得难以阅读。Typhoon 有超过 100 万行代码。当有人说："飞机可以在海面降落"，你必须能够找到和跟踪相关处理的代码。如果你的代码风格过于复杂或迂回，结果你就会有更多的夜晚和周末得花在工作上。
- 没有什么是不可能的。相信测试员所说的。多少次我看到 bug 报告，都想："我的代码不可能这样，一定是测试员错了"，直到去看着他们玩，才忽然想起："哦，你这样操作的——啊，这会引起它出错。"如果你在编程的时候想过："如果发生了这个，这里就会出错，但，嘿，没关系，这真的不大可能发生。"再想想，或许会发生。或者加一些保险的代码，或者让代码变得更健壮。你几乎可以保证，你认为不会发生的情况，在游戏出来后发生过上百次。

创作 Eurofighter Typhoon 时是否遇到过什么障碍？

Hunt 回答道：PC 游戏开发的最大问题之一是硬件能力的不断变化和随之而来的 DirectX 版本的变化。Typhoon 开发了两年，在这段时间，机器速度和特性都有了极大变化。我们开始时采用 DX6，开发过程中半道改成 DX7，到 Typhoon 发布时，DX8 已经可供大家下载了。PC 游戏的大问题是："你所见非你所得"——在一台机器上，游戏看起来很好，在另一台机器上，游戏可能运行得慢而且 bug 还很多。仅仅在各种可用的图形卡上测试完全就是个恶梦；甚至还有更糟的，我们的潜在用户中很大部分使用的是原始生产厂家不再提供支持的所谓废卡，我们也要找到相应的办法让游戏能够正常运行。PC 上的这些问题没有真正的解决之道，你只有通过实际交锋才能解决这些问题。你会因此紧张、灰心，但另一方面，你又会学到解决问题的能力，进而设计和编写更好的代码。

我现在是基于 PS2 开发，感觉很好，因为我知道我在开发机器上看到的和玩家玩游戏时将会看到的是一致的。不需要再分心去考虑硬件软件的不断变化，而且还从同时为快慢不同的 PC 编写代码的麻烦中真正地解放了出来（图 11-11）。

图 11-11　游戏 Eurofighter Typhoon 截图

前面，Steve Hunt 说设计和编码采用便于调试的实现方式很重要。“无论如何，模拟是复杂的；不要为了少用几个字节，而把代码写得难以阅读。”

Hunt 总结的 PC 和主机游戏编程的不同。

- 主机　所见即所得。游戏的所有方面都必须特别高效。
- PC　运行效率和代码、美工的关系不大，但你很难知道最终用户看到的效果和游戏运行的情况；你还必须花 6 个月时间测试以及跟踪硬件的变化。

虽然在最近 6 年对 PC 飞行模拟游戏投入得很深，Hunt 现在已经转向他一直向往的方向：设计制作主机上的动作游戏。

虽然我对自己从事飞行模拟的日子很满意，但在不变的平台如主机上工作更值得发展、更符合潮流。我对现在开发的产品真正感到兴奋，关于这个游戏我还不能透露。以后，技术会变化，生产方法也会变化（10 年后我们还写代码吗），但有一件事可以确定，你永远需要设计者带给你制作优秀游戏的主意。生产过程的这一部分永远不会废弃。设计和制作游戏是我能够想到的最激动人心而又最有价值的工作。与电影、音乐中的设计和制作相比，这个行业仍然还很年轻，而且每六个月就会出现技术的变化（最显而易见的是主机联机游戏的出现）。我想未来还将出现很多有趣的时代。

记得到第 12 章看看 Hunt 关于 AI 的谈话。

James Schmalz，Digital Extremes

Digital Extremes 公司的 James Schmalz 和 Epic Games 公司合作开发了 Unreal，Unreal Tournament 和 Unreal Championship。

当被问到购买现成的游戏引擎还是自己设计哪个更好，Schmalz 说，这依赖于你的游戏的设计目标，可以在逐个游戏基础上进行估计。

如果你开发的游戏需要强大的技术部件，又正好有引擎实现了你需要的功能，那可能最好是购买引擎。例如，你要创作一个设计了独特的可玩性的第一人称视角射击游戏，很明确，从一个已有的引擎出发比自己凑合着开发要好，自己凑合着开发这类游戏是非常困难的任务。另一方面，如果你想做一个实时策略游戏或冒险游戏，购买现成的引擎可能就没什么意义。

如果你在这个行业才刚刚开始，又该如何呢？

如果是这种情况，用现成的引擎你更容易建立游戏原型并完成开发。通常，引擎的供应商会让你开发游戏原型或演示，让你吸引发行商，然后才要你支付使用引擎的费用。因此，就此而言，用现成的引擎是非常实用的。因为这个原因，如果你资金不多，试图自己做引擎就没有什么意义。

尽管非常多样化，Schmalz 说购买游戏引擎——如 Unreal，Quake 和 LithTech 引擎——可能无论如何要花费一个公司 10 万（需另加使用费）到 75 万美金（不需使用费）。

购买引擎明显的好处是时间，Schmalz 说：无疑，这样可以节省你大量时间，只要引擎能够明确实现你需要的功能。例如，如果你做一个新战术的 FPS，你可能购买引擎更好。

他认为反对购买引擎的理由有：

1．使用的是正在发展中的技术，无论是你自己开发还是开发引擎的公司都是同样难以处理的。

2．要熟悉大量别人编写的代码总是很困难的。

3．如果技术是成熟的，到你完成游戏的时候，可能就会变得有点过时了。

最适合购买引擎的情况是，这个游戏不需要太尖端的技术，而且已经有被类似游戏使用过的引擎。

我们请求他给出那些想编游戏程序的人一些有用的提示。“如果你编程是为了生计，你必须做到两件事之一。”Schmalz 说。

在空闲时间做些小游戏，将它们做得越来越好，并尽量加一些酷的、给人深刻印象的元素。加入 MOD 社团，和 MOD 团队一起完成一些杰出的 MOD。

要想准备好加入游戏制作业，没有比在空闲时间实际做一些游戏更好的了。对那些为了生计想进行游戏编码的程序员，这绝对是我给出的头号建议。

关于一般游戏设计，Schmalz 说他可以给刚起步的人提供以下提议：

- 做有趣的游戏　非常非常多的人或者不懂如何使事情有趣，或者迷失在其他的事情如技术或视觉效果中。技术和视觉效果很重要，但如果游戏没什么乐趣，就什么都不是了。“有趣”到目前为止是好游戏中压倒性的重要因素，而且总是被忽视。
- 进度安排　即使最先进的游戏开发者，仍然会遇到一些问题。需要很多经验才能推定你开发需要花费的时间，如果你制定得太紧，你可能被迫发布一个没价值的游戏，因为根本没有完成。
- 项目见识　当然，制作一个真正有趣又成功的小游戏，按照进度完成，还卖了不少钱，这的确很可能。太多新开发者连怎样实现的主意都没有，就试图抓住游戏的“精髓”。无疑，其结果肯定是彻底的失败。

游戏设计能够做到并非原创仍然引人注目吗？Unreal Championship 哪些方面做得好？

你必须真正真正优秀才有能力提出全新的游戏类型。这样的人非常少，很久才会出一个。大多数伟大的游戏或者是游戏风格上的演变，或者是两种（或以上）风格的结合，给了玩家新鲜的体验。另外，你也不想游戏设计得差别太大以至于玩家都找不到与其他游戏的联系，他们至少需要有些熟悉游戏的基本前提。

我赞同那些试图设计完全不同的游戏的设计者。大多数这类游戏会失败，但偶尔会有珍品冒出来，定义一个全新的游戏类型。我愿意指出 The Sims 是新近的珍品，定义了新的游戏类型，但即使在它里面，仍然可以寻到游戏 God sim。

另外，很少有设计者有机会去尝试设计完全不同的东西。只有那些绝对杰出的设计者可以说："相信我，给我 1000 万——是的，这听起来有些疯狂，但这个游戏会带来震撼。"而且还有那么多有钱人相信他。

Schmalz 在 PC 和主机平台都做过多年，因此，我们问到他这两种平台的不同。

首先是内存。现今，尽管图形处理能力相近，但主机的内存还是远远受限。

其次是操控。这是个很大的问题。PC 是用键盘和鼠标，主机是用专门的控制器。你的游戏完全必须按照你的目标平台设计操控系统。

第三是目标受众。玩家对主机游戏和 PC 游戏无疑有不同的期望。

做为一个例证，Schmalz 说最明显的就是对战游戏——完全没有 PC 版出售，但是在主机平台确实销售量挺大的。

Doug Church，Freelance

Doug Church 从事游戏设计和编程已经超过 12 年，他早期的项目包括 Ultima Underworld（和 4 到 8 人的小团队）和 Ultima Underworld II，而新近的游戏包括 System Shock，Flight Unlimited 和 Thief。过去这些年里，Church 曾经参与 PS2 音乐游戏的设计和编程。

Church 说如果你想编写成功的游戏要谨记很多事情，在此他提出了一些建议。这些建议大多集中在程序设计而不是"编程实践"。好的，我们开始吧：

- 你的第一客户是玩家。如果你正在进行的编码不一定影响到玩家的体验，那么一定要找到你编写这些代码的理由。过分聪明并不必然就更有趣，编写最酷的东西并不是游戏趣味性所必需和有关的。当然有时，这正好能够产生最大的趣味性，但别的时候则仅仅是程序员在浪费时间。
- 你的下一个客户是设计者。编码能够给设计者更多的创造性，游戏就会更好。如果你建立的系统没有充分发挥作用但却常常被别人责备，就总会有点沮丧。收紧设计的过程是至关重要的，因此设计者（不管是别人或是你自己戴着设计的头衔）可以对游戏作较大的修改并立即看到效果。如果修改要求对代码重新编译或发布，那么每个调整、修改或弥补，都需要 3 天之后才能看到结果，对系统的真正改进和挤出每一个 bit 都是非常困难的。要想真正提高质量，领会到你能从运行环境中暴露些什么，以此作为指导设计的输入，并确信实现也比较容易。
- 计算机游戏要求技术和设计的综合。然而，程序员有责任了解（常常还是创造）技术。因此，他们有责任理解设计目标，并和设计者一起确保可玩性能够发挥出技术所能实现的优势——而且技术能够适合设计的目标。例如，模拟和仿真用来实现游戏世界对玩家输入的反馈，这是至关重要但又非常不同的途径。不同的游戏系统选择使用哪一种，取决于游戏的感觉方式。这是必须做出的相当普通的决定，人们通常是按照常规而不是计划来作出选择。
- 灵活性。这与上面列出的第二条有关。优秀游戏很少会跟着 200 页没有独创性的设计说明出现。修改、调整、错误、机会——都会出现。最好的游戏可以给玩家以反作用，让玩家发现特别的机遇并将之变得特别有趣，同时丢掉那些不起作用的"酷想法"，其中很多是管理、项目愿境、设计的问题。但如果没有技术团队熟知的便于进行快速修改的灵活性强的代码，希望就很渺茫。

有没有一些真实的例子？

关于与可玩性无关的过分技巧、耍酷的代码：在 Underworld 中，我们的关卡中有深坑，非常深，玩家必须跳过去。因此，我们有人工智能的非玩家角色也必须知道如何处理这种情况，即跳过去。为了实现“公平”，我们认为它们也需要起跑（对，是为了在跳跃时有足够的速度），因此，如果它们跟随或追逐玩家到达深坑时速度太慢，会退回去，起跑，然后跳过深坑。这非常酷，而且在编辑器中用我们的分镜头代码可以确保能正常工作，也就是说，按照设定，我们可以确定游戏中的玩家不会看到这个情景，因为这恰恰发生在玩家身后。哦，就是这样。

关于工具（客户）的重要性：在 Thief 中，我们最初的 AI 脚本系统是一个简单的消息封装器，设计者可以写 OnXXXXXX()调用，用来监听给定的事件（如 OnNotify 和 OnAlert 等）并进行处理。因此它们可以相对任意的编码，检查链接，发送消息，控制 AI 等等。但用得非常少，因为需要特别的编辑工具，而且本身让人觉得害怕。在项目开发稍后的过程中，我们的主程序员、主要的 AI 开发人，Tom Leonard 开发了“伪脚本”系统，一个现场编辑器，通过菜单驱动的“脚本”系统让设计者选取事件触发器，还包含简单的公式化的处理模板（OnAlertness 2，走到对象 X，进入战斗模式，逃离等）。这个工具一出来，设计者就开始频繁的使用，游戏的 AI 比以前有趣了十倍，虽然伪脚本的实际功能比完整的脚本系统要少了很多。这给了所有人（包括我们）一个显而易见的教训，但这样的错误仍然还是每次都出现然后再解决。

关于玩家体验“而不是酷”技术：在 Flight Unlimited 中，很长时间我们有四个分开的基本程序组：地形渲染器、物理引擎、训练、裁判模块、FBO 移动系统，它们都相当酷、有趣，然而从来没有整合到一起。所有人都假定只要将它们拿来用菜单和 UI 联系起来，就可以构成一个游戏。不用说，这个“简单结合”花了大量时间，痛苦得令人无法相信，即当我们分别都完成后，要让它们一起运作还需要处理大量不能配合的系统，但之前却错过了很多更容易解决问题的时机。重要的是解决“玩家能够得到什么体验，如何得到”的问题，而不是“如何写优雅、够酷的代码”。

关于灵活性以及对设计过程的反馈：在 Ultima Underworld 和 System Shock 中，我们的对象系统是简单的层次结构，子类的字段来自它们的父类和自己新加的，这显然很容易实现，而且很符合 C/C++的对象思想。然而，这对游戏而言真的没有好处。当设计者想加入新的对象、行为（或新的）数据，他们必须使之适应严格的层次结构，对程序员解释清楚，然后等待下一次版本构造。给对象增加行为通常必须产生新的古怪的子类（如在 UW 中说话的门，我们只是有一个隐藏的人，并写了完全不同的专用代码来实现的）。

在 Thief（和 System Stock 2）中，通过对比，我们用了新的对象引擎，允许设计者给任何对象添加属性、创造简单的新属性等等。这使得他们进行试验、修改更容易，不必在受到程序员的限制。当然，任何其他的行为总是需要编码的，但对象树的布局和行为的分派却完全可以由设计者控制，要灵活得多。

关于这个教训：我在别处提到的一个重大问题（写游戏，不是发表论文）。在 Deus Ex 中，最初的设计文档要求“真实 AI 的对手”。即在早期的版本中，你可能在绕过一个角落是被一个带着来复枪站在狭窄通道的人开枪打死——你不可能看到或听到他，因为警报已经响过，他在巡逻，他已经准备好，他一看见你，就开枪射击了。理由很充分，但完全没有趣味性。

AI 的真正目标，当然与“真实”无关，但必须要有助于趣味性。到发布的时候，DX 的家伙改变了 AI 行为，他们在开枪前装（或重装）子弹时会提前说出如“哎呀，我看见他了”一类的话，同时还用动作来表明他们已经准备好开火，等等。一篇目的为“优秀”的对战 AI 的论文（或研究项目）就不会是这个方向，但游戏的 AI 必须是这个方向，否则就不会有趣味性。记住你的目标是——玩家的体验——不是某些抽象的“正确的事”。具体情况总是最重要的。

很多新游戏的开发者犹豫不决是花时间、金钱和努力去开发专用的游戏引擎，或者花大量金钱去购买现成的引擎再简单修改一下。对此，Church 的观点是什么呢？

“这完全要看你想做什么。”Church 回答道。

他详细解释道：现在的游戏引擎都非常酷，可以给你很大帮助，但它们仍然非常年轻。大多数引擎在实现与它们自己相似的游戏时都很不错，但需要改变模型时就缺乏灵活性。像 Ha/f-Life 和 Deus Ex 这样的游戏，都购买了引擎，但也做了重大的重写，和没购买引擎的游戏花费差不多。引擎并不是银弹（silver bullet），如果你要用引擎，最重要的问题是尽量提早实现你的设计，以确定是否和引擎不一致。然后，或者换设计，或者换引擎，只要你确信还有足够的时间和资源。

我假定任何事情都是能够实现的，但有一个组已经完成的“优秀游戏引擎”清单却非常短，带有真正可靠灵活的免费工具的引擎也很少。

像 Thief 和 Ultima Underworld 系列这样的游戏都非常独特，你是如何做到既好玩又独特的呢？

人们有很多办法来做到这点，虽然在游戏出来之前我不能确定其中有多少能被认为是（独特的）。就我个人而言，我将精力集中在玩家和我认为够酷的计算机事情上。我相信我们的独特性在于让玩家置身于中心位置的一种媒介，对设计者则正好相反。大多数别的艺术媒介，其中心是艺术家，他们表现出一个创作好的作品。虽然我们也要创作我们的作品，但我们可以选择关注创作流程和系统，这允许玩家在其他媒介中更直接地关注和探索自己。这并不是说游戏可以这样做或者那样做，都不会太差；但这正是创作计算机游戏中我个人发现的最有趣的部分。因此，我试图找到让玩家进行操作、自我表现的新途径，并看到自己的表现。就像人们进入角色，我也尽量实现游戏状态等等的仿真模型。然后，我通常尽量找到一个更传统的类似的游戏，然后将两者混合起来。

我通常（在目前的项目中）做得差不多类似于特洛伊木马，在玩家开始玩游戏时，假设他玩的是一个只管往前冲的 RPG，并带着一些很有趣的新伙伴。一两个小时过后，当玩家认识到游戏有些不同，他已经觉得游戏很有趣，也就不再担心好不好玩了。

John Scott，Raven Software

作为 Raven Software 公司技术高强的程序员，John Scott 参加了很多游戏的开发，包括 Heretic II，Star Trek，Voyager Elite Force，Soldier of Fortune 和 2002 年发行的 Soldier of Fortune 2。

Scott 就职业技能方面给了刚开始游戏开发的程序员一些建议。

诀窍就是保持简单。开发一个系统要完成设计者要求做的每件事情；进行编码，以保证当不可避免的“你能.吗？”问题出现时，你可以有一个较详细的回答；但不要做得更多，除非是系统必须的部分。如果你在一个已有的系统上开发，要分析出哪些数据类型真正合适，哪些会导致故障；通过试验发现限制和容量，发现哪样会超出。不要在技术上太聪明；保持代码清晰并便于维护。同时，加入大量代码以便能够列出还有多少资源，用了多少内存，系统的哪一部分特别耗时。

创作游戏修正（MOD）——附加关卡、地图或新的游戏模式——哪个更能提高技能？Scott 解释道：

从“游戏修正者”的观点来看，首先从简单的想法开始试验，让它运行起来，然后进一步发展。不要一开始就试图实现真正巧妙、复杂的想法，因为你可能会陷于找不到正确解决问题的境地——结果是大量暗藏的 bug 和无法解决的性能问题。

Soldier of Fortune 游戏中编程的最大挑战是什么？

物理特性产生的随机问题。这是因为在预定的网络环境中，物理特性非常难实现。这和声音、视觉的反馈方式完全不同。如果你实现了什么，你可以看到你正在做的；如果你偶尔屈膝跳时卡在某个地方，你如何知道这个偶发性问题是否已经解决呢？我正是卡在这种问题上，痛苦地寻找能够准确重现问题的情况，直到每个小问题都得以解决。

网络带来灾难的一个例子：当玩家向前移动，客户端发送消息给服务器，同时将本地玩家向前移动（这里是一点提前）。服务器发现在零点几秒之前，有人向这个玩家开火了，重新计算玩家的坐标，发送回客户端。客户端随即按照服务器的指示重新设置本地玩家的位置，结果就是跳到一个位置上。在理论上，这是非常好的情况。然而，实际上，互联网的丢包和延迟还带来了更多痛苦。如果服务器永远收不到客户端的消息（由于丢包）会怎样呢？如果客户端的连接延时太大，因而服务器的消息在玩家移动后才到达又会怎样呢？

翻到第 12 章，有 Scott 关于人工智能的意见。

Michael Raymond-July

Michael Raymond-July 以前是 Raven Software 公司的设计师，在过去的 10 年参加过很多游戏的开发。这里，他谈谈 Star Wars: Jedi Knight 2–Jedi Outcast 的编程。

Raymond-July 提供了一些生动的技巧：

1. 快并有趣比漂亮却慢要好。长期以来游戏中努力实现实时光照效果和近乎真实的曲线，其理由并不是因为不知道技术上如何实现，而是因为硬件不能实现得足够快。经过过去的痛苦经历，我可以说，将包装做得好，只需要达到外观能够给玩家留下印象的程度，千万不要损失了速度和可玩性。

2. 首先完成必须做的，然后再考虑那些可能“酷”但非核心的东西。每次都是精彩清晰的、玩起来有趣的设计战胜了那些组合了大量不错但无关特性的设计。

3. 有足够的人手去承担重担。要及时发布无错的游戏需要繁重的工作，单凭一个聪明的头脑是不可能的（对，可能也有例外）。“时间表”是墙上不错的装饰，但它并不能按时将产品放到货架上并赚回钞票——（那需要）有足够多的人将所有工作完成。

Raymond-July 讨论了他和他的团队在开发 Star Wars: Jedi Knight 2–Jedi Outcast 时面对的困难——时间紧：

有点讽刺的是，我们将进度问题变成不可能发生的障碍，因为我们没有直接开始建造地图。我们开始花了大约一个月（有的人时间更长）计划所有任务的细节，包括哪些敌人，在哪里，和他们战斗你需要哪些资源，建筑和布局，概念性的草图，所有一切。这意味着，到设计者开始真正建造地图时，他清楚地知道必须做什么，看起来是什么样子。这比传统的“建造然后再建造”的方法要快得多，即使加上前面投入的时间。

你怀疑在这种情况下，设计者会感到“束手束脚”，指派去建造特定关卡的人是关卡布局组中的重要部分，通常要负责完成布局和内容的优秀部分，这根本不缺乏主人翁的感觉（图11-12）。

图 11-12　PC 动作游戏 Jedi Knight II 截图

“有足够的人手去承担重担。”Raymond-July 对游戏编程有此建议。

Ed Magnin，Magnin & Associates

Ed Magnin 为 Apple II、IIe 编写了很多游戏，超级任天堂（NFL Football），Game Boy（Prince of Persia 和 Caesar's Palace），少量 Game Boy Color 游戏（Extreme Sports with the Berenstain Bears，Arthur's Absolutely Fun Day!，Wings of Fury，Prince of Persia，Moon Patrol，and Spy Hunter）。他还在加利福尼亚州 San Marcos（靠近圣迭戈）的 Palomar 大学教授电子游戏编程，他过去的学生中有不少在这个行业找到了收入不错的工作！

Magnin 和那些刚刚进入这个互动娱乐行业的人分享大量游戏编程的知识。首先，他提醒那些想赶超崇拜者的游戏程序员，这是一个艰苦的工作！“并不都是娱乐和游戏——这里有长时间的工作，没有暑假。”Magnin 还说，你常常必须比你所认为的要提前完成并提交游戏。

计算机游戏到最后就是制造，但对于主机（基于卡带的游戏），你必须提前一个月将游戏送到任天堂去批准，然后排队等待制造，又要 2～3 个月，再排队等待测试……因此，开发团队要赶上圣诞假期，就必须在六七月份就完成游戏制作。

关于有多少工作要做，他回忆起开发游戏 Three Stooges 时的一件逸闻趣事：

我正在开发馅饼大战的场景，我的女儿进来（说）哪里有趣，我在做什么——互相扔馅饼；她第二天进来，看到的是同样的情形；第三天还是一样。她最后问道：“你要这样做多少次？”我的答复是“哦，300~400 次！”

一个 Game Boy 游戏平均要开发多长时间？Magnin 说要 7~9 个月。

当开发游戏时，Magnin 谈到，程序员必须有点精神分裂；当你开始欣赏这个游戏时，你同时也要尽量破坏它以测试并发现 bug 等问题。他还建议在你还有时间时多参加一些编程班。

确信你对物理学、三角学、概率、排列组合、二进制和十六进制数都理解得很透彻。如果你是一个学生，立即去学 C 语言和汇编语言，虽然实际上你用的语言可能不同，但仍然会是熟悉和类似的……这有点像学法语——你再学意大利语就非常容易了。

Magnin 建议要跟上潮流：多读些书和文章。你必须坚持学习新的平台，因为每 2~3 年就会有新的平台出来。因为稍后你的时间会更少……你必须喜欢学习，跟上潮流，买书。

Magnin 在他班上讲的一件事是游戏编程和其他软件编程的关键差异：必须快速运行。事实上，这是他期中考试出的一道必答题！

程序中总有某种形式的主循环。（是否有人向我射击？我在跑吗？我在跑同时被射中了？）别的很多主循环是：非循环地等待按键，重绘屏幕，看是否有人移动了，看是否有子弹射中了目标。不像文字处理软件，游戏中总是在发生某些事情，这里没有安全的地方可以停下来歇一会。

Magnin 教给他学生的另一个重要的注意事项是项目不能延迟。为了让人能够理解，Magnin 说，如果一个项目延迟了，他就将那个学生的评分降一等，再延迟，就再降一等。这教会了学生们真实的情况。

当大家聚会或者在海滩玩排球时，你必须接受惩罚——因为不幸的事发生了，我知道你是一个天才，非常有才能，但你没有按时完成项目。你在这个行业中可不能这样——你必须按时完成。GT Interactive 公司因为 4 个游戏的延迟减少了 600 个员工。

这里有另一个 Magnin 从 Game Boy 游戏开发中得到的技巧："如果卡带上有额外的空间，你可能会用来支持多种语言，因此不要先把它用掉了！"

游戏程序员如何在这个行业找工作（第 21 章进一步探讨这个问题）？Magnin 说第一件事是制作一张时髦的演示碟：公司需要有经验的程序员。

除了经验，一个不错的演示是你证明自己能够胜任工作的最好机会。多花些时间，尽量做到最好。通常，你只有一次机会给别人留下印象。

第12章 人工智能

人工智能（Artificial Intelligence，AI）可能最好是描述为在计算机上建立人类思想和行为方面的模型的尝试。在计算机和主机游戏中，它归结为让玩家感觉到他们在和真实的、有智力的对手对战。不幸的是，这已成为游戏编程的最困难的挑战之一。因此，这一章单独讨论AI，而不是和其他话题一起在编程原理的章节讨论（参考第11章）。

专门给AI一章的另一个理由是单人游戏不能被忽视。随着多人游戏的增长，很多玩家担心开发者的时间、金钱和努力都会花在多人游戏的开发上，而不是去提高AI。毕竟，如果AI是可预知的或者愚笨的，很多玩家都会聚集到在线游戏中和真人对战。关键是游戏既要提供丰盛的多人功能，又要为那些不能上线或喜欢单人游戏体验的玩家提供真实的AI。

有了这些工作在不同游戏类型中的AI专家，本章讨论不同类型的AI以及游戏设计者如何解决这个棘手的问题。

Brian Reynolds，Big Huge Games

作为Sid Meier的明星学生之一，Brian Reynolds帮助创作过许多成功的PC策略游戏，如Colonization、Civilization II和Alpha Centauri。他最近的项目是Rise of Nations，微软2003年发行PC版。关于这个游戏的更多信息可以访问www.bighugegames.com。

"和流行的想像相反，编写计算机游戏的AI不需要任何奇异的魔法，"Reynolds说。"你不需要任何专利算法；你不需要关于神经网络的最新论文。你所需要的只是一些创造力和长期的坚持。"下面一节描述他最喜欢的技巧。

1．迭代设计过程

首先，进行AI，和进行游戏设计一样，采用迭代的设计过程。开始时只需要完成一个简单的程序来移动敌人的单位——即使你的算法简单得只是switch（rnd(4)）都可以。然后和你的AI对战，观察它如何移动。直到发现它犯了愚蠢的错误（最初，这不会花太长时间）。然后考虑下列问题：

计算机的行为蠢在哪里？例如让坦克慢慢穿过森林或只建立了炮兵而没有别的单位。

如何做（让坦克沿着道路移动，建立步兵、炮兵、装甲、空军的合理混合）。

哪些信息指引你（或帮助你）作出这样的决定的（进入道路的开销要少一些。你已经有了炮兵，但还没有步兵）。然后回去修改你的算法，把你考虑的结果合并进去。

现在，重新玩你的游戏，观察AI的表现，直到发现新的愚蠢的表现，然后重复上述过程。不断重复、重复再重复，你的AI就会变得越来越好。这就是谚语"AI是从我们的错误中学会的"的可怜人版本。通过你玩和修改，游戏中的AI本质上增长了"经验"，变得越来越好。

为了阐明他的观点，Reynolds将他还是个没有经验的程序员时，在他的第一个游戏Colonization中做设计者的一件轶事。

到了开始涉及到AI时，我有一点恐慌。我的意思是，游戏已经可以玩，将那些单位调来调去；但AI却不知道做任何一件事。我从哪里开始呢？我还记得Sid Meier给我的建议：开始只教它会一招。然后教它用两招，然后考虑如何教它用10招。

2．开始要简单

从简单的一块开始。以策略游戏为例，一般有一个有用的算法例程告诉一个单位如何从 A 点移动到 B 点。（它是）叫做寻径或导向算法。一个导向例程的专门项目开始可以仅仅是教一个单元如何从这里到那里，然后考虑如何决定“那里”应该是哪儿。我不是说写一个很好的导向例程比较容易，而从一个简单的可用的例程开始就容易，以后再考虑更复杂的问题。一旦你有了一个导向例程，你就可以实现决定单元移动到地图上哪里去的例程，而不必再考虑它们如何到那里去。

寻径是指一个或多个单位从点 A 移动到点 B，及选择的路径。你是否曾经注意到，在一些比较老的实时策略游戏中，单位在某些时候可能会在某地粘住不动，或者选择了一个更长或不合理的路径到目的地？

3．将你的参量值加倍或减半

这是我刚开始时从 Sid Meier 那儿学到的另一个极好的诀窍（和我们几乎所有的诀窍类似，同样适用于游戏设计和 AI）：如果你有一个参量或结果，你觉得需要调整，那么要么加倍要么减半。例如，如果你觉得建造坦克太便宜，就将费用加倍。如果从 10 增加到 11，你会疑惑你是否能发现变化。为了节省你的时间，就增加到 20。即使最初看起来有点荒谬，但改过后一试就见分晓。这样你可以看到确实不同的结果，了解坦克费用昂贵后游戏的情况会变得怎样。如果他们觉得太贵，你可以将费用调回到 15。如果你认为你的计算机 AI 制造了太多步兵单元，将他们建造步兵的可能性降低一半。我记得无数次我加倍或减半后，还以为变化会太大，但为了达到我期望的结果，我再次进行了加倍或减半。所有这些一再的修改，都是取决于迭代过程的运用。

Reynolds 最后建议道：“先基本实现，看运行得如何，修正、重复它。”

Sid Meier，Firaxis Games

Sid Meier（参考前面 Brian Reynolds）也论述到参量值加倍或减半的诀窍，还有一些别的诀窍：先建立一个愚笨的版本，然后玩；不要增加更多功能，改掉现有的弱点。AI 在对玩的过程中不断进化、得到中和等。

我关于 AI 的另一条规则是不要估计过高——你不能将你最简单的关卡设置得太简单，或将最难的关卡设置得太难，那样你就会奇怪人们开始时太慢……将简单的设置得更真实。如果你奇怪人们（玩得）那么好，那就将（最难的关卡）设置得更难，这可以从一些要素开始。

传奇人物 Sid Meier 在他的游戏中用一个普通的方法来测试人工智能：“先建立一个愚笨的版本，然后玩。不要增加更多功能，改掉现有的弱点。”

作为下面论点的例子，Meier 说 Civilizationn 开始很容易，而且给玩家不少奖励，而不是将所有东西一股脑儿塞给玩家。

然后玩家会期待复杂性和新东西的增加；如果一开始就全有了，他们就会不知所措。在 Civilizationn 中，你开始不会和其他文明一起。当然，地图最开始是很小的一块，随着游戏的继续，玩家探索山脉的边界、海等，地图随着游戏的继续逐渐增长得越来越大。

记得读第 3 章中 Meier 提供了关于策略游戏的一些有帮助的建议。

任何玩过 Thief 的人可能记得这个单人游戏有一些精明的 AI。要了解 Doug Church 和公司用到的一些诀窍和技术，回到第 10 章“任务设计”有一般游戏设计方面的建议（图 12-1）。

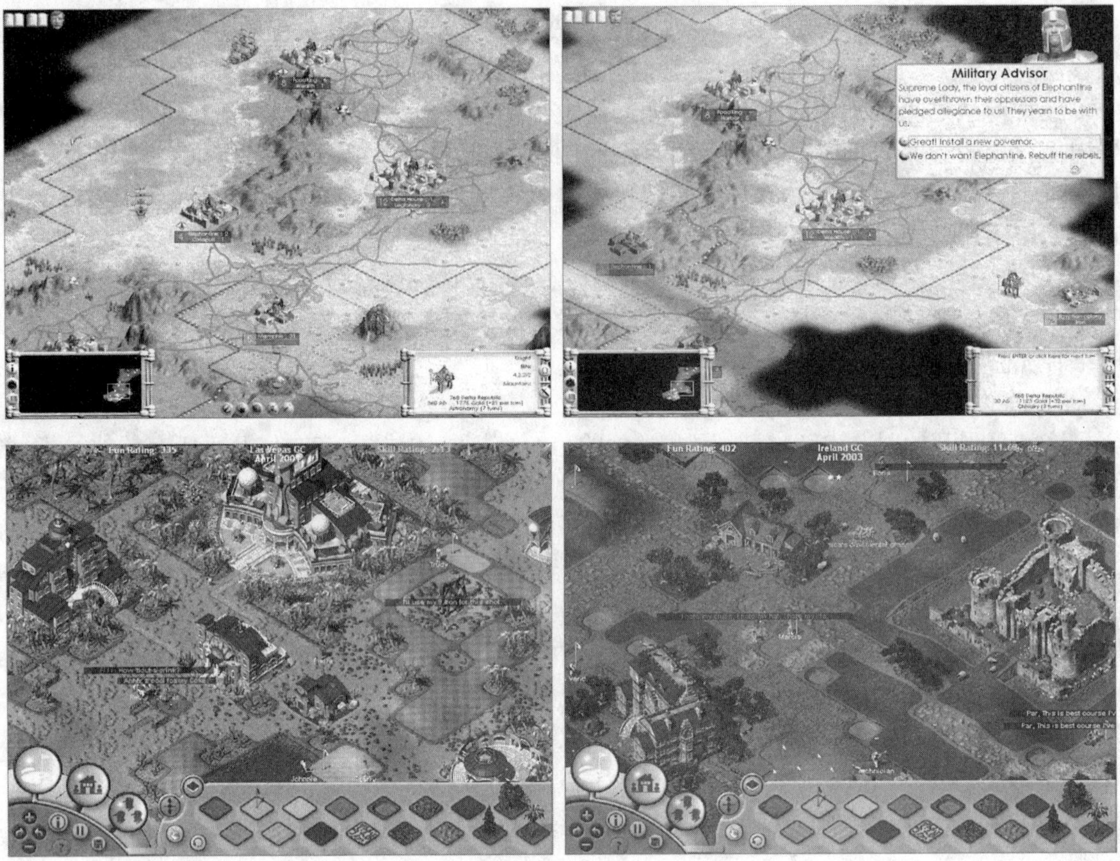

图 12-1　Civilizationn III 和 Sid Meier 的 SimGolf 截图

Bruce Shelley，Ensemble Studios

作为游戏 Age of Empires 和 Age of Mythology 的联合设计师，他在本书中就游戏设计谈了很多。这里，他谈谈不同类型的人工智能和一些编写 AI 时要谨记的事情。

Shelley 说有 3 个层次的 AI：寻径、单位行为和策略 AI。寻径不过是单位如何在地图周围找到路，单位行为是游戏中角色对周围发生的事情作出的反应，这两种 AI 都是最基本的逻辑问题。真正困难的部分是策略 AI——计算机玩游戏如何等价于人玩游戏。我们最开始的目标是计算机 AI 不会骗人，而且和人类有同样的不利条件。我们还希望能调整 AI 的技能，以使我们能够有不同的难度级别。我们面对的一个特别挑战是我们实现的随机生成的地图，因为在所有一切已经确定的已知地图上建立 AI 要容易许多，而如果地图每次都不同，AI 就要困难一些。

Shelley 说 Ensemble 工作室的精明 AI 的关键是他们的脚本系统。

（脚本系统允许我们）给 AI 玩家提供进行探索、经济扩张、建立军队和战役的方法等等。AI 在游戏开始时采用一种方法，之后可以切换到另一种方法，这依赖于在游戏中遇到什么。假定 AI 设定的是搜寻并采集浆果作为食物，但遭遇的是海岸，那么 AI 就会切换脚本变成收集木材并造船捕鱼，这就是我们的 AI 如何根据随机地图上的发现作出调整。如果 AI 建立了一支有弓箭兵和攻城武器的部队，但遭遇到对手是骑兵，那么 AI 就会转而建造骆驼骑兵或长矛兵，这就是 AI 对游戏中事件的反应。我们可以进一步加强脚本，如设置进攻前军队的规模，按照攻击速度设置不同的进攻级别，或者（按经济或军事）设置目标的优先级。

即使你开始没能搞清楚也不要泄气。Shelley 说：“我们每个游戏中的 AI 都建立在我们的经验上。我们发现我们可以用 20%的（前一个游戏需要的）时间来复制前一个游戏中的 AI。然后用剩下的大量时间来在新版本中进行优化。”

那么这个过程是如何进行的呢？

两个组来创建 AI。编程组创建游戏中的相关功能和脚本工具。脚本组实际上就是用工具写脚本以设定 AI 该如何玩。我们可以进行脚本战役，即让 AI 脚本以极快的速度对战。我们的设计者可以在屏幕上观看活生生的脚本战役并发现脚本中的错误。通过测试和修正，脚本就变得越来越强壮。

第 3 章有 Bruce Shelley 关于策略游戏设计的谈话。

图 12-2 航天计划插图

Bruce Shelley 说“寻径 AI”——即单位如何在关卡周围移动——只是编写一个精明的实时策略游戏如 Age of Empires 或如图 12-2 所示的 Age of Mythology 时所涉及的人工智能中的一种。

Chris Sawyer，Freelance

作为 MicroProse 的非常优秀、特别有趣的 RollerCoaster Tycoon（及其资料片）的幕后策划，Chris Sawyer 贡献出一些 AI 方面的诀窍：

AI 对编程是一个挑战，这是因为智能是那么非线性的，要用线性的算法来实现就是无法想像的困难。你还必须使游戏中的算法足够快并且有效。如果在 RollerCoaster Tycoon 中创造了高度智能的人，但在每个人决定下一步该往哪个方向走时游戏要冻结几分钟甚至几小时，那高度智能就没有用。诀窍就是在一旁思考，并且设计一种非常有效的“欺骗”算法以在绝大多数时候产生有智能的错觉。

Sawyer 还提供了一般游戏编程的一些该做和不该做的建议：

1．敢于求异。很多游戏程序员看到别的程序员做什么就去努力做得一样但更好一些。更好得多的是去做一些不同的。如果你成功了，你就有了独特的东西，可以从那些克隆中突显出来，反之则仅仅是“同样的，仅仅稍微好一点、快一点、平滑一点，等等。”

2．不要沉迷于游戏引擎或图形引擎的技术。要永远记住最优先的是游戏是否有趣值得去玩。有些游戏炫耀多边形数量或所用的阴影类型，但真正好要看可玩性是否值得回味。

3．全部文档化。包括你的代码、笔记、错误、修改，所有一切。你永远不知道何时你需要查阅，或者何时其他人需要借助来理解你的代码。

在第 3 章，有 Chris Sawyer 关于策略游戏设计的更多谈话。

Will Wright，Maxis Software

作为 SimCity 系列、The Sims 和 The Sims Online 的创建者，Wright 承认自己除了开发这些再没有更多了（“尽管我宁可忘记这些！”他坦白道）。

他说：我能给出的最好的建议可能是：确保你解决的是合适的问题。我曾经看到很多程序员将时间浪费在建立一个精细的解决方案上，却并不是真正针对游戏中的实际问题（那个问题从设计或素材的角度解决往往更好）。

我的意思是：每个问题都可以从不同的层次去看（从全局的视角到细小的沟槽）。往往，选择正确的针对问题的层次是解决问题的真正艺术。例如，你可能认为是用户界面的问题，而实际上可能是你给玩家的概念模型的问题（例如，游戏中是地图，不是一些垒高块）。

AI 通常是在产品中维护一串足够的可信性。你通常希望在面对你的系统时保持新鲜的视角（首次游戏测试者）并发现一串中哪一个最弱（路由，会话，等等）。然后你不断提高这些比较弱的环节，直到整个产品发布的时候。有时候，提高是通过新的技术来实现的，而另一些时候则是通过不断地调整。

第 4 章特别收集了 Will Wright 关于创作模拟游戏的智慧之言。

Warren Spector，Ion Storm Austin

"嗯，但愿我还记得，我说过的那些金玉良言！"Spector 想起前一阵一次人工智能的访谈，开玩笑道。这个经验丰富的开发者——负责过许多快速成为经典的 PC 游戏，如 Ultima Underworld，System Shock 和 Deus Ex，他提供了如下建议：

重复我在开发 Deus Ex 时学到的和 Looking Glass 工作室那些多才的人们教我的，我想这是我能做得最好的事情。我在开发 Deus Ex 时学到的是，当一个迷人的目标并不必然产生很好的可玩性时，让人类从普通行为中得到娱乐。游戏和现实（明显）是两种完全不同的事，这是我们必须牢记在心中的，特别是当我们做的游戏看起来越来越真实时。我从 LG 工作室的人们那儿学到的是游戏 AI 不能是如何挫败玩家——游戏 AI 应该是挑战玩家，例如像 Thief 和 Deus Ex，给玩家提供了足够的信息，便于他们用来安排合理的行动计划。太多的 AI 程序员似乎一定要击垮玩家，有什么乐趣（哦，或许对程序员是有的）！请重新集中到挑战和提供信息——给玩家提供有趣的点心——听起来很简单甚至显然，但其实并不是那样，即使我最近玩过的许多游戏都没有任何那种迹象。坦白说，这对我来说并非显而易见的，直到 LG 工作室的人们将之敲进我迟钝的大脑。

跳回第 5 章，阅读 Warren Spector 更多的睿智建议。

David Wu，Pseudo Interactive

Cel Damage 是加拿大的 Pseudo Interactive 开发的 Xbox 随机发售的游戏之一。David Wu 作为该公司的创办者和主程序员，提供了一些电子游戏的 AI 编程的技术。

他的第一个建议是学好基础，Wu 说：确保你懂得用来建立你的控制器、路径规划和决议逻辑所使用的工具。从那里容易学到许多有用的素材，而且这些素材从实践的角度非常有用。充分利用它们。

其次是"个性"。不像在学术界，你不是寻求最理想的解决方式，而是寻求最有趣的解决方式。接着，Wu 谈到迭代：AI 会在游戏开发中不断进化，你第一次实现的不可能是完美的。尽早建立你的系统并运行起来，以提供更多时间给迭代和调整。

最后，"及早并经常进行行为方面的测试。"Wu 说。

和你的 AI 对战，观察人们如何与 AI 对抗。AI 在真实世界测试中如何执行的？玩家是否利用了 AI 的缺点？AI 是否让玩家泄气？AI 是否显得愚钝？AI 是否在那反复以头撞墙？

Wu 在第 11 章就编程谈得很多。

Steve Hunt

当还在 Rage Software 时（该公司现在已关闭），Steve Hunt 就说，关于类似 Eurofighter Typhoon 的模拟游戏的 AI 编程，他的建议和他已经提供的关于一般游戏设计的建议（见第 4 章）大概是一样的。Hunt 详细讲道：

很容易沉迷于 AI，写出一个对实际使用而言完全过度设计的系统。你可能会掉进这个陷阱，因为 AI 编程确实很有趣，如果你实现的 AI 的行为令人信服那就是非常好的回报。

Hunt 说他的方法总是用“基于状态的系统”。

他解释道：写下你要建模的实体可能处在的所有状态，并设计出其基本行为，这些都很重要。从这儿开始，你可以写一些处理每个状态的小模块，以及一些较高层次的代码来决定何时从一种状态转移到另一种状态。你可能还会发现某些特定状态需要许多子状态，主要是要将每一部分模块化，并将问题分解成比较小、容易管理的块。例如，一架飞机可以处于巡航模式，即从点 A 飞到点 B，这个状态很简单，你可能只需要输出必需的速度、航向和高度；但是，如果我们的飞机进入了空中缠斗，这个状态就非常复杂了，在 Typhoon 中我们就用了大量子状态。

- 逃避　当别人所在的位置可以向我们开火。
- 转移　这个状态是中间态；是尽量转到目标的后面。
- 进攻　我们在目标背后，因而移动到开火位置。

我已经将这个例子非常简化了，但愿仍能将总的方法解释清楚。

在 AI 编程中，当你试图让许多实体作为一个组运作时，事情会变得很有趣。这是 AI 中险峻的顶点，而要在设计时就预知大量互相影响的实体必然发生的行为是很困难的。以空中缠斗为例，我们可能碰到二对二的情况。如果我们想要飞机互相协作，在决定进入何种状态时就必须考虑到多架飞机间的相互影响。在 Typhoon 和在现实中一样，一对飞机会有一个长机一个僚机，僚机的任务是掩护长机，长机正常执行任务，僚机在后面或侧面飞行，只有当长机受到威胁时才进行交战。

Hunt 说这里有一百万零一种办法来完成这类事情，而且他认为这就是游戏中 AI 编程的真正问题。写代码并不困难，困难的是定义和了解有哪些不同状态以及相互之间如何交互。“因此要考虑设计；但还有一点也比较重要，那就是写代码要便于调试。”Hunt 说。

Alan Lawrance，Volition

作为承担令人惊异的游戏《红色兵团》和《红色兵团 2》（PS2、Xbox 和 PC 版）部分责任的开发者，Alan Lawrance 说实现令人信服的 AI 的一个关键是确保你的 AI 不会做出任何明显错误的事情。

如果一个敌人粘在墙边，或者在身边的人被袭击时也没有反应，那玩家就无法进入游戏。如果你能除掉所有使你的 AI 犯傻的情况，你已经成功创建了相当好的 AI。真正使 AI 令人信服的是那些使你的 AI 看起来聪明伶俐的细节。如果你能让敌人互相掩护，协同战斗，冲垮隐藏的玩家，扔手榴弹，等等，你就是实现了智能敌人的幻想。

第 11 章中 Lawrance 还谈了不少（图 12-3）。

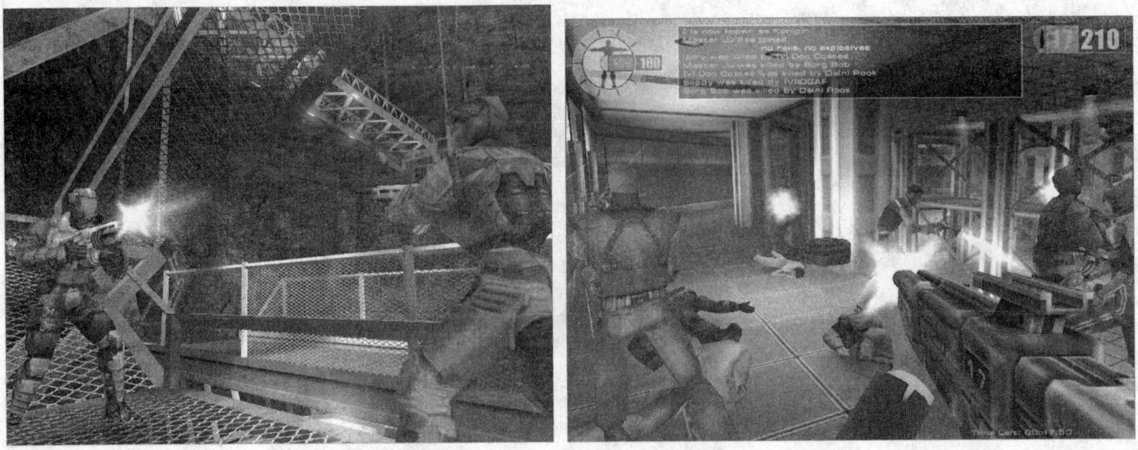

图 12-3　Volition 的 Alon Lawrance 截图

Don Hopkins，Freelance

这个自由程序员在第 11 章就编程技术谈了很多，但就 AI 和创造精明的 AI 的心理学有所保留，本章他发表的正是这方面的非常有趣的建议。

当被问到游戏程序员在编写 AI 时应该谨记的最重要的事是什么时，Hopkins 说程序员不仅要有一个游戏的模型，还要有一个用户模型，后者用于期望用户如何考虑该游戏。

他解释道：一个游戏有两个重要但不同的模型：设计者模型，用来实现游戏；用户模型，用来与游戏交互。这两个模型必定要不同。游戏设计者有责任呼唤用户，让他们想像出比计算机实际模拟出来的更富有创意的模型。如果你能够暗示一种复杂的情感，而不必实际去模拟它，你就可以节约大量 CPU 周期。即使你能真实地模拟情感，你仍然需要一个表现出来的途径。但如果你能够将适当的情感表现出来，而实际上没有太深入地模拟，你就完成了你的任务。用户的想像要比计算机压榨数字的能力强得多。用这个事实来提高你的优势，而不要让其成为你的负担。

关于一个更技术性的提示。Hopkins 加上这个：交互式脚本语言是基本的。

The Sims 有自己的可视化编程语言，叫做 SimAntics。开发自己的脚本语言非常昂贵和困难，因为很难弄好，而且开发编程工具和调试器、以及培训和支持脚本程序员的工作量很大。现在，用一个设计良好、货架化的脚本语言，例如 Python 就更好一些。Python 是众所周知的调试工具，它文档完善、支持周到，而且有大量库和程序。

John Scott，Raven Software

这个程序员，在 Raven Software，他开发了 Soldier of Fortune 和其他一些顶级游戏。他说，AI 是非常模糊的概念，而且要做到“看上去不错”就非常困难。

Scott 阐明道：计算机可以在零点几秒内思考、瞄准并射击 20 个人；计算机可以让 NPC（非玩家角色）跟踪你，然后根本不花什么时间就杀掉你。这有趣吗？一点都没有。难点在于要让敌人不超过玩家的同时看起来有智能。如果你的对手是人，这就特别困难，因为每个人都知道在特定情况下一个人该如何做；如果你的对手是僵尸或魔鬼，你就可以用非常简单的 AI，因为没有人知道这些东西会如何做，因此即使他们表现得很愚蠢也不会让人觉得奇怪。

Scott 说他个人的方法是把 NPC 的所有可配置属性参数化。其中包括他们的 FOV（视野）、观察距离、听觉距离、连发间隔、瞄准能力等等。这样，你就可以在游戏中调整设置，直到你找到"看起来不错"的数值。因此，要设计一个很好的框架以便于修改这些变量。

最后，Scott 提醒程序员们关于 AI 没有什么正确和错误；除了有很多事情是计算机控制的角色不能做的，其他的都纯粹是个人意见。

Richard Evans，Lionhead Studios

如果你曾经对在游戏 Black & White 中发现的令人难以相信的机智的 AI 大为惊异，你可以访问 www.lionhead.co.uk 将荣誉和感谢投向 Richard Evans，他是英国的 Lionhead Studios 的人工智能的领袖。

Evans 在此以一个关于游戏 AI 的简短的"果壳中的……"描述开头，然后提供一些精选的游戏编程的建议。

AI 是一种魔法，让计算机执行一些如果由人来执行必然需要智力的任务。AI 是游戏的下一件大事（跟在真实的物理之后），现在图像的问题正在解决。要让游戏长命，AI 就非常重要。你的角色越现实、可信、有心计，玩家着迷的时间就越长。

- 谨记要让你的代码正确，至少要花三倍的时间去考虑各种可能。
- 将测试人员看作有用的资源，而不是一个辩友。
- 通宵工作，然后早上要早起。

"编写非常真实的 AI 并没有特别的诀窍。"Evans 揭示道：重要的是从大量 AI 技术找到合适的主意。

在 Black & White 中，我们用到"信任—愿望—意图"体系、决议树学习、理解力训练等。我们还从哲学和心理学思想中获得灵感。

Evans 详述"信任—愿望—意图"体系：开发创造物的 AI 有点像照看新生的婴儿：有时痛苦、疲乏、灰心，而别的时候则会感到非常值得。

基础设计是基于"信任—愿望—意图"（belief-desires-intention，BDI）模型，正如哲学家 Michael Bratman 所开创的。基本的思想是代理有许多不同的愿望，还有一个议程来控制他确定做什么。这个议程不会改变，除非发生了某个值得注意的更重要的事情（预防歇斯底里，即一个代理在两个同等重要的目标间不断切换的现象）。

随着基本 BDI 的实现，还加入了许多重要的新特性：

1．利用感知器训练进行学习。创造物的每个愿望都是基于许多不同的来源，例如，创造物可能因为看到他憎恨的某人而发怒，或者因为受到伤害而发怒，或者因为失败而发怒。这些就是发怒的愿望的三个来源。各种决定何时你的创造物发怒的加权是通过感知器训练来修正的。

2．利用决议树进行学习。一旦一个创造物学会吃小猪而不是石头，可以说，他如此表现是因为有决议树，它是在运行时进行修正的，以将玩家反馈的信息量最小化（这是基于 Quinlan 的研究成果）。

3．建立玩家的精神模型。创造物保存了它主人的精神模型，因此它可以神会主人的意思。基本的设计方法是"神会"，其本质是相互的、双向的。（其中原因就如同试图与一个泰迪熊神会，那是不合适、幼稚的，因为泰迪熊恰恰不能和你神会）。为了让玩家感到和他的创造物有更多的联系，本质上就是要创造物和玩家的相互神会。创造物保存了它的玩家的一个精细模型来达到这个效果，它计算它的主人有多注意它（如果被忽略，它就会孤单），更重要的是，它通过留意主人的行为尽量了解玩家试图做什么，经过一段时间后，它建立了它主人的目标印象。这并非完全是微不足道的，因为一个行为在不同情况下用作实现不同的目标。在某种情况下，创造物可能会误解它的主人：例如，如果它的主人将一个石头扔向城镇，是为了让那些村民知道他的实力，而创造物会将之曲解，认为玩家想要攻击城镇（图 12-4）。

图 12-4 Black & White 中的创造物

Richard Evans 关于 Black & White 中的 AI 的详细文档可以从 www.gameai.com/blackandwhite.html 获取。

以前听说过“信任—愿望—意图”体系么？如果你对人工智能编程有兴趣，务必细读 Lionhead Studios 的 Richard Evans 一节。

第 13 章　游戏美术和动画

计算机和主机游戏图形是游戏设计最重要的方面之一：要耗掉游戏预算的最大部分，对游戏的沉浸性贡献最大，而且从市场的角度看是决定性的卖点（想想那些在杂志上或互联网上预先展示的屏幕画面，还有零售包装盒上的画面）。

一般来说，游戏中有两种类型的美工：概念性的和游戏中的。在大多数情况下，概念性的美工和游戏设计者合作，通过完成角色和背景的草图甚至一些 3D 模型，来充实产品的视觉形象。游戏中的美工负责完成角色的美术（例如绘制二维画面或三维多边形的纹理）和背景的美术（游戏中的场所）。另外还有“美术技师”，负责游戏引擎中图形编程方面的工作。

和美术一起携手出现的就是动画，因为游戏中很少有对象是保持静止的。很简单，在游戏、电影和电视节目中，动画的用途就是通过运动的帧来模拟生命。游戏中的动画还要处理特别的问题，因为它必须和程序中模拟生命（或机器）的人工智能处理同步，同时还必须容易被玩家控制。

其中还有非互动的预渲染动画，如在今天的 PC 和主机游戏中流行的 CG（computer graphics，计算机图形）开头短片和片头动画。

这一章招揽了不同类型的游戏美工和动画师，他们乐于将他们在游戏美术创作、使用哪些工具、进入这个产业做美工的最好途径等方面的建议和专长共享出来。所有类型都涵盖了，但他们的出场顺序是完全随机的。

Ian Lloyd，Electronic Arts

Ian Lloyd 是电子艺术界加拿大公司 SSX Tricky 的角色和动画领导。他过去的产品包括 PS 机上的 Triple Play Baseball 系列和在 PS2 上大获成功的 SSX。

我们首先要求 Lloyd 给美工和动画师 3 个最重要的建议，下面就是他的答复。

- 临场感　随着游戏硬件技术的发展，确保玩家的体验尽可能现场化就变得日益紧迫。为了便于辨别，所有事物都应该在形象和行为上有特殊性，而不能都是常规的。角色的设计是为了达到特殊的目标，意味着与玩家之间的特殊关系；动画要考虑角色的思想状态、动机、冲突等等；角色要以特殊的而非通常的方式对它们的环境及相互之间做出反应。这些还适用于设计风格上。游戏设计如果没有强烈的视觉语言和凝聚力，就不再会被玩家接受。
- 质量　美术作品——不管是几何形状、纹理地图或动画——是否在时间限制内（参考下一点）做到了所能做到的最好？我尽力向我的队友强调要对解剖学和人体动力学有基本的的了解，以确保没有任何作品看起来有明显的错误。在此基础上，很容易进一步创作一些看起来特别或非常酷的东西，但如果你的基础有问题，那么即使非常酷的设计看起来也会不合适。我强调，角色建模要掌握传统的造型原则，动画设计要了解经典的动画理论。一个美工有这些技能，就更容易掌握新工具来表达自己的思想。而不明白别人的意思，或者不能指出看上去不恰当的原因，掌握新工具就要经历更险峻的学习曲线。

另外，美工需要密切关注影响到美术作品在游戏中如何显示的所有技术约束和因素。互相依赖的渲染代码、光照系统和纹理开发对我们来说是关键的区域。要预知哪些细节需要绘制在纹理中是非常困难的，直到渲染引擎和光照系统都完成之后才能够确定。美工对作品从他们手中离开之后遭遇到什么了解得越清楚，他们和程序员合作得越深入，最后的作品就会变得越好。

- 速度/效率　高质量需要陡增的费用，因此通常需要取得一个很好的平衡，在“足够好”和“这花的时间太长，花的钱太多”之间取得平衡。这个问题的关键是“选准你的位置”。不可能将所有事情做到同样质量和时间投入的水平，而且在大多数情况下也没有必要这样做。正如多年来电影制作者使用过“错误的门面”，电子游戏美工需要了解他们怎样才能少用一些“错误的门面”。因为天生懒散，我总是试图将影响开发的最大因素按序列出，然后集中力量将这些方面做好。对影响较低的方面，我们尽量用任何人都能用的标准化和可重复使用的方法来完成。很明显，更多游戏在向完全交互和自由漫游的模式逼近，确保游戏的所有方面看起来有相等的质量、分辨率和细节就变得更重要。我们努力改进的一个方面是，利用更好的前期制作过程来减少美工在每个美术作品所花的重复和修改的工作。因为对此的重视，我们取得了一些改进，但我确信和我一起共事的美工们会认为这方面还有很长的路要走。

一个电子游戏美工应该熟悉哪些软件工具？

Lloyd 说他们现在几乎是只用 Maya（www.aliaswavefront.com），并且“用它享受到巨大的成功”，但也还有别的软件。

过去，我们因使用软件包不同而分成多个不同游戏开发部分，常常为了实现将一个软件包中的资源转换到另一个软件包中而头痛。纹理方面，我们用 Adobe 的 Photoshop [www.adobe.com]，在有些应用中也用 Texture Weapons 的 Deep Paint[都可以在 www.us.righthemisphere.com 上找到]，我还发现 Adobe 的 Illustrator[www.adobe.com]用来开发活泼的、可升级的图形和标志的表面处理都很有用。尽管后来我发现自己大多数时间都深陷于微软的 Word 和 Excel 中，我担心我心中的动画师很早很早以前就已经“切腹自杀”了！

看一下这个很难得的宝物——电子艺术界的 Ian Lloyd 提供的游戏 SSX Trick 的少量幕后图片。

去学校学习怎么样？必需还是不必？Lloyd 相信，大多数美工会赞同最好的美工永不会停止学习。

我完全赞同这个信条。学习更多美术创作方面的知识永远不会太早或太迟。现在，人们确实需要认真考察他们想参加的学校或课程的合法性，因为 CG 教育方面的学费成爆炸性的增加，不可靠教育机构的数量也在同步增长，甚至一些比较著名的学校也经历着粗制滥造的时期。因此我强烈推荐尽量预先做一些准备工作，去了解特定学校的当前状况，与那些学生、老师和毕业生交谈，了解他们最近一次陡然提高能力是什么时候？最近一次升级设备和工具是什么时候？最近几年学费提高了多少？教学质量是否同样提高了呢？

Lloyd 说很多人没有掌握基本的美术技巧就直接跳进 3D 软件的课程，“我觉得这是个很大的错误”。

他详细阐述道：确实有些非常有才能的美工是通过这个途径成长起来的，他们可能没有接触过如油画或雕刻等更肮脏或更耗时的手段，但他们能够有效地利用计算机工具。但有一点要知道，那就是如何使用软件，而且别人要能够理解你要表达的是什么（图 13-1）。

图 13-1　Eddie Wachowski 和 Psymon Stark 的概念图和细腻的渲染图

Lloyd 还相信动画制作者在进入计算机图形软件包之前应该学习经典的动画。

我向所有想成为动画制作者的人推荐，在开始 CG 前先参加经典动画的课程，或者至少确保在他们选择的学校能够得到经典动画的指导。如果不是，只要他们够大胆，我建议去参加表演和（或）戏剧课。我没有做，到现在还在遗憾。我常常像小孩一样不时的害羞（我现在相信这是一次幼儿园圣诞表演的事变产生的创伤），而且从来不曾在观众（或听众）面前有过轻松自如的表现。但表演是动画的关键，而且，如果它真正进入角色创作者的头脑中，创作出的动画 CG 角色在可信性方面就完全不同。就是这样。SSX Tricky 的动画团队能够伏在他们的案头，在规定时间内完成“性感步”、“dorky 舞步”和“精神病患者的狂暴”，这就是证明。通常每天都是在非常愉快地制作，何须再提锻炼的好处呢。

作为附加的同时又是经济的，在互联网上有大量与动画相关的材料，特别是以下站点：www.cg-char.com，www.anticz.com，www.3dark.com，www.anamie.com，www.animfound.com 和 www.brianlemay.com。我还愿意向所有 CG 角色建模者推荐一本奇异的传统雕刻方面的书：Edouard Lanteri 写的 Modelling and Sculpting the Human Figure[Dover Books, 1985, ISBN

0486250067]。

很难想像有人能够提出 SSX 和 SSX Tricky 幕后的疯狂构思——角色驱动的边界交叉的游戏，它将沿神奇的路线高速运动与半空中表演不可能的绝技结合起来——因此我们询问 Lloyd 美工到哪里去寻找灵感，又如何将其应用到工作中。

在我看来，一个美工在任何时候都要尽量对任何潜在的灵感源开放。显然，通过头脑风暴得到切中要害的灵感是理想的，但是通常在很多情况下灯泡就是不能发光，除非行进到创作过程的某个特殊点才行。到了创作过程的特殊点，就正好有需要的东西落下来，这确实令人惊异。不管怎样，在最终发布的产品中，确实有很多设计除了不让人讨厌外没有任何存在的价值，还不如用超出常规的设计。

有时，我发现当遇到特别的创作障碍时需要大量的灵感。碰到这种情况，我发现有一个办法常常有效，那就是将我自己沉浸在我亲自找到的令人激动又令人满意的素材中（提示：一些熟悉我的人的笑声，但我将尽量保持严肃的表情）。这些素材可以是几乎任何事物：书籍、杂志、漫画、电影、音乐、戏剧、舞蹈、自然等等。我个人发觉音乐、漫画、电影和自然是我最大的灵感之源。我偏爱 Masamune Shirow，Katushiro Otomo，John Byrne，Frank Miller 和 Mike Mignola 的作品。这些艺术家常常用一流的、有力的故事叙述方式让我惊讶。他们可能不是最新的风尚，但他们的作品确实有助于我的鉴赏力的形成。最近，我们看了一些 Akira Kurosawa 的电影作品，并且喜欢 M. Night Shyamalan 将源自漫画书的强大故事性用到电影中。很高兴看到这样一个被嘲笑的媒体成长为如此有影响和强有力的故事讲述工具。游戏是伟大的，但没有什么能够击败漫画书，因为它们能够给观众一个发挥想像力的空间。

关于游戏 SSX，Lloyd 发现，为了更好地理解角色的态度或预感角色可能如何移动，就要响应角色特定的语音和游戏中的音乐。Lloyd 说："在 SSX Tricky 中，我们有一个神奇的音效组，我们每次听到他们的最新作品总是很激动。我发现这样的交互非常有益，因为他们在得到我们提供的同样给人灵感的动画时也是一样。"

谈到 SSX，游戏中美术方面面对的最大的挑战是什么？是技术、创造性，还是与时间有关的一些障碍？

SSX 的美术创作方面比较明显的挑战就是学习新硬件（在 2000 年时，索尼的 PS2）的能力和限制，还有就是在一个新的原创的新项目中开发一种可靠的语言和方法来指导整个团队。众所周知，电子艺术界有一套有效果又有效率的方法，反复用于多个游戏的开发。但 SSX 是一个很不同的作品，在我们试图确定这个游戏的未来时经历了很多次错误的开头。这听起来很疯狂，特别是当你看到最后完成的作品时（现在正好给人这种感觉）。项目之所以得到绿灯而不是被关闭，差别就在开始时的努力。根据游戏想要成为怎样的、以及我们认为人们想要在雪地滑板游戏中得到什么，我们最后勾画出的是：一个街机风格的雪地滑板竞赛。我们确定这个关键远景后，就只需将其他一切团结在其周围。

关于角色设计：在 SSX 的开发中，美术方面的一个特别挑战曾经是（现在仍然是）角色设计。我们知道，我们想在角色的可信性（不要和真实性混淆）和独特性之间取得平衡。在这方面，Tekken 系列几乎开发的所有部分都给了我们团队巨大的激励，但从 Tekken 学到的关键部分是，那些玩起来和看上去都完全不同的角色都有同样的平衡之美。

当我们开始开发角色，我努力支持"角色类型"的方法而不是每次与其中的一个纠缠。我们决定创作八个角色并将它们调整得不一样，因此用户和每一个比赛都有独特的体验。我想可以确认其原理明显是源于可玩性需求的多样性。有 Jurgen 的魁梧、笨重和结实，相对的有 Kaori 的矮小、敏捷和狡猾。这确定了我们的范围或余地，而且在空隙中填充其他的角色就相当简单了。

Lloyd 的最苛刻的挑战之一是推销一个比较酷的女性角色，这个角色不必是有着夸张体形的超级名模。

他回忆道：是的，我们已经有了一个这样的 Elise，但我觉得还可以提供一个强壮、愚笨、超酷的角色，恰恰是一个女的。不幸的是，在这个行业，这个角色需要特别费劲地推销，这一点都不奇怪。Zoe 和我们能够得到的很接近，尽管我很高兴她能够出现而且被广泛接受，我仍然不禁觉得，她就是那个更具挑战性角色的一个不会引起争议的、不会被削弱的版本。

Lloyd 转而讨论 SSX Tricky。

关于 SSX Tricky，我们有一些从完全不同的来源发展起来的角色。一对夫妇，如 Luther-Dwayne 和 Psymon，是来自开始时的一次头脑风暴会议，而 Eddie 和 Seeiah 则是对在项目中表现出兴趣的配音演员的直接响应。Marisol 这个角色是为了满足人口统计的要求而添加的西班牙人，而 Brodi 是为了给女士们一个很好的游戏伙伴。窍门在于瞄准市场和其他要求，同时避免刻板，要表现新颖而又有趣的角色，同时要符合 SSX 世界（和 EA Sports BIG）的逻辑。总之，我们的新角色都得到了广泛的认同。

这些产品中同样要面对动画的挑战：

动画方面，我们的最大挑战是如何让我们的 3 个动画师——Terry Sanderson，Yanick Lebel 和我——充分学习雪地滑板以形成 3 种不同运动风格的令人信服的手绘动画。我对最后结果非常满意。在一个有着如此令人难以置信的动作捕获团队的工作室，甚至从头开始进行手绘动画的项目真是一个巨大的成就。我为 SSX 和 SSX Tricky 的动画团队的天才和努力感到非常骄傲。

Rodney Alan Greenblat，Freelance

Rodney Alan Greenblat 不仅是一个以纽约为基地的天才画家，其画作和雕塑在全世界的画廊和博物馆展出，而且还是一个儿童读物的作家和插图画家，Center for Advanced Whimsy（一个独立美术、设计和音乐公司）的主管，索尼 PS 的成功游戏 PaRappa the Rapper1999 和 Um Jammer Lammy（1999）等等的角色创造者。他最近的项目是 PaRappa the Rapper2 ，PS2 版 2002 年初由美国索尼计算机娱乐公司发行。

Greenblat 从游戏中的不同美术类型开始讨论，重点针对 PS 平台上的开发。

- 角色设计师　基本上就是给游戏提供个性。作家通常只给角色设计师提供角色大概的轮廓。有时则由导演提供。有时则全部由角色设计师编造出来。
- 故事板美工　将导演、作家和角色设计师的想法草拟出情节来。这是一个很有影响的位置。在一个复杂的项目中，可能不只一个故事板美工。
- 动画师　通常有一个总动画师通览项目的整个风格。还有很多不同的动画专家。我不清楚他们都做些什么。这依赖于项目的美术风格、复杂程度和预算。
- 特殊设计师　在一个大型三维角色扮演游戏中，可能有特殊的设计师负责交通工具、太空船、建筑物内部、背景和服装等等。

Greenblat 是如何想到在游戏 PaRappa the Rapper 和 Um Jammer Lammy 中用那种独特的二

维的、看起来纸一样薄的人物的呢？Greenblat 说："我们想要尽量多保留一些原始的美术风格。我的作品最初是二维卡通风格，转换成低分辨率的三维后看起来很不自然，但我们用三维剪纸方式来测试正合适。"

Greenblat 分享出一些普遍的美术相关的建议，给那些刚开始起步的——建议你在工作时问自己这些问题：

1．我的游戏怎么比别的游戏更好？

2．当游戏面世后，为什么人们愿意买？

3．如果游戏取得轰动，我能赚到钱吗？

经过我们的进一步纠缠，Greenblat 又特别为电子游戏美工提供了一些问题：

1．美术和动画的风格是否能配合故事内容？

2．细节能否为故事情节添加信息，或者仅仅是填充了空白？

3．以你选择的风格，能按时完成项目吗？

4．动画风格是否符合交付设备的技术？

Rodney Greenblat，游戏 PaRappa the Rapper 系列和 Urn Jammer Lammy 中角色的创造者，他说美工和动画师应该熟悉一些二维软件工具，但现在，很多计算机美工用 Flash[www.macromedia.com]来实现他们的想法。Flash 非常通用，因为它可以完成用于动画、Web 站点和视频的图案。我还看到过一些很不错的用 Flash 完成的故事板。

第 6 章集中讨论创作成功的电子游戏角色。Greenblat 创作轰动角色有什么"秘密"呢？为什么有很多角色不能吸引玩家？

他推测道：就 PaRappa 和 Mario 而言，我认为是简单和幽默使角色能够吸引人。两者都是立即就可以辨认出来的角色。他们还都是容易相处的。以这些作为游戏中角色的简易目标，你会看到游戏如何引起注意。

角色之所以失败有很多原因。即使他们讨人喜欢而且制作精良，如果背后没有资金充足、经验丰富的市场机器，还是可能会失败。这是很不幸的。只有很多人看到了游戏，它才会流行，但这需要花钱（图 13-2）。

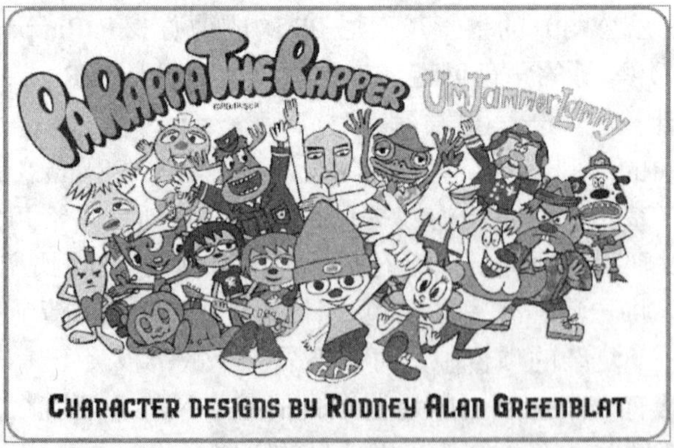

图 13-2 索尼 PS 游戏 PaRappa the Rapper 和 Urn Jammer Lammy 中所有主角色合影

Greenblat 说："尽管这些角色中有的修改的次数多得令人吃惊，他们仍然保持着风格的一致性和各自的独立性。他们是有趣而古怪的群体，我很自豪地说是我设计了他们。”

从事角色设计的美工可以到哪里去寻找灵感？

电视和电影，不，我改变了主意。书，不。漫画和杂志，也不对。博物馆，对。多去些博物馆，别再等待，爷爷奶奶。他们有不同的看法，但不像美术学校的老师们那样好！是的，美术学校的老师们很能激发人的灵感。但有时他们会不知道自己在说什么！别在意——注意你自己的内心。就是这样。但如果你心情很糟呢？那最好坚守电视和电影。

但是当游戏开发团队很大时，远景就会变得迷惑不清。Greenblat 说这是一个电子游戏的美术创作会碰到的最大挑战：“这么多其他人牵扯其中。他们都在做什么？他们想什么？最困难的是让他们感到愉快，同时自己还能做点自己的事。”

Greenblat 的官方网站是 www.whimsyload.com。

John Miles，Electronic Arts UK

谈到压力——基于最近的最受欢迎的儿童书籍创作电子游戏不是容易的任务。但这就是 John Miles 在 Electronic Arts UK 被授予导演的原因所在。

在制作 Harry Potter 游戏之前，Miles 参与创作了 Privateer 2: The Darkening，Populous 3、Dungeon Keeper 2 和 Theme Park World 等游戏。

我们正是在第一个 Harry Potter 游戏在多个平台发布之后和 Miles 交谈的。

当我们问到他未来的愿望，Miles 简短地说：“当我们花了最近两年将 Harry Potter 带到电子游戏领域，挑战就来了，那就是要让他从一个 11 岁的孩子成长为一个成人。”

他承认：“有些事以前在游戏中没有完成，我是采用向前看的方式来推动的。哈利是一个复杂的个体，要使玩家相信他本身的细微的变化确实是一个挑战。”

在进入 Harry Potter 游戏前，Miles 有一些给渴望成为电子游戏美工的人们的一些建议：

Miles 给新丁的 5 个最高游戏美术技巧：

1. 在你自己的世界之外寻找灵感。不要仅仅盯着别的电子游戏；关注所有创造性的媒体——从电影到戏剧、从图形设计到当代艺术装置。

2. 快速迭代。便宜——迅速，而不是昂贵——缓慢。不要为每个想法花时间；快速创造大量想法；别担心它们不完美。在最初阶段是对想法进行统计而不是实现。在你明确方向后，你可以多花些功夫在更关键的因素上。

3. 当需要修改时，就加倍或减半。当改变某个设计时，不管是角色的比例还是光照的亮度，修改要大一些，不要太细微。这可以帮助你更快了解所有可能的结果。到优化阶段再进行细微的调整不迟。

4. 要大胆。不要害怕尝试新东西。但同时要保持和你所在的团队协作——不要对抗。如果人们接近你、讨论你的工作时感到愉快，你就可能得到更多的重要工作，因为主管们会觉得他们可以和你愉快合作。

5. 要敢于扼杀自己的作品。不要太在意你自己的想法，这样，当因为你无法控制的原因——比如预算、时间、主管的偏好等等——选择了别的方式，就让它去吧，别因此影响你的情绪。所以，要多产生一些创意，这样其中总有可能有一个是合适的。

John Miles 负责了电子艺术界的以 J.K. Rowling 取得巨大成功的小说为基础的 Harry Potter 系列的美术（图 13-3）。

图 13-3 小说 J.K. Rowling 中的艺术

现在可以让我们近观一下 Harry Potter 了，这些建议在这儿同样有效吗？

Harry Potter 这个角色的设计，花了好些个月，以及很多次复杂的讨论。挑战就在于这个著名的角色已经存在于千百万儿童和成人的心中，但没有一个图像能真正表现他的形象。

本书所涵盖的，每个人都有不同的看法和风格。还有即将到来的（译者注：访谈时电影尚未公映）华纳兄弟的电影，其中由 Daniel Radcliffe 扮演哈利。

当时的困惑是，有些人认为我们可以直接从电影获取哈利的形象，进行 Daniel Radcliffe 的虚拟扫描和动作捕获，实现完美的三维重建。

Miles 说："不幸的是，实际上并不会像你想像的那样好。"

为什么不行呢？

"我们屡次用这种方法创作角色，但角色显得非常呆滞而且十分小心谨慎的样子。"

他解释道：我们在计算机图形中越接近真实，人类的特征的细节就越重要。风格化或漫画化就要容易得多。

另一个选择就是创造卡通版的哈利，但有趣的是，作者 J.K. Rowling 却明确表示过她不希望这样。因此，Miles 说他们选择的路线是参考华纳电影的版本进行风格化，创造出自己的版本的哈利。

Miles 承认"这需要坚定的意志，因为很多年长的人不相信这种方法"。

Miles 勾画出这种方式的优势：

我们的哈利和他的霍格沃茨世界与华纳的不矛盾，但我们可以将哈利的特征和动作夸张一些以适合于电子游戏世界。用更大的面部特征、手和脚，以便于进行第三人称动作冒险时更容易理解。在一个动作很重要的游戏中，我们不想受到真实生活的限制。当哈利跳跃或投出一个符咒时，我们希望做得戏剧化而不至于看上去没有力度。

没有读过原书的人有一个误解，就是以为 Harry Potter 是一本儿童读的书，不管发生什么都不会有糟糕的结果。而实际情况当然是，坏事发生后，其结果可能非常可怕。这可能就是孩子们喜欢这本书的原因。

如果我们采用卡通的世界，我们决不能够让人体会到霍格沃茨世界的恶毒敌意。然而，在我们插图风格的世界中我们还是能够带给玩家这种感受的。

我肯定许多电子游戏艺术家 (业余的或者专业的) 想要知道为什么这种方式可以用于

Harry Potter 这样的名人。Miles 讨论了其优势和劣势：

1．优势

当你从事 Harry Potter 这样大家都比较清楚的项目时，当你在公共场所谈起来，所有人都知道你在讲什么。而在这之前，我谈到我正在开发的游戏，我发现人们明显没有理解。波特的麻烦不同。人们只是想知道得更详细。和电影的配合也丰富了我们的工作：处理电影制作、参观摄影场。

我曾经开发过很多游戏，游戏中都只能勉强看到一点阳光或者巧妙地限定在一个短的时间段中。在 Harry Potter 中，这种情况没有出现。

Harry Potter 是电子艺术界销量最大的游戏。它会持续好多年，供给千百万玩家。

有巨量的预算资金，也使我们能够尝试其他项目中不允许的事情。我们为特定的问题专门安排人手和资源，试验新的想法和流程。

2．劣势

在不利的一面，这个游戏的许可其本质是非常流行的，这就意味着开发就像在金鱼缸中一样透明。

每个人都想知道你在做什么以及你为什么这样做，而且建议你按照他们曾经的做法去做。讨论并使人们理解你的观点可能会花掉与构思新的创意同样多的时间，这种情况还是第一次发生。

另外，这是电影的许可，因此你还要受到一些限制。背景和角色设计的风格和元素已经存在。相反，参加一个没有预定视觉风格的概念的全新项目要更好一些。尽管也可能在面对空白的画布时因为乏力犯病而气馁。

最后，Miles 给那些想进入这个行业的新艺术家提供了以下明智的意见：

1．整理一个优秀的、简明的代表作选辑或展示片。不要把所有东西都放进去。只把你最好的作品放进去，不要只是一种媒体类型。

2．很多人仅仅有计算机图像——你要尽量包括一些传统艺术媒体，如写生、雕塑或油画（不要以为你需要制作所有这些类型，只要你确保有一些非计算机图像的作品）。

3．绝不要低估观察研究得来的经验。要证明你可以从多种多样的源头获得灵感，这样可以使你显得更敏锐，更有灵性。

4．要热情。偶而面试到一个玩厌的，或者傲慢的，或者平平常常但心不在焉的美工，总是会令人厌恶的。我个人关于团队建设的理论是，拥有有才能善交际的团队成员比天才更好。长期以来，团队中大量自负的人只会带来接连不断的问题。

5．设定你的目标并保持聚焦。决定你想做什么，结识这个行业中的人，请教他们的建议，要求参观他们的工作室或工作场所。

Mark Gibbons，SCEE，Cambridge Studio

索尼的 Mark Gibbons 同样来自英国，是 SCEE（Sony Computer Entertainment Europe，索尼计算机娱乐欧洲公司）的 Cambridge 工作室的首席美术家。他最近的项目是华丽的 Primal，2003 年 3 月在 PS2 平台首次露面。

我们请求 Gibbons 为那些刚刚进入这个行业的电子游戏美工提供一些启发和激励的话语。在他们参加的第一个游戏中，哪三件事要紧记？

Gibbons 说，那是“经济、时间限制和全局观”。

1．经济

在电子游戏开发中，始终要留心美术和编程之间存在的微妙的平衡。每当美工为角色或场景增加一个多边形，就会稍微减掉一点游戏的帧率。屏幕上显示的细节越多，引擎就会运行得越慢。

让我们以 Primal 为例。在这个游戏中，主角被诱骗到一个巨大的古老庙宇中，高大的柱状塔一直延伸到比我们有完美细节的女英雄 Jen 高 100 英尺的拱形天花板。她随着爆炸开的火球，跳着逃脱了高大的恶魔塑像的掌握，而这个恶魔塑像已经被 Iblis 赋予了生命，Iblis 是神怪之王，他看上去正在以传统的反派头领的方式笑着。同时，十来个穿着闪亮盔甲的庙宇守卫穿过明亮的镶嵌马赛克的地板向她冲去，手中挥舞着闪亮的宝剑。听起来很壮观吧？嗯，这样的描述有助于你的程序团队抓住要害。

Gibbons 继续道：现在，程序员们当然要尽其所能提供一个引擎，以便允许最炫的美工放纵一下他们最精心的幻想，而美术和编程的精细结合是为了方便我们的美工能够做到最好。

Gibbons 提议：“耗尽所有多边形，并把精心制作的纹理安排在能够被欣赏到的位置。”

Gibbons 为经济性建模举了一个特别的例子：

如果你在为第一人称射击或第三人称动作冒险游戏创造环境，穿过你构造的场景时，照相机应该在你的游戏角色的头的高度移动。记下你注意到哪些环境特征，并将你的功夫下在这些特性上。回顾一下我们的古老庙宇，如果 Jen 没有到达 100 英尺高的塔顶，你为天花板附近范围内精心创作的细节就是浪费时间。将你的功夫集中在地面。将多出来的多边形用在塔基弓着身子的半狮半鹫的怪兽塑像上，将多纹理和凹凸映射用在地板的金属表面上。

相反地，如果玩家的角色喜欢在椽周围爬来爬去，你就不要在天花板上用单调的纹理。Gibbons 说：“这将会要求恰当的建模以保证看上去可信。”

2．时间限制

时钟总是在滴答。尽管近年来开发一个边缘的电子游戏所要求的预算、所花的时间大大增加，但美工能够提高工作效率的任何努力都受到欢迎。因此多做些改编和修订。尽量从一个角色模型或建筑中多得到一些好处。例如在 Primal 中，我们开发了可交换的身体部件系统，以此一个美工创造的单一敌人角色可以分解成几个部分（躯干、腿、武装等）；并通过制作不同的纹理集和附加的形状块（武器、卫甲、头盔等），我们能够混合配对为 Jen 产生出各种各样的不同的对手。这比每个角色专门建模效率要高得多。

3．全局观

为你的工作自豪，但不要把它看得太宝贵。电子游戏的开发就像不断移动的沙滩，接受这个现实，可能意味着你发现自己把大量时间花在调整、修订上，而且你偶而会完全放弃艺术。你也可能被要求把到其他美工的努力合并到你的作品中，或者将你的作品分享给其他人。对电子游戏美工的要求是灵活、无私、丰富，并且有时要准备向对游戏有益的艺术原理妥协。

Gibbons 笑着说：“哦，当然，听你的头儿告诉你的每句话！”

我们请求他，从他作为概念艺术家和游戏艺术家的巨大经验中，为新丁美工归纳一些规则禁忌。

你知道那个久远的陈词滥调吗？——“因为你有两个耳朵而只有一张嘴，你讲的次数应该是听的次数的一半”。哦，这同样适用于电子游戏的开发。为电子游戏创作美术是个特殊的过程，很可能不同于计算机图形学任何其他的规律。你可能对要使用的软件经验丰富，但是，如果你刚进入电子游戏产业，在你的工作室找一个熟手。那里至少有一两个（没有必要是老手）了解这个工具的所有锋利的应用。成为一个海绵……尽力去吸收。

Gibbons 也谈论到设计文档的重要性（这方面在第 6 章可参见到更多）。

每个游戏都要有一个设计文档：记录所有（游戏的）创造物的神圣文字，被奉为开发者的圣经。每个美工都应该特别熟悉设计文档，虽然其中很少有具体的细节，但是它应该作为构筑实际游戏美术结构的基础来阅读。Primal 的设计文档采取了内部 Web 站点的形式，详述了游戏的每个元素，从角色的草图和写作背景到可玩性的机械学和对话框的每一行。它经常地更新，并且每个人都根据普通的准则做过理想地检查。

其次，Gibbons 告诉美工们要“成为一个图书馆管理员”。

大量开发对你的工作有参考价值的东西。不论是艺术书籍、摄影书籍，或者你自己获取的图片，通过从其他地方收集图像，努力使你的参考框架加宽。保持一个纹理图书馆。拍照片，拍许多照片，只要允许就带着你的照相机。在 Primal 中，大量的纹理就是以这些照片为基础创造出来的。纯粹用手绘位图作为整个游戏全部纹理的时代已经过去了。由于为游戏环境和角色创造的形状变得越来越精细，就要同等强调纹理的创作和附加多边形的补充。他们不需要照片一样真实（事实上，我强烈建议反对追赶这种有害的想法），但是，他们确实要具有说服力的现实感。开发一个基本纹理的图书馆，这样你就可以用来产生各种各样的更特别的素材。

如果你在农村，拍摄树皮、树叶和草地。垂直拍摄，如果可能，再在柔和的光线条件下拍摄——避免强烈阳光的直接照射。 即使你现在可能在开发一个未来的科幻游戏，其设定是在一个巨大的宇宙飞船上，看不到一点植物。我保证有一天你将发现你正要建造森林!

Gibbons 也说，定期将你的作品拿出来检阅：“但愿，你这样做能够得到高级同事提供的指导和建议，但是，决不要拒绝陈列你的素材。

“游戏开发是真正的团队的努力，因此要信奉共享的精神!”Gibbons 补充道：“你应该准备好在闲谈时接受批评……”

Gibbons 想要在简历和代表作选辑或展示片上也补充一些实用的话：

1. 保持简历简短活泼。想像这个收件人那个上午已经看过十来份简历，那么尽量避免任何不必要的衬垫或者胡扯。你做的，不要是搞笑，评论软件，或者包括你私人生活的不相关细节。基本上，简历是无关紧要的。你最好是希望它能为你打开面试之门。你被雇用要靠你的代表作选辑或展示片的力量。

2. 按照你申请的工作进行裁剪。如果你寻求一个电子游戏开发者的位置，就要放进你的低多边形建模和纹理技术的例子。一两个漂亮的渲染可以演示你的艺术才能，但那不能代替一个奇异的 1600 多边形的游戏角色。

3. 不要操心去考虑将游戏艺术创造的每个方面都包括进你的展示中。现在，多数工作室都趋向于有专攻的美工。聚焦在你的强项。如果建筑建模是你的长处，以此来创作你的展示片。如果你是一个很好的动画师，那就展示行走和跑。

4. 如果你有还不错的传统艺术技能，一定要包括若干示例草图或者插图。你能够很好使用铅笔的能力定会得到高度评价。

我们问 Gibbons 从创作游戏 Primal 的美术中学到了什么。如果他能重新开始，他在哪些地方会做得不同？

你在项目开发的早期决不能把太多时间用于仔细的计划。对于开发 Primal 这样的游戏，要 30 个成员开发 3 年，必然是一边开发一边就有许多变化。在前期制作阶段，尽你所能明确内容上的问题——创造性的或者技术性的——无疑将有助于减少整个制作过程中的问题和繁复的设计修订。

关于注释，Gibbons 建议要："想简单些"。

有时，电子游戏的最好思想是最直截了当的——新技术和最新硬件能让开发者兴奋，诱惑我们的美工和设计者放纵他们雄伟的游戏计划，以至我们设想要改变这个行业的面貌。

图 13-4　PS2 游戏的屏幕截图和概念艺术

"你在项目开发的早期决不能把太多时间用于仔细的计划。" Cambridge 工作室的 Mark Gibbons 说。他是辉煌的游戏 Primal 的首席美术师。

我喜欢好莱坞"高度概念化"的公式：涉及的剧本或故事情节容易简化得很简单，再加上一些吸引人的俏皮话；只要听了一些话就很容易理解电影情节。可以把这个公式应用于你的电子游戏，或者甚至只是你参与的关卡或任务。考虑游戏可玩性，即一个人仅仅玩了几分钟就能很容易地理解。这可以帮助你保持聚焦在那些重要的事情上。

Gibbons 说："我们在开发 Primal 时尽量将我们的时间用来建立趣味性，有丰满个性的动态角色，将他们放进游戏环境中，详细的故事在他们周围展开，游戏者就会想要去体验。"

他继续道："互动电影"在这个行业中已经用烂了，但我们有时在看卖座的电影时会担心其中的英雄和女英雄，同样，我们在玩游戏时也开始担心屏幕上的角色。

在制作过程中，我们发现需要将我们的美术制作调整一下，要做得更好。我们的所有作品——不管角色或者环境模型、片头动画或者游戏中的动画——现在都要分成两部分来处理，为便于说明，我们假设称之为 Art1 和 Art2。

以我们的动画为例，Art1 阶段包括创造快速的、功能性的移动，以允许我们的程序员实现在游戏中要求的速度，设计者此时就可以立即开始玩着测试。我们的环境也要同样处理，建模者需要设计一个地方的精确形状，但不需要太平滑，然后在表面放上基本的纹理。只有在它们已经在游戏引擎里合并，并且可以玩起来以后，美工才回头去增加 Art2 的润饰，包括恰当的光照，细致的纹理，和附加的形状修正。

我们这样做，基本上是为了避免我们的美工花太多时间在游戏可能进行的调整和提炼方面，因为它们相当可观。Art1 允许我们对角色、环境或动画在早期进行任何必要的修改；从而可以期望后期减少大动干戈的可能。

Primal 是 Cambridge 工作室第一次采用未知的、深邃的、有潜在危险的动作捕获技术。动作捕获给我们游戏中的角色带来了一定程度的真实感和细微的动作，这在手工方式时是特别受到责难（和消耗时间）的。它为我们提供了一些优美的真实的行走和跑的循环。在我们的片头动画中，角色间的交互惊人的令人信服，姿态和动作要是用传统的手段创作都是非常辛苦的。我们也很快发现了动作捕获不能做到的，非常遗憾，电子游戏需要的那些极端的、爆炸的、漫画式的对战等类型都做不到。

最初，我们的新兵军事美工捕获了大量 Primal 中需要的对战动作，但是不久就发现这些动作虽然孤立地看起来让人大为吃惊，但在执行游戏时，看上去却很迟缓，并且明显不能给人留下深刻印象。我们认识到任何像样的对战游戏都要有动态的、夸张的质量，我们努力单独使用动作捕获来创造这种感觉。我们的大量对战动作现在都是用手工动画，允许我们的动画师自由地处理令人激动和兴奋的遭遇战。

我们问 Gibbons，一个电子游戏美工应该到哪里寻找灵感。

玩大量的游戏，有乐趣的游戏，但同时要尽力理解是什么使好游戏值得玩，什么使差游戏被淘汰。你现在在开发游戏，你仍然要尽可能享受更多最新最出色的游戏，你会发现自己逐渐通过开发者的角度来看待它们。挑出它的长处和短处，注意一切，从纹理的分辨率到唇同步的水平。你可以看到图形杰出的时刻，想知道如何将相似的东西合并到你的工作中。你可能遇到你觉得可怕的美术效果，现在已经有游戏制造出来了。尝试一下，不要让这损害你玩游戏的乐趣！

此外，Gibbons 说要看大量的电影。

尽管最昂贵电子游戏的制作费用仅仅达到好莱坞电影平均费用的一小部分，但是游戏现在能自夸有相近的生产价值。在 Primal 中，我们雇佣了专业编剧，美国和英国的著名演员为我们的角色配音，我们还和一支洛杉矶的摇滚乐队一起完成游戏的音乐。看电影，特别是那些有明显视觉风格的，从中获取灵感。不论是光照、服装、布景设计，或者特效，记住因为电影工业从 19 世纪末就已经开始，他们领先我们相当多。

“当然，” Gibbons 总结道。“像每个美工所做，在每个学科所做的那样.……向你周围看一看！”

Richard Kriegler，Electronic Arts/Westwood Studios

2002 年人们最热切期望的计算机游戏之一是 Command & Conquer: Generals。

Richard Kriegler 是这个游戏的首席美术师，我们请给他那些刚刚转到游戏行业的美工提供一些诀窍。

“学生开始他们的职业时需要记得的最重要的事情是要保持虚心，” Kriegler 开始道，“多数学生从大学出来时都带着漂亮的相似的作品集，其中都充满了初学者的作品——这些东西游戏产业中以前都不曾出现。学生需要理解他们基本上将重新开始他们的所有教育。知识将快速向他们袭来，他们需要准备好将之悉数吸收。”

他继续道：同样，许多刚走出校门的学生都带着理想的观点，他们确实想做点什么。虽然有目标肯定是重要的，但学生们需要记住离开学校后他们不可能正好找到他们梦想的工作。然而，这个行业如此多样化并不断改变，因此他们最终将会有机会参与他们要求的项目。学生决不要仅仅因为不完全是他们所找寻的就忽略掉好工作。

我们问 Kriegler 接受二维或者三维艺术的培训（即在学校里）有多重要。

是的，在学校中接受二维和三维艺术的培养很有关系。学生需要至少两年的二维训练——接触所有传统艺术和二维计算机程序，例如 Photoshop，Quark，Illustrator 和 Life Drawing。学生还需要 2~3 年花在所有三维程序方面，例如 Maya，3D Studio Max 和 Wave Front。要得到游戏方面最好的工作，你必须在两个学科都有经验。例如，我经常先绘制概念图之后，再把他们移植到计算机中进行三维渲染。

我们请 Kriegler 谈谈在游戏 Command & Conquer: Generals 中他最自豪的是什么。

我认为我最自豪的事情是在“将军”中我们实现了逼真的视觉和感觉。在我们的建筑物、单位和环境中，细节的水平确实比我们的竞争者要高超，这也增加了我们创造的世界的全面可信度。市场上多数其他 RTS 游戏的故事情节（与相应的环境）都植根于幻想，虽然这样开发者在设计时可以更自由，但是玩家和游戏世界之间的联系却更少了。

从图 13-5 可以看到一些珍贵的草图、绘画、渲染和游戏运行时的图像。首席美术师 Richard Kriegler 说，游戏美工应该“探究他们创作的游戏世界中映射的真实生活”。

那么，一个电子游戏美工应该到哪里寻找灵感呢？“任何地方！但电子游戏行业本身就是开始的好地方；这个行业产生出一条稳定的、原创的、高质量材料的水流，能够真正激发任何人的灵感。类似的还有电影、电视和漫画。”

“当然，自然界本身就是聚集灵感的最古老和最成熟的资源，” Kriegler 补充道，“植物和动物生态，连同地质学的形成一起，从人类一开始就激发了许多艺术家的灵感。”

图 13-5 Command & Conquer: Generals 截图

Takiyoshi Sato，Konami

在东京 Tama 艺术学校学习现代艺术和油画之后，Takiyoshi Sato 一直是一名自由艺术家，直到加入 Konami。他因为恐怖游戏 Silent Hill 和 Silent Hill2（分别针对索尼 PS 和 PS 2/Xbox/PC）完成的 CG 作品而广为人知。

首先，Sato 在电子游戏美术方面的一些诀窍：

1．观察留意你周围的其他人是找寻新鲜有趣的东西的最好方法。

2．将想法记录下来总是胜过放在你头脑中。总是带着一本笔记本，探究不同的选项，记下有关你能做什么、应该做什么的想法。

3．如果你有一个喜爱的事物或艺术家，确定不要复制那个作品或艺术家。要原创！

Sato 是如何创作出 Silent Hill 系列的恐怖场景的呢？

我总是边想边记录。除此之外没有任何特别的技术。在我创作 Silent Hill 的时候，我看了许多恐怖电影而且阅读了许多这类小说。我试着将书或电影中正在发生的事情形象化，然后写下来——这是培养你的想像力的最好办法。当我安排场景的时候，我让想法在我的脑中生长，产生粗糙的故事板，而且都是有关的！我试着找震撼人的东西；我分析每件事物；然后形成我自己的答案。

要将想法变成游戏中的场景，Sato 说他们使用 Softimage（www.softimage.com）来创作模型、动画，进行所有东西的渲染。像 After Effects 和 Photoshop（两者都在 www.adobe.com）这样的编辑软件也很重要。

信不信由你，Sato 说 Silent Hill2 的团队相当小。“每个人都做每件事物的一点点——建模、纹理、动画、光照和渲染。在日本，只有导演、制作人、程序员和美工——就是这样。”

游戏 Silent Hill 的开发中最重要的部分是，按照 Sato 的说法，创造一个可信的幻想世界。“要将一个世界真实化，需要强大的图像制作技术；但是最重要的部分还是要保证游戏可玩性和恐怖气氛之间的平衡。”

最后，Sato 给为生活制造游戏的年轻艺术家的忠告：

游戏仅仅是商品，因此我们当然必须能够卖掉。但是我总是将我称为“宗教”的东西紧记在心中。总是从文化的观点来看待每件事物：为什么我们这个年龄需要这个工作？这个产品将会影响人们的观念吗？这个产品将会有哪种类型的影响力？我认为所有创作者都必须考虑这些事。人们应该学习研究游戏之外的别的方面。如果你是一个游戏艺术家，不要仅仅把重心集中在游戏制作；你应该学习传统的东西——例如文学、建筑学和音乐（图 13-6）。

图 13-6　Silent Hill2 截图

Konami 的 Takiyoshi Sato 说他在任何地方都找到过灵感，但主要是骑着摩托车旅行的时候！如果你看到过 Silent Hill2 中的那个令人恐怖和阴森可怕的场景，你就知道 Sato 在骑着摩托车旅行时真的看到了什么。

Lee Petty，Circus Freak Studios

Lee Petty 是 Circus Freak 的合作创始人和美术主管，他最近的项目是为 Infogrames 制作的 Superman: the Man of Steel。这个工作室还为大量项目提供角色和电影作品，包括 Test Drive，TransWorld Surf 和 Test Drive: Offroad。

Petty 花了许多时间讨论重要的游戏美术技巧和技术，以及他在制作 Superman 时如何遵守这些忠告。

首先，下面是 Petty 关于任何实现成功的电子游戏美术的一些想法。

1．预先计划你的工作

你至少要拿出片刻工夫把分配给你的工作理解透，并试着找出其中潜在的问题，这是很紧要的。这些实际上可能是艺术上或技术上的问题。许多美工有着这样的习惯：没有事先计划好方法或考虑所有可能出现的后果就径直“跳进”工作中去。虽然这种“自发”的工作方法在项目探索阶段很有价值，但它会给项目制作过程带来不少问题，而这个阶段又集中了项目的大部分工作。即使只是很短的时间安排，事先花点时间将任务想透也可以让你避免日后的很多问题。

Petty 说他经常是从所要创作的物体的游戏“功能”着手。

他解释道：问问自己“这个物体在游戏中有什么作用？”以此为出发点将对你大有裨益。物体将在哪儿被看见？玩家要和物体保持多近？物体需要有多种变化吗？物体需要打碎吗？在一个组织良好的项目中，详细的设计文档或是类似的文件将会对这些问题做出明确的回答。但事实是，许多制作中的细枝末节总是会被遗漏，所以要确保你的创作与整个背景相匹配，这是每个人应尽的职责。

在脑中明确了物体的功能后，Petty 说，你就可以开始探究你关注的美术问题了。

他建议说：如果该物体已经有了一个概念设计，那么就结合游戏背景对设计再次进行评估：它是否仍然有效？美术设计是否适合所有背景？通常，鉴于游戏开发常见的时间压力，概念设计也就和指甲盖差不多，微乎其微；所以，在完成该物体 3D 图之前还要进行更深层的研究。必要的话，找点时间创作更进一步的略图或是给略图增添额外的细节和完善。研究网上或书上近似真实的物体，尽力找出方法来“焊接”概念设计与可以加强可信度的真实细节。同样，要确保你所建造的物体与游戏中其他美术成分和整体图像相融合，而不是兀自突出以显示你的个人才能。

“在你开始前需要考虑的最后一步是你可能会有的任何技术性限制。”Petty 说。美工们应该问问自己这样的问题，比如：有多少多边形可用，在纹理上有哪些缺陷或者这个物体需要具有某些游戏内部效果或是取个绰号吗？

2．让工作逐级上升

理想的境界是，美工在项目一开始就对所有问题成竹在胸，确保作品能一次完成。但我却从未有幸见过这样的情景。在整个制作过程中，很多事都在不断变化、调整或是改变重心。甚至在极富组织性的项目中，这也只是有机进化的一部分，紧随其后的是某些创造性努力，例如电子游戏。

“因此，”Petty 继续道。“有一点很重要，那就是你创作的任何作品在结构上要保持开放，以允许修改。”

他继续道：设法找到创作你的作品的方法，它可以让你在整个制作过程中迅速地改变或者提高某些元素。在 Circus Freak 工作室，我们有许多有助于此的方法。

在我们的纹理作品中，我们总是保留着一个高分辨率、多层的 Photoshop 原作。在这个行业纹理美工的实践中，通常都是使用比游戏引擎需要的更高的分辨率，而这样做的原因常常是为了便于更快、更容易制作出更大的作品。这样处理图像也有助于简化隐藏纹理的“粗糙”边缘，而且（最重要的是在可缩放的视角里），这允许你尽可能用更大的纹理。这在多平台的游戏制作中最常看到，其中有的硬件平台的纹理内存比较少。如果没有原始的高分辨率图像，“提高”一个图像的分辨率，从小尺寸到大尺寸就非常费事。另外，在多个层中尽量多保留一些元素，这样，当纹理已经可以在游戏中显示出来之后，仍然能对纹理进行“推拿”，包括改变颜色，在某些区域增加/减少细节，以及对元素进行特殊的 alpha，这些处理都可以快速简单地完成。

我们的角色组也逐步形成了一种便于对作品进行伸缩的方法。通过利用 3D Studio Max 的外部参考系统（即大家熟知的 X 参考），我们把角色的制作分成两个组成部分。我们有一个角色模型文件，包含有角色的模型和纹理。这个文件中的角色已经经过建模、UV 映射和纹理。然后这整个文件被引用到一个动画文件中，在其中有动画的骨架和植皮的角色。这样就允许两个人同时进行角色创作。另外这也使得修改更简单，因为如果需要对一个角色进行 UV 映射，可以使用这种更简单的模型文件，这样弄糟这些骨头或装置的意外风险就很小了。除了这个简单的分解以外，角色组还为其他元素广泛使用另外参考外部文件，例如变形的目标。甚至动画也可以保存为离散的片断，可以装载、混和、重新排列以及用类似骨架与其他角色共享。

3. 多次创作（迭代）

多次创作是多数有传统背景的艺术家使用的方法。例如，一张最后的油画，常常是经过了：一系列快速的研究，一张初始的底图，并且进一步建立一系列层，直到最后，光滑明亮的作品才完成。这个基本方法因为一些原因在游戏行业工业美术创作方面很有用。

因为许多刚进入这个行业的美工有一蹴而就的趋向，因而常常陷入游戏中一些可见也不可见的微小细节中，因此多次创作可以帮助他们聚焦。多次创作也允许我们确信美术能够及时完成。最坏的情况是，虽然粗糙但功能还是有的，不会因为早期增加了太多额外细节而延迟编程或设计组的工作。多次创作也允许我们让我们的作品保持伸缩，如同前面提到的那样，在适当的环境完成并运行之前，不要太早锁定游戏中的任何细节。在 Max 中看你的作品，与在游戏引擎中有了游戏照相机及人工智能（AI）的行为功能后看到的是完全不同的。

在 Circus Freak 工作室，只要可能，我们尽量将我们的作品分解成多次完成，明确定义出给定的资源类型的第一次、第二次以及最后的工作。这有助于保证每个人在既定的轨道上，并且将游戏的美术作为一个整体来完成。这样还允许在项目的最后的阶段，当更多的游戏素材已经存在时，再进行作品的修饰并增加额外的细节，而不是在项目最后才来创作新的关卡和资源。虽然我们这样说，但还是有时候我们必须在早期进行修饰，例如原型、杂志演示，或者向出版商或者许可方演示游戏中一个修饰好的章节的最终效果。

Petty 说他在 Superman 制作中（尽可能地）使用前面提到的技术和概念。“为 Xbox 开发的游戏 Superman: the Man of Steel 对我们来说是一个极大的挑战，相对短的开放周期，巨大的环境规模，以及我们想要在角色和环境上利用 Xbox 的强劲优势的愿望。”Petty 解释道（图 13-7）。

Petty 用这个三维模型说明了游戏中的 Superman 世界是多么巨大。是的，飞越那些周围的建筑。美，酷，嘿？

Petty 说，用他们的世界作为例子，他将展示他们如何运用预先计划、可伸缩和多次创作这几条信条，来成功地及时完成美术并达到高质量的标准。

从开始制作 Superman 的那一刻起，我们就知道我们的焦点是，确保玩家在任何时候都能使用他所有的能力。Superman 中一个用得最多的超能力是穿过城市高速飞行。我们想让玩家自由飞翔，并停在宏大世界中随便哪个建筑上，没有雾掩饰掉背景，也不限制 Superman 只能飞行几百英尺高。

为了完成这些目标，我们必须计划我们的层次结构以支持最多的情况下（在数百英尺高的空中）看到的细节。世界美工精心地预先计划了他们的工作，即通过与游戏设计者合作定义我们的环境中的关键区域，那些发生重要冲突的地方。我们将城市中的关键区域，例如每日星报，和设计者确定的关键交战区域结合起来。世界美工快速建立了第一次的“方块世界”，所有尺度的层次都由没有纹理或者光照的简单形状来建成。用明亮的颜色定义了关键区域。

设计者可以让 Superman 飞过这些层次，他们与美工一起调整关键区域的布置并帮助设计任务流程。

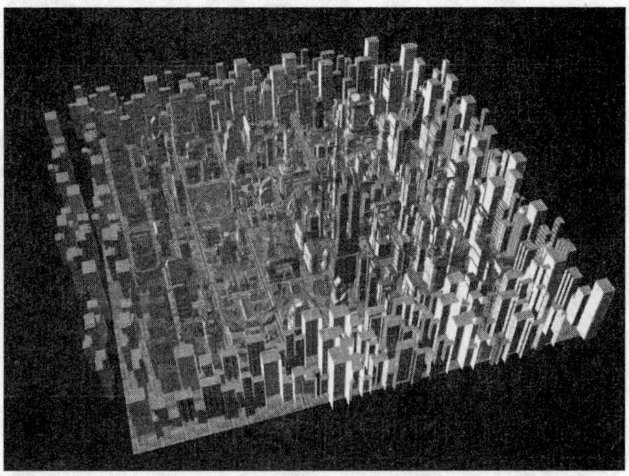

图 13-7　Superman 的巨大世界

在这个阶段完成后，美工们开始对他们的层次进行第二遍处理。这一遍涉及到定义建筑物的形状细节，应用 UV 映射和“代理”纹理（主要制定了颜色关系和尺度），并使用简单的光照。这次，层次美工小心地保持他们工作的可伸缩性。通过 3D Studio Max 尽可能将部件作为实例保留来实现，因此层次美工就会用较少的重复建筑物，而用更多独特的单独结构（在某些情况下，我们每层次有数千栋建筑）。试想，如果层次中表现的重复太多，到项目的最后阶段，这些建筑物将必须分解成独立的实体并修改得不同。

其次，Petty 说，在已经完成了第二遍以后，需要广泛使用 Xbox 的多次处理的能力来处理纹理的挑战就突显出来了：

在我们的游戏中，玩家几乎能飞到世界中的任何物体上，而且到了一英里之外仍然能够看见同一个物体，这些比其他任何游戏都要好。当玩家靠近时，我们就将结构渲染得很好看；而当玩家离远后，它们看起来铺得非常糟糕。为了避免出现这种情况，我们知道，我们必须广泛使用细节纹理和其他纹理来分别处理表面。然而，在项目的这个阶段，我们还没有自己的多次处理工具，所以我们必须保持我们纹理的可伸缩，以使我们能够在不同的处理中去掉纹理中的细节。

世界尺度的问题还提出了类似的光照问题。因为我们的建筑物从 20 英尺到 2000 英尺高的都有，而且在世界中同时可见的建筑物数量非常大，我们没有足够数量的顶点来实现所有物体的高度细致的顶点光照。我们知道一旦有了多次处理的功能，我们可以利用如每像素光照等附加光照技术来轻松完成。因此，我们再一次将我们世界的可伸缩性保持着，避免做任何细节的光照工作，或者把任何阴影切成网格，因为它们以后会被改变。

Petty 说当美工们开始进行层次的第三次创作时，他们引入了多次处理的纹理，并且有了更好的纹理和光照的方案。他继续道：

另外，LOD 和流系统也已经创造出来，这样就允许在内存尽量小的情况下有很巨大的层次。如果世界美工在开发过程中，过早进行作品的完善，又没有保证他们的形状、纹理和光照支持可伸缩性，那么在多次创作中，许多不必要重复工作就会发生。

开发得到特别授权的 Superman 是幸运，还是压力太大？

“开发得到许可的产品对游戏美工和开发团队这个整体既有好处又是挑战。”Petty 承认。

他详细阐述道：像 Superman 这样的许可提供了历史悠久的吸引人的角色，酷的环境和故事构思。能够吸收那些已经建立的信息财富，对启动游戏开发是很大的推进。有了这个视觉作品的库，整个美工组更容易集中到相同的视觉方向，不必经过大规模的概念艺术阶段。我们还得到了许多很有用的角色和环境作品作为参考。

还有一个好处就是像 Superman 这样大型的作品，消费者已经熟悉 Superman 的性格、行为方式和能力。这确实有助于像 Superman 这样一个动作游戏的展开，不必要再去解释：每个人都预知 Superman 能够飞翔及使用 X 光视力。

根据 Petty 的说法，一个得到许可的产品也有许多挑战，因为要做到一定的水准必须适当地满足许多假定和限制。

Petty 说，对于美工的最大最关键的挑战是要能够将原始的源媒体转换到适用于电子游戏领域的效果。

例如，在 Superman 中，漫画的形象过分依赖于粗线条的使用、动态成分和简单大胆的颜色搭配。随着我们为 Superman: the Man of Steel 创作美术作品，我们认识到我们用那些元素来表达视觉和感觉有困难。在电子游戏中确实没有卡通风格“可变粗细线条的作品”的概念（尽管为了实现很卡通的效果，许多人用卡通渲染技术来实现）。随着自由漫游、第三人称视角，美工们不能创作动态的“帧”作品。同样，简单大胆的颜色搭配会被理解为“太简单”，没有足够的说服力让人“感觉”到像未来的城市。考虑到所有这些，我们的挑战就是我们要创作出细节上非常不同于漫画书的效果，但仍然要体现 Superman 的精神和感觉（图 13-8）。

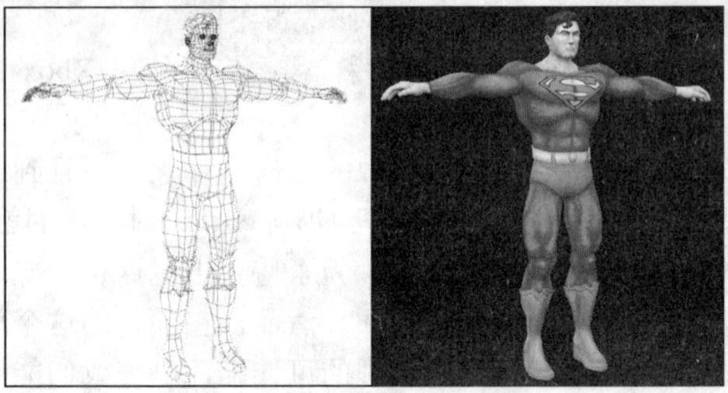

图 13-8　Superman 的三维模型

Petty 说，创造 Superman 的超能力也是一个很大的挑战。

一个能飞、不会受伤害而且能看穿世界上任何建筑物的英雄，不但向我们的设计者呈现出许多游戏设计的挑战，而且意谓着我们必须非常小心地安排我们的美术资源放置的位置。开发一个得到授权的产品，不能 “重新设计” 角色来适应游戏的可玩性。不能因为我们想将较多的细节和游戏可玩性集中在地面，就决定 Superman 不能飞行。我们不能假定玩家在空中不可以飞到 1500 尺高处并使用他的望远视角看过整个层面，并以此假设来对世界进行可见性剪裁的处理。我们必须按照这些约束来设计，因为如果不这样就不可能完成 Superman 游戏。

我们还请求 Petty 提供一些设计好的游戏用的美术作品（图 13-9）并讨论用到的创作技术。

在 Superman:the Man of Steel 的开发过程中，创作了很多的互动对象物体。我将描述我用来创作 Warworld 的一个简单物体的基本流程。设计中将这个物体描述为一个大“诗石”，Superman 必须用他的超能力将它从一个地方移动到另一个地方，来解开一个谜题，提供线索帮助 Superman 找到一个物体来对抗他的调皮的复仇女神 Brainiac-13。

为了更进一步说明，Petty 将他前面的建议运用到这个诗石的设计和创作中：

预先计划

我通过向设计者询问许多问题开始了这个过程。多次交谈之后，我得到了我需要的所有信息。有三块不同的诗石，玩家必须找到它们并将它们移到一起按特定顺序排列，以此来得到一条线索。诗石按特定顺序放在一起后，Superman 能够读懂，好寻找他的下一个目标。诗石应该在其外表上有一些暗示，以表明它适合放在别的诗石旁边，就此，我决定我应该为大部分模型做一个“基础”纹理，以及第二种较小的纹理用来表现不同诗石的变化。

在我们的交谈中，Circus Freak 工作室的 Lee Petty 讨论了游戏 Superman: the Man of Steel 中的诗石的设计和创作。

Petty 说，诗石是在一个外行星上，即 Warworld，在那里邪恶的 Mongul 正在建造武器而且贫瘠的行星表面全都是未来派的工业结构：

诗石是一个在 Mongul 毁坏这个行星前曾经居住在这的远古的种族留下的。世界美工已经完成了很多关于行星、环境的视觉和感觉的作品，看上去很棒。我在 web 上做了少量研究、看了许多诗石图案之后，我决定使用少些欧洲多些“楔形” 的形式，因为比欧洲的诗石陌生，可以让我感觉更远古、更异域。

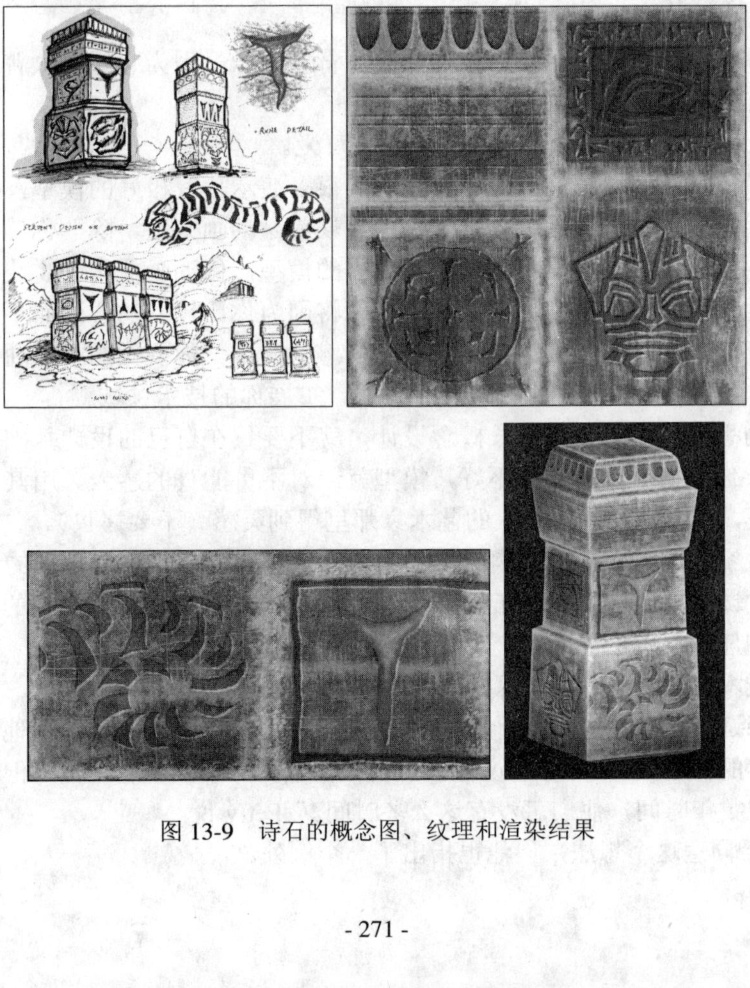

图 13-9　诗石的概念图、纹理和渲染结果

Petty 说，因为这本来就是一件只需一天的工作，他很快完成了一个粗糙的素描以巩固他的想法，然后进入建模和纹理的流程。

1．建模

完成素描之后，在进行进一步的细节工作之前，我建立了诗石的基本形状模型，确保符合游戏中的比例。我在 3D Studio Max 中设置好 UV 映射，然后用 3D Studio Max 的一个称作 Texporter 的插件将纹理坐标输出到 Photoshop 中。

2．纹理

我直接在 Photoshop 中创作纹理。我用水泥和石头作为基本的纹理，把每一种都保留在了层中。我想物体的所有边缘都有磨损，以给人一种在物体的边缘存在更多斜面的错觉。我想保持纹理的伸缩性以足以改变边缘看起来受风霜的程度，以防在游戏引擎中看起来不合适。为了做到这点，我在 Photoshop 中创作了层的掩模，“抹掉”了基本的纹理以在边缘的周围展现“磨损的”纹理。通过对大多数难看的和细节的层使用层掩模的方法，我可以稍后用最小的修改来进行调整。

Petty 说在创作完基本纹理后，他完成了 3 种第二纹理，分别用来表现 3 种不同的诗石面的差异。

似乎这些游戏美术还不够，Petty 花时间提供了关于进入这个行业做美工的一些建议。

要获得好工作，优秀的演示片是必须的。你未来的老板会首先看这个，而且留下第一印象。

下面是他关于创作演示片的诀窍：

不要使用“流行电子”音乐作为你的作品的背景音乐；因为它用得太普遍以致于大多数人都会直接将音量关小。

演示片的长度不要超过 4 分钟。要做得短小可爱。

只展示你最擅长的领域的最好作品。我看到很多演示片有极好的模型，但纹理和材质却非常差，这种现象很普遍。我见过的最常见的错误就是动画太差，除非你确实是个优秀的动画师，否则不要展示你的动画。我见过大量优秀的模型，但动画非常差。我想大多数人都想将自己展示成全能的，但是无论如何，很可能你将因为你比较差的方面而不被雇用，如果去掉了比较差的部分，仅仅会降低你整个演示片的感觉质量。你要做的就是通过你擅长的方面找到相应的工作，然后在工作中向别的能手学习，扩展你的技术领域。

按照同样的思路，如果你不擅长概念设计，就不要只在自己的设计基础上进行建模、纹理和动画。如果你最初的设计作品不好，模型就绝对不可能真的感人。用其他来源（如参考真实世界）建模，或者从某些你喜欢的艺术家那里得到灵感（不要拷贝）。

机器人、太空船和扛大枪的肌肉结实的家伙都很不错，但是如果你真的希望你的演示片出色，那就要尝试些更独特的。现在，业界有很多有关 NPR（非照片真实的渲染）的传言，然而我很少看到任何不采用直接 CG 效果的个性化渲染的演示片。

擅长传统技术，但也要有新技术的能力

与 Petty 一致，许多美术总监说他们宁可雇请一个有才能的美工，即使他对工具的了解不如那些熟悉工具的普通美工。“他们说他们可以很快教会一个人使用工具，但是训练某人成为一个好美工要花数年时间，他们可没有这么多时间。”Petty 说。

Petty 说完全同意这个想法，但他也指出了一个例外。

掌握一个特定的工具并不重要，但是懂得工具的基本工作原理并能够了解其结构、处理问题并达到创造性而非技术性的解决问题，那就是关键性的技术了。要向没有这种倾向的人传授这种技术也不是很快就能成功的。由于这个行业可怕的时间约束，大多数的创作团队需要那种能很快地创作和解决开发期间种种问题的人，这通常是指那些已经了解工具的人。如果你碰巧不了解这个工具，你最好示范出你有足够的技术理解能力，能够很快学会并能够自己处理问题。

Petty 相信在这个行业有很多有才能的美工，还有大量有才能的美工想要进入这个行业。因此，Petty 招聘人时是注意哪些方面呢？

适应能力和团队协作能力

当我面试一个人时，我注意他们是否有足够的适应能力，能够适应在必然有大量混乱的项目中工作。在整个制作过程中，一个美工必须修改、重输出并重做许多作品，以得到最好的结果。缺乏适应能力以及对工作没什么兴趣的人，将很难会通过一个比较大的项目。我尊重那些讲出自己意见而不是在每次要求修改时就抱怨的人。

Petty 说适应能力将非常有助于那些在团队中工作的每个人。

在电子游戏的美术制作中，有许多非常有创造力的人必须非常紧密地合作以期在最后期限前完成任务。知道如何工作、合作并提高团队中其他与你完全不同的人，这是一个很关键的技能。如果团队一起工作得不好，作品就不能通过某个点。我想雇用那些更有兴趣和其他人一起来创作而不是自己单干的人。在 Circus Freak 工作室，Superman: the Man of Steel 中完成的所有那些伟大的作品都要归功于我们的美术团队。

如果仅仅这样说那就是不公平的，在此要感谢他们：Mike Badillo，Norm Bodillo，Judah Baron，Ken Brose，Jeremy Dale，David Gustlin，Mike Khoury，Randall Ng，Lee Rosenbaum，Seth Swanson 和 Angus Wilson。

Tetsuya Nomura，Square Enix

作为著名的索尼 PS 和 PC 游戏 Final Fantasy 系列的导演和角色设计师，Tetsuya Nomura 因为他设计了像 Cloud 和 Aeris 这样令人难忘的角色而受到全世界的尊敬。在 Final Fantasy VII 取得令人难以置信的胜利之后，Nomura 开始为 Parasite Eve 和 Final Fantasy VIII 到 X 设计角色。

Final Fantasy 再次将游戏中和预渲染的图像效果推到了极点。

当我们请他给那些刚刚开始做游戏美工或动画师的人们 3 个最重要的忠告时，Nomura 的回答如下：

1．最重要的方面是和游戏开发团队中的成员的沟通。游戏设计包括角色设计、三维模型、纹理、动作及其他细节；所以有必要了解开发的全部流程和进展。

2．还必需对游戏之外的东西有兴趣。以我为例，我经常看电影。我喜欢借动作片，但其他类型的电影我也看。我还常常看电视。我对所有图像都有兴趣。我对时尚也有兴趣，经常看时尚杂志和逛商店。

3．不要错把自己当成“艺术家”，我们不是“艺术家”，而是“创造者”。我们的目标是创造更新的和更有趣的游戏。艺术不是我们的目标。有人说游戏是数字娱乐范畴的一种艺术形式，但我相信游戏是供娱乐的玩具。

在 Square，创作像 Final Fantasy 系列中的惊人图像，美工使用的是那些工具？

我承担的工作包括创意设计和故事板，它们作为蓝图为创作图像的过程服务，所以我使用的是 HB 制图铅笔和 A4 复印纸。我用 Photoshop 来着色并修饰图像。我没有特别的技术；我绘制创作图像全凭感觉和灵感。

David Perry 是很多游戏（如 MDK、Earthworm Jim 和 Messiah 等）中的流行角色的创造者，他说他基本上总是要雇佣模型制作者来创作角色的三维表现，以便在游戏推销的商务会议上派上用场；这方面可以看看第 6 章（图 13-10）。

图 13-10　PS2Final Fantasy X 的画面

Don Hopkins，Freelance

这个特别聪明又善于言辞的自由开发者参与了很多游戏，包括最畅销的和赢得最多奖项的电子艺术界的 The Sims。在本书中，他在其他地方还谈到了编程、AI（见第 11 章）和用户界面（见第 14 章）。

Hopkins 谈到技术如何使角色平滑地动作：

The Sims 中的物体都是在 3D Studio Max（www.discreet.com）中预渲染好的，包括有深度信息的 z 缓冲，因此可以在三维世界中正确剪裁。物体的动画是通过不同片断的连接来完成的，这些片断还可以分解成独立的动画子块（像两扇门、火焰和烤架上的食品）。但是，角色是作为三维纹理映射的多边形实时渲染的。片断的 z 缓冲使角色可以和物体靠近交互，因此他们可以互相正确地剪裁，像小孩在游乐设备里爬来爬去。

美工在 3D Studio Max 中制作角色动画和物体，将它们装进同一个文件以保证它们正确登记。但是他们分开取出物体和动画，因为片断内容的处理流程和角色动画的处理流程是完全不同的。有的美工擅长制作三维物体，有的美工擅长角色皮肤网格和纹理映射，有的美工擅长角色动画。

The Sims 用的角色动画系统其灵感来自 Ken Perlin 开发的 Improv，Hopkins 说：

他们有一个骨架，你能加上可变形的网格和动画。骨架、躯干、附件和动画是在 3D Studio Max 创作的，用 Character Studio 的 Biped 进行骨架动画，用 Physique 连接躯干和骨架。美工用“轨迹注释”标出骨架、衣服、技能和事件。轨迹注释可以和任何三维物体关联，包含按时间位置的文本的关键字。轨迹记录非常有用，因为它能标识时间空间的一个点，因为它包含关键字/值对来控制输出以及游戏中的动画引擎。我对 3D Studio Max 中的 MaxScript 脚本语言进行扩展，实现了角色输出器。这个角色输出器寻找轨迹注释，其中描述了什么对象要输出，包括骨架、衣服和技能。

骨架是最简单的。你在骨架的根上作一个标记，取个名字。骨架定义一束骨头的名字，包括它们的树状结构、移动、旋转和自由度。

衣服要更复杂。衣服是一个或多个纹理网格的快照，而这些纹理网格与特定点上的某个骨架相连。有两种办法将网格与骨架关联起来：通过把一个精确的网格作为单个父骨头的孩子关联起来，或用 Physique 修改器把一个可变形的网格与任意数量的骨头关联起来。

精确的网格（如头、手和附件）作为可变形网格的特例输出，只关联一个骨头。可变形网格可以有多个顶点，跨越多个骨头，顶点的位置要在多个骨头之间协调好，以保证像肘和膝盖那样的关节部位的平滑。

动画是最复杂的。它们有起止时间，通过关联在骨架的根上的不同轨迹注释来标识。你也可以在骨架树的枝干上关联标识，或者在轨迹注释的关键字中明确列出包括或不包括某些骨头来组成部分身体的动画。

游戏中的回放引擎通过将完整的和部分的身体动画融汇和组合在一起，类似于 Photoshop 中的层。

当在动画间切换时，引擎从最后的动画结尾处淡出，再淡入到新动画的开始，顺序动画中姿式之间的细微不兼容的地方要清除掉。部分身体的动画，例如一只胳膊抱着物品，可以插入到全身步行动画中，所以模拟人可以在房子周围搬东西。

要更多了解 Ken Perlin，以及如何创作引人注目的角色动画和计算机图形，请访问 www.kenperlin.com 或 http://mrl.nyu.edu/~perlin/。

Kevin Cloud，Id Software

Kevin Cloud 是一个美工，同时拥有 Id 软件公司的部分所有权，他最开始是开发经典的游戏 Wolfenstein 3D。从那以后，他参与了像 DOOM 和 Quake 这样风行的系列。Cloud 从他正在进行的非常领先的 DOOM III 的繁忙开发中抽出时间来为我们提供他在游戏美术创作中的经验。他开始道：

对我来说最困难的是下面这个不错的建议。因为每个人都是不同的，有不同的才能和不同的机遇，每个人都必须找到他或她自己的路。但是，如果你想要确信你是沿着正确的方向在前进，就要观察其他成功的美工做了什么。所以我想我的第一点建议是要成为生活的学生。总是保持你对周围世界的兴趣，开放地理解和学习其他美工的成功与失败。

成功的黄金法则就是做你喜爱的事，我知道这是陈词滥调，但是事实就是如此。这是一个每个人都容易忘记又重新学习的法则。计算机游戏美工要喜欢计算机游戏，喜欢和团队一起工作，要成为流程的一部分。作为一个计算机游戏美工，你的任务是将其他人设计的东西创造出来，在一些奇怪的限制下完成作品，在其他人的批评下工作。但是，如果你喜爱制造供人们游戏的世界，你将喜欢你所做的一切。当然，大量游戏美工对游戏怀有矛盾的情绪，但以我的经验，这些人工作时很少有开心的时候。相信我，除非你开心否则你不可能成功，开心是成功的一个要求（图 13-11）。

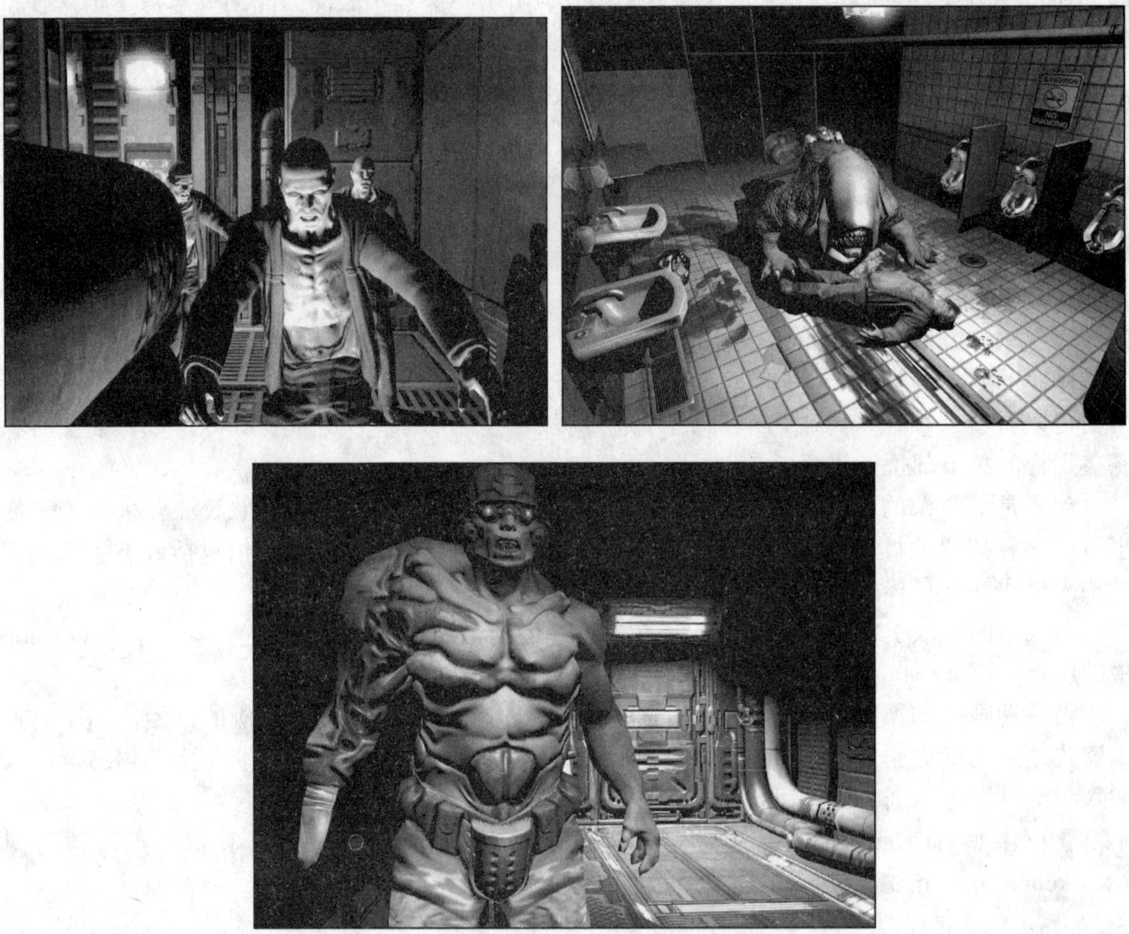

图 13-11　DOOM III 截图

Cloud 说，下一步可能听起来相当明显，但是，它在当今的游戏行业常常被忽略。Cloud 承认连他也是这样才学会这个方法的：

第二步学会做一个美工，而不仅仅是一个计算机美工。我毕业时获得的是政治学的学位。虽然我参加了几个艺术班，但我还是期望自己参加得更多一些。我学习新工具，利用可用的优势在可能时间内最快速完成最好的作品，我为自己有这样的能力而骄傲。但是，如我一直以来所做的，我必须学到许多基本技能。如果现在我以 1985 年我开始第一个工作时的技能寻找工作，我很可能不会被雇用。黑客计算机美工的时代已经结束了。不管是阅读书籍还是去上学，学习美术基础才是当务之急。色彩理论、动画、人体构造、油画、素描、构图等等依此类推，都是你自己应该提升的技能。

想像一个真实的三维射手从融合恐怖主题（不像游戏 Resident Evil）的第一人称视角所看到的。那就是 DOOM III，其图像已经看起来像预渲染的 CG 一样好。

那么在学校之外可以做什么呢？首先和最好应该学习哪些工具？

在家里为自己安排一套系统。要想成为计算机美工就必须把时间花在计算机上。买一个旧电脑，在互联网上找公共的或用过的软件。坐公交车或骑自行车上学，省下钱买电脑。刚开始你不需要最好的软件和系统，但你总还需要点什么。有很多优秀的软件，但学习 Photoshop（www.adobe.com）和 3D Studio（www.discreet.com）是不会错的。如果你不能找到一个二手版本，那就找你买得起的 32 位美术软件和多边形建模工具。除了在家里有一个系统，另外的选择可以是：用朋友的系统，用学校的系统，或者在有计算机的地方找个工作（任何工作）。推荐复印/传真的地方、服务社，或者某个小计算机商店。尽管我在我的第一家计算机公司 Softdisk 想找个美工的工作，但他们说他们不需要美工。取而代之，我接受了做技术支持电话答复的工作。在花时间让 Softdisk 的人们相信他们需要一个美工的同时，我有机会与他们的程序员交谈并使用他们的计算机和软件进行学习。

Id 软件的 Kevin Cloud 说 Photoshop 仍然是最好的工具，多数游戏公司正在使用它。但三维工具就没有这么统一，Cloud 说："3D Studio，现在通常叫做 3ds max 或者仅仅是 max，已经将一些阵地让给了 LightWave 和 Maya，但可能仍然是最常用的游戏建模和动画工具。"

Cloud 说当你有了一些受教育和实践经验之后，下一步就是要集中力量成为一个更好的美工。

要避开成千上万分散你的注意力的事物，这是我必须反复学习的教训。虽然我从来没有停止做美术，但我经常临时转到其他项目，大约一年以后，我的脑袋爆炸了。我必须重新去学习，因为我是一个美工，我喜欢做这个工作。在你的职业生涯中，要坚持集中力量去做一个更好的美工。寻找更多的美术资源——书籍、优秀 web 站点、磁盘上的美术选集。有大量艺术家的传记记述了他们的艺术和关于他们的生活的故事。每个美工都应该花一些时间追随他最喜欢的艺术家的生活，模仿他们的风格。只要尽力与某个伟大艺术家的风格相近，你能学到很多东西，而最后你将获得创造自己风格的灵活性。寻找 Web 上的讨论组，要敢于提问题，向和你一起共事的人索要建议和评论，结交那些有兴趣成为更好的美工的自信的人。集中提高你的艺术技能，你的机会自然就会出现。

一条额外的建议：不要怕变动或者冒险，要努力成为最优秀的。如果可能，完成你在做的项目——但是如果有更好的机会，就抓住。尽量让你周围都是自信和有才能的人。和最优秀的人一起工作可以让你也成为最优秀的。牢记你的未来掌握在你自己手中。不要让自己仅仅是众人中的一员。要做些不同的事让自己突出出来。发展自己的风格或者技术。尽力将你的任何项目做得不同，因此人们才会知道是你参与了游戏的开发。

我们请求 Cloud 讨论一下对于即将在 2003 年某一时间出品的 DOOM III，从美术的角度，什么是他最骄傲的。

首先，我想说的是不同于原来的 DOOM，当时美工只有 Adrian（Carmack）和我，而 DOOM

III 中的大多数美术是由 Id 的其他美工创作的。Id 十分幸运，吸引了业界最优秀的艺术天才，我们这个团队创造的东西是我当时创作第一个 DOOM 时无法想像的。

说到这，Cloud 提供了下面的谈话：

DOOM III 是计算机游戏图形的一个进步，提供了在实时环境生成预渲染的电影质量的美术的能力。如果你创作过预渲染的电影，你肯定熟悉在 DOOM III 进行美术创作用到的基本元素：例如光照、粒子系统、材质、照相机等等。对于一个美工，在 DOOM III 中工作比创作传统电影更好，因为能立即看到你的工作结果。例如，改变世界的形状、光照、纹理或者模型，立即就可以在 DOOM 世界里看到结果。

Cloud 说“高度映射”可能是 DOOM III 中最酷的美术元素。

DOOM III 用高度映射来再现高多边形模型的细节。美工创作如一个怪物的皮肤或者墙纹理或者无论什么的三维模型。然后，模型被转变成 24 位、二维的纹理以用来和渲染及光照系统一起创造一个表面（例如静脉、头发、皱纹、肌肉等）的细节。

我们请求 Cloud 从美术的角度讨论计算机游戏和主机游戏的美术创作的差别。“差别比较多样化，取决于游戏和主机，”Cloud 回答道，“然而，一般来说，一个主机美工有更多的约束，必须少用纹理存储器——这是指比 PC 游戏用的纹理要小一些、少一些。”

另外，电视和 PC 显示器的输出也有一些不同。在电视上，饱和的红、蓝或绿色趋向于模糊，比在 PC 显示器上要强烈。因此，美工在创作纹理或之后在电视输出上检查时需要进行调整。

Cloud 说 Id 坚持不懈地改变技术以最好地利用最新的 PC 硬件。因此，开发环境和工具包也同样要不断改变：

我们很少有时间去创造完美的内部工具包。然而，主机是稳定的平台，在主机的整个生命周期中，美工和程序员可以不断完善技术和工具包。

Cloud 说主机美工与 PC 美工相比的另一个优势是主机不会太大地改变。

当为主机创作美术时，你不必担心游戏在不同硬件配置下的表现。在 PC 上，展示环境中达到的光照映射、阴影层、插值、mipmap 和分辨率，实际上可能根本达不到或者要打折扣。

最后，我们问 Cloud，在过去数年计算机/电子游戏的美术创作的艺术是否完全不同了。如果是，那是如何变化的呢？

美术创作每年都在变化。以前是从一个图像创作一个表面，现在是用几个图像或层。那些层的结合是基于称作材料定义的文本文件脚本。如果你熟悉预渲染的场景的创作，你就可以对其处理有一个通用的理解。每个表面都有从凹凸纹理或者高度纹理层产生的表面细节；然后另一个层确定反射的内容或者纹理的光亮，并且另一个层确定表面的颜色，依此类推。高度映射不是用 Photoshop，而是用一个三维建模工具创作出来的。模型用来产生一个纹理，其中一个像素的每个颜色通道表示从一个方向照射这个表面的光的强弱。这样做，尤其是在一个实时要求不高的世界中，其优势在于表面现在能按照光照的色彩、强弱和角度进行变化——类似于在真实世界中。

Pierre Rivest，Ubi，BAM！

在本书的其他部分，Batman: Vengeance 的制作人 Reid Schneider 谈到了创造游戏中的黑暗效果和感觉（并且保持到华纳兄弟的动画电视系列）。在此，他和 Pierre Rivest 谈到用于创作游戏的一些美术/动画技术。Schneider 离开 Ubi Soft 后就到 BAM!娱乐工作了。

Schneider 说，我们的动画师认为有必要将游戏中的所有角色的运动做得非常流畅，并且他们做得令人难以置信。游戏动画中最艰难的部分之一是你必须确保每个动作都能无缝地连接起来，或者让这个幻想破灭。今天的玩家要求都是极高的（这是一件好事），他们期望超高的品质。然而，高品质的动画只是均衡的一个方面。使用动画的代码必须非常出色并与动画恰当地连接在一起，否则结果将是不均衡的。

这对斗篷而言同样很正确，它是动画师和程序员为同一个目标合作的结果。这也是两个十分不同的领域为同一个结果而合作的一个很不错的例子。

Rivest 说游戏中的所有动画都是手工创作的，没有使用任何动作捕获。我们感觉用手工动画能更好地控制结果，并且更容易让超级英雄 Batman 完成玩家所期望的动作。在 Batman: Vengeance 游戏中，大多数角色动画使用的是一种叫混和的技术，这种技术让我们十分容易地将两个动画混合在一起。例如，Batman 正在执行奔跑的动画，而附近的恶棍端着猎枪开火并打中蝙蝠侠。用动画的混和，我们很容易就将奔跑和被猎枪击中的两个动画混和在一起，就出现了 Batman 在继续奔跑的同时对猎枪的射击作出反应的效果。

蝙蝠斗篷实际上与蝙蝠侠是分离的，它是一个动态的参与者，随着蝙蝠侠的每个动作作出动态的反应。

Catherine Roy，Ubi Soft Entertainment

在本书前面，我们听过一些来自这个游戏 Tarzan Untamed 和 Jungle Book 的天才制作人的有趣的谈话。在这里，Roy 讨论游戏中的动画如何看起来更流畅，以及他们如何为 Tarzan 的头发做动画?

首先，Roy 说给 Tarzan（泰山）中的角色做动画，他们用的主要工具是 3D Studio Max 和 Character Studio（两者都在 www.discceet.com 上）。而最大的两个挑战是电影的主角和 Tarzan 的动画。

她解释道：与主角相关的可玩性是指我们的动画能够向前和向后播放，给人摔跤的感觉。每个主角花费了超过两个美工一个月的时间做动画。一开始 3 个动画师和程序员就密切合作，确保我们的动画播放器插入的帧向前和向后都是正确的。

例如 Tarzan，挑战来自我们要完成的动画数量。除此之外，每一个动画都需要重新和泰山的头发动画连接起来，这导致动画师工作非常漫长和乏味，这也是我们在引擎中开发头发控制方式的原因，好让引擎可以自己完成头发动画。它在头发上加上一些风和重力，然后，动画师必须在泰山肩膀和脖子上设置碰撞区，以保证头发不会穿过身体，这样就行了。我们就不需要做头发动画了，这样节省下来的时间可以用在重要的动画上，将那些动画做得尽量流畅，还可以用来创作各种各样的特技动作。

Catherine Roy 说真实世界的经历能帮助完成一个不那么真实的世界中的角色的动画，就像在图 13-2 中看到的那样。

“我们的一个动画师从 10 岁开始就是一个滑冰爱好者，他对泰山的特技动作真的很激动，并且全身心投入其中，为每一个运动创作最好的动画。我们看过大量在网上找到的视频，包括赤脚滑雪、wakeboarding、滑雪板、溜冰板……我们在这个游戏中提供了一些很酷的运动的动作选集。”

图 13-12　Tarzan Untamed 中的截图

Greg Thomas，Sega of America/Visual Concepts

这个老练的主机游戏设计者给新手提供了一些编程技巧，在下面的段落中，他勾画了游戏美工应该遵守的 3 个极好的规则。

1．将你的自我留在门外。每个团队中都有很多有创造力的人。我是指一个美工应该能够很好地接受批评。总有很多要“重做”的。

2．记住我们是在创做互动的体验，不是电影。所以可玩性的重要性在视觉之前。这可能意味着要砍掉动画中的一些帧或者轻微地降低图像中的元素，等等。虽然这很重要，但是美工常常没有彻底理解这个道理。如果一个美工仅仅将焦点集中在视觉上，那么游戏行业就不是适合他或她的地方。

3．美工需要了解一些技术以便于理解机器的能力。我看到一些让人推崇的美工最后以更一般水平的作品告终，还不如一个基本美术技巧更差的美工，就是因为对技术的理解不足造成的。例如，一个美工可能做好了一个足球运动员的模型，看起来也非常真实，但是，硬件还不足以支持。最初将模型做得更简单些，然后继续增加细节直到达到极限，这样会更好（图 13-13）。

图 13-13　NBA2K3 截图

世嘉的 Greg Thomas 说，用来创作像世嘉运动的 NBA2K3 和 NFL2K3 这样令人叫绝的游戏的工具是 Alias Power Animator/Power Modeling、Adobe Photoshop、一些动作捕获产品和一些定制的室内工具。

Todd Howard，Bethesda Softworks

第 5 章从 Howard 那里听到过角色扮演游戏（RPG）的设计，这里我们要求他解释一下创作一个像 Elder Scrolls: Morrowind 那样的三维 RPG 游戏需要哪些不同类型的美工。一个美工/动画师在开始项目前应该考虑的最重要的是什么？

现在一切都是三维。甚至在某些方面大多数界面都是三维的。你必须学习 3D Studio Max（www.discreet.com）、Maya（www.aliaswavefront.com）或者这一类的软件。但是，美术部门通常要分成建模、纹理和动画。三者都擅长当然最好。建模和纹理联系比较紧密，但是，如果你做动画，那么确实会花掉你全部的时间。

图 13-14　Morrowind 截图

Bethesda 的 Todd Howard 捐献出两张来自游戏 Morrowind 的前所未见的图片。从图 13-14

中看到的是 Vivec，Dark Elven 神之一，左图是在 3D Studio Max 中，右图是与 Ruddy Man 战斗的草图。

在你开始美术创作前需要知道的第一件事就是你可以用多少多边形。为你的整个场景做一个预算。给角色多少多边形？给环境多少以及给特效多少？你也不想制作了一个 10000 个多边形的角色然后发现游戏只能支持 200 个。但是目标可以高一点。这有两个原因：稍后调低比较容易，而且你的游戏在完成前很可能要进一步优化，因此你最好现在就将美术做得更多些。

Emmanuel Valdez

如果你曾经因为 Midway 的 Ready 2 Rumble Boxing 中战士的顶级动画表情而开怀大笑，那你就已经享受过很有才能的 Emmanuel Valdez 的作品。在 2002 年离开 Midway 去追逐其他兴趣之前，Valdez 是 Midway 家庭娱乐公司的首席美工，他创造了像 Afro Thunder 这样的虚拟明星。在此之前，他在 ESPN Extreme Games 和 Bio Freaks 工作。他的志向是在游戏行业长期干下去，致力于那些“模糊虚拟世界和现实世界之间的界限”的游戏。

Valdez 勾画出游戏美工应该牢记的 3 个关键法则。

1．表达

“游戏美术和图形是多数消费者购买电子游戏时考虑的首要事情之一。”Valdez 说。

计算机图形美工的目标就是清楚地表达游戏的全部视觉和感觉，通过图形的每个方面，包括界面、动画和娱乐性的图形。

Ready 2 Rumble Boxing 的界面选择了使用清楚的白背景和“弹出”的卡通化字符。而没有用很酷和流行的图形将屏幕搞得一片混乱。我们选择集中清楚定义的目标，那就是提供玩笑和顽皮的感觉，因为这个游戏是要以漫画的方式而不是以仿真来表现拳击。

2．注意细节

根据 Valdez 的意见，每个游戏美工应该将目标设定为实现游戏的视觉效果。他解释道：

要多走出去一步，尽量在美术元素如色彩、设计、纹理和动画中用上更多的额外的视觉刺激。这样计算机图形就会招徕更多关注，因为其中用到的额外的会引来消费者的赞扬，以及同类游戏开发者类似的赞扬。增加的细节反映出美工和游戏开发者献身于创作有深度有影响力的游戏。

对于 Ready 2 Rumble Boxing2，Sony 的 PlayStation 2 和微软的 Xbox 的出现，提供了创作更高细节、电影质量的计算机图形的可能。我们创作的角色有更多定义、有更大的动画集和大量的纹理存储器，允许纹理映射美工创作以前被视为奢侈追求的细节。不久的将来，电子游戏行业会和电影行业汇聚起来，创造新一代的娱乐。

3．知道何时该停止

要平衡细节的水平，Valdez 警告这一点很重要，那就是要知道什么时候停止对美术的过分修饰和细化。

一个美工通常很难对结果满意，经常要花很多时间尽力试验、加工游戏图形。开发电子游戏的时间变得越来越短，其中最大的限定因素就是游戏美术的折衷方案。

用什么工具实现 Ready 2 Rumble Boxing 系列中的视觉和感觉？

每个美术指导或首席美工总是应该先画出他们想要的总体效果，作为其他图形的基础。

它们可能仅仅是角色的服装，或复杂光照和形状的精细水平的一个想法，用来规定流程、协调质量或风格，除非特别做到，这些游戏美术通常是不会发挥作用的。开始的一个好办法是搜集与游戏相关的题材，或能够鼓舞和激发计算机美工的视觉信息。通常，你能从各种有影响的信息中焕发兴趣，得到视觉刺激，这有助于美工表达能反映这个游戏总体视觉效果的信息。

“Ready 2 Rumble Boxing: Round 2 中的动画反映出在创作电子游戏角色时如何注意细节。”Valdez 说。图 13-15 是 funkadelic Afro Thunder，在其他角色中，你能够认出来吗？

Valdez 说，在游戏开发工作室各个位置的计算机美工通常在 3 个不同方面各有所长：纹理映射美工、建模者和动画师。下面分别简短介绍一下：

1．一个纹理映射美工创作二维材料和纹理，如衣服、头发和皮肤，并将之应用到三维模型上。

2．一个建模者创作三维形状，作为纹理映射者使用纹理的基础。如今，模型是实时三维电子游戏的十分重要的构件。

3．一个动画师创作与物体或角色相关的运动，使他们有运动、战术或者甚至面部表情的能力。

图 13-15　funkadelic Afro Thunder 中的角色

Valdez 补充道，有的团队有幸有一个专职的概念美工和设计者来创作图形的视觉和设计方向。

一个游戏美工可以从哪里获得灵感呢？

人们在艺术方面有不同品位和视角，这就使得对每个人来说获得灵感的方式既独特又丰富。艺术本身是一种表现，可以有很多形式。我个人关注音乐、电影艺术、建筑、汽车设计和时装趋势。一些艺术家从其他艺术家、画家、摄影师和雕刻家的作品中寻求灵感。

游戏美术和动画创作的最难部分是开发“效果”——游戏中所有美术必须追求的目标。它在决定整个游戏的主题和基调方面是至关紧要的，而且必须在电子游戏开发过程的很早阶段就完成。这意味着前期制作（游戏构想的早期研究与开发）是最重要的时期，确保整个项目能够沿着最好的美术方向前进。

Valdez 解释动作捕获动画（mo-cap）是什么，以及如何把它用在当今的游戏中。

动作捕获是通过使用光学技术和电磁技术，捕获演员的运动，搜集真实和精确的动画数据的技术。许多游戏要求真实动作数据，以便在他们的产品中表现出现实，同时也为动画师显著地节省了时间，他们必须在短时间开发出大量动画。开发者使用动作捕获人类运动和所有复杂的事物，最重要的原因是即使最有才能的动画师也不能复制出这些。通过在 Ready 2

Rumble 系列中使用动作捕获，我们能够在我们提供的动画中显示人类运动的复杂细节，帮助实现个性和角色。每个拳击手有一个动画集，包括介绍、获胜、笑骂、战斗，表现出情绪和截然不同的个性。

请到 www.midway.com 去欣赏 Valdez 的作品。

Rick Stringfellow

在 2002 年离开 EA Sports 之前，Rick Stringfellow 是 NHL Hockey 系列（该公司最畅销和最被期待的体育游戏）的资深美术指导。以前，他在 Radical 开发过 ESPN Sports Games、OX Hockey/FOX Basketball 2000/2001 和 Jackie Chan Stuntmaster。

美工/动画师开发游戏时要牢记的最重要的事是什么？Stringfellow 回答道：

消费者将如何看到一段游戏美术或者与之交互？他们会从功能的角度理解它吗？它不需要任何指导就有意义吗？我们创作的美术是给其他人的——初级美工常常在制作游戏时忘记是为了消费者。

这可能是在时间和技术的约束之内我能完成的最好美术吗？还不是特别好，仅仅是完成了——你必须尽可能做到最好。

初级美工要牢记的另一点是在制作游戏的过程中，美术将经过多次反复。在完成之前决不要以为实际上已经完成。当我考虑刚刚完成的游戏时，我找不到任何从首次构想以后没经过几次修正的美术。

游戏的美术是美工之间以及团队中所有人之间的合作过程的结果——要制作一段美术，你必须和所有人合作，从概念到实现。

很多美工渴望知道在 EA Sports 中有哪些与美术相关的工作，因此 Stringfellow 在这里带着我们了解一下 5 个关键的领域：

- 二维纹理美工　负责创作所有团队纹理、运动员面部、场地纹理、一些前端图像。
- 界面美工　为游戏建立前端交互部件。处理视觉、感觉、互动按钮和动画。
- 三维建模员　创作所有选手和场地的模型；将二维纹理附加和映射到三维模型上以便建立动画。
- 3D 动画师　对游戏内的所有动作进行编辑和创作，通常是处理小片段的动画。
- 美术指导/首席美工　负责游戏中所有美术的一切方面，既要理解美术的审美要求，又要懂得美术的技术要求。

NHL 系列常常受到忠实 fans 的求全责备，我们要求 Stringfellow 回想一下对这个系列的主要挑战。

制作游戏的一个常见问题是存储空间不够。这种情况下，当所有的最终对手集中在一起时，我们就会因为超过平台存储限制而毁了游戏；一般说来，如果你超过存储空间的数量很小，那么稍做调整你就能获得足够空间让一切匹配得当；如果超过的量太大，你就要大费周章了。

不要怕开始剪切或调整，这是该情况的一个原则。通常对此你的选择余地很小，但是你拖延的时间越长，剪切工作也就更麻烦。对于降低美术质量的数据，我们整批整批地砍掉，但不会多到引起反感的程度。当我们完成剪切并重新与存储系统匹配时，我们又花了很大工夫将某些质量重新装回去，直到到达存储极限，当然，没有超过这个极限（图 13-16）。

1. Reflection on helmet as the player walks past.

2. Close up of gloves being pushed on.

3. Picking up a stick.

4. Patting another player's back.

5. Reflection on the goalie mask.

6. Back-lit silhouette of player standing in tunnel entrance.

7. Focus on team plaque – players walk under it.

8. Crowd hanging over bars to touch players as they walk out.

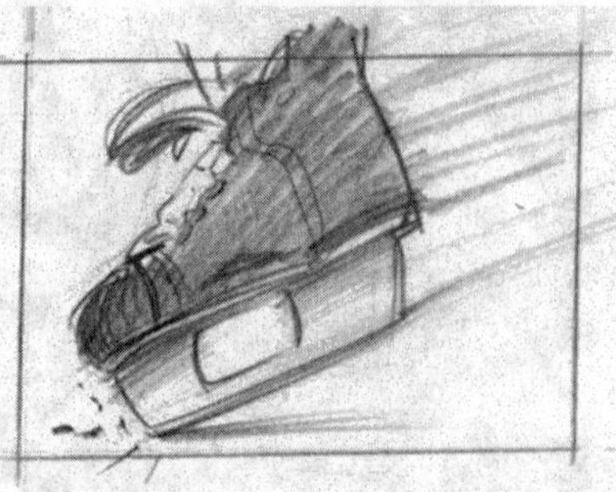

9. Close-up of first skate hitting the ice.

10. (wide?) shot of players skating around in circles.

11. Traveling shot with a player as he circles.

12. Goalie scuffing the ice.

13. Goalie ritual with team captain tapping his pads.

14. Crowd cheering (house lights go up).

图 13-16　NHL2002 截图

NHL 的美术制作是极具挑战性的，没有哪一块是可以独立出去的，而且几乎总要团队合作才能解决所遇的难题。对于怎样克服挑战性美术，我最好的建议是事先计划好，以及尽可能雇佣最有才气和自觉性的专业人员。

Stringfellow 认为，虽然学会使用软件程序对于电子游戏的美术和动画制作十分重要，但是作为一个美工，必须要熟悉美术和动画的基本原则，这是最根本的。

作为给无数 NHL 曲棍球迷们的特别奉献，这里提供了 NHL2002 介绍部分的故事板插图。特别感谢这些概念图的制作者——天才美工 Michael Mccartie。

“我们停止过寻找吗？”当被问到电子游戏美工从哪里寻找灵感时，Rick Stringfellow 这样回答。最好的地方在你的常规环境之外——外界刺激就是最佳动力。当你思绪受阻时，最好不要强迫自己继续思考，停下来，做做别的事。通常，你一停止强迫自己，你就会马上觉得“才思如泉涌”。

Stringfellow 说，他建议美工和动画师上学进修，但在选择学校和课程上要十分谨慎。

这对金钱不多的人来说通常是一个很大的投资。如果你还不是一个开业的美工，那么仅仅学个软件是无法保证工作的；如果你是刚刚开始，那么就在学习软件的同时考虑一下美术和设计学校吧。别忘了，软件只是个工具，而你必须要知道应如何创造性地利用它（图 13-17）。

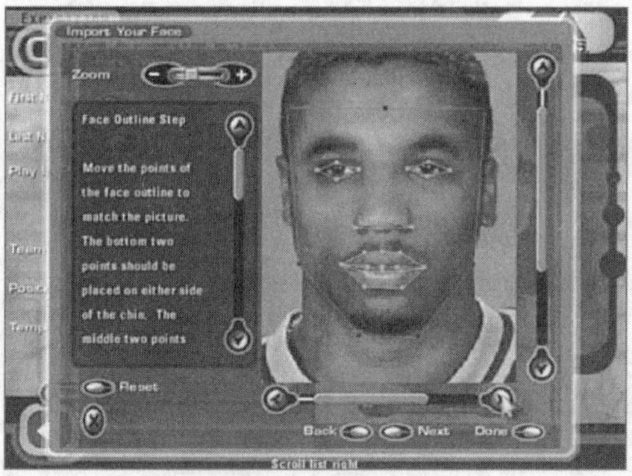

图 13-17　EA Sports 截图

EA Sports 是第一个将“游戏面孔”技术带给玩家的游戏，这是什么技术？Stringfellow 解释说：我们借此能给玩家拍照并将照片贴到面孔模型上，同时我们还能将它切入面部动画系统，这样玩家就能在实现目标时“喜形于色”或因受了重创而“痛苦不堪”。

Dan Michelson，Electronic Arts

我们在这一章其他部分也涉及了“动作捕获”，但这里我们将它做为一个专题，坐下学习学习有关动作捕获的速成课程，由 Dan Michelson 主讲，他是拥有北美最大的动作捕获设施的公司——加拿大 Electronic Arts 公司在动作捕获上的高级专家。请务必阅读附录中关于 Dan Michelson 的简历。

动作捕获是这样一种方法，它通过给演员身体的关键部位附加记号，将跟踪捕获到的真实演员的表演运用到动画人物的动作中去。高灵敏度的摄像机可以在三维空间跟踪捕获到这些记号的位置，然后我们将这些位置数据采集起来并分解到动画骨架上。通过在某个关节设置若干个记号，我们还能导出旋转数据。

可用的技术有很多种：磁学、生物力学、逆光和顺光动作捕获，所有这些技术都有各自的优劣势，系统要依据项目需要来定。利用动作捕获不仅能节省时间，而且能给游戏增加真实性的动作。Electronic Arts 利用的是光学动作，因为这样得到的数据更为准确。

Michclson 强调，要让游戏（比如一场篮球或足球比赛）的玩家获得如此真实的动画效果，需要不同方面的专家。

1．动作捕获操作员：这个位置有双重意义，一些要在制作期间运行工作室，负责操纵和维护设备，同时按照每个项目的要求安排布景和道具；另外一些操作员负责处理动作捕获拍摄所获的数据，他们要区分原始数据和清除丢失没用的数据。

2．动作捕获专家：负责与制作团队进行沟通以确保有效摄制，将获得的数据分解到游戏骨架上，并将数据传给团队。

3．动作捕获演员：演员是在摄制过程中，负责为游戏团队执行所需动作的美工。这可能很简单，比如跑过捕获空间；也可能很难，像扮演社会名流等。

动作捕获中最难的部分，Michelson 说，是处理“阻塞”。他解释道：

我们用光学系统时，我们要靠摄像机的性能来看清记号。当我们必须为 Madden Football 捕获阻拦铲球的动作时，记号常常会被阻塞很长时间。重做这些记号需要经历一个“虚拟记号”的过程，这是极其烦琐和费时的（图 13-18）。

图 13-18　部分电子艺术界动作片段

对游戏中的玩家进行手工动画制作是更加麻烦的，michelson 说：代替动作捕获的一个方法就是对人物骨架进行手工动画制作，这是通过一个称为“关键帧”的过程完成的，其中动画师必须一帧一帧地移动每个骨头，以便使视图逼真可信。因为一般游戏每秒有 30 帧，所以整个过程非常缓慢，而且需要技术十分娴熟的动画师才能将动作做得真实自然。只有技术高度娴熟的动画师花费大量时间一点一点地移动每个动作，最后才能获得逼真的效果。假如要达到动作捕获动画的速度和准确度的话，这并非是人人都有力承担的奢侈品。

关于动作捕获技术，有一些关键问题要注意，Michelson 强调说：

1．开始时就要想好结尾。

2．确定最花时间的部分。制作日程十分紧张，所以你必须常常对那些需要花更多时间和精力的地方做出选择。比如，可玩性比片头动画更花时间，所以你必须确保首先从那里开始。

3．记住在捕获动作的同时你也在捕获个性，所以选择演员时必须十分严格。在（2001 年）制作 March Madness 时，在动作捕获拍摄结束后，我们注意到他们为主要游戏动作所选的这位演员身体左偏，他站立时身体向左倾斜，活动起来还更加明显。现在问题出现了：他们必须将他的动作同时映射到在场的几位玩家身上。突然，你就会遭遇这样的风险：所有 10 个玩家都在场上，他们都无一例外地向左偏斜。这就很糟了。我们可以在软件中纠正他的曲线，但这也只能做到一定程度。

Don Bluth，Don Bluth Films

作为本书的特别奉献，我们有幸采访到资深动画师和制作人 Don Bluth，他曾在好莱坞制作过一系列知名电影，如 Anastasia，The Secret of NIMH，An American Tail，All Dogs Go to Heaven，Thumbelina，The Land Before Time 以及 Titan A.E.。1983 年，他还曾协助创作了富有传奇色彩的 Dragon’s Lair 影碟街机游戏。Bluth 的上一个电子游戏是 Dragon’s Lair 3D（图 13-19），2002 年冬发布的。请务必阅读他在附录 A 中的详细简历或访问网站 www.donbluth.com。

在拉斯维加斯 2002 年经典赌博世博会（其间 Bluth 停留了数天，给海报签名、与数不清的 fans 握手）结束不久，他抽出时间与我们谈了谈电子游戏的美术和动画问题。

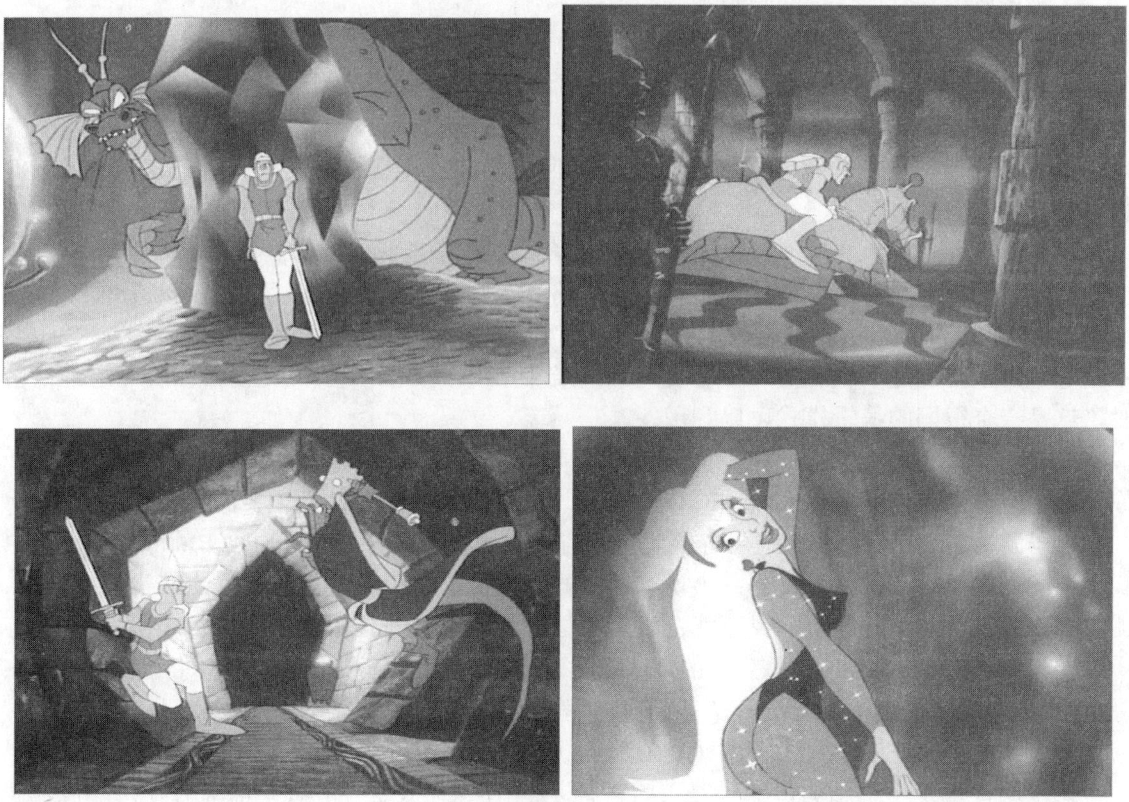

图 13-19　Dragon’s Lair 中的角色

游戏制作中，美工/动画师最应该注意的3点内容是什么？

➢ 清晰　这和给一部故事片制作动画是一样的，观众必须能清楚地看到角色在做什么。我们要处理“轮廓”问题：当你为角色找到了一个合适的姿势，这个姿势是否很好地“显示”出来？如果你将它一并涂黑，你是否还能明白这个（呈轮廓影像）角色在做什么呢？
➢ 可信度　角色的动作可信吗？你能展示角色的个性、让他独自思考和呼吸吗？要让他栩栩如生。
➢ 娱乐性　设法找出一些东西——如设计上的某个缺陷或特征——让你的角色显得特别和有趣。通常这是角色个性中的某些东西，某些你可能会在一个朋友或亲属身上发现的有趣特点。

Dragon’s Lair的成功是不容小觑的，因为街机游戏的平均寿命只有9个月，而这已经是Dragon’s Lair的第20个年头了，迄今为止，它的销售收入已达到了131万美元，如今遍布很多地区！图13-19为原始Dragon’s Lair游戏中的Dirk the Daring以及危难中的少女Daphne的快照。

美工和动画师应该熟悉哪些软件工具？

我们不是技术人员，因而对各种各样的游戏软件并不是很熟悉。但是，我们确实运用一些电脑美术工具像Softimage，Toonz，Maya，Photoshop，Matador等。

了解古典美术有什么帮助吗？

了解古典美术仅仅只是必需的背景知识或平台。美术的关键是要学会“语言”——铅笔、画笔、电脑等等。开发绘画能力。在电脑中进行绘画或构建属于“语言”部分，它能让你通过美术与别人沟通。

第二个要点是接受教育。我们能懂得绘画的语言，但我们还要能聪明地表达，所以好的教育是极其重要的。

令人惊讶的是，Bluth并不觉得互动媒介的美术制作与电影业有什么不同。“它们通常是相似的，尤其是你要在游戏中讲述故事时。建筑的要求则要稍微高一点。”他解释说：

对于Dragon's Lair，我们要设计流程图以使分歧效果能在编辑过程中达到可视化。你也会不断想着“消除威胁”的问题——不是标准电影制作中的那样，虽然在创作惊险的追逐情节时，这是一个很好的编辑模式可以利用。

挑战仍然来自观众方面——要吸引观众、要给他们带来娱乐。游戏不像电影，不能赋予你发掘角色多重人格或者个人气质的特权。因此，游戏角色的个性必须要简单、直接。

电子游戏的美工在何时何地寻求灵感？“当他开始干瞪着一张白纸时，”Bluth调侃到，“事实上，我们无处不在寻找着灵感：小说、电视剧、电影、杂志：或者只是发生在生活中同事、朋友和家人身上的一些趣事。灵感就在我们身边，你真的无法预料缪斯女神将在何处降临。”

在说明the Dragon's Lair系列中的 Dirk the Daring是如何创作出来时，Bluth说：“Dirk实际上不是个复杂的家伙，但我们确实给他找了些东西加上去，让他有了广泛的吸引力。”

一个（选择）是将他刻画成“每个人”，有点像Charlie Chaplin。Charlie Chaplin在他的早期电影中同样也是不说话的，他不是英雄，但是一个尽力想让事情做得正确的好人，他代表的是广大群众，平常工人，艰难地过着日子。所以当我们涉及到时，我们将他设想成一个不太聪明、肌肉发达、身上带有大型武器的人。他不复杂，但也并不头脑简单，事实上，他的沉默不语推动了他在国际市场所获的成功。他最后代表的是所有国家中同一类型的人，而不用给他编排外语，担心他说什么。

创作热门角色没有公式可言，它和创造热门歌曲、热门电影、小说和卡通书一样，很困难，就像抽签的运气一样——没有双关意义，但愿我们能找到这样的公式。经常，它可能只是某个个人的形象，如商人或画家、工程师、技术员等；它也可能是“脑力风暴”（快速思考罗列）的结果。涌现好的构思，方法很多。与你的同事一起测试你的构思是个不错的做法，如果这个构思赢得了团队认可，那它同样也会赢得大众的认可。

最后，我们要求 Bluth 谈谈 Dragon's Lair 或 Dragon's Lair 3D 的动画中最具挑战性的方面以及他是如何克服的。“或许是要适应这样的事实：我们所解决的是游戏可玩性而不是故事连贯性问题。” Bluth 回答说。

他详细解释道：美术或动画基本上和故事片是相同的，动画师仍要很好地表现绘画、表演和娱乐。而对我来说，最大的挑战就在于要面对这样的事实：我们不是在制作一部给观众传达某种信息的故事片。当时这似乎是这个昂贵媒介的一个次要用途。我想克服的办法就是将注意力集中在每个画面的娱乐价值上，就像我会在故事片中所做的一样。这个方法可能有用，后来事实也证明了这一点；这个项目让我们名声远扬。这款游戏的 fans 遍布全球。

欲知有关热门角色如 Dirk the Daring 创作的更多信息，请返回第 6 章。

图 13-20 Dragon's Lair 3D 截图

第一集 Dragon’s Lair 游戏只有 22 个房间——无一可以探测，但 Dragon’s Lair 3D 中有 230 个巨大房间（图 13-20）。

第 14 章　用户界面与游戏控制

尽管在这本书的一些地方，你会发现一些关于美术技巧、关卡设计，或者是角色动画的最好方法等相互冲突的建议，但通常都认为游戏中糟糕的用户界面（UI）是它致命的地方，不论它的内容有多好。

在编辑本书的时候，咨询了许多设计师，游戏行业的格言——用户界面能造成游戏的成功或失败——是否是真实的。在大多数情况下，设计师们一致认为用户界面确实能够造成游戏的失败。他们也确信如果游戏自身不够好，UI 肯定也挽救不了游戏。但是，这是时常被忽视的最重要的游戏设计领域之一。

记住，有两种不同的游戏界面。第一种是屏幕菜单，或者外壳界面，主要用来设置视频或声音选项、配置控制、启动多人游戏、存取存储的游戏进度、退出到桌面等。第二种是游戏里面的用户界面，即玩游戏时玩家在屏幕上所看到的界面。

控制是游戏设计的另外一个重要方面，把它归在用户界面是因为它们之间的联系非常紧密。极为普遍的是，玩家为一个游戏花了 50 美元却不能控制角色或机器（或者是一些游戏里面动作的“照相机”角度）。在其他情形下，控制布局很不错，但是屏幕上的物品不能迅速响应或者不够流畅。

许多游戏玩家会承认，游戏里面的好的界面对于运动类游戏来说难度最大。一些基于团队的游戏比如说橄榄球、足球、篮球，或者曲棍球，部分原因在于游戏玩家必须始终控制所有的队员并且必须选择要控制的（一些）队员。让问题变得更加复杂的是，在一些情况下也必须要给其他的团队成员传递指令。我马上就会介绍一些基于团队的运动游戏，但让我们首先看看一些只有一个角色需要控制的运动类游戏，比如高尔夫球、滑雪或者拳击比赛。这些运动游戏有它们自己的 UI 方面的挑战。

Steve Rechtschaffner，Electronic Arts Canada

Steve Rechtschaffner 是加拿大电子艺术界制作室的副总裁和执行制作人。在本书的前面，以他的游戏 SSX 和 SSX Tricky 作为优秀的例子，他分享了一些有关游戏设计的深刻理解。他最近的一款游戏是 NBA Street Vol.2。

在许多游戏都没有提供好的 UI 时，EA Sports 和 EA Sports BIG 的开发团队是怎样把用户界面处理得这么好的呢？

理解主要控制和次要控制之间的差异是关键。许多游戏在游戏过程中很早就要求你做一些更加复杂的次要控制。我喜欢游戏允许我以直观的方式从基础开始；当我准备好了并且不再需要考虑基本的东西时，然后开始分岔并学习游戏更加复杂的，更加可操控的方面。如果在游戏中我仍然要试图记住基本的控制并且必须过早地执行更加高级的控制时，我将不再会有兴趣了。感觉直观也是关键。你的控制器动作在感情上应当等同于屏幕上的机动动作。完成得不错，你觉得时机正好通过控制器。NBA Live 和 NBA Street 的跳跃投篮在这方面都做得很好。

在 SSX 游戏系列中，Rechtschaffner 说：我们花费了大量的时间反复设计 SSX 和 SSX Tricky 的界面（图 14-1）来反应这种见解。我认为它的简单直观和浅显易懂使得人们不害怕拾起游戏并去尝试它。如果当你拾起游戏时，游戏控制起来令人生畏，那么游戏的设计就很糟糕。

图 14-1　来自 Xbox 平台的 SSX Tricky 的插图

EA 的 Rechtschaffner 说，创造成功的用户界面和控制机制的关键是，理解主要控制和次要控制之间的差异。

Lorne Lanning，Oddworld Inhabitants

在本书别的地方 Abe 和 Munch 后面的思想讲到了创造成功的游戏角色和设计动作/冒险游戏。这里，Lanning 分享了关于创造良好界面的一些建议。

Lanning 承认，创造好的界面和控制对 Oddworld Inhabitants 的团队来说是一项挑战，并且他们的游戏习惯可能在控制方面太复杂且有许多难题。他提到，"这是没有做 focus 测试的结果。"

Lanning 详细说明道：这应当是发行商的问题，但大多数发行商不想在 focus 测试上花费太多的资金。当你制作游戏时，很容易非常接近游戏；一些对于制作游戏的团队来说感觉很好的东西，购买它的新玩家并不一定就感觉好。在游戏制作早期使用的糟糕的控制，实现只是用来让工作开展起来，当他们跟这些控制打了几个月的交道以后，设计师们可能会渐渐地觉得不错。这是一个危险的倾向。

但 Lanning 说，在他们最近的游戏中可能克服了这个问题：当我们认识到我们的控制习惯比较困难时，我们已经在最近的游戏 Munch`s Oddsee 中特别注意让控制更加直观些。这意味着将最常用的按键布置在最方便的地方。你也必须考虑到游戏的发展自身决定了许多玩家已经习惯了的模式。

几年前，Tommy Tallarico 说，人们每次并不只是玩一种游戏；他们通常一次玩 3 个或者四个游戏。他们可能一会儿突然玩格斗游戏；然后突然去玩塞车游戏；然后在这一天后来又是冒险游戏。他的意思是如果你脱离了大多数游戏使用的约定俗成的控制配置，你正带领玩家穿越未被发现的和难对付的地方。这样做是危险的。然而，如果你想做一些比以前更有创造性的事情，你需要找到将人们习惯的方式和你现在所提供的新的不同的方式结合起来的办法。

Lanning 建议，游戏复杂度的增加需要更加精明更加紧凑的控制：

对于我们来说，我们觉得游戏的多数只需要用一个按键和真实的模拟控制杆操作。更多复杂的任务，比如“游戏对话”——跟游戏中其他角色沟通的能力，将利用其他按键。这种性质需要编码更加精明，布局考虑更加慎密。于是，因为一个按键将操纵游戏世界中绝大多数的装置，这些装置不能相互靠得太近。把大量的注意力集中在这种新的控制配置上，主要因为我们明白糟糕的控制将会毁掉一款优秀的游戏。由于优秀而且简单的控制，我们知道更多的人们将能够玩游戏从而得到乐趣。

Shigeru Miyamoto，Nintendo

任天堂的超级明星游戏设计师 Shigeru Miyamoto 讨论了动作/街机游戏设计中游戏控制和用户界面的重要性。

我始终意识到我将制作的游戏是娱乐产品而不是艺术作品。对于玩家来说，能够从中得到乐趣是理所当然的，所以我们从玩家的角度来观察游戏。这种考虑最能够理解的例子应当是可以操控的能力。当我制作游戏时，我非常仔细地制作它们以便我自己的想法能够在游戏中通过控制器反映出来。也许这是能够激发玩家情感共鸣的东西吧。

图 14-2 Pikmin 截图

Shigeru Miyamoto 为任天堂 GameCube 平台制作的 Pikmin 是一款与众不同的动作/策略游戏，如图 14-2 所示。在游戏中，玩家扮演一个在 Pikmin 居住的星球紧急着陆的宇航员角色。目标是重建你的宇宙飞船以便你能够飞回自己的家园。一切通过操纵这些小生命完成，并通过许多关卡完成任务。

James Schmalz，Digital Extremes

加拿大 Digital Extremes 的 James Schmalz 与人合作创作了获奖的 Unreal，Unreal Tournament 以及 Unreal Championship 给我们很好地定义了非游戏用户界面：“电子游戏的图形用户界面是玩家和游戏之间的交互手段，玩家通过它启动游戏、设置游戏以及进行配置，比如选择游戏角色，选择调节音乐音量，选择控制器设定，以及开始新的游戏或者读取旧的游戏进度。”

是什么东西把设计糟糕的 UI 与经过深思熟虑出来的 UI 区别开来的呢？Schmalz 说，好的界面布局巧妙并且易于操作和理解。

他继续道：应该有一条从菜单系统快速到达游戏的捷径。玩家也应该能够很容易在游戏中对设置进行改变。总的来说，需要明显容易使用，在依然适合游戏需要时，游戏开发者应当尽量使其简单。

给玩家创造流畅的 UI 有些什么建议吗？

良好的 UI 制作过程意味着要考虑玩家的使用方式，然后尽可能地使其简单直观，同时保持菜单看起来有趣和专业。通常，需要几遍才能达到最终的布局。一旦毛坯草图开始工作并运转起来而且人们可以试用时，通常会有许多关于如何改善的建议。改善持续进行几次反复，直到每个人都对最终布局感到满意。

关于 Digital Extremes 公司及其游戏的更多信息，请参考 www.digitalextremes.com。

George Broussard，3D Realms

让我们从 Unreal 转移到 Duke Nukem 吧。3D Realms 的 George Broussard 带来了为玩家制作出流畅的控制布局的丰富经验。

游戏控制是难以理解的、二元的，并且非常关键。它们难以理解是因为没有固定的规则可以遵循，而且全部是靠“感觉”。它们是二元的因为它们要么好要么差，没有中间地带。它们很关键是因为如果控制差劲，人们甚至没有玩多长时间就将对你的游戏失去兴趣。

那么 Broussard 的奥秘是什么呢？

在玩游戏时你希望应付最少的按键和界面元素，并且你希望控制可以像玩家所想像的那样作出反应。玩家永远也不应当由于控制而受挫。如果是这样，立即作出处理——什么地方出问题了。永远不要指责玩家；这是你的过失。观察同类的流行游戏，看看它们是如何做的。看看这类游戏的爱好者对控制的喜恶是什么。不要试图重新发明车轮，因为机会是属于已经成功并及时把控制发挥到极至的人们。利用这些给你带来优势。

Broussard 说，一些游戏做得不错。如果你正在制作第一人称射击游戏，看看 Quake III：Arena，Unreal Tournament，以及 Half Life。对于即时战略游戏，他列举了 Command & Conquer：Red Alert 2 以及 Starcraft。第三人称游戏的例子包括 Max Payne 和 Heavy Metal：F.A.K.K.2。

Pierre Rivest，Ubi Soft Entertainment

电子游戏 Batman：Vengeance 的设计者 Rivest，赞同本章其他一些设计师的观点：电子游戏中的 UI 和控制方式极其重要。

首先，关于 UI：游戏启动时，玩家首先看到的就是界面。如果第一印象没有引起玩家的兴趣，这是个糟糕的消息。在玩游戏时，UI 告知并帮助玩家当前的游戏状况，这也是相当重要的。Batman 在这方面有点不太一样。我们让玩家决定在游戏进行中是否显示 UI；我们的目标是让玩家感觉像是在扮演动画片系列的一个故事情节。

其次关于控制：这也相当重要。玩家将在游戏全程中不停地和主要角色进行交互。因此，控制必须易于掌握而且直观。Batman 游戏的控制可能相当复杂；它们适应游戏性。比如，如果 Batman 在战斗，游戏就进入到战斗系统模式，Batman 能做一些破坏性的动作。控制微妙地改变，允许 Batman 做一些战斗动作。

Catherine Roy，Ubi Soft Entertainment

蒙特利尔 Disney 的 Tarzan Untamed 和 Jungle Book 游戏的制作人谈到，决定在宽阔的支路上行进时把 Tarzan 的行动限制在隐藏的道路上。在下面这一段里面，Roy 解释了这是怎么回事情以及为什么更适合这款游戏：

当我们开始制作 Tarzan 时，我们想要制作一款纯粹的 3D 游戏。首先，我们对游戏的想法是，Tarzan 可以 360° 转身，并且玩家必须在 3D 道路上控制 Tarzan 不会跌到在路旁。

但在几次 focus 测试以后，我们发现在紧凑的道路上控制 Tarzan 非常困难。玩家几乎总是跌到，而且 Tarzan 看上去一点也不像是英雄。于是我们尝试了一种称为聪明控制的技巧。有点儿像是磁铁，如果控制器与正确方向的角度在合理范围内，它可以帮助你继续保持在轨道上。这确实很起作用，但仍然很容易偏离道路。关卡设计在一些关卡里面创造了某种程度的较受欢迎的快速节奏，只有在直截了当地作出控制时才能达到这种效果。这就是我们最终使用 2D 控制的原因。事实上，这是在玩家能欣赏快速节奏的游戏时，我们可以让 Tarzan 做激烈的事情而且是英雄的惟一方法。

正如 Roy 的趣闻轶事展示的那样，关卡设计与游戏控制经常同时起作用。

Sid Meier，Firaxis Games

在几年前创作 Alpha Centauri 时，UI 对于 Sid Meier 来说是一个重要的考虑，并且他试图让 UI 设计满足回合制策略游戏新手的需要，同时也迎合经验丰富的游戏老手的胃口。

Meier 说道：我想要游戏界面容易使用，一切东西都可以用鼠标操作，但我也需要键盘快捷键。在 Alpha Centauri 中，我们认识到人们想更多地了解屏幕上的信息：单位、地表、建筑等。如果你右键单击指定区域，它将深入告诉你更多的信息。

Bruce Shelley，Ensemble Studios

作为 Ensemble Studios 与它极为流行的帝国系列（Age of Empires，Age of Kings，Age of Mythology）的首席游戏设计师和代言人，Bruce Shelley 在本书中分享了大量的建议，包括创作即时战略游戏（见第 3 章），进入游戏行业（见第 21 章），撰写设计文档（见第 6 章）以及编写逼真的 AI 代码（见第 12 章）。这里，Shelley 给出了制作成功的用户界面的一些建议。

UI 全部的目标应当是让信息和指令在玩家和游戏之间快速地来回传递而只需最少的努力。

他详细阐述了这条建议：UI 应当超越在玩家的范围之外。好的 UI 从不被注意到，但差劲的 UI 能破坏体验或毁掉游戏。Age 可以完全只用鼠标进行游戏，这并不是偶然的。基本的 UI 对偶然的玩家是友善的。我们为有经验的玩家提供热键以便他们能够更加快速和高效地进行游戏。我们不断地寻找不引人注目地给玩家提供信息的方式。比如，在 Age of Mythology，一个横幅从菜单条上掉下来让你知道有一些农民不在干活了。当所有人都在干活时，就看不见这种横幅了。同时，我们为游戏中几乎所有的对象都提供了滚动的帮助。

Don Hopkins，Freelance

在第 11 章中，Don Hopkins 分享了他在 The Sims 游戏中编程方面的见解。这里，他分享了 UI 在 The Sims 中表现出色的原因。Hopkins 说，这花费了大量的使用者测试和品质保证以及许多反复和改变："我们尝试了许多种不同的用户界面风格并且不害怕扔掉那些行不通的界面，但我仍然省去了一些心痛的界面并期望有一天能在另外一个游戏中使用它们！"

Hopkins 论述了 UI 的重要性：用户界面和游戏的设计及世界的模式紧密地交织在一起。因此，当一个发生变化，另外一个也不得不发生变化。一些用户界面问题是由游戏设计造成的。

作为 The Sims 中实施的基于 UI 的决定方面的例子，Hopkins 回想起下面这段经历。

首先，在你建造房子或者购买新物品时，时间并不会停滞。但是这样造成了许多难以修改的错误，比如当人们正在使用时你搬走物品或者在某人的路上建造一堵墙。而且如果世界一直在变化，在使用工具时编辑工具的取消/重做操作是不可能的。因此设计者决定建造和购买模式会中止时间，这解决了许多问题。

The Sims 用户界面的一个遗憾是我希望不使用任何弹出的模式对话框并且中止时间。弹出式模式对话框，比如当你使用电话时弹出的对话框，显示一条信息并凝固时间直到你按下一个按键。尽管如果你不回答它们，一些对话框片刻以后最终又将继续，模式对话框打断了游戏的流程，一般这是应当避免的不好的用户界面技巧。The Sims 是这种游戏，你想离开过很长一段时间跑去看看发生了什么，于是弹出的模式对话框很无聊。但是饼形菜单弹出来时并不中断游戏，而且他们是半透明的，因此你可以看到它们背后正在进行的现场活动。

我们马上会更多地谈论这一点。同时，Hopkins 提醒游戏设计师中断时间在单人游戏如 The Sims 是可能的，但对即时在线多人游戏如 Ultima Online 中是不可能的。因而，The Sims Online 将不能使用中断时间的模式对话框而且必须用其他方法解决那些用户界面问题（图 14-3）。

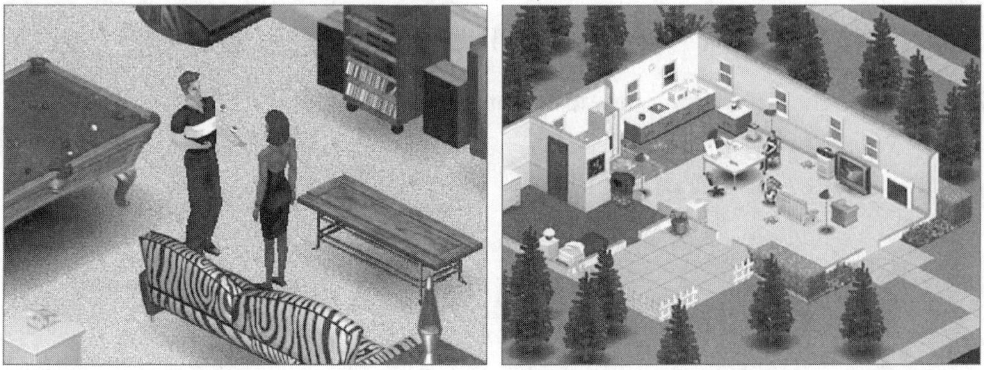

图 14-3　The Sims 截图

在 The Sims 的制作中，界面的决定产生了一些游戏玩法的改变，Don Hopkins 说："首先，在你建造房子或者购买新物品时，时间并不会停滞。但是这样造成了许多难以修改的错误，比如当人们正在使用时你搬走物品或者在某人的路上建造一堵墙。”

刚才 Hopkins 提到的“饼形菜单”是什么呢？看看下面 Hopkins 写的段落，详细解释了它们是什么以及为什么使用它们。

饼形菜单当然是一个有效的用户界面技巧：饼形切片目标的方向性选择。光标从饼图中央出发，于是所有目标在附近不同方向上放大。适用定律解释了饼形菜单的优势，将它们的快速选择速度与很低的错误率同它们较大的目标尺寸和较小的距离联系在了一起。饼形菜单对于新手来说比较容易，他们只须追随方位就行，而且对于有经验的使用者来说效率比较高，在熟悉了这种方式以后他们能够快速“预先移动鼠标”。

在 The Sims 中当你点击一个物品时，一个饼形菜单弹出来，并且你能够为当前人物选择一个施加在该物品上的动作。在饼形菜单的中央是当前人物的头像，注视着你指向的东西。菜单显示了适用于光标下面物品的动作。你知道是什么物品，因为你指着它。但是你怎么知道饼形菜单适用于哪一个人呢？解决办法：把人物的头像放在菜单中央。为什么只是脱离躯体的头像而不是整个身躯呢？因为饼形菜单选择意思是反映一个内心的决策过程，头像表达了这个意思（而且整个身体不适合放在菜单中，会以某种方式进行裁剪，这样看上去不太好）。头像很合适是因为他可以旋转面向选中的菜单项作为反馈。它象征了“人体模式”：在你头脑中的决定如何对环境作出反应的小人。

饼形菜单背景是透明的阴影，因而没有全部遮挡住你对世界的视野。饼形菜单后面的区域被调和成了单色调，对比度被降低了，阴影效果的边缘被羽化（平缓地淡出）。这样一来，灰色的背景映衬着鲜艳的头像，但你仍然能够看见饼形菜单后面发生的一切。羽化的阴影在视觉上把头像分离到了另外一层，因而很明显是世界外面的用户界面的一部分，然而没有绘制不同的边界或边缘。没有层面的视觉分离，看起来会像是一个巨大的头像漂浮在房屋上面，这肯定违背了最少惊讶的原则。阴影调和并降低了菜单后面的背景反差，使得边缘柔和而且减少了背景的视觉凌乱。除了头像和标签以外，没有尖锐的边缘。线条和边缘吸引了你的视觉注意力，没有理由将注意力吸引到饼形菜单背景的边缘，只是头像和标签。

作为 The Sims（可能你是全世界几百万人中的一个）迷的特殊礼待，Hopkins 提供了最终作为 The Sims 发行的 Dollhouse 早期演示版本的一些信息。

为模拟游戏设计界面：Don Hopkins 对 Will Wright 演讲的总结

Will Wright 是 SimCity，SimEarth，SimAnt 以及 Maxis 公司其他流行游戏的设计者，他在斯坦福 Terry Winnograd 的用户界面课堂上进行了演讲。他仔细考虑了 SimCity，SimEarth 以及 SimAnt 的模拟器和用户界面设计。他展示了他的一些游戏，包括 Dollhouse（就是消费者知道的 The Sims）。

这些是他在这次和其他一些演讲中谈到的重要思想。我用自己的见解详尽阐述了他的一些思想，基于我玩大量 SimCity 的经验，和 Will 的谈话，研究源代码并将其移植到 Unix 上面，重新做用户界面，并且增加了多人游戏的支持。

1．模拟游戏分析

模拟游戏有几个紧密偶合的部分必须在一起进行仔细设计：模拟模式、游戏性、用户界面以及使用者模式。为了游戏更加真实，所有这些不同的部分必须易于处理。有一些游戏可能有很不错的用户界面，玩起来很有趣，并且容易理解，但是牵涉到一些目前在电脑上面无法模拟的过程。也有一些游戏能够模拟，玩起来有趣，容易理解，但是没有容易使用的界面。Will 设计了一个很好的游戏，名叫 Sim Thunder Storm，但是他想不出有意义的用户界面。

2．关于使用者模式

运行在电脑上面的数字模式仅仅是使用者在他们脑海中构思的精神模式的电脑编译程序。SimCity 的实际最终产品不是运行在电脑上面的城市的影子模式。更加重要的是，它是真实世界更加深刻的模式，而且是对人们从游戏中了解到的复杂动态系统的直观理解，在他们已经熟知的有关城市的其他一切情景之中。在那个意义上，SimCity，SimEarth 以及 SimAnt 很有教育意义，因为他们在使用者的思想里面灌输了一些有用的模式。

3．关于模拟模式

许多电脑玩家花费大量时间通过实验测定模拟器是如何工作的，来试图对模拟器进行逆向工程，仅仅出于娱乐目的。这对编程会是一次很好的练习。当我第一次开始玩 SimCity 时，我对它是如何实现的进行了详尽的想像，结果很不准确。但是针对如何模拟一个城市提出详细的构思是非常有教育意义的，因为这是一个很困难的问题！

实际的模拟比我曾经想像过的更少不切实际的通用目的，象征着 Nike 的口号"做就是了"。在 SimCity 游戏里面，城市表现的级别较低并且进行了足够紧密的浓缩以便小型的家用电脑可以容纳。城市是用 tile 表示的，用散布在代码各处的数字进行编号索引，几乎没有通用目的或模块化，但是运行速度很快。它牺牲了可扩展性和模块化来换取速度和大小，这对极好的游戏是一种正确的折中。

一些教师要求 Maxis 披露 SimCity 自身的更多实际模拟情况，而不是对使用者隐藏其内部的运行机制。他们想要看到它是如何工作的以及它依靠的是什么，因而它游戏性质较少且更有教育意义。然而其实际内部的运行机制没有他们愿意相信的那么逼真：因为其作为游戏的性质以及它必须运行在低端家用电脑上面的限制，它利用人们已有的关于城市应当如何运转的知识和期望，努力让人们认为它比实际做得更多。暗示比模拟更有效率。

人们自然地把因果关系归于 SimCity 中的事件，而 Will，作为程序员，知道它们实际上没有关联。可能对 SimCity 玩家来说，结合他们已有的知识填补空缺比让他们知道其内部的奥秘实际上是多么地简单和不连续更有教育意义。作为有教育意义的游戏，SimCity 激励学生们去更多地了解真实的世界，没有显露它的人工模拟的内部。SimCity 的实现细节对程序员或游戏设计师的研究来说非常有趣，而不是你普通高级中学的社会学课程。

那些想让学生看到 SimCity 更多内部情况的教师也许没有认识到其实它是多么地脆弱和肤浅。我不是想指责 Will，SimCity，或者那些寻求在教学中使用开放的、真实的、多用途模拟器的教师。SimCity 实现了它设计要做的而且更多，但不是那样。他们的目标是高尚的，但还没有这样的软件：当学生们掌握了 SimCity 以后，他们会学习 Logo 或一些高级的可视化编程语言比如 KidSim，并且撰写他们自己的模拟器和游戏！

其他人们想利用 SimCity 去教人思考什么而不是只教他们思考。人人都注意到了其明显的内建的政治偏见，不管它是什么。但是每个人都从不同的角度看待，于是没有人一致同意它真正的政治议事日程是什么。我认为这一点也不重要，因为与旁观者的政治议事日程相比，SimCity 的政治议事日程就显得逊色了。

一些劣质电脑杂志就 SimCity 采访 Will Wright，并且他们问了他类似这样的一个问题："哪一个实体城市范例对你模拟器设计的影响最大，外部的汉密尔顿模式语言运动，或者内在的城市解构主义的亚文化假说？”他回答说：“我只是为游戏的可玩性做了点优化。”

还有想要“模拟炼油厂”的石油公司，因此你可以用它来布置油轮港口和石油仓库以及管道系统，因为他们认为它可以在有毒废料灾害管理方面带给他们雇员一些有用的经验，以SimCity带给孩子们当城市市长的有用经验的相同方式。他们没有认识到SimCity的实际课程比教育人们如何成为好市长要微妙得多。但石油公司希望在他们的议事日程上能够用它讲授其他任何课程，仅仅插上一套新的图片，一些规则，以及一串灾难。

而且有X-终端供应商想把SimCity里面的模拟器改造成名为Sim MIS的游戏，他们将会免费分发给信息系统的经理，这些人的职责是决定要买什么硬件！想法是可怜的工作过度的MIS玩这款游戏会有一些乐趣，他们可以用PC，X-终端，以及服务器（而不是有住宅的，商务的，以及工业建筑的道路）来建造网络，有比如感染PC网络的“病毒”灾难，“升级”迫使你重新安装每一台PC机器的Windows操作系统，并且业务图表将会图形化地强调PC机器相对于X-终端的高维护费用。他们的想法是利用有趣的游戏微妙地影响人们购买他们的产品，如果他们不这样做的话就给他们造成损失。和石油公司不同，他们确实认识到了利用间接方式的潜能，比如在SimCity这样的游戏中能够影响使用者的想法，但是他们没有理解细微之处或游戏设计的思想。

4．关于可玩性

通常，游戏和模拟是独立的。游戏可以基于一些冲突以及模拟自身外部的一些目标。模拟自身继续开展，而且使用者能够用他们自己的目标来玩不同的游戏。模拟器并不认为炮火在建筑物之间散开是错误条件或者是冲突的来源，这正是模拟器所期望的方式。但是使用者可能会这样认为，除非他们在玩的是一款纵火游戏。

可玩性的设计和系统的使用者模式有很大的关系，并且SimCity优雅地在一个程序中支持许多不同的使用者模式、游戏，以及玩具。你可以使用其泥土造型工具和自然特征把游戏当成像是沙池或者风景玩具，甚至不用启动游戏的城市模拟阶段。你甚至可以把它用作一个绘画工具，绘制色彩鲜艳的图案和漫画，上面有陆地、水、道路以及建筑。SimCity提供了几个不同冲突和目标的场景，同时也有一些灾难你可以选择用来毁坏你的城市或挑战自己恢复城市原貌。你可以从头开始经营你的城市并且朝你希望的任何方向发展。SimCity 2000的一个满意的特征是可以在你的城市上放置标记，给道路和建筑以及城镇的一些地方命名的能力。你能有什么别的方法让模拟的城市个性化吗？

有一些关于把SimCity作为讲故事的手段的有趣讨论：鼓励人们超越计算机能够模拟的界限进行想像。你能够建造城市以同情并讲述关于他们的故事，他们的人民、文化、建筑，以及历史。一堂课的学生可以给城市的不同部分贴上标签，并且每个人讲述一个关于不同部分的故事，与城市邻近部分发生的故事交织在一起。然后他们可以制作一个拥有可以下载的城市的web网站以及整个城市的图像地图，链接到网站页面的所有故事，拥有它们邻近地区的屏幕快照和每则故事之间的大量的超文本链接。这种方式，每个学生能与几个其他学生合作撰写一套相互联系的故事，全部都是有关同一座城市的！

5．关于用户界面

Will展示了SimEarth的特写和总体视野并显示了SimCity2000是如何在一个视窗中缩放整合这些的。他谈到了信息密度和屏幕尺寸。

Post Morta 设计了 SimCity 经典游戏之后，接着是 SimEarth，然后是 SimAnt，然后是 SimCity2000，Will 是这样比较它们的：以 SimCity 经典游戏作为衡量的标准，SimEarth 太复杂，SimAnt 太简单，而 SimCity2000 正好。

SimEarth 和 SimAnt 不支持 SimCity 中同样层次的创造力和个人痕迹。在 SimEarth 中，你做的任何事情很快就被大陆漂移、侵蚀以及进化彻底毁灭了；你可以离开一会儿，然后回来的时候，它已经进化形成了生命或者由于没有你而已经枯萎并死亡了，看起来很像是你已经工作了好几个小时。这对于人们以一种满意的方式掌握或者影响来说，这款模拟游戏太复杂了。

当游戏从地质时代发展到生命的出现，智慧的出现以及工业技术的成熟时，发展的时标就减速了。在向使用者表达这一点的时候遇到了一些麻烦。支持时标概念遇到的问题之一就是全球地图底部的视野控制在时间的发展中如何安排，按你需要使用它们的次序安排，从大陆漂移显示到工业技术显示。

SimAnt 遇到了相反的问题（它太简单了），但这一点使得它在青年人群中非常流行。如同 SimEarth，它不支持 SimCity 中创造性的个人痕迹，因为蚂蚁农场看上去彼此都很相似，而蚂蚁用完就丢弃了并且没有个性。SimAnt 的教育意义在于它讲授了多细胞生物比如蚂蚁群体的紧急行为。我认为 SimAnt 可以做成很好的大规模多人游戏。

Dollhouse 想像一下将镜头拉近到 SimCity2000，一直到街道高度，看看少数的人们走来走去，彼此挥手，找人进行物品交换，跳上跳下，摆出各种姿势，彼此相互影响，在有家具和活跃对象的房间里面生活玩耍，并且你是他们中的一个！

Will 给我展示了几年以前的 Dollhouse，在那时是很令人吃惊的，即便现在也更是如此。已经证实，Dollhouse 变成了 The Sims——历史上最畅销的计算机游戏。

Dollhouse 采用的是第三人称视角（向下看着你的角色）而不是第一人称视角（从你角色的眼睛中看出去）。你从上方观看你的角色，如同 SimCity2000 用来显示建筑的 45 度直角视野。Will 发现这样表现很不错因为你可以像别人看你一样看见自己，同时能够看见你周围的其他人。如果有一大群人聚集着围观一些有趣的人或者地方，很容易说明正在发生什么事情，并且导航简单直接。不用忍受第一人称视角游戏如 DOOM 遇到的迷失方向的导航问题之苦。能够像别人看你一样看见自己，似乎使得涉及身体姿势的个人之间的互动容易得多了。

Mark Dickenson，The 3DO Company

The High Heat Baseball 是世界上最受称赞的体育系列游戏之一，不论是什么平台。3DO 的设计师 Mark Dickerson 说道，不能过分夸大其词地讲一款体育游戏仅仅和它的界面一样好。

他详细阐述了这个意见：在很短的一段时间内；使用者必须要能够忘掉界面的技巧。这是使用者会真正地认为他们是在进行体育运动的惟一方式。不幸的是，体育运动的许多方面太复杂了。这就是设计师必须要有创造力并且愿意接受反馈的地方。如果你不能获得恰当的界面，你就不会有成功的运动游戏。这并

图 14-4　Major League Baseball 2002 截图

不意味着仅仅实现一些类似于你的竞争对手的东西。如果你的界面与同类游戏太相似了，那么你的游戏体验也将是如此。如果什么东西有效，当然，那就利用它吧。如果它不能满足你试图达成的目的，那么就探索各种可能性吧。但是不论你做什么，要恰到好处（图 14-4）。

Mark Dickenson 认为在运动游戏中用户界面是至关重要的。他说道，使用者必须要能够忘掉界面的技巧。

Steve Hunt，Rage Software

Rage Software 的 Steve Hunt 承认，同任何游戏一样，良好的图形用户界面（GUI）设计对于模拟类游戏的成功是相当重要的，比如 PC 机上的飞行战斗游戏。他开玩笑说："它是那些如果做好了，没有人会注意到的事情之一；但如果做得很糟糕，就会让你非常不愉快。"你认为这方面有什么准则吗？

使用线性的或者树型的菜单结构。就是说，要么你一个屏幕一个屏幕地经过要么你在树中上下移动，但决不能有交叉。要避免的最重要的事情就是网状结构，多个屏幕连接到其他多个屏幕。

一致的风格与控制也很重要，不要在一个窗口使用滚动条而在下一个窗口中使用上下按钮。

Phil Saunders，Presto Studios

冒险游戏的界面跟其他类型的游戏有什么不同之处吗？在为 Ubi Soft 娱乐公司完成了 Myst III：Exile 之后，来自 Presto Studios 的 Phil Saunders 给出了这样的讨论：

最好的界面是感受不到其存在的界面。主要目的是让玩家忘记他们正在使用计算机作为通往他们正在体验的世界的入口。毫无疑问这就是少胜过多的地方。

进行测试并真诚地听取使用者的挫折和气恼是重要的。要求玩家记住复杂的按键指令或者让他们在杂乱的界面中导航转移了对游戏体验的专注。你确实需要一个类似于数据库的存货管理系统吗，抑或你的游戏能够有效地根据上下文使用对象吗？应当始终询问这样的问题，而且最简单的答案总是最好的。记住，作为设计师，你最终要为每个玩家的体验负责，因而你有对游戏作出限制的权利。如果你恰当地设计了游戏，玩家不会觉得遗失了大量的选择可以给他们的自由。

Tim Cain，Troika Games

当然，角色扮演游戏需要良好的 UI 和控制模式。负责 Fallout 系列（Interplay）和最近的 Arcanum（Sierra Studios）的设计师 Tim Cain，赞同 Presto Studios 的 Phil Saunders（请参考前面小节）的观点，"用户界面的重要趋势似乎是没有界面。"

他解释道：人们想要全屏幕的游戏。至多，他们要一个显示健康状况的半透明的小长条以及另外一个用于显示消息，否则完全开放的视野区域似乎是对许多玩家最理想的界面。这意味着更多的热键（但不能太多，否则你的游戏就"复杂"了）和弹出式窗口被用来处理比如存货或者角色维护的界面。同时，为鼠标左击或右击以及滚轮分配不同的功能更加流行而且也更加被大多数玩家所接受（甚至与五年以前不同，那时你甚至不能想当然地认为鼠标右键存在，也很少能说服人们使用）。

Matt Householder，Blizzard Entertainment

关于制作成功的用户界面，Blizzard 娱乐公司的 Matt Householder 简明地谈了下面这些：

不要阻挠玩家在游戏世界中对理想控制的渴望。玩家的任何缺乏控制的感觉（无论这种感觉多么短暂）都是致命的。用户界面必须直观而且前后一致。这使得新的玩家学习起来容易而且促进有经验的玩家成为专家。

Richard Garriott 与 Ncsoft

在第 4 章里，计算机角色扮演游戏的教父提供了关于创作单人和大规模多人 RPG 游戏的一些睿智的建议。这里，Garriot 重点讲了为玩家制作有效的用户界面。

Lord British 说，玩家对 UI 越熟悉，事情就越好。当阐述这个“首要的困难”时，他说这并不总是意味着更好的界面，而是更为熟悉的界面（图 14-5）。

图 14-5　The Blood Pledge 截图

就是现在，Windows 界面对于许多游戏玩家来说是非常熟悉的，具有鼠标左键和右键单击功能。我不是要必须认同这个，但是更多的人会认同这个。如果游戏的界面类似或者借鉴 Windows，那么由于熟悉的原因，玩家的景况会比较好。

Garriott 的第二条原则起源于熟悉因素并且应当是每个游戏设计师要努力的东西——让 UI 对游戏玩家是如此的直观以至于他或她变成了屏幕的化身。Lord British 把这称之为“挖掘机操作员综合症。”在熟悉之后，让界面（从熟练的立场出发）几乎不存在是重要的，因此玩家一点也不再认为它是界面。

Lord British 阐明道：你了解那些建筑场所的挖掘机器吧，就是那些挖掘污泥的机器？在一段时间以后，挖掘机操作员不再需要考虑如何倾倒铲斗和铲起污泥，他只是这样干着。

Lord British 说尽可能保持玩家对控制与界面的熟悉能够增大专注因素并降低学习曲线。

Lord British 说，好的 UI 应当同样地有效。玩家应当是屏幕的化身，而不是控制它。要达到这种程度的专注，他坚持认为在不损失玩家选择的情况下游戏设计师们应当让 UI 制作得尽可能的简单。他从 Untima 系列的发展中艰难地学习到了这一点，并回想了简单要素是如何经历了一个完整循环的。

在 Apple II 上面的 Ultima，只有几个指令，比如向北、向南、向东和向西的移动；而且热键字母以相应功能的首字母开始，比如 s 表示存储以及 l 表示读取。在该系列游戏逐渐成长时，事情变得更加复杂了。到了 Ultima VI，每个字母都有一定含义了（无一例外）因此我必须为它全神贯注。比如，我必须使用 z 键表示统计数字，因为 s 键已经分配给了存储功能。问题是我需要添加更多的指令，因此我把按键拆成元指令，比如用来开门或者点燃火把的单词。为此，形成了这种名词/动词界面，进而在 Ultima VII 中扩展成五个图形图标，但是仍然需要两个步骤的努力，因为你必须先点击“说话”然后点击一个角色，比如说。因为玩家必须做两件事情，要达到那种“挖掘机”效果仍然非常困难。在 Ultima VIII 和 IX，就成了一个直接的指令并且全部由鼠标驱动。现在程序决定玩家想要做什么。比如，如果屏幕上有一个 NPC 角色（非玩家角色）并且你要对他说话，你必须要做的一切就是跟他说话。如果你拔出了剑，那么他会进行战斗。UI 现在是上下文敏感的，在真正处理以前会有可视化的提示来确认这确实就是玩家想要做的。

按照 Lord British 的观点，我们今天使用的 UI 在 20 多年前就已经完成了，但是我们需要经过重新组织的阶段。

Michael Waite，Electronic Arts

Motor City Online 的制作人和首席设计师分享了一些为大规模多人在线游戏或者持久的状态世界（PSW）设计图形用户界面（GUI）的输入信息以及随之而来的一些困难和挑战。

为 PSW 设计 GUI 引起了一系列的困难和挑战，这是比制作主机游戏界面要困难得多的事情。在主机游戏中，你可以引导使用者沿着单一的线性路径前行（或者让他们在 2~3 个线性路径之间进行选择）。但是在 PSW 中，你把使用者带进了一个大规模的世界并说道，“随便你做什么……祝你好运！”玩家生活在 PSW 中，因此 GUI 必须为长期功能而建造，意味着你将要让使用者能够尽可能快速地去任何地方和做任何事情。这内在地意味着对新的使用者损失了一些简单性。（熟练玩家和新的使用者有着完全不同的需求。）在 Motor City Online，我们在为长期居民的 UI 效率方面出了差错。我们提供了帮助，如指导、屏幕帮助，以及 ToolTips，以试图减缓新使用者的学习曲线。最终，使用者从彼此之间即时地获得他们需要的大多数帮助，通过 Motor City Online 的持久聊天界面——游戏中最强大的帮助工具。

David Wu，Pseudo Interactive

在游戏比如 Cel Damage 中，良好的用户界面有多重要？David Wu 是 Pseudo Interactive 的

总裁、设计师和程序员，回答道：不好的界面可以毁掉一款游戏。我的建议是让它保持尽可能地简单并且从其他成功的游戏借鉴思想。你要让玩家一旦拿起控制器就知道他们该做什么。不要试图在这里有什么创新；把你的创造力为游戏本身保留着吧。玩家应当关心的是游戏，而不是游戏控制界面。最好的界面就是对玩家来说彻底明晰的界面。

Todd Howard，Bethesda Softworks

最后，Bethesda 公司的 Todd Howard 给出了一些建议，他最近的一个项目是 Morrowind（图 14-6），非常流行的 Elder Scrolls 计算机 RPG 游戏系列。正如在本章中反复多次提到的，Howard 说，界面就是一切。

它是玩家使用游戏的方式。从控制到菜单的美学，它都占据了很大的部分。永远不要指望玩家会去看使用手册。那样需要太多的努力。他们只想把游戏拿来就能够开始玩。

另外一件事情，特别是在制作主机游戏的时候，要非常关注你所使用的按键。玩一会儿你的游戏，看看你的手是否开始痉挛。如果是这样，试试另外的组合。花一些时间拧拧角色的转弯速度并看看这家伙感觉如何。这会在游戏有多少趣味上带来很大的差别。

记住检查和修改 UI 与控制的一个办法就是适当地测试游戏。翻到第 17 章，看看在游戏的开发中以及开发完成之后如何测试游戏。

图 14-6　Morrowind 截图

Bethesda Softworks 的 Todd Howard 说界面就是一切，并且你永远都不要指望玩家会去使用手册；更多的信息和图像请访问 www.elderscrolls.com。

第 15 章 声音工程

就在不久以前，声音效果在街机、主机以及 PC 游戏中意味着来自机器内部扬声器的古怪尖锐声或者嘎吱声。飞速发展到 2003 年时——在热门游戏 Battlefield 1942：The Road to Rome 中，你能够真切地听到同伴战士的呼吸声和炮火击中地面的子弹声。

随着主机和 PC 的声音软件和硬件的继续发展，声音正难以置信地成为游戏体验非常重要的一部分。想一想这种新技术不仅可以获得，而且可以承受。在过去的一些年里，我们已经目睹了数字影院环绕（DTS）的出现，杜比环绕声音，杜比数字（AC-3），Dobly Surround Pro Logic，微软 DirectSound 和 DirectSound 3D，Creative Labs 的环境声音，Aureal 的 A3D，环绕声音扬声器，多通道环绕声音扬声器，DVD 播放器，强大的次低音扬声器，USB 2.0，FireWire 连接，蓝牙以及 WI-Fi，清洗通道的光学数字插座以及各种支持的音乐装置的数字输入。

取得的意义呢？

随着新技术的到来，产生了一种新的声音专家，他们决定在互动娱乐产业引入新的活力。本章讲述了游戏行业的一些受人尊敬的知名人士的建议，关于把声音设计作为一种职业，实现在流行游戏中听到的声音效果的方法，哪个归档的声音包值得获取，以及声音设计如何配合游戏设计的总体模式。

电子艺术界，世界上最大的娱乐软件公司，在 2002 年曾宣布他们已经在第一款互动游戏中把 DTS Interactive 和 SurroundSoundScape 声音技术完全整合到了主机游戏之中，比如其 PlayStation2 平台的 NHL 以及 SSX 游戏。对于不熟悉这方面知识的人来说，DTS 是用在影院和 DVD 电影中的流行的声音技术。

Matthew Lee Johnston，Microsoft

作为微软的声音负责人，非常有天分的 Matthew Lee Johnston 已经为许多 PC 产品工作过，最近是 Xbox 主机。过去的一些产品包括微软的 Train Simulator，Combat Flight Simulator，以及 Flight Simulator，Midtown Madness，Microsoft Golf，最近 Fable，BC 和 Voodoo。Johnston 在 Studio X 工作，这是微软的处理 Rare 和 Lionhead 关系的内部发行工作室，以及其他一些小的游戏公司。一定要阅读一下附录 A“个人传记”中他的个人经历。

当问到在互动娱乐行业中声音工作需要考虑的最重要的三件事情时，Johnston 的回答很简洁：争取、倾听、创作。

1. 争取

然后坚持你的专业所有权。因为其“黑色艺术”地位，声音设计易于招致一些人的各种令人讨厌的干预，这些人把你看作是“完成所有我不想自己处理的声音工作的人。”在你职业中的一些时候，游戏设计师可能想指导语音表现，市场团队可能想选择音乐的种类，而且 2D 美术师可能想用他昨天下载的 Amateur Suond Destructor Pro 2.0 评估版拷贝来制作声音效果。当出现这种情况时，很容易心烦意乱，而且觉得好像是有人踩到你的脚了，然而你可以利用这种情况给你带来好处。

时常出于好意的声音业余爱好者带来的烦恼实际上是对你的工作感兴趣的一种困惑。花一些时间向这些自封的热心声音设计师解释，你很欣赏他关心声音而且他主动为你模仿一些展示素材。同时，注意你可能在你最终的设计中吸收他的意见。安排一个简短的会议与他进行“头脑风暴”，从说明你在团队中的角色以及你在项目声音部分的职责范围来开始讨论。然后挖掘他的想法，利用那些好的想法，摒弃不好的想法，并把他添加到你想寻求反馈的人员清单中。这样，不仅你将在团队成员中多了一个仰慕者，而且创造了合作，如同有了一个“声音副手。”这也确立了你的权威，并且你将在声音方面作出最后的决定。

2. 倾听

直接提问和倾听是个过程，有讽刺意味的是，声音人员在工作中没有充分做到这一点。作为“声音专家”，要在团队中找到一个真正能够与你“合作”讨论跟项目其他方面相关的声音设计的人，你将会有一段困难的时间。不仅与你一起工作的大多数人没有任何声音设计的经验，而且一般情况下多数人在谈论他们的听觉经验时是非常艰难的。在与不是以声音为中心的人们进行围绕声音设计的有关审美问题的对话中，时常包含模糊不清和随意的遐想，比如“枪声听起来应当是致命的”，“我想要声音让游戏玩家感觉到饥饿”以及“我能够感觉到音乐来自一部旧的影片，在这一段 John Denver 的牛仔扮演得非常不错。”当询问更加具体的信息时，你将可能发现自己面临着超出你处理能力的更加抽象的说法而目瞪口呆。

克服这种沟通/认识障碍的关键是最初询问正确的问题，然后挑剔地倾听回答。作为“专家”，从各种可能的来源提取准确的信息是你的职责所在。通过询问与你一起工作的人们如何使用他们的耳朵，从而了解他们。例如使用如何更加积极地思考声音的问题：“你认为与游戏可玩性有关的五个最重要的环境声音是什么？玩家在游戏地图上漫步时将怎样使用这些声音提示来更好地完成任务？”

这种类型的问题确立了几个重要的思想：

- 声音提示对游戏可玩性非常重要而且给玩家提供了不适合用视觉表现（比如，来自你背后的对象）的关键信息。
- 声音事件可以独立存在而不必一定要和看得见的对象联系在一起。
- 声音互动应当被设计到关卡里面，这跟在关卡设计结束时简单地把声音效果和可视对象匹配相反。

在问题表格中为你的同事提出更高层次的声音设计概念，你要求他们考虑各种可能性，这将会使他们在将来成为更好的合作者。你也要巩固你作为在更高层次思考声音的人这一角色，并且确保当她需要一些你的某种特殊思考的时候，这个人就轮到是你了。

微软的 Matthew Lee Johnston 工作非常认真，照片上的他正在火车上面和同事 Gordon Hempton 与 Rod Fergusson 为电脑游戏 Train Simulator 录制声音（图 15-1），在奥地利录制噪音以及在东京随意的火车使用者。

3. 创作

许多人们通过音乐找到了他们声音设计工作的方法，而且在某种程度上，电子游戏的声音背景很像一首大型的互动歌曲，其中一半的声音来自非传统的乐器比如铜管乐器引擎和竞技场人群。严格来说，不管怎样，音乐只是游戏声音环境的一部分，而且声音效果通常被偏重作曲的声音团队低估了，结果是音乐和声音效果的创作之间极不对称。容易发生的是团队会竭尽全力去创作新的有趣的乐器声音和精彩独特的原创音乐，然后到音效库中寻求“非音乐的”声音设计工作。按我的观点，这对游戏玩家是极为不公平的。在过去五年我发行的所有游戏中都含有来自完全独创的原始材料的声音。结果是，我在微软这里帮助建立了一个高品质的综合的内部音效库。

图 15-1 Matthew Lee Johnston

许多设计者引用预算和时间限制作为依赖于原始材料库的原因。严格按照实际标准，费用应当不再是障碍了，因为录音设备如今是如此廉价。任何具有一点研究和一定程度反复试验的声音设计师都能够利用非常简单和廉价的设备达到惊人的效果。你也能够补偿更加奇特的录音旅行开支，通过把市场部分卷入进来并允许他们采访你的录音经历作为游戏杂志的“特殊兴趣”故事或者“成功要素的”特征作为一些额外预算经费的交换。

如果有续集、相似的游戏、网站等，你也会建立一个极为有价值的库。对于任何游戏公司或制作场所来说，独创性的音效库能成为一笔巨大的资产，并且如果得体地呈递给经理，这可能会是另外一个证明你的专业录音或 Foley 努力的很好方式。

如果正好没有办法收集你自己的原始材料，也可以找拥有私有库的人购买。有一些非常优秀的专业录音师维持着他们自己的库，而且以合理的费用授权使用它们。他们也外出录制你需要的录音，如果你让他们为保持对声音的所有权，费用确实会非常合理。我确实认为这方面最好的是 Gordon Hempton，电影配音员，他的作品令人吃惊。

为主机游戏和 PC 游戏创作声音效果、语音，以及音乐有什么差别吗？

有两种方式处理这个问题。在硬件方面，PC 的声音设计是在大量不同的硬件配置上传递相同的体验。大量的时间用在确认 Dad，他的机器是 P200，儿子 16 岁，稍微快一些的游戏系统，相对来说获得相似的体验。在一些情形下，需要作出大量的折中，因为你预期要在美国和欧洲以外的地区销售大量的产品，一般的系统都比较慢一些并且难以预料。主机游戏则要容易得多，因为硬件实体是已知的，这给了设计者更大的能力来充分利用机器并传递经过很好优化的体验。

主机游戏在设计上通常有一些差别。主机游戏的目标人群通常是比较年少的人们，游戏也不是太复杂。在 PC 世界，你有大量的模拟游戏和第一人称射击游戏玩家，需要大量错综复杂的事物。主机游戏通常采用精致的“电玩”方法并传递一种更加集中精力、更加易感受的体验。当我为主机游戏设计声音时，我通常把较少的时间用在世界的广袤和技巧的复杂性上，而把较多的时间用在审美问题上，比如说声音对提高可玩性有多大好处，以及它们是否能够激发玩家继续玩游戏。

为什么在游戏行业里声音和音乐常常被忽视了？

我觉得这是因为听觉主要是一种人们认为理所当然的潜意识感觉。人们不会像对待他们眼睛看见的那样不断地思考和评价他们耳朵听到的。因此，在普通人的头脑里面没有与听觉有关的认识词汇仓库。

另外一个原因是当开发团队在游戏声音上投资时，他们确实没有看到收益。许多声音职业人员因为使用计算机制作音乐，他们搭上了这辆轻便马车。我觉得这主要是招聘经理的过失，而且完全没有可用的天才，然而许多作曲家扮演了声音设计师的角色，虽然他们是不合格的。如果你要做的一切就是制作声音“内容”，然而没有人设计声音基础设施或者撰写规格说明书来概述应当如何运用和触发那些内容，你就不会被当成是游戏开发过程中的推进力量。因此，我认为游戏设计师和项目经理对声音部门能够制作的东西期望比较低。

我认为如果更多的声音设计师进行有关游戏设计，编程，视觉艺术制作，以及项目管理方面的自我训练，他们就能够渗透到团队内部的各种不同群体而成为真正的同等的成员。声音设计师应当积极地寻找相关信息并列出他们自己的清单，而不是等待程序员或者制作人交给他们要制作的声音文件清单。声音设计师应当在技术规格说明书上与程序员进行合作，技术规格说明书详细描述了处理声音的引擎实际上将对声音做什么。如果声音设计师更多地投入进来并且超越“声音少数民族地区”训练他们自己，他们将会让自己和他们的艺术更好地融入到“邻近地区”。

新进的声音工程师应当有那些软件包和硬件呢？

在硬件方面，一台好的数字声音工作站是必须的，并且用来把你的工作成果从计算机中导入导出的合适耐用的 I/O 接口也是基本的。Mac 和 PC 机器都有各自的强项和弱点，不过这种差距正在很快地变小。花更多的钱并不是必然的答案。

在外围设备方面，我也会投资购置一套专业录音设备，比如 DAT 机器或者 MiniDisc 录音机。这种便携式设备也能够充当移动的 Foley 设备，因而你可以在任何房间或地点建立一个微型录音工作室。拥有制作 5.1 环绕混音的能力也变得更加重要了。下一代主机将会能够处理 5.1 声音，你不想仅仅因为不能够处理需要的目标格式而与轻便马车擦肩而过吧。

我不能太强调的是一套不错的监听器的重要性有多大。如果你不能够准确无误地听到制作出来的东西，那么无论你的设备多么好都无足轻重。如果我在制作室的某个地方投入了最大比例的预算的话，那一定会是在监听器上面。

如果你渴望创作一些很棒的独创性的声音（图 15-2），Johnston 再次建议你从独创性的原始材料开始着手。“在你获得所需要的原始材料以后，最好的事情就是尽情地体验，然后进行改进直到更加接近你努力的目标。”

他补充道：一些家伙确实做得很好的一件事情是使用随机发生器生成独特的原始材料。我听说过许多来自 Jerry Schroeder 与 Peter Comley 制作室的优秀材料就是用这种方式制作出来的。如今许多商业化制作的声音模块只要用鼠标点击一下按扭就能够产生随机的补丁设定，这使得制作出大量独特的原始材料相当容易和有趣。

当我在我们的 Kyma 系统推荐一位有抱负的年轻实习生并要求他专注于随机特征时，出现了另外一种随机处理的神奇组合。这种纯粹实验的组合，缺乏如何使用这个强大系统的“正确”方法的知识，而且这种能够把随机值分配给相当多任意的振荡器或过滤器的方法，产生了种种真正独创的效果。

尽管在这本书里面有完整的一章介绍进入游戏行业的不同的游戏设计训练（参见第 21 章），Johnston 还是在这里对这个话题插了几句。

进入任何行业都摆脱不了的古老情形在游戏界同样存在：获得经验是需要经验的。我在项目中确实持有的一个立场是创新通常来自那些毫无经验的人们，他们还处在探索阶段并且没有受到旧习惯和过程的约束。我确保在每个项目中，在制作的早期有这样的人，要么是实习生要么是刚招聘来的，他能够为更有经验的声音设计师提供新鲜而有趣的看法。这样的人员时常是通过倾听大众来发现，或者更通常的是通过各种不同的学校，这些学校以鼓励学生创造性地使用技术作为工具而闻名，而不是普通学校那种“这是使用方法”的方式。

由于这个原因，我也会避免集中学习尽可能多的许多工具。真实情况是任何聪明的人都能够操作声音设计师使用的工具，然而需要很有天赋的人来制作有意思的听觉体验。只要你理解基本编辑与编排工具包的潜在思想，而同样重要的是，音响声音的物理属性以及它如何联系到各种不同的声音技术，你应当能够很快学会任何工具。你可能需要快速学习，因为工具一直都在不停地变化。

看一下工作列表对声音设计师的要求很容易让人受挫；人力资源部门撰写这些是在寻找“最好的求职应征者”，他们自然认为这样的人是“最有资格的”。我个人认为，为了保持一组强大而忠诚的工作人员，每个团队都应当不断地在团队内部培养天才。通过给予那些展示出独立思考和创造性才能而可能缺乏技术许可的人们亲身参与的机会，就能够实现。如果你声称自己是“新鲜的观点”并且向游戏公司推销你自己而不顾空缺的工作职位，你将会有一个进入大门的更好机会。

Marty O’Donnell，TotalAudio/Bungie Studios/Microsoft

Marty O'Donnell 接受了 Bungie Software 公司的全职工作，全力以赴为 Oni 与 Halo 进行声

音制作，就在他加入公司 10 天以后，微软收购了这家公司并把它搬迁到 Redmond 为 Xbox 开发游戏。尽管和 Mike Salvatori（在 Chicago Studio）共同是 TotalAudio 的所有者，Marty 现在是微软 Bungie Studio 的声音指导。

如果你曾经关注过 Halo 游戏中的声音（图 15-2），你就明白在本书里面为什么会邀请他来聊聊他的手艺了！

O`Donell 说，下面这些是声音工程师在他/她的第一款游戏中要记住的最重要的考虑：

➢ 没有什么比最终的(录音后声与音乐的)混成更重要。你必须确切地知道不同的游戏状态可能会怎样影响你制作完成的不同类型的声音。在线性媒体里，比如电影，所有的声音，声音效果，对话，以及音乐都融合在一起，而且准确地按照设计师想要观众体验的方式进行混成和平衡。然而在游戏里，所有这些元素都是按照不可能预期的方式融合在一起的，实际上，是即时互动的最终混成。

➢ 购买最好的设备并雇用最好的天才。演员和乐师应当是熟练的专业人员。设备和软件应当是第一流的，但更重要的是，它们应当是你工作起来觉得舒适的工具。

➢ 声音带来真实；音乐给你感受。在商业工作中，我认识到要记住的最重要的事情之一是某种实际的声音很少正好是人们期望听到的。如果你录下了炸马铃薯片脆裂的声音，可能是精确的，但也相当令人生厌。最有可能的是，添加一些森林中树木砍伐的声音将会给酥脆片的慢动作镜头恰当的戏剧性的影响。这同样适合游戏声音。枪炮或电梯的实际录音不足以创造出大多数游戏环境的超现实气氛。利用真实的声音作为起点，然后添加更大更加夸张的声音来提高和扩充它们。在 Riven 中，我们给金属柱身的声音添加了女人的疯狂尖叫声，仅仅为了让玩家感觉到正在发生十分糟糕的事情。在 Myth 里，我用金属管子敲打干枯的葡萄藤来制作一些骨骼嘎吱碰撞的效果。

实际声音效果中最重要的事情是同步。好的嘴唇的声响，如果与视觉画面在时间上完全同时发生，可能比稍微脱离同步状态的最逼真的声音更加令观众信服。

图 15-2 Halo 截图

Marty O'Donnell 说，仔细地平衡声音可能是游戏为玩家创造真实感和恰当气氛的最好机会，他为 Halo 制作了声音效果。这和为了游戏的可玩性而平衡角色的力量不一样。

关于游戏音乐的话题，将在第16章详细讨论，O'Donnell说他的格言是“少就是多”。

他解释说：只在能够激起情感影响的地方使用音乐，而不仅仅是作为声音的墙纸。记住正如在电影里一样，在那里音乐是烘托场景的，游戏音乐需要增强和支持游戏性，而不是压制游戏性。同样地，我已经专业编写和制作音乐几乎20年了，而且我从未对其他乐师演奏我的乐曲的效果失望过。有时由于预算或者没有时间，这是不可能的，但是我通常对结果不太满意。游戏音乐需要有可塑性，并且通常可能在最后一刻进行录制或改变。制作一些保留的音轨然后用包括其他乐师的最终录音替换它们是个不错的主意。

当问到在为主机游戏和PC游戏创作声音效果，语音，以及音乐是否有区别时，O'Donnell说实际上这只是技术的差别：

主机是更加稳定的平台，因此我不必担心支持不同的声音卡和声音系统。除此之外，创作过程是相似的。现在非常好的事情是主机支持优秀的系统比如说Dolby 5.1环绕声音。

O'Donnell评论了在制作游戏时（通常用在声音上的预算经费最少）音乐和声音设计时常被忽视的原因：音乐不被认为是理所当然的惟一地方是在音乐行业。那是因为音乐是为了音乐而录制，而不是为了提升其他的产品。在所有其他媒体中，音乐和声音是烘托一些更大作品的元素。在音乐厅里听贝多芬的交响乐，与听影片中为戏剧性镜头伴音的同一首交响乐是完全不同的。

在过去的游戏行业，音乐被用来设置独特的气氛（每个关卡）并且不停地播放，因为声音效果很难有足够的变化来互动地对游戏性作出反应。现在，我们有了全频宽的音乐和声音技术，优秀的演员，以及一些非常优秀的程序员来让所有的这些内容根据玩家的行动作出反应。但是游戏玩家和开发人员对这种内容的渴望可能会需要一些时间；他们的期望仍然建立在过去的基础上。好消息是新玩家将期待他们在广播、电视以及影片中习惯看到和听到的那种品质；并且那些没有认识到这个事实的开发者将会在市场上被那些认识到的打败。在日本，游戏配音在公众中销售非常好，并且我希望同样的事情很快也会在欧美发生。互动声音设计和线性媒体的声音设计是完全不同的；我认为我们还要创造一些技术帮助强调互动娱乐艺术的独特性。

进入声音行业的最好方法是什么呢？并且你需要什么样的设备和软件呢？

在这个意义上，我认为年轻的声音设计师或作曲家可能应当找到一家已成立的声音和音乐制作公司并尝试被其雇用为实习生。成为游戏迷且非常精通计算机也会有所帮助。学习电影、电视，以及游戏中声音的使用。为QuickTime视频制作一些声音和音乐并且向你潜在的雇主展示它们。寻找和你年龄相当的正在制作游戏或独立电影项目的朋友并且同他们一起工作。寻找每个机会并努力争取。然后要乐意去做要求你做的任何事情，并且愿意学习交给你的任何节目。也可能在相关的行业获得职位，比如电影、广播或者音乐。拥有那些有价值的经验和过去的业绩可能对游戏商者有吸引力。

对于在Mac平台工作的声音设计师，Mac依然是我的偏爱，[你应当有]ProTools，Peak，Waves插件，Barba Batch，QuickTime Pro，Media Cleaner Pro，一个好的便携式DAT，以及一些好的mics。如果你在PC上工作，ProTools和Sound Forge是必备的。对于乐师来说，定序软件比如Digital Performer，Cakewalk或者Logic Audio是不可缺少的程序。

而且不要忘记实践！

O'Donnell为声音工程师们推荐了下面一些（无）有价值的声音设计资源，以提高他们的技艺。

Keyboard，Electronic Musician，Mix，Surround Sound 以及 Game Developer 都是游戏声音人员的好杂志。有许多我喜欢的邮件列表——对我来说最好的是 Interactive Audio Special Interest Group（IASIG），Video Games Musicians list，Game Audio Pro list，以及 DAW-Mac（Digital Audio Workstation，Mac）list。顺便提一下，我认为对任何声音工程师来说同时熟悉 PC 和 Mac 是很重要的，而无疑的是对于要制作音乐和声音的任何人来说 Mac 是必要的。

为何有人租借声音公司比如 TotalAudio 而不是自己制作呢？这在经济上可行吗？

在游戏开发的早期，侥幸让理解产品源代码的一个程序员编写声音是可能的。也许你能找到某人演奏乐器为游戏制作一些旋律。现在我们已经到了游戏声音同电影声音竞争的时期了。在电影行业，在声音制作的每个领域都有专业人员。终于，同样的事情将在游戏声音中出现。游戏要有竞争力，开发者需要雇用专业人员制作内容。一些人可能被作为职员雇用，而一些人可能是在需要时才上任的外部合同人员。指导对白创作声音效果，以及写乐曲是将继续需要专业化的 3 个最重要的领域。

如果需要更多地了解 Marty O'Donnell 和 TotalAudio 制作的作品，请访问官方网站 www.TotalAudio.com.。

Erik Kraber，Jack Grillo，EALA

如果你曾经对梦寐以求的 Medal of Honor 系列中的声音感到惊讶，你肯定不会孤单了，你可以谢谢 Erik Kraber 和 Jack Grillo，他们分别是 EALA（Electronic Arts Los Angeles）的声音主管和首席声音设计师。邀请他们为电子游戏声音工程师们提供一些有深刻见解的忠告。

“在声音设计过程中我们必须努力意识到 3 件重要的事情：反馈、沉浸和激情。”Kraber 和 Grillo 开始说道（也顺便一起回答了所有的问题）。

1．反馈

声音让玩家的行动变得清楚了吗？没有视觉画面的支持，声音能够帮助玩家理解他正在做什么或者他需要做什么吗？声音与事件或者动作恰当地联系在一起形成了凝聚性的活力了吗？如果任何这些问题的答案是“否定”，我们需要决定声音本身是否出错了，围绕它的声音是否不对，或者甚至那里究竟是否需要声音。通常，清楚的反馈伴随而来的是缺乏声音。太多的声音有时只会产生噪音。

2．沉浸

世界是否充分认识到——声音的沉浸和活力？当你闭上双眼，甚至没有视觉画面的支持，你能完全沉浸在世界里面吗？让所有的努力都成为世界的有机体：没有一丝缺缝；频率非常低的反复的可辨认的声音或简短的循环；不停的微妙改变？如果任何这些问题的答案是“否定”，我们需要寻找新的办法确保目标达到了。

3．情感

声音支持那时的感情上的活力吗？声音支持关卡或者游戏情感需要吗？如果任何这些问题的答案是“否定”，我们必须要问，“那样可以吗？”不是所有的声音都同样有助于这点的。显然，这通常是音乐起支配作用的地方，然而，理解所有的声音效果、对白，以及环境声音是如何包含情感力量的也很重要。

以 Medal of Honor：Frontline 为例，要求 Kraber 和 Grillo 证实他们在上面给出的忠告。他

们的回答如下：

1．反馈

在 Frontline，我们感受了很多武器的距离声音模式。我们有大量各种不同的淡入淡出的声音，取决于敌人离玩家的距离。我们听到了一些令人吃惊的感觉非常真实的声音，在这个过程中我们难以辨别武器的声音。我们发现对玩家非常重要的是，让他们不仅知道自己正遭受炮火攻击，而且准确地知道正遭受何种武器的攻击。因此，为了提升玩家更好的反馈，我们简化了距离声音模式并且确保在大多数距离情况下每种武器的独特特征得到了保持。

2．沉浸

Frontline 中的 D-Day 是我们的主要重点。这是游戏的第一关，并且我们必须立即使玩家确信他即将进攻地狱般的海岸。我们花费大量时间准备就绪了冗长的流式 Dolby 环绕声音文件，将与开始部分的船只连续镜头同时播放。这允许我们为开始部分配乐，正如我们为电影所做的那样。这确实促进了沉浸的程度，因为我们能够对主要的流式文件做任何想做的事情，然后在上面添加许多层单独的声音（大炮击中水面，飞机定点飞行，子弹飕飕掠过，PT 船只爆炸）。

3．情感

在关卡 Arnhem Nights 中，我们有趣的体验到了冲突的活力和情感。战斗几乎和 D-Day 一样的激烈，但音乐是非常的忧郁和悲痛。我们在激烈交火的混乱和一个男孩歌唱的悲伤之间取得了巧妙的平衡。Michael Giacchino 和 Scott Langteau 对音乐作曲的直觉是完美的。Michael 制作了深沉而沉思的音乐，而不是迎合战场情景的充满战斗的音乐，这种反差非常有效。

那么，新进的声音工程师应当装备何种工具（也就是，软件和硬件）呢？在经济上可行吗？

“你开展工作所需要的全部工具就是一台计算机，数字多轨道编辑软件，有声音输入的声音卡，以及某种麦克风。”Kraber 和 Grillo 回答说。

他们继续道：这些工具将提供给任何从事录音、编辑，以及处理声音的人员。如果你可以获得一个允许你同步编辑数字影片的多轨道编辑器，那将允许你进行同步声音试验而且帮助你理解需要什么样的声音来支持视觉画面。我们使用昂贵的软件和硬件，但是市场上有大量基于软件的数字多轨道编辑器和声卡，PC 和 Mac 都可以负担得起。

奥马哈海滩是 EA 公司的 Medal of Honor：Frontline 的第一个关卡。“我们必须要立即让玩家确信他即将进攻地狱般的海岸。”Kraber 和 Grillo 说道。他们分别是 EALA 的声音主管和首席声音设计师（图 15-3）。

接下来，一个棘手的问题：这两人被要求提供几个为游戏制作声音的特定技术或者窍门。

这是一个非常难以回答的问题，因为每种类型的声音都有与之相关的不同技术。比如，如果你能够错开近距离枪炮声和远距离枪炮声的时间顺序，武器的声音就易于发出较大的声响。如果你把两个分离的声音错开几毫秒或更长时间，枪炮声就容易觉得是巨大的。对于动物声音（Kraber 和 Grillo 也参与制作了 EA 的 Clive Barker's Undying），我们通过声音传播器实时地混合动物的声音。再次重申，一切都取决于你要设计的声音的类型。

图 15-3　Frontline 截图

那么，如今在电子游戏中，和声音有关的最大问题是什么呢？

“电子游戏声音惟一的最大问题是声音设计以声音资产处理而结束的看法。”Kraber 和 Grillo 回答说。

他们解释说：任何给定游戏的整体声音品质与个别声音的关系很小。整个行业的声音设计师非常努力地工作以制作出独特而恰当的声音，然而在实现以后它们通常听起来失去了平衡。没有什么比优秀的声音被蹩脚地整合到游戏中更令人失望的了。让游戏声音美妙的方法是让声音设计师们能够在上下文环境中混合每个声音。在电影行业，有一些很有才能且被支付很高报酬的个人做的不是别的事情，而是把画面的所有声音混合在一起凝聚成统一的整体。在电子游戏行业，这项任务通常留给了低级程序员，或者分派给了关卡设计师、动画师、制作人等。在 EALA，声音设计团队非常幸运能够完全控制整个声音设计过程，包括最终的混成。我们认为这是 Medal of Honor 系列最重要的特征，并且这似乎是被采纳的一个简单标准。贯穿整个过程的创造所有权是保证品质的最有效的途径。

最后，你能为那些想进入电子游戏行业的新的声音工程师什么样的 3 条最好的独特忠告呢？

- 保持联络。如果不认识行业中能够支持和推荐你的人，进入这个行业有时候就很困难。通常，你可以找到朋友的朋友认识什么人在从事游戏工作。通过那个人可能将会比你完全依靠自己要容易一些。
- 真正了解行业和产品。要非常熟悉当前市场上面的所有游戏，并且对你喜欢的和不喜欢的游戏系统地阐述你的看法。倾听游戏并找到你能够让他们更好的感觉。如果你正在申请一个职位，确信你了解他们所有的产品并且考虑你如何能够帮助他们改进工作。
- 当你申请一个职位时，一定要寄一份展示你想要如何为游戏制作声音的作品样本。仅仅给正在招募音乐设计师的公司寄送一张音乐 CD 可能不足以让人跨进门槛。我很少遇到有人给我寄送电子游戏连续镜头和同步声音的样本录音磁带。我仅仅收到一张 CD。看看你的声音如何能够提高游戏或电影的吸引力是一个巨大的卖点，而且如果你没有太多的经验，这确实非常有用。如果你向他们证明你能够胜任，并且他们能够耳闻目见，他们就不会太在意你的经验。

Tommy Tallarico，Tommy Tallarico Studios

从来没有听说过 Tommy Tallarico？不可能。一定要仔细看看附录 A 中他那令人印象深刻的小传以及在第 16 章中他提供的关于为游戏制作音乐的出色建议。

Tallarico 分享了一些为电子游戏制作声音的很好的技巧：

- 结合已有的声音库并且出去录音/编辑你自己的声音始终是最好的。太多的声音设计师过度地使用声音库。声音库对于某些事情很不错，但并不是对所有事情都这样。与你制作的声音层叠在一起时库也是很不错的。

借助所有可用的优秀声音软件和工具，很容易获得一个声音并巧妙地将其处理成完全不同的声音。仅仅只需把声音降低几个八度，你就可以获得一些相当令人惊讶的声音。由于一些原因，我们总是似乎需要大量的潮湿讨厌粘糊糊的声音。为了得到这个，我们利用厚重的 Jell-o [吉露果子冻(商标名)] 在它变硬以前中途混成，制作出美好的厚重柔和的果酱。

- 不同类型的麦克风产生不同的结果。我的建议是为你正努力录制的声音在不同的地方放置一些不同的麦克风。当你回到制作室以后，你可以决定那些声音（或哪些层声音）表现最出色。
- 当不能肯定时，为你的声音添加一点点低音方面的 EQ。这总会谈到现场并且使其听起来更受欢迎。

如果是在制作与体育运动有关的游戏，要求发行商让你进入比赛项目现场去录制声音（人群、呼喊、喝彩和气氛）。许多时候，为了获得职业运动许可，发行商要支付大量金钱，而如果你只要向发行商请求许可，进入特殊比赛项目是非常容易的。

图 15-4 James Bond 装备

Tommy Tallarico 是电子游戏行业的“摇滚明星”之一，图 15-4 是他最好的 James Bond 全套装备，在他的录音工作室玩耍以为电子游戏获得新的令人激动的声音。“努力地工作，努力地玩耍”是他的格言。

Clint Bajakian，The Sound Department

从 1991 年至 2000 年，Clint Bajakian 是 LucasArts 娱乐公司的作曲家和声音设计督导，之后他辞职开了一家自己的公司：C.B.Studios。在 2002 年，他和 Julian Kwasneski 合伙创立了

The Sound Department（www.thesounddepartment.com），重点提供计算机和电子游戏的声音制作服务。一定要看看附录中他长长的个人传记。

当问到 The Sound Department 是一家什么样的公司时，Bajakian 用他的网站上的引文回答道：

The Sound Department 是一家专业为游戏进行声音设计、原创音乐以及旁白的声音制作公司。拥有超过 50 款最重要游戏的荣誉，加上 18 年的专业经验，它的获奖职员是行业中敏锐的领袖。

品质、可靠、合作方法，这些都是 The Sound Department 出色的地方。The SF Bay Area 公司分别响应每个项目的需要，通常指导由大量游戏声音老手组成的定做的团队。

Bajakian 说所有的游戏平台都受到支持，包括基于地点的娱乐和新兴的无线和 Internet 市场。他对他们的服务做了一些更多的解释：

Julian Kwasneski 和我是平等的搭当，共同管理 The Sound Department 并完成几乎全部的声音制作，包括声音设计、音乐作曲，以及旁白制作。偶尔，我们转包给其他 Bay Area 声音专家。我们都有非常出色的数字声音制作室，并且我们每天都保持联系。通常，我们在各种不同的项目中合作；正如通常那样，我们为产品分别制作。尽管我们给所有的媒体行业提供服务，但我们最有专业经验的是在游戏行业。我们已经为一些独立的电影和工业或通信客户的各种不同的小项目配过音，但毫无疑问，我们大多数的业务是游戏行业。

关于游戏声音，Bajakian 提供了一些有深刻见解的有关制作电子游戏声音的忠告：去玩游戏，了解游戏，理解戏剧性的速度和感受。获得概念艺术，找到设计文档，把美术作品贴在你的墙上，找到游戏的烙印，观察在玩游戏的测试人员等。

管理高度组织的数据和信息。建立项目资产来回传输的特殊渠道。制订出如何处理、归档，以及备份修正的办法。利用像数据库这样有搜索能力的表格目录来追踪信息。效果和语音文件数据库尤其重要。要像重视你创作的艺术作品一样重视这些组织上的，或管理上的工作。

非常重要的是把自己当成是成熟的团队成员，而不是置身事外的声音提供者。和人们讨论；会见美术人员、程序员、测试人员。在更多地了解游戏以及他们可能为声音采用什么输入时，避免和他们争吵。（某一天，那个测试人员可能成为设计师或者制作人，而且可能会雇用你！）明白应该找谁了解什么，并且慷慨地打电话以及利用电子邮件与团队进行沟通。密切联系制作人和随便哪个指定的声音程序员。良好的声音实现与声音自身的相对品质或原创性同样重要！

Bajakian 用他最近参与制作的游戏为例子来支持他的建议：

在 Jedi Knight II：Jedi Outcast，Julian 为项目所有的声音效果维护了一个高度组织的数据库。我们拿到游戏来玩并且频繁地到 LucasArts 去观察 Chuck McFadden 玩游戏，他是测试的负责人，或者 Dan Pettit 和 Brett Tosti，合作制作人——做了大量的笔记。我们每天都不停地跟 Brett 和 Dan 接触；LucasArts 声音部门的成员；以及最重要的，游戏设计师，Ravensoft 的 Kevin Schilder。没有哪个单独的问题我们没有和适当的人们一起把它消除掉，整个时间都很有趣。而且组织过程很有效，我们能够集中精力在项目制作上并且发布了非常受欢迎的声音包，完成了令人吃惊的互动声带。

在本章中有个问题被问了很多次：声音工程师需要的最重要的声音软件和硬件工具是什

么？成本是多少？

积聚完成这种工作所必备的工具在过去是比较昂贵的。现在，随着专业的，基于计算机的声音制作工具的出现，集齐最新的多媒体制作环境需要不到 10000 美元。所需要的是一台计算机，MIDI 序列和也可以与声音同步播放数字视频的多轨道声音编辑软件，效果处理机或者软件效果插件，乐器采样装置，声音效果库，DAT 录音座，混成控制台，以及扬声器。理想地，也可以有能力录制他自己的声音效果或音乐，要么在工作室要么通过便携式录音设备远程进行。当然，这必须要有麦克风和便携式录音设备。成本只是在采样和声音效果库方面确实比较高。其余部分加在一起不到 5000 美元。

图 15-5 工作中的 Bajakian

在为 Jedi Kight IIZ 创作声音时，Bajakian 说："我们拿到游戏来玩并且频繁地到 LucasArts 去观察 Chuck McFadden 玩游戏，他是测试的负责人，或者 Dan Pettit 和 Brett Tosti，合作制作人，做了大量的笔记。"图 15-5 是工作中的 Bajakian。

对今天电子游戏中的声音有什么抱怨吗？

据 Bajakian 所说，为了能够上升到消费者需要的品质和影响程度，如今声音的最大问题是获得应该得到的关注和支持。他解释说：

我的经验是，通常游戏声音能够非常出色并达到新高度的主要原因是声音设计师和作曲家自己的超越他人的进取心，通常还有一个热心的声音程序员，尽量和他们的艰苦工作相称的健全的预算与极大的认可。游戏行业有资金，但应用在声音方面的是不充足的；虽然有公共关系和宣传，但给予声音的关注依然很小；主要的游戏平台有足够的资源比如内存、磁盘空间，以及技术能力让声音完全令人敬佩；最大的问题是强势力量需要认识到声音对戏剧性娱乐的重要性并相应地支持它。我经常发现有趣的是消费者首先指出的事情之一是声音，尽管这仍旧是舆论最后指出的事情之一。

然而 Bajakian 相信这种趋势正在发生逆转："越来越多的第三方开发者正在创造越来越好的工具和技术，游戏平台已经充分关注声音要素，而且经理人员和制作人越来越认识到声音的重要性和大力支持的必要性。"

“伴随着多通道环绕格式的出现变得司空见惯，行业中越来越多出现的利用现场直播的乐队就是这个的证明。”Bajakian 补充道。

最后，要求 Bajakian 为那些刚刚起步的人们提供了一些建议：

把必须的软件和硬件放在一起建立并运转一个简单但有效的声音制作工作室。然后在里面实践，尽可能多地承担许多互动声音工程，即使刚开始只有很少或没有报酬。获得尽可能多的能力；制作一份履历，如果可能的话包括实习情况。

尽可能多地学习声音制作、游戏、业务模式，以及互联网；熟练掌握所有主要的应用软件比如 MS Word，Excel，Outlook，数据库应用程序，PowerPoint，HTML（理想地），当然还有，尽可能多种类的声音应用程序。

密切关注行业中的助理或半正式的工作职位。记住个人品格对未来的雇主来说与你的才能和技术同样重要。而且记住：努力工作并且始终拥有积极的态度！

George Sanger，Fat Man Music

George Alistair Sanger 又名 The Fat Man，从 1983 年以来一直在为游戏制作音乐。与 Team Fat 一起，还有 3 个其他牛仔作曲家，他的传奇团队，他为超过 200 款游戏制作过音乐而被国际认可，这些游戏包括 Wing Commander，The 7th Guest，NASCAR Racing，Putt-Putt Saves the Zoo，Tanarus 以及 ATF。

Sanger 建议声音工程师们记住下面几点：

- 获得轻便马车　如果你不在游戏场你就不可能擅长游戏。
- 保持热情　在这方面不是你做什么都会获利的。这可能是 10，000 人的音乐会，当你在舞台上的时候，我认为努力让他们过得愉快是有益的，即使变成一场免费的表演。
- 保持宽容和耐心　这将解决数不清的预料之外的问题。特别地，有时客户很容易让他自己表现得看起来好像有点愚蠢或平庸。努力假装他没有试图让你的生活难受，他可能仅仅和你一样对此比较陌生而且比你更加恐惧声音。忍住发送气恼的电子邮件的冲动作为对那些对你的声音看起来是愚蠢评价的答复。最后，他可能想要的是对玩家最好的东西，这与你是一样的。

为什么会有人向 Team Fat 租用/采购声音？

雇用内部的和雇用我们在德克萨斯州称之为“屋外厕所”正轮流在赶时尚。如果新的游戏制作者能够自己制作所有的声音，那样就有许多需要说明。这确实很有趣，并且你学到了很多。你可能像我一样！甚至可能是你的游戏的最好的事情。另外一方面，在你能够制作出游戏玩家乐意接受的声音之前，可能需要你 20 年的时间以及 200 款游戏。看，这就是经验的价值。

我认为效率是最大的因素。你有时间、人力、设备或者资金来自己制作那些吗？如果有，那么大胆一试吧！如果没有，调查一下独立声音制作室的成本。我们可能穿着别致，但我们的花费可能没有你想像的那么多，主要是因为你和我们所有的其他客户一起分担了费用。对于一个中等规模的公司，在内部雇用以前，我要提醒他们调查清楚所有的支出因素。我们在网站上面做了一个小小的费用比较（www.fatman.com/compose.htm#5）。

你可能永远不会有一个人精确的工作价值，或者两个人的价值等。也永远不会有准确的总数。因此，要么你将为半个人什么也不做而支付薪金，要么你将需要雇用另外半个人。这就是独立工作室会非常方便的地方。

为什么在游戏行业声音和音乐受到这样的忽视呢？

游戏设计师就像是火箭科学家。他有大量的工作要做。他走上起重台架，用他的土星 V 做出最后的润色，而你在地面上喊道，“我知道！把它画得看起来像一个西瓜！”即使你和我都知道没有人甚至会忘记发射像那样，现在对游戏设计师来说这并不重要。他可能在考虑更加科学的细节，比如感到疑惑，东西会不会飞起来并且使你从发射台掉下来。

实际上，音乐是游戏设计很有效率的一个领域，Sanger 说道。“你可以为你的玩家做得更好，并且会比游戏其他领域的花费更少。”

游戏的娱乐价值有多大比例可能是来自音乐？

我做了一些调查，并且我听说一切从 60%~5%。决不会更低。现在考虑这样的事实，我从来没有听说超过 1.5%的游戏开发资源被用于音乐。有人正错过轮船或火箭（图 15-6）。

图 15-6　The Fat Man 的一个镜头

声音工程师应当拥有一些重要的软件包和硬件吗？Sanger 回答道：“我不喜欢谈论硬件和软件，它们被过分强调了。”Sanger 说他使用了几个他觉得很不错的东西。“因为他们非常有效，很有帮助，而且价钱低廉。”

下面这些是他的挑选的精华：

- Sonic Foundry 的无论什么东西。Sound Forge 是必不可少的；Vegas Video 很不错。
- FMR 的 RNC 声音压缩器（www.fmraudio.com）。只需要 200 美元，你得到了 3，000 美元的玩具，并且你就像得到了一个“魔力盒”。
- 我喜欢 Sony Mini Disk Walkman。我一百元就买到了一个，并且听起来和价值 100，

000 美元的我们过去常常用来控制 CD 的数字两轨道一样好。

➢ 如果你需要取样器，获得一个 Gigasampler。用任何其他软件将它安装在你的电脑上面，在 CPU 上面播放 3 次录音带，并且决不用升级。

Sanger 说 Susan Penn 是世界上最好的衣服的裁缝，花费了 3 年时间制作那些蛇全部都是用手工刺绣上去的。

对于制作优秀的游戏声音而不是使用现有的声音有什么很棒的建议吗？

从头制作声音效果并利用不太可能的东西制作你的声音是有趣的。我以为游戏中有太多我们制作的声音包含一些我的劳斯莱斯或者冲洗马桶的声音。需要从电影行业学习大量的关于搅拌西瓜和折断芹菜以及砸开包裹在肉中的木钉来模拟损害人体的声音。

另外一方面，Sanger 继续说："聪明没有那么重要，听起来不错会更好一些。通常树枝发出很好的树枝声音，篝火发出很好的篝火声音。有时，为了获得最好的拳击声音，我会击打自己！"

没有开玩笑（或者是他吗），Sanger 说为了制作出正确的声音效果，他努力利用他的心和耳朵。"我认为，我现在真正想听到的是什么呢？然后，想像一下声音，我想到了最有效的方式来热情地录下那种声音。"The Fat Man 努力记住那些他确实喜欢的声音并且让它们非常便于使用。

这里是他喜欢使用的声音的列表：泡沫纸、乒乓球、通过麦杆的吉露果子冻、大的金属片、我们的烤箱门、底部有一点水的平底锅、电脑关机、刹车轮落下、烟火以及游行。

Sanger 说：我最近让自己收集声音。在绝大多数的旅行中我携带着 Sony Mini Disk Walkman，它中间带有一个很小的麦克风。麦克风放在我的帽子里面。中间的麦克风对我们工作很好的一面是你获得了立体声的录音。但是如果组合左面和右面的来制作单声道的录音，录音仍然是理想的，没有相位偏移或者带来偏离轴向的异常。

他补充说，当他收集这些声音时，他把他们添加到硬盘上很大的库里面，按照声音类型排序，他不时地把它们备份到 CD 上。

Sanger 说，有大量排序声音的方式，并且它们都可以非常的个性化。记住那一点，他像这么做的（看下面的列表）。他提到："一些类别，比如灯泡开关，因为你有这个声音才出现；而其他类别的存在，比如弹道，是因为在这个行业中你最好拥有他们。"

环境气氛、机动车、弹道、Boinks、嘈杂声、卡通、马蹄声、战斗场景、电子、家庭物品（电器设备、钱币、门、冰块、灯泡开关、维可牢、窗户和拉链）、人体（打嗝、嘴、出恭和脚步）、机械、妖怪、音乐标志、自然（动物、污泥/碎石、环境和气候）、振动（铃声、喇叭声、砰声、尖啸声、撕裂声、隆隆声、刮擦声、滑行声、劈啪声、爆裂声、叭声、拼写声、运动声、嘎吱声、合成声、重击声、拨弦声、语音片断、潮湿的水声、喘息声以及嘶嘶声）等。Sanger 说，非常重要的是游戏里面声音效果的实现：

不要把单个声音效果和单个动作联系在一起。当游戏发生了什么事情时，不应当直接播放 wav 声音文件。游戏应当调用不太直接的东西，比如一个例程随机地从声音池中挑选一个 wav 文件。或许随着游戏的进行，声音池会增长、收缩，或者改变。

有关 George Sanger 的声音效果和音乐的一些非常好的例子，请访问 www.fatman.com/listen.htm。

第 16 章　音乐与游戏

很少有娱乐行业像游戏行业这样欢迎许多不同的天才和专家。在其他什么地方有作家、程序员、美术师、动画师、声音工程师以及作曲家能够全部一起共同为一个单独的产品工作吗？这就是这个年轻的行业如此令人激动的重要原因之一。而且实际上机会是无限的！

很幸运，主机、PC 以及便携式游戏产品的开发者慢慢地认识到了好的音乐配音的重要性，比以前更多的努力和财政资源被投入到音乐上面。诚然，与花在图形（以及授权，适当的地方）方面的资金相比仍然是整个馅饼很小的一部分，但这个部分在不断地变大，游戏行业最优秀的作曲家可以生活得很好了，不会再为在简陋的酒吧表演本行或者为了临时工作而放弃它。

让我们看看行业中最优秀的作曲家并听听他们给那些要进入游戏行业的人们的建议。

Total Audio/Bungie Studios/Microsoft 的身兼数职的 Marty O'Donnell，负责为开创性的游戏 Halo 制作声音，第 15 章讲了很多关于声音和音乐的设计与实现。一定要看看他关于两种训练一起讨论的那些评论。

Tommy Tallarico，Tommy Tallarico Studios

可以说历史上最有造诣的（并且异常繁忙的！）电子游戏的作曲家是 Tommy Tallarico，他为超过 200 款游戏制作的音乐已经被世界上数百万的人们听过。一些 Tallarico 的最好作品包括 Earthworm Jim，Disney 的 Aladdin，Cool Spot，The Terminator，Prince of Persia，Test Drive 系列，MDK，Tomorrow Never Dies，Tony Hawk Skateboarding，Spider-Man，Pac-Man World，Knockout Kings，Blitz，Unreal 以及 Unreal 2，Time Crisis，以及 Metroid Prime。请访问他的网站：www.tallarico.com。

Tallarico 在这一节深入讨论了游戏音乐的作曲与实现，并且就如何最恰当地进入行业成为一名作曲家给出了建议。

"要记住的最重要的一些事情是创造性和整合，" Tallarico 开始说道。"与程序员和/或设计师/制作人的整合是工作的 1/2。当你制作完成一个声音以后，重要的是确保声音以正确的音量、音高、平衡等被恰当地触发。"

Tallarico 说，确信声音将被触发的方式也是一个应当在项目早期进行讨论的非常重要的过程。"记住你将参与的每个项目每次都将进行完全不同的建造和处理。"他说道。

关于创造性的方面，你想要你的作品确实在任何人已经听到的其他东西中脱颖而出：相对于音乐，使用一些像环境氛围的元素有时能够创造更加逼真和有趣的气氛。另外一个秘密就是尝试和做一些以前从来没有做过的事情。在我第一次承担 Tony Hawk' s Pro Skater 时，没有人想过它会这么流行。我喜欢它，因为从来还没有一个声音效果很好的滑板运动游戏，从来没有！我确实喜欢具有挑战性的工作。

重要的是作曲家要避免过分重复。比如，如果你要创作一首两分钟长的歌曲，最重要的主题确实不应当重复，除非它有一些变化或者添加、减少、改变了其他的乐器等等。要记住的是，玩家会一再反复地听你的歌曲，因此你要确保当重复发生时你每次表达了一些独特的事情。

并不是每首配乐都必须完全是互动的。在特定部分可以使用完整的歌曲。如果部分或者场景发生改变，你可以进入到另外一首反映当前情绪的新歌曲。再一次，我必须强调每个项目都会不同并且需要不同的声音方法。这是挑战，并且对于我来说（这）是工作比较“有趣”的地方。保持乐于接受所有技术可能性的思想是非常重要的。不要害怕表达和尝试新的想法。

乐师可以从哪里寻找灵感呢？

倾听并参考电影配音是为某些游戏获得风格体验的非常好的方法。许多次制作人或者设计师会跑来跟我说，“我要这个听起来像 Conan the Barbarian，”或者最好地表达了他们正努力要表达的情感的任何电影。记住大量的电影音乐是附带的或者是“背景”类型的音乐。然而电子游戏的音乐，在大多数情况下，是我想称之为“前景”的音乐，是在你的脸上、心跳、兴奋的东西。

在音乐中参照某种乐器也能够帮助表达一种情景。例如，迪吉里杜管（澳大利亚土著使用的一种乐器）会立即把你带到澳大利亚。巨大的管乐器或者男低音合唱团可能带给人幽灵般的感觉。风树和女高音合唱团可能带给人在水中或者冰冷的感觉。

现在讨论为主机游戏与 PC 游戏在制作声音效果、语音，以及音乐方面可能的差别。Tallarico 说存在技术上的考虑，但变化非常迅速。

在大多数主机游戏中，你更多地担心空间的约束。对于 PC 游戏，很容易下载大量的声音到硬件驱动或者动态地以各种不同的声音信号或从内存芯片流入。当新的平台变得更有能力处理大量的文件和流时，你最终将看到这种界线会消失。Microsoft 的 Xbox 主机已经比现在 99%的 PC 更加强大（声音方面）了！

游戏制作者租用声音公司有什么意义吗？

许多时候，小型的开发者只能制作一款游戏而且无法承受建造数字声音制作室。同电影行业比较一下。如果每个制作人或导演不得不用仅仅一个或者两个人来为他们制作的每部电影创作所有的音乐，将会是什么情景呢？将会很快失去新意。实际上，在 20 世纪 40 年代和 50 年代，大多数作曲家都是在电影制作室内部工作（演员也是这样！）。一直到 60 年代和 70 年代一些作曲家比如 John Williams 自己开始作为独立制作人而成名以前都是这样。许多时候，小型的开发者甚至没有雇用一个声音工作人员，因为他们不需要一个全职的声音人员。大量的发行商没有声音人员，因为他们根本没有内部的制作人员。他们一般处理市场、公共关系、法律、以及销售。

最终，使得能够选择适合你当前项目的声音人员和风格更加有意义得多。在过去的 3 年中，在声音方面有一个重要的变动，人们离开公司并经营他们自己的公司。如果你独立经营而且经营得当的话，也可以赚大量更多的钱。但是内部独力设计更加安全且更加可靠。

这是所有的重要建议，然而为什么这么多的游戏玩家和行业专业人员同样地忽略了游戏声音呢？Tallarico 开玩笑说，“答案是‘我没有新奇的想法！’”

许多时候，声音一般被公司轻视。我觉得电子游戏有 3 个主要的元素对于整个体验都是同等的重要：图形，指美术和动画；编程，它把视觉与设计、感觉，以及行动合并在一起；以及声音，指我们听到的一切。因此，大多数公司把声音像图形和编程那样认真看待了吗？我会肯定地说没有。我们应当有更大比例的预算（用来做这样的事情比如说现场直播的管弦乐队，有天赋的语音演员，智能脚本撰写等），但相反的是这通常被认为是后期制作，与电影行业相似。但是对于电子游戏，情况并不是这样，作曲家和声音设计师需要从第一天起就在那儿，从技术角度想出一切事物将如何融入到游戏的每个阶段或者关卡之中。

但 Tallarico 说这在过去的五年中已经改善了。为什么会这样？他笑道，“因为我们所有声音人员抱怨了这么多！”

每年，你看到更加有活力的乐师和有天赋的语音演员。但愿，我们会达到几乎每款游戏都像那样的程度，相对于现在只有 10%~15%的情况。如果你看看电影行业，与电影明星和导演相比，电影作曲家被轻视了。

好的，让我们谈谈重要的软件和硬件。据 Tallarico 说，每个乐师需要一个好的作曲的定序器。“Mac 和 PC 都有优秀的定序软件，我的忠告是到网上去为每个平台下载不同的演示版本。”Tallarico 个人最钟爱的是 PC 平台的 Cakewalk（www.cakewalk.com）和 Mac 平台的 Digital Performer（www.motu.com）。

除了定序器以外，你需要一个拥有大量不同声音的强大的采样器。这会让你能够变得非常地多才多艺。确实没有任何一种风格是针对电子游戏音乐的；因此，你可能会被要求在你的音乐创作中采纳大量不同的声音、风格，以及技巧。一个好的采样器会让你能够实现这些。

对于声音设计师，他推荐针对 PC 平台的 Sound Forge（www.sonicfoundry.com）。他提到说，“这是市场上面功能最多，最容易使用，以及负担得起的声音软件程序。甚至还有大量可用的插件使其功能更加强大。”声音设计师肯定需要的另外一件装备是抓取所有那些声音效果的便携式的 DAT 机器，Tallarico 补充说。

“当把一切事物放在一起预先渲染成游戏电影（音乐、声音效果、对白等）时，我在一台快速的拥有 Unicorn 2408 数字接口的 Mac 机器上面使用 Digital Performer，”Tallarico 说。“再一次，这是获得大量配音而无需付出极大的硬件代价的非常廉价的方式。”

翻回到第 15 章去看看 Tallarico 为电子游戏制作声音提供的极好的窍门和技术。

有很好的例子来证实他眼光敏锐的建议，Tallarico 提供了下面这些听起来与众不同的而且技术上有挑战性的思想。

在初期，我认为通常我所做的是带给玩家他们想听的那种音乐。我记得玩游戏并认为，“这音乐太烂了！听起来像是旋转木马的音调或者孩子般的尖叫。为什么人们不制作摇滚乐、流行音乐、布鲁斯、管弦乐、舞曲、电子乐等呢？”直到 90 年代早期，甚至没有人在电子游戏中真正听到过真正的吉它。

我开始做的另外一件事情是把大量的音乐样本引入到卡带 MIDI 文件里面。过去在世嘉的 Genesis 中，人们会用样本片段来播放一个随意的语音样本（战斗）或者用作公司名称（世嘉）的介绍。我决定，何不尽可能地播放那个样本通道呢？我说服了程序员如果他们给我足够的空间，我会让 Genesis 听上去像任何人不曾听到过的那样。因此我利用了踢鼓和小鼓，吉它和小号，歌曲和语音，等等在音乐中恰当的东西。在此之上，我会尽力使用许多实时采样的 F/X 声音；通过优化游戏中的每个声音，当其他事物取得优先时，在没有觉察到任何结束中断的情况下，我能够不断地播放样本片段。如果你回去再听一听像 Earthworm Jim 或者 Aladdin 这样的游戏，你会听到一些样本一直在播放。从来没有人那样做过。

许多时候，为了有优秀的音乐，游戏必须是适当类型的游戏。因此，有时候是音乐或者项目发现你。我记得第一次玩 PaRappa the Rapper，他们在游戏里同时使用了多个声音流让乐器发生冲突或层叠，取决于你当时做得如何。我那时刚刚完成 Treasures of the Deep 的制作，并且我们在做相同的事情，但程度不同。我确实感到震惊的是它表现得与在 PaRappa 里面一样出色！直到你确实做了一些类似那样的事情，你永远也不会完全知道它将在游戏里面表现得怎么样。

对进入这个行业有什么建议吗？

我认为天赋和决心是你能拥有的两笔最大的财富。有足够的决心，你会赢得/发现/创造好运。我将会对认真对待它的任何人说，去实现它！把你写得最好的最喜爱的几首歌曲一起放在 CD 上并且去参加洛杉矶(位于美国加州西南部)的 E3 大会和/或圣何塞(美国加州西部城市)的游戏开发者会议。分发 CD，结识朋友，学习，以及建立人际网络。带上你的演示作品并且发送给所有的游戏公司。这一切都是恰当的。如果你坐在寝室里面，就会很难被发现。我是通过搬到加州并且从做游戏测试员开始进入这个行业的。那样适用于进入这个行业的任何部分，一切都是靠你自己努力向前以及你认识什么人！如果你由衷地热爱游戏并想成为制作人或者设计师，从测试部门开始吧。你不可能正好是制作人或者设计师；你不得不朝那个目标努力奋斗。如果你想成为程序员，学习 C++与 RISC 或者汇编语言；同样地如果你想成为美术师，学习 3D Studio Max。通常地，你不得不认识行业中的某些人并且从基层开始做起，但是人们没有认识到的一件事情是这个行业现在正急需有天赋的人，主要是美术师和程序员。

学习美术然后不计报酬找到一份工作——免费工作——如果你不得不这样，仅仅为了获得一个机会。然后，当你获得了机会，向他们展示你的作品。这样以便在下一个项目时，你就在做自己想做的事情了！在这个行业找工作，经验意味着一切，因此用任何方式去获取经验。

查找所有关于游戏行业情况的一个优秀的网站是 www.gamasutra.com（请阅读第 24 章）。在那里，你可以找到大量与游戏专业人员的访谈。每周也有大量的工作职位。

在我们谈论这个话题时，Tallarico 启迪我们他曾经是如何进入这个行业的。这是一个非常有趣的故事，因此先休息一会儿然后再欣赏：

这真的是一个非常有趣的故事！我原来是在（美国）马萨诸塞州的斯普林菲尔德。当我还是个小孩时，我总是想搬到加州南部去做一个乐师。（大家不是这样吗）无论如何，我 21 岁那年，离开了马萨诸塞州并开车横穿国家来到加州南部。实际上我知道的惟一地方就是好莱坞，于是我驱车到了好莱坞。我没有地方住，不认识任何人，没有工作，并且没有钱，因此我在好莱坞露面，四处环顾，并说道，“这究竟是什么啊？！！！”你们当中那些去过好莱坞的人知道我在说什么。好莱坞完全不像他们在电视上面描绘的那样——很大程度上是一个垃圾场！我仅仅知道加州的另外一个地方是迪斯尼乐园，于是我拦住一些街上的流浪汉并向他们打听米老鼠居住的地方。他告诉我向南大约 45 分钟到奥兰治郡。

这时候我在车上或者在杭丁顿海滩时(位于美国南加州)就睡着了，因此我寻找任何我能够发现的事物。于是我买了份报纸并且第二天在吉它中心找了一份销售钢琴键盘的工作。我熟悉音乐与键盘。无论相信与否，我伺候的第一个人碰巧是一家新开张的软件公司的制作人，公司名叫 Virgin Mastertronic。我整个一生都热爱音乐；我从 3 岁就开始弹奏钢琴。我的第二个爱好一直是电子游戏。我一生中从来没有想到过把我的两个爱好结合在一起，直到那一天。

第二天我成为 Virgin 公司的第一个测试人员。（测试人员是他们支付报酬请来玩游戏以发现他们的错误的人。）我参与的第一款游戏是 David Perry's Overlord，Supremacy in the UK（《英国的最高权势》）。他仍然说，“我不能相信你是那个不断提出让我半夜起来的所有那些错误报告的那个家伙。”那时在 Virgin 只有大约 15 个人，因此他们不需要全职的乐师。当第一个音乐机会出现时（Game Boy 上面的波斯王子），我抓住了它。一有机会我就会与程序员和技术人员坐在一起，以了解学习机器。我对编程一无所知。我只知道音乐和游戏。

这肯定是我职业中的一个优势。我意思是指，考虑一下，你如何为布鲁斯或者摇滚乐编程？这正是你感受到的！无论如何，我在周末和下班以后为波斯王子免费工作。公司副总裁对此的印象极为深刻，他让我成为音乐人！我的第二个游戏是 Genesis 的 Global Gladiators，获得了“年度最佳音乐奖”，并且从那时起我就一直是这样了！

几年以前，当 Tommy Tallarico 在游戏开发者大会（GDC）上做主题发言时（参见第 25 章，“重要会议，组织机构与奖项”），他向人们分发了标准声音协议的拷贝。为什么呢？如 Tallarico 提出的那样，“许多乐师和声音设计师不知道在合同上面提出什么要求或者认为理应得到什么。”Tallarico 说他收到无数封电子邮件，这些邮件来自那些要求他给予规范协议的人们。作为特殊的对待，Tallarico 把这份声音协议提供给这本书使用。

这份声音合同以 DOC 格式包含在 New Riders 网站的书籍页面上，文件名是 Audio Cnotract.doc。DOC 文件是微软公司的 Word 文件，但许多文字处理软件都能够阅读和编辑这种格式，包括 WordPad（免费的 Windows 附件之一）。文档设计有一英寸的页边空白。

我们强烈建议你让自己的法律代理人仔细检查这份合同，以确定它的条款适合你的业务。你可能需要对这份表格作出一些修改。特别地，12a 小节指明该合同是依照加州的法律而制定的；确定详细指明你的业务运转所在的管辖州或者省。

这份表格的最后一页是合同的里程碑时间表的样本；对于单独的合同，用恰当的日期，数量，版税/奖金术语等等替换斜体文字。

Tallarico 强烈要求那些对电子游戏行业的声音有疑问的人们与他联系：tallarico@aol.com。二者择其一，新的声音工程师/乐师可以寄送一份样本录音带到这个地址：Tommy Tallarico Studios，Inc.，P.O.Box 1001，San Juan Capistrano,CA 92675。

下一次你上网的时候，看看 www.gamingforce.com 上面的 Gamingforce Audio。正如这个网站的名字所暗示的那样，它完全专注于电子游戏的声音，即音乐。另外一个主要的站点 www.vgmusic.com 是电子游戏音乐档案库。在这个站点你可以听到超过 10，000 首电子游戏音乐！

George Sanger，Fat Man Music

在第 15 章里，The Fat Man 分享了有关声音设计和实现的一些见解。这里，他谈论了为游戏创作音乐与如何最恰当地进入该行业：

“重复显然是你最大的敌人，”Sanger 说。“这比听众的扬声器大小、你的声音文件的分辨率，或者即使你有电台热门旋律的许可证等等都要有意义得多。”

1．作曲：避免重复

你的游戏长达 40 小时，你的预算可能只是一小时的音乐，因而游戏声音将会重复。

强调音乐主题在游戏声音中远没有在传统音乐中重要。变奏曲扮演着主要的任务。Schoenberg 有一些关于在熟悉中见惊奇的独到的看法要阐述，简单地看一看并忽略所有“熟悉的”东西，因为计算机会处理它。

本来我认为作曲家需要记住这一点：在本质上，所有的艺术沉淀为“躲猫猫”（喊着 peekaboo 并反复遮脸又露脸的逗小孩游戏）的游戏。不要藏在同一个地方，除非你在为我们创造一个巨大的惊奇。

2．实现：避免重复

不要让相同的音乐一直重复播放下去。游戏设计师为每一个角色，或者更厉害一些，每个关卡考虑一个主题或者旋律是很常见的。这使得新手玩家忍受数小时的重复。如果相同的旋律播放五分钟，声音系统确实就应当切换了。

3．沟通：大量重复。

下一次上网的时候，点击一下 GameSpot 的“十大流行电子游戏配音”。想一想你能猜中它们是哪些呢？它的 URL 是 www.videogames.com/features/universal/tenspot_soundtrack。

Chance Thomas，HUGEsound Network

在 Chance Thomas 于 2000 年辞去工作而开始经营他自己的制作公司（www.hugesound.com）以前，他曾是位于加州 Oakhurst 的 Sierra's Yosemite Entertainment 制作室的高级音乐制作人，并且（哦，不好意思!）可能你已经在许多游戏中听过他音调优美且令人难忘的配乐。除了创作管弦乐、摇滚独奏以及独立发行游戏音乐 CD 外，他带头为游戏音乐角逐葛莱美大奖。

无论相信与否，Thomas 是一位葛莱美大奖获得者！他因为其在 ChubbChubbs 中的作品而荣获 2003 年度的奥斯卡金像奖，ChubbChubbs 获得了奥斯卡金像奖的“最佳动画短片奖”。

开始介绍 Thomas 的建议的最理想方式是阅读 Sierra's Quest for Glory V 的配音的唱片封套说明文字。

他写道：音乐是神秘的、难以理解的、熟悉的、善变的……它像是我们在出生以前就知晓的一门语言，它的熟悉既出人意料又很明显。编写乐曲似乎是发现与独创性的平衡，纯粹的意志和催化的巧合。作曲家搜寻、奋斗、要求、诱哄、诅咒，并且最终变得宽容。时常在投降的平静谦卑中，女神缪斯从她藏身的地方走来，相信我们的最大努力已经充分让灵魂变得柔和。她发自内心地对我们说，如此微妙而深切地激发情感，如同她的声音发现了通往表面的必然道路。

开始，Thomas 列出了他给游戏乐师的最重要的建议：

品质很重要。我们的耳朵经过电影、电视节目，以及流行音乐 CD 的熏陶，变得对声音非常挑剔。如果游戏音乐失去了玩家的信任，那么它将永远失去影响。如果玩家甚至不得不进行那可怕的精神上的换挡，“噢哟，这仅仅是游戏音乐……”作曲家已经失去了游戏；音乐没有像它所应当的那样抓住玩家的想像力和情感。尽你所能得到最高品质标准。没有技术复杂得足够让糟糕的音乐变得好听，也无法将业余的东西表现成为精练的珍品。杰出的原始素材是绝对没有替代品的。

如果时间许可并且经济上可行，Thomas 建议使用真实的乐器而不是用合成器合成的：

没有技术可以克服粗劣的原始素材。在混成器上没有“情感消失器”。这就是为什么越来越多的我们提倡雇用真正的、充满生气的、富于感情的、热情的职业乐师来演奏尽可能多音乐的原因。热烈的乐师将他们的感情倾注到音响乐器里面，没有什么像捕获他们精彩的表演那样带给你感情上激动人心的原始工作素材。

Thomas 录制的作品都采用了这种方式。举例来说，他为 Quest for Glory V 配音的各个不同部分使用了 36 件管弦乐器以及 32 件管弦乐器：

我们在每个轨道上录制两遍，多遍录制吸收每个实例直到我们获得不可思议的结果，以分别制作出 72 件和 64 件管弦乐器的声音。我希望你能够听出每个合成版本和现场播送版本之间的差别。不可比较。

好的，因此大多数游戏乐师没有全部的管弦乐器可以使用。明白了。“意义在于，如果你想要产生巨大的激发情感的影响力，你最好极为关注你的音乐，”Thomas 声明道。“George Lucas 说过，‘声音一半是现有电影的体验。’当你考虑音乐在游戏中的作用时请记住这一点。”

那么在开发周期中，游戏乐师应当正好在什么时候开始参与进来呢？尽可能地早，Thomas 说道：只有提早地和不断地参与，才可能有令人吃惊的合力。我在开发的早期谱写了一些音乐，它们激发了游戏全新的部分。让音乐在适当的地方能够帮助语音演员进行更加强大和有活力的表演。更不用说团队中有创造力的人们，优秀的旋律或者配乐可以带来的热忱。

音乐是情感的语言。它以文字和图像永远不能表达的方式与我们说话。问问你自己，“我想要玩家在这款游戏中感受到什么？”并且，如果作曲家是称职的，配乐将引发那种情感。

有讽刺意味的是，Thomas 认为音乐在电子游戏行业中常常被忽视。

主要的原因是因为大多数游戏声音是如此地枯燥乏味。作为互动艺术与技术学院音乐和声音审查委员会的现任主席，我有机会听到大量的游戏声音。我正好听到了这个行业开发者们各种不同的声音。在许多情况下，声音表达拙劣（或者至少缺乏想像力）并且演奏凌乱。很明显在这些情况下，开发者/发行商极少关注声音。结果，你可以断定声音将只能被听众忍受了（或者甚至可能关掉声音）。

另一方面，确实关注声音品质的游戏开发者和发行商数量在不断地增长。由这些有悟性的公司推向市场的游戏处于领先地位并且在竞争中立于不败之地。注意一个有趣的花絮，通常大多数这些游戏的开发者们都与有经验的独立的专家就他们的音乐、声音、和/或语音而订立了合约。

“尤其是关于音乐的一个额外思考，”Thomas 补充道。“枯燥乏味的音乐从来没有能够抓住人类的想像力或者激情。以任何形式。游戏没有什么不同。”

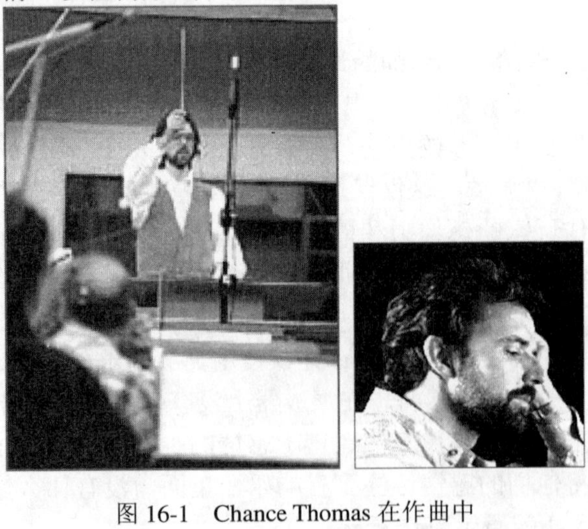

图 16-1　Chance Thomas 在作曲中

Chance Thomas 在 20 多年以前就开始作曲和制作音乐了（图 16-1）。在他的漫长职业生涯中，他已经制作了各种形式的获奖的原创配乐：电影、商业广告、电视以及计算机游戏。

关于进入这个行业，将在第 21 章，“进入游戏行业，”深入讨论，Thomas 提供了下面这些建议：只要游戏行业仍然处在录音室方式和专业方式之间的过渡时期，我认为声音初学者了解内情的最好方式就是作为开发商或发行商内部的全职雇员。这将培养他们对开发过程的直观感受，包括哪种问题影响到开发的其他方面，否则不可能理解。HUGESound 只接纳经验丰富的声音职业人员，他们大多数在主要的开发商或发行商内部工作，从而开始了他们的游戏行业职业。

提到 HUGESound，为什么游戏开发商或发行商会租用它们呢？

“在许多方面，游戏行业的发展与电影行业的发展相似。”Thomas 开始说道。

他解释说：在电影行业成长的年代，好莱坞通过“录音室方式”运行。每个主要的演员有他自己的分配、摄制以及明星资源。例如，每家公司有它自己的专职作曲家、声音人员，等等。但是当电影制作在 20 世纪 60 年代后期和 70 年代早期从以前的录音室方式发展过来时，已经在某种专业方面开发出了较好技术的独立承包商开始为电影提供更好的价值。这要比录音室方式的雇员好一些，他们的才能（必须）更加全面一些。

现在我们似乎靠近了游戏行业一个可以比较的转折点。如今竞争性的游戏需要在所有方面都具有专门专家的优势，而在声音方面尤其如此。美妙的声音能够从那些自称优秀的游戏中选拔出最优秀的游戏。HUGESound 现在是一家能够给开发商提供这样合约的声音专家的公司。HUGESound Network 的每个成员都被证明是各种不同风格的音乐作曲、声音设计、声音编程、语音配音、(录音后声与音乐的)混成、高级音乐、实现等的专门技术的执行者。

在如今竞争激烈的市场上几乎没有犯错误的余地。游戏制作者们面临着残酷的竞争。正如《游戏开发者》杂志编辑所指出的那样，在车库中建造畅销游戏的时代实际上已经过去了。专业的声音服务提供商比如 HUGESound 可以帮助开发商节省资金和避免麻烦，带给他们令人赞叹的结果，并且帮助产生丰厚的利润。

Thomas 是如何进入这个行业的呢？“起先是出乎意料；当我尝到了它的一点味道后就是残酷无情。”

他继续说道：出乎意料的一面：当一个为 Orient 开发互动教育游戏的人找我联系时，我那时在广告行业（McDonald's，Nissan， Mall of America，等等）从事着相当成功的作曲家和音乐制作人职业。他雇用我为他的游戏创作了大量的音乐，但是在项目进行到一半时，他的资金被用完了，我们永远没有完成游戏。

残酷无情的一面：在那以后，我针对游戏公司开发了我的音乐展示作品。我把一份简历放到一起，强调了那些我认为可能对游戏公司最有吸引力的特性。然后我就开始把简历和展示作品寄送给各种不同的软件开发商们，还有专门从事游戏行业雇用工作的猎头公司。这时候，一个朋友碰巧看见 Sierra 的空缺职位，于是我也寄给了他们。Sierra 马上就回电了，并说他们想雇用一个全职的作曲家。在与 Jay Usher（项目经理），Jason Hayes（现在暴雪公司）以及 Victor Crews（也在暴雪）的面谈过程中，事情进行得极为顺利；然后他们雇用我给 Quest for Glory V 制作配乐。我接受了这份工作，条件是我们要为项目使用现场直播的管弦乐器并且发行配音唱片集。不幸的是，这款游戏表现很糟糕，但是配音带却成功了。我们销售了大约 50000 份，而且新闻界似乎很喜欢它。

在雇用期间我也为 J.R.R. Tolkien's Middle-Earth，SWAT 2，Navy SEALs 以及 The Realm 工作。当公司关闭 Oakhurst 分部并为我在 Seattle（西雅图）提供了一份工作时，起先我接受

了。但后来我决定想尝试以（不受雇于人的）自由作曲家的形式为数家游戏公司工作。这时候我开办了 HUGEsound，后来开办了 HUGEsound Network。

你想增加进入这个行业成功的可能性吗？Chance Thomas 说任何新的声音工程师或者乐师应当学会如何使用 Pro Tools 软件工具包。

请从 www.hugesound.com 网站更多地了解关于 HUGEsound 和 Chance Thomas 的工作。

Jeff Kliment，LucasArts

Jeff Kliment，LucasArts 公司声音部门的经理，一直是下面这些游戏的首席声音设计师：Star Wars，Rebellion，Grim Fandango（包括配乐），Star Wars：Episode I-Racer，Indiana Jones and the Emperor`s Tomb 以及 Full Throttle II。

关于他是如何进入这个行业的，Kliment 说他一直很喜爱音乐并知道他想要他的职业和音乐有某种联系。

但我确实没有具体的计划。当我在 1978 年搬到 San Francisco（旧金山）时，我在咖啡店的表单上看到住满爵士乐师的屋子出租房间，因此我当然就租下来了。其中一个家伙是萨克斯管演奏者，他告诉了我在 San Francisco State University（旧金山州立大学）有一门极好的录音课程。那是我一生中曾经接收到的最好诀窍。那是一个很长的故事，但 Russian Hill Recording 的工作是我在那儿学习的直接结果。

Kliment 说乐师重要的是完全“了解他们这一行”。如果他正在 LucasArts 寻找某人，他会想要“某人有很好的品质、幽默感，以及极好的人际技巧。为互动游戏制作音乐也需要擅长计算机技能。了解编程更好。如果你是游戏玩家的话也很有帮助！”Kliment 补充道。

作为一个成功的游戏乐师，你需要具备哪些个人的或者职业的特质呢？为什么这么多的游戏在这方面都不成功呢？Kliment 回答说，“好的，这需要的远远不只是一个好的乐师。”他继续说道：

要在我们这一行成功，你必须正确地平衡我前面提到的所有事情。分析技巧非常有用。灵活性、良好的团队精神，适用于大多数职业的事情同样也适用于我们这一行。我们在 LucasArts 非常幸运，团队的人们深深地投入到他们的工作中。

Jeff Kliment 说，由于变化多样的硬件能力和缺点，为主机游戏设计音乐与为 PC 游戏设计音乐的差别非常大。“为了找到完成工作的最好方法，作曲家必须清楚每个平台的细节。”

最后，关于在这个行业获得成功，Kliment 提醒那些阅读本书的读者，“我经常发现，如果你跟随自己的内心并做那些你喜欢做的事情，其余的事情就会自然地发生。”

第三部分 制作后期

第 17 章　游戏测试

本书中多次提到，在产品发行前进行游戏测试是一个必须认真执行的极其重要的过程。在计算机游戏中为什么有这么多的程序错误，为什么每一款游戏都有许多补丁？是设计师们变得懒散了，还是他们利用互联网作为补丁的有效分发途径呢？

程序错误和补丁的原因有很多。开发计算机游戏不同于为主机平台开发游戏，后者的直接用户是在固定的硬件平台上面玩游戏。就是说，所有上百万的 PlayStation 2s，任天堂 GameCubes 以及微软 Xbox 的构造都是一样的（尽管软件可能因为地域的原因而有所不同，比如北美、亚洲或者欧洲）。而对于计算机来说，你几乎很难找到两个游戏玩家有相同的配置。如果你稍微想一想，就知道有上千种的软件和硬件组合方式，要使游戏在所有系统上面都顺利地运行显得十分困难，因此为 PC 设计游戏如同试图击中移动的目标。

其次，游戏公司是庞大的企业。如果产品错过了发货日期，它就会赔本（尤其是在有利的休假季节），因为许多大型游戏发行公司都是公开招股的，他们必须公开季度财务结果。一个糟糕的财务季度可能对公司的股票价值带来极为有害的影响。由于这个原因，在各种不同发行商的市场承诺和各种不同零售商的分发承诺方面，许多游戏以“几周以后我们会在互联网上面放置补丁”的姿态过早地发货。每年大约有 1/3 的主机和 PC 游戏是在十二月份销售。不幸的是，许多计算机游戏发行商在这段时间过早地把他们的游戏摆放到了货架上面，而游戏发行商也认识到那些对公司产品不满意的玩家将不再购买这个厂商的游戏。

另外，公司也要测试可玩性问题，比如确定谜题不是太困难（在冒险游戏中），战斗不是难以操纵（动作游戏），角色的统计数据是准确的（RPG 游戏），角色控制的反应是充分的（运动游戏）以及竞争单元是平衡的（策略游戏）。

公司进行程序错误与游戏平衡和兼容性问题测试的方法有很多，通常有两种类型的游戏测试：beta 版测试及品质测试。

beta 测试是在开发工作室或发行机构内部处理的一个递增过程。一些情况下，以反馈信息作为交换，把游戏分发给游戏社区的志愿消费者进行测试。这通常是在游戏开发的 alpha 晚期阶段/beta 早期阶段时半正式地开始。

而品质保证（QA）测试通常由局外人在适当的测试环境中进行，通常是在游戏开发周期的末尾实施。在游戏发行前，提交错误报告和任何其他的疑问、抱怨或者意见进行评估。在游戏发行以后，技术支持人员开始提交用户的抱怨（开发者们阅读新闻组邮件和网站论坛），一些修复收集在一起并组织为第一次补丁。某些情况下，补丁是完全正当合理的，比如在游戏已经发行后，新的 3D 显示卡或声音卡面世了。

本章集中讲述在游戏开发过程中如何适当地测试游戏，这些建议来自一些知名的公司，并且包括了大多数游戏类型。

Bill Roper，Blizzard

Blizzard（暴雪，图 17-1）游戏开发制作室获得国际认可是因为它非常认真地发行每一款游戏，只要看看发行 WarCraft III 和 Diablo II 花费了多长的时间——稳定的游戏值得这样等待。而适当的游戏测试更为重要，Bill Roper 和 Matt Householder 也赞同这一点。

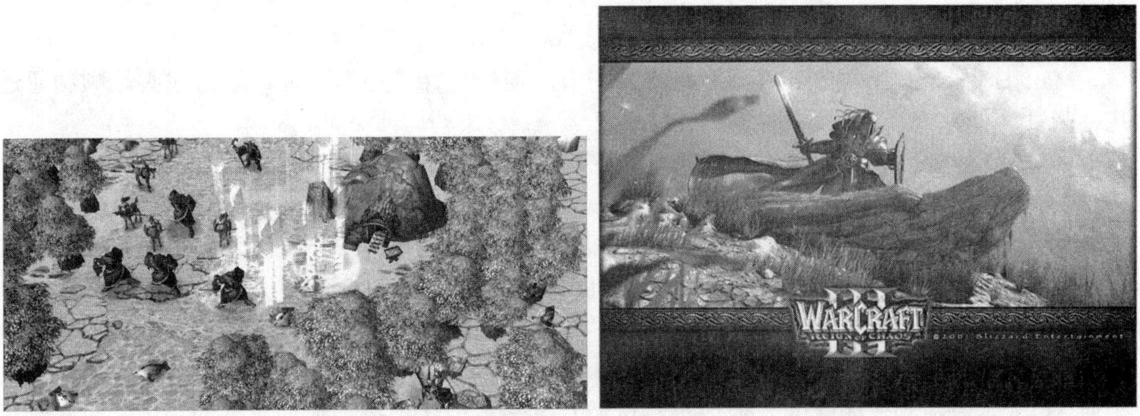

图 17-1　暴雪截图

Roper 说，详尽而准确的错误报告是 QA 能够确实帮助程序员跟踪和消除代码错误的另外一个领域。在这一节里，他解释了这个过程在暴雪娱乐是如何进行的，图 3-1 展示了 WarCraft III 的一个场面和宣传图像。

测试是很难做好的一个过程，一些大公司的大型游戏的大量错误明显地说明了这一点。即使最好的团队和 QA 部门也不能发现一切错误，重要的目标是发行尽可能没有错误的游戏。

在 Diablo II 中我们自己可能甚至完成得更好的工作就是持续制作测试工具直到项目结束。开发团队和测试部门的密切合作对于发现并修改尽可能多的错误来说是必须的。不仅 QA 部门应当请求给予测试工具以便他们的工作更加容易而且他们的报告更加有益，开发团队也应当时常思考游戏可能会有什么问题并且制作一些测试边界情况的工具。

Roper 解释了暴雪娱乐的雇员是如何记录和管理错误报告的：

我们利用了容易使用的、基于 Web 的数据库，公司的每个人都能够使用它录入、跟踪，并解答游戏的错误。这个数据库的管理是持续的并且同时来自于开发人员和测试人员以确保我们尽可能仔细地检查了尽可能多的错误。同时，我们给测试团队分配了不同的要素，他们可以直接与负责那个方面的程序员们互动。如果游戏中的探索运行不正确，负责游戏这个部分的 QA 团队把错误录入到数据库里并且成为一个 focused group，与可以解决这个问题的个别程序员们一起工作。

鼓励参与游戏创作的每个人进行持续的沟通，尤其是在领导这个层面。在测试过程中，我们的 QA 领导、程序领导、美术领导，以及制作领导都总是在谈论当前的目标是什么。在我们的优先清单中最前面的是哪些具体的错误呢？程序员需要测试什么呢？神殿关卡背景的小毛病是编程方面的问题呢还是美术方面的问题呢？对手头的工作任务按优先顺序排列并保持清晰的重点，让每个人都参与进来，让测试更加顺利而且更加有效。

最后 Roper 说，必须要真正致力于发行具有较少错误的软件：如果你有一个严重的错误卡住了游戏 10%的时间，你必须乐意在修改这个错误以前不得发行游戏。游戏错过计划发行时间的原因有很多；作为开发者和消费者，我们应当支持公司这样做以便让产品更好，不仅仅是在平衡或者乐趣方面，在稳定性方面也是这样。

Matt Householder，Blizzard North

Matt Householder 对 Bill Roper 在前面一节的谈论进行了补充，说每款游戏必须顺利通过几种测试。他补充了下面这些：

- 特征测试。在这里，你要留意游戏特征都务必实现了，像预期的/设计的那样起作用，并最终优化成最有趣的。
- 兼容性测试。在这里，你要决定游戏在不同版本的硬件和软件上面的表现有多好（从极差到优秀）。兼容性测试在计算机系统上面比在主机上面有大量更多的工作要做。

Householder 补充道，看待测试的另外一个方式是根据进行测试的人员。

当然，程序员是最早的测试人员。他们在工作（不同的成就）中编写并测试代码。在这之后，QA 人员和制作团队的其他成员测试游戏并在数据库中报告他们发现的错误。在修改了足够的重要错误以后，计算机游戏可能经历成百上千急切的（满怀希望的）游戏玩家参与的 beta 测试。beta 测试可以帮助发现兼容性问题，并把游戏开放给不会隐瞒对任何瑕疵或者缺点的批评意见的那些用户。

Chirs Taylor，动作游戏/RPG

谈论一会儿动作/RPG 游戏类型吧，Gas Powered Games 的 Chris Taylor 说道，游戏测试已经经历了一个从开发周期末尾赶做游戏的一些快速步骤到非常完善和科学的过程。Taylor 最近的一款游戏是 PC 平台的动作/RPG 游戏 Dungeon Siege。

我不想把测试过程过分简单化，但我可以告诉你它涉及到计划、协调、数据库管理系统，严格的协议，以及非常能干的人员。一个好的测试人员可以在职培训，并且这是它为什么是游戏行业非常流行的入门级职位的原因，但不用惶惑以为这是一个简单的工作或者有趣的工作。它需要艰苦的工作，人们要非常仔细地注意细节，而且要知道如何阅读游戏说明书文档。那不是说没有好的职位，但即使是领薪水整天玩游戏的人们在下班时间也乐意回家。

David Dienstbier

关于游戏测试的重要性，David Dienstbier（于 2002 年离开 Acclaim）说游戏测试是游戏开发中极为关键的一个部分。他把游戏测试比作医疗测试：

假如游戏是病人，如果它有肿块，多长了四条腿，没有牙齿等等就会很容易看出有什么问题。然而，如果你的游戏实质上看起来很不错，则诊断就变得非常困难，而且专门化就更加有价值。测试人员竭尽所能破坏游戏。他们记录下测试步骤，尝试不同的组合来得到反应，并且通常一点一点地分开寻找游戏的错误。

当发现了问题时，他们就向程序员或者设计师报告问题，并且更重要的是他们是如何发现的，然后由程序员或者设计师决定该怎样修改。

有时，设计师通过寻找游戏的建造方式（他们可以检查脚本、连接，以及编辑器成分）就能够很容易地修复问题，但大多数时候需要程序员深入检查代码从而修复问题。使得测试如此重要的事实是他们必修把测试当成工作来找出那些并不总是很明显的问题。通常，如果在游戏摆上货架以前没有消除这些错误，这些错误可能就是游戏的灾难。测试人员也是输入信息的极好资源。在游戏开发过程中，让测试人员进行反馈通常是个不错的主意。对项目有了一定程度的理解时，来自非核心团队的游戏玩家的输入信息可能会有相当的启发作用。

David Jaffe，Sony Computer Entertainment America

梦寐以求的Twisted Metal系列的幕后策划者把测试人员称为"游戏行业的无名英雄。"Jaffe继续说道：

他们有时受到严重的责备（不知道为什么），但他们非常重要。许多人认为他们的工作就是努力发现错误。嗯，这是他们工作中非常重要的一个部分，但这不是他们工作的全部。他们也对游戏有着新鲜而老练的观察，而你在游戏上面花了大量的时间，已经不再能够对它作出切合实际的判断了。因此他们总是提供大量很好的方法让游戏变得更好，然而这会增加开发过程的时间。（同时他们也发现了错误。）带有很多错误的游戏对于玩家的体验来说是一件非常糟糕的事情。一个平衡性很差的游戏也是玩家的恶梦。这两种情况都可以避免，假如开发团队有时间和愿望倾听测试人员的意见。

Jaffe 以 PlayStation 2 平台的 Twisted Metal：Black 为例子，讨论了不同种类游戏测试：

- 碰撞测试　在这里测试人员让 3D 汽车/角色在环境/3D 世界中撞坏。出现这个现象的原因有好几种，并且测试人员需要找出游戏地图中发生这种情况的每个区域。而且这很令人沮丧，因为并不总是发生这种事情。有时，出现的几率只有 50%，并且测试人员需要算出发生碰撞错误的条件。（因为车辆必须以一定的速度行驶；有时，是因为 3D 美术师只不过忘记了在区域里标识适志的碰撞）这确实有趣；在 Twisted Metal：Black 中，我认为测试人员抓住了这类错误的 95%，但时常我会看到邮件或 E-mail 说某人冲到游戏世界外面去了，然而当我们认为这在开发方面是可怕的事情时，电子邮件中通常描述说在主游戏外面的无人区域驾驶是多么地美妙！这好比是在偷看电影摄影场的幕后并认识到房子只是表面现象而且里面什么也没有！我们对此很遗憾，然而玩家似乎在从一些错误中寻找乐趣。
- 外壳测试　确定游戏外壳给你指出了正确的指示。在 Twisted Metal：Black 中，我们曾经有这样一个错误，当你在游戏中获得胜利时，它把你带到了选项屏幕而不是播放获胜的影片——谢天谢地，测试人员发现了这个错误！
- 武器测试　确定武器按照设计的那样起作用。David Jaffe 在第 2 章谈到了动作游戏设计。

Steven Rechtschaffner，篮球游戏 NBA

SSX 和 NBA Street 都是优秀的游戏（Electronic Arts Canada），按照游戏平衡性和没有错误来说至少是这样。关于适当的 QA 测试，Steven Rechtschaffner 评论说这在"一定程度上是必要的而在另一方面又是很有利的。"

他解释说：品质保证（QA）必要的一面是发现并确定那些违背设计且没有按照设计的那样起作用的地方。然后他们和我们一起确认所有各种不同的错误都得到了修改。QA 参与有利的一面是给我们反馈游戏的可玩性。大量优秀想法和创造性的问题解决办法都来自于我们的测试团队。在任何优秀游戏的制作过程中，QA 都扮演了非常重要的角色。

Bruce Williams，Microsoft

你如何测试模拟游戏比如说梦寐以求的 Flight Simulator 系列呢？这和一般游戏测试有什么区别吗？有趣的是，微软的 Bruce Williams 说团队中大多数开发人员都是飞行员，"因此我们通常都有大量的飞行经验。”他解释说这为什么非常重要：

我们了解空中交通管制、导航、座舱控制等，我们的团队中也有航空工程师，他们处理来自飞机制造商的数据以及其他数据来源以保证飞行模型是准确的。我们驾驶 Flight Simulator 中的许多飞机来验证我们的飞行模型，并且我们也花时间全速飞行。被美国联邦航空局（FAA）认可的模拟确保我们已经准确地模拟了大型客机。而且我们和大量的专家交谈。比如，当我们在 Flight Simulator 2000 中模拟协和式超音速喷射客机（Concorde，图 17-2）时，我们和英国航空公司协和式超音速喷射客机的主要飞行员一同工作。对于一些特征比如空中交通管制，我们请来航空交通管制（ATC）专家帮助我们确保一切都尽可能地真实。

图 17-2　飞行截图

微软的 Bruce Williams 说团队大规模地测试了 Flight Smulator 游戏，包括驾驶真实的飞机来比较模拟游戏的可信度；也和飞行员、空中交通管制专家以及其他专家进行交谈。

Todd Howard，Bethesda Softworks

Bethesda 公司是最大的独立游戏发行商之一，它在过去几年中发行的 PC 游戏包括 RPG、动作游戏，以及模拟游戏。

项目领导和设计师 Todd Howard 说最好的测试方法是“完美的建造”场景：每当你到达一个里程碑或者完成一个具体特征，就进行测试并且记下一切不对的地方。你现在可以选择，如果你能够容忍错误，你可以置之不理，但最好的选择是把错误从游戏中找出来并立即彻底改正错误。在这种情况下，游戏的当前版本就是一个“完美的建造”。游戏还没有完成所有的特征，但是已经完成的部分都表现出色。游戏不会频繁地崩溃或者提供不能正确运行的功能。（如果忽视了，）这些事情最终确实会堆积如山。现在，你将会被迫对一些问题置之不理，以便你能继续开发并让其他地方正常运行，这很好。确信很好地记录了问题以及解决办法。

Howard 也提供了有关 beta 测试的一些建议，这是在游戏基本完成并且需要找出所有错误的时候进行的测试。

我要给出的另外一个建议是不要过早地将你的游戏发放给 beta 测试人员。如果你的游戏还没有准备好，或者你还没有准备好处理测试人员给你的反馈，请等待直到你准备好了。对于测试人员来说最糟糕的事情是给你传递反馈然而你却什么也不回复，或者你没有修改问题。

他们不会觉得是在帮助你，并且当你确实需要听取他们的意见时就很少会帮助你。

Warren Spector，Ion Storm Austin

负责过无数经典 PC 游戏的谦逊的设计师（参见附录 Spector 的个人经历）说游戏测试是一个非常重要的论题并且提供了下面这些建议：

- 你需要持续的团队测试。那些不测试他们作品并且不从他们的同事那儿获取反馈信息的代码编写人员、美术师、设计师以及声音工程师都不会在这个行业做得长久。
- 尽一切可能，在开发周期中你需要让可测试的开发里程碑尽可能地早，而且你需要让一小组专职测试人员尽早参与到项目中检查里程碑进度。
- 当你完成 alpha 测试（这时候游戏真正可以玩了，具备了所有的游戏系统功能，即使还有一些错误）后，你需要一个稍微大一些的测试团队来提供游戏错误信息，并且同时告诉你游戏是否真的有趣。（相信我，这时你已经非常接近你的目标了！）这时候也是大量开发人员，包括我自己，求助于朋友和同事并进行一些不加思考的测试。我通常寻找那些对我们正制作的游戏有一些了解的人们；那些参与过制作类似游戏的人们；那些我非常了解的不会为了避免伤害我的感情而掩饰他们对游戏的感受的人们。
- 当你完成 beta 测试时，你希望你的“乐趣要素”问题已经不存在了，并且你的重点是修改违背设计的问题。这是个痛苦的过程（主要是 QA 人员！），穷尽测试玩家在游戏过程中可能会做的每件事情。最后，你希望你的发行商有足够的硬件实验室检查尽可能多的硬件配置兼容性。

Skippy testing 到底是指什么呢？Spector 回答说：贯穿开发过程，你实行我们一直称为 skippy testing 的测试（不确定这是 Origin 杜撰的词汇还是比较广泛地使用的表达方式）。Skippy testing 就是进行各种你所能想到的破坏游戏的过程，在明显的危急关头移走 CD，用你的双手，猛烈敲击键盘以便同时按下尽可能多的按键，等等。

Harvey Smith，Ion Storm Austin

Ion Storm 也为拥有设计师 Harvey Smith 和 Randy Smith（他们俩没有血缘关系）而自豪。他们分别是 Deus Ex2 与 Thief 3 的设计师，在本小节和下一小节他们分享了有关适当游戏测试的见解。

“测试人员如同是解决难题的 focus group，”Harvey Smith 开始说道。“他们帮助你找出游戏出问题的原因，并且他们向你表示游戏是多么的有趣。”关于测试的重要性，Smith 根据他最近制作 Deus Ex 的经验提供了下面的例子：

游戏环境越来越多地变得复杂和灵活。通常，由于要素众多或者模拟的深度，游戏可以有开发者所不能想像到一些能力。比如，我们在 Deus Ex 中突出了一个毁灭性爆炸的单位。这个单位鼓励玩家使用范围武器而不是 mele 武器——这使一些玩家即时切换方式以避免毁灭性爆炸。我们想要每个单位都以某种方式区别于其他单位。游戏也突出了一些上锁的门，这些门可以用玩家撬锁（有价值的）或者爆炸资源打开。在玩这款游戏几个星期以后，我们看到测试人员在引爆以前把这些爆炸单位放置在上锁的门附近；结果爆炸能够在玩家没有资源损失的情况下打开门（或者密室）。

这种意外策略是我们所没有预料到的，但由于测试人员长时间埋头于游戏，因此他们发现了这种方法。在他们长时间地测试游戏以致确实觉得厌烦时，他们通常会做出一些有启发性的工作——他们变得聪明的时候，努力让他们自己开心。在了解到这些（并且从最初的惊讶、欣喜，以及乐趣中恢复过来）以后，我们作出了一些关于是否需要降低毁灭性爆炸范围的决定，以便使这种策略不太可能偶然出现。

Randy Smith，Ion Storm Austin

Randy Smith，Thief 3 的项目主管和首席设计师，就通过测试排除技术方面的错误和提升游戏品质方面分享了他的观点：

当游戏还处于开发中，在游戏运行时出现崩溃、挂起，或者表现出大量的任何缺陷都是很常见的。在项目的一定阶段，锁定开发，停止引入新的特性，并集中精力改正技术方面的错误是非常重要的。错误数以千计，确定所有重要的错误都改正了，它们都通过一个巨大的数据库进行跟踪。

因此所有这些错误是如何定位、证明，并修复的呢？

找出这些错误都需要大量的测试，因此测试人员常常一遍遍地重复进行相同的游戏体验，尝试大量新的事情，并且尽最大努力用创造性的方式毁坏游戏。每次游戏崩溃或者挂起，或者当他们看到不适宜的事情，他们就在错误跟踪数据库中登记一条新的记录。

当然，测试的另外一件重要事情是游戏的整体品质：

游戏测试人员对游戏哪部分有趣、不够有趣、太容易、太难，等等提供重要的反馈信息。通常，这些不是技术方面的错误，但它们是合理的错误并且使用相同的数据库进行跟踪。只要他们在为这个项目工作，游戏测试人员通常就同时测试两种类型的错误。除了正式的游戏测试，通常也有非正式的同等检查，也就是你把游戏的早期版本邮寄给信任的同类开发人员以得到他们的重要反馈信息。最初的反应通常包含最好的数据，因此精明的是“保留”一些人并等待项目临近完成时向他们展示游戏并且你已经试图响应早期的反馈信息。

Brad McQuaid，Sigil Games Online

无疑地，EverQuest 是 PC 游戏历史上最成功的在线角色扮演游戏之一，并且许多名声可以归功于 Brad McQuaid 对适当游戏测试的重视（关于 MMORPG 游戏设计更加详细的讨论请参见第 5 章）。在 2002 年，McQuaid 离开索尼在线娱乐公司（Sony Online Entertainment）并开始创办 Sigil Games Online。

关于如何测试大规模多人在线角色扮演游戏，McQuaid 提供的建议：测试对于任何游戏来说都是最重要的，无论是大规模多人游戏还是其他游戏。没有人希望错误或者有缺陷的游戏技巧导致一个不稳定或者不平衡的游戏。跟 MMORPG 相关的测试挑战是这些游戏的大小和性质需要涉及大量人员的长时间测试。单人游戏典型地是在游戏投放市场前由团队内部大概 5~50 个游戏测试人员测试一段时间。另一方面，MMORPG，典型地同时利用内部测试团队和大批的外部测试人员（beta 测试人员）。例如，EverQuest 的 beta 测试大概是九个月时间。我们开始大概有 50 个外部测试人员，并且在游戏发行前的那个月测试人数达到了 25000。而且在游戏发行一年以后仍然有错误和问题需要我们处理，因为 20 万个玩家将会发现 25000 个玩家不能发现的问题。

在游戏开发中，术语 alpha 和 beta 一般用于描述在游戏商业发行前的里程碑。alpha 通常意味着“代码和特征完成”，而 beta 意味着游戏的稳定性足以开始正式测试。对于 MMORPG，或者至少对于 EverQuest，alpha 意味着游戏可以玩了并准备好可以内部测试了。beta 意味着向 Verant 外面的人开放游戏以便帮助我们除去程序错误（debug），提供建议，以及找出游戏技巧的问题。Closed beta 通常意味着参与 beta 测试的外部人员是仅仅在征求的基础上精心挑选出来的，然而 open beta 意味着几乎任何公众人员都可以随意参与测试。

图 17-3　魔法师截图

Brad McQuaid，以前在 Sony Online Entertainment（现在 Sigil Games Online），说测试对于任何游戏来说都是最重要的，无论是大规模多人游戏还是其他游戏，因为没有人想要充满错误的或者不平衡的游戏。在这一节，他讨论了大规模多人游戏比如像 EverQuest 所遇到的额外挑战，如图 17-3 所示。

Richard 与大不列颠贵族及其 Garriott，Ncsoft

独一无二的 Richard 大不列颠贵族及其 Garriot，Origin Systems 公司具有传奇色彩的 Ultima 的构想者，如今在他的新公司，Ncsoft（美国），他说大量的努力投入到了游戏测试，尤其是在线游戏，这是从流行的 Ultima Online 感受到的。

一个成功的在线游戏一开始就必须有良好的工程；你必须有良好的代码。有了良好的代码，QA 测试人员可以很好地开展他们的工作。

不幸的是，在开发过程的早期没有办法彻底地测试一个突破性进展的大规模多人游戏比如 Ultima Online，这在游戏最初的发行以后被一些不愉快的玩家所证实。但为了减少互联网阻塞，在世界各地增加了大量更多的服务器，而少数的专职工程师后期也在德克萨斯州处理带宽问题。

Garriott 说当他们在内部测试游戏时，他们按照检查清单试图以玩家可能的行为那样玩游戏。这份检查清单包括所有的游戏特征和这些特征的组合，并且可能变成一项相当枯燥的任务。他详细阐述道：

比如，如果一个魔法系统有 50 个魔力，一个测试人员必须对每张地图上面的所有的怪物类型、NPC（非玩家角色），以及物品测试每个魔力和魔力组合。这是一个巨大的矩阵，事实上，我们有这样的检查清单，并且你必须对游戏的每个版本都这样做。

所有这些最重要的是，Garriott 提醒我们这些都必须在所有的机器类型和配置上完成。听起来好像很有趣，是吧？

Sid Meier，Firaxis

由于他提供有关游戏设计的见解，Sid Meier 的名字在这本书中出现了许多次。当谈到适当的游戏测试时，他映衬了 Richard Garriott 的观点。

首先是错误测试，这应当在许多不同的机器上由尽可能多的人完成。同时，测试人员使用一种能够再现和证明错误的方法很重要。

除非能够捕获并报告错误，否则发现错误就没有价值；因此，Meier 使用了各种不同的技术，比如说在游戏中自动存储的特征大约每 10 秒钟记录一个游戏书签。利用这种方法，如果发现了一个错误，先前的游戏就能够装载进来。

在 Meier 的监督下实行的第二种测试方法是查明游戏是否太难或者太容易：

设计师们没有办法辨别因为他们与项目太过密切以至于不能客观地看待游戏。重要的是把游戏给人们并观察他们在做什么，而且查看他们在什么地方被卡住了。

Meier 相信，游戏最开始的半小时是至关重要的并且是玩家是否会继续玩游戏的重要的决定因素。

Eric Tremblay，Ubi Soft Entertainment

1997 年 Eric Tremblay 开始在位于蒙特利尔(加拿大东南部)的 Ubi Soft 做测试人员。他参与的第一款游戏是 F1 Racing Simulation，在测试了两个月 PC 游戏以后，他被晋升为这款游戏的主测试员。Tremblay 也是续集 Monaco Grand Prix Racing Simulation 2 的主测试员，同时管理蒙特利尔 Ubi Soft QA 部门所有游戏产品的测试。在被提升为 QA 主管后，他被任命为全球 QA 主管。相当简单，Tremblay 的任务是管理 Ubi Soft 全球的所有 QA 团队的工作：蒙特利尔、巴黎，上海，以及布加勒斯特(罗马尼亚首都)。最后，在 2001 年 2 月，他被晋升为全球品质保证经理。不算坏，是吧？

Tremblay 讨论了 QA 测试和 beta测试的区别，以及两者应当何时开始和结束。

在某种程度上，是非常相同的。QA 测试是在内部执行的，在我们的办公室，由我们的 QA 部门，比 beta 测试更加有组织。每个团队有一位主测试员。主测试员管理团队里面所有测试人员的工作。他负责工作的质量，保证游戏测试充分并且没有哪方面测试不足。在游戏开始进入测试以前，他的任务是建立测试计划以保证游戏经过很好的测试。测试计划是一份指出要对游戏执行的所有测试的文档：O/S、走查、安装、功能等。

至于 beta 测试，通常用作大规模多人在线游戏（MMO）或者甚至是开发者没有 QA 部门的单人游戏的测试。beta 测试在游戏发行前，开发的 beta 阶段进行。你要让尽可能多的人在相当长一段时间内玩游戏以便他们能够通过数据库或者电子邮件给你提供反馈信息（和）错误。beta 测试也用来测试游戏的稳定性。游戏的品质或者稳定性依赖于 beta 测试人员的工作。

但 Tremblay 告诫道 beta 测试的难度在于并不是所有的 beta 测试人员都是十分仔细的：“一些 beta 测试人员仅仅是想在游戏发行以前获得游戏；其余的人是非常称职的并且将会发来游戏的错误。”

Ubi Soft 测试碰撞错误、图形错误，以及（正如 Tremblay 所说），“我们也询问测试人员游戏的平衡性是否很好，关卡难度是否是逐渐递增的。”

当然，因为测试人员是游戏玩家，Tremblay 向他们询问关于游戏的反馈信息，关于设计修改的建议、可玩性、用户界面，等等。但是他补充了一点警告：“测试人员必须明白他们是在这里测试游戏，而不是重新设计游戏。”

测试主机游戏和 PC 游戏之间的区别是什么呢？

对于 PC 游戏，游戏必须经过很好的测试，因为我们是在游戏发行前的最后一个阶段。我们实行 QA 是为了避免顾客购买糟糕的游戏，并销售优质的产品。公司的名声通常依靠我们，但我们不想承担因为游戏错误太多而终止游戏发行的责任。

至于主机游戏，Tremblay 说，游戏必须经过主机制造商（索尼、任天堂、世嘉、微软）的检验：主机制造商拥有我们的游戏必须要满足的品质标准；我们的游戏产品必须完全符合所有的品质标准。他们会测试我们的游戏；如果游戏没有通过这些标准中的一个，我们就不能发行游戏。

Tremblay 揭示了顺利地开展工作所需要的并且给未来的游戏设计师们和市场代表们传递了一个消息：关键是要有一个准备充分的测试团队。要有主要的建造测试计划以确保不存在游戏的某个方面测试不充分。倾听 QA 的意见。多半是，市场坚持发行日期，——不管游戏的情况是什么，他们都会发行游戏。是的，存在着游戏必须上市的时间，但我们是在现场，我们整天一直测试游戏，因此请听从我们的。

Ubi Soft 既有兼职测试人员又有专职测试人员。为了雇用测试人员，公司在互联网自己的官方网站上发布职位空缺或者要求测试人员推荐有兴趣测试游戏的朋友。Tremblay 说：“在一年的某个时候，我们 QA 部分的测试人员数量增加一倍甚至两倍，从而能够测试我们所有的游戏以便准时发行。”

因此在这里的工作像什么情况呢？你如何保证良好的测试，良好的工作环境呢？Tremblay 回答说：可以让没有经验的测试人员加入到有经验的测试人员中。

拥有一个准备充分的团队、良好的工具、喜爱游戏，并且准备日夜测试游戏，以及喜爱比萨饼和鸡肉（加班进餐！）的人们。

我的任务之一就是总是有最新的标准。除了良好的测试之外，我们的游戏必须符合特定的 Ubi Soft 标准。在发行以前，游戏必须通过我们检查清单或者标准的所有要求。

他们也实行一种称为回归测试（regression testing）方法。到底是指什么呢？

我们想确定以前的错误后来没有回来困扰我们。对于没有经验的测试人员，我建立了一套培训程序。没有经验的测试人员学习测试人员职责（基础），我们如何测试游戏，我们使用的工具，以及在报告错误时使用的适当的术语。也有实际的培训，测试人员实践他们在“课堂”所学到的东西。最后，他们被引入一个团队，而且分派有经验的测试人员支持他们并且在第一个星期指导他们的工作。

最后，Tremblay 提供了一个游戏测试得很充分的例子，并解释了原因。

我记得这里测试的一个游戏是 Solar，证明了测试人员是多么的优秀并且是非常有经验的游戏玩家。测试人员给出了如此多的关于如何改进游戏的建议，以至于制作人告诉开发人员在游戏中增加所有提出的要求。此外，他们要求我们完全重做设计、故事，以及任务。因此，对于这款游戏，测试人员是测试人员-设计师。Tremblay 说，我们不应当期望这种情况发生得太频繁。

我们的游戏品质在某种程度上是我们的工作品质，QA 部门的工作。通过建立标准和过程，我们能够让游戏在第一次提交时就通过主机制造商的检验，并且以后在互联网上面发布更少的补丁。

Harry Gottlieb，Jellyvision

谜题游戏，比如有名的 You Don't Know Jack 系列或者 MSN Zone 的 Outsmart，在测试过程上有什么不同吗？为了回答这个问题，Jellyvision 的首席设计师 Harry Gottlieb 首先强调说游戏测试不仅仅重要，而且是必要的。他详细叙述道：

Jellyvision 不会发行游戏，直到我们已经确认我们的观众认为它很优秀并且我们作为创作者也认为不错。我不能想像发布一个让我尴尬或者可能创造性失败的游戏；一小口铁杉对于公众的指责总是更好（并且需要少得多的精力）。

我们在 Jellyvision 有一个专职的观众信息服务（AIS）团体（有 30 个人）。各种测试完全被结合到 Jellyvision 的设计过程。有人想出一个主意。设计师把它写下来，从同事那里获得反馈信息。我们用"纸张和铅笔"的形式模拟游戏：我们使用索引卡片，上面的幻灯片、门铃、口哨，以及诸如此类的东西。设计师或者 Jellyvision 众多的即兴演员（白天兼演作家，编辑，声音制作人，程序员，或者美术师）之一充当主持人。首先，我们与自己的职员进行测试。如果核心想法（我们称为互动时刻）彻底失败，我们就终止项目。否则，我们就努力设计并不断测试。这是出人意料地负担得起的。

Gottlieb 解释了术语互动时刻："互动时刻是使得整个计划在心理上有魅力（努力想出问题的答案，决定是否迫使对手回答，决定打出手上的哪一张牌，想出走哪条路来避开幽灵并吃掉所有蓝色的点等。）的一个关键活动。互动时刻并不出现在屏幕上；它发生在玩家的大脑里。"

一旦我们认为计划是出色的，然后我们就和外部的人们进行测试，他们通常用其他办法帮忙告诉我们。如果核心想法仍然有魅力，我们继续设计。这时候事情变得有趣：你的观众告诉你"出色"的想法仅仅是"令人满意的"激发了优秀的设计师提出更加好的想法——修复问题的特征是这么的有创造性一直当产品完成时，你不能想像没有它们。当一个好的设计师听到批评时，她的想像力就准备就绪。

平凡的设计师用明显的办法解决问题（通常服从 focus group 的建议）。在 Jellyvision，我们非常清楚观众的角色：它的职责就是告诉我们哪儿有问题。我们的职责就是带来让观众感到吃惊的解决办法。

我们从不向 focus group"解释"产品。我们总是设计模拟、展示或者足够接近真实事物的原型（假定我们处在这个过程之中）以便我们能够获得真实的反馈信息。我们的 AIS 职员帮助我们挑出由测试仪器产生的接受实验者的偏见。

在我们开始投入巨资进入全面制作（增加美术、作家、音乐师、程序员团队等）以前，我们实行原型确认测试。我们制作具有全部核心游戏特征的完整的原型，包括样本写作、音乐、性能以及时间安排，但没有漂亮的美术。如果那些行得通，我们就涂上所有花式的颜色。（You Don't Know Jack 最初的美术原型是在超媒体卡系统（HyperCard，Apple 公司推出的可在 Macintosh 和 Apple II GS 电脑上运转的应用程序开发系统）上面用黑白色完成的，它几乎和今天的游戏完全相同。）

工作室和制作室需要记住的一件重要事情是：雇用优秀的设计师（或者具有优秀设计潜能的有创造力的人们），给予他们需要的培训和支持，要求他们倾听反馈信息，但让他们作出决定。测试有时被好意的市场人员用来干涉计划的设计。这就是为什么许多有创造力的开发人员憎恨 focus groups 而不是喜爱他们的原因。（Jellyvision 的设计师们喜爱 focus groups。）一个优秀的计划需要由具有清晰单一构想的人指导，他要足够精明以渴望反馈信息并且足够有创造力从而以出乎意料的方法作出反应。但是这个人需要有权威。一个好的设计师在适当的环境中将知道何时作出自己的判断。

再回顾第 3 章，Harry Gottlieb 讲述了一些游戏设计的“规则”，Jellyvision 在开发获奖的流行文化娱乐时支持了这些规则。

第 18 章　技术支持与客户服务

当游戏经由传统的邮寄渠道或 Internet 发布以后，制造商的责任就是要给客户提供游戏支持。产品发送后的一切工作是整个游戏周期中不可或缺的一部分，客户需求如何得到满足，将成为客户将来能否继续与公司打交道的一个决定性因素。

- 游戏行业中有两大主要支持领域：技术支持和客户服务。技术支持为软件或硬件的安装、启动和运行提供发现和解决故障的帮助服务。PC 游戏业的一般问题有驱动程序冲突、3D 加速器的设置、多人游戏、操纵杆配置以及更为普遍的 DirectX 问题。
- 客户服务主要是订单（购买或退货）、质保问题、账单查询、账户信息（如果是在线游戏或网络游戏的话）以及其他非技术性问题的服务。

技术支持和客户服务两者都是给客户提供服务，让他们对所购买的产品感到满意。

游戏公司大多倾向于在公司内部解决技术支持和客户服务的问题，但有时，他们也雇佣外界的代理商进行控制管理。对技术支持和客户服务问题的注重，通常是发行商而不是开发工作室的惯例。举个例子来说，解决和处理 Star Wars: Knights of the Old Republic 的技术支持电话、E-mail 和传真是 LucasArts，而不是游戏的开发商——BioWare。

本章篇幅很小，探讨了一些关于顺利运行技术支持或客户服务的推荐方法，无论你是想支持自己的共享或免费游戏，还是想以发行公司为突破口，进入这个行业中来。

Robert Riley Jr.，THQ

Rob Riley 是 THQ 的客户服务及在线主管，该公司是美国最成功的电子游戏开发商兼发行商之一。

Riley 从总体上论述了客户支持和技术支持的区别以及重要性：

处于我们这个环境，客户支持和技术支持是一样的，都是产品生命周期中的一个重要阶段。从客户的角度看，这也许是他们与公司的“第一次亲密接触”；而从公司的角度看，这是从终端用户得到反馈信息的最直接的途径。两种情况下，我们都得到了与客户加强关系的机会。

关于正确的客户支持，开发商/发行商应牢记心中的最重要的三点是什么？

- 要时刻有效。当客户服务部门下班时，要确保还有其他有效的支持途径（在线、用户群、自动应答系统等）。
- 了解你的产品。可以赢得客户信任的客户服务工程师应该不光只懂得排除障碍，而要更加有效能干。
- 了解你的受众。THQ 给不同的平台和不同年龄群的人开发产品，给每个群组提供恰当的服务十分重要。

我们这个行业在这一方面并没有什么固定的法则。一般说来，捕捉和保留客户服务记录总是有好处的：可以利用这些资料来改进服务过程，并制作更棒的产品。在 THQ，我们已经经历了服务联系方式上的一次重大转变——从几年前的电话联系到如今的 Email 和网络。只要有需求，我们将继续通过电话、传真和普通邮件的方式来提供支持。

很不错的建议——但如果发行商/开发商没有资金，而且游戏是共享/免费的，又将如何呢？同样的原则还适用吗？

这是个观念问题，一个无法让人满意服务将使得顾客十分地不开心。提供全面的客户服务很昂贵，所以许多小公司就选择了外部协作。发行一个没有支持基础的软件包是行不通的。

游戏机游戏的客户支持与 PC 游戏的有什么不同？

对于游戏机游戏，技术支持只限于对游戏软件的更换；游戏机的硬件是按相同规格制作的。而对于 PC，变量就不计其数了，有软件驱动程序、各种规格的显卡和声卡、不同的 CPU 厂家和操作系统等等。而且，在发布时 100%无 bug 的产品可能还会与新开发的硬件不兼容。由于 PC 市场更新很快，所以这方面的挑战是很巨大的。

从 PC 的角度看，补丁应当何时发布？补丁要小而渐进，还是大而完整的？

我想微软已经建立了一个有效的补丁方针，其中，一些关键问题基于需求进行发布，而大一些的"点发布"则不那么频繁。这就让终端用户能享有一个比较可靠的软件环境，而且还提供了一些较小的 bug 修理来提高稳定性和安全性，。

访问 THQ 的客户服务在线主页 www.thq.com/support。

图 18-1　Worldwide Wrestling 截图

THQ 的 Rob Relay 说技术支持是游戏开发周期的一个"重要阶段"。图 18-1 为最大的授权游戏 WWF Smackdown! Just Bring It 中的两幅抓屏。

Mark Linn，Interplay

Mark Linn 是加州欧文 Interplay 总部的首席技师，并且已经在技术团队中工作了接近七年。

他解释说，在 Interplay，他的技术员受过处理客户服务电话的培训，所以他们能当场解决问题。"一个电话就解决对客户和我们来说都是最好不过的。"Linn 说道。他注意到，电话比 Email 或传真问询更加有效，也更加快捷，因此，对 Interplay 来说，它耗资不多，而对顾客来说，则更为及时。

由于本书针对的是游戏设计新手，他们或是想自己创业，或是想在已有的开发或发行公司谋求职业，所以我们要求 Linn 提供一些有关运行顺畅的技术支持业务的精良建议。下面的部分就是他的回答（图 18-2）。

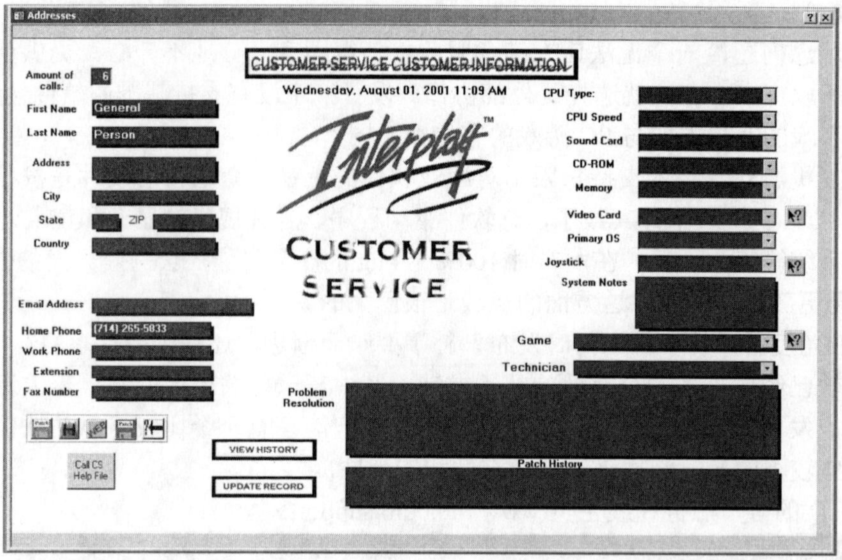

图 18-2 客户服务应答资料单

你想知道客户服务在另一端是怎样的吗？感谢 Interplay 的 Mark Linn，这里是玩家打进电话对游戏进行询问或评论时，支持代表所填写的一张真实的资料单。

➢ 良好的数据库 Linn 认为，建立数据库和良好的电话追踪是最重要的开始步骤。对大一点的公司来说，所有的技术员都应当联网工作，以防客户每次在电话中联系的不是同一个人。

在 Interplay，所有电话都被输入 Microsoft Access 数据库中，其中记录着用户信息：他或她的系统、过去电话中出现的问题、该游戏是否具有任何已知 bug（以及怎样处理）等。Linn 注意到他们总是不断接到同一个人的电话，所以他们想到了编制一个客户电话号码的文件。“给技术支持打电话的大多都是新的电脑用户，他们对电脑或者是老的操作方式如 DOS 不很熟悉，”Linn 解释说。因为 Interplay 维持了一个整洁而有组织性的数据库，所以它通常能够更快地深入问题根部，因而也就减少了客户在电话中的等待时间。“因为他们给电话付费，所以我们尽量速战速决，不让他们为此心疼。”

➢ 恰当的培训 Linn 强调恰当的培训是因为他们的工作申请者大多都熟悉电脑，但他们需要了解与游戏相关的操作系统以及游戏本身。

在他们通过考试，以确保他们对电脑的了解符合我们的要求（比如像 Windows 95/98 或更高级的以及 DOS 这样的操作系统）之前，我们是不会对他们进行面试的。然后，在培训开始的日子里，我们会让他们玩这些游戏。他们对这些游戏越熟悉，他们能给客户提供的帮助也就越大。

➢ 作一个好听众 Linn 说他的职员必须要是好的听众，并拥有良好的客户服务技巧，这一点至关重要。而且，他们还不能以个人态度来看待问题。“来电者可能很生气，而且他们不会觉得‘他们的电脑有什么问题’，而是‘你的产品出了问题’。”

“如果遵守这三条规则，任何技术支持业务都能顺利而有效地运行。”Linn 说。欲知有关 Interplay 客户服务的更多信息，请访问 www.Interplay.com，点击屏幕左边的 Help 栏。

Ernest McCay

在 2002 年下半年因为兴趣而离开 3DO 之前，Ernest McCay 是 3DO 的客户服务主管，其间给为数不少的游戏负责过产品支持，比如 Might and Magic 系列，Vegas Games 和 the Family Game Pack Royale。

McCay 给技术支持和客户服务下了定义，并就如何正确地为游戏公司执行这些任务和我们分享一些明智的建议：

技术支持通常是客户支持的一个大的子集。

- 客户支持　解决技术问题（系统调整），听取建议和抱怨，接收并研究 bug 报告和兼容性问题，产品更换，解答可玩性问题，给营销和开发团队提供反馈。
- 技术支持　解决技术问题和兼容性问题，追踪研究 bug 报告。

McCay 论述了他们是怎样排列产品周期的（这一点与第 17 章"适当的游戏测试"所讲的适当的游戏测试相抵触。）

在设计和 alpha 阶段，支持团队可以提出同类产品中所出现过的问题（这对结果尤其重要），以及客户对此反应的强烈程度。

在 beta 阶段，支持团队可以回顾 bug 数据库，并将那些最能影响客户满意度的问题排在优先解决的顺序上——这在游戏发布前后能节省很多的开发时间。

发布前，支持团队可以担当结束阶段中的部分职责，确保游戏能够得到必要的支持。这一点很重要，因为支持团队的目的就是减少工作量，充当客户的拥护者；而开发团队则是以创造自身的"里程碑"为目标的。

发布中，支持团队应及时追踪出现的问题，排除那些与游戏本身无关的问题，排列问题的优先顺序，以便给开发团队提供必要的资料。

发布后，支持团队应追踪问题，给营销和开发团队提供客户反馈，以利于将来的游戏发布。

为支持这些努力，支持代表需要与开发团队建立良好的工作关系，这一点十分重要；当他们的看法正确时，管理层还要大力支持他们，这一点同样很重要——否则就会使他们陷于"瘫痪"境地，无计可施。

客户支持是（也应当是）与客户联系的首要途径。只要方法得当，他们就能给营销和开发团队提供大量的信息，用只有他们才能完成的任务来减轻那些团队的负担。在此过程中，这有助于丰富支持工作，减少过度劳累的现象，降低人员更新率。

根据 McCay 所说，支持团队首要的三条原则是：

1. 遵守诺言。
2. 不要撒谎或是作出不切实际的承诺。
3. 了解你的产品和它们的平台。.

McCay 重申了管理层在公司政策中支持这些原则的重要性，并提出下面这些规则与禁忌：

让你的回答人格化。要热情和专业，要全面而透彻，花点时间进行任何必需的研究，遵守诺言（这一点再怎么强调也不过分），集中精力，对自己和自己的产品要充满信心，时刻记住：你是客户将要遇到的最直接的公司代表。

对于管理层：让支持成为产品循环的一部分，给他们正确和清楚的信息，提供适当的培训，提供晋升的途径（这样你就能有更好的表现），支持他们。

不要失去理智，不要失去重点——比如，让客户漫谈一个钟头。不要给出漫不经心、泛泛而谈的回答。不要一次给出过多信息；重点集中在最有可能的问题上，并接受回收产品的可能性。信息也不能太少，只说该做什么，而不说该怎么做。不要撒谎，否则你会自食其果，冒这样的风险本身就不值得，更不用说什么道德和伦理问题了。不要推卸责任——这最终会给客户造成更大的挫伤——也不允许责任被推卸。（我不记得有多少次咨询者或电脑厂家责备我们游戏的系统问题，因为他们不想进行处理，但你是无法为你掌握之外的事情承担责任的。）不要让不讲道理的客户轻易战胜你——不要让恶劣的行为更加嚣张。

（对于管理层）：不要忽视支持团队，当支持团队指出一个令开发者们尴尬的错误时，不要“枪毙”他们，不要疏忽资源的利用。

进行支持的最好方法是什么？

E-mail 和电话支持是联系客户的最好方式。E-mail 可能是最重要的，因为它可以进行文件传输，对常见问题的长篇解释可以预录脚本，节省时间（虽然对这些脚本的个性化编辑仍很重要）。电话支持有立刻满意（对顾客的满意度很重要）和快速解决的优点，能够将一个困惑的客户引导上正确的轨道。电话还有一个 E-mail 无法比拟的优点就是你可以把握住客户对你的建议的理解程度。在 E-mail 中开玩笑是很危险的，但在电话中却是可取的。我强烈感到两者都行得通，除了大型多人游戏——它是一个特例。玩家中总有一小部分人怀着奇怪的心理，他们要是不惹恼别人，就会觉得很没劲；这些人让玩家的电话访问变得令人不愉快，如果他们占用了不合比例的资源的话。

如果游戏开发者承担不起像 3DO 这样的专业化客户服务或技术支持团队，又该如何呢？

共享/免费游戏的发行者应该牢记在心中的一点就是：对支持的期望不要高于发行者的实际能力。如果某个人在每天下班后花两小时编写代码，那么承诺 24 小时应答就不是什么值得提倡的建议了（图 18-3）。

图 18-3 战神截图

共享/免费游戏的发行者所应提供的支持量取决于他们的目的。如果该产品仅是一次有趣的练习，那么支持就不是太重要了；如果是把它作为进入这个行业的一个途径，那么在潜在意义上，支持对你比它对一个已成立的公司来说，还要重要一些。同样，要确定一个合理的期望，并努力做到。人们大多都承兑合理的条件，但在期望确定之后，任何期望上的落空都是对信任的背弃。信任是销售成功的基础。

关于游戏机游戏支持和 PC 游戏支持的区别，McCay 声称，“游戏机游戏支持所涉及的问题通常要少得多，因为其硬件一般需要进行维护保养（这不在游戏公司支持团队的职责范围内），而且它们没有 PC 那么多的系统调整问题。”

3DO 的 Army Men 游戏是该公司最畅销的授权游戏之一。

说到 PC 技术支持，补丁应当什么时候发布？

补丁通常应该更大，更加完整。其中有两个原因：一是对于每个补丁，都存在着破坏另一部分代码的危险；二是这个行业竞争性很强，让程序员随时发布一些渐进性的补丁是不切实际的——他们的才智还要用在别的地方。测试时间对于调整的大小来说，并没有什么不同（或是不应该有），所以作一次大的修补更加合算。收集信息也要花费时间，信息越多，修补就会进行得越好，除非一个造成游戏无法完成的 bug 被忽略了。这些需要尽快发布。关于 3DO 客户服务/技术支持的网页，请访问 www.3do.com/support。

第19章　公共关系与市场营销

一个不幸的事实是，不管游戏有多棒，如果无人知晓，它就必定卖不出去。今天，广告宣传、媒体曝光以及分销力量都是游戏销售不可缺少的——或者至少是三者居其一。

公关代表（代表）和营销代表的目的相同——让产品为人所知，但他们的处理方法却有很大不同。广泛说来，公共关系（PR）代表与新闻界合作，力争媒体曝光，而营销代表则趋向通过广告、包装和促销手段与客户进行更加直接的沟通。有时，他们还要就分销渠道和推介问题与零售商打交道。

Doug Lombardi，Valve Software 公司一位精明的营销代表，对这两个重要职位的工作要求一一作了阐述：

每个发行商在收集有关产品的重要意见时，都必须注意市场营销和公共关系这两个关键的领域。

总的说来，公关代表负责与新闻界的一切联系与沟通，而后者将会以预告片、封面特写、新闻故事等形式将信息传达给最终用户。具体来说，PR 的职责包括安排记者参观、促销活动以及安排新闻主笔参观工作室或开发社。另外，PR 代表还要负责有关产品、开发者和公司的发布活动，同时，还要对新闻界提出的所有采访和作品等问题进行答复。

另一方面，营销人员负责与客户进行更直接的交流活动，如广告、包装等。很多时候，为了打造产品的视觉识别以及上述的促销材料，营销经理还要和创意公司进行密切合作。有时，营销经理会寻求第三方（或合作伙伴）促销及协议，比如说，一家软件发行公司和一家技术公司进行合作，共同推广两个公司的产品。

很多游戏开发商和发行商选择外界的 PR 公司或营销公司来处理他们的事务，对此有正反两方意见，接下来的几页中就讨论了这个问题。

本章旨在通过传达一些经验丰富的业界专家的有益建议来明确一下这两个角色，他们论及了成功进行公关和营销的一些最好的方法。

公共关系

这些人都是业界精英，他们提出了许多宝贵的建议。

Tammy Schachter，Konami of America

Tammy Schachter 有着 7 年的公关和宣传经验，现为美国 Konami 的高级 PR 经理，她将自己的专长集中在游戏、娱乐、技术和新兴媒体上。Schachter 发行的各主要平台上的游戏已达 80 多款，其中有 Metal Gear Solid 2: Sons of Liberty (美国 Konami)，Rayman 2: The Great Escape（Ubi 软件娱乐）和 Crash Bandicoot: The Wrath of Cortex（Universal Interactive）。

Schachter 将 PR 定义为“运用一致连贯的信息，以战略手段为游戏公司的新产品进行传播、推销并确保新闻报导的艺术”。她指出在推销自己的游戏时，有一些重要因素需要记住：

- 了解自己的产品。没有什么比了解产品还要重要的，了解产品的优点可以让你拥有进行推销的武器；而了解它的缺点则能让它免于苛刻尖锐的批评。
- 定时与计划。制定计划异常重要。从发行日期向前推算，算出你要达到社论最后期限的时间，以确保在适当的杂志期刊上推出报导。一个详细的 PR 计划和时间表能让你看清进行促销活动（屏幕快照、包装艺术、封面渲染、beta 样品、主要规则等等）的必需因素，并保证及时的新闻报导。同时，它还能让你有策略地组织活动，保证游戏最大的曝光率。

作为例子，Schachter 说，如果你有一个游戏，计划在十月发行，那么你就应当计划在 11 月版的核心爱好者刊物上发表评论，这就意味着你要在八月份提供可供评论的规则。

➢ 了解媒体，预见他们的需求。当你开始为报导问题进行磋商时，你要知道，要登陆 EGM 的封面或《今日美国》（USA Today）的特别报导并不像看上去那样简单，所以了解爱好者刊物、商业出版物、消费者杂志和电台之间的区别就变得至关重要了，它们每一个都有着自己的个性，自己的时间表，自己的报导重心和自己的顾客群。

要知道，每种杂志都需要有自己的理由来报导你的游戏。要时刻做好多种“定制”俯仰角的准备，不要浪费来自《纽约时报》（New York Times）的商业记者的时间，对他讲述一个有关游戏的长篇故事，这对 Circuits 的版面可能更有意义一些。

如果一个游戏设计新手要靠自己作 PR，除此之外别无选择，请问可有什么规则与禁忌吗？有的。Schachter 提供了下面这个 PR“十项注意”。付上酬金，然后享用（开个玩笑）：

Tammy 的十项注意：

1．不要说谎　说谎也许能帮你一次，但不会再有第二次了。说谎会一下子毁掉沟通的桥梁，让信任扫地。不少人都觉得 PR 人员都是骗子，因为他们总是说好话，给产品抹金。然而对事情持肯定言辞与撒谎是截然不同的两码事。不要说谎，就是这样！

2．制定计划　想想你要推销的游戏属于什么类型，想想你所需要的报导是什么样的，然后制定一个达到目标受众的计划。对时间安排、消息发布和你的顾客群进行战略性的考虑，这将有利于你合理安排活动时间，在朝最终目标努力的同时将重点放在即时需要上。

3．利用电话　电话是你最重要的工具，通过电话你将能建立起各种关系。虽然我们的业务有很多是通过 Email 进行的，但它却是一种冷冰冰的通信方式，它可以用来巩固关系但不能建立关系。只有通过电话（当然，要亲自出马）你才能构建起许多的个人关系。所以，拿起电话，打给新闻媒体吧！

4．一直保持联系　这一点我再怎么强调也不过分，因为它实在是太重要了。如果你跟一个记者说你要发送一张屏幕快照，就一定要发；如果你发送了一个游戏，就要追踪到底，确保那位记者确实收到了它；而且，当他或她对技术、剧情或其他方面有疑问时，你要能予以回答和解决。

5．敢于提问　记者的手头掌握着出版的钥匙，所以不要害怕向他们提问。例如，问问他们当前编排的是哪一期刊物以及它们的限期。他们最了解自己的刊物，按他们的要求行事。

6．集中利用预告片造势　游戏在开发阶段的广告做得越轰动，你就越有可能让新闻界相信它值得报导，让公众相信它值得购买。

7．要有创意　记者们每天都能收到数以百计的 E-mail、电话和广告信，所以要让你的能从中脱颖而出。这对于新闻发布、促销活动和故事构思也是一样的。将你的创意推向极限！

8．永远不要粗鲁　这看来很浅显，但也不要想当然。你必须时刻保持恭敬、礼貌和专业化。

9．不要忽视任何请求　即使因为当时产品或其他材料没有准备好而让你无法满足某位记者的要求，也要同样回复他们的电话和Email。

10．要先发制人 时刻记住你就是你的产品和公司的喉舌，你要站上屋顶，大声吆喝，否则没人会听得见你。

Schachter 说即使某人预算很少——或者没有，他也能成功地将产品推出去，获得媒体的报导。“PR的全部就是要省钱，而不是花钱。看看一次营销活动（广告、包装、POP[销售点]宣传等等），PR预算应该只是全部营销成本的一部分。”她继续道：

要成功确保对游戏的报导（评论），你需要营造声势，引起关注。这里，你最得力的工具就是你的想像力。创造性地思考能让你的游戏引起轰动的游击战术；利用电子邮件散发屏幕快照或产品信息；进入聊天室或公告板让人们谈论这个游戏；给某个核心媒体一条独家新闻，以激起人们的讨论。

Schachter 说，势头一经营造，你就要和每个记者进行接触，讨论一下他或她对游戏的报导计划。

当你对时间安排、所需材料和截止日期没有异议时，你就要发送一个整包，其中包括游戏、产品信息、屏幕画面以及其他所有相关材料，务必对此进行追踪。

图 19-1 Next Generation 杂志封面截图

Tammy Schachter，Konami 一位经验丰富的公关专家，说获得对产品高度可视的报导极为重要。《下一代》（Next Generation）杂志封面对 Solid Snake 的特写对 Metal Gear Solid 2: Sons at Liberty 起了极大的推销作用。Schachter 在 Bender/Helper Impact PR 公司任职时，帮助安排了这个令人印象深刻的封面故事，如图 19-1 所示。

关于为 Metal Gear Solid 2 争取到《下一代》杂志的封面，Schachter 说这是一次真正的挑战，因为他们当时所掌握的可用信息和资源十分有限：

该游戏的细节情况由 Konami 公司严格保守，但是，因为它是 2001 年最受期待的游戏之一，所以我们想和《下一代》尝试一些特别的做法。我和他们的编辑人员紧锣密鼓地合作了一个多月，最后确认他们收到了编写一篇最佳故事所需的一切资料。一点又一点地，最后终于到齐了。《下一代》甚至还要设计他们封面外的形象，因为 Konami 还从未发布过如此大信息量的 Solid Snake 的照片形象。最后，他们获得了独家屏幕快照、充裕的报导时间，还有最重要的，就是对 Hideo Kojima 的采访机会。

最后，Schachter 被问到有关雇佣 PR 代理的一个大概的费用范围。"这个差别很大，"她说。"但是根据活动的时间长度、范围以及深度，每月的费用可以在$5000 以下至$25000 以上。"

通常，最节省成本的方法是由公司内部来运作 PR。Schachter 说："但是，如果有多余的资金，那么对于小开发机构/工作室来说，比较明智的做法是雇佣一家代理或自由职业的 PR 专业人员与公司内部团队进行协商。"

图 19-2 淘气的袋鼠截图

特许权越大，责任也就越大：Schachter 在 Crash Bandicoot 2: Cortex Strikes Back 和 Jurassic Park: Survival 上施展了她无与伦比的 PR 才能（图 19-2）。

Jeffrey Castaneda，Rockstar Games

独一无二的 Jeff Castaneda 是 Rockstar Games 的 PR 主管，负责推出过许多成功的游戏机游戏，其中包括赫赫有名的 Grand Theft Auto III (PS2 and PC)和 Grand Theft Auto: Vice City (PS2 and PC)。Castaneda 名下的其他一些游戏还有 Grand Theft Auto II (PS2, Dreamcast, PC), Max Payne (PS2, Xbox, PC), State Of Emergency (PS2), Smuggler's Run: Warzones (GameCube), Smuggler's Run 2 (PS2), Smuggler's Run (PS2), Midnight Club: Street Racing (PS2), Oni (PS2), The Italian Job (PSOne), Surfing H30 (PS2), Austin Powers: Oh Behave! (GBA), Austin Powers: WTMUL (GBA), Thrasher: Skate and Destroy (PSone), Monster Truck Madness (N64)以及 Wild Metal (Dreamcast)。

未来的目标？"继续和那些对自己所创造的娱乐拥有真正远见和热情的公司及人们进行合作。"Castaneda 答道。

作为我们对电子游戏 PR 的长篇讨论的开始，Castaneda 提供了一些明智的建议给那些想投身 PR 事业的人。“如果你可以看着镜子中的自己，并相信自己的定位，你就已经成功走出了第一步。” Castaneda 说。

接着，他说要培养与媒体间的关系，尊重对待这种关系，这是相互的。

最后 Castaneda 补充说：“在衡量你的 PR 努力是否成功时，不要总是从你得到报导的数量来衡量，而是要确保报导的质量，这才是最重要的。”

我们要求 Castaneda 用他在 Rockstar Games 的最近一次 PR 努力为例，来支持他所提的建议：Grand Theft Auto III 在 Official PlayStation 杂志上的封面故事是我在电子游戏行业从事 PR 工作的 7 年多来最感骄傲的一刻。在此之前，我在电子游戏行业的其他一些公司也做过 PR，我的份内工作相对是比较成功的，还在 Newsweek，The New York Times，Entertainment Weekly，Rolling Stone，Spin 等出版物上有过鲜明报导。但是，什么也不能和登陆那个封面的感觉相比。

Castaneda 提供了一些背景资料：当我 1999 年 7 月开始在 Rockstar Games 工作时，它还是美国电子游戏赛场上的一名新手，刚刚起步。它规模很小，有着一班充满天分和创意的年轻人，他们对工作、对自己正在制作的游戏有着高昂的热情，公司创建人 Sam Houser 和 Terry Donovan 所构建的设想不断激励着他们。对公司的设想随着这些游戏者的成长而不断发展，因此，他们游戏中的内容也不得不开始发展变化，以符合他们正在改变的品味和兴趣。那些争相购买最新最时髦的衣服、音乐等等的人们同样也是 Rockstar 想要吸引的消费群，因为很明显，游戏已经成为年轻人日常生活中不可否认的一部分。然而，屡见不鲜的是，在大多数游戏制作者眼里，游戏似乎遵循着一套固定的模式，融合了关卡、任务、boss 以及漂亮的画面等。于是，Rockstar 就想改变这种情形，给玩家以更多的自由和更加随意的可玩性，而不是将他们限制在传统的游戏标准中。所以，在这个意义上，他们不只是在创作“游戏”，而是在给玩家提供真实的“体验”。

他继续道：要让新闻界相信 Rockstar 能够实现这些远大目标真的是一个漫长而复杂的历程。新闻界对此持有怀疑是因为这个公司不具备其他老牌发行商所拥有的历史或无数游戏，这甚至还引起了业内某些倦怠的记者们的反感或憎恶，因为 Rockstar 没有按照业界“期望的”或“传统的”方式进行运作。

但随着 Rockstar 一个个游戏的发行，如 Thrasher: Skate and Destroy， Midnight Club: Street Racing 和 Smuggler's Run 等，人们可以体味和预料到即将到来的会是什么。Rockstar 设想中的闪光点可以在授权游戏 Grand Theft Auto 中找到。Grand Theft Auto，Grand Theft Auto: London 和 Grand Theft Auto II 都是绝对一流的游戏，并且在国际上获得了极大好评和成功，这都要归功于它们令人着迷的可玩性、刺激锐利的内容以及开放的、非线型的游戏体验。然而在美国，它们在某种程度上只是一时的风靡。它们有一小群的忠实 fans，但美国的媒体和公众却大多不能很好理解游戏中的二维图像以及严密的视角。

Castaneda 说，当要为 Grand Theft Auto III 开始进行 PR 时，我们很快就明白它将会是一件令人头疼的任务——对美国新闻界的一次艰难推销。他回忆道：“随着时间的推移，我们知道要想让 Grand Theft Auto III 有任何成功的机会，就必须进行一场全力以赴的殊死战斗。”

为什么？有 3 个原因：

➢ Grand Theft Auto 先前的几个版本在美国新闻界并没有多少爱好者。

➢ 有些记者说，会有“许多来自较大发行商的优秀游戏被不断发行，所以要想在消费者和我们的杂志中获得认同，你就只能靠运气了，”或是“我们的读者是不会玩 Grand Theft Auto 的，因为这不是他们的游戏口味。”

- 有时，这感觉就像是一场大卫与歌利亚的战争。我们面对的这个行业挤满了无数这样的记者，他们对什么游戏即将成为 2001 年的热门游戏实际上已经有了自己的成见。在付出很大决心和毅力之后，我们开始赢得一些我们拼死想获得的认同，并且整理出一些重要的新闻报导，Grand Theft Auto III 的势头和舆论一天甚于一天。但是在我们看来，这对于我们 Rockstar 的人深知将能改变电子游戏面貌的一个游戏来说，还是很平庸的！

Castaneda 说，这个复杂事物中还遗漏了最后一个难题，那就是得到某个重要游戏刊物的封面——电子游戏 PR 专业人员的“圣杯”。

整整一年，我们向业内的每家杂志寻求封面，被拒绝了好几次。终于我们在 11 月版的 Official PlayStation 杂志找到了自己最后的机会。那次封面定位是我有生以来最为头痛的一次，但最终 PR 团队还是胜利了。OPM 对 Grand Theft Auto III 很有信心，给我们提供了封面，从那以后，GTAIII 就不断给业界带来震撼，创造了成为最大游戏的历史记录，给电子游戏行业带来长时间的冲击。

“这对我来说是一个巨大的胜利，无论是个人还是职业上的，这同样也是 Rockstar Games 的胜利，因为那个封面是 Rockstar 每个人所付出的辛勤努力的最好证明，” Castaneda 回忆说。“这象征着 Rockstar 终于开始达到它在业内从诞生之日起就一直为之奋斗的那个方面，这同样也标志着 Rockstar 已经真正‘到达’中流砥柱的地位，而这才是刚刚开始。”

当被问到给广告如此之多的游戏做 PR，如授权游戏 Grand Theft Auto，是更加容易还是更加困难时，Castaneda 承认说给授权游戏 GTA 做 PR“毫无疑问是更加困难的”。

他解释说：回想起来，现在能很轻易地说 GTAIII 周围环绕着大量广告，因为它最终成了 2001 年全球最畅销的游戏，而且成为一种文化现象。但说实话，对这个游戏的大力捧场直到游戏发行（2001 年 10 月）前两个月才真正开始。之前，还有很多别的游戏获得了比我们更多的舆论以及新闻界的报导和关注。在大多数媒体和公众眼里，他们已经对谁是赢家有了自己的选择和想法。他们也许希望 GTAIII 成为一个不错的有实力的游戏，但绝不是它最终所成为的那个经典。

Castaneda 继续说：我相信这源于这样的事实，那就是我认为大多数记者和公众并没有真正明白 Rockstar 和 Rockstar North (即前 DMA Design)通过 Grand Theft Auto III 真正想达到的目的。Grand Theft Auto 世界所提供的这种自由漫步式、非直线型、结局开放、反传统的可玩性体验，在某种程度上还是一个新型未知的领域，因为它以前从未实现过（至少从未达到过 Rockstar 的这种量级）。他们还不情愿或不准备相信 Rockstar 正在创造的不仅仅是游戏界的一个新典范，而是整个娱乐业的一个新模式。

“鉴于 OPM 封面上 Grand Theft Auto III 的人物周围环绕着几乎所有单个游戏的小版面图画，许多编辑认为‘他们的读者更想要的’是纯粹的理想化公正，” Castaneda 回忆道。图 19-3 为 2001 年跨平台的最畅销游戏：Grand Theft Auto III。

图 19-3 窃贼截图

Castaneda 补充道，改变人们的看法，消除他们对 Rockstar 和这个游戏的怀疑是一项巨大而艰难的 PR 事业："很多时候，PR 人员会扔出许多毫无意义的词，诸如'革命性'的什么啊，'具有震撼力'的什么啊，等等，但这又有几回是真的呢？" Castaneda 反问到，"所以，我们必须找出一条出路，让已经厌倦了的记者们相信我们是真真正正地创作出了一次具有革命性的体验。"

但是别忘了——对于 Grand Theft Auto III，过去曾有着（现在也依然存在）主流媒体的对抗性反应。不用说，这可能会成为一场 PR 恶梦。

Castaneda 承认：从大的范围来看，要控制主流媒体对 Grand Theft Auto III 的争议使得 PR 工作的难度大幅度增加。虽然电子游戏已经全然不是什么新兴行业了，但在公众的眼中，它仍然相当年轻。因此，即使这个行业已经"长大"，它的玩家已经成熟，社会和大部分大众传媒仍然不能接受和承认这个事实。在公众眼里，电子游戏业还远没有达到电视电影所取得的悠久历史和普遍认可，结果就是，像 The Sopranos 的这样有线电视剧或是 Goodfellas 这样的电影得到高度赞扬，而 GTAIII 这样的电子游戏却招来骂名，虽然这两种娱乐的内容在成熟观众看来都是类似的。很明显，这里存在一个双重标准。这给我们所面临的 PR 战场铸进了另一个标准，而我们要在这个战场上尽力说服大众传媒给 GTAIII 提供可靠、具有新闻时尚的报导，而不是凭着他们的第一感觉对这个游戏进行大肆攻击，创造轰动的新闻故事，因为它将会有更好的“故事”。我们并不是总能赢得这些战斗，但至少这个教育过程仍在继续，改变对这个行业认知的步伐仍在前进。电子游戏是最酷最刺激的娱乐形式，随着时间的推移，大众传媒必将会以一种不诋毁其价值和光彩的方式对这个行业进行详细报导。

那么，一切都是值得的？

“为 Grand Theft Auto III 作 PR 无疑是我职业生涯中困难最大、挑战性也最大的一次经历，但同时也是最满意和最值得的一次，”Castaneda 说。“为了赢得 GTAIII 和 Rockstar Games 应得的荣誉，我们要克服许许多多的障碍。”他继续道：成为像 Grand Theft Auto 这样获得巨大商业成功的现象或事物的一份子是一种荣耀。Rockstar 提供的这款游戏不仅在技术上卓越超群、震撼人心，而且在艺术上也令人称奇。授权游戏 Grand Theft Auto 标志着电子游戏历史上的一个新篇章，它将继续捕捉新老电子游戏玩家们的想像力，将这个行业推向更高的境界。并不是很多人都能成为这样一个事物中的一员，它给人们带来了巨大的文化冲击，而这种冲击将会变成社会结构的一部分。这的确是一大幸事！

但是，它最好的部分还是 Rockstar Games 凭借 Grand Theft Auto III 大大提高了自己以及这个行业的门槛，而去年才只是个开始。Rockstar 并不是个耽于荣耀而停滞不前的公司，对所有的成就来说，过去的一年不过只是块垫脚石而已。现在，又有一场大举进攻的全新战斗要打响了！

“人人都做好了准备。”Castaneda 笑着说。

Jeane Wong，Electronic Arts（EA）

Jeane Wong 是 EA Games 部门的 PR 经理，在 EA 已任职六年，1994 年开始投身游戏宣传工作。Wong 说：“我最初的计划是想从事娱乐 PR（音乐），但我一出校门就碰巧跌进了互动游戏的领域，我不得不说这是一次很棒的经历。”

我们要求 Wong 给 PR 作个定义，并说说它的重要性和执行情况。“PR 这个概念很容易引起误解，”她开始说道。“我取得了一个新闻学学位——偏向 PR 方向的，并且已经和 PR 一起生活了八年多的（职业）时间……但可悲的是，我的家人和大多数朋友都不知道我这个职业到底是做什么的。”

对 Wong 来说，PR 是这样一种服务，“其中的专业人员通过媒体定位为某个产品或公司营造国内和国外的知名度。”

在这个领域里，我们公关人员要建立和发展坚实可靠的媒体联系，代表我们的产品/公司获得新闻报导（电视、出版物、网络、电台）。和广告或推销不同，PR 并不是通过（附有金额的）媒体购买来实现的，而是通过公关人员的定位获得的，同时还要和新闻记者就报导机会进行合作。

PR 的重要性有到大？Wong 开玩笑地说，“呵，很明显，我对我的回答抱有偏见。说真的，即使我不在 PR 领域，我仍然会认为高质量的 PR 报导有着极其重大的意义。”

正如面提到的，PR 定位和广告/推销不一样，它是公关人员与记者进行合作，让他们从新闻界的视角出发进行报导的结果。这种社论的视角是任何公关人员或公司都无法买到或改变的，因此，鉴于它所提供资料的可信度，它对任何个人或公司来说都是一件无价之宝。广大观众——无论什么行业——都依赖社论给他们提供一切事物的专业意见：游戏评论、电影评论、音乐评论、时代潮流等等。我可以唐突地说，任何事物的成功通常都源自神奇的 PR 推介。

对于那些必须自己做 PR 的人来说，有哪些重要方面需要注意的呢？

对于新的游戏设计者/公司来说，更有必要重视 PR 的重要性。如果他们别无选择，只能依靠自己做 PR，那他们很可能就是资金预算不多和/或没有知名的产品/个人。PR 的一个主要优势就是它所获得的报导通常在数量上要比广告多得多——无论是资金还是容量。我现在的公司/部门决定，根据每整页（两版）/一版/空中播出时间等的不同成本对我们为产品所获得的 PR 报导数量进行分解。一个姿态鲜明的游戏要有 100 多万美元的 PR 报导价值（如果成本不超过 5 万美元的话）。想想它将触及的广大空间，这样的收益是相当可观的。

Wong 给那些依靠自己进行 PR 运作的设计者/公司描述了 3 个最重要的注意事项：

- 寻求并发展坚实稳固的媒体联系。这些人都是文章写手，因此要了解他们。
- 准备大批量的资源和信息。“一画抵千言”，因此给文章配以插图是一大上策。
- 制定全面的 PR 计划和时间表。对于自己要实现什么样的目标以及怎样实现这个目标要有一个宏观全面的构想。

Wong 说一个低 PR 预算的活动并不意味着就是低质量的报导：

金钱不等于就是成功，至少对 PR 来说不是。你必须要有智慧、有策略、有准备，这样才能营造一次成功的 PR 活动。坚持不懈和穷追到底是 PR 所需的两大成分。新闻界受到无数事物的连发炮轰，所以公关人员的职责就是说服记者对他们的产品/公司进行报导。毫无疑问，穷追到底对公关人员是大有好处的，因为这就是 PR 要寻求的最终结果——一旦稿件提交，记者是不会太关心公关人员是否得到文章的。

关于创意，Wong 提供了下面的建议：

创意无疑是 PR 这门“失传艺术”的另一方面。一次 PR 活动可能会成为一些平庸构思下的牺牲品。有创意并不意味着要多花费；智慧和策略会给你带来更加积极的结果。抽点时间想一想该产品（或公司）的独特之处，在媒体定位时将这些因素应用其中，这将会比一般的新闻发布或产品寄送要有用得多。

作为例子，Wong 引用了 Black & White，这个电脑游戏有两个很特别的地方（玩家能够扮演一个好神或一个恶神）。

为了强调该游戏有这样两个独特之处，我们进行了“头脑风暴”，想了一些很棒的主意，之后我们有了这样的构思：制作折叠的宣传资料来反映这两者，然后我们就制作了提供“好信息”和“坏信息”的资料。不用说，收到这种两面宣传资料的记者们会热忱接受这种构思，并对潜藏在游戏两极发送背后的创造力大加欣赏。

在某个游戏公司内部做 PR 代表和在一个独立的 PR 公司任职各有什么优缺点呢？

如果要我指导一名初出茅庐的公关新手，我想建议他或她从 PR 代理公司做起，因为这样可以得到有关 PR“新兵训练营”的全面经验。我将它比作“新兵训练营”主要是考虑到这样的事实：如果你能在代理公司坚持下来，那么你无论到哪里都能成功。这可能是一个折磨人的地方，因为这里工作量巨大，几项任务压于一身，你必须要做好充分准备来确保成功。有时，一个客户打电话给你寻求简介，同时你又要忙于另一个客户的项目。适当的时候，你还要做好准备转移话题，比如在记者对某个客户/项目感兴趣，而事实上另一个却更加适合这次社论机会。

有了这一剂代理公司 PR 经验的良药（Wong 说要几年时间），PR 代表将会成为一名更加适合市场的专业人员，这时，他或她就可以寻求游戏公司内部的 PR 职位了。

Tom Sarris，LucasArts

作为 LucasArts 娱乐公司的公关主管，Sarris 的权限之下有很多重要的视频授权游戏，其中当然包括著名的 Star Wars 系列互动娱乐产品。Sarris 在这个行业已工作了近 11 年之久，其中有九年在 LucasArts 渡过。

“严格意义上说，”当被要求用他自己的话给 PR 下个定义时，Sarris 这样开始道，“公共关系业务就是通过刊物、广播（电视和电台）和互联网媒介为产品或服务赢得第三方认可。”

Sarris 说全部目标就是要争取正面的社论报导，将信息传达给可能使用你的产品或服务的人群。带着这个目标，Sarris 就获得正面的社论报导提供了一些建议：

最好的办法就是通知尽可能多的游戏记者，确保他们都知道该产品正在开发当中。从这开始，稳定的美术支持（屏幕快照、概念草图、视频等等）和社论资源是确保可靠报导的无价资料。当游戏到达了适当的开发阶段、可以进行演示的时候，现场媒体见面会就要提上日程（邀请媒体来你处或是你去他们那儿），让他们直接看看游戏。

根据他的多年经验，Sarris 能否提供一些有关游戏 PR 的规则和禁忌呢？

永远不要去抱怨某个差劲的评论，这就如同和棒球裁判员进行争论一样，判定是不会改变的，你的最终结果只会是惹恼评论员。如果开发者预先能合理满足编者的期望，那么出现差劲评论的几率就会大大降低。虽然我们对正面评论无法做出保证，但合理地满足期望会大大有利于帮助媒体树立起对游戏的正面态度。最重要的是，对媒体要时刻保持开放和诚实，一旦失去了他们的信任，你就很难再赢回来。

对于像 Star Wars 这样十分流行的授权游戏，PR 是因为期望值较高而变得更困难，还是因为有了人们熟悉的角色和宇宙（更不要说现有的对这些电影和相关产品的大力营销了）而变得更加容易呢？

Star Wars 也许是互动游戏中最成功的一款授权游戏。这听起来可能会让人感到吃惊，但给这样一个流行的知识产权做 PR 却是祸福相依的。说它是福是因为几乎全世界所有的人都知道和喜欢《星球大战》；但也正因为如此，人们的巨大期望有时很难满足。值得欣慰的是，多半时间 LucasArts 都安排得很合理，并制作出了深受玩家喜爱的 Star Wars 游戏。

对于那些可能有兴趣在游戏公司谋求一个 PR 代表职位的人们来说，PR 有那些不同种类？据 Sarris 所说，Lucas Arts 的公共关系部门有四种不同职位：

- 公共关系主管为全球范围内的产品及公司的各方面关系制定和负责整体战略方向，并确保这些目标的实现。
- 公共关系经理遵从这个整体战略，负责与新闻界的日常联系，确保游戏和消费者媒体对此做出可靠报导。
- 国内公共关系协调员在公关主管和公关经理的指导下工作，确保美术资料和其他素材的及时分发。

➢ 国际公共关系协调员与 LucasArts 的所有国际伙伴进行合作，分发资料和素材，以确保他们在各自领域内能恰当地推销 LucasArts 的游戏。

图 19-4 《星球大战》第二部《克隆人的进攻》截图

随着电影《星球大战》第二部《克隆人的进攻》的成功，相关游戏当然也卖得很好。有适合各种系统的游戏，其中就包括了这一个——大型多人的 Star Wars Galaxies。阅读所有游戏，请登录 www.lucasarts.com，如图 19-4 所示。

Chris Olmstead，Golin/Harris International

为了与一位成功而备受尊崇的 PR 代表谈话，让我们再次回到代理公司这边与 Chris Olmstead 进行谈话。他是 Golin/Harris International 洛杉矶办事处的高级媒体执行者，过去九年中主要为 Nintendo 工作，曾帮助推出了 Nintendo 64，Game Boy Color，Game Boy Advance 以及 GameCube。

他最喜欢的游戏？Nintendo 64 的 1080 Snowboarding。Olmstead 说："我不是玩家，但我觉得这个游戏很直观，而且非玩家也很容易学会。"

如本章其他 PR 专家所肯定的那样，Olmstead 解释说，公共关系是一种以有利的新闻方式对你的客户及其产品和/或服务进行定位的艺术。他补充道：

出于同样的原因，和媒体预先进行沟通也很重要，这可以让他们了解公司的真实情况（数量尽可能多，时间要合适），避免任何"惊讶"以及记者的误解。公共关系基本上就是和媒体之间的关系——认识一些人，给他们提供相关信息，让他们逐渐了解你的客户。随着关系进一步发展，媒体执行人和记者间的沟通就会理想化地成为一个开放而互利的信息渠道。

对于记者来说，公司的重要信息可以通过媒体执行人得到可靠的披露，这使得他们不仅能更好地了解该公司，而且还能获得一个比较好的角度来看看该公司在行业内的运作如何。

对于媒体执行者，通过提供重要信息而与媒体建立起来的这种信任让他们有机会了解同行竞争者的重要细节情况，了解记者以及其他重要人物对你的客户、行业总体竞争和现状有什么样的看法。

Olmstead 谈到了游戏设计新手在运作自己的公关事务时应注意的几点重要事项：

任何 PR 活动的关键都是"新闻价值"。

➢ 你的游戏有什么独特、不同、新颖或不同寻常的地方？

➢ 它表现、扩展或源于哪些开发？

这就是媒体关系可以取得成功的地方。不仅要和重要的游戏爱好者刊物和网站进行合作，而且还要和重要的消费者游戏评论家以及开发商进行合作，这样你就能发布甚至“命中”该游戏的重要事实/独特特性了（甚至是通过简单的电子邮件）。

给媒体发送了游戏的重要信息后，你要作一次“道路旅行”——亲自拜访那些集中在纽约、洛杉矶、芝加哥、旧金山和明尼阿波利斯/圣保罗的核心媒体，这些地方都是重要游戏及消费者媒体的根据地。计划每个城市至少要待上两至三天（甚至一周）的时间，亲自给每家媒体作一次简洁的游戏“巡演”，以便他们能看到该游戏的特色所在。

但如果有人负担不起又该怎么办呢？

那么就集中在两三个地方（比方说纽约、旧金山和洛杉矶）。如果完全没有路费，那就给游戏杂志、报纸和顶级消费者杂志（例如 Time，Newsweek，Wired，Rolling Stone，Playboy 等等）的核心游戏评论家发送该游戏的 beta 拷贝。从根本上说，这是你的媒体领域中最为重要的部分。你也许还要纳进一个简短介绍和“技巧”来帮助推进他们进入这个游戏。而且还要提供“注意事项”，介绍某些关卡中要寻找的一些重要特性，以及一个“读者文摘”作弊表来帮助媒体快速通关（尤其是那些期限紧张的媒体——媒体确实很喜欢这样）。

Olmstead 说，游戏发送后，你要亲自打电话给各个评论员，确保他们已经收到游戏以及他或她是否还有什么问题：

一周后，你应该继续追踪，看看记者们的游戏进行得怎样了，提供一些技巧/信息帮助他们通过游戏，同时还要指明它的独特特性。这将会受到评论员的欢迎，并且鼓励他或她与你联系，提出其他一些问题或是寻求帮助（特别是在那些更具有挑战性的游戏环节中）。这同样有利于你进一步发展和该评论员的关系，而且从根本上说，这是公关活动中最重要的元素。你要以一种开放、支持的方式将游戏的独特特性传达给媒体，这从潜在意义上意味着一篇普通报导和一篇优秀报导的区别。

Olmstead 论述了在游戏公司内部做 PR 代表和在独立的 PR 公司做 PR 代表各自的优缺点：我在一家 PR 公司工作，但我惟一的客户就是任天堂。在 PR 公司工作的潜在缺点是你会被另一个客户拉向另外一个方向。但我听说游戏公司内部的 PR 部门也会因为加在任务之上的种种内部压力/管理层优先权而同样被拉向别的方向上去。关键因素（这常常很难捉摸）是平衡。自己给自己机会，看看某些关卡的“大图画”整体效果。从客户的角度出发，[找到]包含于整个活动和整个行业中的那些关键元素——了解你的竞争者等等。个人方面，你要不时给自己一些短暂的休息时间，这样你才能精神饱满地为客户服务，而不至于熬得“油尽灯枯”。

Golin/Harris International 的 Chris Olmstead 在本节谈论了在代理公司做 PR 和在游戏公司内部做 PR 的优缺点。

最后，能举个例子说明一下前面所说的 PR 建议吗？

可能最有价值的一个故事是我 1999 年 4 月在《纽约时报》上为 Miyamoto 先生做的一次人物简评（以及他在几个月前获得的游戏开发者联合会的终身成就奖）。

我们走进游戏开发者联合会的目的是要获得一个有关 Miyamoto 的国内刊物特写故事，这很重要，因为当时任天堂正面临着来自世嘉 Dreamcast（已经可用）和一个知名 PS2 样品的巨大竞争压力。Miyamoto 的出现让任天堂能够将重点放在它比别人更为深知的一点上：创造世界上最具娱乐性、挑战性和刺激性游戏的重要性。Miyamoto 是（并将继续是）它最优秀的开发者，他的名字就意味着某些经久不衰的电子游戏形象：Donkey Kong，Mario 和 Zelda 系列中的 Link（图 19-5）。

图 19-5　3D 游戏军人

我们找到《纽约时代》，给他们的商业记者 Sharon King 提供了独家新闻故事。因为她正在报导这个会议，而且知道 Miyamoto 的获奖将是这次节目的头号新闻之一，所以她很高兴能在节目开始前的晚宴上与 Miyamoto 进行一次“幕后”接触。她大概和 Miyamoto 一起渡过了三到四个小时，不仅知道了任天堂在电子游戏行业崛起过程中他扮演的重要角色，而且还了解到在他的独特游戏视角之后的一些想法。The Legend of Zelda: Ocarina of Time，他被公认的杰作，于 1998 年 11 月发行，是充分展示他创作天才的一款重要的任天堂游戏。

我个人以为，这是我自己最喜欢的一篇文章，因为从这次会议传播出去的一段轶事实际上成了该文章的结尾段落。我问 Miyamoto 他能否给我的儿子一些游戏建议，而他的翻译说成了“怎样打败 Zelda 的建议？”我说。“不，他已经打败 Zelda 了。”他们一同笑了起来。然后我问他是否有一些关于电子游戏的一般性建议，Miyamoto 想了一会儿，然后在我儿子的 Nintendo Power Magazine 上写下了这行话：“给 Jeremie，阳光好的时候出去玩一玩，Shigeru Miyamoto。”我将这个签了名的杂志和《纽约时报》Miyamoto 的故事一起装裱了起来，放在我的客厅里。

Mike Rubinelli，THQ

这位 THQ 前产品开发副总裁在 2002 年秋离开了该公司，现在 Gotham Games——Take-Two Interactive 的一个子公司任职。我们有幸在他离任之前与这位行业老手进行了一次谈话，我们问他是喜欢在公司内部的 PR 团队工作，还是喜欢在外界的代理公司工作：

内部的更好一些——我这样说并不是因为我知道他们会在你明白之前读到这些！

他解释道：我曾遇到过市场营销没有配置而 PR 公司的合约已经签订的情形，这对于要给你的游戏打造市场知名度来说，可能是糟得不能再糟的情况了。当营销和 PR 在日常基础上相互影响时，其中肯定会有一定的渗透存在。通常，你会看到两支团队在活动和游戏应该怎样的问题上互相牵制。

但 Rubinelli 解释了各种电子游戏 PR 的区别：在我们这个行业，PR 实际上有两种：公司 PR 和产品 PR。两者间的区别是相当明显的。我先前提到的那个团队就是产品 PR。在大部分公司，产品 PR 是在市场营销的大伞之下进行运作的一支队伍。你可以想像得出，从最初的产品发布到最后的产品评论活动，他们所做的绝大部分事情就是要让游戏获得正面的曝光。如果他们是在公司内部工作，他们就能更加接近产品。他们沉浸在各自的项目团队中，与游戏制作者和产品营销经理们携手合作，一种更加严密的合作就随之产生了。营销和 PR 人员总是要依赖信息——有效地管理资料、传达特性等等，这一点在有着无数变量影响产品开发过程的电子游戏世界中显得尤其重要。

市场营销

这一节中我们将听到一些营销精英们的建议。

Mary Bihr，LucasArts

我们在本章早些时候听到过 Tom Sarris——LucasArts 的公共关系主管，谈论游戏 PR（如 Star Wars）的运作情况。现在我们邀请到 Mary Bihr，全球销售和营销副总裁，来谈谈问题的另一面。Bihr 从 1988 年起几乎涉足了 LucasArts 所有游戏发行的销售/营销工作，除了早期的一些 PC 和游戏机游戏。她是如何形容电子游戏的市场营销的呢？

电子游戏的市场营销提取了游戏中的精髓——它的特点以及它对客户的价值，将它们融汇成一些简洁的信息点，向客户进行传达，让他们信奉我们的品牌，给他们提供相信我们的理由，并建立起他们对此的长期忠诚。

市场营销和公共关系携手合作，提高产品知名度，给客户提供有力理由让他们喜欢我们的游戏。两者都是为了让产品能在一片喧哗中夺人耳目，赢得一些认同。产品的营销和公关工作在共同受众的问题上应达成一致，在给目标受众的关键信息点上也应达成一致，

Bihr 列出了电脑游戏营销应牢记的几个重要事项：

1. 了解你的受众，知道如何影响他们。
2. 了解你的信息，知道游戏通过信息来传达。
3. 让你的营销工作简单明了、富有策略。

带着这样的思路，营销诸如 Star Wars 这样全世界都耳熟能详和备加期望的游戏是更为容易，还是更加困难？

两者兼有。说它容易是因为你无须花很多时间对 Star Wars 进行说明，这个名字人们能立即理解，同时也抱有一定期望；但它也很困难，因为我们给市场提供的不是一款 Star Wars 游戏，而是很多款——它们的信息必须要平衡，受众必须要区分开来，共同点和不同点必须要纳入整个授权游戏的管理当中。我们不希望我们的顾客说，“哦，LucasArts 只是推出了那些

Star Wars 游戏中的另外一个而已。”每个游戏都应该具有自己的吸引力，与其他 Star Wars 游戏区别开来，但同时又能提供一种与整个品牌和顾客期望相一致的高质量体验。

除了 Star Wars 游戏固有的“第二十二条军规”外，在给一款游戏作营销时，还有哪些其他的挑战因素？

最大的挑战是要预测出游戏能否按预期的那样进行传达，以及对这个预测进行时间安排，以便在游戏制作完成时，我们仍有时间对销售和营销工作进行有效的调整。

在过去的十年中，有些游戏我们认为最多只能保本，结果却成了畅销货；而有些我们充满了信心的，到头来却从未取得商业成功。鉴于发行时诸多的市场变量，要设想产品从开始（有时只有一些黑白文档和概念草图）到完工时的情形，预测产品将如何送到大众手中，确定其销售情况将会有多好，这些的确给营销人员提出了很大挑战。然后，带着对每个产品最好方案的信任，我们制造出应有的舆论势头，让顾客选择这个游戏、玩这个游戏。

照我们推测，LucasArts 应该拥有巨大的营销预算。但 Bihr 却给那些资源有限，需要自己做营销的游戏设计者/开发者们提供了一些建议：

如果预算有限，就要敏锐地集中信息，尽可能多利用公共关系，创造展示产品的独特机会。运用互联网来突出产品，散发信息、演示范例和产品最新情况。建立你的客户数据库，以便能和他们进行直接联系。与你的核心零售商及核心杂志进行合作，在商店和刊物上进行产品宣传。让你的演示中聚集尽可能多的人，这是通过样品创造需求的古老办法。如果你有一个好的游戏，那就让它在演示中证明自己。

Peter Dille，VP 市场与 THQ

作为高级全球营销副总，Peter Dille 管理着公司及产品全球营销的所有工作，包括广告、出版物、促销和 THQ 的网上宣传。在加入 THQ 之前，他曾在索尼计算机娱乐美国公司（SCEA）任高级产品营销主管，并且是索尼 PlayStation 推行过程中的一名重要执行人。

“电子游戏营销在很多方面类似于电影营销，”Dille 开始道。“两种情况下，营销人员都要尽力给产品营建强大的通道。要做到这一点，市场营销实际上就要在数周和数月内给产品制造‘声势’，直到产品最终发布。”

他继续说：在游戏领域里，产品可以分为几个不同类型，每个类型都有不同的营销方式。例如，对于核心游戏产品，营销通常是要激起早期接受者和点评社论对该产品的兴趣，对它进行宣扬，建立有力的口碑。THQ 最近的一个事例就是 PS2 版的 Red Faction。在此范围的另一端，还有一种不同类型的市场营销，它是为针对年轻孩子们的游戏做的。这些产品支持的通常是某个已有许可权的品牌——不论是 Rugrats 这样的热播电视剧，还是 Jimmy Neutron 这样的电影，亦或是 Hot Wheels 一类的玩具产品——而且更集中在大量市场的零售。

尽管这个行业存在种种怪异和个性特征，电子游戏营销仍然具有一切“经典”营销的原则：定价、促销、分销等等。产品营销经理在项目之初就被指派给某个产品，以对同类竞争产品进行调研，并对产品特性进行推介。他们负责管理这个品牌，制定一个三到五年的品牌计划。产品经理要和销售人员紧密合作，对产品销售量作出预测。当然，市场营销还要为营销活动中更加可视的成分——包装和广告——准备策略和实施方案。

知名的授权游戏，像 Rugrats，Power Rangers 或 Scooby Doo（图 19-6）使得营销更为容易，还是因为顾客会有较高期望值而变得更具挑战性呢？“我不能说它是更难还是更简单，因为这是个不同的过程。”Peter Dille 说。

图 19-6 超级便衣截图

那么给 Rugrats 和 WWF 这样已经有固定受众的游戏做营销是否更加容易一些呢？

给已有固定品牌知名度的游戏做营销，比如我们的 WWF 系列产品，有很多优势。对于任何授权产品来说，由于品牌已经打造，因此营销的任务不是要打造这个品牌，而是要巩固这个品牌。这就带来了一系列不同的挑战：我们的 WWF 迷们对这个产品如此疯狂，以至他们对 WWF 电子游戏体验有着极高的期望；他们希望 WWF 的超级明星们的举止能和他们每周在电视上看到的一模一样；他们希望动作要符合，剧情要正确——这一点难度很大，因为 WWF 的剧情总在不断展开。所以，营销工作要和产品开发联系在一起，给授权者传达品牌要求和界面情况。WWF 的 fans 成千上万；时至今日，从我们的销售结果和因产品质量而获得的各种奖项来看，我们在对这种体验的传达上确实做得不错。

Dille 补充说，在营销巩固方面，你必须通过遵循 WWF 品牌的刻画方式来巩固这个品牌。“包装和广告都要经历一次对原创产品而言并不存在的彻底批准的过程。”

在这个领域的另一端，他继续道，“给 Red Faction 这样的原创产品做营销时，我们就能创造我们自己的世界和我们自己的活动。”

这次营销与游戏的剧情相联系，它讲的是火星上的一个采矿群体，当矿工们意识到他们正受到一个邪恶公司的虐待和杀害时，他们组成了“红色军团”，建立军队进行反击。我们的活动就利用了游戏剧情的主题，逐步发布信息、屏幕快照、游戏图像和演示碟等等。换句话说，这次活动给人的感觉是它似乎来自红色军团的某些内部人士。

为了给游戏的推出营造声势，我们发起了一次大量利用互联网和电子邮件的病毒式活动。我们从没有 RedFaction 数据库（这是一个新游戏的开始，而不是结局——我们是在打造这个品牌）的“零点地面”开始，发展到了一个拥有 40000 多名红色军团成员的数据库。虽然这和上百万的 Napster 用户相比不算什么，但这对我们为赢得早期接纳者对游戏的兴趣和评价而进行的营销活动来说，却是非同小可的。PS2 的安装基础还不成熟，所以吸引许多核心玩家的积极参与是十分重要的。最终，当他们接受了我们的营销，向我们寻求更多信息时，我们就无需再竭尽全力地引起他们的注意了。

听起来营销和公关的职责好像差不多。这两个方面是如何相互贯穿的？根据 Dille 所说，电子游戏世界中的公共关系实际上是市场营销的一个子集：

除了包装、广告、促销等内容以外，产品经理还要负责制定产品的 PR 战略。因为 PR 是一种专门的沟通方式，大多数游戏公司要么是在内部有一班尽职的 PR 人员，要么就和外界的代理公司进行合作。这两种情况下，产品经理都要监督 PR 工作的进行，与 PR 经理共同开展 PR 活动。如前所述，产品营销需要协调，以便在产品 PR 和其他营销因素之间能找到一个恰当的结合点。

您能提出一条最关键的建议，给那些需要自己做营销的人吗？

我想我能给那些刚刚涉足电子游戏营销的人提供的一条建议就是：你必须要灵活。我们的事业是包含娱乐、技术和包装物品的一个独特的混合体。这个领域中有很多人是来自包装物品行业，他们对产品滑移的理解就经过了一段艰难的时间。他们习惯了那个有人告诉他们产品将什么时候就绪的世界，或者说的好听些，他们是那些告诉厂家产品应该在什么时间准备好的人。同样，这项事业和电影业有很多相同之处。但是电影营销人员在家庭影碟发售的数月或数年之前，就能得知电影将在何时发行。而且在家庭影碟准备发售时，他们还知道这在剧场上映时将会是怎样的情形。这就引出了必须要灵活的第三个原因——作为营销人员，你可以给热门产品拟定计划，但是要得知它们露面的确切时间就不是一件容易的事了。软件就是软件，只有到它完成的时候，它才能被完成。这和你在产品完工前 3 个月所设想的可能一样也可能不一样，而当营销预算花费大半时通常会运行得很好。

Dille 先前讲述了不同类型产品的具体挑战，但还有什么要克服的障碍吗？他指出，给一个新游戏做营销的最大挑战是要建立有关游戏的无法演玩或体验的预测和宣传。

PR 成为这个均衡中的一个重要部分。我们尽力将重点集中在那些阅读游戏书籍和浏览游戏网站的早期接纳者身上。当产品进行到一定程度，最好给玩家进行一次演示——不论是通过配有封套的 CD、零售亭还是移动亭方案。最后，零售商会十分注意游戏“专家”说些什么，所以这些游戏评论家们不是给我们的产品“竖起大拇指”（赞扬），就是将“大拇指朝下”（反对）。

最后 Dille 警告说，用小额预算进行成功的市场营销也许不再像以前那样容易了：当今的电子游戏业全球市场每年在 200 亿美元之上，其中有 90 亿是在美国进行的，这个数额与美国票房收入大致相当。市场份额主要被几个较大的竞争者分占，而且龙头发行商和二流发行商之间的差距在日益扩大，主要原因之一是对游戏进行全球范围的开发、营销和分销需要大量的资源。所以，那些在车库进行制作、用零星资金进行营销的日子是一去不复返了。这是个大行业！据说，有些技术营销员们是可以利用的，成本要比全国范围的电视活动低。创造性地应用互联网就是一个例子，就像 Red Faction [中我们所做的]一样。

Mike Fischer，Sega

游戏业老手 Mike Fischer 离开了 Namco 公司的美国消费者软件发行分部 Namco Hometek，加入了世嘉的团队。

Fischer 认为市场营销的主要角色是担当公司以及购买产品并玩游戏的人之间的一个沟通渠道。

通过市场调研、消费者协助和互联网，我们获得消费者的意见、偏好和口味，并和制作我们游戏的人员一同分享。同时，我们还要让公众了解我们的产品。我们的方法有很多，包括广告、PR、商业和公共活动、我们的网站等。

Fischer 同意这样的观点：PR 是营销计划的一个组成部分，是传播产品舆论的重要方式，而这是简单的广告所无法做到的，但他也承认 PR 经常会被人误解：

像“无聊的 PR”或“浮夸的 PR”这些词都是对这个领域不公正的描述。事实是，对于那些成天制作电子游戏的人，你不要期望他们将注意力从自己的工作上移开，来回答每个记者的询问。即使他们有些空余时间，他们可能也不是那种能给媒体提供项目信息的能言善辩的人。

PR 经理要和游戏开发团队保持密切联系以获得任何媒体需要的信息和材料。无论何时，这些材料所传达的都不该仅仅是游戏的基本特性，而且还要包括创作人自己对项目的设想和热情。每个游戏都有它独特的历史、故事和特性，好的 PR 应该以一种积极有效的方式传达这些信息。

无论何时，我们都要给媒体直接接触游戏开发团队的机会。当这些团队在日本时，日程压力和语言障碍使得工作尤其困难。但一个好的 PR 经理可以断定出什么时候应该让开发团队抽出适当时间与媒体见面。

我们要求 Fischer 给那些需要自己给游戏做营销的人们提供一些重要的注意事项。“据我所知，只有两个原则是铁打不动的，” Fischer 开始道。“要时刻真实对待产品和你的顾客，分享我们的客户对他们的产品所持有的热情。”下面是原因：

当我们的一个客户购买了游戏时，他或她所付出的是多达 50 美元和几十个（有时是几百个）小时的投资。营销的任务就是要确保这是一次明智的时间和金钱的投资，一次不仅让客户满意，而且让他们对我们的其他游戏满怀期待地投资。

举个例子，假如我要给某个销售潜力较小的产品策划一次营销，也许这是个高品质游戏，但它的市场定位是核心爱好者的小市场——诸如一个老式日本风格的 PRG 或一个复杂的模拟游戏。利用误导型的营销活动，将游戏描绘成更适合常规玩家的快节奏、有动作趋向的游戏也许（我是说也许）能提高销售额，但这会造成什么后果呢？为了提高产品的短期销售额，我让顾客感到受了误导和欺骗。这款游戏最后注定要失败，公司的品牌形象也毁于一旦，消费者再也不会相信这个公司对他们所说的一切了。口碑是任何游戏成功或失败的关键；而任何损害游戏、品牌或发行商信誉的营销信息都将让公司付出沉重代价，这种代价远远超过了它在短期可能聚敛的财富。

为了使他的意见让人理解，Fischer 说，他的事业开始于在世嘉日本总部的工作，那儿的核心玩家“不会浪费时间”。他说这话是什么意思？Fischer 回忆说，“经常地，如果顾客被某个差劲的游戏体验惹火了，他们就会把游戏卡捣碎，寄回给我们。他们不要退款，他们只想给我们一个信息——那样的经历给了我极大的教训，让我记得要尊重我的顾客。”

这是来自 Namco 公司 Pac-Man Worlds: 20th Anniversary 和 Ms. Pac-Man Maze Madness 活动中的景象：“贝弗利山”上的商业性影片拍摄，由 Verne Troyer（上两部《Austin Powers》电影中的 Mini Me）和今日秀（The Today Show）节目中具有传奇色彩的 Mc. T. Ms. Pac-Man 联袂出演。Ms. Pac-Man 的营销是美国乳腺癌宣传月的一部分（图 19-7）。

图 19-7　Austin Powers 截图

Fischer 补充说道，他一生热爱电子游戏，并且和他的顾客一起分享他们对电子游戏的热情：我不是在销售碟片，我销售的是一种娱乐体验。要是自己不首先了解这个游戏，对游戏的刺激性和趣味性进行有效行销就不可能。洞察那些购买和玩我们游戏的消费者的看法同样也很重要。

但是，Fischer 承认：这可能并不是个容易的活儿。

当然，我不是个十几岁的孩子，甚至也不再是个“年轻的成年人”了，所以要和我的客户保持联系需要不断的努力。有时，我感觉自己像是一个正在衰老却还力图保持竞赛状态的职业运动员，但我的确花了很大力气来试图了解受众的想法。只是观察核心群体和阅读市场调查报告是不够的，你必须和顾客进行对话和沟通。有一个我发现很有用的活动就是在某个商店待上一天半天，观察顾客是怎样购买我们产品的。看人们购物很有意思，他们有的是独自一个人，在拿起产品前会像鲨鱼一样环绕半天；还有很多是和朋友一起来的，讨论一下每个游戏的相对优点，然后做出决定。这儿有条建议我要给那些想尝试此法的人：在进行长时间逗留前，先向商店经理说明身份。这会让你避免出现某些真正难堪的局面。

我们给 Fischer 提出了我们在本章前面部分给其他专家提过的问题——给世界闻名和倍受

期待的游戏（比如 Pac-Man）做营销是更加容易还是更加困难？Fischer 说不可否认会更容易一些。

消费者行为的 AIDA 模式描述了一个购买决策的 4 个步骤：知道、兴趣、欲望和行动。知名的授权游戏已经有了“知道”问题，所以对于类似 Pac-Man 的游戏，只要从第二步开始就行了。

你可以在 www.namco.com 上细读 Namco 的 2002 阵容。

Jason Enos，Konami

Jason Enos 是 Konami 美国公司的产品经理，他过去的作品有 Zone of the Enders（有 Metal Gear Solid 2 的演示版），Dance Dance Revolution，Silent Scope，Metal Gear Solid（和它所有的系列游戏）Silent Hill Greatest Hits，以及其他。

Enos 说，“游戏营销”这个术语是从传统消费者营销或产品营销中滋生出来的一个包括各种活动的具体子集：

像“游戏营销”这样并无意义的词影响着营销人员的思维，常常限制了他们的想像力和创造性。当同样的“游戏营销”活动一个游戏接着一个游戏地进行时，我们很容易就成为营销短视的受害者。我总是不断对自己在这个行业的营销工作进行评估，确保每次活动都能按照游戏的预设前提和目标受众做到“量体裁衣”。

将一个像“跳舞毯”（DDR）这样的亚洲现象引向美国，情形是怎样的？

这次经历从许多不同方面说我都感到很满意。在我成为“跳舞毯”的产品经理前，有必要让我的同事们相信这个项目在北美是可以成功的。1999 年，我一加入这个公司，我就开始着手这个项目（在公司时间之外）。我花了 12 个月建立起一个资料档案——比如音乐游戏的销售额、消费者意见、新闻剪辑以及行业趋势等——来帮助构建我的计划。

当重要人员都在着手产品本土化问题时，我又花了 12 个月的时间与地下爱好者群体建立联系，在 BBS 上发布信息，做全国旅行拜访媒体，让公司员工了解这个游戏，以及在一切可能的时间/地点传播这个产品。

甚至现在，即使这些游戏早已发行，我仍然对“跳舞毯”给以同样的关注。

DDR 的营销是否与其他 Konami 游戏有什么不同？

给“跳舞毯”做营销的一个关键优势是它是一个完全创新和独特的概念，这个游戏的概念自动就将 DDR 与市场上的其他游戏区分开来。而且，该游戏的街机版在全国的大车流量地区有一定的客户知名度，所以给家庭版的开发建立了需求。与大多数只吸引一两个群体的电子游戏不同，DDR 吸引了众多的社会群体（孩子、家人、舞曲爱好者、健身者等等），这使得该营销活动的目标是一个更为广范的人群。

从街机到家庭，Konami 的“跳舞毯”已经风靡全球，玩家可以通过特殊的传感器跟着节拍起舞（图 19-8）。

那么在发行 DDR 时有哪些挑战因素？

给 DDR 做营销的一个关键挑战在于它是一个完全创新而独特的概念（和它的关键优势一样）。由于 DDR 是一个涉及特殊舞蹈外置设备的全新概念，所以用传统的营销方式，如一页宣传单，就很难准确传达出这个信息。另一个大的障碍是音乐游戏类型从未在美国市场上获得过成功，这个历史记录是附着在 DDR 销售潜能上的一大消极因素。

凭借他在游戏机游戏业中的多年经验，Enos 有什么营销建议和别人分享的吗？“要在电子游戏业中成为一名有效的营销人员，最重要的一点就是要了解产品和目标受众，”他回答说。

消费者每天都受到各种广告和讯息的“轰炸”，所以要保证你的讯息发给正确受众的惟一方法就是要对“你卖的是什么”以及“你要卖给谁”做到了如指掌。另一个很大优势（这是这行中常常缺少的）就是专业营销人员，他们实际上是核心玩家，或者至少对电子游戏的历史十分了解。

图 19-8　“跳舞毯”截图

关于如何成为一名成功的营销专家，Enos 提供一个简短的应做和不应做的事项清单。

应做的：

1. 挑战常规。
2. 了解你的顾客。
3. 了解你的产品。
4. 了解你的竞争者。
5. 有创意。
6. 坚持你的阵地。
7. 与 R&D（研究和开发）建立稳固联系。
8. 问问玩家的想法。
9. 评估市场条件，确定新的产品构思/消费者需求。

不应做的：

1. 排斥外界信息。
2. 对你的产品（甚至是糟糕的产品）持否定态度。
3. 认为自己掌握了所有答案。
4. 用傲慢的口气与顾客交谈。

资金很少或者没有的话，如何对游戏进行成功的营销？

Enos 说，预算有限的产品有时会比预算资金很大的产品更加有趣，因为这会迫使你更有创意、更有策略：

这些产品是了解营销过程的完美练习，如果推行得当，是可以做到十分成功并对个人很有价值的。对预算和支出要实事求是，这很重要。经常问问自己这些钱是否可以用在其他对产品成功更为有益的地方。大量依靠目标公共关系工作、消费者层面的基础营销以及网上战术。与产品的爱好者和 R&D（研发）团队建立紧密联系，因为他们能帮你用最小的成本将工作推进得更远。多花点时间完成那些通常需要预算费用的任务，以此来节省资金。

Jay Miller，ZIOSoft

作为全球最成功的 Palm 和 PocketPC 游戏发行公司——ZIOSoft 公司的销售主管，Jay Miller 谈论了有关游戏营销的一些规则与禁忌。未来的雄心？"我想成为发行销量百万 PDA 游戏的第一人，" Miller 笑着说。"我们不都想这样吗？" 他补充道。

在营销建议的问题上，Miller 建议：对于任何一个从有强大资金支持的公司转而进入"车库"开发队的人来说，首要的事是坐下来拟一个计划，为了进行有效的营销活动，必须针对投资回收率（ROI）进行计划和平衡。写下一些具体目标，然后做调研，尽力实现它们。遵循计划，但如果它无济于事，要敢于进行调整和改变。

进行调研。你将要为营销活动等投入资金，所以要确保你的预算包括了调研费用。你对市场越了解，你对产品的定位就能做得更好。

如果你所做的收效甚微，那么就试试别的方法。一遍又一遍重复相同的事对人们来说并不少见，但是每次都要期待不同的结果产生。如果你连试三次仍然没有起色，也许你就应该换个法子了。

我们要求 Miller 提供一个他负责的精明营销的事例。

"呃……精明营销有点棘手，因为我实际上是一名销售员，" Miller 谨慎地回答道，但"我引以为豪的一件事是我们和授权公司进行的一次共同促销。"

虽然 Miller 没有得到许可公开该授权公司的名称，但他继续说道：我们有很多授权游戏，我们可以将为 PC 游戏做的营销努力运用到授权游戏中来。我们在游戏手册中加进了一个特别插页来推销 PC 产品，作为我们产品在 PC 授权游戏网站上增加报导的答谢，效果很好！

至于建立和签署这桩交易，就相当简单了。我只是和营销及制作团队一起进行"头脑风暴"，列举所有可能性，并描绘出细节。然后很容易就得到认可，无需很多法律术语。双方都知道我们要寻求的是什么，所以要做的事就是找出进行越区销售的最好办法，而不必利用大量的额外资源。

"有创意，要灵活，事情就行了。" Miller 鼓励地说。

为 PDA 游戏做营销比游戏机游戏或电脑游戏要更为容易还是更难？

"这是个好问题，不过没有具体的答案。" Miller 回答道。他解释说：规模当然是营销中的一个问题，我说这个的意思是项目大小对营销预算有着一定的影响。游戏机游戏或电脑游戏所用的大额资金和资源意味着要有更大的营销预算，因为为了能卖出足够张数，达到你的投资回收率（ROI），它需要进行更多的曝光。我冒昧说一句，利用更小预算对 PDA 游戏进行营销也许更具有挑战性，因为你要创造性地使用资金，使它发挥最大功效，但是这个方案的复杂性可能比高级游戏机或电脑游戏要小很多。总结起来，我认为决定难度的不是平台，而是项目的规模。

最后，对于那些靠自己经营的人来说，出售/促销 PDA 游戏有什么低廉的/基本的方法？

“获得点评最有效也是最便宜的方法之一就是给评论家们提供游戏拷贝，”Miller 回答说。他补充道：更好的办法是计划分发一些预映样品，激起人们的兴趣。你肯定还想要制造声势，直到产品发行。尽力与网站幕后人员建立良好关系同样也很重要。

第四部分 如何实现

第 20 章　自己动手与共享软件革命

本书中所有的成功故事并非都涉及到在知名开发机构或发行公司谋求职业，然后从此平步青云这样的经历。诚然，在 Shigeru Miyamoto 或 Will Wright 这些人身边工作能让人受益匪浅，但（同音乐界许多独立的流行乐队在网上发布 MP3 专辑而崭露头角相似）有些设计者却选择了只在 Internet 上出售他们自己的作品，并且许多时候是在家中工作的。

你可以创建自己的公司、企业或其他法人实体来生产、销售和分销你的游戏，但本章重点关注那些通过万维网将自己的游戏作为共享软件进行分销和出售的游戏制作人。起初，共享游戏是免费下载的，但用户要想继续玩下去，就必须得付点钱。这种先试后买的软件或者有时间限制（例如，两小时的试玩时间），或者有特性限制（可能十个关卡中只有 3 个可用），如果你没有诚意，就只有放弃整个游戏。

以这种方式发行你心爱的游戏真的值得吗？与包装好的零售产品相比，销售共享软件有哪些利弊？下面这些内容来自那些决心单干并取得成功的人们。如果这是你要选择的路，那么就请留心这些建议吧！

Howard Tomlinson，Astraware

Howard Tomlinson 是 Astraware 公司（www.astraware.com）的 CEO 兼首席设计师，该公司是英国一家著名的游戏工作室，主要因其获奖的 Palm 和 PocketPC 游戏而著称。Tomlinson 在 12 年前从 PC 游戏 Bzzz!开始做起，过去 6 年以来一直担任首席设计师，该公司最成功的产品有 PalmOS 游戏 Zap!2000，Text Twist 以及 Bejeweled。

Tomlinson 首先给那些打算在网上出售游戏的人们提出了三点最重要的建议：

（1）让一群可靠的 beta 测试员对你的游戏进行解析。不要只相信你最好的朋友和你的妈妈，他们总会说“是的，它真不错。”最好的 beta 测试员会给你列出 50 个 bug，对游戏的细小瑕疵进行批判。尽管阅读这些 bug 清单会让你觉得很受伤（即使他们只是想帮你改进游戏），但是当你最后得到一个他们说“找不到任何 bug”的版本时，一切就都值得了——你知道：是时候让它面世了。

图 20-1　SEVEN SEAS 等几个游戏的主菜单截图

Astraware 的 Howard Tomlinson 说给自己当老板的另一个好处是“你可以赢得并维持一个巨大的客户群，他们（大部分）都会很乐意接受你的下一个游戏！”仔细看看对 Palm 平台游戏的分类（图 20-1）。

（2）成功的网上游戏是那些下载次数最多的游戏，而下载次数最多的游戏是那些能带动更多人下载的游戏。（别人都喜欢它，它肯定不错，对吧？）所以你的真实目的就是要获得最初的“火爆”势头。

让你的游戏登上尽可能多的网站。在发布前的一到两个月，联系你喜欢的网站的编辑和评论员，让他们知道你的游戏。在发布前给他们送上一份评论用的赠阅本（和免费注册），问问他们是否愿意在游戏发行时做个特别报导。适当的时候要进行追踪，给他们一些提醒。

（3）小心选择定价——太便宜了他们是不会买的，因为“十美元肯定买不来什么好东西。”但是要现实。

在网上销售游戏的优点和缺点？Tomlinson 说利大于弊。关于优点，Tomlinson 说到了以下几点：

- 容易操作　对于不想用信用卡进行交易的人来说，要有一些很棒的注册服务。
- 你可以在任何时候发送任何你喜欢的东西，而不用经过包装设计、法律、营销和发布的冗长过程。
- 资金回笼更快　零售商的版税支票可能要在实际销售 6 个月后才能收到。

对于缺点，“粘在网上你是无法获得最大的客户群的，有时还会给这些小工作室带来冲击。”Tomlinson 说。

除了“拥有大量很酷的游戏”外，他还提供了其他一些建议可以将玩家吸引到你的网站上。

- 网站要吸引人、速度快，这样人们才会更长时间地浏览它。
- 让你的下载容易到达，让人们明显看到网站经常更新。人们将会把你的网站放入收藏夹的。
- 选择合适的关键词帮助搜索引擎找到你的网站，可能的话，与其他游戏网站进行链接。

这是要让人们访问你的站点（或者其他有你的游戏的下载站点），但是，一旦游戏被下载，你如何让人们为此付费呢？

在 Tomlinson 看来，真正的共享软件（“如果你喜欢它，就请给我寄些钱吧”）是不需付钱的。“我不是说人们不诚实，但要让他们掏出钱包注册软件需要一个好的理由。”他说。

我们用两种方法鼓励人们注册：有关卡限制的演示版和提供限量“免费”试玩的游戏；数量到达后就出现 nag screen。这种 nag screen 的时间每次都会稍微增加一些。我们还利用提交 Internet 高分排行榜的方法来鼓励人们购买。有的人在注册前实际上一直是在勉强运行他们的软件，但这对游戏来说似乎并不见效。

Astraware 的 Palm 和 PocketPC 游戏有多流行？Tomlinson 估计说，在 Zap! 2000 发行的前 18 个月里，下载次数高达 500,000。产品付费率有多少？Tomlinson 披露道：

对于我们的大部分游戏，下载人数中[会]有 0.5%～1%进行注册，在“知名度”提高或是我们进行一定的宣传后，还可能更高一些。[有时]我们会在某个极其让人上瘾的游戏上获得很大成功——我们的 PopCap 特许游戏 Bejeweled 在最初几个月里的注册率达到了 5%。这是很不寻常的！

做一个独立的共享软件作者来谋生怎么样？Tomlinson 承认，“要在网上建立起一组游戏，使其收入能足以支持全职工作是要花好几年时间的。我想维持一般生活是可以的，但说到发财？我将仍要手指交叉祈祷好运！”

关于在游戏行业这个方面取得成功，他与我们分享了下面的建议：

当时除了正常的全职工作外，我们的全部时间都花在了这上面。在有足够资金支持游戏开发前，我们先是努力工作了好几年！我们当时不想走寻求外界资助的路线，而且我不知道现在风险资本家们会不会认真对待那些将百万梦想放在互联网上的人。

在第 19 章可阅读 Jay Miller 关于 PDA 游戏营销的建议。Miller 现任职于 ZIOSoft（www.ziosoft.com），该公司是业内最成功的 Palm 和 PocketPC 发行商之一。

Chris Kantrowitz，7ate9

设计师 Kantrowitz 最近离开了 The Groove Alliance，一个因有众多 Flash 游戏如 Real Pool 3D 而神奇般地获得 Webby 奖而闻名的公司，在亚特兰大富有创意的 7ate9 公司(wwvf.7ate9.tv）开始了新的工作。这里，Kantrowitz 谈论了创作在线游戏的好处及缺点。

Kantrowitz 论述了共享游戏设计的组成，特别是在 The Groove Alliance 制作的那些 Web 游戏。“在线游戏的开发角度是创作的游戏每次应有平均 15 分钟的试玩时间。”他说。目的是让所创作的游戏可以在浏览器中进行试玩并可以到达尽可能多的玩家。“在线游戏空间就像是在开发一部情景喜剧——快速、有趣、令人满意。”为实现这个目标，他坚持遵守一些基本的设计原则：

- 操控设置要简单　方向箭头和空格键是个不错的开始，我们是带着这样的假设进行开发的：用户完全没有游戏经验。
- 可玩性/重玩性　游戏应该无须阅读指南就可以玩，游戏设计要足够优良，所有的操控设置都是显而易见的，而且游戏还要足够有趣，能够吸引人们再次光顾。
- 资源利用　人们等待游戏下载的时间越长，他们玩它的可能性就会越小。在线游戏玩家十有八九用的是“窄带”而不是宽带。必须知道如何利用资源，将你的想法有效地传达给终端用户。

他补充道：“如今的在线游戏就好像是早期的游戏机游戏——成功的关键在于设计上的精巧，图像和声效位居可玩性之后。”

给其他人的最好建议？

对于那些刚刚步入在线游戏的人们，我想说这里是试验的最佳场所。分销渠道上的障碍很少，分销合作者们会十分乐意承担这些风险，将各种各样的内容带给消费者。

那么 The Groove Alliance 是如何赚钱的呢？

我们是一个平台，所以我们的钱大多来自技术授权。授权交易的形式有很多，一种情形就是将开发商的游戏授权给我们，由我们的客户给我们的平台以及在该平台上制作出的游戏颁发许可；第二种情形是当某个开发商的项目需要我们这样的技术时，我们直接给他们授权，让他们使用我们的技术进行开发。

Kantrowitz 说，你应该在任何可能的时候设法对你的游戏设计和分销方式进行试验：“这种机会在传统的游戏市场上是很少见的，因为有太多的相关风险。如今，游戏业只愿进行成功的冒险，这给那些具有创新思想的人们提出了一个很大的问题。”这是 The Groove Alliance 的游戏，图 20-2 为 3D Pool，Tank Wars 和 Dark Demon 部分截图。

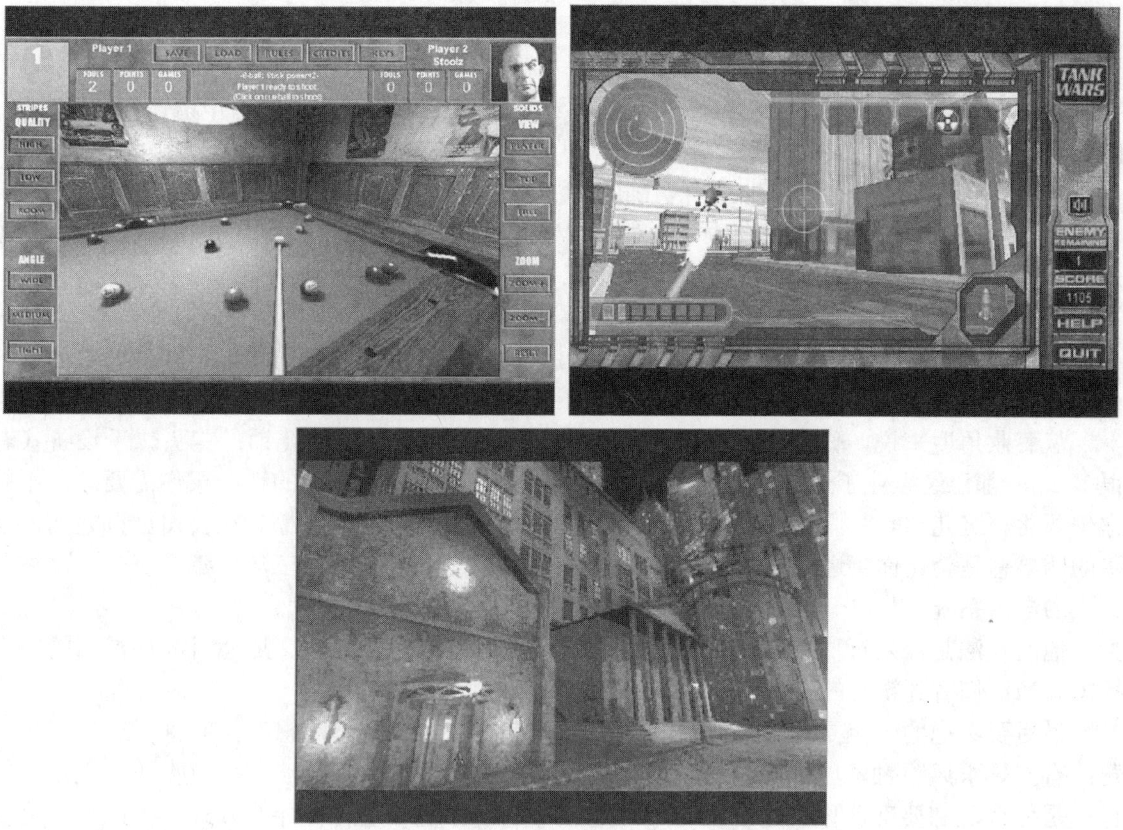

图 20-2　3D Pool 和 Dark Demon 部分截图

在线游戏市场被认为与传统游戏市场有很大不同。在线游戏是一种和电视、广播相类似的媒介，我们的分销渠道好就好在它与传统发行商毫无干系；我们的市场运作也不一样：我们给开发商提供平台，他们来创作内容——我们为他们进行分销；我们只关心眼球，玩的人越多，待售资产的价值就越大。

Kantrowitz 说他们只需要为游戏制作费心——游戏的营销不是他们的职责。将人们吸引到我们的游戏跟前不是我们要解决的问题，The Groove Alliance 的职责就是创作好的内容，游戏买卖的任务由我们的合作网站承担，所以我们认为自己的游戏更像传统的娱乐产品。电视中，吸引人们关注某个节目的任务落在了电视网络上，创作优秀的内容才是制片人的职责。这对我们来说也是一样的。

这对他们似乎很适用。Kantrowitz 说："The Groove Alliance 的游戏每月都要被玩上好几百万次，据我们估计，每时每刻大约都有 30000 人在玩我们的游戏。"

The Groove Alliance 是个相对较小的团队。如果没有大笔的商业管理费用，那些自主创业的人们还能致富吗？

当市场像我们期待的那样不断膨胀时，一些额外收入就会产生，这也许会让游戏业的规模翻上一番。在线游戏有它们自己的市场定位，这种发展产生的收入不会流入传统渠道中。在线游戏业最令人兴奋的地方是它不会受主要竞争者的控制，这就给那些更小、更有创意的工作室提供了很大的填补空间。

Kantrowitz 相信，在线游戏很有潜力创造比传统游戏更多的净利润，所以，这个市场中的开发者将会把自己的事业做得很好。

创办一个新公司并不难。Kantrowitz 说："准备一些文件，向部长提出申请，你就开始了。但这儿还有几个问题你要问问自己。"

- 我们将要做什么？除非你有明确的想法，否则开办公司就毫无意义。
- 为什么我认为自己能成功？你对游戏/技术有什么独特的创意，让你能从市场上脱颖而出？
- 我的团队将由哪些人组成？绝不能有笨蛋。如果你即将创办一个小的工作室，"一粒老鼠屎会坏了整锅粥"。注意在雇佣过程中，要核实应聘者的背景，并确保自己真的了解他或她的能力。

从商业角度来说，你要记住：金钱至上。不应存在任何的恣意花销；购买二手设备（有很多.com 都已经歇业了）；eBay 上有很多的有用商品。有一句简单的话：买你需要的，不是你想要的。这儿 100，那儿 100，快速累计起来的结果着实会让人吃惊。在公司创办之初，购买的诱惑总是会让你买进大量实际并不需要的"玩具"。我们当时在三年里都没有一个严格意义上的电话系统。

他的看法是，发行商通常都希望公司能充分利用他们的资金，这是公司运营得当的一个标志。当他们看到精明的资金管理，他们将会对你抱以更大的信任。

最后要考虑的一点是你的最终目标是什么。有的人创办公司，想着他们将要进行毕生经营；有些寻求风险融资以推进公司发展；有的在某种程度上会希望被大公司收购。无论你的目标是什么，都要确保你构建公司的方式是一种能助你达成最终目标的方式，为此你也许要向某个正当的公司代理征询建议，看看哪种公司结构最符合你的需要。这一点如果做不好，日后你会尝到"苦果"的。

至于游戏分销，网络将向何处去呢？手机/PDA 游戏前景如何？Kantrowitz 相信，随着时间的推移，网络在游戏业中的地位将会越来越重要、越来越引人注目。

互联网是个很广的概念。有些人认为它就是你利用网页浏览器时所进入的地方；有的用户不把电子邮件归入互联网的范围。一切穿越距离传送数据都是互联网；不仅是从它将玩家带入多人环境的角度来看，而且要从它改变传统发行商经营方式的角度来看。

Web 游戏业是个单独的问题。想一想传统发行商，互联网所提供的商业机会可谓是既多又好。最有说服力的例子就是持久世界游戏的成功，EA 的 Ultima Online 商场售价是 50 美元，随后它每月收 10 美元费用为人们提供在线联机对战的服务，这每月额外的 10 美元可以让公司大赚一笔。

对于这个概念，还有一个更广泛的应用。这个更广泛的应用就是要了解订购是如何给玩家的体验增加满意度的。看看游戏机游戏上的体育经营游戏，这些游戏每年都要卖掉几百万份。游戏开发周期的部分环节要求这些游戏每年要像时钟一样有规律地进行发布，以便玩家统计数据和游戏建筑能（最大限度地）反映出这些团队的当前阵容。我相信此类游戏的玩家一定会更有兴趣按月付费让统计数据更新，这和这些团队（在这个季节）的当前理念相吻合。既然游戏机生产商们已经开始增加硬件（调制解调器/硬盘）来实现这个想法，我想这些公司在处理开发过程的时间安排上一定会有一个大的转变。

最后 Kantrowitz 说，在设置方面，他认为游戏在 PDA 和手机上的前景不是很大（在今后一段时间）：“它们没有充分玩游戏所需的人类工程学因素，小游戏、变形蛇、字谜游戏可以，也有市场，但我认为这不会是人人向往的意外之财。”

欲阅读、试玩 The Groove Alliance 的所有游戏，请访问 www.3dgroove.com。

John Romero，Monkeystone Games

经验丰富的游戏设计师 John Romero 在业界已工作了 20 多年，所发行的游戏超过了 60 款，并成立了 3 个游戏开发公司。他的游戏，其中包括 DOOM 系列、Wolfenstein 3D、Quake、Heretic 和 Hexen，已售出了几百万份不同游戏系统上的拷贝。

Romero 现在经营着 Monkeystone Games（www.monkeystone.com），一个为多种平台（其中包括手机和 PDA）开发和发行小游戏的公司。

那么，这是不是 PC 游戏开发的终点了？

Romero 回答说：“我们最近刚刚发布了我们第一款由内部开发的 PC 游戏 Hyperspace Delivery Boy! [这个游戏]本来是要在 PocketPC 平台上开发的，但后来我们转向了 PC，并进行了有声对话、更活泼的声音和时间更长的音乐等方面的提高。”

图 20-3　Monkeystone 与 John Romero 截图

我们要求 Romero 给那些制作 PDA 游戏的人谈谈游戏设计。

- 确保你设计的控制界面能利用设置给出的输入，这就意味着无需键盘——一个真正酷毙的可点击屏幕。
- 设计的游戏必须是人们在 PDA 上真正想玩的游戏，这主要是商人的游戏需求（快投入快产出）。
- 游戏不要太大，要节省空间，减少下载时间，重点是你的游戏必须要是一个可以重玩的玩具。

Monkeystone 的 John Romero 对于 PDA 游戏创作说了这样的话："不要期望巨额的销售数字，因为没有——这仍然还是一个小市场。"其他图为 PocketPC 游戏 Hyperspace Delivery Boy! 中的 3 个抓屏，如图 20-3 所示。

讽刺的是，Romero 承认他自己打破了所有这些规则：我们至少是正确设计了界面，但这个游戏对 PDA 来说却是太大了；这不是同行所喜欢的类型，因为它是一次很长的冒险，而且对大多数成人来说，外观过于可爱了。

那么，PDA 游戏创作与游戏机或电脑游戏创作有什么主要区别吗？

"呃，你要触及的屏幕很小，所以你不得不作出一些很不同的选择，"Romero 开始道。"而且，你制作的游戏节奏不能太快，因为 PDA 的受众对此还不够熟练——除此以外，PocketPC 中还要有很好的声效、图像和输入。"

但是人们真的能靠制作和出售 PDA 游戏来谋生吗？"你必须积攒一批有趣、低廉的游戏，自己进行销售，才能维持一个小的团队，"Romero 说。"只是维持——要想赚取更多的钱，你就要靠其他拥有更多用户的平台上的项目来增加收入。"

Romero 说，在 6 个月左右的时间里制作一个 PDA 游戏大约要花费 80,000 美元，比一个游戏机游戏、PC 游戏或 GBA 游戏要便宜得多！

从职业角度，我们要求 Romero 在进入 PDA 游戏业的问题上提供一些建议：首先把它作为一项业余爱好，不要毫无经验就投入其中。其次不要期望巨额销售数字，因为没有——这仍然是一个小市场。

如果你开发出了一个受欢迎的 PDA 游戏，一定要确保你的结构代码具有可移植性，这样你才能将游戏移植到其他平台上，快速补偿你的投资。

Bill Bales，Friendly Software

Bill Bales 是 Contus 公司的 CEO，其独资子公司 Friendly Software 从 1988 年开始就为微软开发了众多的高尔夫游戏，现在又创作出了 AboutGolf.com 网上（www.aboutgolf.com）免费的 World Tours Golf 系列游戏。

Bales 就仅在互联网上发行游戏的做法提出了几点冷静的建议：

1．不要放弃你的日常工作。
2．为你想要制作的游戏做一个市场调查，确保你创作的产品是切实可行的。
3．不要在项目上进行愚蠢的花费，相反，要利用自己以及他人的辛苦劳动。
4．确保产品引人注目。

如果游戏已经完工，Bales 说他的建议还是基本相同，只有几个小的调整：

1．不要放弃你的日常工作。

2．寻求一切免费的曝光途径。

3．如果你的游戏切实可行、受人喜爱，那么就寻找一个营销伙伴，对其进行适当的曝光宣传。

关于在网上销售游戏（没有一个正式的发行商或零售分销伙伴）的利弊，Bales 说，主要的优点有：你不必遵从发行商的主观设计和产品管理要求。当 Friendly Software 给微软制作高尔夫游戏时，情况是很受压制的。

如果你能直接推动销售，你就可以薄利多销；即使有一个营销伙伴，道理也是一样的。50 美元的产品，每份我们能从微软获得 5 美元；但如果我们将 Real Networks 作为营销伙伴一起进行销售，20 美元的产品我们每份就能赚到 10 美元。

图 20-4　AboutGolf World Tours Golf 中的两幅截图

根据 Bales 所说，自己动手的主要弊端有：你没有任何担保，没有媒体曝光、分销机器，没有发行商的品牌支持。“我们从微软得到了大笔资金——我们仍然免费发送我们的游戏。”图 20-4 为在线游戏 AboutGolf World Tours Golf 中的两幅图片。

Bales 补充说：电子分销在将来一定会成为一股真正的力量。到时小人物进行产品分销可能会更容易些；我说的是“可能”，因为目前的趋势是：能够吸引用户并进而取代传统发行商的是那些大的网站品牌。尽管如此，这还是要好一些，因为中间人更少了。

你们是如何将玩家吸引到 AboutGolf.com 网站上的呢？

诚然，没有广告预算这是很难做到的，但我们对所有我们能得到的免费清单和曝光机会进行追踪。另外，我们受到一些推销该游戏的网站的赞助，在网上进行了一些宣传活动。我们有一个好产品，诸如这样的 Cnet.com 网站将会给我们提供曝光机会（但只是产品免费时）。当然还有，媒体帮助对游戏进行报导。

游戏被下载后，你们如何让人们为此付费的呢？

我们实际上还没有这样做，我们的目标也许是要制作一个人们可能会为此付费的高级产品，但我们更偏好于制作一种新型的“付费游戏”（pay-for-play）的在线程序，它要有足够的吸引力来赚取收入，同时又让我们能继续免费发送我们的游戏。

我们还将实施更多有格调的战略，拉出存在于游戏内部的促销信息，从而让我们的广告客户给我们付费。Lineage 的 NCsoft 模型就是我们最喜欢的“免费游戏，但扩大的在线对战需要付费。”我们将仍然会提供关卡较少的免费在线对战。

Bales 提醒玩家：Friendly 的 World Tours 系列高尔夫球游戏可以免费下载，但一些球场附加软件是要收费的，而且，不久他们将发行一个“付费游戏”（pay-to-play）的程序。“clNet 上的下载次数总共约有 30 万次，但在 Softseek.com（现为 clNet 的一部分）上却是相当长时间里的第一名，并且在 Go.com 上也保持一定时间内占据运动类游戏的榜首位置。”

一些游戏设计者认为他们必须进行彻底改造——创作一个真正独一无二的游戏，但是 Friendly Software 证明，在众所周知的现存（高尔夫）游戏基础上进行制作也是行得通的。游戏设计者从中能学到些什么呢？

彻底改造当然很棒，但成功机率往往只有千分之一。开支最少、风险最小的方法是获得一个好的创意，然后加以改进；或者是利用某个已知的产品类型，将它做得更好。同样，要记住：需要是创造之母，而不是创造是需要之母。翻译一下就是：市场，而不是你，决定了它们喜欢什么。因此，彻底改造的最好方法是从不做开始，如果市场把你带到了这个方向（需要）——你要考虑如何进行改进，那么你也许会发现你已经毫不费力地做到了彻底地改造。

如果没有商业管理费用，人们能靠自己发家致富吗？“能，但这不应该成为目的，而且它也不会经常发生。”Bales 说。

他展开论述：富裕应该等于快乐。如果你对游戏制作感到快乐，非常精通此道，擅长游戏营销，而且十分幸运，那么你也许就能发点小财。

开创自己的开发公司要涉及那些因素？

我在 1988 年曾向当时的一些“专家”问过这个问题，他们告诉我不要进入这个行业——这就是他们所有的建议，但这却让我更想大干一场了。

建立一流的开发公司有很多事要做，但你必须得从某个地方开始着手。如果你是从第二职业或其他支持自己的方法开始，这就关系到智慧、领悟力和实干能力的问题。了解你的市场，了解形成开发业务所需要的元素。你必须要设计产品，进行规划——这点人人都知道，但你还要确定最优的建筑以便你能对产品进行调整和升级，你要对资源代码进行控制并提供文件资料、要给你的开发程序提供资料并进行管理、还要做很多很多测试。而且更重要的是，不要以为会有亿万美元在那儿等着你——美元或许有，但它们同样受到亿万产品的追逐，能卖出 50,000 份的产品就已经够火爆了，所以不要想着几百万的销量。

Bales 总是乐于接收一些免费的个人建议和咨询，如果你有任何问题、意见或建议，别忘了给他发个短信，地址：bill@friendlysoftware.com。

Ian Wall，Beermat Software

你也许不曾听说过 Beermat Software，但你可能玩过 Dope Wars，它是最受欢迎（和受到争议）的免费 Windows 游戏，这款集中于非法物品商业买卖的游戏不是给 17 岁以下的玩家设计的。

过去的 4 年里，Ian Wall 一直致力于 EBBS/w（Internet 上十五子棋游戏服务器的十五子棋客户端）和 Dope Wars 这样的产品，未来的产品包括多人版 Dope Wars 以及一个与 Dope Wars 类似的贸易游戏。

资料引述：Beermat 的 Dope Wars 基于一个有 20 年历史的 DOS 游戏的概念，但是所有代码都是 Ian Wall 从头编写的。他说：“画面和感觉都不同于原版，而且特性被大大增加了。”

Wall 有幸收到原创作者的一封电子邮件，后者“十分惊喜地看到这个概念在今天仍然如此鲜活而有刺激性，他说我的创作让他印象深刻，他甚至还给我建议了一些新的特性！”

在长时间的采访中，Wall 首先给那些打算在网上销售游戏的设计者/开发者们提出了几条有益的建议。

- 奉献　靠共享软件来谋生是很困难的。很多软件开发者都是从利用业余时间开发产品开始的，他们同时还拥有一份常规工作为此负担费用。这使得你要花费很长时间和无数周末来开发、测试你的产品，还要为扩大用户基础提供必要的支持。当日子久了、钱用完了、你所有朋友都在酒吧享受快乐时光的时候，你很容易就会想：“这到底值得吗？”把自己奉献给你的事业，给自己一个成功的机会——爱过然后失去总比从未爱过要强……
- 倾听并支持客户　他们是你的受众、你的顾客、你产品潜在的口头营销员。他们使用产品的方式也许你不曾想到过，他们对特性的要求可能你不曾预见过，不会有比他们更好的核心群体对你的产品提出建议，所以一定要注意他们的要求——如果有足够多的人提出一样的要求，那么就去完成它吧，即便你自己看不见这个需求！如果人们对你的软件有疑问，你要尽量及时、礼貌、帮助性地给以回复。让你的客户满意，你就能赢得很多的朋友和建议，更不用说一群志愿 beta 测试员了。
- 走在竞争的前面　很多早期版本的软件在特性上通常都很容易被复制。那些尽力在业余时间编写 Dope Wars 类似产品的人就好比要在业余时间里设法编写出 Quake III: Arena（图 20-5）。如果你完成了，而且产品受人欢迎、比较简单，那么你就等着无数复制品的泛滥吧，这我就曾亲身经历过。尽量不断对产品进行有规律的改进（虽然给顾客提供多种版本不是经常能实现的事）。

带着这个建议，在选择该道路的问题上有哪些支持和反对意见？

图 20-5　Dope Wars 截图

去你当地的软件零售店数数他们货架上的产品有多少；然后去 Download（www.download.com）看看那儿有多少（20,000 以上的产品）。在 ZDNet.com 上浏览一下产品，读一读用户对产品成千上万条的意见；在你的零售商货架上抽出一盒产品，问问他："别人有什么看法？"你会发现他无法回答这个问题。将这盒游戏拿到收银台付款，算一算零售商会得多少，分销商会得多少，发行商会得多少，开发商会得多少，以及作为顾客的你负担有多重——作为开发者，你能得到的比率真是少得可怜！

图 20-5 是该游戏的主要窗口。找骗子医生看病；被警官"Hardness"追捕；管理你的银行账户、债务和高利贷者提供的贷款；现在要付钱，否则……

同直接在网上从开发者手中购买做个比较，想想你的产品在网上能得到不断更新而且随时可以买到，而不是货架上那些过期 CD。两个月后再去同一家商店，看看你上次数过的那些产品现在还有没卖掉，或者已经被挪走给新产品腾地儿。还要我说出更多网上分销的好处吗？顾客和开发者都能从中受益。

从 Beermat 的角度来说，我们制作的是价廉物美、十分流行（300 万下载次数）的低技术软件，由于它本身的实质性内容不是太多，所以定价不需要涵盖有形产品所必需的生产和分销成本，以及零售商和发行商的利润收入。注册完整版的 Dope Wars，我们收费 5 美元，价格这样低的产品发行商甚至都不屑拿起看一眼的，因此在线分销是我们惟一的选择——但却是一个令人高兴的选择。

Beermat 是如何将玩家吸引到 www.beermatsoftware.com 上的？

"裸体女人照片是最能吸引男性群体的。"Wall 开玩笑地说。我们靠的是人们对 DopeWars 的口碑。这个游戏在 Download.com 上已经连续 122 个星期位居下载游戏前 50 名，大多是在前 5 名的位置，而我们却从没花过一个子儿进行宣传。我们努力建造了一个属于我们网站的社区，让人们能建立经销商账户、将积分贴到 WorldTables 上看看他们与世界其他经销商的对比情况、形成卡特尔（经销商群体）、在最强的卡特尔间形成卡特尔内部竞争、信息板等等，以此来激发人们对该软件的兴趣，并且在游戏下载之后还能再次光顾这个网站。

你们是如何让人们为游戏付费的？

我记得自己曾看到过这样的统计数字，说是 100 个用户当中注册共享软件的还不到 1 人，如果你能获得这百分之一的比率，你就已经做得很不错了。我们在自己的共享软件上看到的事实已经证明了这一点。这对于想进入共享软件行业的人来说，是相当令人沮丧的！说到从共享软件获得收入，这是个微妙的平衡问题：你要在共享版本中提供足够的特性以便能吸引客户，但是特性也不能太多，否则为注册版的额外特性花钱就不值得了！

还有其他潜在的收入来源：

1. 在软件中发布广告是一种途径，虽然这个市场近来已经受到冲击。

2. 分销合作（捆绑式营销）是另一种——你将其他公司的软件和你的一起进行分销，如果用户使用了这种捆绑式软件，你将能得到一定报酬。

3. 还有促销（T 恤、杯子、鼠标垫和小雕像等），但你首先必须要有一个相当成功的产品，这样才能给你的促销带来足够多的目标受众，让最初的花费得有所偿。

Wall 说，关键在于制作赚钱软件的最好办法是开发那些人们真正会买的东西。幸运的是，前面也说到过，DopeWars 的下载数量已经超过了 300 万次，收到了来自 70 多个国家的注册付款！Wall 补充说："尽量从零售分销中得到这些！"

仍然是关于钱的问题，我们问 Wall 在网上销售游戏最后是否真的有利可图，你能因此发财吗？

这有可能，但很罕见。有一段时间，我坚持相信 Dope Wars 能让我成为下一个比尔•盖茨，但“低于 1%”的数字在某种程度上阻止了我！成功到来时，你要做好拥抱它的准备。如果你的“车库”产品获得了金钱上的成功，那么你就要紧跟市场，努力提高产品的质量和特性，利用取得的金钱成功帮你进行进一步的改进，推出成套产品。MS-DOS 成就了微软，Wolfenstein 成就了 Id Software……

但是要记住：共享软件的开发者投身于此绝大多数纯粹只是为了乐趣，只是为了开发一个别人觉得有用或有趣的产品。许多共享软件的诞生就是其开发者满足自己需求、并琢磨着别人是否也有同样需求的结果。Dope Wars 就是这样开始的，它最初的目标受众只是我办公室里的 20 个人，朋友们的喜欢给我带来的兴奋丝毫不亚于意识到亿万大众可能也会喜欢它的那种激动感觉！

对于开办、运营一个以共享软件为基础的公司可有什么建议？Wall 说：“这有点难以回答，因为我是尽量让 Beermat Software 成为一个人的作坊，降低管理费用。”他继续说：

我将必要的法律和会计事务签约外包，因为这些不在我的能力和知识范围之内，但剩下的事情我都尽量自己完成。当你单枪匹马开始上阵时，你必须要对一切都有所了解。我曾做过游戏设计师、游戏开发员、网站开发员、主测试经理、买卖经纪人、公关和媒体发言人、支持代表……

Wall 认为网络和游戏的未来在哪里？

随着宽带越来越广泛的运用，我认为网络将是游戏分销的首要途径。越来越多的游戏在可玩性上都是以网络为中心的，其中大部分是利用 Internet 的补丁机制来下载更新内容的。如果有一天，你下载大的零售游戏比你逛商店所花的时间还要短，我期待着到时能看到网络蓬勃发展成一种分销机制。从“黄金”码到实际的零售分销工作，如灌录 CD、印刷和生产包装、分发到各个商店等，中间还有相当长一段交付时间。一旦开发者们认识到他们可以从发布期限中节约（可能）好几周的时间，用来对游戏进行大量的“最后一分钟”修补，他们也会热情拥抱网络的。

PDA/手机游戏又当如何？作为一名小玩意定向的消费者，Wall 总是对手机显示器的质量感到失望，所以他认为这不会很快发展起来。

当然，[手机]也许可以“连接 Internet”和有“短信息支持”，但就“四行×每行九个字符”的显示器和一个数字小键盘来说，使用这些特性着实让人厌烦。外加如今无线 Internet 的带宽不够，要让消费者对手机游戏产生兴趣恐怕还要等上一段时日。但这种潜力仍是激动人心的，尤其是对于 Dope Wars 这样的低技术游戏来说。想像一下，有一个中央市场数据服务器在不断出具价格；数百万人在地铁、火车上或会议中用他们的无线电话在一个真实市场上买卖毒品，可能还会与这个地方的其他无线用户发生互动，做起当地交易等等；或者当他们和其他用户亲近时，还会发生帮派大战！该死，这听起来好像很好玩，但我的 WAP 手册和开发工具又在哪里呢？

Shawnee Sequeira，Small Rockets

“说到未来的希望，我希望 Small Rockets 能继续成为世界第一的有线/下载游戏开发公司！”Small Rockets（www.smallrockets.com）的合伙创始人兼开发总监 Shawnee Sequeira 这样说道。该公司的基地在英国，曾开发过一些流行的共享游戏，如 Tower of the Ancients 和 Art Is Dead。

Sequeira 给在线销售游戏的设计者们提供了 3 条最重要的建议：

- 要有准备 花点时间给你的游戏做个市场调查，问问自己为什么想做这个游戏，并确保你的游戏能吸引适当的受众。
- 要有决心 这些事情不会一夜成功，任何想进入这个空间并获得成功的人都需要有远见和毅力，你要付出大量的精力和努力，但只要你是真的想做，你就一定能做得到！
- 要有智慧 即使是世界上最好的公司，也不能单靠编码活下去！你要有启动资本，要有预防突发事件的应急基金，还要保护自己的权利和 IP。我见过许多小的团体，他们拼命想获得资金，以至于放弃了自己的优势力量，丢掉了惟一能让他们赚钱的东西——游戏。

但 Sequeira 说遵守前述这些规则最终是有好处的：对于 Small Rockets 来说，这些优势是数不胜数的：我们创作的游戏是我们想做、玩家想玩的游戏；我们获得了更高的收入，因为没有太多的中间商；而且我们接近到了那些传统模式可能触碰不到的受众。这只是其中的一部分而已。

对于任何行业，网上分销都有一定的不利因素。Sequeira 说：

弊端不是太多，但我要说一个很大的弊端就是：做早期接纳者并不容易。伴随着网络行业对游戏的影响，数字革命前进的速度比预计的更慢。这就意味着实际上并不需要太多的预备开发资金，而且等待投资回报的时间可能更长。但是我想，即使如此，未来也是不容否定的，而这个未来与数字分销和大规模市场有关。生存下去才是关键。

关于吸引玩家上网站下载游戏的问题，Sequeira 说。这对 Small Rockets 来说很容易，因为这些游戏是不言自明的：

它们很小、容易下载、便于认识和试玩，最重要的是，它们有趣。我们很幸运，因为我们无需做太多营销来获取利润。这些游戏自己在推销着自己，这是很难得的，真的。我从未有过这样的经历——我们没做什么就赢得了大批的拥护者！

试用版被下载之后，Small Rockets 如何使玩家为此付款的？

记住，你的客户不希望为了获得想要的东西而经受考验。如果他们看中店里的某个游戏，他们就拿起来，递给登记员，然后付款，就这样！对于 Small Rockets，我们也尽量让事情保持简单。客户下载了游戏演示版（这实际上是整个游戏，但被压缩和锁定了）后，如果他们喜欢、打算买下，他们就去我们的商店，买一把特别的用户钥匙（这只要花上几分钟），然后他们就能玩游戏了。不用下载更多的文件，不用买一个你从没玩过的游戏，没有更多的麻烦事。

如果要我花费时间去当地 EB 再回来，我会宁愿装上一个新的原创游戏在我的电脑上运行，花费减半，而且还不用离开舒服的沙发。这是很惬意的！所以很快，人们就会下载高质量的游戏到手机上、机顶盒上、游戏机上——随你说。

Small Rockets 成功重制了很多经典游戏（诸如 Tower of the Ancients，它是根据 Tetris 改编的），Sequeira 对此提出了她自己的看法：

某些游戏类型会广受欢迎是有其道理的，因为人们对这些游戏感到舒服，故而才乐此不疲。看看 Solitaire 和 Mahjongg 这样的游戏，遍及全球的人们都在无休止地玩着这些游戏。为什么？因为它们是免费的？那不是问题的全部；网上有无数的免费游戏，PC 本身也携带不少免费游戏啊；这些游戏很简单，人们知道怎样玩，这才是原因所在。人们不希望自己在玩游戏时显得愚蠢，他们想要的是娱乐；他们不想花上三个小时来读一份手册或是学会一套复杂的按钮或键盘操作；他们只想玩玩游戏并获得一些满足。

让我大受刺激的是：游戏正变得越来越大、越来越复杂，一些特性和设置超过了人们实际想要的。你上次完成一个 40 小时、全价的游戏是什么时候？谁会将 40 个小时“贡献”给那样的事情？那些在等待孩子放学回家或吃午饭时有间或 30 分钟空余的人们又该怎么办呢？这对我来说是如此地显而易见，以至于我实在无法理解一些开发者现在所想的。

我也不认为老的垃圾游戏充斥市场会对开发者有什么好处，但关键是你可以利用某个已有游戏，加以调整或是赋予新的内容，让它显得与众不同。不要总把时间花在制作最独创的游戏上，这些时间可以用来制作一个更精彩的同类产品，或是某个顾客不会抵触的古怪游戏。

共享软件设计者怎样才能在这行发财致富？

我觉得，要说某人能纠集起两个毫无经验的人，然后靠制作游戏发财，这是不太现实的。我很清楚成立 Small Rockets 时所耗费的努力。我们有英国游戏业中一些最有天分的人加入公司，即使他们都很有经验和技巧，运行起来还是很困难的，我们仍要不断学习。

我也许会吞下自己的脚，两个 15 岁的黑客也许能在他们的修理库里创作出下一个大型专利游戏，但它们实际发生的可能性却是微乎其微的。制作数字分销游戏的好处在于任何人都可以做它，这是真的。你能因此很快发财吗？不能，至少不会很快。此外，如果你的目的只是赚钱，你为什么不去当一名股票经纪人、医生、律师或是其他你妈妈想让你从事的职业呢？

“如果我当时就明白自己现在知道的一切，我还会帮助创办 Small Rockets 吗？”Sequeira 问道。“我想这是我父母经常问我的问题！”

开创任何性质的事业都意味着要做出牺牲和没有任何空余时间。别指望头两年里你会有任何的社交日程；并且一定要接受这样的事实：有些事情将会变得很疯狂；做些调查，看看你是否具有在业内驰骋所需要的元素，这一点也很重要；同样重要的还有这条原则：做一个合理的商业计划和精确的现金流量分析；对自己和自己的想法要刻薄一点：这能行吗？这现实吗？

在你认为自己已通过了严格的自省过程并积累了一定资金以后，你还需要一名很棒的会计、一个诚实的律师和一位合意的银行经理，你将要大力依靠这些人。

其余的，比如制作游戏，就是小菜一碟了。如果你撑过了公司的起步阶段，在期望目标上又对自己很诚实，那么你的形势将会十分喜人。

Small Rockets 会不会投身 PDA 或手机游戏方向——这是当今游戏业的潮流？手提电脑游戏会做大吗？

这很难说。如果 12 个月前我看过我的“水晶球”，我可能会说数字世界将会发展到比现在更为深远的地步。我已经说过，我的确认为还存在许多相关的大量市场装置，那些人们想在上面玩游戏的装置；而且我认为这些设置最终能做到各种现在尚无法做到的事情。我想我们很快就能看到某些装置，像手机、PDA 等的巨大潜力。

我认为，作为游戏开发者，我们目前面临的最大问题有两个：

1．进入壁垒，即少数强大的公司控制着渠道。

2．这些公司的组织性不够，无法让它们的技术标准化。

没有资金，我们应该怎样利用 WAP 来创作出吸引人的游戏？什么时候才会有足够的技术和资金来做这个事情？“终归会有的，” Sequeira 肯定地说。“我迫不及待地希望，有一天我能带着一个轻便的小装置四处周游，我能在上面和人说话，在上面玩游戏，在上面去商店买东西……天啊，甚至还能在上面打开我屋里所有的灯！”

图 20-6　Small Rockets 的一些游戏插图

“制作游戏的主旨是制作人们想玩的游戏，它们要有趣，质量要高，而不一定非要是最原创的游戏，” Small Rockets 的 Shawnee Sequeira 说。“大多数时候，那些原创游戏会因为人们无法理解而遭到冷遇。” 图 20-6 为 Small Rockets 的一些游戏插图，例如 Star Monkey，MAD: Global Thermonuclear Warfare，Kayak Extreme 以及 Art Is Dead。

Steve Moraff，MoraffWare

Steven Moraff 是 20 世纪 80 年代早期第一批发行共享软件的独立游戏开发者之一，虽然他直到几年后才明白“共享软件”这个术语的意思。他的一些畅销作品包括 MoreJongg，SphereJongg 和 RingJongg——经典亚洲麻将游戏 Mahjongg 的 3 个改版，出自他在佛罗里达的公司 MoraffWare（www.moraff.com）。

当被问到为什么游戏开发者宁愿走共享软件的路线，而不愿在某开发公司工作时，Moraff 提供了这个直接明了的指导：关键是作者们必须决定他们想要哪种生活方式。如果他们自己发行共享软件，他们就会和用户建立一种真正的联系，而且他们是自己的老板，但他们必须要处理一些非程序问题来支持自己的事务。如果他们在发行公司工作，他们就必须按照公司的意图行事，而且还要受到腐败的零售分销系统中杂乱潮流的支配，但他们不需要处理太多的非程序事务。

Moraff 和公司的共享软件提供完整的游戏，但是背景图像、音乐和可供选择的麻将套数要少一些。关于寻找鼓励人们付款的有效途径，Moraff 提供了下面这些看法 ：

共享软件提示一般都很难奏效；让游戏在试用 30 天后停止运行可能是最有效的方法，但这又会惹恼用户，从而减少了分销；我采用的是恼人的 nag screen，你必须在游戏结束时点击消除，我发现它们在获得注册的需要和维持一个合意共享软件游戏的需要之间达到了很好的平衡。

我还有一个特别恼人的第二 nag screen，它会在使用八小时后出现。

对于那些想在网上出售自己游戏的设计者，Moraff 有哪些重要建议可以提供？

这似乎是陈词滥调，但我的建议还是：忘掉那些游戏，给这个世界做一些实质性的贡献吧。这是个充满问题和希望的世界，而如果我们这些熟练程序员能尽心尽力的话，我们是能做很多事的。教育软件、科学软件，甚至是商业软件都能让这个世界变得更加美好。

如果你要做游戏，那就做好的游戏。大量盲目的暴力游戏充斥着市场，但游戏实在没有必要这样。尝试一些独特的内容，或许是一些需要数学或科学知识才能过关的内容。对于那些既想赚钱又想做游戏的游戏设计新手，我的建议是寻找和专攻一些细小市场缝隙。不要像别人那样制作 3D 枪战游戏，因为任何细分市场中只有一两个最棒的游戏是真正赚钱的，这就是为什么我要建议制作独特游戏的原因。

关于没有正式发行商的网上销售和比较传统的零售分销伙伴两种方法的比较，Moraff 说他很适合谈这个话题，因为他的游戏现在商店也有售了。

当你在网上进行销售时，你可以做你想做的一切。你是自己的老板，由你制定规则；你还要做所有的工作；你能赚多少钱这是没有限制的，因为你制定着自己的规则。如果是零售，你就只能得到发行商同意给你的那么多酬劳。他们要分销你的产品，他们还要花钱进行推销。如果一切行之有效，这还是很可观的，因为你的收入稳定，又无须负担制作中的管理费用。

但零售是一个残酷而肮脏的行业。我们现在有了一个很好的发行公司来负责零售工作，但是我们先前与之谈判的那几家公司实际上却是要尽力阻止我们与别人进行交易。发行商不支付他们所欠的版税也是屡见不鲜的事实。我们谈判过的几家公司实际上都破产了，有谣言说他们还没有支付欠下的版税。

关于推销 MoraffWare 的游戏，股东 Steven Moraff 说，他们的成员中有一名是网站管理员，其在八十年代早期就从事于在线世界，“他负责搜索引擎定位、软件分销和其他一些营销事宜；个体小公司经常都是让程序员来做这个工作，但那会降低新产品的开发速度。”

如果有人对游戏中的 nag screen 作出让步，那么玩家在注册之后会有哪些好处呢？

顾客从我们手中购买了产品后，我们会提供很多内容。我们对我们的 800 多种游戏进行长时间的支持，竭尽所能地让每个顾客感到满意，我们总是尽力让服务做到完美无缺。游戏发行非常非常随意，免费游戏也有很多很多，所以你要提供一切你能提供的东西来回报顾客。

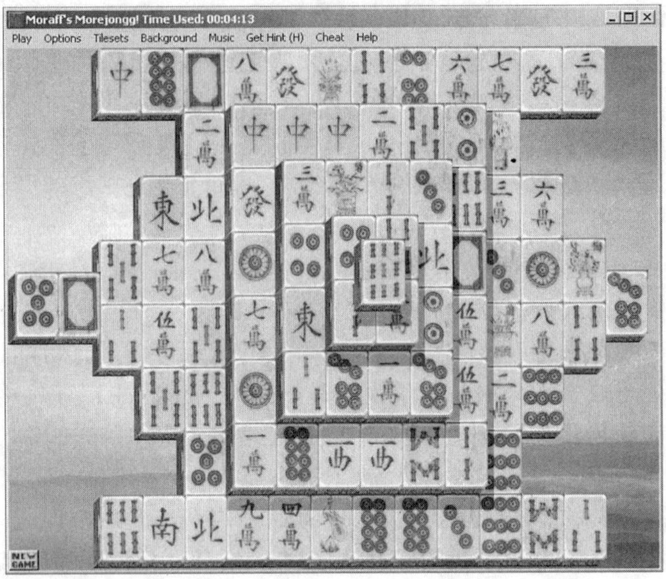

图 20-7　Moraff 的 MoreJongg 插图

Moraff 游戏（图 20-7）受欢迎的程度如何？“在 MoraffWare16 年的历史中，我们所有游戏加在一起，分销了有 600～1000 万份拷贝。” Moraff 说。这还没有算上许多收录了其游戏的 CD 汇编。

大致说来，为产品付款的用户占多大比重？Moraff 说他们产品的注册率在 1/30 到 1/1000 之间。

人们能着眼 MoraffWare 模式并获得一样的成功吗？靠在网上销售自己的产品能发财吗？Moraff 说当然可以。但他警告说：如果你只想着发财，你将很可能会一无所获。除非是从最小的收入金额开始，不断累积微小的增长幅度，直至数字庞大起来——这是 MoraffWare 在过去 16 年中的经营之道。

Thomas Warfield，GoodSol Development

如果你玩过 Pretty Good Solitaire，你将会很有兴趣阅读这段对 GoodSol Development（www.goodsol.com）总裁——Thomas Warfield 的采访。极度流行的 Solitaire 系列 1995 年就面世了。

对开发者来说，通过共享软件进行销售比通过发行商零售要有利可图得多。如果你通过某个发行商进行零卖，你最多只能得到批发价（这可能是零售价的一半）的 10%～20%，这还是在假定发行商能付给你钱的基础上。出售共享软件，你一般可以得到零售价的 80%～90%，具体取决于电子商务的成本。

和本章其他共享软件开发者的一些产品一样，GoodSol 的 Pretty Good Solitaire 也进行零售，所以 Warfield 对于哪种分销方式更能赚钱有着很好的把握：

我们有一个版本的程序零售卖得非常好（有六位数的拷贝）；尽管如此，共享软件销售比零售赚的钱还是要多很多（超过十倍以上）。零售发行商的销售可能是个不错的补充，但单靠它是万万不行的。事实上，惟一的办法是不要造成商业管理费用；大多数零售游戏都很难收回他们的开发费用；大多数零售游戏公司都在赔钱，而大多数共享软件游戏公司都是赢利的。

Pretty Good Solitaire 和 Free Solitaire（GoodSol 的共享软件产品）已经（结合起来）被下载了 500 多万次，据 Warfield 说。“下载我们共享软件的人中约有 3%购买了产品，而行业平均数字一般都在 1%左右或更低，” Warfield 说。

那么 GoodSol 的成功秘诀是什么？Warfield 说了以下这些规则：

1．制作有趣的好游戏。

2．与懂得营销的人合作，或者自己学习营销。如果别人连你的游戏都没有听说过，那么无论它有多好，也不会有人玩的。举个例子，GoodSol 就从各种网络营销途径中获益匪浅，这些途径有搜索引擎、下载站点、链接、网上广告等等。

3．除非你找到旁人来做，否则你 80%的时间都将要花在营销和客户服务上，而不是实际的编程。

GoodSol 是如何要求玩家为产品付款的？“就是要求他们付款啊，” Warfield 开玩笑道。

严肃地说，你首先得在网上和产品中寻求尽可能多的出售地点。了解共享软件销售有效方法的最好途径是加入 www.asp-shareware.org 上的“共享软件职业者联盟”（Association of Shareware Professionals），向他人学习。

在 GoodSol 的网站(www.goodsol.com）上有这样一条警告：“Pretty Good Solitaire 可能会让人上瘾，我们不对失去的生产力、被忽视的伴侣、孩子或宠物负责；我们不对因为你熬夜‘再多玩一个游戏’所失去的睡眠负责。”

但具体地说，GoodSol 是如何让人们为共享软件掏钱的呢？是他们的游戏有时间限制？特性限制？共享软件作者应怎样限制游戏好让人们购买？哪种方法最好？

Warfield 做了回答：随处安插订购网页的链接：菜单里、nag screen 中、游戏按钮上，等等。是的，游戏有 30 天的试用期；但实际上，30 天之后它仍可以运行，只是一定时间后很多特性会消失。例如，30 天后的某个时间，“撤消”不再起作用，取而代之的是一个有订购链接的 nag screen。有的作者成功运用了 30 天后完全停止游戏的做法，但我觉得对我而言，最好的方法是让特性逐渐减少。图 20-8 为接龙游戏界面截面。

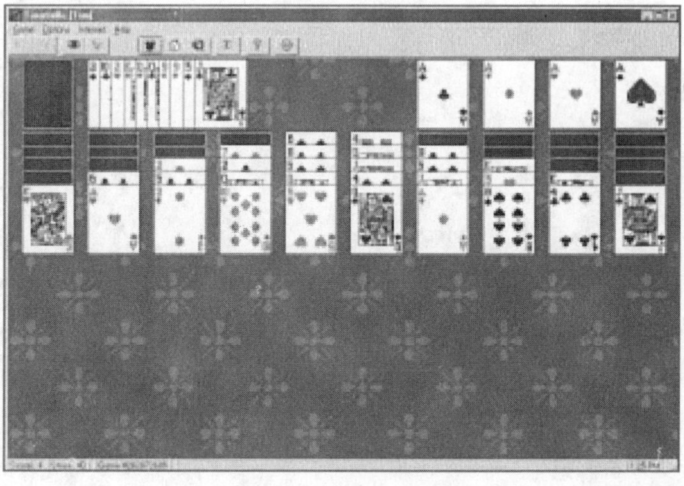

图 20-8　接龙游戏截图

Warfield 建议：在游戏设计中要避免完全创新。

创造一个全新游戏——除非它是绝对轰动的经典游戏——是个不错的做法，但是可能赚不到钱。创造全新事物引发的问题是你必须要为它创造市场，还要解释它是什么，这是相当困难的；而从某个人人知晓的游戏着手就要容易多了。

还有，游戏界似乎沉溺于制作那些只有十几岁男孩才感兴趣的游戏。99%的游戏瞄准的都是十几岁的男孩子们，而十几岁男孩只是全部人口中很小的一部分，并且他们金钱有限。另一方面，还有很多的祖母们，她们有着大笔的钱。如果你想做一个赚钱游戏，那么就不要制作十几岁孩子的游戏，制作一个你的祖母可能会玩的游戏吧！

为什么要制作电脑纸牌游戏？GoodSol 的 Thomas Warfield 说："这个市场已经存在，而且人们都知道这是个怎样的游戏。如果不向每个人说明你的产品，市场营销是很难做的。"

最后应考虑给硬盘留些空间，因为下面这些网站包含了数以千计的 PC 和 Mac 共享游戏、免费游戏和商业游戏演示版。每个正在考虑共享软件分销方式的潜在游戏设计者/开发者都应该熟悉这些站点：

- Shareware.com（www.shareware.com）
- Downloads.com（www.downloads.com）
- Games Domain（www.gamesdomain.com）
- Jumbo（www. jumbo.com）
- Tucows（www. tucows.com）
- Adrenaline Vault（www.avault.com）
- 3D Gamers（www.3dgamers.com）
- WinSite（www.winsite.com）
- 32bit.com/ServerFiles.com（www.32bit.com）
- Real Arcade（www.realarcade.com）
- GameSpot（www.gamespot.com）

第21章　步入游戏行业

本书中公布的谈话表明，进入游戏行业有很多途径，但其中最常见的两条是在现有的开发工作室或出版公司觅得一份工作，或者自个儿创作一个游戏并与出版商和（或）发行人打交道。一般说来，你想要进入哪种公司工作是另一件需要考虑的事情，而这有很多种方式。

虽然前者是更受欢迎的途径，但是游戏行业充满了那些选择这两条道路中任何一条的人们的成功故事。因此，本章重点针对最好的途径：将你对游戏的想法（或者游戏本身）呈现给出版商；在游戏公司得到一份工作——这是两种最好的入行方式。谨记其他章节如美术、动画、编程和音乐等也为这些领域提供了具体建议。

本章考虑利用游戏开发者充满睿智的圆桌会议，为一个人今天如何进入这个行业提供一些建议。

对那些期望有朝一日能成为专职而著名的游戏设计者来说，很多计算机游戏都提供免费工具帮助他们对游戏进行调整。考虑到这点，如果你想要成为一名程序员，为什么不为你喜欢的游戏创作一些MOD（修改版）呢？初露头角的美工在起步时可以为这些游戏设计“皮肤”，而关卡设计者则可以从制作地图开始，等等。数以百计的计算机游戏每年都发布这些免费工具，它们能在CD上利用或者从站点上免费下载，比如：Neverwinter Nights，Max Payne，Diablo II，Tony Hawk's Pro Skater series，Warcraft III，the Elder Scrolls: Morrowind等。最近，Valve软件和Sierra工作室还发布了Half-Life的软件开发工具箱，它包括创建任何能够想像到的游戏种类——作为Half-Life的附件运用——所必需的资源。

不要抱怨当今PC游戏的质量，还是拿起你的鼠标开始创作你自己的游戏吧！

本章结尾是与Kevin Bachus的一次特别对话，他是Capital Entertainment Group的发行副总裁，也是微软公司Xbox项目团队的创建成员。

Joel Jewett，Neversoft Entertainment

要问怎样能顺利进入电子游戏行业，除了Neversoft Entertainment总裁Joel Jewett，我们还能求助于更好的人选吗？假如过去数年你一直生活在Atari 2600之下，Neversoft就是我们这个星球上最火爆的开发者之一，制作了Tony Hawk's Pro Skater和Spider-Man系列的所有平台版本。

“那么你想成为一名游戏设计者吗？”Jewett问道。“呃，首先你必须要知道设计者应该做什么。”他进一步解释道：设计者正是开发团队中的关键人物。你的工作是为那些最终会购买游戏的玩家创造并维系一个有趣的构思；接着使用手边的工具和资源，使这个构思成为实质性的东西。你的资源不仅包括软件工具，而且还有团队中的其他成员：美工、程序员及其他设计者。

需要任何正式培训吗？

学校是你成功的关键。仅仅拥有电子游戏的广泛知识并不意味着你就能设计出一个来。杰出的游戏玩家并非一定能成为杰出的游戏设计者。

Jewett说，以下是在上学期间和离开学校之后要关注的一些事情。

为确保你得到可靠而全面的教育，要尽可能多学习数学，数学教你分析性地解决问题，这样你就能更好地与开发团队的编程方进行沟通。尽可能培养读、说和写的技能，所有这一切将有助于你将自己的思想传达给你的队友，并使你能最大限度地运用团队其余成员的力量。除了（前面的建议），如果你能去上一些编程课、美术课以及使用各种软件美术包的课程，你就会有更好的准备与团队成员进行沟通，因为你对他们各自的学科已有了更深的了解。

对于游戏的成功有什么秘诀可以分享吗？

团队成员之间的良好沟通是创作精彩电子游戏的秘诀。如果一个团队不合作，那么即使时世上最聪明、最有创意的人也不能做出一个游戏来，而合作是建立在良好的沟通基础上。如果你是个会交朋友、可以自由交谈而且赢得团队所有成员尊敬的人，那么其他设计者就会对你亦步亦趋。对你来说，与人会面和谈话可能不容易，但通过学习你可以做得更好。挑战自己，出来和别人一起做一些需要坚持不懈才能做到的事情；尝试新事物，结识新朋友。

优秀设计者常常要从他们的生活中获得体验，因此你的体验是越多越好。大多数电子游戏结合了某种形式的竞争：不是玩家对自己，就是玩家对玩家。游戏的竞争方面，以及如何将它们开发出来并呈现给玩家，这些才是让游戏有趣的地方。帮你理解什么让游戏有趣的最好方式是走出去参与竞争，或者与自己，或者与他人。在竞争形式上的体验，从辩论小组到高尔夫、足球、橄榄球，从单人运动到团体运动，所有这些都将有助于你理解学会擅长某个事物是多么的乐趣，让你在征服挑战的那一刻感到激动不已。你必须体验这些情感，这样你才能在游戏中创作出那些唤起玩家同样情感的情节。

而当你玩高尔夫、网球、足球、棒球时，在玩的同时要分析这些运动，分析它们流传时间为什么这么长，什么使它们这么有趣，你可以将这些原理运用到电子游戏中（图 21-1）。

图 21-1　来自 Actvision 的 Tony Hawks Pro Skater 4 中的图片

作为总结，Jewett 说缺乏经验的游戏设计者不是十分重视他前面提及的所有事情。“到找工作的时候，你应该会处于一个非常好的状态，因为我认为：除非你已经玩过大量的电子游戏，否则你是不会读这些的。”

游戏设计老手 Noah Falstein（看看附录“人物小传”中他给人深刻印象的简历）就如何进入这个行业提出了他的两点看法——回到第 6 章，读读他的智慧之言。

Joel Jewett 提出进入这个行业的一点建议：“走出去玩游戏；不要只是停留在电视机前面……最后你将成为一名更好的电子游戏设计者。”

Paul Jaquays，Ensemble Studios

开始是 Id 软件（PC 版 DOOM and Quake 系列的开发机构）的设计师，现为 Ensemble 工作室（Age of Empires 系列的创作机构）的设计师，Jaquays 就进入这个行业的话题提出了一些规则禁忌：

1．经验很重要。但工作不一定非要是这个行业中的某个实际职位，而要涉及一些你想开发的某类游戏的 MOD 工作。越来越多的 MOD 小组成为游戏开发机构的“棒球分会”，做游戏的 MOD 为那些有才能的业余爱好者提供在团队设置中工作的机会，开发他们希望的职业技能，而且让他们与行业有潜在的联系。

2．你能做什么、创作什么比你在哪上学甚至你学什么更为重要。在游戏行业开发方面，潜在雇主通常不会为你的文凭所动。

3．制作样品来展示你的创意和技巧。

4．不要将别人的作品说成是自己的，也不允许将别人的作品误解成自己的。例如，如果你是关卡设计者，你样品的关卡中不应该包含其他设计者的预制件；如果你是建模者而不是“皮肤”美工，确保你将来的雇主明白你的样品混没混合他们的“皮肤”。

5．如果你要做网上的积极分子，那么请记住：游戏开发圈子真的很小；如果你只是偶尔在网上晃悠一下，那你要明白：你今天在网上惹恼的那个没有来头的小人物，可能就是明天给你提供你想要的工作的设计部门主管。

6．努力（并计划预算费用）到游戏开发者聚积的地方，无论是职业的还是社会的。让他们认识你要费很多周折，即使其他事情都一样（而有时是不一样的），开发者也常常更乐意从他们认识和会见过的人中雇佣服务（或人员）。如果你能负担得起，就去参加展会，比如 E3（电子娱乐博览会）或职业集会（如 GDC），或者发起 LAN 聚会，像 QuakeCon。

7．愿意重新定位，经常性的。

8．如果你住在美国之外，而打算为美国国内的公司工作，（除了你不同寻常的开发技能之外）要计划获得某种形式的高级教育学位。美国移民法对“进口”人才有特别的规定，高级学位是用来衡量那些到美国工作的潜在移民价值的准绳。

9．不要未通报姓名就在游戏开发机构的台阶上展示你的代表作选辑和样品，并希望他们花时间来检阅你这些东西。

10　不要用电子邮件将样品发给开发机构，除非他们这样要求。

11．不要主动提供（没有要求的）游戏概念给开发机构，这是很不职业的做法。

12．如果你从大学出来，确保你的样品选辑中没有你的课堂作业，学生作品即使优秀的学生作品仍然像学生作品。

13. 不管你是美工、关卡设计者、编剧，还是程序员，除非你乐意一遍、一遍又一遍地制作这些东西，否则就不要把它们收入你的选辑中。

你是一名电子游戏美工吗？或者你想要成为吗？EA 的 John Miles，他目前负责 Harry Potter 电子游戏的美工，提出一些不同寻常的建议——关于在你的选辑中放些什么和如何最好地进入这行，请翻到第 13 章，阅读他鼓舞人心的智慧之言。

Bill Roper，Blizzard North

在第 3 章和第 5 章中，这位行业老手就他所做的 WarCraft 和 Diablo 系列分别讨论了策略游戏设计和角色扮演游戏设计。

这里，他给出如何进入这行的一些宝贵意见：作为一个行业，我们很幸运我们没有失去与早期根源的联系，那时两三个人聚积在地下室或车库创作游戏。处于入门水平的人要进入一个游戏公司然后投入他们真正想从事的职业，这种可能性仍然存在。举例来说，在暴雪就有这样的人，他们从我们的质量保证和技术支持部门开始工作，现在能胜任从美术到编程到关卡设计的每个角色，制作出遍及整个公司的项目。我在公司一个美工的指导下开始工作，为 PC 版的 Blackthorn 做音乐，为 WarCraft: Orcs 做旁白，并为 Humans 做演示。我提交了我的一盒卡带，其中有原创 WarCraft 的各种声音和我从学校弄来的电子乐曲的一些样品。尽管我以前从没有为游戏做过音乐，但他们要求的时间紧迫，所以我要按他们的第一次报价投进我所有的时间。这是一项大工程，因为我必须坚持白天工作以支付日常开销，而它让我呆在屋里无法挪动脚步。在完成 Blackthorn 的音乐之后，他们就没有别的项目给我了，但我知道自己必须在这个公司找到一份全职。我愿意做任何事：我愿意做客户服务和技术支持代表；我愿意负责运行他们的 BBS，用我的台式电脑发布知识，为他们即将面世的游戏做手册；我愿意给老板洗车；而事实上，我甚至承诺交出我的 Rock Hydra （尽管只是一个 Alpha 版本，也可以给那些 Magic: The Gathering 的 fans）；只要能让我进入公司。我相信，他们决定让我在他们眼皮底下工作比给一些新计划让我回家去做更好，这样，我不仅一只脚而且整个人都迈进了公司。顺便说一句，我确实交出了 Rock Hydra……

1. 努力去做

首先和最重要的是，发现驱动你的创造力的源泉是什么，并集中将你能做的做到最好。假如你已经决定做些如编程、美术或设计的工作，那么还有注意你其他的兴趣，看看如何将你生活中的这些因素混合进来。如果你热爱运动也对 AI 编程感兴趣，就开始创作一个最好的足球教练，他永远在数字球场上竞争；如果你热爱西部片和恐怖事件并是一名美工，就开始为僵尸枪手建模或做纹理；如果你有一个游戏的想法，你也从未见过，就将它用纸板和旧的专用部件做出来。不管它是什么，都要去尝试。我曾参与的面试中惟一给我最深刻印象的是一个程序员，他非常热爱游戏设计，他的教育和工作经历都很标准和合意，而最醒目的是，他虽然没有设计过棋盘游戏和纸牌游戏，但是创建了他自己的游戏并带到面试中来了。他的激情和能力是显而易见的，而这表明他确实想进入这个行业。

2. 定位、定位、定位

时间很长，你将很有可能在某个项目上工作数年之久，而你会发现自己的情感不仅依附在你创作的游戏上，而且也在公众对你的游戏和你公司的理解上，这就是为什么努力进入一个你真正想去的地方、和你想共事的人一起工作是重要的。这不可能一蹴而就，但是要保留这个目标。在这行中我曾遇到许多人，我知道在某些方面我可以和他们一起工作，因为我已经将这作为我的一个目标。如果有一家公司让你钦佩，一个设计师、美工或程序员你想与之共事，或者一位音乐家他的作曲让你感动，你就要确保不仅让他们知道你（来自同辈的赞美无比神奇，而在这个充满竞争的行业我们这样做得还不够），而且要密切注意他们在哪里、他们在做什么。在暴雪我们中许多人通过玩冒险游戏而成长，而当我们找寻一些帮忙解决 WarCraft 冒险方面的难题时，我们急切地抓住机会引进 Steve Meretzky 担任顾问。我们被关在房中长达 3 天，做完整个游戏，而虽然我们从没有发布这个项目，但是与如此天才的设计者合作的机会就是真正的宴飨。

Tim Willits，Id Software

Tim Willits 是一名高级设计师，首席关卡设计师，也是一些项目（包括即将面世的 DOOM III）的项目主管。你能想像他们已经被问过很多次如何在 Id 得到一份工作。

Willits 回答：进入这行的最好方法是用你自己的时间亲自制作许多东西。如果你想成为一个关卡设计者，你应该制作地图；如果你想成为一个程序员，你应该写 MOD 或插件。

当你参加面试的时候，雇主总是会要求看看你做的东西，最好与这家公司发布的最新游戏相关。你需要优秀的、看起来专业的东西来证明你的能力。很多申请者表示他们有创造力而且满脑子精彩的想法，他们可能是的，但是如果他们不能在被雇用之前证明前者，获得一份工作的机会就很渺茫。

Erin Roberts，Digital Anvil

微软 Xbox 版 Brute Force 的制作人，Erin Roberts（他过去的荣誉包括 Wing Commander，Privateer 2 和 Starlancer）提出了以下这些进入这行的技巧：

- 准备从底层做起。你可能有世界上最好的设计文档，但是，除非你有设计方面的记录，否则很少有人会让你设计你自己的游戏。如果你很优秀并愿意投入时间，你将很快得到相当的认同。
- 创作一个演示和（或）自己制作大量实例。我曾经做过的一些最容易的雇佣方法是：看到一些很酷的演示，找出是谁创作了它们，然后就将他们招进来。一个演示表明你有能力和技能：不仅能提出你自己的概念，而且能将它付诸实施。自己制作大量实例是相同的，例如游戏的书面设计能力——贯穿设计的良好思维总是关键的。热衷于在他/她的空闲时间做这些的这类人，正是游戏开发机构想要的这类人。
- 成为一个全才。设计者必须比游戏开发的其他任何领域更加多才多艺。设计者不仅必须擅长概念设计，他们也必须让设计得以实现，而你的实现能力将依赖于你设计的最初计划有多好。例如，你需要程序员制作什么工具？如果这些工具是不特定的，你的工作就会变得更困难。设计者也是整个团队的穿针引线之人，几乎总是设计者处理编程和美术，然后将所有的资源集合到最后的产品中。所以，如果你想成为一名设计者，你不仅必须要有很棒的主意，而且你必须很善于组织，健谈，有学习各种工具（所有从不发挥作用的特性）的能力，能极好地排除“皮肤”故障，而且有能力完成给定的计划。请阅读第 2 章中 Roberts 关于游戏设计的建议。

Chris Taylor，Gas Powered Games

Gas Powered Games 的总裁、项目主管和主设计师，总是直言不讳的（而正是因为这点我们所有人都很喜欢他），Chris Taylor 对于进入游戏行业有很多话要说，或许从他的工作经验——EA Sports 的 Triple Play Baseball，Cavedog 的 Total Annihilation 以及 Gas Powered Games 的 Dungeon Siege——中沉淀而来。

“最重要的，”Taylor 开始说道。“我认为你必须立刻进入一家公司。”他解释说：你将会学到 100 倍多的东西，即使你只是在测试部门中，也比你在家中用空闲时间做些东西强。

然后选择你认为能真正做好的方面并将重心集中于它。它可能是编程、美术、设计、制作、测试、管理、日程安排——嗨，都没有关系，但是在这行你真的必须擅长某个方面并将它做到最好。

最后，你必须有极好的职业道德规范。什么也不能阻止你完善你的工作，这是你必须决定你是要成为超级明星还是只要朝九晚五的工作的时刻。我的忠告是用正确的态度投入工作，创作最好的游戏，无论代价如何。

Taylor 引用他自己的职业经历做为例子：为了在这行得到一份工作，我开始做任何我不得不做的事情。

就我个人而言，我对运动游戏并不十分热衷，但无论如何我接受了 Hardball 2 的工作，我自始至终天天工作达 15 个月，中间只休息了几天，我想给管理层留下印象——我是适合这种工作的人。14 年之后，我每天 12 到 14 个小时、每周七天更加努力地工作。如果你想居于行业前沿，你必须乐意投入时间。

正式的培训怎么样？它对找到一个工作有多大帮助？

对那些想成为美工的人，上艺术学校是个很棒的主意；如果你想成为工程师，一个工程学位也没什么害处。换句话说，接受一些你想专攻的任何领域的培训，或是通过某个机构从头开始准备逐步发展你的方式；开始的职位包括测试部门、制作和行政。

如果你接受一些训练，你就能先进入这行并通过公司更快地逐步发展你的方式，但是，没有优先的经验这是不可能的，除非你有极佳的人际技能，能有效地沟通，而且是工作最认真的人。

Chris Cross，Electronic Arts Los Angeles（EALA）

作为获得极大赞誉的 Medal of Honor: Frontline 的首席设计师，Chris Cross 在第 2 章就提出了一些游戏设计的金玉良言。这里，他讨论如何进入游戏行业。

Cross 相信，它本质上归结为 3 个方面：

- 毅力　保持冲劲，即使你觉得自己已经筋疲力尽，有很多游戏就是通过坚韧不拔的毅力才得以发布。如果你能表现出那种非进不可的干劲，人们会对你有信心并乐意给你一个机会。在坚持不懈和苦恼不已之间选择前者；总是彬彬有礼，即使遭到别人拒绝或不友好地对待也不例外。
- 努力　将毅力化为成果，显示出来或隐藏起来。不要仅仅为了进入这行就出卖自己，这的确是有关正直的事。要走漫长的路才能拥有一个有前途的职业。通过努力工作和做出不错的——即使不是很好的——成果，来报答雇佣你的人对你的信任。

➢ 远见和机会 睁大眼睛。有时候，看似错误方向上的一步可能在以后的日子里为你开创一个真正闪亮的机会，一旦有机会就要敢于行动，只是不要让这成为一种习惯。

American McGee，Carbon6 Entertainment

DOOM 和 Quake 的设计师，American McGee's Alice（嗨，它的名称中采用了他的名字——你认为如何？）的出谋划策之人，他在这里提出了进入这个行业的一些有益的（和有趣的）话语：不像好莱坞，游戏行业是保持创造力的新兴行业之一，你可以通过纯粹的技术和单独的动机进入这行。在好莱坞，似乎到处都是谁认识你；幸运的是，对于仅仅想进入游戏世界的人来说，这里仍然主要与你能做什么有关。因此，依我之见，只要放手去做就行：编写游戏程序，创作够酷的美术，创建有趣的新关卡，谱写杰出的新音乐……将它们做出来给人看，这样你就有机会让人见识你的才能并帮你实现梦想。

Cliff Bleszinski，Epic Games

Cliffy B，这是他在游戏界的绰号，还在年轻时代就已为自己赢得了新千年的“游戏上帝”之一的名声。而如果你曾经对 Unreal 或 Unreal Tournament 系列惊讶不已，你就知道那是为什么了。

这里，他解释初露头角的美工或程序员应该做些什么，才可能有更好的机会。

➢ 美工 选辑就是一切，简历是第二位的。我不关心你在简历中说你做过 Jurassic Park，因为我们都知道，你可能只是为一只猛禽的脚趾上色。给我一个站点链接，提供数码和传统美术的非同寻常的例子。

➢ 程序员 这就没有那么简单了。在 Epic，我们雇用的大多数程序员为我们最近的游戏或在 MOD 社区中做出了很棒的东西：Steven Polge 为 Quake 做出了第一个“机器”AI；Jack Porter 为 Unreal 做了一个极好的的窗口风格的界面/服务浏览器。如果你是程序员，朝着做够酷的程序演示方向努力；倾听在线留言板的信息；并在会议如 GDC 中和行业中人保持联系。

这和住在哪里有关系吗？真的吗？

对于行业中 90%的职位，这都是至关重要的。移民在美国绝对是一个噩梦。我们在引进相对不熟练的劳工方面没有什么麻烦，但是提到某些高技术的熟练工人，我们要将这些引人注意的人带进国内就比较困难——尽管他们将帮助带来数百万的税收收入。行业中余下 10%的职位，我都能在合同的基础上与人合作：包括音乐家、声效人员和某些美工作业（如临时为角色建模）。通常，很多项目都依赖程序员，因此在关键人员的配置上是无法自由选择的。

在总结时，Cliffy B 谈到为了在这行取得成功，初露头角的游戏设计者必须要做的是：有才能；玩大量游戏；参加 GDC（www.gdconf.com，也可参见第 25 章），结识行业中各种人物；经常在线，有自己的网站，并让人人都知道；保持网站上有你制作的高质量的样本。

“记住，”Bleszinski 总结道。“没有人一开始就是游戏设计者——在你坐上这个位置之前，你必须为它付出长达数年之久的代价。”

“创建关卡、编程或做美术，为了成为一名优秀的游戏设计者，你必须了解开发过程，并从文化影响力方面来了解游戏。”Bleszinski 说道。

Denny Thorlev，Day 1 Studios

人们推崇备至的 Xbox 版 MechAaaault 是 Thorley 的最新宝贝——他担任 Day 1 工作室该系列游戏的执行制作人。

当我们要求 Thorley 给到这行谋一份工作的人们一些睿智的建议时，他提出的论点是：最初，我会鼓励个人专攻游戏创作过程的某个方面，在具体领域培养高超技能会让你受人注意并为你打开一扇门。一般的建模、做纹理和动画、编程，或者编写游戏不会让你引人注目；任何一种特别的技能甚或技能的某个子集，才会有助于你的预期雇主了解你的潜在能力。

在面试的时候，要突出强调你的工作质量，但在谈话中也要涵盖你的工作效率和速度。这表示你理解它需要速度，以及你要如何工作才能影响开发周期。

最后对你即将面试的公司做一点调查。面试你的人是谁？他们最近的项目是什么？去玩玩你潜在老板创作的最新游戏。充满好奇地询问关于开发周期、团队规模，以及为该项目感到惋惜等无限制的问题。在会面过去很长时间后，你在这里的主动表现还会萦绕在面试官的脑海里。

图 21-2　赛车游戏插图

想要做一个让整个世界兴奋不已的电子游戏（图 21-2），就像 Grand Theft Auto Vice City？你知道它是 2002 年最畅销的跨平台电子游戏吗？读读第 19 章，Grand Theft Auto 授权游戏是如何进行营销的。

Dave Davis，Electronic Arts

作为一名在电子游戏行业从业超过 18 年的专家（其中 5 年在 EA），当提到为某个项目（如他的 Freekstyle from 2002）选择合适的团队成员时，Dave Davis 已经积累很多重要的经验。

这里，他教给那些刚刚起步的人一些技巧。

首先，你必须对游戏制作充满激情。这个行业经历了这样一个阶段：其中充斥着新雇员，他们对游戏没有什么激情，只是认为那是个“有趣的工作。”结果就是低质量的产品、不满意的顾客、以及幻想破灭的雇员——他们离开去寻觅其他“有趣的工作。”时间漫长，工作单调乏味，而出名和成功的产品更是难以捉摸，然而看到成百上千的玩家疯狂地玩你的游戏，这就会让你不可思议的激动。如果除了制作可能是最好的电子游戏，你不能想像自己还能做任何别的事情，那就采取一切方式走进并专心于这个职业。

“第二，”Davis 说。“明确你想创建哪种类型的产品，然后瞄准专攻那类产品的开发机构和出版商。”

他补充道：如果你极度热爱运动游戏，就申请像 EA 那样的公司；如果你为第一人称视点射击游戏而着迷，就联络那类游戏的顶级公司。公司将会欣然接纳你，如果很明确他们能从你的知识和技能中获益。

最后，尽你所能编织网络，Davis 建议：结识行业中人总是在电子游戏公司获得一份工作的最好方法。无论如何你必须参加行业会议如 E3 展或 GDC（参见第 25 章），而且要尽可能多地直接接触。记住我们每个月要看数千份简历，因此，你拥有的任何优势无疑都会很有帮助。祝你好运！

Michael Rubinelli

作为 THQ 前开发副总裁，Michael Rubinelli 管理着那些管理游戏开发者的人。我们能向谁更好地询问进入发行公司的最好途径？在 2002 年末他离开 THQ 之前，我们有幸得以和这位行业老手坐在了一起。Rubinelli 目前为 Gotham Games（Take-Two Interactive 的子公司）工作。

Rubinelli 说针对这个难题这里有三点，而尽管你不需要所有这三点来激起出版商对你的兴趣，但你拥有的越多，结果就越好。

- 列表中首先是一份令人无法抗拒的设计文档。我重申，它必须是游戏所有特性和故事情节，以及设计团队所有成员信息的总纲（参见第 6 章）。就像在好莱坞，那里登记的每个电影脚本都记录着作者所在的协会，游戏行业中几乎每个公司都要求开发者签署一个游戏特定的非公开协定 NDA（Non Disclosure Agreement），就是那个原因。具有讽刺意义的是，出版商通常坚持将 NDA 放在适当的位置以保护所有的成员。当他们有了适当的约束文件，游戏设计者就没有必要紧张了。
- 其次，推荐 2D 彩色故事板或角色模型收集。有美工给出版商栩栩如生的色调的想法，或通过提交素描、渲染角色及背景图像来增加游戏的韵味，这很重要。
- 第三点是一定形式的演示技术——也就是游戏引擎的工作原型。

如果你有一个天才团队并已选择了游戏工作，下面这一点是很有帮助的：

我会说，现如今的气氛更适合你从自创团队开始起步。游戏和工具变得如此强大，以至于每天有越来越多要创建的世界从程序员和美工手中溜走，而接手这些工作的人就是游戏/关卡设计者。当你积累了一些经验，并完全能设计出令人信服的著名游戏时，如果你感觉自己能够胜任，你就能走出一条属于自己的新路子。

Rubinelli 也建议你掌握游戏发布的平台。换句话说，理解各种平台（例如，索尼的 PS2 或任天堂的 GC）的优势和限制，并确保出版商知道你意识到这些平台。

THQ 看好哪类游戏？Rubinelli 承认他的答案听起来是老生常谈，但却更接近事实：

我一直在找寻能取得极大成功的游戏。那就是说，我想知道设计者真正对什么类型的游戏有激情。如果开发者做他们真正想做的东西，它就会在游戏中获得成功且每个人都取得胜利，而不考虑游戏的类型。

我认为运动游戏在范围方面受到些微限制，然而动作游戏对此有更多的灵活性，它有更多变化的可玩性。

图 21-3 行业专家 Mike Rubinelli

行业专家 Mike Rubinelli（图 21-3）说游戏机开发工具箱的费用在过去几年已经下跌，他说现在只需花费大约 5 千到 1 万美元，出版商很可能为开发者购买它们。

跳回第 19 章读读 Rubinelli 的意见——关于为你的产品和公司寻找哪种类型的 PR。

接下来，Rubinelli 提出在现有公司谋得一份工作的一些建议：

不要试图一进公司就成为游戏设计者或制作人，最好将入门水平的职位作为你的开始，因为这些头衔（游戏设计者或制作人）通常给予那些在业内工作了一段时间的人。得到那些职位的人已经有了一定的经历，因此，如果你刚起步，最好在测试部门或客户服务开始你的历程。好消息是当某个大公司开始招聘时，常常是内部优先，即从公司内部选拔人才。

好的提示：Rubinelli 说很多雇主在选拔人才时都将目光转向测试部门。

关于寻找新游戏的话题，我们要求他准确解释整个过程如何发挥作用。是他在世界各地飞来飞去巡视开发者，还是他们提交一些代码？

我们碰到的主要有三种情况。首先，我们会旅行看望开发者考察他们都做了些什么；其次，我们收到所有创建笔录的代码；第三，我们让开发者亲自呈递他们的想法。

在我寻找开发者时有 3 件最重要的事情：他们对他们所创建的有激情吗？他们的记录（过去的这类游戏，现有的技术，等等）是什么？而最奇怪的是，他们是哪种人？就是这样一个行业，当一天结束的时候，我们总是已经和开发者建立了伙伴关系，而你恰恰想知道你的伙伴很优秀。

我们要求 Rubinelli 谈谈制作著名的授权游戏如 WWE，Scooby Doo 或 Rugrats 的利弊。

制作授权游戏可能是一件幸事也可能是一场灾祸。首先，你担负着那些熟悉所有物的人们所有的固有期望。如果你不能将他们对该互动产品的想法表达出来，你就会有令他们失望的危险。我认为，这种趋势对基于书和连环画的授权游戏更普遍，胜过卡通、电影或电视表演；但是尽管如此，风险仍然存在。另一方面，当你的游戏发布时，你已经拥有人们对它的所有固有的了解和信任。

“如果你的游戏是以一个知名的现有事物为基础而不是完全独创的概念，让人们对它感兴趣会更容易些。”Rubinelli 承认。

“创作一个成功的原创意味着，从互动的演示到每季的媒体巡访再到对购买者的继续教育，在产品的开发、营销和销售方面要做更多的工作。”

我们询问 Rubinelli，他认为五年后电子游戏的前期看起来会如何？而本书的读者今天如何从中获益？

我认为从现在起的五年内，我们的行业会更类似于录像行业。一些真正的大公司和几个小团体，我设想还有一两个强大的出版新贵——他们在今天的行业中不存在——会出现并得到一两个精彩的游戏授权。我认为从总体上来说阅读这类书非常好，只要你能综合贡献者所说并将它应用到你的目标中——无论它是什么。

最后，Rubinelli 给想进入这行的人一些决定性的技巧：用任何可能的方式（客户服务，接待人员，管理邮件等）让自己先入行。这个行业可能很小且似乎有些封闭，但在你进来之后，只要你愿意你可以终身呆在这里。

尽可能多玩游戏，看看它们做得很好的是什么，甚至最糟糕的游戏也可能有做得很不错的地方。

关键信念是：绝不放弃。

Brendan McNamara，SCEE

在第 2 章中，索尼英国梭霍工作室（产品有 SCEE——Sony Computer Entertainment Europe）的开发总监谈到了一般游戏设计以及 The Getaway 的开发。这里，他谈谈设法进入游戏行业的规则禁忌。

McNamara 开始说道：“面试时我总是问一件事：如果给你们机会，他们将会制作什么游戏。”

他解释说：这真的能提供信息——某人喜欢什么游戏，而且他们如何看待游戏发展的未来。它也告诉你某人是否有雄心或想象在将来制作他们自己的游戏。因此我得说，首先了解你为什么想要进入这行很重要。你认为从游戏中得到的职业怎么样?如果你能清楚地回答这个问题，你将给面试的很多人留下印象。你会感到吃惊，看到这样回答的人的数量，“我想它很酷！”也许，但它也是一件苦差事，而知道你正朝着你的事业努力才是不错的。

其次，McNamara 说要创建一个演示。

如果你是一名有抱负的游戏设计者，而且你来时带着用关卡编辑器创建的某个流行游戏的关卡，这会给你一个非常良好的开端。我们让所有的初级设计者创建我们的关卡，而我们去玩它们以找出谁能砍掉它。我给美工和程序员同样的忠告：向人们表明你真的非常想制作游戏，以至于你花费空余时间来编写代码、创造美术或设计关卡。这要比参加一次面试和列出你最喜欢的东西更具体。

George Broussard，3D Realms

3D Realms 的所有者和制作人，George Broussard 是 Duke Nukem 的幕后天才之一。这里，他提出了进入游戏行业的一些技巧：

- 你必须是铁杆玩家。如果你没有与游戏息息相关，你最好去找别的工作。在这行你必须卖力工作而只得到很少的报酬，除非你真的热爱你所做的。
- 很多人在 MOD 场景中制作了极好的模型、动画、纹理和关卡，然后在几年之中他们得到雇佣。建立一个不错的网站，将你做的东西放上去给人看也是一个基本的方式。
- 你必须能坚持。表明你能将一个想法从概念做成产品是重要的。

Ed Martin，Electronic Arts

在第 4 章中，EA NASCAR Thunder 系列鼓舞人心的主管为游戏设计新手和盘托出了一些宝贵的建议。

这里，他详细讲述初露头角的设计者或开发者要做些什么，从而在这个数十亿美元的行业中将他们的成功最大化：

带着你的梦想和抱负进来，但是在入行时检查你对“幻境”的期待。娱乐业的工作充满神奇，我不会用它交换整个世界。但是我有工作要做，信不信由你，我们并没有整天玩游戏，而我也没有在 NASCAR 赛车中渡过我所有的周末。我们创作的 NASCAR Thunder 2003 横跨五个不同的平台，我们有超过 50 人的团队，将近 500 个授权，无数行代码，而不到一年就全部完工。现实很快来到：这不完全是乐趣和游戏；这是乐趣，也是游戏，但还有更多。

准备低调开始并花时间逐步发展你的方式。现在，计算机和电子游戏行业比电影票房收入更大，这是一个大的、成熟的行业。乔治•卢卡斯和史蒂文•斯皮尔博格也是低调地开始，然后花费数年到达他们现在的位置。这一行的顶尖人物要么从一文不名开始并为他们的生存而战，要么低调进入并逐步发展他们的方式。没有经验，没有手握能产生 50，100，200 百万美元效益的授权游戏，你就不可能进入这行。但有一天，你可能会得到它们，尽管如此，这也需要时间。

你不是什么都了解。这个行业充满了令人惊异的人才和不同凡响的创造力，但是它们散布在各处，不断传播开来让见到的每个人知道。要做一个成功游戏不止需要一个人——至少在今天还是这样的。环顾四周，与许多人共事；你睁大双眼，你会为身旁有如此之多的天才而感到吃惊，那么，你就会感到制作游戏其乐无穷！

Lorne Lanning，Oddworld Inhabitants

作为微软 Xbox 版 Oddworld:Munch's Oddysee 的创作者，你可以确信 Lorne Lanning 和很

多天才的美工、动画师、程序员、关卡设计者、声效工程师以及音乐家打过交道。他对进入这行的建议如何？

进入这行的最好方法是从游戏测试人员做起。很多游戏测试人员最后可以去做地图布局；而很多做布局的美工最后得到了设计游戏的机会。当然，你必须一直要求。当不断向一家公司申请而又不断得到拒绝时，人们常会感到窘迫。然而，人力资源部门的人知道那些坚持要求的人表现出坚持不懈和献身精神，而坚持不懈是任何雇主想要的品质。

我们要求 Lanning 给出申请一份工作——不是游戏测试人员，而是开发者的建议。在 Odd-world Inhabitants 什么会留下更深刻的印象？

你必须向游戏公司证明你：

1．有良好的组织性。

2．玩过很多游戏并有坚实的游戏词汇作为参考。

3．能有理有据、始终如一地阐明你的想法。

4．能和整个团队有效沟通并接纳他人的想法。

5．即使在面临令人窒息的技术限制时也能解决问题。

6．能熟练使用三维工具和平面工具（Max 或 Maya）。

7．愿意付出任何代价将项目做好，并在关键时刻支持你的队友。

Lanning 继续说：今天，游戏设计者几乎完全在三维虚拟空间操作，这意味着他们必须掌握如何使用三维工具。如果可能，运用三维描绘你的想法；创造并使用简单的参考符号帮助阐明你的布局和概念；用实例演示（在简单块中将情节付诸行动）阐明你的想法；尽力而为使事物如何起作用以及为什么你能传达给他人直观化。你表现得对工具和概念的理解越多，以及越能有效地将它们传达给他人，你给人留下深刻印象的机会就越大，他们会认为你是团队中有价值的资产。

Lanning 说，随着游戏机器变得更强大，玩家需求更现实和更令人信服的内容，从而美工和设计间的界线会很快变得模糊起来。他解释说：

今天，游戏设计者必须训练更多的感性，而那通常是电影摄影师、布景师、园林建筑师、编剧/角色开发者以及程序员的技能。我们处在这样的关口：特性对单个游戏设计者全都变得更有价值。所以，当游戏呈现出越来越多的电影的感性时，积极的设计者就应该向电影学习。

David Dienstbier

在一切开始之前，先训练自己。David Dienstibier 是 Turok: Dinosaur Hunte 及其他游戏机游戏的幕后策划人。Dienostibier2002 年离开 Acclaim 去追寻其他方面的兴趣。

他继续说：进入游戏设计的最好方法是展示由你自己制作的作品。今天那些只有很少的钱或没有钱的人有大量工具可利用，它们对于有抱负的游戏设计者来说是无价之宝。流行的 PC 游戏常常包括关卡编辑器，它允许玩家创作他们自己的游戏关卡，甚至整个游戏。谈论游戏是不够的，玩游戏也是不够的，成为美食评论家和主厨之间是两个完全不同的世界。在这行中，作为设计者常常最难获得入门水平的位置，而增加你的机会的最好方法是能制作一些三维作品样本——连同一些文档、评论、图画或你能有的其他样品。这给预期雇主一个非常丰满的、包罗万象的作品实体，通过它能详细了解你掌握的技能， 而且，这也使缺乏经验的游戏设计者熟悉工作的复杂性。

第 24 章中收藏了一些重要的网站，如果你期望在游戏行业中谋求一份工作。这些网站包括：gamasutra.com，www.gamejobs.com，gignews.corn 以及 garagegames.com 等。

Mike McCoy，Ubi Soft Entertainment

作为 Tom Clancy's Rainbow Six III:Raven Shield 的首席设计师，你可以确信他收到了热切的开发者的大量申请。以下是他给刚刚起步的人的建议：

1．玩很多游戏（不仅是电子游戏）

我玩电子游戏、棋盘游戏、微型游戏、纸牌游戏、运动游戏和彩弹球/airsoft 类型的游戏。我发现每个游戏中你都能学到一些东西。我买了许多棋盘游戏，研究它们如何运行，但从不真正玩它们；在我发现别人怎样玩它们之前，通常有别的东西让我分心，但我还是从它们的运行中学到了不少东西。我最近发明了一种微型游戏，我和我的朋友玩了它大约九个月之久。当我将它转变成电子游戏后，我简直不相信我从中学到了这么多东西。

2．发挥你的沟通能力

游戏设计者必须有极佳的沟通能力。你不仅要会写连贯、有逻辑性的设计文档，而且你还要能口头支持和解释你的想法。游戏设计者也是团队的啦啦队队长，并通过他们的情感来进行沟通。如果你有一天很不顺利并心烦意乱地走来走去时，人们会注意到这些并有所反应。一般情况下，团队中有人会认为你证实了他们的担心和怀疑，而这总是发生在游戏开发期间的某个时候。有时候，你恰恰必须四处走动并和人们谈话以激励他们的士气。逐渐了解团队，如果有人看起来很紧张，那就要给他提供帮助，或者和他们一起去吃午餐。最后，发挥你的公共关系能力——作为设计者，你必须将游戏呈现给记者，你自己公司的上层管理人员、营销和公共关系人员，甚而如 E3 这样的行业展览和会议。如果他们都不买你游戏的账，他们又如何能将它卖给别人呢？

3．竭尽全力进入

与我合作过的大多数设计者都来自这行的其他一些职位。有的来自技术支持，有的来自测试，而还有的有美术和动画的背景。不要为担任初学者水平的职位而不好意思，如果你已经得到它，就展示出来，然后你能逐步发展你的方法并成为来自公司内部的设计者。请阅读第 2 章中 Mike McCoys 对创作游戏的建议。

Alex Garden，Relic Entertainment

Homeworld 和 Impossible Creatures（图 21-3）的创作者说在游戏行业得到一份工作的最好方式是……经验。

一群黑猩猩（处于不错的攻击范围）穿越臭鼬鼠（效果单位的一个区域），然后驻扎在冰崖上，远处正好有一场战斗。另一个场景来自同样的任务，表现土狼穿越科摩多巨蜥。“巨蜥有包围猎杀猎物的能力，它狂暴，被咬有毒，以及有水陆两栖的能力，”Garden 说。“离远些，你能看到飞行单位在巡逻。”

认真地说，我们在 Relic 找寻的惟一的东西就是经验，我们通过你过去所做的来判断你。作品不必很专业，因为我们看到你做的文稿、MOD 团队等等就已经很高兴了。辨别你的热情是什么，涉及到 MOD 团体将给你机会做那些东西，并将它们完成。这对你形成游戏设计者的个性很有意义。

图 21-3　Garden 提供的游戏 Impossible Creatures 图片

如果你想成为著名的游戏设计者，这和你住在哪里有什么关系吗？Garden 回答："完全没有，Bruce Shelley 住在特拉华州，那也是在美国，对吗？"

David Jaffe，SCEA

David Jaffe 说："现在真的不是很难。"关于进入游戏行业担任游戏设计者/开发者的问题，这位 Twisted Metal 游戏的幕后智囊提供了两条途径：

- 从测试人员做起并表现出你的职业道德。不仅要做优秀的测试人员，而且能给出意见、调整游戏、以及跑跑腿等。我就是从测试岗位上得到聘用的，因为我做的比测试要多得多。我清楚地表现出我想在公司做得更多，而且我使出浑身解数做其他的事情（提出设计提议、与制作人闲谈、学习计算机编程等）。相信我，这样做起作用了！我恰恰也聘用了 Twisted Metal: Black 测试队伍中的主测试员，担任我们新游戏的初级设计者。
- 学会自己制作关卡和调节游戏可玩性。只要你有一台 PC，你就没有了借口。很多大型游戏都会同时发布关卡编辑器，它能让你制作关卡、调整 AI、安装传感器等。这样，你就可以做出你自己的游戏了。如果你想设计，不要担心你没有任何新的图片（假设你不会画画），或者新的游戏设置（假设你不会编程）。使用编辑器为你提供的，而如果你仍能做出一些有趣的东西，你就会知道自己干得不错。如果有人用 Gradient（Quake 的关卡编辑器）或 WorldCraft（Half-Life 的关卡编辑器）做了 3～5 个很棒的关卡给我看，我完全会考虑雇佣他们，即使他们以前从没有在这行干过。

获得技能（靠你自己很容易获得它们）并确保你有很强的职业道德。

最近初次登场的新型电子游戏系统怎么样？这会为游戏设计者/开发者提供更多的机会吗？得到开发工具箱/许可为任何一个系统（包括索尼的 PS2，Sony Computer Entertainment America）开发一个游戏可能吗？

我认为对大多数初露头角的游戏制作者来说，挑选 PS2 开发工具箱不是一个很好的选择；而即便它是,做一个 PS2 游戏也不会只需要一个人——你需要很多，连同整个团队。那时，你不再是刚出道的新手，你已经在游戏行业中。如果你没有巨额资金，我得说这会困难无比。

这段时间大多数销量很大的游戏花费了更长时间和更多资金来制作。你能在 9~12 个月左右制作出一个游戏，然后真正卖掉足够的拷贝并引人注意，这少之又少。实际上，在这个年头对于如何运作一家刚开办的公司，我有我自己的计划，而我不会进行利润分配，除非我尝试并能赚到无数现金或完全破产！很抱歉！

Jaffe 劝告游戏设计新手，建议他们利用现有的关卡编辑器简单地制作游戏，或者与程序员、美工联手做 MOD。

Craig Alexander，Electronic Arts Westwood Studios

Craig Alexander 带给 Earth & Beyond 数年设计和管理经验，最近，他担任 Online 的副总裁和电子艺界的执行制作人。

关于在这年头如何进入游戏行业，我们要求他披露他的一些想法。

“这要依赖于个人追求的职位，但如果你想成为一名制作人，有几件事要谨记。”Alexander 说。

随着游戏复杂度的增加和团队规模越来越庞大，要求制作人这个角色接受可靠的管理教育和培训。除此之外，制作人还应该受过特定游戏科目的良好训练。举例来说，MMORPG（大型多人在线角色扮演游戏）帮助部分制作人获得工程学方面的经验，因为这些游戏要求大规模的基础结构；而 RPG 制作人则从游戏设计的阅历中获益。

“除此之外，良好的文科教育也非常重要。”Alexander 补充道。

制作人要有广博的知识基础，因为你从不知道你会制作哪种类型的游戏；历史、科学和文学也都变得很重要，因为制作人要和许多拥有不同技能的人打交道。举例来说，尽管制作人不必亲自做美术方面的工作，但他管理着美术指导，因此必须能够做出聪明地回应。我总是设法让这样的人担任我的团队领导：他拥有多种技能，可以与我自己的优势和弱点互补。

最后 Alexander 说制作人必须热爱游戏：“这似乎是个简单的概念——玩游戏、热爱游戏以及对游戏有良好的本能，这些会让制作人做得更好。”

David Perry，Shiny Entertainment

游戏行业的专家（和最受公认的名人）之一是 Shiny 的 David Perry，过去数年他负责过很多游戏，如 Earthworm Jim，MDK，Sacrifice，Messiah 以及 The Matrix 游戏。

Perry 说，进入这行的最好方法是寻找喜欢自己的人并在 PC 上创建演示游戏。他进一步解释道：

花费必要的时间来提高你的员工，直到你有了一个真正赏心悦目的可行演示，然后将它投给真正需要这样一个游戏的公司。没有从业经验没什么关系，只要你有很强的可行演示。资金上，如果游戏沿着开发道路顺利进行，你会得到更多的资金支持。出版商讨厌风险，所以你能规避的风险越多，为你打开的门也就越多。

我还建议选择你真正敬重的设计师，学习他们最近的游戏直至每个细节。然后，亲手给他们写一封信，从技术上告诉他们，为什么你喜欢他们的作品，以及你在他们竞争对手的游戏中看到的酷玩意。

Perry 停顿了一下，然后加上了这些告诫：

从法律角度看，开发者不能看你的任何游戏设计思想——他们不是傲慢自大，只有这样做才合法——因此小心不要将想法寄给他们，否则他们会将你的信折叠起来塞进信封退回来。

如果你只是在公共知识的基础上和他们交流，那就没有任何问题。

关于接触设计者，Perry 继续说："给我留下最深刻印象的是这样一些家伙：他们表明他们能真正思考并提出解决方案。我讨厌这样的人，他们只会说，'可恶'；我喜欢这样的人，他们说，'可恶，这就是为什么，这就是其他人的处理方式，而这就是我的处理方式。'"

关于如何跨过这行的门槛，还有更多建议。

如果你引起了他们的兴趣，我知道几乎任何主设计师都会保留你的信件，以防将来他们需要一个新助手时用得着。你如何与他们取得联系？很简单：只要写一封信，在信封上写上他们的名字，并寄到他们公司的所在地址就可以了。有些人会拒绝看它，有些人会不理睬你，而有些人会有回音。（很多地址在我的网站 www.dperry.com 上可以找到。）你通常可以在游戏手册的背面，在游戏片头或片尾字幕中，或者在前面所说的游戏网站上找到游戏主设计师的名字。你的信中务必写上你的电子邮件地址，这样回复给你会更容易。

现在，还有一句警告的话：不要言之无物。最好让你的信有吸引力，而不仅仅是一本琐碎的洗衣店目录——那真的没有任何作用，也不要是你的生活故事和你玩过的每个游戏。（只要想像有人写信给你，你愿意看到什么？你希望它写些什么？）我真诚地祝你有最好的运气！

Scott Miller，3D Realms

在本章前面，我们听过 3D Realms 的 George Broussard 的谈话，而现在这了不起的一对中的另一半，就单纯兜售想法的可能性和我们分享他的意见。按照 Miller 的说法，"不，那并不是不值得讨论的遥远的可能性。"

实现和执行远远胜过想法，我视后者为一个 12 分的硬币——即使是很棒的想法。有创造力的人自然从不缺乏绝妙的游戏想法。同样，在送到我这里来的所有想法(数百个）中，我也看到一两个值得转变成游戏，大概因为是业余者——我猜测，与很多出版商和开发者不同——不知道如何用授权的手段创作游戏观念。

Peter Hirschmann，LucasArts

Peter Hirschmann 在娱乐业中工作已经超过十年，1995 年他进入 DreamWorks Interactive 担任故事编辑，然后开始为电子艺界编剧和制作获奖的 Medal of Honor 系列。2002 年，Hirschmann 离开电子艺界转而为 LucasArts 工作。

为了在开发工作室谋得一份工作，关卡设计师要做的第一件事是什么？"这段时间，我们没有雇佣一名初级设计者，仅仅因为外面的人没有专业经验。" Hirschmann 承认。

他继续说：关键词是"专业"，这意味着你实际上已亲自和其他活生生的人一起工作过，而不仅仅是在你的地下室中独自设计关卡。设计部门接触游戏制作的每个要素，因此让你的工作有条理，清楚地交流思想，而且有开朗的个性（或至少允许你与他人和睦相处的个性），这些对你的成功都至关重要。我们容易从那种方式中得到提高，我们已经知道人们在压力之下如何完成任务。第一个 Medal of Honor 的一流设计团队中的成员大部分来自测试部门。

Hirschmann 如何进入这个行业的？"我真的很幸运，刚从史蒂文•斯皮尔博格的电影学院 Amblin 出来就得到了制作助理的工作，" Hirschiminn 承认。"尽管如此，当我还在学校的时候，我就已经去那实习，担任他们的编剧团体的计划员。"

这真是个很棒的教育，从最初的构思到制作、营销和分销，必须很努力才能做出一件流行的娱乐产品——不考虑媒介或主题。对有些人，这听起来可能是亵渎神明的，但是很可能我在 Amblin 游艺室花费的时间比在放映室更多。我在 20 世纪 80 年代末 90 年代初就已经是 LucasArts 的超级 fans，而我总是想如果史蒂文•斯皮尔博格开一家游戏公司就好了，很好，它确实开了。当他创立 DreamWorks Interactive 的时候，我正好处于恰当的时间、恰当的地点。

现在开始进入游戏行业更容易，还是更难？“得出的答案可能是相同的。”Hirschmann 相信。他详细阐述：

这个行业在过去八年中已经扩大了很多，因此有更多的机会；但是项目也变得越来越大，而团队位置更加特殊化，因此，比起以前，要花更多的时间才能争取到一个成熟的制作职位。这并非就一定是件坏事，因为学习游戏制作的最好方法就是从底层做起，像测试工作或资产管理员的岗位。网络也是一个奇妙的资源：几乎每个游戏工作室都有职业的版面，而且即使他们没有招聘人，通过阅读岗位描述，你常常也能获得他们如何组织的不错的想法。

进入这行有些什么规则禁忌？你在学校要学些什么？

- 去上学　主修科目无论是什么，不管是分子生物学、欧洲历史，还是（像我这样）创造性写作，只要你感兴趣就行。在遥远的将来，如果主要的大学都提供“游戏制作”这门主修科目，我想像它会由几乎每个学科的一部分组成。
- 大量阅读　在游戏之外至少有一种嗜好；接受成为均衡发展的个人的观念。（我大声说——我是我知道的最乏味的人。）游戏制作最有趣的事情之一是它们就是一切。当你接近某些模模糊糊的事实时——你在一次演讲中听到的，或者在研究一篇论文期间发现的——你从不会知道。
- 问问题　开发者通常不会无名地辛苦工作，他们总是享有那些掏出腰包玩游戏的人们的热情拥戴。

在我还是个孩子的时候，我听到的最好建议就是尽量以你喜欢做的事情作为生计。如果你热爱做游戏，就确保全心全意让它成为你的职业。

Sid Meier，Firaxis Games

“先进来做游戏测试人员，然后随着时间的推移来证明你的学识，要活跃，而且要提出建议，”Meier 说，可以用爬梯子来概括这种最好的传统方法。“另一个方法是为公司写手册。那就是说，做与游戏设计有关的事情，而如果你有才能，总会得到认可。”

但是不用传统方法进入这个行业，你自己会怎么做？Meier 回答说：

第二条路是最快的，但需要运气和很有才能。如果你想这样做，而且你是一名程序员或正与一名程序员合作，就集合你们的力量给你的游戏做一个可玩的演示，并在附近发布。我们都知道 SimCity 的故事：Will Wright 将它拿给八个出版商看，都被拒绝了，除了 Maxis。现在出版商更敏感，但你必须做一个好的原型，而它不需要全部活动的录像或精致的图形。

Brian Reynolds，Big Huge Games

Reynolds 在 Sid Meier 身边工作了很多年，现在掌管他自己的开发工作室 Big Huge Games。（听起来就挺大的，是不是？）

Reynolds 提供的建议：我给把游戏行业当作职业的年轻人的第一条建议是：除非你知道它是你真的、真的想做的事情，否则就不要做。这是一个竞争激烈的行业，部分原因是觉得它有趣、充满魅力，等等；所以，它对这样的人最好——他们为了实现那个梦想，真正真心热爱游戏制作并乐意全身心投入工作。如果你只会马马虎虎，这个行业或许不适合你——你要和那些与计算机游戏息息相关的人竞争。

Big Huge Games 的网站（www.bighugegames.com）提供相当多的工作机会。Reynolds 和公司在潜在的雇员中寻找什么？“有些人不仅有前面描述的承担义务的能力，而且在特定方面有顶尖的技能——对于入门和中等水平的人，那通常意味着编程或美术。”Reynolds 说。

他继续说：对于除入门水平之外的其他方面，我们期望行业经验（特指计算机游戏行业）。较大的公司也雇佣入门水平的全职测试人员，而对那些不满足某个开发领域所需要的特别技能的人来说，这可能是进入这行的一条途径。

Bruce Shelley，Ensemble Studios

Shelley 在 Microprose 的任期可以和 Sid Meier 相提并论，而在 Ensemble 工作室他更有价值。他说进入游戏行业很容易，只要你是才华横溢的程序员或才高八斗的游戏动画师——就这样他开始了谈话。“但对于我们这些普通人，那更困难，”Shelley 揶揄道，“我所认识的设计者大多数通常是从游戏测试人员做起的。”他详细阐述：

从这里开始，你必须成为善于分析的玩家，并能在你测试的游戏工作或不工作时进行沟通。真正的游戏测试是个苦差事。大多数游戏在开发时并不有趣，因为它们还不完善。如果你能在头脑中保持对游戏的想像，依照设计团队的需要进行测试，提供极好的反馈，并在游戏不工作的方面提供设计解决方案，你就会作为有价值的设计者得到认可。

我在 Microprose 合作过的测试员，现在都在这行中担任程序员、设计者、制作人和测试经理。Ensemble 工作室还雇用了几个 Age of Empties 排名靠前的玩家担任测试人员，这些人中有些已经得到在设计团队工作的机会，因为他们分析和发现新战术、新策略的能力很有价值。我们也雇用没有专业经验的设计者，因为他们证明了基本的设计技能——通过用我们游戏里的关卡编辑器创作精良的关卡。我借着免费测试笔战游戏开始了我的游戏生涯，稍后我在我做过测试的公司得到了一份工作。现在造纸工业相当小，但是在更大的计算机/电子游戏行业中还可得到相同类型的机会。工作就在这里，每一个大型开发者/出版者都要用测试人员，即使仅仅是兼职。如果有必要，得到一个晚上的兼职工作，但总算入行了。一旦进入，只要努力工作，很好地与你的团队成员相处、沟通，你就上路了。

Peter Molyneux，Lionhead Studios

在海外进入这行有什么不同？传奇性的《上帝游戏》的设计者 Peter Molyneux 描述他在 Lionhead 工作室雇佣人员时的期望：

进入游戏行业变得越来越难……因此，显然一个硕士学位能帮你跨进这行的门槛。同样，如果你准备从底层开始，游戏公司会雇佣你担任测试人员或初级程序员。如果你选择这条途径，我能给你的最好建议就是不要袖手旁观，而是准备更认真地工作，工作更长时间，并且提出尽可能多的观察意见和解决方案，让自己受到注意。惟一其他的途径是做一个演示，尽管如今靠你自己做确实正变得非常困难。

Phil Steinmeyer，PopTop Software

Railroad Tycoon 和 Tropico 系列的幕后设计者说，如果你想以游戏设计作为你的职业，在美国对你很有帮助："美国是游戏制作出版业的重中之重（特别是在 PC 游戏方面；而对于电子游戏，可能是日本为王）。"

他继续说：英国也是一个不错的地方，而其他地方的开发者由于语言和地域的隔阂，在得到信息和公共关系方面要费点劲。这能够克服。通过和美国本土公司或出版商建立伙伴关系，这也是有帮助的。位于芬兰的开发机构 Remedy（它开发了 Max Payne）就是一个不错的例子。它与 3D Realms——位于德克萨斯的众所周知的游戏制作公司——成为合作伙伴，3D Realms 帮助 Remedy 推敲游戏可玩性，让它得到很棒的营销和公共关系等等。游戏在 PC 上发布的同时在多个平台上发布，Max Payne 就是一个很成功的例子。

Tim Schafer，Double Fine Productions

在本书前面，这位很多值得纪念的冒险游戏和角色的幕后天才说到如何创作杰出的游戏和精巧的谜题，但这里他讨论的是如何进入游戏行业。

我认为以设计者的身份进入更难。通常，人们以其他身份进入，我就是以会写对白的程序员的身份进来。有些像我这样的人正是在没人注意的时候开始设计，而在有人阻止我们之前，我们已经得到了那份工作!不幸的是，这个行业还没有成熟到它本身能够将设计当作一门艺术来接受，因此，你最好的可能性是"曲线救国"：以程序员、美工或测试人员的身份先入行。我看到越来越多的测试部门被用作新生人才的来源，这很奇怪，因为测试部门通常不能觉察到所有新鲜的东西。

Schafer 不可能就这样丢下我们，因此，他给出在这个疯狂的行业中你"必须掌握"的最重要的三点技能：狂热、创造力和技能。

他进一步解释：狂热——因为你需要它。你必须热爱游戏，因为游戏这行很辛苦。我并不为自己在这里感到遗憾：花费长时间解决令人沮丧的技术问题，而薪水没有可观到能弥补你经历过的所有痛苦。惟一的办法就是如果你热爱它，它就值得这样做。如果你感觉你不能做别的任何事情，那样，而且只有那样，我才会推荐你从事游戏行业的职业。而如果你做得非常好，那么你很可能会热爱这行，因为对你来说这是能够实现的梦想。

创造力不仅是美工，而且是程序员、制作人、每个人都必不可少的品质。我们所工作的媒介每隔几年就要发生一次变化，而且每一代游戏都会提出一批新的问题，它们要求创造性的解决办法。人们不能仅仅学习基本的技术，然后靠它在他们余下的游戏生涯中吃一辈子；他们必须能够面对他们以前从未见到的问题并提出新颖的解决之道。

而且你必须拥有某些技能，它们能有助于揭示你的想法。如果你是一名美工而你有一个想法，你能用你的"皮肤"将它很好地描绘出来，这样其他人就会理解你的意图；或者如果你会编程，你可以将你的想法做成一个演示。这几乎与你的技能无关，只要它能帮助你向他人传达你的创造性想法。而实际上，这确实有关系，因为如果你惟一的技能是跳"大河之舞"，那么在你真正做好之前，别人会觉得很厌烦的。

如果某人对这行还比较陌生，他是应该开办一家开发工作室呢，还是加入现有的工作室成为一名开发者呢？

如果你对这行陌生，你就不可能创办你自己的开发工作室，除非你有很多钱，或者你很出名以致于只要一个电话就能搞到一大笔钱。

而即使如此，你为什么要那样做？首先到优秀的游戏工作室获得一些经验会更好——开始你总会犯错误，而用别人的钱犯错误很重要！

Phil Saunders，Presto Studios

Phil Saunders，Presto Studios 的创意总监，负责 Myst III: Exile 和其他冒险游戏的开发。

在这点上，他提出例如以下想法：

一名有抱负的游戏创作者必须要做的第一件事是，决定他们对游戏设计的哪个方面有热情，并重点开发这方面的能力。你是对编程或动画，还是 3D 建模或编剧感兴趣？拥有全面的技能，能“做所有的事”更好。但开始的时候，雇主总是期望擅长某个特定方面的人才。

最好的办法是找到这个领域中你最钦佩的人，并与他或她联系。通常，专业人士对待你就像对待他们的工作一样热情，当你处于那个位置时也要记得这么做。只要你不是骚扰他们，他们将很高兴尽可能给你提供一些建议。

Harry Gottlieb，Jellyvision

当被要求谈谈进入这行的一些规则禁忌，Jellyvision 的创始人和主设计师 Harry Gottlieb 揶揄道：“不。”不，这不是他的回答。这里是更严肃的回答：

在一家合适的公司得到一份工作，学习制作过程。但是如果你想成为一名设计者，就去进行设计。试验，我不是说像这样的一本书不可能有帮助[啊咳!]，但是说真的，你恰恰要亲自进入沙箱并开始玩：用你的直觉，做成模型，让其他人来测试它，闭嘴让他们批评你“杰出的”想法，接受他们的意见，提炼你的直觉，然后再做另一个循环。如果你有才能，最后你一定能做出很好的东西。

Matt Householder，Blizzard North

让人羡慕的 Diablo 系列的制作人给出一套系统的解决办法，引导那些期望将游戏作为职业的人。他的指导被分成不同的途径，它们都能得到成功。“事实上有三条主要途径，哪一条更好依赖于你的技能和能力，”Householder 说：

1．在大型出版机构的质量管理部门谋得一份工作，担任游戏测试人员。通常，你能通过临时职业介绍所得到这类职位。

2．在顶级工程学/计算机科学学校学习计算机编程并获得优异等级，同时花时间学习流行娱乐，如音乐、计算机/电子游戏、科幻小说、连环画、电影和电视。

3．学习三维建模，做纹理和动画，同时（也）花很多时间学习流行娱乐，像计算机/电子游戏、科幻小说、连环画、电影和电视。

“对于所有这些途径，”Householder 继续说道。“通过参加主要的行业展览，如 E3，ECTS，The Game Developers' Conference，或者 SIGGRAPH；通过坚持（但不是让人讨厌的）申请工作；也常常通过找到途径与已在游戏领域的人结识，极大地提高你的机会。”

Warren Spector，Ion Storm Austin

不是每个人都能创作出如此有创意的 PC 游戏如 Ultima Underworld，System Shock 和 Deus Ex。让我们听听 Warren Spector 的宝贵意见。

进入游戏行业有很多种方式，正如有很多人想要进入。如果我必须选出“最容易的”途径，我得说：

1．不管是自学还是上学校学习，成为这个星球上最好的程序员。利用你的业余时间制作演示游戏，这样你就有一个可以展示的选辑，有人就会为你提供一个职位。

2．成为一流美工，多半有某方面的专长（低层建模、动画、纹理等）。做一个演示盘，这表明你不仅了解如何制作漂亮的图片，而且知道在游戏中使用哪些特性和原图。

3．积极参与 MOD 团体，而且做一个三维地图或任务选辑，这表明你知道精彩的可玩性是什么，该如何实现它。

4．成为开发机构或出版商的测试人员。这行很多最好、最知名的设计师和项目主管都是从质量管理部门做起的。这是让你跨进这行的门槛的最好方法。

不管你的专长是什么，设法在开发你所喜欢的游戏种类的工作室中寻找工作。游戏制作是让人极度疲劳的工作，而辛辛苦苦长期做你其实不喜欢的事情，这想法我听起来确实很糟糕。

Ed Del Castillo，Liquid Entertainment

Ed Del Castillo，Liquid 娱乐的总裁和共同创办人，“篡改”了他的管理职责积极参与产品开发的所有方面，尤其是设计和美术方向。在 Liquid 之前，Castillo 在 Westwood 工作室管理 Command & Conquer 授权游戏的开发。

关于进入并在这行中干下去，Castillo 提出他的 5 点重要建议：

1．进行调查。

2．找到你真正信任的地方，你相信他们的理念或他们的领导者。

3．找到愿意信任你的人。他们就在那儿，只是不容易发现。

4．做到专心致志。没有全力付出，就不会有全部收获。

5．不要自负。我们制作的是游戏而不是核武器。说到与游戏受众有关的事情，你第一次突然住嘴，打自己一巴掌，直到你认识到你已经成为傲慢的笨蛋，然后多谢上帝和这个世界在你着手做电子游戏的地方给你一份工作。

Todd Howard，Bethesda Softworks

Bethesda Softworks（位于马里兰州罗克维尔）的 Morrowind 的项目领导者说：“首先,找一个做你喜欢的游戏的地方，”嗯，那似乎相当容易，不是？他继续说：不管你想成为程序员、美工还是设计者，一个很棒的演示是必不可少的。

如果你有一个很好的演示，你就能入行了。准备从底层做起，但要敢于在公司中推进你自己，这意味着你会做一些不重要的事情并逐步走出你的路子。程序员要做一些三维编码或特别的效果；美工要有一个演示带或选辑展示他们的技能，展示你的三维建模，展示线框和模型，表现基本的纹理和最后的结果；设计者应该试着为 Unreal 或 Quake 创建关卡，并将它们呈现出来；对于 Elder Scrolls，我们也需要那些会做这种事情的人写样本。而最后，如果你能证明你很聪明并乐意辛苦工作，你就会得到一份工作。

Stevie Case Monkeystone Games

在计算机或游戏机游戏行业开始？做好无偿工作的准备，Daikatana 和 Anachranox 的关卡设计师 Stevie Case 这样说：进入这行的最好方式——也是我和我很多朋友进入的方式——是先将学习你的技能当作一个爱好。选择一门学科——不管是二维美工、建模、关卡设计、编码、声音，还是无论你选择的什么——并开始创作。

吸取你能找到的任何、所有信息，然后追逐你的爱好。如果你不是十分热爱它，到和你的计算机度过很多傍晚和周末的地步，你或许不喜欢在一个最终期限前完成它。成为围绕游戏行业的在线社区的积极分子，结识专业人员和业余设计者，分享你们的知识，并寻求他们的指导。加入一个 MOD 团队，或只靠你自己来完成。

最重要的事情是做一个作品选辑，将它展示给你潜在的雇主。很多 MOD 作者从业余者开始，然后在有前途的产品基础上很快被热切的设计机构抢到手。创作一个网站陈列你的作品，但确保它看起来很专业。

很多公司招聘时甚至没有公开宣布职位，因此不要害怕给潜在的雇主送出你的履历表和一封有思想内容的电子邮件，其中包括给你的网站一个链接，在那里能看到你的一些截屏。不要使劲发送未被要求的文件和任何特性，包括地图和截屏。如果一家公司正在招聘，一份雅致的履历和附信就足以将他们拉到你的网站陈列上。最重要的是，有良好的态度，表现一点社交技能，而且要有耐心。如果你忠于你的艺术创作并继续提高，这就离某人愿意给你一个机会不远了。

Minh Le，Valve Software

Counter-Strike 的创作者是谈论如何进入游戏行业的一个理想人选，因为他做了 Half-Life 的 MOD 并最终得到该游戏开发机构青睐。Le 说：

你能使用这些工具制作新内容，你也能在英特网上发布这些新内容，而且你一定能从那里得到大量反馈。或许成为 MOD 团体的一分子，是让自己受到专业开发公司关注的最好方法。

务必阅读第 2 章中 Minh Le 是如何开始的。

Kevin Bachus，Capital Entertainment Group

Kevin Bachus 从事计算机和电子游戏行业已有 20 余年的时间，那时候他开始为早期的个人计算机编写一系列成功的街机游戏。Bachus 也是微软公司 Xbox 项目团队的创建成员之一，在那里他帮助构思游戏机游戏并为项目筹集资金。目前，Bachus 是 Capital 娱乐集团（CEG）的发行副总裁。

那么，CEG 怎么样？而且游戏开发者为什么对该机构感兴趣？

Bachus 解释说：CEG 几乎每件事对游戏行业都是新的，但是我们的企业模型很大部分是从其他娱乐部门“借来的”。举例来说，考虑电影工业中的独立制作公司，如 Imagine Entertainment。他们选择他们认为最有潜力的项目，赞助它们，管理制作过程，然后与一间大的工作室合作上市销售他们的影片。沿着同样的路子，你做出标记发现美工，负担制作一个相册的费用并管理其过程，然后传递给一个大型音乐团队，再分发给零售商。

同样地，我们参加交际并结识世界各地的开发公司，他们有新颖的、令人兴奋的主意，而且他们也充满激情。我们选择那些我们认为有潜能开创新局面并能引起玩家共鸣的公司，我们和开发者密切合作，帮助他们完成全部潜在的东西，包括创造性的（尽量利用美术，技术，游戏可玩性等等）和逻辑性的（追踪与进度表预算和 bug 报告有关的每日进程）。

不像很多出版商有很大的财政压力，那往往会导致将游戏匆匆送到市场上去销售，我们没有。但是我们确实有义务做尽量成熟和专业的开发，因为我们花的是我们自己的钱。

Bachus 说在游戏做到中途的时候，即当你玩过一关或两关的时候，要用真正的顾客来进行重点测试，跟踪团队创立里程碑的能力，也许要看一些重要游戏杂志上的预告——到 CEG 上结识潜在的发行伙伴，为它找一个家。

但是 Bachus 说他们："不愿将它卖给出版商。"

他解释说：我们仅仅要他们将游戏交给我们去分配，并设定一个合适的预算到市场上销售。我们仍从我们自己的口袋中掏钱支付所有的开发费用，而我们从不将这些费用转嫁给出版商。结果，出版商的风险只有他们自己制作游戏的一半。而同样地，当产品发布时，我们从游戏中分享同等的收益。

Bachus 强调重点：如果他们得到出版商赞助（诸如此类），他们支付给开发者的比他们得到的还要多。

因为我们风险共享并有权获得更多的收入，比起传统的发行关系——在这种关系中出版商掉入全部成本的圈套，我们有更大的总额供我们自己和开发者分配，谈话转向 CEG 的工作方式，而选择对象是那些寻求帮忙的不署名的开发者。

首先，我的合伙人（Gene Mauro，Mark Hood 和 Seamus Blackley）与我创立了 CEG，因为我们看到，当提到原创内容制作的时候，开发者和出版商之间逐渐产生分歧。今天，由于开发和销售一流游戏的巨大费用，出版商比从前要承担更多不愿承担的风险。

这不是批评出版商，他们像任何人一样做很多创新的游戏，但是当要花费大量金钱制作游戏的时候，他们也必须担负起责任。我们留意到 CEG 的一个巨大机会——介入、赞助和管理那些创新的（也因此更冒险的）游戏的制作，这样他们就能全神贯注于他们做得最好的方面。

其次，除了与 CEG 合作，开发者能够一如既往地期待出版商赞助他们的游戏开发。但是，当涉及到赞助新的、原创的游戏想法的时候，出版商也比往常更保守和谨慎。

第三，你也能试着自己赞助开发。

假如你在银行没有充足的现金，你总能设法拿到贷款——以像今天这样低的利率。如果你能得到贷款，并能偿还，这是一个可行的好办法。当然，如果你不能偿还贷款，你就会——破产。除此之外，私人投资者和风险资本家可能对长期潜力更感兴趣，但是作为投资的交换，他们会在你的公司中占有重要的位置。

最后，Bachus 说最近已经出现很多"原型"基金，用来帮助开发者创作最后卖给出版商的原型。

他解释说：出版商支付额外费用并承担游戏的管理直到完成，这似乎是证明"危险"游戏有潜能的一个好方法。毕竟，如果你将游戏拿给出版商看，他们能理解你的想像并可能帮助你的游戏远离出版商桌上的提议文档。然而，在为了销售而创建原型和创建游戏之间有很大的不同。任务的次序和作品的数量与基本的可玩性和控制方式，经过调查，在这两个例子中所有这些制作风险得到不同的处理，而在销售进行之后，要从一种开发风格转向另一种始终是不容易的。

Bachus 已经在游戏界工作了很长时间，我们要求他为想要进入这行的人提供他的最好建议。他将他的建议分解为以下几点：

- 尽你所能从各种途径获得经验。设法进入这行的最重要的要素是经验，而不是你的训练或你的学位，也不是你的智力或迷人的个性，当然更不是你在 Tony Hawk 3 中得到的高分或你广泛收集的 8 位和 16 位系统的经典游戏（尽管最后一点确实能让你在谈论时言之有物）。游戏开发的好处在于任何人能靠他们自己做出一个相当不错的选辑——简单的演示、角色设计、游戏设计——证明你的能力的任何东西。在你有了一些展品之后，成功地展示它们并试着寻找你能得到的任何机会，成为一个数百万元项目的主设计师的机会是渺茫的，但是，如果你能进入在某方面有一些能力并有所擅长的团队，你就会发现你有着越来越多的机会。如果你投入工作，很少有开发团队会有严格的工作结构和程序不给你更多的机会，但是首先，你必须将自己放在合适的位置上，然后尽你所能得到那些机会。
- 有所专长。想想那些最成功的公司或个人，通常他们最擅长的就是将一件事——如：第一人称视点设计、角色动画、3D 引擎、关卡设计、赛车游戏等——做得非常非常好。最后，你要成为某个游戏平台上最好的角色设计者，或者赛车游戏中最好的物理程序员，或者实时战略游戏中最好的关卡设计者，这样，当某个要团队物色人员来填充某个职位的时候，他们会首先考虑你。记住：贵在精而不在全。
- 有所安排。在任何职业构建职业生涯都要花时间，医生、律师、火箭科学家，游戏开发也不例外。但只要肯花时间并下苦工，你就能抓住机会。

我们要求 Bachus 谈谈如何得到开发工具箱，以及这个过程可能是什么。

得到开发工具箱的最简单和最有效的办法就是将概念兜售给出版商，让他们去和游戏机制作商打交道，为你安排开发工具箱。

如果你没有达成出版交易，但又确实需要开发工具箱，你可以直接联系游戏机制作商，他们大多都为独立开发者提供某种安排，能让你得到所需要的技术。当然，开发工具箱是不便宜的，不要因为你刚刚起步就期望游戏机制作商对你优待有加。

然而，大多数开发者认为他们或许不一定需要开发工具箱。Bachus 补充说：

如果你只是想要向出版商证明你的团队的技能，或者做一个游戏概念的原型，在 PC 上做起来就更容易且更有效。如果你建立了自己的开发环境特性，当你赢得出版交易的时候，你要能快速而有效地将你的代码移植到别的游戏机上。只有当我在 PC 上已经达到我能做的极限，或者出版商坚持要看在特定游戏机上的经验时，我才会为了硬件而接近游戏机制作商。

人们如何保护他们的创意？

“我确信保护创意的万全之策是仅向你信赖的人或公司披露。” Bachus 回答。

他解释道：正如某些律师很快指出的那样，创意在版权法下得不到保护——除非它们已经实现。不管创意是经过公证或在 Wishy-Washy 洗衣机公司的地下室中的泥瓦匠口中，都无关紧要。如果你有很棒的概念——有关计时旅行忍者或中学学生的游戏，而别人已经制作了有关计时旅行忍者或中学学生的游戏，那你就自认倒霉；但是，如果他们复制了特定的关卡或谜题或界面元素，你就能为打官司掌握更多的筹码。当然，即使你庭审时间长达数月，而你的诉讼费用高达数千美元，也可能无法保证你赢得胜诉。

然而，Bachus 说避开“涉及到你的问题核心的基本原理：某人剽窃你的想法的可能性有多大？”他解释说，以他的经验，答案是根本不可能。

首先，大多数出版商不仅仅寻找好的想法，他们也寻找能成功将产品想像付诸实现的团队。大多数游戏的成功不是基于“后踝”，而是基于可玩性，美术、声音、技术：全部集中在熟练团队手中的无数不同的东西。大多数出版商也知道成功游戏很少与它们最初的概念相似，因为大多数成功游戏只有在开发过程中才能找到它们的风格。

对出版商来说，支付给设计者一笔费用购买他们的想法或远离该想法，比偷一个想法并设法让其他人使用它更容易。

另一方面，我们也理解那些出版商，他们担心游戏设计新手怪罪他们不公平地窃取想法。在 CEG——正如在很多出版公司一样——我们不接受一个未被请求的游戏想法，除非设计者签署一个表格承认我们可能已经在开发其他类似的游戏。这并不是因为我们在寻找窃取的许可，恰恰相反，这是因为很多游戏设计者有相似的权利，而且尽管他们相信某个想法始终是最原创、最独特的想法，也可能有两个或三个人提出了同样的“始终最原创、最独特的想法”——这是可能的。实际上我在 E3 展上一天之中听到相同的想法两或三次。如果你想从各种相似的想法中选择一个，这可能是非常令人惊讶和懊恼的事，要知道，其他设计者可能控告我们利用他们的想法并提供给其他团队。

Bachus 问道，“你会将你的汽车钥匙，或房子钥匙，或皮夹交给你几乎不认识的人吗？”

如果你害怕有人可能会偷走你的想法，首先要开始了解他们。看看他们是否有道德并值得尊敬；掌握他们会用什么标准来决定是否赞助你的游戏；询问他们当遇到不同开发者有相似的概念时，他们如何对付这个情形。只有这样，你才能提交出你的概念。

“而如果他们告诉你他们已经在开发一个相似的游戏……要相信他们。”Bachus 结束了他的谈话。

那么电子游戏代理和猎头怎么样?他们值得追求吗？请翻到下一章读读与他们合作的利弊。

第22章 游戏代理与猎头

让我们面对这个事实——并非所有游戏设计者都有能力或勇气，将他们自己或他们的游戏成功出售给有名望的出版商。而且在很多情况下，游戏设计者宁愿只全神贯注于游戏本身，而将那些咬文嚼字（和闲谈!）的事情留给其他人。

与其他娱乐业如电影和音乐相同，游戏代理和猎头分别代表设计者和出版商。虽然他们的工作方式不同，但他们的目的都相同：将有才能的设计者和他们的产品与出版商和（或）经销商联合起来。

通过揭示第三方如何发挥作用，本章献给他们中的这二者——而更重要的是，作为游戏设计者的你如何利用他们提供的服务。

Melanie Cambron

Melanie Cambron，啊哈，“游戏招募女神”是游戏业中的领袖如 EA，THQ，Infogrames 和索尼公司的招募人。她的智慧之言已出版在各种不同的书中，另外她每个学期还在奥斯汀的德克萨斯大学和德克萨斯北方大学就游戏开发业进行演讲。访问 www.melaniecambron.com 可获得更多的信息。

我们首先要求 Cambron 解释“游戏招募女神”都做些什么。

“什么都做。”她说。

1. 为我的客户物色顶尖人才。
2. 与候选人面谈。
3. 对美术和声音演示盘以及代码样本进行检查。
4. 校对并修改履历表。
5. 介绍潜在的雇员。
6. 就薪水和一揽子福利进行谈判。
7. 担任候选人的旅游向导和房地产经纪人。
8. 给那些想进入游戏行业的人提供一点建议。
9. 在大学客串相同主题的演讲。
10. 帮助候选人，让他们熟悉那些常常是很棘手的工作的重新定位。
11. 为他们的工作搜寻提供相匹配的信息。
12. 是移民代理的联络员。
13. 安排面试旅行。

然后让泳池服务生给我端一杯插着小伞的饮料，然后懒洋洋在池边度过午后时光。我们是自讨苦吃！

那么，为什么有人会想要一个招募人？招募人等同于猎头吗？

她回答道：一个声誉极好的招募人能够专业地将你的资格推销给潜在的雇主，而得到很好公认的招募人同样能与关键行业建立强大的关系，并能将履历表送到适当的人面前。招募人不仅理解错综复杂的招聘程序，而且他/她在处理薪水谈判、工作签证，以及重新定位等问题上有丰富的信息和支持。而且，因为只有 20%的可用工作登在广告上，招募人通过良好的关系和行业知识有机会接近许多“隐藏的”的工作。“猎头”只是同行业的“招募人。”

Cambron 被问到她寻找候选人的理由什么。“信任目前已发布的游戏。”她回答。然后她详细阐明：我真正寻找那些能坚持一个项目直至发布的人们。这是一个易波动的行业，而我同情对你的项目的影响——出版商取消项目；管理层滥用赞助等——让它超出你的控制。但是，我得到报酬要发现最好的人才——能让产品发布的人才类型，即使不依靠所有的机会。

游戏设计者/开发者寻求她的服务，或者 Cambron 去找他们吗?答案是“两者兼有。”

她解释说：当一位客户、雇人的游戏开发公司，要求我做一次人才搜寻的时候，我为那个特别的位置积极地寻找有特别资格的富有经验的个人。我也从朋友、客户和候选人那里得到大量的推荐，感激不尽。

Cambron 关心的只是现有的开发公司吗？

“我乐意帮助每个人寻找他/她的工作，”她开始说，“然而，我觉得在一个人事业的早期阶段，使用招募服务不是最好的方式。”

为什么？

没有数年的专业游戏开发经验，招募公司可能阻止你进入或进一步发展你的事业。公司付费给招募人寻找他们没有的特殊人才，否则他们就自己去招聘了。大多数招募和游戏公司签订一个 12 个月的代理期限，这意味着在招募公司提交你的履历表之后，如果工作室不支付落在你头上的价格——招募人的费用，他们在一年之内都不能雇佣你。我建议在你第一次踏入游戏行业时，不要利用任何招募服务，直接将你的履历表提交给公司会更有效。

Cambron 提供一些网站，它们上面有游戏公司的名字和链接：

- www.gignews.com　开发技巧，公开的工作机会，工作搜索的建议。
- www.gamsutra.com　开发技巧，公开的工作机会，工作搜索的建议。
- www.gamejobs.com　公开的工作机会，工作搜索的建议。
- www.neoseeker.com　游戏产品评论，通过类型/平台识别公司。
- www.vgyellowpages.com　电子游戏黄页。

Cambron 也为工作搜索和面试提出了一些建议：

- www.gignews.com/perfectresume.htm　创造完美的履历表。
- www.gignews.com/jobcampaign_part1.htm　你专用的工作搜索。
- www.gignews.com/interview_queationa.htm　面试技巧。
- www.gignews.com/gamereferences.htm　你的参考。

当被问到给崭露头角的游戏设计者最好的建议是什么，招募人 Melanie Cambron 说，“有样品，乐意旅行和“有礼貌”。读读这里的详细细节。

接下来，我们要求 Cambron 给出一个有她参与的鼓舞人心的游戏开发者的成功故事。

“啊，我最喜爱灰姑娘的故事。”Cambron 说。

一个工作室的头儿，也碰巧是我非常亲密的朋友，拼命想雇请一名顶尖的首席 PS2 程序员。这很困难，因为这样的人才并不多见。我做了一些调查，发现一个非常有才气的青年，他为苏格兰的一家工作室工作。幸运的是，他有一个非常不寻常的名字，因此，我在工作室所在的城镇查他的电话号码——并看到了!他的名字列在上面。他回复了我的电话并告诉我他没有兴趣搬到美国去。我留给他一些时间思考，后来某天他打电话给我，并告知我通过思考他的确准备过来。最后，他得到我客户的聘用，收入翻了三倍，得到全新的家具，买了一辆新跑车，而且只用几个月就还清了他学生时代的贷款。他给他坚持呆在苏格兰的前同事 mail 了一张照片：自己站在新跑车前面，上面写着“上帝保佑美国!”

图 22-1　Melanie Cambron

Melanie Cambron（图 22-1）先前推荐了一些好网站和在线文章，她被要求进一步解释她和 GIGnews.com 的关系：GiGnews 招募我利用和游戏行业中知名人士的联系，提供对他们所做的以及他们如何做的有价值的信息。通过专栏，我们希望得到和获悉，我也得到某些极好的餐馆的推荐。我完全热爱做与游戏界名人的每月面谈，而且在专栏上已收到令人惊奇的回应。一名最近的被接见者说，这是惟一让她母亲感动的文章。

最后，给那些想进入电子游戏行业的初露头角的游戏开发者/设计者，Cambron 的三条最好的建议是什么？

- 要有样品　样品——或更好一点，与你的学科相关的游戏演示，它们是绝对必须的。初露头角的程序员是代码样品；初露头角的美工是三维美术样品；设计者是编写和设计样品。这些样品不仅向潜在雇主证明你的技能，而且它们也表现你的专注、专业和有备而来。
- 乐意旅行　如果你限制你自己从工作地点到你现在居住的地方不超过 20 分钟路程，相比较而言，你在地理需求上的柔性会提供更多的机会。
- 要有礼貌　当你和一家公司接触的时候，要尊重他们的时间，感激任何回应，你的信件也要恰当，正确的语法和拼写变成和北方有斑点的猫头鹰一样的比赛。花时间恰当地组织你的电子邮件，而且校对你的履历表；通过及时信息不是和一位朋友的偶然戏谑，每次面试后要发一份电子邮件表示你的感谢。

Jeff Brunner，Representing Entertainers & Developers（R.E.D.）

Jeff Brunner 是 R.E.D 的创始人和合伙人——同时和 R.E.D 一样著名。R.E.D 的主要任务是帮助独立游戏开发公司赢得游戏开发合同，并与游戏出版商和其他娱乐公司合作，找到合适的开发团队来开发他们的所有物。

Brunner 也是 Interact（互动游戏行业中人才招募公司的领头羊）的总裁和共同创始人。Interact 创立于 1993 年，是第一家致力于电子游戏空间的招募公司。在过去数年中，Interact 安置的一些人如今已成为一流游戏出版商及工作室的高级决策人。Interact 为这些机构，如电子艺界，Activision，THQ，世嘉等招募人才。

Interact 和 R.E.D.是使命截然不同的姊妹公司，但它们分享信息和资源，为他们各自的客户提供更广泛的机会。

Brunner 解释初露头角的美工、程序员或游戏设计者为什么应该考虑使用招募代理的服务：使用著名的招募代理的最大好处可能在于获得广泛行业联系的通路。Interact 在这行已经超过九年，而且我们建立了相当庞大的联系网络，它使我们能够找到适合于我们候选人的工作机会——而这靠他们自已将从不会发现。这些年来我们安置的开发者都已经在公司中晋升到招聘主管的位置，他们能帮助我们的候选人跨进门槛。

Brunner 补充说在工作搜寻中时间是一个很重要的因素：

开发者能靠自己找到工作——他们始终这样做。然而，那非常耗时间，特别是当终点直到开发周期的关键时刻，这时开发者正好必须为下一个任务预先做准备。在你难得的业余时间中系统地进行工作搜索很困难，而在我们这个不稳定的行业中机会转瞬即逝。招募人整天花时间打电话发现哪里有工作，因此，他们可能找到你想要的工作类型，比靠你自己去找更快。

好的招募人不仅提供工作机会，他们也帮他们的候选人为成功的面试做准备。他们帮助很多开发者通过面试关，并对什么有用什么没用有不错的主意。我们也用我们近十年的经验为候选人出谋划策，推进他们的事业。举例来说，我们总是建议不要在项目进行中更换工作，因为这会使潜在的雇主认为你不可靠。

R.E.D.和 Interact 的服务对开发者都是免费的，这如何操作？

我们的收入视我们为客户所做的工作而定。如果是 R.E.D.，我们的费用通常随开发预算而变，我们一般收 10%，但那随着项目可以改变。如果是互动形式（interact），招募人的佣金由雇主支付，基于（而不是来自于）候选人的总体报酬——只要候选人的工作达到保证的最短时间（通常是 3 个月）。这是附加诱因，让招募人为他们的候选人争取更好的待遇；也是激励，使专业候选人满意他们的职位。

招募过程如何正确地工作？在下面一节中，Brunner 提供详细的逐步描述，某人签约受雇后会发生什么。

1．相互影响

我由 Interact 开始，因为它遵循更明确的、一致的程序。候选人通过各种途径与我们接触；Interact 的招募人积极地找到他们，举例来说，通过出席行业会议如 GDC 和 E3 展，看片头或片尾字幕，通过行业媒体，以及直接给开发者打电话。候选人也通过我们的网站或在线出口，如 Gamasutra.com 或电子游戏黄页电话簿，将他们的履历表发送给我们。建立联系是发现开发者的一大部份，候选人也通过我们过去帮助过的朋友和同事求助于我们。

在候选人将他或她的履历表交给我们之后，我们要进行归纳：确定其目的、技能和偏好（位置，类型/平台，薪水），我们要知道候选人想要开发的是什么类型的游戏。

然后我们在内部一个团队中分配履历表并审查它，了解候选人的优势和弱点并讨论候选人的目的。

经过我们的评估之后，我们联系雇主找到可利用的工作——与候选人的目的、技术和偏好进行最好的匹配，然后与候选人进行详细的讨论。如果候选人对这个职位感兴趣，我们得到他或她的同意送出一份履历表和工作样品。只有那样我们才送出履历表和样品，而且只给候选人明确表示同意的公司。

下一步是将我们的候选人推销给招聘主管，并使他或她相信这是该工作的合适人选。这很大程度上依赖于我们有招募经理的眼光——而我们良好的名誉和记录为我们的推荐增加了砝码和可信度。

如果招聘人同意和候选人见面，我们就对候选人进行安排和准备——就成功的表达和面试技巧进行商议，详细察看可能的问题，并帮助候选人推敲他或她的答案。

在面试之后，我们从招聘经理那里得到反馈，修正任何关心或异议，并安排第二次面试（招聘过程几乎总是包括两次面试，这是我们的经验。）

我们还要和我们的候选人交谈，看看他或她是否仍对该工作感兴趣。如果是，我们安排第二次面试。当到达谈报酬的阶段，我们商谈一个总体报酬并呈给候选人。如果它不被接受，我们重新协商直到我们提出一个双方都认可的总体报酬，然后设定一个开始工作的日期。

这时关系并没有结束。只有缺乏远见的招募人才会拿走佣金，然后说“再见，祝你好运。”好的招募人继续与候选人联系，提出建议并确保一切运转良好。我们的目的是保证候选人有与招募人积极合作的体验，因此，他们将来会再次打电话给我们，并介绍朋友和同事给我们。

2．R.E.D.

当我们签下一个客户时，真的没有什么“典型”程序——它完全视客户的情形而定。有时是建立工作室，期望增加他们自己的行业开发能力；有时是组建团队，需要给他们最初的游戏想法或快要完成的游戏找到出版商；其他的时候，新的工作室恰恰需要一个项目让生意开展起来。我们也与出版商合作，物色最好的人才开发他们的项目，而且我们还帮助风险资本家发现游戏开发的投资机会。

这和创办的准备程度关系更大。刚开办的工作室通常是来自出版商或较大的开发工作室的原封不动的开发团队。有些人为自己的原创游戏想法寻求出版商；而有些人则对获取特别类型的游戏开发交易更感兴趣。

有些工作室签署独家的代理协议，但是他们通常只是授权我们代表他们与出版商谈判。虽然我们被称为“游戏代理人”，我们更准确的描绘应是我们客户生意发展的助手，商谈交易并带给他们项目。

我用一个熟悉的例子来说明我们的工作：一家独立工作室在寻找下一个项目；在工作室和我们签约之后，我们要和他们商量他们期望做哪种平台和类型的项目。

如果它是一家新的工作室，我们评估它的演示，因为制作一个给人深刻印象的演示是激起出版商兴趣的惟一最重要的因素——特别是如果工作室缺乏此类项目的记录。虽然现在的风气已不再崇尚仅基于名字和出身的获奖开发项目，但随着游戏预算的增加，出版商正承担更多的资金风险，所以他们必须要亲眼看到一个杰出的可玩演示，以此来确保新的工作室可以成功。

这时，我们开始收集我们认为与客户匹配的出版商，并安排他们和客户见面。（在 R.E.D. 与出版商的合作和与我们的姊妹公司 Interact 分享信息这二者之中，我们对项目哪些方面可以利用有了相当完善的概念）。

在这些会见之前，我们先和客户坐下来，帮助他们为回答出版商可能问到的问题做准备。我们检查他们所有的设计文档，并在可能的地方提出一些建设性建议。

签署合同之后通常还有几次见面，而且我们会给出版商打很多电话，帮助他们认识到我们的团队与他们的项目非常般配。如果出版商认可了我们的客户，那么 R.E.D.就要商谈最好的可能条件。意向书（LOI）签署后，我们的客户要支付一笔与预算相关的预付款，而正式合同的细节解决了这些困难。在交易完成之后，我们监控整个过程，必要时包括我们自己，因此，我们将重心集中在带给客户额外的项目上。通过我们的姊妹公司 Interact，我们帮助工作室为他们的开发团队提供人员。

事实上，没有任何游戏人才公司能处理交易的所有方面（订金、版税、开发预算、交互性和非交互性权利），而只是对客户生意发展起辅助作用，并且为开发团队提供人才资源。

感兴趣的游戏设计者/开发者可以到 www. interactjobs.com 上访问 Interact。

Marc Mencher，Virtual Search

在创立 Virtual Search（一个游戏招募公司，www.vsearch.com）之前，前软件工程师 Marc Mencher 为 Spectrum Holobyte 和 3DO 游戏公司工作。Virtual Search 在全世界都有委托人，为各类游戏开发公司服务。除了传统的招募服务，Virtual Search 的独特在于公司重点针对职业开发，确保它代理的人才达到他们的短期和长期的事业目标。

Marc Mencher 提供下列为本书创作的复杂（和冗长的）摘要——什么是招募人，他们如何工作，以及为什么启用招募人可能是个好主意。

连同律师和二手汽车销售员一起，招募人常常会招人憎恨。不可否认，几乎每个行业都有不专业的招募人，游戏业也不例外，正如一定有不专业的程序员、美工、制作人、开发者等。但是一个有经验、有道德、有能力的招募人意味着在你梦想的工作和根本没有工作之间的巨大差异。

什么是招募人？

一般而言，招募人使求职者与公开的工作职位相匹配。举例来说，如果 Hot Smokin' Games 公司在寻求一名制作人，招募人会帮助物色适当的人选填充那个职位。如果 Hot Smokin' Games 公司要雇佣那位制作人，它就要支付给招募人一笔费用。如果招募人要求你（而不是公司）支付你的就职费用，那么就不要用那个招募人。

为什么用招募人？

如果你在一个高要求/低报酬的职位上会怎么样呢？例如，如果你是一名 PSX 程序员，为什么你要用招募人？为什么有些人要用招募人？如果你访问 Hot Smokin' Games 公司的网站，你可以找到“工作机会”的链接和一系列公开列出的工作，以及你能送出你的履历表的联系方式。如果你能直接将你的履历表发送给公司，为什么还要麻烦招募人呢？

➢ 避免浪费时间　通过招募人，你不用花你的时间搜索工作岗位、公司联系信息和申请要求。在美国有数以千计的计算机游戏公司，简单的网上搜索就会找到旧金山海湾区域的几十家游戏公司，而那只是冰山一角。而且大部分公司有不同的申请要求。招募人有数百个公开岗位的即时信息，而且他们完全知道每个公司想看到什么样的履历表。

- 跳过 HR 的履历堆　当你将履历表送给一家公司时，你依赖人力资源部门（HR）给它规定路线。HR 部门收到每个职位、从秘书到 CFO 的数百份（即使不是数千份）履历表。你的履历表将被扔进一堆履历表中，静静躺在那里，直到忙碌的 HR 人员有时间分类并分配履历表到适当的招聘经理处。另一方面，好的招募人和招聘经理建立了长期关系，能直接将你推销给公司内恰当的经理。举例来说，一个和 Hot Smokin' Games 的招聘经理有长时间关系的招募人，可以就你和你的资格给她打电话并和她直接面谈。另一方面，如果你冷不防给那个招聘经理打电话，可能性是她“不在她办公室”，或者仅仅要求你送一份你的履历表。并且，说实在的，你不能责备她，这些人接到无数的电话和咨询，而一天恰恰只有那么多时间。简而言之，招募人帮助招聘经理减少了奔波。
- 从真实的反馈和精明的说辞中受益　你在面试中的表现如何，招募人能从公司得到真实的反馈。一般而言，招聘经理不愿意直接给求职者真实的反馈。然而，他们通常感到能完全自由地向招募人吐露所发生的真实内情。有了真实信息的帮助，有效的招募人就能清除候选人在面试期间的任何“搞砸”。举例来说，一个招募人代理了一位有技术资格的候选人，但尽管他和他的招募人准备了预演面试，这个家伙却仗着过去的工作经验表现出差劲的态度。由于没有对“差劲先生”留下印象，招聘经理没有给出工作的意图，尽管他有过硬的技术资格。了解到候选人被拒绝之后，招募人立即联系招聘经理，确切讨论在面试中出了什么问题。由于得到招聘经理真实信息的帮助，招募人能够采取一些精妙的说辞，清除候选人搞砸的事情，而且使招聘经理相信可以给这个家伙第二次面试的机会。第二次面试好多了，候选人知道毛病出在哪里，招聘经理也知道为什么会出问题。最后“新态度先生”得到雇用。
- 从内部信息获得好处　招募人——至少你要与之合作的这些招募人——由招人的公司而不是候选人支付费用。正如一般的规则，如果一家公司支付招募人的费用，它就不是短期经营。也就是说，与招募人合作的公司一般财政上更稳定。因此，如果你自个儿从旧金山跑到奥斯汀，你会发现你并没有重新找到一份满意的工作，只得在两星期之后放弃了这个工作。而招募人会为你找到稳定付酬的工作，以非广告的方式告诉你，并且给你特别的机会。
- 享受更高的的薪水和更好的总体报酬　通过与其他掌握相似技能的人作比较，紧跟游戏业市场的招募人会知道你的薪水水平。如果你过去没有争取到不菲的薪水和福利，好的招募人能在这方面帮助你。招募人了解招人的公司，并知道你面试的特定职位的薪酬能达到什么水平。招募人知道给你这样的工作水平通常发放多少股票，休假时间，以及红利的百分比。好的招募人也知道能将薪水谈判推进多少，等等。如果你疑惑为什么你比你办公室的同事更有资格，但她却有更好的总体报酬，这种不平等就在于她有强大的招募人为她谈判总体报酬。
- 从长期职业管理中获益　职业发展不是一个简单的愿望和祈祷。在找到你可以与之来往的招募人之后，让他帮助你制定你的短期和长期的职业目标。当你勾画出一个行动计划，你和你的招募人才能在接下来的几年中实施它。你公司里大多数经理，主管或副总级的人都和招募人建立了长时间的关系，并通过招募人获得人才来充实他们的高级职位，谨记这不是巧合。

那么，为什么还有坏名声？

如果前面所说的一切都是真的，而且招募人对公司和候选人都有如此大的帮助，为什么还有坏名声？好吧，专业的，有道德的，以及得到很好公认的招募人演出了前面的情节。坏名声来自这些招募人，他们浏览工作广告，未经你的许可夸大你的履历表，到处散布你的信息，因此他们失去了你的信任。

你如何找到好的招募人？

发现好招募人的最好方法是口碑。良好的招募公司已经在游戏行业建立了名声。如果你想寻求一份新工作，向你在这行的朋友和同事咨询。当然，寻求一份新工作可能是一件非常保密的事，而如果你感到问人不舒服，那就做一些游戏行业的阅读。受到很好公认的招募人时常作为一部分出现在游戏行业的出版物上，像 GlGNews.com，GameWEEK，Gamasutre，等等。你也能在网络上搜索招募人，Yahoo!搜索就是获得游戏工作或游戏招募人的一个良好开端。然后访问招募人的网站，它专业吗？它给你有关公司的信息吗？查看他们的工作列表，它们是最新的吗？

你如何与招募人合作？

建立和维持与招募人的长期关系是个人职业发展和管理过程中最应该保密的事情，而和招募人合作很简单，如果有招募人联系你，要采取 3 个简单的事项：

- 注意形象　保证休息；没有人猎取失败者。
- 有所帮助　第一个电话通常是有关你和你的职位信息的礼貌咨询。招募人不会——也没有任何动机——泄漏你的信息。因此花一点时间并回答一些问题。如果你在工作中不方便说话，那就要了招募人的电话号码并从家中打过去，或者将你家的电话号码给招募人。
- 保持友好　谚语云，礼貌不花什么钱。记住生命中没有什么是绝对的，除了死亡和税收，而且虽然招募人给你打电话那天你可能不找工作，但将来你还能是求职者。不要烧毁任何一座桥。

1．建立联系

如果有个招募人联系你而你也感兴趣，或者如果你靠自己或通过推荐发现某个招募人，你的下一个步骤就很简单：给那个招募人打一个电话或发一封电子邮件。要使用比较保守的措辞，招募人通常是“人中之人”，而和你说话可能会更高兴。这时，招募人需要有关你寻求的工作和你过去的经验的详细情况。假定你是招募公司认为能合作的那类人，你就要发送你的履历表。尽管在你将履历表送给招募人之前，你最关心它是否处于良好状态，与招募人合作的另一个好处是你会得到履历表的帮助。招募人知道公司要什么，而且他们也知道如何让履历表出众。

即使当时招募人没有任何特别适合你的工作空缺，事情总在变化，下次他需要填充在明尼阿波利斯的一位美术总监的职位，你就会在“打电话”的名单上。

2．保持联系

当你与招募人合作的时候，持续的对话很重要。如果你关心某个职位，那就和你的招募人谈谈。

确保与你的招募人保持联系，他会为你安排接下来的面试。简明扼要地告诉你的招募人面试时的全部内容——问了些什么问题，而你是如何回答的。在你的招募人和你谈过之后，他会和公司去谈。正如前面的例子所指出的那样，如果出了一点点差错，你的招募人能采取一些挽救措施快速修补。

最重要的是，对你的招募人要公开和坦诚。Jerry Maguire 的 Tom Cruise 解释是，帮助你的招募人就是帮助你。只有当你成功的时候，招募人才会成功。确保你保持一致，在你所想做的，以及你如何和在哪里做上。

你期望从你的招募人那里得到什么？

创造专业而有效的展示包。好的招募人不仅利用和发送你现有的履历表——这你自己也能做到；好的招募人还会帮助你处理你的展示包。展示包包括履历表，但是一个恰当安排的展示包能凸现你的经验——与你想要的具体工作相关的经验；而一般的履历表常会有高的拒绝率。除了一份得当的履历表，展示包还包括你是谁的迷你传记，连同全部证明。这是重要的第一步。你的履历表和展示同样重要。如果一个招募人仅仅对拿到你的履历表感兴趣，而不花任何时间处理你的展示，为你工作的这个招募人就是拙劣和无能的。你的履历表可能会在这个星球的每家游戏公司中出现，冒着不再保密的危险，而且遭到你完全能胜任的工作的拒绝。

- 创造一个工作搜索战略　当你的展示包井然有序时，好的招募人和你共同创造一个工作搜索战略——考虑到你的定位要求，薪水需求和职业目的。这个搜索战略特别重要，因为你不想你的招募人送你的履历表到你有牢固的个人关系的公司。搜索战略会包括一连串你自己去接触的公司，以及一连串由招募人代表你去接触的公司。搜索战略是一页的两面。你从不必问自己，"招募人在为我做什么？"它概略地描述双方对搜索战略的意见一致！
- 完全的工作描述和公司信息　在搜索战略建立，而且你指出对招募人为你选出的某些工作感兴趣之后，就期待来自招募人的书面和详细的工作描述。如果不能提供它们，那么可能你的招募人和那个招人的公司没有很好的关系。招募人也应该能够提供公司的信息，公司的财政实力；公司内部的管理团队合作得如何；公司的短期和长期计划；其他雇员的红利计划如何。换句话说，你需要所有这些信息，以此来决定你是否真的对该工作感兴趣。只有在你已经确定感兴趣之后，好的招募人才会发布你的履历表。
- 反馈和持续的沟通　好的招募人会不断告知你的搜索状态的更新情况。在积极的工作搜索阶段，你能期望每周或更频繁地从你的招募人那里得到消息。如果你只是消极观望（只想听听突发新闻），你大约每隔一月才能听到招募人的消息。
- 准备面试　好的招募人与招聘客户有牢固的关系，会为你准备面试——不管是面对面，还是通过电话。招募人了解招聘经理和公司寻求的是技术还是管理人才。因为你将进入面试程序，会对公司有更多的信息和了解，胜于那些没有用招募人的人，你得到工作的机会就大多了。
- 支持和磋商　寻求一份工作涉及到情绪，也产生压力。你的招募人就是你的支持系统——预先安排所有的面试，并管理你与招人的公司沟通的整个过程和流程。你的招募人不仅帮助你和招人的公司建立互相有益的工作关系，当你在几个工作中选择的时候，她帮助确保你与你设立的搜索战略保持一致，向你的短期和长期职业目标前进。

➢ 重新定位和继续沟通　最后你能期望你的招募人帮你解决目前工作的辞职程序、帮你搬家（如果需要）、找到住房、解决任何签证问题等等。你也能期望不时地从你的招募人处得到消息，确保你能很好地适应新的工作环境，并解决任何可能存在的问题。到 www.vsearch.com 上访问 Virtual Search。

Pat Bigley，Prime Candidate

Pat Bigley 是 Prime Candidate 公司（www.primecandidateinc.com）的副总裁，该公司是专攻计算机游戏业的执行招募公司，它的招募涵盖所有级别，包括主管、销售、市场以及开发的所有方面。

游戏行业的设计者/开发者或主管为什么会使用招募人，如 Prime Candidate？

如今的市场到处都是张三啊、李四啊、王五啊，他们都想在这行找份工作或是进入这个行业。这是一个有刺激性、快节奏的行业，引起了年轻人们的极大兴趣，但是大部分人却不知道该如何进入这行，而使用招募人对他们进行适当引介会让他们受益无穷。

同样，很多人不想成为 HR 人员桌上那堆履历表中的应征者之一。如果招募人工作得当，他们能让应征者从中脱颖而出、引人注目，从而成功地将人推销出去。同样，好的招募人通常有良好的社会关系，能将不错的履历表直接呈给招聘主管，而不经过 HR。这是更快、更干练的一个途径。

正如其他的招募代理，和 Prime Candidate 签约的个人不支付服务费用——而是由招人公司支付。这种服务如何进行？Bigley 将它分解为 12 个步骤：

1．要求提供履历表。如果它看来恰当并经得起推敲，我们就接受它；如果需要重新书写，我们会帮助候选人重写。

2．询问大量的问题，关于薪水范围、地理参数、候选人最感兴趣的职位类型、技能以及其他的一般信息，帮助我们找出最适合候选人需要和技术的职位。

3．送出候选人可能感兴趣的公司名单。有时，我们能提供给候选人某个工作的描述；有时，我们没有一个特定的工作，因此，我们只涉及公司和城市的名字。

4．征求候选人让我们知道哪家公司能够接触——我们总是得到许可后才发送履历表。

5．在沟通的基础上，送出履历表，通常是通过电子邮件。

6．有些公司的沟通不错，他们也要求和他们通过的候选人安排一次电话面试。

7．如果公司想和候选人交谈，公司代表通常电话通知招募人并预定谈话时间。这个过程可能持续几分钟到一个小时。

8．在最初的电话过滤之后，如果公司代表对候选人感兴趣，他们通常预定一次现场见面。如果公司位于候选人所在的地方，他们只要就时间达成一致并安排这次见面；如果公司在别的城市，州或国家，公司必须预先安排旅程，旅馆住所和汽车。这次见面通常历时一天或两天，而且实际的面试可能持续整天，因为候选人要和许多不同的人见面。

9．有时还有第二次和第三次面试。如果公司必须再次和候选人见面，就预先安排下一次会面。

10．作出决定。公司想要候选人吗？候选人想到公司工作吗？记住面试的过程是双向的——不只是对公司。

11．或者公司和（或）候选人当时就达成一致，或者双方同意由公司再做一个提案。如果每个人都赞同该提案，这时就将它呈给候选人。候选人要与招募人合作，决定提案是否适宜和可行。如果候选人接受该提案，候选人可以通过招募人或直接告诉公司代表；如果提案必须磋商，就要确定招募人或候选人是否会和公司讨论这些变化。

12．提案被接受，而且招募人进一步安排好上班日期，整个过程就完成了。

Bigley 说他们安置的候选人大部分在行业中都有成功的任期。“我们已经给许多人机会实现他们的梦想并因此开办他们自己的开发公司。”她补充说。

每个人都需要招募公司吗？

某些情况下，那将是他们得到雇用的惟一方法。但是还有一些公司因为服务的费用不使用招募人，而有一些公司宁愿自己来做。

至于一位有前途的雇员为什么会选择 Prime Candidate 而不是其他类似的代理，Bigley 强调说，它是一家受到高度尊敬的公司，人们因为它的名声才使用它的服务。“我们为各个公司代理人才，并为公司找到特殊人才。选择与我们一致的公司，最终选择代理人才。我们尊重候选人和公司的期望与兴趣。”

欲了解 Prime Candidate 更多的信息，请访问 www.primecandidateinc.com。

第 23 章　设计学校与课程

正如他们在本书中所提及的许多成功的游戏设计者、程序员和美工等，都一致认为：一定水平的高等院校是重要的资质，也是在互动娱乐行业中建立职业生涯的坚实基础。事实上，很多项目领导人和制作人不会雇用这样一个人，除非他有一个专门的学位（如作为程序员的大学或学院计算机科学文凭）。为程序员、美工、动画师、音乐家和声音工程师设置有数百种课程，但是很少有重点针对与计算机或游戏机有关的特定学科，甚至很少有严格针对游戏设计的，这也不足为奇。

本章着眼于一些学校和课程，满足那些想在计算机或游戏机游戏行业中将开发者作为职业的人。

DigiPen 技术学院

任 DigiPen 技术学院（www.digipen.edu）的教务主任 Jason Chu 和我们谈到这所独一无二的学校时，提到下面一些问题。

首先是 DigiPen 的一些历史，它由加拿大不列颠哥伦比亚省温哥华的 Claude Comair 创建于 1988 年，开始是一家为娱乐业提供三维计算机动画和特技服务的公司，Comair 和公司认识到三维计算机动画有很大的不足，并决定做些与之有关的事情。于是，DigiPen 开始提供培训课程让美工成为三维计算机动画师。

1991 年，他们结识了美国任天堂（NOA），并开始讨论让 DigiPen 在电子游戏编程中提供培训课程。这一想法在 1994 年 9 月成为现实，这时他们开始了计算机游戏编程课程，由 NOA 赞助。按照 Chu 的看法，他们认识到这个课程是加拿大或美国惟一的一个。这是一个为期两年的课程，然而，游戏的设计正变得更加复杂，同时趋势向三维转变。因此，DigiPen 将课程拓展到 4 年的学士学位计划。1998 年 2 月，DigiPen 在华盛顿雷蒙德建了一个更大的校园。

Chu 解释电子游戏本质上是实时交互的模拟编程，他们为这个学科选择的名字由此而来：即时互动模拟的理学学士学位。

Max Sziagor，一位新近获得即时互动模拟学士学位的毕业生说，到 DigiPen U 上学并不完全是有趣的和游戏（图 23-1）。“为了完成一个项目，通常 DigiPen 的工作会延长到每天 12 个小时以上，包括周末。” Sziagor 说。

目前全部课程由 9 级数学、二级物理学、4 级计算机动画、23 级计算机科学以及 4 个完整实现的游戏项目所组成。学位总共包括 154 个学分。DigiPen 也提供两年的助理学位课程和中学夏季课程，而且也考虑在不远的将来提供硕士和博士学位。

当被问到为什么有人想来 DigiPen 学习游戏编程或三维动画时，Chu 根据目前的编程课程来回答：这是游戏编程领域高度专业化的培训课程。正如我们意识到的一样，我们目前是世界上第一家也是惟一一家授予学位的学院，致力于电子游戏编程。如果人们想以游戏编程员作为自己的职业，这里就是接受训练的恰当学校。

我们想知道到 DigiPen 能学到什么？在你毕业之后有什么打算？Max Szlagor，一个新近的毕业生，毕业于 2001 年 4 月并获得了即时互动模拟的理学学士学位。他谈论在 DigiPen U 的生活和超过。

图 23-1　DigiPen 学院一角

DigiPen 全是乐趣和游戏吗？

好吧，当与很棒的同学及优秀的教师合作，完成几个高质量的游戏的时候，我们在某种意义上感受到了乐趣。虽然我们玩游戏是为了乐趣和研究，但是我们大多数时间重点放在做杀人游戏。为了完成一个项目或者推敲已有的任何项目，通常 DigiPen 的工作会延长到每天 12 个小时以上，包括周末。

一星期 60 小时的工作量很大——创作游戏或别的东西!一旦从 DigiPen U 毕业，一个毕业生一开始能挣多少钱？

像任何工作一样，薪水的变化范围很大。它完全依赖于你工作的公司，你工作的地区，你拿到的学位，以及毕业生的技能水平。一个四年制的毕业生能期望赚到$40,000～560,000，尽管上限在大多数地区都很罕见。

你现在在工作吗？

我现在为任天堂软件技术公司(NST)工作，为 NST 制作一些游戏，包括 N64 的 Ridge Racer 64 和 Pokemon Puzzle League，以及 GBC 的 Bionic Commando 和 Crystalis。迄今为止，工作引人注目，而且我的 DigiPen 教育很好地为我效力。

全程实践

另一家致力于游戏设计课程的高级技术学院是位于佛罗里达 Winterpark 的 Full Sail（欲获详情，请访问 www.fullsail.com 或 www.fullsail.com/fsl/gd)。它的箴言是“真实世界的教育”，而游戏设计只不过是它提供的一个数字媒体课程。Full Sail 已设立了游戏设计助理科学学位课程，教授学生必需的技能，为网络、PC 和专用游戏主机设计和创作单人及多人计算机游戏。

课程首先从引导性水平开始，伴随着基本的数学、编程技术和计算机游戏行业的编年史，以便学习和识别决定成功游戏硬件和软件的市场趋势。序言为核心课程——数学和物理学，用 C++/DirectX/OpenGL 编程，用于建模的人工智能技术，为多人游戏写代码，以及最终在 PC 上的一个游戏项目和重要的计时——提供了必需的基础。

Full Sail 有一个安置协助部门，安排毕业生到游戏开发公司实习。

虽然本章结尾列出了北美的很多游戏学校和课程，有游戏设计、编程或动画，但是，你也一定要使用你喜爱的搜索引擎（如 Google）键入渴望的城市名称和“电子游戏学校”，看看你能否发现别的学校。搜索愉快！

其他学校与课程

以下是游戏设计者、程序员和动画师可以考虑的其他一些学校和课程的名单：

- 美术学院学会（www.academyart.edu）
- 旧金山（加州）美术学院（www.aisf.aii.edu）
- 美术学院（www.artinsticutes.edu 或 www.aii.edu）
- 加州美术学院（www.calarte.edu）
- 卡内基梅隆大学（www.cmu.edu）
- 纽约大学的高级数字运用中心（www.sce.nyu.edu/cada）
- 数字图像和声音中心（CDIS）(www.gameschool.com 或 www.artschcol.com）
- Centennial 学院的创作交流中心（www.bccc.com）
- d'animation et de 国家设计中心（www.nad.qc.ca）
- Cogswell 综合技术学院(www.cogswell.edu）
- DePaul 大学（www.depaul.edu）
- DeVry 学院（www.devry.edu）
- DH 媒体艺术学院（www.dhima.com）
- 东部商业计算机学会美术和技术学院（www.ebci.ca）
- 游戏学院（www.gameinstitute.com）
- 格鲁吉亚技术学院（www.gatech.edu）
- Herzing 学院（www.herzing.edu）
- 印地安那大学(www.indiana.edu）
- Marycrest 国际大学（www.mcrest.edu）
- 麻省理工学院（MIT）(www.mit.edu）
- Mesmer 动画中心(www.mesmer.com）
- Middlesex 大学计算机科学学校（www.cs.mdx.ac.uk）
- 麻省理工学院人工智能实验室（www.ai.mit.edu）
- Bournemouth 大学国家计算机动画中心(http:// ncca.bournemouth.ac.uk）
- （NBCC）Miramichi(www.miramichi.nbcc.nb.ca）
- 纽约大学（www.nyu.edu）
- Parsons 设计学校（www.parsons.edu）
- Pratt 学院(www.pratt.edu）
- 罗彻斯特技术学院（www.rit.edu）

- 旧金山州立大学（www.cel.sfsu.edu）
- 圣何塞州立大学（www.sjau.edu）
- 赛凡那美术和设计学院（www.scad.edu）
- 沟通艺术学校（www.ncsca.com 或 www.3ca3d.com）
- 塞内加学院——数字媒体中心（www.dmc3d.com）
- 斯坦福大学（www.stanford.edu）
- Abertay Dundee 大学（www.abertay.ac.uk）
- 高级计算机技术大学（www.uact.edu）
- 伯明翰大学计算机科学学校(www.cs.bham.ac.uk）
- 加州大学，欧文（www.uci.edu）
- 加州大学，洛杉矶（www.ucla.edu）
- 中部佛罗里达大学（www.ucf.edu）
- 马里兰大学，巴尔的摩县（www.umbc.edu）
- 密西根大学人工智能实验室，电气工程和计算机科学部（http:// ai.eecs.umich.edu）
- 北德克萨斯大学计算机科学部(www.cs.unt.edu）
- 南加州大学计算机科学部(www.usc.edu/dept/cs）
- 温哥华电影学校（www.vfs.com）

第 24 章　游戏设计资源

本书不可能包含所有领域的网络游戏资源的信息，但这绝非关于游戏设计和如何进入这个快速发展的行业的最终结论。Internet 是初学者和经验丰富的设计者以及其他游戏开发者学习、交流的一个杰出媒体，它可以成为成功游戏团体的成员以做出贡献。本章的目的在于介绍一些网络资源——值得你在信息公路上冲浪时逗留。

在本书的各个章节中，已经提供有数十个 URL 和方便的 Usenet 新闻组以便以后进一步参考，但本章所提供的更适用于一般的游戏设计。

和网上的大多数事情一样，游戏行业的站点名称、URL 等总是在变化。如果你找不到这里列出的某个站点，继续找！试一下 Google.com，它是网上最好的搜索引擎。

下面列出的 Web 站点和 Usenet 新闻组通常是按字母顺序。但首先，有一个 Web 站点无疑对任何成长中的游戏设计者和开发者都是最重要的，那就是：Gamasutra。

Gamasutra

Gamasutra（www.gamasutra.com）是最重要的游戏设计 Web 站点，包括大量文章，内容涉及从编程到图形设计，声音工程到音乐，甚至提供了游戏产业制作、法律和商业方面的内容。每一部分都提供有规律的更新的新闻、社论、访谈、来自业界专家的专栏、工作分类广告、自由工具和源代码，还有更多。扼要地讲，把它作为你上网的起始页吧。

Alex Dunne，Gamasutra 的执行制作人，在这里和我们讨论 Gamasutra 是什么，这个站点提供什么，以及它如何与它的姊妹出版物（《游戏开发者》，Game Developer）相关。另外，Dunne 还谈到游戏设计者进入这个行业的一些诀窍。顺便提一句，Dunne 还是独立游戏节（Independent Games Festival，www.igf.com）的主席和创立人。IGF 每年一次，发起于 1998 年，它奖励那些在独立开发电子游戏领域的革新（见第 25 章）。让我们立即开始看看 Dunne 对 Gamasutra 的描述。

Gamasutra 是最大的独立游戏开发站点，它是 Gama Network（www.gamanetwork.com）的一部分。网站提供每日新闻和技术文章，是 Game Developer 和游戏开发者会议（Game Developers Conference）的姊妹站点。很多杂志的文章和会议论文都在 Gamasutra 上发表。除了新闻和文章，Gamasutra 还提供了广泛的服务以帮助游戏开发者相互联系，这些服务包括：简历登录（当然是免费的）和简历搜索、行业工作列表、外包项目列表（用来为你的游戏找到自由职业者特别方便），以及业界的承包商目录（包括自由程序员、动画师、作曲家、音效工程师等）。Gamasutra 还提供了一个无所不包的游戏开发产品和服务方面的购买者指南。现在已经有超过 10 万注册成员，都是免费加入的。

Gamasutra 如何与 Game Developer 相关的？

我处理与杂志的 Web 站点相关的问题，专门提供与杂志的流通相关的顾客服务问题，以及处理（从 Gamasutra 上找到的）杂志文章的订阅。

对成长中的游戏开发者——即，程序员、美工、关卡设计者、游戏设计者，等等——想进入这个行业时要牢记的三个最重要的事情是什么？

我恰恰只有一条："展示出来，不用讲"。我这样说是指在潜在的雇主那里演示出你的能力，比在简历上大书特书要重要得多。如果你渴望成为一个游戏程序员，展示你过去完成的与你寻求的工作有关的演示作品；如果你是一个动画师，用一个像样的演示片；如果你是一个关卡设计者，展示你完成的关卡。在这个行业，谈话是不被重视的，因此用你完成的例子来向雇主证明你的能力才是至关重要的。

请你谈谈网上或出版物中的最好的资源有哪些？

因为我多年来为这个站点和杂志工作，这已经将我与它们紧紧联系在一起了。我首先必须提到它们：我们的站点 Gamasutra.com 和我们的杂志 Game Developer，它们提供的信息能帮助希望进入这个行业的人们。特别是我们的调查分析，成长中的开发者会很有兴趣——你可以了解游戏开发的实际情况，尤其是在开发过程中可能发生的错误。当然，还有很多很好的信息源。我推荐 flipCode（www.flipcode.com）和 GameDev.net（www.gamedev.net），它们提供开发方面的信息。Fatbabies（www.fatbabies.com）提供这个行业中讨厌的薄弱环节，以及 Blue's News（www.bluesnews.com）提供新游戏和正在开发的项目的消息。

你忙于每年 3 月在加利福尼亚圣何塞举行的 Game Developers Conference。你或你的公司从事的还有那些项目呢？

过去 3 年多来，我们承担了国际游戏开发者协会（International Game Developers Association）的管理。IGDA 是非营利的行业协会，帮助游戏开发行业的专家之间建立交流沟通。在世界各地的不同城市建有本地分会，以经常性的集会来帮助游戏开发者互相认识。IGDA 也有一些委员会，处理与公共政策和游戏开发者团体普遍涉及到的其他方面的特定问题——如教育、联机游戏、暴力以及从事游戏开发的女性。Gama Network 还负责独立游戏节（Independent Games Festival，www.igf.com），每年在游戏开发者会议中举行，奖励每年最革新的独立游戏。IGF 在游戏行业就像圣丹斯（Sundance）电影节对电影业那样：一个展示支持行业发展的小革新项目的地方。IGF 现在已经是第四年了，它帮助一些独立游戏找到出版商，并且给独立游戏开发者提供成千上万美元的资金。

无疑，专注于游戏设计和开发的最著名的 Web 杂志就是 Gamasutra（图 24-1）。本章提供了和这个站点的执行制作人 Alex Dunne 的访谈。

Dunne 讨论了一些关键的媒体活动、商业展示，以及如果你想要更多联系、了解这个行业所需要注意的习俗。

游戏开发者会议（Game Developers Conference，www.gdconf.com）是专门为游戏开发者准备的最大的活动：有数百种各种游戏开发主题的课程；有结识业界人士的大量机会；并且有一个完全由游戏开发行业的公司组成的展览楼层。电子娱乐展 E3（Electronic Entertainment Expo，www.e3expo.com）是另一个重大活动，它展示大量即将问世的游戏。SIGGRAPH（www.siggraph.org）是一个杰出的会议，专注于计算机图形行业，虽然它不是一个严格的游戏开发的活动，但是许多技术在我们的领域是适用的。

第 23 章“设计学校与课程”讨论了游戏编程学校——但 Dunne 觉得这个领域的教育是否有必要呢？他回答道：“我一般推荐进入任何大学，只要它能帮助打好数学和计算机科学方面的坚实基础（有助于你的技术技能），或者能教给你人性和自由的艺术（有助于你的游戏设计技能）。教育在我的书中总是一个必需品。”

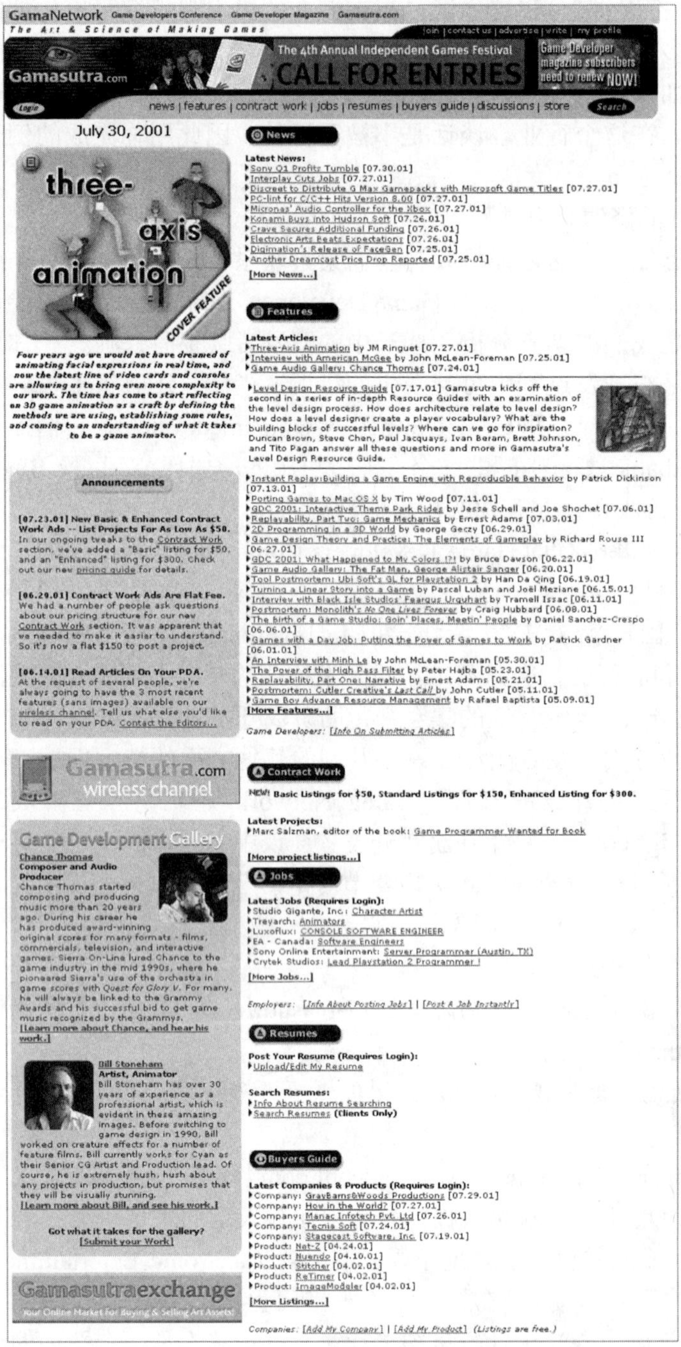

图 24-1 Gamasutra 及 Alex Dume 的个人网站

他继续道：你需要稳定的收入来源吗？如果是，那你最好找份工作，因为已经有很多能干的独立游戏开发公司了。作为一个独立开发者，你将面对那些大出版商——它们每年把许多钱投入到销售预算中。你以为你的独立游戏能通过口口相传达到一定的销量？或者你的游戏好到能被出版商看中？如果你的游戏足够好，你愿意放弃一些创作的控制权以使你的出版商满意吗？很多人在选择独立开发这条路时，忘记考虑另一个方面，那就是作为一个公司领导你的很多时间要花去处理那些与游戏开发无关的问题——你是一个商业管理人员了。这样，你将必须处理公共关系、市场、销售和/或提高资本、支付债务。如果你打算有雇员，你还将必须管理工资单和津贴，成为一个办公室管理人员。还有公司所有者必需的许多细节。也就是说，优点是你能够成为自己的老板，并且你能自己完成你的游戏的蓝图 —— 而不是别人的游戏的蓝图。这是一条艰难的道路，但是，如果你成功，很可能有更多奖赏，包括个人的和业界的。

对新手来说一条更安全的途径是找份工作，成为一个大公司中的“工蜂”听起来不像作为最初创始人那样浪漫，但是，依我的意见，这是条更安全的途径。你将花更多时间在游戏方面，发展你的技术能力，而如果未能取得成功，丢掉工作比放弃自己掌管的公司要轻松许多。在一家公司中工作过以后，你可能获得了一些经验，并且在业界有了一些关系。到这个阶段，你就为跃升为游戏业企业家做好了更好的准备。

最后，给那些想要在这个行业找工作的人们，有哪些规则和禁忌呢？

玩你能够找到的每个游戏，尽量了解在技术和设计方面它们有什么特色；准备好要展示给你未来的雇主的演示作品；了解进入这个行业的许多“后门”。一个经常被引用的例子就是从 QA 部门做起，然后转到开发部门。尽可能和业界的人们认识交流，就像生活中其他所有事情一样，在这个行业中求得一份工作常常要看你认识谁。你可以考虑通过招募人来找工作，然而，如果你确实走这条路，你要确保首先研究招募人。有的招募人不可靠，而且如果有人声称你在这个行业里有不好的名誉，那就是他们在伤害你，而不是帮助你。如果有机会参与一个能够教给你重要技术的优秀项目，准备好牺牲薪水也是值得的。

关键网站

下面挑选出一些关键网站，按字母顺序列出。

flipCode

flipCode（www. flipcode.com）是一个著名的游戏设计、编程社区 Web 网站，收录了无数的特别报导、最近的新闻头条、定期的专栏、讨论主题、关键档案、竞赛和链接。是必看的网站。

1．游戏设计新闻组 rec.games.design

要想跟上最近的活动、交换想法、请教问题，游戏设计者就必须每周至少拜访几次 Usenetrec.games.design 新闻组。常见的帖子包括“多人游戏的一个新想法”，“有人能做游戏音乐吗？”以及“求助关于……规则设计的问题”。

rec.games.design 的 FAQ 在下面这个地址可以找到：www.qucis.queensu.ca/home/dalamb/Games/design/design.html

2．游戏开发者杂志 www.gdmag.com

《游戏开发者》杂志确实是忠实于游戏设计者和开发者的终极的每月圣经，而且它的在线副本提供了整个游戏开发领域的包罗万象的全貌。在这个网站上，用户可以订购杂志（强烈推荐！），寻找以前的议题，或者链接到有独家内容的姊妹站点 Gamasutra （www.gamasutra.com）。

在第 22 章“游戏代理与猎头”中，杰出的游戏招募人 Melanie Cambron 提供了一些特别的网站和在线文章来帮助那些刚起步的人们。其中包括一些短文，如：“创作完美的简历”、“你的个性化的找工作活动”和“面试诀窍”。翻回去注意看看。

3．游戏开发搜索引擎 www.game-developer.com

独一无二的游戏开发搜索引擎是互联网上的游戏开发者站点的专门的搜索引擎和目录。它是业界人士必访的站点。

GameDev.Net

GameDev.Net 是一个卓越的 Web 杂志（www.gamedev.net），专注于计算机游戏开发，内容包括新闻、特别报导、业界信息、社论、Q&A、有帮助的书和其他资源。

GameJobs

GameJobs（www.gamejobs.com）列出了大量从事电子游戏的公司，直接链接到每个公司的适当的人力资源页面。

GameSlice

GameSlice（www.gameslice.com）是最好的幕后 Web 站点之一：提供给那些想要知道计算机游戏行业正在发生什么的人们。编辑 Geoff Keighley 能够感受到业界的脉膊，他向大量读者提供新闻、评论、重磅社论、专访，以及公司简介。

GarageGames

GarageGames（www.GarageGames.com）是第一个标明为独立游戏和游戏制作者服务的基于 Web 的出版物。它提供制作和销售高质量游戏所需要的所有一切。

GIGnews

GIGnews（Get In the Game，www.gignews.com）让访问者细细品尝一个丰盛的宴席，包括新闻故事、指南、特写、工作机会和面试——都是与繁荣的计算机游戏界有关的。

Loony Games

虽然暂时中断了，但 Loony Games（www.loonygames.com）仍然是给游戏设计、开发者的一个极好的站点。这个包罗万象的站点收集了许多专题故事和一些业界最好的游戏设计者、程序员和美工撰写的专栏。

Diana Gruber

Diana Gruber（www.makegames.com）所写的进入这个行业的指南写得很好、很精彩，这个指南名叫《你正想成为计算机游戏开发者吗》。指南一步一步展开，覆盖了从自我提升到和其他人共事再到这个行业的特征，很大的一部分是专门写你最初的一两个游戏，还有一个有帮助的书目能够减轻编程的痛苦。这个站点还包括链接、评论、文章、指南和资源。

Sloperama

尽管这个名字（www. sloperama.com）不是最好的，但这个站点对那些想要了解如何进入电子游戏行业的人们非常有帮助。每个月都有新的课程（而且是免费的）提供，包括“如何推销一个游戏设想”、“游戏设计文档的基本框架”和“游戏设计职业的准备”。

4．终极游戏资源 www.ugr.net

这个站点除了提供专题文章和游戏评论，还提供软件和硬件公司的目录，以及数以百计资源的游戏服务（www.ugr.net/listings/ listings.htm）。所有条目链接到官方首页，还有他们的电话，邮寄地址，以及给那些想发送简历或作品的人的电子邮件联系信息。这确实应该加入收藏夹。

5．电子游戏黄页 www.vgyellowpages.com

电子游戏黄页是惟一一个按字母顺序列出的包含电子游戏行业每个市场环节的在线目录，从广告代理和公关公司到开发者、零售商和批发商。这个站点是一个简单的数据库，其设计目的是提供从事交互娱乐行业或与交互娱乐行业相关的公司的有效信息。

游戏电子杂志和其他游戏开发站点

下面按字母顺序列出一些最好的 PC 和游戏机游戏电子杂志、工作站点、游戏开发站点和网上的其他关键收藏：

- Adrenaline Vault（www.avault.com）
- 全立方（www.allcube.cocn）
- Blue 的新闻(www.bluesnews.com）
- 《经典游戏人》杂志（www.classicgamer.com）
- 计算机和电子游戏（CVG，www.computerandvideogames.com）
- 计算机游戏在线（www.cgonline.com）
- 计算机赚钱世界（Computer Gaining World，www.gamera.com/cgw）
- 游戏机领域（www.consoledomain.com）
- CoolGameJobs（www.coolgamejobs.com）
- C 编程.com（C/C++资源）（www.cprogramming.com）
- E3 奖（www.e3awards.com）
- 电子运动场（www.elecplay.com）
- 电子游戏月刊（www.gamers.com/egm）
- 胖孩（www.fatbabies.com）
- 娱乐 Xbox（www.funxbox.com）
- 游戏日报（www.gamedaily.com）
- 游戏仓库（www.edepot.com/game.html）
- 游戏 FAQ（www.gamefaqs.com）
- 游戏告密者（www.gameinformer.com）
- 游戏笔（http://gamepen.ugo.com）
- 游戏专家（www.gamepro.com）

- 游戏分级（www.gamerankings.com）
- 游戏革命（www.game-revolution.com）
- 游戏立方网络（www.gamecubenetwork.com）
- 游戏立方 XL（www.gamecubexl.com）
- 游戏人.com（www.gamers.com）
- 游戏人帝国（www.gamers-empire.oom）
- 游戏人新闻（www.gamersnews.com）
- 游戏人 Web 网络（www.gamerWeb.com）
- 游戏领域（www.gamesdomain.com）
- 游戏现场（www.gamespot.com）
- 游戏雷达（www.gamesradar.com）
- 游戏特工（www.gamespy.com）
- 游戏地带（www.gamezone.com）
- 游戏势力（www.gamingforce.com）
- 快乐狗（www.happypuppy.com）
- ieMagazine（www.iemag.com）
- IGN/雪球网络（www.ign.com，cube.ign.com，dreamcast.ign.com，n64.ign.com，pc.ign.com，pocket.ign.com，ps2.ign.com，psx.ign.com 以及 xbox.ign.com）
- 想像（www.imaginemedia.com）
- 独立游戏网络/疯猴（www.madmonkey.net）
- 只冒险（www.justadventure.com）
- Nintendojo（www.nintendojo.com）
- 任天堂势力（www.nintendopower.com）
- 老人 Murray（www.oldmanmurray.com）
- PC 游戏人（www.pcgamer.com）
- 行星游戏立方（www.planetgamecube.com）
- PSM 在线（www.psmonline.com）
- Sharky Extreme（www.sharkyextreme.com）
- 小组 Xbox（www.teamxbox.com）
- 圣殿骑士工作室（www.templar.com）
- 地下在线（UGO）（www.ugo.com）
- VgNation（www.vgnation.com）
- 虚拟搜索工作列表（www.vsearch.com/jobs.html）
- Xbox 2K（www.xbox2k.com）
- Xbox 入迷（www.xboxaddict.com）
- Xbox 城市（www.xboxcity.com）
- Xbox 游戏人（www.xboxgamers.com）
- Xbox 进行时（www.xboxnow.com）
- Xbox 用户组（www.xboxusersgroup.com）

第 25 章　重要的会议、组织机构与奖项

在信息时代，游戏行业的成员实际上可能在世界上任何地方工作。有了通过互联网的电子文件传送和相对便宜的隔日交货的快递服务，游戏程序员、美工和音乐家必须在同一个房间一起工作就再也没有理由了，虽然这样也有明显的优点。

然而，如果你想在开发公司得到一份工作或者试图使你的游戏被出版商看中，或者你想要留意你的对手的动态，强烈推荐你走出去结识、交往现实中的游戏团体。事实上，在本书中，很多游戏设计者推荐走出去面对面交流，因为这样比通过电子邮件或者电话的交流印象要更深一些。因此，本章的前半部分是游戏界在世界各地所有最高级别的集会、商业展览和会议。每一个都解释了展览的内容以及最适合谁，并且列出了官方 URL。本章的第二部分列出了业界一些十分重要的组织，包括满足游戏行业不同方面的各种学院和协会。

会议和商业展览

游戏界的会议和商业展览有的很大，有的一般，下面一一详细介绍。

电子娱乐展（Electronic Entertainment Expo，E3）

E3 是游戏界最大最奢侈的活动，就是这样。超过 6 万国际计算机游戏、电子游戏和“教育娱乐”业的成员来参观——或者展示——年度最热门的产品。E3 不仅是参展者向媒体和零售商展示他们即将推出的游戏软件和硬件的集中地，而且也是召开业界名人主持的启发性的讨论和研讨会的场所。E3 严格来说是一个商业活动，因此，只有业界的专业人士才能出席。

那是怎样的一个集会呀！从每个隔间爆发出电子乐；40 寸的屏幕上上演着多人游戏；现场的名人摩肩接踵；大家喜爱的电子和计算机游戏中的具有传奇色彩的角色纷纷登场；晚上有像索尼、任天堂和微软赞助的著名乐队的音乐会。这个活动通常在每年的五月中旬举行。更多信息，请访问 www.e3expo.com。

游戏开发者会议（Game Developers Conference，GDC）

游戏设计者应该参加的另一个极为重要的会议是游戏开发者会议（GDC）。在每年的晚冬、早春举行（通常是 3 月），为这个行业的所有角色：编程、视觉艺术、声音和音乐、制作、一般游戏设计，甚至游戏行业的商业和法律事务提供一些东西。

这个为期数天的活动排满了各个领域的主题演讲、指南、研讨、竞赛，以及奖项和展览。一定要到官方 Web 站点 www.gdconf.com 上去获取过去和未来的主题文章和演讲；还可以到 www.gdc-europe.com 上获取 GDC 欧洲（GDC Europe）的资料。

游戏开发者会议包括一个特别的余兴活动和节日，这将在下一节中描述。

独立游戏节（Independent Games Festival）

这个活动是为了促进互动娱乐作为一种艺术形式得以发展，并为全球范围内的独立游戏开发者提供一个场所：展示他们的作品，得到褒奖并遇到潜在的出版商和/或分销商。基于平台分类：PC、Macintosh、索尼的 PS、任天堂，或者联机游戏，设置的奖项有技术优秀、美术、

音频、游戏设计和玩家选择奖。节日的信息、规则和应用的流程，有兴趣的开发者可以到 www.indiegame3.com、www.igf.com 或者 www.gamanetwork.com 上面获取。这是游戏界对圣丹斯电影节的响应吗？

D.I.C.E.峰会

在 2002 年，互动艺术与技术学会（the Academy of Interactive Arts and Sciences，www.interactive.org）在拉斯维加斯举办了首次 D.I.C.E.峰会（D.I.C.E.代表：Design 设计、Innovate 革新、Create 创造、Entertain 娱乐）。创办这个峰会是为了将那些互动娱乐界最著名和丰产的头脑聚集起来，以鼓励游戏世界的讨论和发展。而且在这个活动中还有学会年度互动成就奖（the Academy's annual Interactive Achievement Awards）颁奖典礼，奖励那些最好的计算机、游戏机和在线娱乐——由学会的全体会员投票决定。点击 www.interaocive.org/awards 了解 2002 年第五届年度奖的获得者。要知道更多 D.I.C.E.峰会的信息，请访问 www.interactive.org/dice。

电子消费者商业展（Electronic Consumer Trade Show，ECTS）

电子消费者商业展（ECTS）是欧洲首要的游戏会展，每年秋天在英国伦敦举行。来自欧洲和全世界的开发商和发行商展示他们最好的互动产品（软件和硬件），瞄准冬季和来年的销售。像 E3 一样，ECTS 是耀眼的商业展，只为行业成员开放。规模要比 E3 小得多，只有不到 2000 出席者；每年 ECTS 也要为当年最好的互动娱乐产品举行一个颁奖典礼。更多信息，请浏览 www.ects.com。

Milia

法国戛纳主办的场面浩大的年度活动：Milia，互动媒体的国际内容市场（the International Content Market for Interactive Media），它包括一个单独为游戏产业保留的专门实体，称为游戏开发者村（the Game Developer Village）。新游戏展示、标题公告、主题演讲和会议，还有 Milia 颁奖典礼，这些只不过是这里节目中的一小部分。还有开发者日，从全世界邀请来数以百计的自由程序员、图形和声音设计师以及编剧。简而言之，这一活动迎合了整个游戏产业，包括设计者、出版者和经销商。要了解更多信息，请访问 www.milia.com。

SIGGRAPH

对于计算机图形艺术家和动画师，SIGGRAPH 是每年最重要的大会之一，其主要目的是促进“计算机生成的图形与促进沟通和理解的互动技术的理论、设计、实现和应用”。三天的活动包括几十次会议和研讨，由软件和硬件公司举办的展示，以及提供给志向远大的计算机图形专家的职业资源中心。要了解更多有关 SIGGRAPH 的组织及年度会议，请访问 www.siggraph.org。

Gen Con

Gen Con 是最老，当然也是最大的专为角色扮演游戏（RPG）爱好者举办的“不插电”游戏展会。这个活动由流行的 RPG 游戏 Magic: The Gathering 的制作者海岸的巫师（Wizards of the Coast）赞助。更多细节，见 www.gencon.com。

Comdex，国际 CES，MacWorld 展，玩具展销会

本章已经过半，该提到 Comdex（www.comdex.com）、国际消费性电子产品展（the International Consumer Electronics Show，www.cesWeb.org）、MacWorld 展（MacWorld Expo，www.macworldexpo.com），还有各种国际玩具展销会（可能对游戏设计者来说也是每年参观的好去处）。他们不像 E3、GDC 或 ECTS 那样至关紧要，但是你可能找到灵感或者和游戏界的其他成员建立联系。

组　织

无疑，对本书的内容来说，最重要的组织是国际游戏开发者协会（the International Game Developers Association，www.igda.org）。节目部主任 Jason Delia Rocca（jason@igda.org）抽出时间和精力专门为本章谈到 IGDA 和它的目标，这可是难得的款待。

按 Della Rocca 所言，IGDA 是独立的、非营利的娱乐软件开发者的专业组织，帮助游戏开发社区达成其共同目标。IGDA 重点集中在给下列各领域的成员提供服务：

1. 建立成员间的社区以促进沟通、支持和对共同目标的理解。
2. 为社区代言，包括在公众的辩论议题上代表游戏开发者。
3. 促进与当今业内的专业人士和下一代游戏开发者相关的教育和训练。
4. 促进游戏的艺术形式，包括为开发者增加艺术的和财务的支持。
5. 提供商务服务，为独立的开发者和开发公司提供包括财务、法律和战略计划资源等服务。

“上面是一个罗唆的版本”，Della Rocca 说。“比较简短的解释是：IGDA 为游戏开发行业和社区酿造好酒！”我们请他讨论一些 IGDA 积极参与的节目、活动和奖项，Delia Rocca 补充道：分会连接特定地理区域中的会员，并帮助促进当地的游戏开发社区。分会成员通过网络沟通，彼此学习，协调他们工作中遇到的挑战和问题，而且帮助定义他们居住与工作的专业社区的个性特征。

IGDA 有时候专门组织委员会来处理特别的议题，比如与游戏开发者的社区有关的公共政策或别的一般事务。委员会通常只在一段特定时间内存在，其使命是得出一个特定的结果，比如一个白皮书或一个决议。委员会负责通过 IGDA 向全体会员报告他们的调查结果，以及将采取的行动的提议；结果可能在 IGDA 的时事通讯、网站、及（或）其他媒体中公布。

特别兴趣组 SIG（Special Interest Group）将那些对与游戏制作的商业或艺术相关的特定的主题或科目感兴趣的成员连接起来。SIG 的成员彼此学习，促进他们的专业，协调他们工作中遇到的挑战和问题，而且推进了艺术和行业的进步。SIG 的沟通主要是通过在线讨论组，由一个主席来推动，而且其成员每年都有机会在游戏开发者会议（GDC）上见面。

此外，IGDA 的目标之一是要促进游戏作为一种艺术形式，这包括为开发者增加艺术的和财务的支持。为了尽量表扬我们业内那些令人惊异的天才和他们制作的游戏，IGDA 提供了游戏开发者选择奖（Game Developers Choice Awards）——这给了开发者一个机会，让他们赞誉和表扬那些独立或团队游戏开发者，所有被提名者和获奖者与那些专业游戏开发者一起来不断超越这种艺术的现状。IGDA 每年都在 GDC 颁发这个游戏开发者选择奖。

除了上面这些，IGDA 还有 GDC 学生奖学金计划、给新手的扩大服务、行业研究以及更多。

游戏设计者或开发者应该如何及为什么要积极参与 IGDA 呢？

这个问题有两个方面：我将会谈到，成为 IGDA 的成员有有形和无形两方面的好处。在有形的方面，你可以获取到资料，如免费订阅游戏开发者杂志（Game Developer magazine）（一个无价的开发者资源），打折的书和活动入场券，产品的特别装备，等等。在无形（也是更重要）的方面，成为一个 IGDA 的成员，将使你和社区中其他成员联系，包括本地或全世界，无论是在在线论坛或真实相遇或在分会集会时和专家讨论，或者自愿和其他开发者参加委员会的活动。这不但允许成长中的游戏开发者成为开发社区的成员，而且他们正在支持着这个行业，产生影响，做着恰当的事。

每年的会员费固定是$100，学生是$35。Delia Rocca 列出其他的关键组织作为参考：

在北美，确实只有两个组织：IGDA 和 IDSA（互动数码软件协会，Interactive Digital Software Association）[参见本章下文中关于这个组织的论述]。虽然 IGDA（图 25-1）是 100%集中面向开发者，它更多的涉及到这个行业的出版和零售方面。

在北美以外，许多国家也有类似 IDSA 这样处理费率和其他这样的标准的机构。然而，没有哪个完全像 IGDA 一样。当然，IGDA 是一个全球性的实体，在世界各地都有分部和成员。

图 25-1　IGDA 事务会

以上图片是 IGDA 的标志以及 IGDA 董事会的一些成员：节目主任 Jason Della Rocca；IGDA 的主席和 Outrage Entertainment 的总裁 Matt Toschlog（图中所示是在 GDC 的 SuiteNight 聚会中和 IGDA 的执行主任 Jennifer Pahlka 在 IGDA 上）；图 25-1 是 ION Storm Austin 工作室主任和 IGDA 董事会成员 Warren Spector 在游戏开发者选择奖的颁奖典礼上。

关于关键的商业展的几句话：对于开发者，游戏开发者大会（Game Developers Conference）是必须的，就是这样。GDC 是一个无价的资源，帮助你提高你的技能、获得新的知识、建立联系，简单地保持与开发社区的联系。参观 E3 也是重要的，帮助你了解正在制作的游戏的思路——或许给你一些灵感。还有很多其他会议和展览值得参加（SIGGRAPH、ECTS、Meltdown、游戏技术研讨会[Game Technology Seminars]、极端 GDC[Extreme GDC]、Milia、Comdex 等），但 GDC 和 E3 是最大的。

最后，Delia Rocca 提供了一些关于如何进入这个行业的有帮助的建议：

你需要技术、知识和才能。你从哪里得到这些并没有关系，但是你需要它们。没有技术、知识和才能，你在游戏开发行业将走不远。某些人生来就有好些才能；其他人必须每天工作——在游戏开发的各方面都是这样（编码、设计和艺术等）。就知识而言，你要准备几乎在你的整个游戏开发生涯都像一块“海绵”一样。

你需要激情。如果没有对游戏的热爱和有助于创作的激情，你几乎可以考虑别再做游戏开发了。确实有“火”的人会感觉到激情和渴望的缺乏。

你需要沟通。对当今越来越复杂的项目而言，沟通和在团队中工作的能力是至关重要的。重要的是摒弃自我，而且要能够接受建设性的批评。

其他组织

下面按字母顺序列出其他重要的组织。

互动艺术与技术学会

互动艺术与技术学会 AIAS（Academy of Interactive Arts & Sciences）是专注于互动艺术和科学的发展和表彰的非营利性组织。如同它的章程中陈述的及其 Web 站点上发布的，这是学会的正式任务：

1. 增进和提高全世界范围内互动团体的共同利益。
2. 表彰互动内容和互动团体方面的突出成就。
3. 举行每年的颁奖典礼，提高互动艺术和技术的形象和意识。

前面提到的每年的颁奖典礼是在电子娱乐展（E3）期间举行。关于成员资格信息、新闻、活动和获奖者，请访问 www.interactive.org 上的 AIAS。

美国人工智能协会

美国人工智能协会 AAAI（American Association for Artificial Intelligence）是一个非盈利协会，专注于提高对基于智能行为及其在机器中具体化的机制的科学理解。它的目标包括增加公众对人工智能（artificial intelligence，AI）的理解，改进对人工智能实践者的教育和训练，并为重要开发寻求投资。如同其官方 Web 站点（www.aaai.org）上的大纲，对其成员有很多好处，包括会议、专题研讨和讨论、杂志等等。

计算机游戏美工

这个会员制的协会 CGA（Computer Game Artists）由一个“和蔼的独裁者”带领，组成了计算机游戏美工的团体。他们彼此之间交互（共享、学习、教学和影响），也和他们的行业交互。要了解他们是谁及如何工作的更多信息，可以访问 www.vectorg.com/cga/CGA.htm。

娱乐软件分级委员会

你也许曾经在大多数计算机游戏包装盒的角落看见过 ESRB 的标记，伴随着一个年龄级别。娱乐软件分级委员会 ESRB（Entertainment Software Rating Board）是一个由业界支持的独立组织，为互动娱乐软件产品和 Web 站点开发了一套标准化的分级系统。ESRB 分级的设计是为了让消费者了解互动电子或者计算机娱乐产品的内容以及其适合的年龄。了解更多相关信息和各种年龄分级，请访问 www.esrb.com。

欧洲休闲软件出版商协会

这个组织成立于 1989 年，是为欧洲计算机和电子游戏行业建立的共同体。ELSPA（European Leisure Software Publishers Association）关注互动休闲和娱乐软件的出版和销售，致力于增进其所有成员的利益，并处理影响这个行业整体的一些问题。要想了解更多，请浏览 www.elspa.com。

互动数字软件协会

互动数字软件协会 IDSA（Interactive Digital Software Association）是一个只在美国国内的协会，专注于为那些——发行用于电子游戏游戏机、PC 和互联网的游戏机和计算机游戏的公司，的商业和公共事务服务。今天，它的成员在美国占有互动娱乐软件$60 亿销售额的 90%以上。长话短说，IDSA 为游戏出版商提供服务，包括：健全的反侵权计划、政府关系、商业和消费者研究，第一修正案（First Amendment）及保护智力资产的努力等等。IDSA 的官方网站是 www.idsa.com。

互动娱乐零售商协会

CyberActive 媒体集团组建和管理这个代表互动娱乐产品零售商的最重要的零售贸易协会 IEMA（Interactive Entertainment Merchants Association，参见 www.iemag.com）。它的官方出版物 ieMAGAZINE（以前的 GameWEEK）是惟一针对互动娱乐行业的贸易杂志。

蒙古烤肉计划

这个每年一次的会议由 Cirrus Logic 发起，并由 George Sanger 主持，其目的是要成为计算机音乐家和声音工程的智囊团，以联合他们的意见并使之有利于制造商、开发者以及更主要是计算机/音频产品的消费者。蒙古烤肉计划（Project Bar-B-Q）的 Web 站点是 www.projectbarb.com。

软件及信息行业协会

这个贸易协会 SIIA（Software & Information Industry Association）的使命阐述表达了它的目的：首先，我们要向世界展示软件和数字信息产业是成长最快速的产业，也是全球市场的主要贡献者之一。其次，我们保护成员的智力资产，倡导一个有益于整个行业的合法的和可控的环境。第三，SIIA 为我们的成员公司提供知识，作为一个资源，给他们提供影响他们业务的既传统又新兴的广泛的课题。

SIIA 的努力包括：反侵犯版权、政府事务和许多其他计划、出版物、会议/专题研讨和奖项。SIIA 的 Codie 奖是为软件行业举行的最老的年度颁奖典礼之一，也包括游戏范畴。在 2001 年，SIIA 合并了 Immy 奖（奖励那些有创造性和有效的市场成绩），Codie 奖有了新的特别范畴。www.siia.net 上有更多相关信息。

附录 人物传记

本传记提供了诸多杰出人物，他们在游戏设计方面都做出过很大的贡献。

尽管游戏行业的少数杰出人物没有能够提供小传，为了容易参考，大多数人都在这里以字母顺序列举出来。可能有朝一日你也会像这样在本书里被列举出来。

Craig Alexander

Craig Alexander 到 Earth & Beyond 带来了 16 年的工程和管理经验，最近他是 Westwood 工作室和 Electronic Arts 的副总裁和执行制作人。在那之前，从 1996 年到 2000 年，他是 Sierra Online 最初的开发工作室的总经理。当 Sierra Online 合并经营时，Craig 把以 Yosemite 为基础的工作室出售给了另外的发行商。

Craig 拥有管理 Sierra 大规模多人互联网游戏部门的大量的娱乐软件和在线经验。另外，Craig 也是一名有经验的工程师，曾在 TRW 的太空技术部门从事微处理器设计工作。在他从事工程工作以前，他在 TRW 的项目控制部工作，安排大型的 NASA 宇宙飞船计划。

Craig 从南加州大学获得了计算机工程学位并且从加州大学洛杉矶分校（UCLA）的安德森研究生管理学院获得了 MBA。游戏荣誉包括 Phantasmagoria，Lighthouse，Space Quest 6，Gabriel Knight 2，Quest for Glory V Dragon Fire，SWAT 1/2 以及首创的大规模多人游戏 The Realm。

Bachus Kevin

Bachus Kevin 任 Capital Entertainment Group 的发行副总裁，当他在 20 多年以前开始为早期的个人计算机编写一系列成功的电脑游戏时，便开始了他在计算机和电子游戏行业的职业生涯。在那期间，他曾经做过开发、市场、制作执行以及平台制造。

最近，Bachus 是微软公司 Xbox 项目团队的创办成员，他帮助构想出锐利的电子游戏主机并且为项目获得了资金。他继续留任公司 Xbox 第三方关系的最高主管；他成功地签约了 200 多家世界上最重要的开发商和发行商将他们最热门的新游戏移植到 Xbox。他也以这个身份负责管理为 Xbox 开发的第三方游戏业务、开发过程、商业模式以及业务背后的策略。

在 Xbox 项目开始以前，他是 DirectX 的团队产品经理：负责将 Windows 提升为娱乐工具并保证 DirectX 工具包成为游戏和多媒体开发人员的首要选择。在这期间，他仔细地倾听开发人员所想要的，并管理 Direct X 版本 5 到 DirectX 版本 7 的发行。作为该工作的一部分，他帮助开发了最后成为了 Xbox 的概念。

在加入微软以前，他在 Mindscape 公司从事一些产品开发、业务发展，以及市场工作，包括娱乐产品获取和公司的欧洲开发室在美国的营运管理。他也曾是 Ziff-Davis 发行公司的编辑和作家。

Bachus 是南加州大学电影与电视学院的研究生，并且在从事互动娱乐职业以前，他在电影电视行业从事一些创造性的工作。

Clint Bajakian

在创办他自己的公司 C.B.Studios 以前，从 1991 年到 2000 年，Clint Bajakian 是 LucasArts 娱乐公司的作曲家和声音设计主管。在 2002 年，他与 Julian Kwasneski 共同创办了声学协会，重点为计算机和电子游戏提供最先进的声音制作服务。

由于他为 Outlaws 制作的配音，Clint Bajakian 在 1998 年受到了《计算机游戏世界》杂志的音乐成就奖。该配音与他为 Escape from Monkey Island 的配乐分别在 1998 年和 2001 年进入艺术与科技互动学会原创音乐类别的决赛。精通许多音乐类型，包括爵士、摇滚、通俗以及电子乐，Bajakian 的专长是戏剧性的管弦乐曲，像在 Outlaws，Indiana Jones and The Fate of Atlantis，Indiana Jones and The Infernal Machine，以及 Star Wars：TIE Fighter 中所听到的。在 1991 年，他是艺术与技术协会电影音乐实习师的全国接受者。他最近谱写的管弦乐曲为 Indiana Jones and The Emperor`s Tomb 进行了现场管弦队录音。

目前，Clint Bajakian 是 GANG（Game Audio Network Guild，游戏声音网络协会）的副总裁，G.ANG.是一个新的组织，为互动声音社区服务，并为 IA-SIG（互动声音特殊利益团体）董事会服务。Bajakian 是 AIAS（互动艺术与技术协会），Project Bar-B-Q，NARAS（录音艺术与技术全国协会），IGDA（国际游戏开发者协会），FMN（电影音乐网络），AFI（美国电影学会），以及 AFTRA（美国电视与广播艺术家联盟）的成员之一。Clint 也是 2002 年游戏开发者会议关于游戏声音制作主题的主要演讲者。他以吉它表演和音乐理论的优异成绩从新英格兰音乐学校获得了文学双学士学位，并且从密歇根大学获得了音乐作曲的的硕士学位。

Pat Bigley

Bigley Pat 为音乐天才和不同的艺术家做预约代理开始了她的职业生涯。她在管理一家很大的中西部预约代理机构的 one niter 部门时，她的代理技能得到了发展。在代理机构由于当事人不健康而关闭以后，她在美国俄亥俄州的哥伦布市经营了一家大的 CPA 公司。当公司出售以后，她与家人重新安置到了加州并且在 1991 年开办了 The Bigley Talent Agency。这家代理机构主要为电影和电视演员提供职业介绍并且在文艺界也非常活跃。机构非常善于为电影电视行业“包装”整个项目。由于个人的原因，Pat 后来关闭了这家代理机构，并到 Search Associate 公司从事她的职业，是电子媒体/娱乐团体的执行招聘人员。

Bleszinski Cliff

如果游戏世界要提名一个清单，Bleszinski Cliff 将会名列榜首。在成熟的 25 岁那年被 PC Gamer 命名为下一个游戏神话，并且被特载在杂志封面，CliffyB 是他独特的游戏构想的国际性的同义词。Bleszinski 也是一个有报导价值的对象，因为他是 Unreal Tournament 2002 的制作人，最近发行（2002 年 10 月 22 日）并且在最初的两个星期销售了将近 400,000 份拷贝。

尽管他非常年轻，Bleszinski 设计并建造最畅销的游戏已经有 10 多年了。很少有不到 30 岁的开发人员可以声称有 10 年游戏行业的经验，但 CliffyB 的履历表明了自身。他总是把游戏当作是真正的下一代消费者级别的娱乐，他相信，由于其互动性质，游戏提供了一个比电影或者电视更加令人激动的体验。

Bleszinski 领导了下面一些最畅销产品的开发：

- Unreal（PC）

- Unreal Expansion 1（PC）
- Unreal Tournament（PC，Dreamcast，Playstation 2）
- Unreal Tournament 2002（PC）
- Unreal Championship（Xbox）
- Unreal 2（PC，Q1 2003）
- Jazz Jackrabbit 1 与 2（PC）
- Jazz Jackrabbit（Gameboy Advance）

Bleszinski 是 Epic Games 内部产品的首席设计师和所有外部开发产品的执行制作人。CliffyB 为当前的和即将来临的产品充当 Epic 的创造力过滤器同时协助 Epic 经销权的任何扩张——从玩偶到故事影片的协商。

因他坦率的态度和浮华的风格而闻名，CliffB 被游戏玩家所熟知。当好莱坞希望在即将来临的 Revolution Studios 项目做一个角色模型时，Bleszinski 与 Zak Penn（多产剧本作家）进行了联系并与他商量性格描述和脚本。最后，角色将会以 CliffyB 为基础。

每个 Unreal 产品继续赢得中坚和主流报刊的许多年度游戏大奖。自从 1998 年首次发行以来，Unreal 已经销售了四百多万份，并且在有争议的“第一人称射击” 游戏类型中保持榜首。

Epic Games 在 1992 年由 Tim Sweeney 创办，并且（2003 年）是它的第 11 个经营年度。在一个越来越多地由大型企业控制的行业里，Epic 仍然是为数不多的独立并且赢利的制作室之一。

Don Bluth

制作人/导演 Don Bluth 是行业里最有名望的动画师之一，世界各地的同行都欣赏他有创造力的天资和他给生活带来难忘角色的多才多艺。当他制作电影时，他有许多头衔。他设计所有的角色，充当主要的故事板美术师，并且（当突然有心情时）写一些巧妙的歌曲为他活泼而好玩的角色伴唱。好像这些职责还不能让他足够繁忙似的，他也为项目撰稿并/或共同编写大多数脚本。

Don 出生在美国得克萨斯州厄尔巴索的一个有 7 个孩子的家庭。他在美国犹他州 Payson 的一个农场，一个非常有创造力的环境长大。在看了《白雪公主与小矮人》(Snow White and the Seven Dwarfs) 以后，他发现了他的职业。从 6 岁起，Don 一直都在绘画。为 Walt Disney Stuios 工作迅速成为了他的梦想，并且把他的绘画带进生活就像他在影片里已经看到的那样。在从高级中学毕业以后，Don 带着他的一大卷绘画来到了位于 Burbank 的 Disney Studio。他在动画部门得到了一个“中间人”职位。这个工作要求他在动画师的关键图画之间绘制中间图画以便完成一个动作。从 1955 年到 1956 年 Bluth 在迪斯尼（Disney）参与制作了经典动画片睡美人（Sleeping Beauty）。一年后他离开了迪斯尼。

Don 接下来的两年半是在阿根廷的摩门教成了传教士。当他回到美国以后，他决定继续他正式的教育；他在 Brigham Young 大学注册入学，学习英国文学。在这段时间，他在夏季继续为 Disney 工作。

当他完成了教育以后，Don 和他的兄弟 Toby 在美国加州的圣摩尼卡经营了一个实况剧场，他们制作并导演流行的音乐喜剧。尽管这种事业证明是令人激动的，3 年后 Don 决定投身于动画职业。

他重新进入动画领域的第一份工作是 Filmation Studios 的版面设计美术师，这是一家电视制作公司。在这个职位上，他需要绘制并设计背景并且为动画师制作角色造型。Don 非常擅长于此并且迅速被晋升为部门经理，他在这个职位上工作了 3 年。

在 1971 年，Don 回到 Walt Disney Productions 成为动画师，开始了被认为是动画领域巅峰的突然高升的旅途。他开始是故事片 Robin Hood（1973）的动画师，并且在两年内晋升为 Winnie the Pooh and Tigger Too（1974）和 The Rescuers（1976）的指导动画师。Don 是 Pete`s Dragon（1977）的动画导演并且是 The Small One（1978）的制作人/导演。

受到 Disney 的许多杰作启发以及充满了恢复动画影片品质的渴望，Bluth 与他在 Disney 的两个动画师同事：Gary Goldman 和 John Pomeroy，在他的车库里面开始进行一个短项目。这个短项目，名为 Banjo，the Woodpile Cat，在 1975 年 3 月开始制作。在接下来的四年半时间，他们 3 人晚上和周末从事制作的各方面工作以便完成这个结束了的项目。在这期间，他们白天仍然在 Disney 工作。在 1979 年早期，电影行业的实业家接洽了 Bluth，Goldman，以及 Pomeroy，愿意为故事影片提供资金。Banjo 充当了出色的有价证券并表明他们能够创作出"古典的"样子。1979 年 9 月，这 3 个人从 Walt Disney Productions 辞职并开始经营他们自己的独立制作公司。第一部故事影片，他们选择了 Robert C. O'Brien 的获奖小说 Mrs Frisby and the Rat of N.I.M.H。在 1982 年 7 月，他们以修改的 The Secret of NIMH 发行了自己的第一部非 Disney 的动画故事片。

随着 1983 年新的激光唱片技术的采用，Don 和他的合伙人创作了第一部互动激光唱片游戏：Dragon's Lair。在 1984 年 12 月，他们开始制作受到赞扬的家庭故事片，讲述一只幼小的老鼠挣扎着在新大陆活下来，片名为《老鼠也移民》（An American Tail）（与史蒂芬-斯皮尔伯格（Steven Spielberg）合作）。

应爱尔兰政府的邀请，在 1986 年 11 月，他们把制作室及其雇员搬到了爱尔兰的都柏林，并且他们的制作室成长为欧洲最大的制作室。他们的第三部故事片，The Land Before Time，是他们完全在爱尔兰创作的第一次制作。在 1988 年感恩节期间由 Universal Pictures 发行时，达到了创记录的动画片周末首映总收入。他们后来的成果包括 All Dogs Go to Heaven（1989），Rock-a-doodle（1990），Thumbelina（1993）以及 A Troll in Central Park（1994）。

在 1994 年 9 月，Don 从爱尔兰回到美国执掌位于亚利桑那州 Phoenix 的 Fox Animation Studio，他在 2000 年 6 月与他的合伙制作人/导演 Gary Goldman 分享创造性的领导才能。

在这些年里，他们二人组制作并导演了成功的动画音乐片 Anastasia（1997），受到了两次奥斯卡金像奖提名；录像音乐片 Bartok the Magnificent（1999）；以及动画空间歌剧 Titan A.E.（2000），现在是录像和 DVD。

随着他们的新公司 Don Bluth Films 的成立，Don Bluth 和 Gary 已经返回到独立的电影制作。以亚利桑那州 Phoenix 为基地，他们已经开始 Dragon`s Lair 的电影版本的前期制作。他们的网站 www.donbluth.com，让他们可以直接与他们的观众沟通。有计划扩张网站以包括动画教育和动画作品的销售。Don Bluth 的杂志 Toon Talk 于 2000 年 6 月在 San Diego Comicon 出版。这本杂志讨论动画的"幕后"世界。它将主要在古典动画方面娱乐并教育读者。

自 1976 年以来 Don Bluth 一直是运动图像艺术与技术学会（Academy of Motion Picture Arts and Sciences）的活跃成员。

Jeff Brunner

如果你在寻找 Interact 的总裁和缔造者 Jeff Brunner，不要在角落的办公室寻找——他会与招聘人员在小隔间，在电话旁，或者在开会。他努力在办公室一会儿，但他感到不能活动，而且那正是他想去的地方。他会热切地承认他最热爱的工作部分就是他称作的“搜寻”，连续不断地建立关系网络直到他为一个职位发现了合适的候选人。

Jeff 有十多年的经验，识别个人互动天才，与候选人以及开发工作室一起开发高品质的游戏。他积极地从事公司运转的各个方面工作：规划公司策略，建立并培训招聘团队，以及同时与客户和候选人保持积极的关系。

Jeff 特别重视行业的个人天才，因为他相信这是 Interact 公司所有事业成功的基石。他坚持不懈地利用电话和天才联系，并发现他们想做的事情，他们想工作的地方，以及他们期望的薪金。在电子游戏领域和高技术行业十多年的招聘工作中，Jeff 已经获得了行业和天才基本的大量信息。

Jeff 同意这句格言，“你能够完成的事情是令人吃惊的，如果你不在意谁获得荣誉的话。”尽管他的姓名可能不会与每个候选人的工作联系在一起，但他的努力有助于让他们出现。

Jeff 从加州大学 Irvine 分校获得了文学士，他在那里学习法律预科、心理学以及社会学。他特别喜爱的电子游戏是 Spyro the Dragon，Spyro II：Ripto's Rage 以及 Spyro：Year of the Dragon。

Nolan Bushnell

Nolan Bushnell 是 uWink 公司的 CEO 和创始人，他最知名的是给大众带来了 Pong 游戏、Atari 公司以及 Chuck E. Cheese's Pizza Time Theater。他完全有理由被尊敬为“电子游戏行业之父”。

在过去的 20 多年里，Bushnell 的商业与创新才能体现在创建了 20 多家公司，包括 Catalyst Technologies，Androbot，Axlon，Irata，AAPPS 以及 ByVideo。另外，他还为许多公司提供咨询服务，包括 Commodore International，IBM，Cisco Systems 以及 US Digital Communications。他担任几个重要公司董事会的董事，包括 WAVE Systems，TradeWorld 以及 Webquest。他是名为 Webby 的 MetaMarkets.com 在线 Think Tank 网站的定期内容撰稿人。

他目前的企业，uWink 公司，Nolan 和他的团队打算通过让互联网娱乐进入公众门户并且在全世界设立大规模的多人游戏比赛，使其面貌发生重大变化。

Nolan 在美国犹他大学获得了电机工程的理学士学位，在学校里他是非常有名的人，并且进入斯坦福大学研究生院学习。带着提高和改进教育过程的激情与激励他人的愿望，Nolanl 频繁地在全美国主要的大学和公司进行演讲，以他有关企业家精神与创新的观点启迪他人。

Nolan 在许多早期电子游戏的一些基本技术方面有几项专利，并且在好几个其他领域和行业也是许多全世界的专利发明者或者共同发明者。

数年里，Nolan 已经得到了为数众多的荣誉奖，包括在 1997 年被提名为 ASI 的“年度人物”，同时被吸收进电子游戏名人堂。在 2000 年 1 月，Bushnell 成为消费电子协会名人堂最早的 50 个人之一，他对 20 世纪技术的重要贡献得到了公众的认可。Nolan 也是“变革者（The Revolutionaries）”中突出的硅谷企业家塑像之一，“变革者（The Revolutionaries）”是硅谷历史的展望（美国加州圣何塞有名的创新技术博物馆的一部分）。

他和他的妻子与他们的 8 个孩子一起居住在洛杉矶。

Timothy Cain

Timothy Cain 在 1982 年开始从事游戏行业的工作，他在高级中学时曾为 Electronic Arts 编写过桥牌游戏。当他在加州大学 Irvine 分校完成了计算机科学的硕士学位后，Tim 在 1992 年重新回到了这个行业。他在 Interplay 制作了几款游戏，包括获奖的 RPG 游戏 Fallout；并且从事过程序员、设计师以及制作人。在 1998 年，Tim 与人合作创办了他自己的公司，Troika Games，其第一款计算机游戏是主要的 RPG 游戏 Arcanum。Tim 也在 UCI（加州大学 Irvine 分校）讲授计算机游戏设计的大学课程。

Melanie Cambron

Melanie Cambron 是为游戏行业的重要公司比如 EA，THQ，Infogrames 以及 Sony 等进行招聘的人员。Melanie 给成功的书籍 Direct X 7.0 游戏编程（Game Programming With Direct X 7.0）及其后续书籍撰写过前言。她也将会为即将到来的有关游戏行业事务的书籍撰稿，预计在 2003 年出版。她每学期在奥斯丁的德克萨斯大学和北方德克萨斯大学发表关于游戏开发行业的演说。由于她的行业专门知识，Melanie 频繁地接受主要媒体比如 Dallas Morning News 的采访，并且担任奥斯丁城市互动行业开发委员会（City of Austin`s Interactive Industry Development Committee）的顾问。

Stevie Case

Stevie Case 最为人知晓的是在一对一的 Quake 死亡竞赛中打败了 John Romero，John Romero 与人合作创作了 DOOM 和 Quake。Stevie 是一个尤其对第一人称射击游戏有兴趣的终身游戏玩家。她在 1997 年离开堪萨斯大学的政治学课程而从事游戏行业工作。同年 7 月，Stevie 签约成为 Cyberathletic Organization 的第一个全职职业游戏玩家，Cyberathletic Organization 后来成为 Cyberathletic Professional League（CPL）。在为 Quake II 设计了几个用户关卡并且为 Prima Publishing 编写了两份策略指南以后，她签约成为了 Ion Storm 的品质保证测试人员。几个月以后，她被晋升为 John Romero 的有创造力团队的关卡设计师。在 1999 年，Case 重返 CPL 成为董事会成员。在她的空闲时间里，Stevie 喜爱建模和写作，并且在一些出版物如 Yahoo! Internet Life，PC Accelerator，Details，Playboy.com，以及 Rolling Stone 上面发表。Forbes 杂志最近提名 Case 为 2000 年“最重要的 100 位名人”之一。她四处旅游，从巴西到柏林的各个地方在游戏比赛中代表 CPL。Stevie 目前在新近组建的 Monkeystone Games 担任副总裁和制作协调人，Monkeystone Games 是一家致力于手持平台和新兴技术的互动娱乐工作室。

Louis Castle

Louis Castle 在 13 年的职业生涯中为这些作品如 Blade Runner，Lands of Lore Guardians of Destiny，the Monopoly CD-ROM 以及 The Lion King 做过设计师、执行制作人、程序员以及美术主管。最近，他在 Westwood Studios 参与制作 Command & Conquer Renegade 以及 Pirates: The Legend of Black Kat。他的艺术和计算机科学背景帮助他维持在互动娱乐行业中重要的富

有艺术性和创造性的构想。

“在艺术学校，你很快发现无论你想到什么，几百年前的一些人就已经实现了，”他说道。“然而，计算机上创作艺术在过去还是一个巨大的未知领域。”

但即使是美术师也得生存。在他和新伙伴 Brett Sperry 成为自由的全职人员以前，Castle 在计算机商店工作并且一边咨询和编程。这没有持续多长时间。Castle 认为他自己是如饥似渴的美术员；Sperry 是如饥似渴的程序员。尽管他们是奇特的一对，他们都渴求更好的薪水。因此 Sperry 突然想出他们要自己干的主意。“Brett 有一些关于成长繁荣并成为行业巨头的伟大想法，”Castle 说道，“然而一切对于我来说就是做我喜爱的事情并且过得愉快。”

在 1985 年，他们开始经营自己的公司，称为 Westwood Associates，在 Castle 的改造过的车库附近（这里也放着他的床和他心爱的弹球机）。从那时起，Castle 的多才多艺导致他在公司担任的几个重要角色，从设计大师到财务能手到经营老板。他现在利用他在游戏行业的所有经验担任 Westwood 的总经理，管理公司的一切营运。最近，Electronic Arts 内部合并了 Westwood 团队。

他说，“如今驱使我的是看到其他团队成员成功并且继续制作出优秀的计算机游戏产品。”

Church Doug

Church Doug 从事游戏设计和编程已经超过 11 年了，绝大多数都是 PC 游戏。他最初的项目，比如 Ultima Underworld（UW），利用 4-8 个人的小型团队完成所有的编程、设计、关卡建造，等等。自从 Ultima Underworld 以来，他参与制作了 UW2，System Shock，Flight Unlimited 以及 Thief。Church 也在几个其他项目中做了大量的消防灭火和修改错误的工作。在最近两年，他一直在从事设计和编程咨询，帮助实施一些 PC 游戏并且参与制作 PS2 音乐游戏。

Dave Davis

Dave Davis 是 EA Sports BIG 的 Freekstyle 的执行制作人，最近六年一直在 EA。除了是 Freekstyle 背后的构想者以外，Dave 是 Knockout Kings 的执行制作人并且是 2002 年大规模重写这个游戏的鼓动者。在过去，Dave 制作了非常成功的 MotoRacer 系列和 EA Sports 的 Supercross 系列。

38 岁时，Dave 已经在电子游戏行业工作了 18 年以上并且已经制作了 14 多年的游戏。他是 Radical Entertainment 最初的创办人，他也曾为 SEGA，Distinctive Software 以及 Broderbund Software 工作过。

Ed Del Castillo

Ed Del Castillo 是 Liquid Entertainment 的总裁和合作创办人，不仅担负管理工作而且积极参与产品开发的所有方面，尤其是设计和美术指导。

Ed 毕业于加州大学圣迭戈分校，主修经济学并兼修心理学和视觉艺术。1991 年他在 Mindcraft 开始了他在互动行业的职业生涯，其中他参与制作了 Siege，Ambush at Sorinor，Bloodstone 以及 Magic Candle。在 1994 年，Ed 进入 Westwood Studios 并且成为主管整个 Command & Conquer 品牌的惟一制作人，包括 Red Alert 及其资料片、接口，以及外国语言版本。在 1997 年~1998 年期间，Ed 在 Origin，负责为 Sid Meire 新运作的公司 Firaxis 担任制作人。他最后迁移到了奥斯丁(美国得克萨斯州首府)，在这里他和 Richard Garriott，Origin 的创办人一起制作 Ultima：Ascension。

在 1998 年晚期，Ed 终于想出自己的目标是要让最高品质的人们在一起制作出最高品质的游戏。在 1999 年早期，他和他的合伙人，Mike Grayford，创办了 Liquid Entertainment。

Peter Dille

作为 THQ 全球市场的高级副总裁，Peter Dille 管理所有全球的公司和产品销售职责（包括广告，宣传和促销）以及 THQ 的在线事务。在加入 THQ 之前，Dille 是索尼计算机娱乐美国公司产品销售的的高级主管，并且是索尼 PlayStation 发行的重要业务主管。他以这个身份管理所有的 PlayStation 广告并指导所有的硬件，软件，以及外围产品的销售。Dille 在索尼的八年任期也包括遍布索尼互动电子部门的执行销售和情报任务。在为 Sony 工作以前，他为纽约证券交易所管理广告、促销以及公司形象识别。Peter 毕业于 Rutgers University，获得了英文和情报学士学位。

Dunne Alex

Dunne Alex 是 Gamasutra.com，一个发表技术文章并且为职业游戏开发者提供服务的游戏开发网站，的执行制作人。他也是独立游戏节（www.igf.com）的主席和创办人，该节在 1998 年开办，表彰在独立开发的电子游戏中的创新。Dunne 以前是 CMP Game Media Group 的编辑主管，管理 Game Developer 杂志和 Gamasutra.com 的内容，并且是 Game Developer 杂志的主编。他担任游戏开发者会议（Game Developers Conference）顾问委员会的委员，并且与人合著了书籍 The Game Developer`s Marketplace，由 Coriolis 出版。

Falstein Noah

Flastein Noah 对游戏的热爱早年是从棋盘游戏开始的。在 15 岁时，他首次开始玩 Computer Space，Nolan Bushnell 在制作 pong 的前几年制作的第一个商业电子游戏，便被迷住了。他在大学的高级项目是 Kornonis Strike：A Simulation of Mining and Combat in the Asteroid Belt。毕业后，他在 Milton Bradley 的高级研究部工作，为永远也没有发行的语言合成软件和个人机器人的机动控制编写程序。在五个未发行的项目以后（包括一些很好的 VCS 游戏和一个为 MB 家用计算机开发的未发行的游戏），他进入 Williams Electronics 工作。在那里，他成为街机游戏 Sinistar 的项目领导者，这是第一款使用语音的商业电子游戏。“小心，我活着！”“我饿了！”

在 1983 年，Falstein 搬到了加州，成为 Luchasfilm Games Group，即后来的 LucasArts Entertainment 的第七个雇员。他在那里参与制作了许多游戏，指导的项目比如有 Koronis Rift，PHM Regasus，以及 Strike Fleet；合作指导的项目 Indiana Jones and the Last Crusade。他也合作设计了 Indiana Jones and the Fate of Atlantis，并且担任 Battlehawks 1942 和 The Dig 以及 Day of the Tentacle 非常早期版本的制作人。作为 The Dig 最早的项目领导（四个之一），他承担了令人羡慕的任务，召开包括 George Lucas 和 Steven Spielberg 在内的集体讨论会议。他也在最早的 Monkey Island 游戏中构想出 Insult Swordfighting 从属游戏，并且由于为那个游戏提供了双关语及其第一个续集而出名（或者否认与自己有关？遭到诽谤？）。他也为短暂的 Rebel Arts and Technologies Group 工作过，设计基于位置的模拟骑马游戏。

在离开 LucasArts 以后，Falstein 成为 3DO 公司最早的雇员之一，并且为新的游戏平台制作了最初的展示样品和早期的内部游戏。

在短期的咨询工作以后，他再次被新运作的公司给缠住了，他成为了 DreamWorks Interactive 的第三个雇员，并参与了第一款游戏的制作。但公司政治和自己做老板的诱惑让他很快回到了自由职业工作，并且他创办了 The Inspiracy，进行游戏设计和制作咨询。

凭借 The Inspiracy，Falstein 已经参与了大量的项目，从 PC 和主机的互动漫画书到基于位置的模拟游戏。一些最重要的事情包括为 DreamWorks 的 Chaos Island 和 Health Media Lab 的 Hungry Red Planet 的重要设计；为 Total Annihilation：Kingdoms 及其资料片的写作；以及对许多项目的设计咨询，包括 Microforte 的 MMORPG Big World 和 I-Imagine 的新 Xbox 平台游戏：Chase。

Falstein 也是著名的行业演说家，自从 1990 年以来他在大多数 GDC 发表了演讲，也在 E3，Milia，SPA，Intermedia，Digital Hollywood，以及大量其他会议上发表了许多演讲。他是第一个当选的 CGDA（Internatoinal Game Developers' Association，国际游戏开发者协会）主席，并且也担任独立游戏开发者活动（Independent Game Developer's Festival）与欧洲多媒体奖 EMMA（European Multimedia Awards）的裁判。

更多的信息和大量关于游戏设计和制作的文章，可以在 The Inspiracy 的网站 www.theinspiracy.com 上找到。

Chris Foster

Chris Foster 有艺术、写作，以及古典文学背景。他在 1995 年春季进入 Raven Software 开始工作，并且从那时起他几乎参与制作了该公司的所有游戏，包括 Heretic II。除了他在 Raven 的工作，Chris 在制作他自己的角色扮演游戏；他也是一位出版诗人和散文作家，也是一家小型独立经营的地方杂志：The Writer`s Block 的助理编辑。Chris 是 Star Trek Voyager：Elite Force 和 Jedi Knight II：Jedi Outcast 的首席设计师。

Alex Garden

Johnny Wilson 是计算机游戏世界杂志（Computer Gaming World Magazine）的前任主编，称 Alex Garden 为“游戏行业的第二个 Sid Meier”。Alex 在 15 岁就开始了他的电子游戏行业职业生涯，是位于温哥华(加拿大主要工业城,海港)的 Distinctive Software 公司的游戏测试人员。在这些年里，Alex 与 Electronic Arts Canada，Radical Entertainment，以及 Sierra On-Line 公司的世界上最重要的开发人员一起工作过。

Alex 最近工作的企业，Relic Entertainment，是北美首要的游戏开发制作室之一。Relic 的第一款游戏 Homeworld，已经荣获了 50 多个奖项，包括来自 CNN.com，MSNBC，以及世界上最大的计算机游戏杂志 PC Gamer，的有名的“年度游戏”奖。

Alex 最近的“加拿大年度青年企业家”提名和其他的商业成就已经受到了 The Globe and Mail，The Financial Post，The CBC National Magazine，CNN Online，Vicki Gabereau，Forbes 以及 BC Business Magazine 的特别新闻报道。

Richard Garriott

Richard Garriott 在 1980 年发行了他的第一款游戏，是最畅销的《创世纪》（Ultima）系列的作者，包括网络创世纪（Ultima Online），在线游戏市场最早的重要商业成功使他成为了计算机游戏行业一个真正的老兵。贯穿他的职业生涯，Lord British 已经得到了大量的称赞和许多的奖项，包括《计算机游戏世界》（Computer Gaming World）的 15 个最有影响的行业玩家，Next Generation 的美国精英（America`s Elite），PC Gamer 的 Game Gods，以及 PC Gamer 的年度设计师和年度企业家。在这个如今在流行方面可以与电影行业匹敌的行业，Richard Garriott 是少数有名的“明星”之一。

在他还是十几岁的少年时，Richard 就开始为他的苹果计算机开发游戏。当在高级中学并且在 Texas 计算机零售商店工作时，他在业余时间开发了一个名为 Akalabeth 的小游戏。这个游戏的一份拷贝流传到了一个软件发行商那里，立即就买下了游戏的版权。很快跟随而来了 Ultima，并且到 1982 年 Ultima II 发行时，发行商们争着要他签约。

1983 年，Garriotts 一家，包括 Richard 和他的兄弟 Robert，在美国德克萨斯州的奥斯丁创办了 Origin Systems 公司，该公司被认为在持续变化的娱乐软件领域内是创新的领导者之一 。1992 年，Origin 与娱乐软件行业的全球领导者 Electronic Arts 合并。

《不列颠王》（Lord Brithish）”，Richard 的标记，是 Richard 创作了《创世纪》（Ultima）系列而获得的雅号。《不列颠王》（Lord British）也在故事情节中出现为主要的角色。《创世纪》（Ultima）的传奇故事发生在英国，并且他是这个经常被围困的国家的仁慈的统治者。跨越了 20 多年，《创世纪》（Ultima）系列在娱乐软件历史上是持续时间最长和最成功的系列，在全球销售了数百万份拷贝并且赢得了无数的奖项。1997 年，随着技术上开创性的网络〈创世纪〉（Ultima Online）的发行，创世纪（Ultima）系列冒险进入了互联网领域。赢得了许多的奖项和称赞，网络创世纪（Ultima Online）持续的成功受到了全世界喜爱这个游戏的成千上万的人的拥戴，每天都有更多的人加入进来。

Richard 在 2001 年 4 月从 Origin/EA“退休”并且和他的兄弟成立了 Destination Games。Richard 拥有大量的仰慕者基础，他们密切关注着他的工作并热切期盼着他的下一个游戏。计算机游戏新闻界总是渴望采访他并且引述他对行业的看法和对将来的计划。在一个受到为晋升而改变工作的短期从业员工的烦扰的行业，Richard 已经激励了一个忠诚的开发团队和业务群体热切地同他一起进行新的努力。

一年以后，Richard 在美国德克萨斯州的奥斯丁成立了 NCsoft Austin。这是 NCsoft（韩国）公司的子公司。该公司的第一款游戏是亚洲流行的网络 RPG 游戏：天堂·血盟（Lineage：The Blood Pledge）的北美版本。

Gibbons Mark

GibbonsMark 最近制作的游戏是 Primal，在 PlayStation 2 计算机娱乐系统上首次登台的一款游戏。The Cambridge Studio 一直负责开发 PSOne 和 PlayStation 游戏主机平台的 Medievil 系列和 C-12 游戏。这家制作室的前身是 Millennium Interactive，创作了 The Games Pond 系列，Starray，Kid Gloves，Defcon5，Frogger 以及 BeastWars。

Gibbons 在 1999 年被索尼计算机娱乐欧洲公司雇用为概念美术师。一年后，他成为 Primal

的首席美术师。他的艺术背景是插图，大部分是科幻和幻想主题。他在 Games Workshop 做了几年美术师。

PlayStation 的诞生使他认识到在这个永远让他着迷的行业工作的潜力。他认为当技术进步了并且游戏图形变得更加精致时，制作室便开始招聘能够为游戏开发带来概念设计和新颖观点的有传统技能的美术师。

程序员摆布像素制作精灵图形的日子一去不复返了。

Gilbert Ron

Gilbert Ron 已经专业设计和制作游戏超过 16 年了。他在 Lucasfilm 工作了八年，制作了这类开创性的冒险游戏如 Maniac Mansion 和 the Monkey Island 系列，被认为是行业中最有影响力的两款游戏。Gilbert 精通在 PC/Mac 和 Palm 平台的产品制作和技术。他在 1992 年与人合作创办了 Humongous Entertainment，他负责公司的创作和技术指导。他创作并设计了 Freddi Fish 和 Pajama Sam，Humongous Entertainment 的最流行的两个角色。Gilbert 已经被 Computer Gaming World 评为游戏行业“15 个最有影响力的人”之一，并且最近被 PC Gamer 特载为行业最好的游戏设计师之一。他是游戏开发者会议（Game Developers Conference）的顾问委员会委员。

Gottlieb Harry

作为 Jellyvision 的创办人和首席设计师，Gottlieb 参与制作了许多“不可礼遇的杰克”游戏，外加 Disney 的 Who Wants to Be a Millionaire？CD-ROM，以及许多更多的在线小游戏。他将来的抱负包括开创新的交流形式：互动谈话界面（ICI），读做“icky”，取代用于互动大众交流的图形用户界面（GUI），并且用来创作积极的、迷人的，以及有意义的互动节目。

Gray Richard

Gray Richard 在游戏界通常被称为关卡王。他为第一人称和第三人称视角动作游戏设计关卡，并且通过为 DOOM 设计业余关卡开始了他的职业生涯。这四个关卡被 Nick Newhard 注意到了，然后是 Q Studios，关卡王开始为游戏 Blood 制作合约关卡。这些关卡又依次被 Apogee/3D Realms 的 Scott Miller 和 George Broussard 注意到了。当你询问某人是如何进入这个行业的时候，记住这个发展进程。

Gray 的第一个职业工作是 3D Realms 公司的 Duke Nukem 3D 游戏。他制作了 Duke 的半数关卡，某种程度上是这个射杀游戏真正地开始了他的职业生涯。然后他与 Robert Atkins 和 Tom Mustaine 开始经营自己的公司，取名为 Ritual Entertainment。他们为 Quake 制作了第一个附购品，随后是两个 AAA 游戏，SiN 和 Heavy Metal。在完成了 Blair Witch III 以后，Gray 帮助 Rogue Entertainment 制作了 Alice。

Levelord 最著名的两个关卡是 Quake 第一个附购品的 HIPDM1 和 SiN 的 Spry。HIPDM1 是第一个平台（悬浮在空间的战场）死亡竞赛关卡，如今这是一个在许多死亡竞赛关卡中常常被采用的一个范例。Spry 是第一个职业死亡竞赛关卡，玩家像老鼠般大小，在很大的房间里面彼此争斗。

在进入游戏行业以前，Richard Gray 曾是航空航天工程师。他编写代码测试并保证商用与军用航空器的燃料控制。他于 1990 年在 UCLA 获得工程学的理学士学位。在那以前，他曾是业务应用程序员，而且在此之前，是“美国海军的忠实水兵，使用 SOSUS 系统倾听苏联潜艇。”

Greenberg Daniel

Greenberg Daniel 是获奖的游戏设计师，具有几乎 20 年制作深受赞扬的畅销游戏的经验。他为各种不同的游戏创作了设计和互动脚本，这些游戏有 Lord of the Rings，Star Trek：Starfleet Academy，Vampire：The Masquerade Redemption，Star Control III，Tenchu II：Birth of Stealth Assassins，Independence War II：The Edge of Chaos，Sea Dogs，Advanced Dungeons and Dragons：Al Qadim/The Genie' s Curse，以及 X-Men：The Mutant Wars。他为 Activision，Interplay，Infogrames，Sierra，Accolade，SSI/Mindscape，Bethesda Softworks，Walt Disney，Virgin，Universal，Time/Warner，甚至 Apple Computer 担任顾问。

除了计算机游戏，Greenberg 已经有近 20 年创作骰子戏和纸上 RPG，贸易卡片游戏，以及游戏书籍的历史。他在 Advanced Dungeons and Dragons 的早期开始从事这一行并且为 TSR，White Wolf，West End Games，Holistic Design，Last Unicorn，以及更多的公司设计过游戏。这些游戏包括深受赞扬的 Who Watches the Watchmen，Who' s Who Among Vampires：Children of the Inquisition，The Keep，Giovanni Chronicles：The Last Supper，Malkavian Clanbook，Star Wars，Tatooine Manhunt 及更多的游戏。

他的游戏获得了杰出软件奖（SPA）、RPGA 奖、GAMA/游戏艺术协会奖以及大量杂志和游戏迷奖。他在计算机游戏开发者大会（Computer Game Developers Conference）演讲过许多次，并一直是其他行业和团体有号召力的演讲者。他为华盛顿邮报撰写了 100 多篇有关计算机与娱乐技术的文章，并为 USA Today 和 DV Magazine 撰稿。

Greenberg 一直是自由职业者，完成了他所有的设计而从没有在公司接受任何职位。这种灵活性可以让他快速地开始项目，因此节省了客户时间、金钱以及精力。他的下一个目标是创作游戏 The Soprano；成熟的有文化修养的能够博得大众市场人们喜爱的明星。

Rodney Greenblat

Rodney Greenblat 是一个趣味和怪诞艺术的创作者，他的油画和雕塑在世界各地的美术馆和博物馆展出过。他是儿童书籍的作家和插图画家，并且是 the Center for Advanced Whimsy，一家为儿童和成人制作艺术品、设计，以及音乐的独立创作公司的指导者。

1985 年的 Whitney Biennial 突出介绍了 Rondey 的雕塑，并且他的作品是 East Village 艺术展的主要组成部分。他的第一个巡回展览，标题为 Reality and Imagination：Two Taste Treats One，1987 年在宾夕法尼亚州立大学（Penn State University）首次展出。一个名为 Land Ho 的巡回展览，由(美国)弗吉尼亚州的 Chrysler Museum of Norkfolk 委托，在 1992 年 2 月开幕。这次展出，是由油画、素描、雕塑，以及计算机图形组成的故事书，于 1993 年二月在纽约市的世界金融中心（The World Financial Center）重新开展，并于 2001 年以大阪（日本地名）为开始在日本进行巡回展览。Rodney 的油画和雕塑在纽约市的 Gracie Mansion Fine Arts 展出。4 本儿童书籍——Uncle Wizzmo' s New Used Car，Aunt Ippy' s Museum of Junk，Slombo the Gross 以及 Thunder Bunny 已经由 Harper Collins 出版，而 Rodney 最近的图书，Rodneyfun Comic Collection 1，Thunder Bunny and Wonder Mew 以及 Thunder Bunny Pops Up 已于 2000 年期间在日本出版

发行。

The Center for Advanced Whimsy 已经制作了一系列可以买到的商业软件产品。Rodney's Funscreen（1991）是针对儿童的有趣的学习游戏，由 Activision 发行。Rodney's Wonder Window（1992）是大量互动的动画。Dazzeloids（1994）是漫画书。两者都是由 Voyager Company 出版发行。

PaRappa the Rapper（1997）和 Um Jammer Lammy（1999）是 Sony PlayStation 平台的音乐动作游戏并且是由 Sony Computer Entertainment 发行的合作项目。这些游戏在全球销售了三百多万套。

FodneyFun 是基于原创角色的消费产品线。Sony Creative Products 是 Sony Corporation 的授权部门，在日本为八百多家商店制作并分发产品。

Café Rodney 是由 Rodney Greenblat 和 Tak Iwayoshi 设计并拥有的咖啡厅和餐馆。地处日本东京市中心的主要商业区，在 2000 年 5 月向公众开张营业。

PaRappa the Rapper 是 2001 年 4 月在日本开始每周一次播出的电视动画片系列。它是根据 Rodney Greenblat 设计的角色，并由日本的 Sony Visual Works 与 Fuji TV 制作。

Rodney Greenblat 也参与制作了 PaRappa the Rapper 2，由索尼计算机娱乐美国公司在 2002 年为 PS2 平台发行。

Peter Hirschmann

从在 Steven Spielberg 的制作公司 Amblin Entertainment 工作以来，Peter Hirschmann 已经从事娱乐行业十多年了。在那里，他在四年时间中从一个不支薪的大学实习生做到了 Steven Spielberg’s Director's Chair 现场剧情部分的电影摄制监督人。于 1995 年在 DreamWorks Interactive 刚开创时成为该公司的故事编辑，Hirschmann 继续写作并且为 PlayStation 平台制作了获奖的《荣誉勋章》（Medal of Honor）。2002 年，Hirschmann 离开 EA 加盟 LucasArts。

Don Hopkins

Don Hopkins 喜爱研究、设计，以及为互动图形用户界面编程、可视化语言、游戏以及互动艺术品。自 1988 年以来，他开发了“饼形菜单”，一种可靠且有效的示意用户界面技巧。他正为许多不同的平台和应用程序实现饼形菜单，包括 The Sims 和 Internet Explorer。Don 与 Maxis 公司的 Will Wright 一起为 The Sims 开发角色动画系统、用户界面、编程序，以及内容制作工具。他也开发了一个饼形菜单的免费的 JavaScript 实现，可以从 www.piemenu.com 网站得到。

他最喜爱的编程语言包括 Python，Lisp，PowerPC AltiVec 指令，News PostScript，ScriptX，MaxScript，Bounce（也称为 Body Electric），Forth，各种不同的晦涩的特殊用途扩展语言以及他自己基于 XML 的类似 Lisp 的编程语言。但正因为令人讨厌的东西并不意味着是没有用的，他也容许 Windows，Mac OS，Unix，C++，X11 以及 DirectX。但是他坚定地拒绝使用 Perl 并且从来没有使用 Java 的动机。他的兴趣包括可视化编程、实时图形、图像处理、细胞机器人、人工智能、阅读并编写良好的代码，以及在软件设计中应用 Philip K. Dick 和 Stanislaw Lem 的成果。

Don 是美国马里兰大学并行处理实验室、异构系统实验室，以及人机交互实验室的流动研究程序员；也是 Glasgow 的图灵学院，卡内基梅隆大学，Kaleida 实验室，以及 the Interval Research Corporation 的流动研究程序员。

在学术界以外，他也是一个软件开发者，用为 Sun Microsystems 公司的 Open Look NeWS 工具包编写 PostScript 程序，把 SimCity 移植到了 Unix，并且为 DUX Software 增加了多人合作，为 Levity 和 Interval 开发了实时可视化数据流编程语言，为 HCIL 与 Grasshopper Group 制作了可视化的 NeWS 编程环境，为 UniPress Software 处理 Gosling Emacs，并且在 Maxis 公司开发了 The Sims。作为独立的承包人，他开发了 The Sims Transmogrifier，一个允许玩家为 The Sims 制作自己的物品的工具。他也把 The Sims 移植到了 Linux 并且把它优化成了 The Sims Online 服务器。

Matthew Householder

Matthew Householder 按时间顺序为我们提供了他的“职业荣誉”，而不是正式的小传。十分令人钦佩。

- Krull　投币电动玩具，在 1983 年最初由 Gottlieb 发行，程序员/设计师。
- Moon Patrol　ColecoVision 改版，在 1984 年未被 Atari 发行，程序员/美术师/声音效果。
- Atari ST 操作系统　从 80x86 转换成 68000 汇编语言的 GEM API 直线与多边形图形原语。
- Winter Games　C64，Apple II，DOS，Mac，Amiga，Atari ST，NES 等，由 Epyx 与 Milton Bradley 在 1985 年发行，制作人。
- Rogue　1986 年由 Epyx 发行的 Mac/DOS 改版，制作人。
- World Games　C64，Apple II，DOS，Mac，Amiga，Atari ST，NES 等，于 1986 年由 Epyx 发行，制作人/设计师。
- Championship Wrestling　1986 年由 Epyx 发行的 C64，Apple II，制作人。
- Sub Battle Simulator　于 1986-87 由 Epyx 发行的 C64，DOS，Amiga，制作人。
- California Games　C64，Apple II，DOS，Amiga，Atari ST，NES，Genesis，Lynx 等，在 1987-89 年由 Epyx，Acclaim，Sega 以及 Atari 发行，制作人/设计师/创作者。
- Rad Gravity　NES，于 1990 年由 Activision 发行，制作人。
- Todd`s Adventures ni Slime World　Genesis 改版，于 1990 年由 Renovation 发行，制作人。
- Chip's Challenge　DOS 改版，由 Epyx 于 1990 年发行，制作人。
- Laptop Getaway　DOS，Win3.1，于 1991 年由 Epyx 发行，制作人/设计师。
- California Games II　DOS，SNES，于 1990-91 年由 Epyx 与 DTMC 发行，制作人。
- Lester the Unlikely　SNES，最初由 DTMC 于 1992 年发行，制作人/设计师。
- Ranma 1/2：Hard Battle　SNES，于 1992 年由 DTMC 发行，制作人。
- The Adventures of Dr. Franken　SNES，于 1993 年由 DTMC 发行，制作人。
- 3DO Games：Decathlon　Win95，由 The 3DO Company 于 1996 年发行，制作人/设计师。
- Hellfire　Win95 Diablo 资料片，于 1997 年由 Sierra Online 发行，Diablo 的倡导者和

制作人。

- Diablo　Sony PlayStation，于 1998 年由 Electronic Arts 发行，Diablo 的倡导者和制作人。
- Diablo II　Win9X/2K/NT/Mac，由 Blizzard Entertainment 于 2000 年发行，制作人。
- Diablo II：Lord of Destruction　Win9X/2K/NT/Mac，最初由 Blizzard Entertainment 于 2001 年发行，制作人。

Todd Howard

自从 1994 年以来，Todd Howard 一直是 Bethesda Softworks 的设计师和制作人。Todd 曾是 Morrowind 的项目负责人，the Elder Scrolls 系列的第三章。他主要的荣誉包括设计了 Daggerfall（1996 年度角色扮演游戏：Computer Gaming World 与 PC Gamer），The Terminator：Future Shock 与 SkyNET 的制作人和设计师（1996 年 PC Gamer 编辑精品，5 Stars Next Generation）以及 Redguard 的项目负责人和设计师（1998 年度最佳冒险游戏：Computer Gaming World 与 PC Gamer）。在此以前，Todd 一边玩着这样的游戏比如 Doctor 与 I'll Show You Mine，一边告诉每个人游戏某一天会真的按照他的吩咐导致机器人军团的产生。

Paul Jaquays

Paul Jaquays 目前是位于美国德克萨斯州达拉斯的 Microsoft/Ensemble Studios 的内容设计师。他从 20 世纪 70 年代中期开始了他的职业生涯，是 Dungeons & Dragons 美术师和设计师；在 80 年代早期他开始为 Coleco 指导并设计电子游戏。然后他成为自由职业者的美术师和游戏设计师，直到 90 年代早期他成为了 TSR 公司的封面插图画家，Dungeons & Dragons 的发行商。在 1997 年，他开始为 Id Software 承担关卡设计，直到 2002 年早期进入 Ensemble Studios。Paul Jaquays 的早期职业主要以 RPG 冒险游戏为特色，比如 Guild Judges 的 Dark Tower 与 Chaosium 的 Griffin Mountain。作为 Coleco 最后的游戏设计主管，他几乎参与了 ColecoVision 与 ADAM 计算机的每个电子游戏。他设计了 FellowShip of the Ring 的 Interplay 版本。作为 TSR 的插图画家，他最为人知的是有特色的鲜红飞龙，使用在 Dragon Mountain 的封面与 Dragonlance 故事集 Dragons of Krynn。在 Id 公司时，他制作了 Quake II，Quake III：Arena 以及 Quake III：Team Aerna 的一些关卡。他目前在 Ensemble Studios 的项目即将发布。

Matthew Lee Johnston

Matthew Lee 是 Microsoft Game Studios 的声音主管。他过去的产品包括 Quantum Redshift Racing，Microsoft Train Simulator，Combat Flight Simulator（1/2），Microsoft Flight Simulator 95/98/2000，Microsoft Phone，Windows 95/98/2000，Auto PC，Mildtown Madness，Microsoft Golf 3.0 和 99，Microsoft Full Court Press，Microsoft Inside Drive 2000，Microsoft Monster Truck Madness（1/2），Playernet 1.0，各种不同的 MSN 特性，CART Precision Racing，Flight Sim 95，Cinemania 2.0，Ancient Lands 以及 Home Repair。PocketPC 的用户界面声音，Playernet 1.0，Kid's Interactive TV 编制程序，3D Movie Maker 以及 Dangerous Creatures。

Kojima Hideo

Kojima Hideo 于 1963 年 8 月 24 日出生在东京的 Setagaya，3 岁时搬到了神户。就是在那里他开始拍摄 8mm 电影并撰写短篇小说。在 1986 年，Kojima 进入 Konami 公司成为游戏企划，并且在 1987 年作为 Metal Gear（MSX）的主管初次崭露头角。这款游戏因为其创新的观念、戏剧性的脚本以及详尽的现实世界背景（这一切对于动作游戏来说都是全新的）而赢得了国际性的称赞。在 Konami，Kojima 带头开发了 Snatcher（1988），Metal Gear 2：Solid Snake（1990），Policenauts（1994），Tokemeki Memorial Drama Series #1（1998），Metal Gear Solid（1998），Metal Gear Solid Integral（1999），Metal Gear Ghost Babel（2000），Zone of the Enders（2001）以及 Metal Gear Solid 2（2001）。Kojima 最近正在制作 Metal Gear Solid 3：Snake Eater，预定在 2004 年发行。

除了制作游戏以外，Kojima 喜欢 Luc Besson，David Lynch 以及 John Carpenter 的电影，喜欢阅读 Michael Crichton 和 Teru Miyamoto 的书籍，尤其喜爱听 Joy Division，New Order 以及 Sisters of Mercy。

Richard Kriegler

Richard 是美术主管，概念美术师，以及数字 matte 画师。他是从广告开始其职业生涯的 为许多财富 500 强企业和好莱坞制作室创造了概念与精致艺术品，包括 Paramount，DreamWorks，Universal 以及 Microsoft。他从 Cranbrook Academy of Art 获得了美术硕士学位，并在 Pasadena Art Center 讲授了 12 年设计课程。然后他在 Santa Barbara Studios 做了 3 年美术主管。他的电影荣誉包括轰动一时的蜘蛛侠（Spiderman）、接触未来（Contact）以及美梦成真（What Dreams May Come）。目前，他是 EA Pacific 的美术主管，最近参与制作了即时策略游戏 Command & Conquer：Generals 的概念美术。

Jeff Lane

Jeff Lane 是从为印刷行业做图形设计开始他的职业生涯的。在过去 13 余年中，他为视频项目制作图形，然后是商业广告多媒体图形，最后是游戏图形。他从来没有回过头。在 Hyperbole Studios 为他们的 Quantum Gate 互动电影项目制作了 3D 美术以后，他在 Sierra Studios 工作了五年，他是 Phantasmagoria 2 的美术主管和 SWAT3：CQB 的关卡设计师。之后他到了 Valve 公司，在 Valve，他参与制作了 Team Fortress Classic 与 Team Fortress 2。

Lorne Lanning

Lorne Lanning 是 Oddworld Inhabitants 的总裁和创作主管。在 1994 年与 CEO Sherry McKenna 成立 Oddworld 之前，Lorne 是好莱坞 Rhythm & Hues Studios 的特殊项目的创作导演和视觉 EFX 监督人。自从 1989 年在 Rhythm & Hues 以来，Lorne 参与制作了大量获奖的商业广告、电影以及主题公园模拟吸引物。在 Special Effects 制作公司以前，Lorne 是 TRW 航空航天可视化的技术指导。他在纽约市开始了插图画家的自由职业。

Ian Lloyd

Ian Lloyd 是位于加拿大温哥华的 Electronic Arts Canada 制作室的 SSX Tricky 游戏的角色

和动画领导。他以这个身份负责角色设计与开发，管理一个由 11 个有着特殊天份的建模师和动画师组成的团队。Ian 自 1997 年以来一直在 Electronic Arts Canada 工作，之前他在安大略多伦多的 Gray Matter 公司工作。

在 EAC 工作时，Ian 为最初 PlayStation 平台的三代 Triple Play 制作了动画，也领导了 PlayStation 2 平台极为成功的 SSX 游戏的动画和美术团队。

Ian 毕业于位于安大略 Oakville 的 Sheridan College，学习了三年的经典动画课程，他接受过一些天才导师的指导，比如 Wayne Gilbert，Charlie Bonafacio，Maury Whyte，John Wheeler，Susana Wald 以及 Brian Lemay。

Ed Magnin

他是怎样从聋哑学生的老师转而设计并编写电子游戏程序呢？Ed Magnin 在 1978 年购买了一台 Apple II 电脑并且开始自学编程。到 1979 年，他认识到他像其他任何人一样了解 Apple 电脑编程，放弃了他平时的专长，并且从未再回去。后来，他有机会与 Sid Meier 一起在 MicroProse 工作，然后在 Cinemaware，制作 Apple II 和 Apple IIgs 游戏。在 Virgin Games，他转向了卡带平台 Game Boy，NES 以及 SNES。

在 1993 年，他开始经营自己的公司为 Game Boy Color 和（最近）Game Boy Advance 开发游戏。获得了准时的名声并得到了任天堂 100%的最早认可记录。而且如果 Magnin 的生活不是太忙的话，他也利用业余时间在当地社区大学讲授游戏编程。为了给有志向的游戏程序员提供服务，他在个人网站（EdMagnin.com）上维护了一个大的职业信息区域，并且每周亲自回答许多职业相关的电子邮件。

Mike McCoy

Mike McCoy 的正式教育是气象学，和游戏一点关系都没有。毕业以后，他找到了一份环境自然科学方面的工作并且开始用 FORTRAN 语言编写人类暴晒模型。不久，他也管理项目与合约。

3 年半以后，他决定环境咨询不是他的职业，并开始到处寻找有兴趣的职业机会：朋友、Internet 以及报纸。你瞧，他在报纸上偶然看到"制作计算机军事游戏而不必知道如何编程"的招聘职位。他认为因为他知道如何编程并且自学了军事历史知识，他应当给他们打电话。

在简短的电话面试和两次亲自面试后，他在 Interactive Magic（I-Magic）得到了一份工作。他开始在一款名叫 iF-22 Raptor 的军事飞行模拟游戏中担任首席设计师。他立即利用他的军事知识、编程逻辑，以及项目/团队管理技巧开始制作游戏。McCoy 说回头看看，都不敢相信他的好运。

在 I-Magic 时，他是 iF-22 Raptor 的首席设计师，iF-22 Persian Gulf 的首席设计师和制作人，以及 iF/A-18 Hornet 的设计师。当 I-Magic 的日子不好过时，McCoy，和一个首席美术师，以及两个主程序员决定创办自己的公司。他们创办了 Top Floor Games 公司。不用担心你从未听说过它，因为仅仅 4 个月以后他们就与 Sinister Games 合并了。

Sinister Games 是一家不到一年的新公司。那时只有八名员工；加上 Top Floor Games 的四个人，他们能够完成 Shadow Company，Soldier（完成但从未发行），Dukes of Hazzard，Dukes of Hazzard II 以及 Batman：Gotham City Racer。

Ubi Soft Entertainment 公司在他们完成 Shadow Company 游戏前不久收购了 Sinister Games 公司，然后开始了 McCoy 和 Ubi Soft Montreal 公司的关系。一年半以后，在蒙特利尔和巴黎他同第三方的制作人和设计师一起工作，这时候他们要求 McCoy 到蒙特利尔担任 Rainbow Six III：Raven Shield 的首席设计师，这款游戏由 Ubi Soft 在 2003 年 3 月发行。他不得不说这是一场竭尽全力的比赛因为他以前做过 3 年的警官。

在将来有着更多的计划，McCoy 说他应当是一个非常繁忙与幸福的人。

James McGee

James McGee 是位于洛杉矶的 Carbon6 Entertainment 公司（www.carbon6.com）的创作指导（CCO）。过去的项目包括 DOOM，DOOM II，Quake，Quake II，多种 DOOM 和 Quake 副产品。在他的新公司，他希望填补好莱坞与游戏行业之间的空白（他说，不要用那种眼神）。James 最近和 Dimension 电影公司签了撰稿/制作/导演合约，要他参与许多电影和电视项目担任撰稿人、导演以及制作人。他被指派为 Alice 的电影版制作人，目前正在拍摄中。

Brad McQuaid

在 2002 年 1 月成立 Sigil Games Online 以前，Brad McQuaid 在 Sony Online Entertainment 担任产品开发的副总裁并且在 Sony 接管以前曾是 Verant Interactive 公司的合伙创立者。他是 EverQuest 的执行制作人，一直是最优秀的图形在线角色扮演游戏之一，并且在游戏行业已经有 10 年以上经验。在成立 Verant 之前，Brad 在 989 Studios 工作，在那里他是 EverQuest 的首席程序员和制作人。另外，他在 MicroGenesis 是资深合作人，他曾在那里担任 WarWizard 的首席程序员和制作人。

Sid Meier

Sid Meier 是 Firaxis Games 公司创作开发的主席和指导。Sid Meier 被认可为“计算机游戏之父”，他差不多获得了游戏行业每个主要奖项的荣誉并且在 1999 年成为进入互动艺术与科技学会（Academy of Interactive Arts and Science）名人堂的第二个人。

仅仅简略地看一下他的职业生涯就可以发现一系列的“第一”。在 1982 年，Sid 与人合作创办了 MicroProse Software 公司并且创作了最早的战斗飞行模拟游戏之一，F-15 Strike Eagle——在全球销量超过一百万套。在 F-15 以后，他继续创作令人深思的创新的游戏比如 Silent Service，一个潜艇模拟游戏；以及突破性的 Pirates，一款融合了历史模拟、街机动作、策略和角色扮演的独特游戏。通过在飞行模拟游戏 F-19 Stealth Fighter 中引入策略成分，他创作出了曾经最流行的飞行模拟游戏之一。并且通过让人上瘾的策略游戏比如 Sid Meier's Railroad Tycoon 和 Sid Meier`s Civilization，他开辟了计算机游戏的一种新的类型 god games。文明游戏行业中最知名的游戏之一，全球销量超过 100 万套，最近获得《计算机游戏世界》杂志最好游戏的荣誉。

作为 Firaxis Games 公司的合作创办人和指导，Sid 继续引导游戏行业进入新的领域。在 1997 年，公司发行的第一款游戏，获奖的 Sid Meier’s Gettysburg!，曾是开创性的即时策略级别的战争游戏，第一个提供差不多无穷的游戏深度，详细的策略决策，以及即时环境中一流的 AI。在 1999 年早期，Firaxis 发行了 Sid Meier's Alpha Centauri，获得了 PC Gamer 与

Gamecenter 的“年度回合制策略游戏”荣誉；并且后来在这一年 Sid Meier's Alien Crossfire 中得到提高，被几家游戏行业杂志一致认为是 1999 年的“最佳年度资料片”并获得“年度战争游戏”称号。Firaxis 现正在开发 Sid Meier's Civilization III 和 Sid Meier's SimGolf。Sid 继续领导 Firaxis Games 公司的创造过程，为世界各地的游戏玩家创作创新的游戏。

Marc Mencher

Marc Mencher，软件工程师，在创办游戏行业招聘公司 Virtual Search 以前，他在一些游戏公司工作过，比如 Spectrum Holobyte 和 3DO。

Marc 的有关游戏方面职业的文章刊载在 GiGnews.com，GameWEEK，Gamasutra，Game Developer 以及一些其他的行业出版物。Marc 为大学的毕业生提供自愿的新职指导服务，比如专门培养游戏开发职业人员的 Full Sail 学院。他是国际游戏开发者协会（International Game Developers Association）的顾问委员会委员。

在游戏行业工作以前，Marc 在机器人制造商 Cincinnati Milacron 的高级研究机构担任项目领导。他以这个身份领导一个高级人工智能项目的设计和开发，并与美国空军卡内基梅隆大学机器人研究所以及 Pratt Whitney 航空器引擎组进行合作。

Dan Michelson

Dan Michelson 在洛杉矶从事了十多年电影、电视以及戏剧演出。他于 1995 年以优异的成绩从位于加州奥兰治的 Chapman University 大学电影学院毕业。在学校，Dan 导演并演出了种种演出，包括《公共厕所》，获得了来自全体教职员和学生的狂热褒评。自从毕业后，Dan 已经导演了 20 多个戏剧演出，包括 Ted Tally 的 Hooters 以及 David Mamet 的 Sexual Perversity in Chicago。他也为有线电视导演了讽刺性的肥皂剧(以家庭问题为题材的广播或电视连续剧)The Young，Dumb，and the Restless。Dan 的演出荣誉包括独立的电影正片 The Last Drive-In 以及八集不敬的喜剧 Blood，Sweat & Beers，这里仅仅列举了为数不多的几个。Dan 于 1997 年在 Santa Monica Studios 就职，并且很快成为 FutureLight 的活跃的光学运动捕捉技术的长驻专家。在那里，凭借 Sony 轰动的 Godzilla 他博得了电影荣誉，并且在 FutureLight 最高级的运动捕捉场所与高姿态的名流如 Tim Burton 和 Jackie Chan 一同工作。

Dan 也参与制作了 Radical Entertainment 的种种运动作品。其他荣誉包括位于威尼斯(意大利东北部的港埠)的 Blur Studios 公司的 Interstate'82 和位于好莱坞的 Ring of Fire Advanced Media 公司的 Hollywood Gum 商业广告的项目协调人。Dan 也曾在 Sony Pictures 工作，为它的 Starship Troopers：Roughneck Chronicles 动画片系列捕捉运动。自从在 Electronic Arts 获得高级运动捕捉专家的职位后，Dan 已经参与制作了许多运动游戏，包括 Tiger Woods Golf，FIFA World Cup Soccer，Triple Play Baseball，NBA Live 以及 March Madness。

Shinji Mikami

Shinji Mikami 是 Capcom Entertainment 的总经理。他现在的项目是 Devil May Cry。他已经在 Capcom 工作了 11 年，参与制作了项目比如 Goof Troop（SNES），Aladdin（SNES），the Bio Hazard 系列（在美国被熟知为 Resident Evil）以及 Dino Crisis 系列。

是什么驱使他进入电子游戏行业的呢？“我被 Capcom 为他们的招聘人员提供的免费自助

午餐所吸引。” Shinji 说。

他特别喜爱的游戏是 The Legend of Zelda 与 Derby Stallion（赛马游戏）。业余爱好包括收集手表和看电影——特别喜爱的如 Jaws，Alien，Leon（在美国是 The Professional），The Empire Strikes Back 以及 North by Northwest。

Miller Scott

Miller Scott 于 1975 年开始在 Wang 2000 电脑上面编写计算机游戏并且编写了 100 多个游戏，大的和小的游戏，直到 1990 年。其中他编写的 20 多个游戏在磁盘杂志如 I.B.Magazette 和 Softdisk 上被商业发行。在 20 世纪 80 年代中期，他专业为几个全国的游戏杂志编写了四年多的游戏，包括 COMPUTE!，而且也为每两周一次的 The Dallas Morning News，Video Vision 和 Computer Fun 联合专栏编写游戏。Miller 也（与 George Broussard）合著了一本关于战胜街机游戏的书籍。

在 1990 年，Miller 放弃了他的专长而集中为 Apogee 专职工作（自 1987 年晚期以来 Apogee 曾一直是兼职事务）。他吸收了几个开发者，比如 Id Software（在他们成为 Id 以前）和 Todd Replogle（最初 3 个 Duke Nukem 游戏的作者）偕同 Apogee 工作并利用它的共享软件市场销售渠道。

Scott 说他在 20 世纪 80 年代花费了太多的时间和金钱在街机游戏、电子游戏以及计算机游戏上面，而且在那 10 年的初期经营了几年街机游戏场所。

在 Apogee/3D Realms，Scott 管理公司并且管理大多数的市场销售任务。他曾编写游戏如 Beyond the Titanic，Supernova，Trek Trivia 以及所有的七款 Kroz 游戏。他也为许多后来发行的游戏设计过关卡，包括最初的 Duke Nukem 的整个第一关。

Miyamoto Shigeru

Miyamoto Shigeru 是位于日本京都市（日本本州南部）的任天堂公司娱乐分析与开发部门的总经理和董事，被他的同行认为是世界上最优秀的电子游戏设计师并且被 Time Magazine（1996 年 5 月）称为“电子游戏的斯皮尔伯格”。Miyamoto 以这个身份在世界上最流行和持久的 Nintendo GameCube，Game Boy Advance，Nintendo 64，Super Nintendo Entertainment System（Super NES），Game Boy 以及 Nintendo Entertainment System（NES）电子游戏背后担当创造力量。

Miyamoto 于 1977 年成为任天堂的参谋美术师。作为非常流行的 Mario 和 Zelda 游戏的创作者，他是电子游戏领域最受崇敬的人物之一。在 1981 年，任天堂发行了 Miyamoto 的第一件杰作，街机游戏 Donkey Kong。在 1985 年，任天堂随着 NES 发行了 Miyamoto 的 Super Mario Bros。这款经典的横向卷轴动作游戏确定了所有未来的家用主机电子游戏的标准。最终，其全球销售量超过五千万套，并且诞生了一系列非常成功的游戏，包括 1996 年的 N64 畅销游戏，Super Mario 64。

迄今，Miyamoto 已经参与制作了 70 多个不同的任天堂电子游戏。Super Mario 系列的电子游戏在全球的销售量超过了 1.4 亿套。

在 20 世纪 90 年代中期，Miyamoto 的电子游戏项目包括 The Legend of Zelda：Majora's Mask，Star Fox 64，Mario Kart 64 以及 The Legend of Zelda：Ocarina of Time（被称为最优秀

的电子游戏)。最近,Miyamoto 给市场带来了一些备受赞扬的 GameCube 游戏: Pikmin, Metroid Prime 以及 The Legend of Zelda: The Wind Waker, 这里仅仅列举了为数不多的几个。

在 1998 年,Miyamoto 荣幸地成为互动艺术与技术学会名人堂(Academy of Interactive Arts and Sciences Hall of Fame)的第一人。

Miyamoto 拥有位于日本京都的 Kanazawa Municipal College 大学的工艺美术学位。

Peter Molyneux

Peter Molyneux 是国际计算机游戏领域最有名的人物之一。在 1987 年, 他成立牛蛙制作公司(Bullfrog Productions)开发他的新型策略游戏构想。他独特的方式——玩家是一种掌管奴仆的神灵,(不可避免地)被其他设计师模仿并且普遍地成为有名的神灵模拟(god-sim)游戏。Populas 即刻获得了成功并且销售量超过了四百多万份, 跻身于 10 个最成功的计算机游戏排行榜。

在 Populous 之后是 Powermonger, Magic Carpet, Syndicate, Magic Carpet 2 以及 Theme Park。每个游戏的销售量都超过 40 万份, Peter 成为了世界上最重要的计算机游戏设计师之一。

在 1995 年, Bullfrog 被美国加州休闲软件巨头 Electronic Arts 收购。这次交易让 Peter 在继续管理 Bullfrog 的同时成为富裕的人。然而, 他发现在大公司工作让他的大部分时间花在管理方面的会议上, 很少有时间进行游戏设计与开发, 因此 Peter 决定辞去他的职位。他新的计划是组建一个由志趣相投的热情者组成的团队来开发游戏, 而把发行和市场业务交给公司能手。结果就有了 Lionhead 公司。

然而在离开 Bullfrog 之前, Peter 完成了他最雄心勃勃的项目。Doungeon Keeper, 于 1997 年 7 月发行, 是一款设计上的杰作。加上原来的特征, 游戏获得了几家杂志的"至今最高的"积分, 并且甚至在发行之前就赢得了奖项。它成为 Electronic Arts 最成功的发行, 在第一个月的销售量就超过了 50 万份。

Peter 是口才良好的雄辩的演讲者, 他曾在英国电影学院(British Film Institue), 美国运动图像展览馆(the American Museum of Moving Image), 当代艺术学院(the Institute of Contemporary Arts)以及 Dortmund 历史文化博物馆(Dortmund Museum of History and Culture)发表演讲。在日本的一次行业讨论会上, Peter 是最重要的演讲者, 超过了 PC 行业的另外一个大师, 微软的 Bill Gates。

在 41 岁时, 正如一家报纸所说, Peter 是一个"古怪的人", 并且仍然沉迷于游戏。除了他的秘密通道, 他家中有弹钢珠游戏、桌球, 以及弹子房。他花费几千英磅特别设计了具有立体屏幕和玩家抽屉的棋盘游戏桌。他也是个喜欢安排聚会的人。他对完成 Dungeon Keeper 的慷慨庆祝成为了行业的传奇故事。

Ray Muzyka

Ray Muzyka 博士是 BioWare 公司的联席 CEO 与联合执行制作人。他与 Greg Zeschuk 博士在 1995 年合作创办了 BioWare。Ray 是 Baldur's Gate 的制作人并且过去/现在是 Shattered Steel, MDK2, Tales of the Sword Coast, Baldur`s Gate II, Baldur's Gate II: Throne of Bhaal, Neverwinter Nights 以及 Star Wars: Knights of the Old Repubilc 的联合执行制作人。

除了开发任务外, Tay 也(与 Greg)联合管理 BioWare 的财务和法律/业务事务, 并且刚刚完成了 UWO Ivey School of Business 的企业管理硕士（M.B.A.）课程。

Gabe Newell

在成为 Valve Software 公司的创办人/经理以前，Gabe Newell 在微软工作的 13 年里担任过系统、应用程序，以及高级技术部门的职务。他的职责包括管理 Windows 最初两次发行的程序处理，发起公司的多媒体部门，最近，带领公司在信息高速公路 PC 方面的努力。他对 Half Life 最有意义的贡献是他的声明"你不能给玩家看到一个很大的炸弹而不让他们炸毁它"。Half Life 2 由 Vivendi Universal Games 发行，当你阅读到这里时应当已经上市了。

Nomura Tetsuya

Nomura Tetsuya 是 Kingdom Hearts 的项目指导和角色设计者，过去的荣誉还包括担任 Final Fantasy VII/VIII，Parasite Eve 以及 The Bouncer 的角色设计者。Nomura 擅长创作各种角色，这是创造一个融合 Disney 和 Square 经典风格的世界的关键所在。由于他深入到该游戏的各个方面，所以 Nomura 的格调明显贯穿了整个 Kingdom Hearts。

Marty O'Donnellt

在 Marty O'Donnell 接受 Bungie Software 的一份全职、全力投入 Oni 和 Halo 声效制作的十天后，微软买下了这个公司，并将他们迁至雷蒙德进行 Xbox 游戏的开发。虽然 Marty 仍是 TotalAudio 的合伙人（与 Mike Salvatori 一起创办，后者仍留在芝加哥的工作室），但他现在还是微软 Bungie Studios 的声效主管。Halo 已被彻底重做，其目的就是要充分利用 Xbox 卓越的图像和声效性能。

Pajitnov Alexey

Pajitnov Alexey，传奇谜题游戏 Tetris 的著名创作人，于 1996 年 9 月作为一名游戏设计者加盟微软公司，并领导开发了一系列智力难题和谜题游戏。现在，Pajitnov 是 Pandora's Box 的首席设计师，该游戏集中了当前最具视觉刺激性的一些谜题。

Pajitnov 出生于俄罗斯莫斯科，他对策略游戏的爱好从 14 岁时就开始了，当时他对数学、谜题和任务很是着迷。Pajitnov 对游戏的兴趣与日俱增，终于在 1984 年他创作出自己第一个谜题游戏时达到顶峰，这个游戏就是极度有趣和让人上瘾的 Tetris。Pajitnov 仅花了三周时间就编写出代码，这成为 Tetris 的主要原型，这款具有传奇色彩的游戏在全世界共卖出 5000 多万份拷贝，吸引了数百万人，并从此为所有电子谜题游戏的评判立定了标准。

1989 年，Pajitnov 和 Vladimir Pokhilko 在莫斯科共同创建了 AnimaTek，一个 3D 软件技术公司。在 1991 年移居美国并在旧金山成立了国内的 AnimaTek 办事处之后，Pajitnov 和 Pokhilko 创作了许多受人欢迎的游戏项目，诸如 El-Fish 和 Ice and Fire。Pajitnov 还与 Bullet-Proof Software 一起为任天堂和 Spectrum Holobyte 制作过游戏，其中包括 Faces，Welltris，Knight Moves 和 Hatris。

Pajitnov 拥有莫斯科航空学院应用数学的理学硕士学位，毕业后在苏联科学计算机中心学院工作。除了在苏联学习外，Pajitnov 还曾致力于人工智能自动语言识别及其问题的研究。

Perry David

在编写了无数本书之后，David Perry 在 1981 年从北爱尔兰的故乡搬到了英国，开始为 Mikro-Gen, Elite Sysicms, 和 Probe Software 开发职业游戏。在制作出不少轰动游戏后，像给 Orion Pictures 制作的 Teenage Mutant Ninja Turtles 和 The Terminator，他又于 1991 年移至美国，效力于 Richard Branson's Virgin 游戏公司。在那里，他领导团队创作出很多的获奖游戏，如 Disney 的 Aladdin、7-Up 的 Cool Spot 和世嘉的“年度最佳游戏”：McDonald 的 Global Gladiators。

1993 年，Perry 成立了 Shiny 娱乐公司，地点在 Laguna Beach，人员维持在 40 人上下。他曾多次荣获“年度最佳游戏”奖，其中包括颇有声誉的欧洲金操纵杆奖最佳游戏机程序员。Shiny 的 Earthworm Jim 游戏成了 Universal Cartoon Studios/Warner Kids Network 的热播电视片、系列玩具、连环漫画书以及其他授权产品。Perry 还是游戏开发者会议的一名积极的咨询委员会成员，拥有一个致力于帮助新人进入游戏行业的网站 www.dperry.com。

John Romero

John Romero 给 Monkeystone 带去的是一段成功游戏事业的历史和一份涉及游戏开发各主要领域的经验。John 在游戏业已度过了 20 多个春秋，发行了 60 余款游戏，并成立了 3 家游戏开发公司。他在各种系统上的游戏已售出了数百万份拷贝。

John 的广泛造诣成就了他，使他成为这个行业中最成功、最著名和最有影响力的创作力量之一，他辛勤努力的结果有 DOOM 系列、Wolfenstein 3D、Quake、Heretic 和 Hexen。

金融和创作上的成功让 John 有能力给几家一流游戏公司的成立提供帮助，包括 Raven Software，Human Head Studios，Parallax Software，Ritual Entertainment，Dwango, Rogue Entertainment 和 Valve Software。John 的帮助还产生了另外几家公司，其中有 CrackDotCom，Fused，Third Law Interactive，10K Wizard 以及 Gathering of Developers。

1998 年，John 担任 Cyberathlete 职业联盟的咨询委员会主席，这是世界上最重要的职业电脑游戏制作者联盟，目的是要实现把电脑游戏视为职业运动的概念。竞争性电脑游戏领域依据的是 John 的多人死亡竞赛的概念，这个领域已经在国际性上引起了一些大型赞助商的注意，该领域的年估价现约为 100 万美元。

2001 年 7 月，John 合伙创建了 Monkeystone Games 公司，其全新焦点是无线和移动游戏装置。依靠自己的投资，Monkeystone 现在雇用了 8 个全职雇员，负责从手机到 GBA 几种不同平台上的游戏创作。

1．游戏设计

John 的游戏设计从“一个人、两个月”的简单项目发展到现在极端复杂、需要 20 多人的多年开发周期的阶段。除了要使全部产品充分概念化，John 还在制作设计精良的可玩环境——游戏发生的实际区域——上有着丰富的经验。

因为总是走在游戏设计的前沿，所以 John 很容易就成为关卡设计领域的先锋。他出席过无数次关于这个主题的专门讨论会，并写过很多有关关卡设计、游戏设计及游戏历史的书，他的作品激励着一批又一批业余设计者追随他的脚步。

在酝酿电脑联机进行网络对战的想法时，John 为这种新式玩法杜撰了一个新词：“死亡竞赛”（deathmatch），众多的玩家要在其中进行拼杀，直至战死。DOOM 是这类游戏的第一个，它将玩家引进一个真实的三维世界，并在里面大肆进行肉搏血战。如今，全世界每天都有成千上万的人参与这些死亡竞争，甚至MTV给某个流行节目的命名也是根据这个概念得来的“名人死亡赛”（Celebrity Deathmatch）。

2．编程

从1979年的一个HP大型机开始，John已经在各种不同的系统上进行了20年的计算机编程。这些年里，John先后在Apple II，Commodore 64，Cromemco minicomputer，Next Computer，Super Nintendo，Atari Jaguar上编过程，最后才是PC。他对于不同的语言编码有着广泛的经验，例如BASIC，6502 Assembler，Pascal，8086 Assembler，Objective-C和ANSI C。

他的编程经验很宽泛——包括应用、图形、游戏逻辑和工具编码等各种不同主题，这些领域每一个对于游戏开发来说都是不可缺少的。这种在编程和设计领域之间穿梭有余的能力让John创造出了很多高效的开发工具。

John的游戏代码曾在几家电脑杂志上被刊登过，目的是要教授那些初出茅庐的程序员如何进行游戏编码。由于积极响应，他的游戏获得了好几家杂志的封面和特别报导。

3．奖项

John已经被TIME Digital两度评为“五十名电脑精英”之一（一次是1997年10月，第二次是在1998年）；Texas Monthly在1998年9月将John列为“德州二十人”之一，形容他是“最令人难忘、最具诱惑性和最有影响力的德州人”；1998年，Entertainment Weekly将他列入“娱乐人物一百强”，MIT将他尊为“技术一百强”之一。无数次地，John被游戏业杂志编入它们的重要业内人物的年度名单中。

在John的职业生涯中，他的游戏已经荣获了所有的行业最高奖项，包括3次“年度最佳游戏”。John的游戏总共已累计获得约50个奖项。

Bill Roper

作为圣萨尔瓦多北方暴雪的副总裁，Bill Roper负责监督管理所有外部项目、协调内部开发团队，并主管暴雪的项目监督团队。不久前，他还加入了WarCraft III: Reign of Chaos的监督团队，帮助调整游戏方向。

关于他在WarCraft III中的工作，Bill说：“这个游戏是迄今为止我们最杰出的作品之一。我们开始是想给WarCraft II制作一个恰当的结局，但结果我们却创造了一个史诗般的宏伟世界。WarCraft III给玩家提供了极度有趣的动态体验。”

Roper直接参与了暴雪所有最畅销产品的制作，包括WarCraft II: Tides of Darkness，Diablo，Starcraft，Diablo II以及Starcraft: Brood War。同时，他还在世界设计中起着举足轻重的作用，并完成了WarCraft，WarCraft II，StarCraft，Diablo和Diablo II的手册设计。

此外，Roper还是这些游戏Macintosh版的制作人，以及WarCraft II: The Dark Saga，Diablo和StarCraft 64游戏机版的项目监督团队成员；他还负责完成了WarCraft，Diablo和StarCraft授权附加软件。现在，他正为暴雪许多新项目的开发推波助澜。

除了管理职责外，曾在长岛加利福尼亚州立大学学习过商业音乐（偏声乐方向）的Roper，还负责提供暴雪的语音内容，曾参与并指导了授权游戏WarCraft，Diablo和StarCraft的声音录制。

Roy Catherine

Roy Catherine 是蒙特利尔 Ubi Soft 娱乐的一名制作人。她于 1997 年加入该公司，参与制作了 4 个项目：Laura's Happy Adventures，Alex Builds His Farm，Walt Disney's The Jungle Book Rhythm Groove 以及 Disney 的 Tarzan Untamed and Jungle Book，前两个中她是副制作人，后面的是制作人。

Mike Rubinelli

在 THQ 时，Mike Rubinelli 任产品开发副总裁。2002 年，他离开去了 Gotham Games，Take-Two Interactive 的一个子公司。Rubinelli 负责监督 THQ 外部开发的日常管理工作，他的职责包括确保整体产品质量和增加产品管理的可预测性。在加入 THQ 之前，Mike 是 Midway Home Entertainment 的产品获得副总裁，负责第三方游戏制作和开发的协调工作。他还曾是 Electronic Arts 的制作人，参与创作了 John Madden Football 及其他许多 EA 运动游戏。

Hironobu Sakaguchi

自 1986 加入 Square 公司以来，Hironobu Sakaguchi 就一直领导着该公司的开发部门。他的电脑游戏软件在全世界共卖出了 4200 多万份，其中轰动一时的 Final Fantasy 系列的销量突破了 3500 万。

1991 年 Hironobu 晋升为 Square 执行副总裁。最近他和 Square 进行了一次不公开的制作安排讨论，计划对 Square 未来游戏的开发进行监督，并制作一些故事片项目。

George Sanger

“胖子”或 George Alistair Sanger 从 1983 年开始就一直从事游戏作曲工作。他同他的“胖子团队”——他和另外三个牛仔作曲家组成的著名团队，因为给 130 多款游戏创作过音乐而得到了举世公认，这些游戏包括 Loom，Wing Commander I/II，The 7th Guest I/II，NASCAR Racing，Putt-Putt Saves the Zoo 以及 ATF 等突破声音障碍的伟大杰作。他写出了第一个普通 MIDI 的游戏配乐，第一个直接录制成 MIDI 的音乐家现场录音，第一个单独磁碟的游戏 CD 音轨，第一个被认为是“艺术作品”的游戏音乐以及第一个被当作游戏卖点的配乐。

胖子团队是游戏音乐的一个原创外部源泉。它曾不止一次地掀起过游戏音乐的潮流，一次又一次地提高了游戏音乐的审视标准，极大增加了硬软件的销售量。在瓜达卢佩河边一个 380 英亩的农场上，胖子团队负责主办每年一度的德克萨斯交互音乐讨论会和 BBQ（Project BBQ），这是电脑/音乐行业中最有声望和影响力的一个会议。

Phil Saunders

Phil Saunders 是 Presto Studios 公司的创意总监，参与过至今为止 Presto 所有游戏的制作工作，包括 The Journeyman Project 1/2/3，Pegasus Prime，Gundam 0079: The War for Earth，Star Trek: Hidden Evil, Stephen King's F13 以及最近发布的 Myst III: Exile。Phil 是加拿大多伦多人，曾以优异成绩毕业于多伦多的安大略美术与设计学院工业设计专业，大学期间就开始从事自由职业的产品设计、一些特技工作以及最后给日本做的一些主题公园的设计。毕业后，Phil 在圣迭戈的尼桑设计国际公司从事轿车设计工作，这在日后给他带来了 Presto 和旅人项目游戏。1995 年，他离开了在尼桑四年零六个月的工作，作为一名专职创意总监加入了 Presto。

Chris Sawyer

作为一名游戏开发者、设计师和程序员，Chris Sawyer 创作了许多令人赞叹不已的作品，如 Transport Tycoon，Transport Tycoon Deluxe，RollerCoaster Tycoon（1999 年美国排行第一的 PC 游戏）及附加包 Corkscrew Follies，Loopy Landscapes 以及许多 Amiga 游戏的 PC 改版，如 Frontier Elite 2，Xenomorph，Conqueror，Campaign，Virus，Goal 和 Birds of Prey。

Tammy Schachter

Tammy Schachter 在公关和宣传上有着近七年的经验，她将自己的专长集中应用于游戏、娱乐、技术及新兴媒体。Schachter 曾为一些大型国际公司和刚起步的公司策划和实施过 PR 活动，这让她涉及到了公共关系的方方面面，包括消费者、贸易和爱好者媒体关系，特别活动安排，PR 衍生物（数字新闻包和 b-roll 包）开发以及国际媒体巡访。

凭借着在电子游戏空间的杰出才能，Tammy 已经推出了各主要平台上的各类游戏 70 多款，领导了业内一些最为显赫和成功的游戏的宣传活动，这些游戏包括：Rayman 2: The Great Escape（Ubi Soft Entertainment），Metal Gear Solid 2: Sons of Liberty（Konami 美国公司)和 Crash Bandicoot: The Wrath of Cortex（Universal Interactive）。

在 2002 年加入 Konami 之前，Schachter 在洛杉矶 Bender/Helper Impact 工作，之前还在 Ubi Soft Entertainment 的一个管理职位上有过两年任期，还曾在蒙特利尔 Matrox Graphics 公司工作过。Tammy 拥有麦克基尔大学情报专业的文学硕士学位。

Tim Schafer

Tim Schafer 在 LucasArts 历经十年寒暑，他是 Secret of Monkey Island 游戏头两集的编程员兼助理设计师、Day of the Tentacle 的联合设计师兼联合项目主管以及 Full Throttle 和 Grim Fandango 的设计师/项目主管。

去年，Tim 在旧金山成立了 Double Fine Productions，一个致力于创造新型角色和世界、制作能拓展互动故事叙述界限的游戏的设计工作室。他在 Double Fine 的第一个游戏将是 Psychonauts，计划在 2003 年下半年发布。

James Schmalz

James Schmalz 是 Digital Extremes 以及他的最新事业 Brainbox Games 的创建人兼创意总监，是互动娱乐行业中最有远见的设想家之一。早在 7 岁那年，当他第一次看到现如今已成为经典的电子游戏 Pong 时，他就被游戏世界深深吸引住了。12 岁时，他在一台 Apple IIe 电脑上开始了自己第一部作品的编程工作，一个名为 Sorcery 的 Ultima 克隆版。

这种对游戏的热情在逐年增长。1993 年，靠着自己在 90 年代初共享软件浪潮中制作游戏所获得的收入，James 成立了 Digital Extremes。Epic Pinball 是有史以来最为成功的共享软件游戏之一，只稍稍落后于 Duke3D，DOOM 和 Wolfenstein 3D 这样的行业巨作。结局很快接踵而来（Extreme Pinball），二者共同资助了日后行业中授权游戏的一枚重磅炸弹——James 的智慧结晶 Unreal。

Unreal 和 Unreal Tournament 由于它们在可玩性、图像和技术上的精妙而荣获了无数的行业奖项，其中包括 IDSA 在 1999 年授予 Unreal Tournament 的“年度最佳游戏奖”。到现在为止，获奖授权游戏 Unreal 在全世界 PC，PS2 和 Dreamcast 平台上共售出了350 万份。

凭借着技术、想像和创新的力量，James 的构思促进了一个新型交互世界的形成，而他的热情还将继续把游戏推向娱乐业的前沿。

Digital Extremes 最近制作了人们翘首以待的 Unreal Tournament 的结局：Xbox 版的 Unreal Tournament 2003。

2001 年游戏业新一代的平台变迁让 James 看到了拓展 Digital Extremes 成功事业的一个良机，于是他开办了第二家工作室集中进行下一代系统的游戏开发。Brainbox Games 于 2001 年 11 月开业，目前正在制作它的首部游戏。

James 毕业于沃特卢大学，拥有机械工程学士学位，但他并没有寻求工程学方面的职业，而是幸运地进入游戏业一展鸿图。

游戏历史时间表：

1982: Sorcery，首部游戏，Apple IIe 上的 Ultima 克隆版。

1988: Legends of Murder，由 Big Blue Disc 发行。

1990: Legends of Murder II，由 Big Blue Disc 发行。

1992: Solar Winds，由 Epic MegaGames 发行的共享软件。

1993: Epic Pinball，由 Epic MegaGames 发行的共享软件。

1993: Digital Extremes 成立。

1994: Silverball，由 MicroLeague 发行。

1994: Unreal 的开发起步。

1995: Extreme Pinball，由 Electronic Arts 发行。

1998: Unreal，由 GT Interactive 发行。

1999: Unreal Tournament，由 GT Interactive 发行。

2000: Unreal Tournament PS2，由 Infogrames 发行。

2001: Adventure Pinball，由 Electronic Arts 发行。

2002: Unreal Tournament 2003，由 Infogrames 发行。

2002: Unreal Championship Xbox，由 Infogrames 发行。

Shawnee Sequeira

Shawnee Sequeira 是 Small Rockets 的开发主管，负责公司的游戏制作、网上合作开发和公司战略方针的联合规划。

在她对 Small Rockets 的管理下，她已经获得了很大一批游戏，包括 Hot Chix Gear Stix，Jetboat Superhamps，Tower of the Ancients，The Red Ace，Super Chix 76，Jetboat Superchamps 2，Bachgammon，Mah-Jongg 和 Poker 以及在 2001 年推出的 MAD，Art is Dead，Kayak Extreme 和 Star Monkey。

Shawnee 过去曾是 Fiendish Games 和 Criterion Software 公司的游戏制作人，二者都是 Canon Group 的全资子公司。在 Criterion 任职期间，她给 Dreamcast 制作过游戏，其中有 Redline Racer 和 Suzuki Alstare Extreme Racing。此外，她还管理过 Studios Technology 团队，一个致力于 3D

应用及工具创作的开发小组。

1996 年，作为 Online Magic 的网上制作人兼团队领导，Sequeira 开始了她网上游戏的职业生涯，为 BMG Interactive 即后来的 Take 2 Interactive 公司的网上开发效力。当 1998 年 Online Magic 被世界最大的网站代理 Agency.com 收购后，她离开了那里。

Bruce Shelley

自 1980 年以来，Bruce Shelley 就一直是一名职业的游戏设计师和开发者，起初是纸牌和棋盘游戏，1987 年转向电脑游戏，曾帮助建立过或任职于五家游戏公司。在 1995 年开办 Ensemble Studios 前，Bruce 在 Microprose 工作，因为协助 Sid Meier 设计了原版的 Railroad Tycoon 和 Civilization 而闻名。作为 Ensemble Studios 的一名设计师，他曾帮助建立了这个公司，并使它的开发方法得到进一步发展，现在他主要是作为这个公司及其游戏的发言人而工作。Age of Empires，Age of Empires II: The Age of Kings 以及 Age of Mythology 的设计中都蕴涵着他的一份心血。2002 年，他入选互动艺术与技术学会（Academy of Interactive Arts and Science）的第三届董事会。

Harvey Smith

Harvey Smith 是 Deus Ex 2 的项目主管以及原版 Deus Ex 的首席设计师。在加盟 Ion Storm Austin 之前，他是 FireTeam（一种玩家可以运用即时语音进行合作的网上小组游戏）的首席设计师。之前还在 Origin 工作过，那里，他从 QA 测试员做起，最后成为 Warren Spector 开发小组中的一员。他在 Origin 最喜欢的角色是作 System Shock 的首席测试员，当时他和一些来自 Looking Glass 的重要人物一起工作了将近一年。他说那次经历"在帮助我了解自己想要探索的到底是哪种游戏设计上起了十分有益和影响深远的作用。"

Randy Smith

Randy Smith（与 Harvey Smith 没有血缘关系）是 Ion Storm Austin 公司 Thief 3 的项目主管兼首席设计师。在加入 Ion Storm 前，Randy 效力于 Looking Glass 工作室，是 Thief，Thief 2 和 Thief 3（后者在 Looking Glass 退出行业后移交 Ion Storm）的一名设计者。

Warren Spector

Warren Spector 拥有西北大学语言学学士学位和德克萨斯大学广播影视专业的文学硕士学位。1983 年，在他攻读至今没有完成的博士学位时，他作为一名助理编辑加入了 Steve Jackson Games。在 1987 年接受 TSR 的一份职位前，他已被提升为主编，并完成了好几个游戏，其中包括 TOON: The Cartoon Roleplaying Game。在 TSR，他与人合著了 Top Secret/S.I.和 Bullwinkle & Rocky Game，写了一部小说(The Hollow Earth Affair)，还制作了几个棋盘游戏和角色扮演冒险游戏。

1989 年，Warren 离开了这种纸笔游戏，加入了 Origin Systems 公司，协同制作 Ultima VI 和 Wing Commander，制作 Ultima Underworld，Ultima VII: Serpent Isle，System Shock，Wings of Glory 等游戏。1997 年，在结束了于 Looking Glass Technologies 公司的一年工作后，Warren 找到了位于达拉斯的游戏开发公司 Ion Storm 的奥斯汀办事处，两年后，他接受了 Ion 董事会

的一个合伙职务和席位。同时，他还是国际游戏开发者协会的董事会成员。

Warren 和他的团队在 2000 年 6 月发布了获奖的动作/角色扮演游戏 Deus Ex，Deus Ex 2 和 Thief 3 是他们当前的作品，将由 Eidos Interactive 发行。

Greg Street

Greg Street 是微软公司成员之一——Ensemble Studio 的游戏设计师，过去曾是一位拥有海洋科学博士学位的大学教授，1998 年加入 Ensemble。Greg 是 Conquerors 升级包的首席设计师，负责过 Age of Kings 中的战役和随机地图设计。2001 年，互动艺术与技术学会授予他“角色或故事开发杰出成就奖”。他的上一部作品是 Age of Mythology。

Yu Suzuki

Yu Suzuki 是世嘉最主要的电子游戏制作人之一，由于他在电脑动画和 3D 图形方面对电子娱乐业所做的重大贡献而被世界公认为游戏机游戏的开山鼻祖。Suzuki 于 1983 年加入 Sega Enterprises，开始时是程序员和游戏制作人，随后很快接手了一些大项目，第二年，他创作出了世界上第一个模拟街机游戏 Hang On。

Suzuki 大大激发了电子游戏业，不仅是在技术上，更是在文化上。1993 年，他创作了世界闻名的火爆街机游戏：Virtua Fighte，这是第一个有 3D 动画的电脑格斗游戏。作为日本游戏业历史上的第一次，Virtua Fighter 被列入了史密森学会的“信息技术革新的永久研究集”，现被保存在华盛顿特区的史密森美国历史国家博物馆中。Virtua Fighter 系列被电脑图形开发界和史密森学会认为是在艺术和娱乐领域对社会作出了重大贡献的一项应用。

Suzuki 因其众多的行业第一和打破类型的游戏而闻名于世，这些游戏有 Pace Harrier, Outrun，以及最近的街机赛车模拟器 F355 Challenge，后者获得了游戏业和汽车界的一致认同。Suzuki 的最新作品是 Shenmue，一篇给世嘉 Dreamcast 制作的，备受期待的，内容、质量和图形都将超过以往任何游戏的史诗。这个游戏，和它的空前交互体验一起，铸造了一种新的游戏类型：FREE（Full Reactive Eyes Entertainment 全互动视觉娱乐）。Shenmue 于 1999 年 12 月在日本发行，取得了前所未有的销售业绩。鉴于其完全交互的 3D 环境和让玩家震撼的电影画面，Shenmue 成为电子游戏进化中的下一个落脚点，以及 Suzuki 的又一部成功杰作。

Tim Sweeney

Tim Sweeney 是 Epic Games 的创建人和首席程序员，多年来制作了不少的游戏：ZZT，Jill of the Jungle，Unreal，Unreal Tournament 和 Unreal 2。对于未来，他有着雄心勃勃的长远抱负：渲染真实照片式的户外景色，如有风、水流、光影和照明的森林。

制作一个支持几十万甚至上百万玩家的大型多人游戏，以一种分散、开放的理念即网络模式进行，而不是 CompuServe 模式。

编写一个结合 C++的强大功能以及 Java 的简单便捷的脚本语言，目的是要大幅度降低可玩性程序的难度。

Tim 说：“鉴于这些目标不现实或不可行的程度……天啊，我要说我的目标很高！”

Tommy Tallarico

Tommy Tallarico 是有史以来最成功和最有造诣的电子游戏作曲家，他曾引起了电子游戏行业的重大变革，并在创作真正提高游戏整体体验的独特配乐上显示出了自己的节拍和能力。全世界数以亿万的人通过各种媒介——电子游戏、电视、动画片、广播、磁带，甚至是在加州 Pasadena 新年玫瑰碗的游行彩车上，收听着他的音乐。

Tommy 的一些顶级游戏作品有 Earthworm Jim，Disney’s Aladdin，Cool Spot，The Terminator，Madden Football，Prince of Persia，the Test Drive series，MDK，Tomorrow Never Dies，Tony Hawk Skateboarding，Spiderman，Pac-Man World，Knockout Kings and the Blitz，Unreal 和 Time Crisis 系列，即将出炉的游戏中还包括倍受人们期待的 Unreal 2，Metroid Prime, Maximo 和 Casper。

Tommy 给电子游戏编写音乐已有十余年的时间了。1994 年成立的 Tommy Tallarico 公司是全世界游戏行业中最大的多媒体后期制作录音室，仅在 2000 年就制作了 30 多个游戏。Tallarico 和他的团队荣获过业内 20 多个最佳电子游戏配乐奖，为超过 175 款的游戏进行过制作，共售出 5000 多万份，总收入在 20 亿美元以上！Tallarico 是世界上第一个发行电子游戏唱片（Tommy Tallarico’s Greatest Hits Vol. 1—Capitol Records）的音乐家，至今已发行了 5 张配音专辑，其中包括评价极高的詹姆斯邦德《择日而亡》（Tomorrow Never Dies）的配音，在全球各大音像店均有销售。

Tommy 还是第一个在游戏中使用 3D 声效（Q-Sound）的音乐家，目前正在制作第一批交互 5.1（六声道）游戏的其中一款。Tommy 给来自各地的天才音乐家们编写、录制和制作过音乐，其中有匈牙利国家交响乐团、布达佩斯室内合唱团和 Fear Factory 乐队。他在业内还从事过游戏测试员、产品经理、制作人、编剧、设计师以及音像部门主管等工作。

1999 年，Tommy（和 Electronic Arts）合作设计了获奖拳击游戏：N64 上的 Knockout Kings，该游戏被互动艺术与技术学会授予“1999 年最佳游戏机运动产品”奖。他是 DTS (5.1 声道)、Intel 和 Apple 的顾问，在世界各地做过有关音频和电子游戏的讲座（包括游戏开发者会议的 1999 基调演说以及法国戛纳的 Milia 2000）。他还教授课程，是很多学校、组织和大学的客座演说者，其中有加利福尼亚大学洛杉矶分校（UCLA）。国内外无数家电视广播公司都曾对 Tommy 进行过特别报导，象 CNN 和 MTV。他还曾数次出现在国内外许多杂志报纸的封面上，包括 Los Angeles Times 和 the Chicago Tribune。

Tommy 是全球每周播映的电子游戏电视节目（www.elecplay.com）的主持人、编剧兼联合制作人，该节目每周在探索频道的黄金时间播放 6 次，并同时在国际播映。

Chris Taylor

Chris Taylor 是从加拿大的 Distinctive 软件公司开始他在电子游戏业中的事业的。他的第一个游戏 Hardball II 是流行游戏 Hardball 的续集，赢得了 SPA（Software Publishers Association，软件出版者协会）的年度最佳体育游戏奖。然后，Chris 创作了 4 D 拳击，作为一个 3D 游戏，因其创新赢得了很多荣誉。Chris 稍后在电子艺界做最初的 Triple Play Baseball 游戏的设计者和项目主管。

Chris 继而到 Cavedog 娱乐公司制作备受赞赏的即时战略类游戏 Total Annihilation。在完成扩展包 The Core Contingency 之后，他决定开创他自己的公司。

Chris 在 1998 年五月华盛顿 Kirkland 创办了 Gas Powered 游戏公司。这个公司在 2002 年 4 月发布了第一个游戏，PC 版的 Dungeon Siege。Gas Powered 游戏公司已经成为技术和可玩性的一个革新者，现在正在为下一个回合的竞争，开发将在不久的将来发布的游戏。在 2003 年五月宣布开发 Dungeon Siege 2，到 2004 年发布。

Chance Thomas

Chance Thomas 是一位作曲者和音频制作人，并且是音频专家们的 HUGEsound 网络的总裁。Thomas 创作了品质上乘的英雄音乐乐谱。他那已被证实的方法用罕见的声学设备和人声来平衡电影乐团的范围、饱和度和戏剧性。电子元素在他的声音中添加了饱和度和特色的支持层。

他从 20 多年前就开始了音乐创作和制作。在他的职业生涯中，他制作了多种形式的获奖原创音乐，包括电影、商业广告、电视和互动游戏。

Chance 在为电影创作音乐时发现了交响乐团的表达能力。在这个领域工作，给了他很多有价值的经验，包括感情音乐（情绪的变化、节奏速度、旋律展开）、配乐法、准备调和指挥。他和乐队配合的技术现在得到了广泛的称赞。

作为一位商业作曲家，他以快速的周转时间和极好的服务为自己赢得了声誉。例如，有一次他从 Bonnevile 通信的一个媒体制作人那里接到一个疯狂的电话。代理需要为 12 个商业广告创作音乐，并且这个客户隔夜就要。没问题！12 个商业广告分别作曲、音乐录音，并且在第二天上午 10:00 就交付了。

电视方面的经验教会 Chance 如何从电视的小扬声器产生出尽可能好的声音。设备的选择、特定声音的安排、均衡器的窍门以及订制的数字效果都为产生最大的冲击而磨砺了。技巧和技术的这种结合现在形成了 Thomas 专有的 HUGEsound 音频增强过程的核心。

Sierra On-Line 在 1990 年代中期把 Chance 引诱到游戏行业。他首创了 Sierra 用现场管弦乐队，使游戏 Quest for Glory V 赢得了音乐奖。他引入了古代的不常见的音响设备，像绞弦琴、雷贝克琴和古大提琴，用在游戏 J.R.R. Tolkien’s Middle-earth 的音乐中。在续集 S.W.A.T.中，他制作了一首容易收听的主题歌，导致从游戏网站上下载了成千上万次。

他最明显的贡献是使公司取得了相当的收益。举例来说，当游戏 Quest for Glory V 中的音乐发行了一个原声 CD，发烧友在整个生产期抢购了 5 万张。现金的返回是显著的，据报导，最近的数据是与这个原声音轨相关的附加收入已经超过 620000 美元，它就像递给团队的一个装满钱的公文包。

1999 年 7 月，Chance 辞去了在 Sierra 的职位，发起了 HUGEsound，一个致力于提供质量上乘、服务快速的音乐的专家组。除了他的个人专长，HUGEsound 给声音程序员、声音设计者、声音技术顾问、作曲家和专业配音演员提供了一个可信赖的网络。像 Tim Larkin（Real Myst，Riven）、Phil Morris（Tomb Raider，Silver），Alexander Brandon（Deus Ex，Unreal），Thor Call（Monster Trucks，Fox Sports）和 Michael McDonough（Star Trek Insurrection、Demolition Man）这些专家都是很容易合作的，而且每次都能保证正确的结果。

HUGEsound 是建立在（位于洛杉矶和旧金山之间的）Yosemite 国家公园附近的树木繁茂的山麓小丘中。HUGEsound 工作室的玻璃墙提供了壮观的户外景色，Chance 从 Yosemite 的花岗岩山峰和茂密的树林中获得了音乐的灵感。

如今，Chance 是专业音频界一名自豪的贡献者：他担任互动艺术与技术学会的音乐与声音甄别委员会主席；他是游戏开发者会议（the Game Developers Conference）的重要演说家；NARAS 的投票成员；以及互动协会奖（the Interactive Academy Awards）的推荐者。更多情况下，他被链接到葛莱美奖以及在 1990 年代后期内他获得游戏音乐葛莱美的活动。

他已经获得过艾美奖，Telly 奖，Addy 奖，Aurora 奖，Vault Network 奖等等。他的音乐得到广泛认可，并在美国和跨越五大洲的各个电视市场上播放。国家的行销调查发现来自美国每个区域号码的个人在他们家里都有 Chance 的音乐拷贝。

Chance 的作品和专业主张曾经在许多媒体特别报道过，如纽约时报、洛杉矶时报、今日美国（USA Today）、好莱坞报导（Hollywood Reporter）、娱乐周刊（Entertainment Weekly）、有线新闻（Wired News）、PC 游戏人、葛莱美杂志、EQ 杂志、CNN、cNet 和很多其他卓越的媒体电台。

他的声誉来自为许多成功企业制作的原创音乐，这些企业包括：电子艺界、CBS 电视联播电台、McDonald's、Infogrames、Sierra 在线、家庭电影（Feature Films for Families）、美国商业街、后期圣徒的耶稣基督（Jesus Christ of Latter-Day Saints）的教堂、Amoco 石油公司、Explorati、家庭收养代理（Family Services Adoption Agencies）、Legend 娱乐、Rexall Drugs、Tupperware 公司、救世军 （Salvation Army）、儿童的圣迹网络（Children's Miracle Network）、聚焦系统（In-Focus Systems）、美国仓库（American Stores）、Vivendi 环球，还有很多。

要创作热情的管弦乐，他建议要按照发烧级的标准制作，要让你的客户既能够在开发者中赢得忠诚又能够赢得新闻媒体的赞美。他现在的游戏项目（在写作这本书时）包括 Unreal 2、Robota、和 Sierra 的基于 J.R.R.托尔金的《霍比特人与指环王》的游戏。

最后但不是最不重要的一点是，Thomas 因其在 ChubbChubbs 上的工作而在 2003 年奥斯卡捧走了一个金像——最佳动画短片奖。

要看最新的信息，到 www.hugeBound.com。

Ragnar Tornquist

Ragnar Tornquist 是 Funcom 的下一个大型联机游戏：Midgard 的主设计师。他还是 Funcom 的创意总监，这意味着他必须考虑游戏向何处去，该行业如何发展以及为了做出更好的游戏，设计者能做些什么等问题。他的领先信念包括流行的游戏机游戏 Casper（PS 和世嘉 Saturn）、The Longest Journey 和不久前出品的 Anarchy Online（一个大型多人在线角扮演游戏）的背景故事。

Ragnar 从纽约大学的 Tisch 艺术学院获得电影和电视编剧及导演学位。他生来就着迷于互动的故事叙述、人物塑造和让人沉浸的元素。游戏就是沟通和娱乐的下一步，他觉得：对于这个媒介所能做的一切，我们甚至连皮毛都还没有抓住。

他对未来的愿望包括：通过各种媒介讲述故事，虽然他更着迷于沉浸、持久在线世界的可能性。他说："玩家有做任何事、在任何时候与任何人交互、经历个人故事和过感兴趣的生活的自由。"他预测："那就是游戏的未来，也是我的目标所在！"

Stephen White

Stephen White 是 Naughty Dog 公司的编程主管。Naughty Dog 公司极为成功的游戏 Crash Bandicoot（销售量超过 2200000 份拷贝）的开发就是凭借他进行的，Naughty Dog 最近发行的流行游戏 Jak & Daxter: The Precursor Legacy（PS2）也是一样。Stephen 是业界的老手，有超过 16 年的正式发行的开发经验，涉及各种各样的平台，开发过一些获得很多奖赏的项目，如 Deluxe Paint ST 和 Brilliance。Stephen 在 GDC 2002 的游戏开发者选择奖（Game Developer Choice Awards）上因 Jak & Daxter 获得了“优秀编程”。他还在 GDC 和 E3 以及其他的业界事件中进行演说，为《游戏开发者》杂志（Game Developer Magazine）和游戏编程精粹 3（Programming Gems 3）写了若干技术文章。Stephen 现在正在开发 Naughty Dog 的下一个史诗作品，这是为 PS2 开发的。

过去的精彩作品：

Jak & Daxter: The Precursor Legacy——PS2

Crash Bandicoot 3: Warped——PS

Crush Bandicoot 2: Cortex Strikes Back——PS

Solar Eclipse——SEGA Saturn

PGA Tour Golf 486——PC

Brilliance——Amiga

Deluxe Paint ST——ATARI ST

Day of the Viper——ATARI ST 和 Amiga

Bat Games——ATARI ST

最近的演讲：

"Navigation Meshes." Nordic 互动媒体展 2002

"The Making of Jak & Daxter" Nordic 互动媒体展 2002

"Global Game Trends 101" E3 2002

"Teaching an Old Dog New Bits" 游戏开发者会议 1999

发表的文章：

"A Fast Approach to Navigation Meshes" 《游戏编程精粹 3》（Programming Gems 3），由 Charles River Media 出版；Chris Christenscn 共同创作

"Postmortem: Naughty Dog’s Jak & Daxter: The Precursor Legacy." 《游戏开发者》杂志（Game Developer Magazine）2002 年 4 月

Bruce Williams

Bruce Williams 在微软是飞行模拟游戏的产品计划制订者。自从 Flight Simulator 的 Windows 95 版本发行后，他就在 Flight Simulator 团队工作。Bruce 从二十世纪七十年代初就是一个飞行员。他有单引擎、多引擎和设备级的商业飞行员执照。他还是得到认证的飞行指导，并且在西雅图一个飞行学校做过兼职。在八十年代后期加入微软前，Bruce 是几个出版物的记者和编辑；在 80 年代中期，他是报纸 The Flyer 的编辑。

Tim Willits

Tim Willits 从明尼苏达大学获得计算机科学和商业学位。他现在的职位是 Id 软件的游戏主任，在这里他深入参与了大家熟悉的系列游戏：DOOM、Ultimate DOOM 和 Quake。在加入 id 之前，他在 Strife 为 Rogue 娱乐工作。他的业余爱好是和家人一起消磨时光，以及从电影里窃取思想。

Jeane Wong

Jeane Wong 是 EA 游戏部门的 PR 主管。她在 EA 已经有大约五年了，而且从 1994 年就开始涉及游戏宣传。她最初的计划是要进入娱乐业 PR（音乐），但是，当她离开学校时碰巧偶然地发现了互动游戏。以前的履历包括在 Neale-May & Partners（一个基于 Palo Alto 的 PR 公司）时参加 E3 1996 展的相关工作。在这之前，她在 Bender, Goldman & Helper（现在是 Bender, Helper Impact），一个洛杉矶的 PR 公司，她为许多互动行业的客户工作，包括 Spectrum Holobyte（现在是 MicroProse），7th level，New World Computing，Creative Wonders(EA Kids)、Compton's New Media 等。

Jeane 的未来愿望包括和互动行业一起成长并确切地看到它能变得多大（多成功）。

Wright Will

Wright Will 是 Maxis 的首席设计师，在 1987 年与 Jeff Brunner 共同创建了 Maxis。Wright 在 1985 年开始研究后来用在 SimCity: The City Simulator 上的技术。他使用一种复杂技术找到了在桌面 PC 上模拟现实的方法。以前，这类模拟仅仅用于军事、科学和研究。 但现在，带着容易使用的图形界面，模拟世界向消费者开放了。

Wright 从小就迷恋模拟。他在佐治亚的童年时期对轮船和飞机的塑料模型的兴趣最终导致他设计城市、生态系统和蚂蚁群的计算机模型。

SimCity 是在 1989 年发行的，在几个月之内变得很流行。该游戏从那以后赢得了 24 个国内和国际的奖项。Wright 和 Fred Haslem 在 1990 年共同设计了 SimEarth: The Living Planet，基于 James Lovelock 的 Gaia 理论模拟了一颗行星。在 1991 年，Wright 和 Justin McCormick 设计了 SimAnt: The Electronic Ant Colony，按科学的方法精确地模拟了蚂蚁群。SimCity 2000 和 SimCopter（直升机飞行游戏）是 Wright 最近的代表作品。SimCity 的最新化身——SimCity 3000 Unlimited，1999 年畅销游戏 SimCity 3000 的限定版——延续着同样的传统。

Wright 的开创性的游戏 The Sims 把计算机娱乐带到了最个性化的水平，玩家可以掌管模拟人的邻里生活。在 2000 年 2 月发行，这个广泛流行的游戏成了一个文化现象，在世界范围内销售量超过四百万份拷贝，得到了许多"年度游戏"奖。迄今，The Sims 已经推出了 3 个扩展包：Livin' Large，让玩家把他们的模拟家庭从 The Sims 那里放到新的极端情况和设置中；House Party，让玩家有机会为他们的 Sims 举行挥霍的聚会；而且，到这个 11 月，Hot Date，为 The Sims 展现出了全新的体验——约会！

Wright 的最新成就是期望已久的 The Sims Online。The Sims Online 允许你把你的 Sims 带到一个在线世界，在这里你可以是你自己，也可以成为你想成为的任何人。在这个世界中，你有自己的一块土地，你可以用来做你喜欢的事。在这个开放结局的在线世界中，你选择你的角色、你的态度和你的命运。

Wright 已经成为世界上最成功的互动娱乐设计者之一。1999 年，他被列入娱乐周刊排行榜中的娱乐界 100 个最具创造力的人，以及 Time Digital 的 Digital 50——50 个形成当今技术的最重要的人。然而，他的兴趣并不只局限于计算机游戏。每年，Wright（连同他的女儿）都要参加 Battlebot 竞赛，在 Comedy Central 上进行全国广播。他过去设计的机器人，与由其他参赛者设计的机器人实战后，获得了最高荣誉。有趣的是，正是 Wright 对机器人的兴趣最终引导他进入计算机编程领域。

Greg Zeschuk

Greg Zeschuk 博士是 BioWare 公司的联合 CEO，创办人之一以及游戏 Baldur' s Gate、Tales of the Sword Coast、Baldur' s Gate II: Shadows of Amn，Baldur's Gale II: Throne of Bhaal、MDK2、MDK2: Armageddon 和 Shattered Steel 的联合制作人。作为联合执行制作人，Greg 和他的搭档 Ray Muzyka 监视和管理 BioWare 的游戏，包括 Neverwinter Nights 和 Star Wars: Knights of the Old Republic。

除了在开发方面的角色以外，Greg 还（和 Ray）联合管理 BioWare 人力资源方面，他不玩游戏时就是在睡觉。